I0821761

IDEO–LOGIA CONS–TRUIDA

CINCO MIL AÑOS DE ARQUITECTURAS DEL PODER

Fernando Grasa

Índice

SEGUNDA PARTE: ARQUITECTURA CEREMONIAL ROMANA Y ETRUSCA

TERCERA PARTE: ESPACIO SACRO GRIEGO Y MICÉNICO

CUARTA PARTE: IDEOLOGÍA EN LA ARQUITECTURA SACRA DEL ANTIGUO EGIPTO

QUINTA PARTE: MALTA Y GOZO YA CONSTRUYERON ESPACIOS ESCENOGRÁFICOS MUY ELABORADOS

A modo de presentación

Lo que aquí presentamos es la memoria de un largo trabajo de investigación plagado de tantos momentos de perplejidad y sorpresa, como de intenso placer por lo aprendido.

Comenzó en el curso 1988-89 como ejercicio en clase de matemáticas para estudiantes de arte, y su objetivo era analizar la estructura espacial de Santa Maria de Barberà, un modesto edificio románico –cercano al centro educativo– de planta cruciforme, construido a mediados del siglo XI. Sus formas y dimensiones no especialmente complejas fueron un acicate para preguntarnos si se ajustaban a algún programa geométrico o proporcional, y en caso afirmativo, cómo se pudo trazar sobre el terreno. Una vez finalizado el curso, el deseo de averiguar si lo encontrado era una solución particular o un criterio más general, motivó, ya a título personal, la continuidad del trabajo.

Dentro de la tradición constructiva mediterránea, la arquitectura sacra ha tenido siempre un papel muy destacado, dando lugar a los edificios históricos anteriores al siglo XVIII más numerosos y mejor conservados que han llegado hasta nosotros. Su importancia social y política, la participación en ellos de los mejores arquitectos de cada momento, y la envergadura de los recursos económicos, técnicos y humanos invertidos, hacen que su interés transcienda el ámbito religioso, para alcanzar la condición de piezas importantes en la historia de la arquitectura.

En todas las tradiciones culturales, acercarse a los templos y a los espacios ceremoniales siempre supone sumergirse en la tupida red de mensajes simbólicos generados por los elementos decorativos, iconográficos e identitarios que albergan. Pero nosotros vamos a dejar de lado todos esos aspectos, para centrarnos en uno mucho menos analizado: ***la estructura del propio espacio interior***. ¿Qué criterios se utilizaron para su definición?, ¿podemos reconocer sobre el terreno esos criterios?, ¿qué relación guardan con el mensaje ideológico que se desea transmitir? Esas son las cuestiones que debatiremos a lo largo del intenso viaje que proponemos al lector compartir, y dado que no ha llegado hasta nosotros información precisa, ni gráfica ni escrita, que permita responder con rigor a esas preguntas, los edificios conservados van a ser los mejores –por no decir los únicos– documentos a los que nos vamos a dirigir como forma de avanzar sólidamente hacia las respuestas que buscamos.

Comenzaremos esta memoria –verdadero cuaderno de viaje– presentando lo que nos han enseñado los templos de disciplina cristianas –eran los que teníamos más a mano–. La diversidad de sus formas y la multiplicidad de estilos sucedidos entre los siglos IV y XVIII –es el periodo que hemos estudiado–, ha exigido que le dediquemos una parte importante del libro. La primera intención fue finalizar el trabajo en ese punto, y el correspondiente texto quedó redactado en todos sus detalles. Pero una visita a Egipto, no relacionada inicialmente con este trabajo, hizo cambiar los planes. El desconcierto y la sorpresa ante lo observado a orillas del Nilo fue de tal calibre, que hizo imprescindible un segundo viaje, mejor preparado, y la posterior incorporación de un nuevo capítulo que resumía lo observado en los doce templos faraónicos mejor conservados.

La comparación entre los criterios de planificación del espacio sacro egipcio y cristiano hizo inevitable que nos preguntásemos por lo ocurrido en las culturas mediterráneas dominantes entre ambos momentos históricos. En algunos viajes ya habíamos recogido unos pocos materiales sobre Roma, pero su carácter disperso y parcial impedía cualquier conclusión. Necesitábamos, pues, mejorar esa información y acercarnos a una cultura arquitectónica tan esencial como la griega.

La voluntad de profundizar en las enseñanzas que nos iban ofreciendo los sucesivos viajes nos ha llevado hasta lugares a los que no sabíamos que queríamos ir, por ejemplo, hasta Malta y Gozo. En diciembre de 2019 visitamos ambas islas. Fue un momento muy oportuno, pues los criterios observaciones estaban muy afinados. De otro modo estamos seguros de no haber sido capaces de dar valor a lo que el espacio interior que sus cinco templos megalíticos mejor conservados nos estaba enseñando. Las notas redactadas al atardecer, junto al acantilado de Mnajdra, tras la tercera visita realizada en pocos días a sus dos templos, dejaron claras las conclusiones que cierran el capítulo final del texto. La horquilla temporal quedó definitivamente fijada en unos 5.000 años de arquitectura sacra y ceremonial mediterránea.

A pesar de los esfuerzos realizados, somos muy conscientes de que los materiales que hemos reunido sobre Grecia y Roma son débiles, y de que faltan piezas importantes en esta cadena histórica, pero la pandemia de los años 20 y 21 ha hecho difícil mejorar ambas lagunas. Ante tal situación, hemos optado por presentar ahora lo aprendido hasta estos momentos, y quedar a la espera de poder completar en una segunda entrega los aspectos más débiles del trabajo.

Al organizar la versión final del texto hemos respetado dos condiciones: la primera ha sido presentar los resultados retrocediendo cronológicamente en la secuencia historia, pues ese ha sido el orden real en que se produjeron las observaciones y la consiguiente reflexión. La segunda ha sido mantener los redactados originales, realizados al finalizar el trabajo de campo de cada periodo histórico, antes de adentrarnos en un nuevo momento histórico. Hacerlo así creemos que tiene el interés de presentar de forma más inmediata y directa las sugerencias que los propios edificios nos han planteado, las enseñanzas que nos han ofrecido, y los momentos de sorpresa y extremo placer con los que han premiado la insistencia y continuidad en el trabajo.

Todo el que se formula una pregunta espera obtener alguna respuesta positiva, aunque sea limitada, pero las que nos han ofrecido los espacios analizados han llegado a desconcertarnos, tanto por su extrema sistematicidad y elegancia, como por su enorme capacidad para cristalizar un discurso ideológico en un proyecto espacial ajustado a cada contexto sacro y ceremonial específico. Por supuesto, también por su eficacia y agilidad en el momento de trazar el proyecto sobre el terreno, y durante el seguimiento y supervisión de las obras de construcción de estos edificios. El viaje va a ser, pues, tan largo e intenso, como placentero.

Guía de lectura

Desde el primer momento el texto estuvo pensado como guía para compartir con el lector, sobre el terreno, las picardías, gratificaciones y enseñanzas que proporciona añadir una mirada escenográfica a la que habitualmente ya realizamos al visitar estos edificios. Desea ser, pues, una invitación explícita a la exploración personal, a la mirada reflexiva, y al disfrute en la observación. Para facilitarlo, el texto incluye más de 360 croquis y 300 imágenes de más de 200 edificios pertenecientes a 17 países.

A fin de posibilitar la repetición de la experiencia, los croquis dibujan con mucho detalle y cuidado las visuales realmente observadas sobre el terreno, mostrando con precisión dónde hay que colocarse –el punto normativo exacto desde el que cada línea visual parte– y cuál es la referencia simbólica que se observa –es decir, el punto significativo de llegada de la visual–. Cuando una visual se desvía de su destino, la hemos prolongado de forma notoria, hasta sobrepasar su objetivo. Dado que las plantas y secciones solo las hemos utilizado para tal representación,[1] hemos optado por utilizar las más nítidas, sin renunciar a la precisión, mencionando en la mayoría de los casos de quién las hemos tomado, lo que no asegura su autoría real.

En las poquísimas ocasiones en que hemos estimado sobre plano alguna visual, dimensión o proporción por no haberla podido observar o medir sobre el terreno, lo hemos mencionado explícitamente.

Cuando el nombre de un edificio aparece en ***negrita*** significa que el texto incluye –cuando menos– un croquis con su trama visual y/o una imagen relacionada.

1. Algunos autores, en su afán por dar más valor a estos edificios, deforman sus plantas y secciones, haciéndolas mucho más ortogonales y simétricas de lo que en realidad son. Esa deform ación de la realidad da lugar a que, en numerosas ocasiones, al representar las líneas visuales observadas sobre el terreno, se "estrellen" contra los pilares, columnas, impostas..., mal situadas en la planta o en la sección, dando pie a una situación confusa y desconcertante para el lector que no tenga presente ese hecho en todo momento. Lo recordaremos en los casos más fragantes.

Resumen

PRIMERA PARTE: ESCENOGRAFÍA DOCTRINAL CRISTIANA

Se analizan aquí las características escenográficas del espacio sacro cristiano –de su núcleo cruciforme–, detallando los criterios sistemáticos que optimizan la relación visual entre sus partes –nave, crucero, brazos y cabecera central– hasta configurar un todo espacial, absolutamente coherente con el marco ideológico que lo patrocina.
Visitaremos con bastante detalle *Santa Maria de Barberà, Sant Benet de Bages y la chapelle de Vergons; Santa Marta de Tera y Montmajour; San Francesco, en Siena, y la catedral de Angers; la cabecera auxiliar de Hildesheim y de la catedral de Nevers; Quintanilla de las Viñas, Santa María de Melque y Santa Comba de Bande; el proyecto de Alberti para Sant'Andrea, en Mantua, y los de Vignola para Il Gesù y de Yago della Porta para Sant'Andrea della Valle, ambas en Roma.*

Aquí se detallan las pautas observacionales a seguir para reconocer la lógica estructural de los absidiolos, y su coherencia con lo encontrado para el ábside central.
Visitaremos arquitecturas tan importantes como las abadías de *Sénanque, Le Thoronet, Fontenay, Eberbach, Noirlac, Santa Maria de Novella y Santa Croce, estas últimas en Florencia.*

En este capítulo analizaremos los esfuerzos realizados por los arquitectos para conseguir una intensa, incluso amplia, relación simbólica –y visual– entre las naves laterales y la cabecera sacra, lejos de su trivial condición de pasillos circulatorios.
Y lo haremos visitando *San Martín de Frómista; Anzy-le-Duc y Vilabertran; Noirlac y Fontenay; Müstair y Sezzadio; Vézelay, Westminster, Batalha y Alcobaça; Saint Étienne, en Caen; San Julián de los Prados; St. Martín in the Fields; Le Thoronet, Hildesheim, Olorón y Rosheim; Maria Laach; Santi Giovanni e Paolo, en Venecia; Villers la Ville; y las catedrales de Auxerre y Segovia. Finalizaremos en Santa Maria Gloriosa dei Frari, en Venecia, en compañía de Tiziano.*

¿Qué relato simbólico gobierna el alzado de las naves? ¿Qué pautas observaciones debemos seguir para identificarlo? ¿Qué pasa cuando hay más de un par de naves laterales?

Compostela y Conques nos enseñarán la *solución paradigmática,* tras lo cual podremos visitar con pleno aprovechamiento arquitecturas tan importantes como *Frómista; Saint Étienne, en Caen, y Saint Étienne, en Nevers; Cardona y Saint Savin-sur-Gartemple; las catedrales de Salamanca, Winchester, Durham, Bath, Peterborough, Oxford, Trondheim y Orvieto; las basílicas de Sant'Agnese fuori le mura, Santa Maria Maggiore y San Paolo f.l.m., en Roma; Sant'Apollinare in Classe, en Rávena; las abadías de Fountains, San Galgano y Paulinzella; y San Frediano, en Lucca. Finalmente, Saint Sernin, en Toulouse, y las catedrales de León, Troyes, Laón, Noyon, Coutances, Evreux, Bourges, Toledo y Milán pondrán a prueba nuestra capacidad observacional.*

También aquí un pantocrátor pone en evidencia el mensaje ideológico que estructura otra pieza importante del espacio interior sacro: el deambulatorio alrededor de la cabecera central.

Saint Sernin, en Toulouse, va a ser nuestro cicerone inicial, tras lo cual visitaremos *Paray-le-Monial, Issoire y Nevers; Moreruela, Veruela y Altenberg; Breda, Pontigny y Vézelay; Santa Maria del Mar; y las catedrales de Reims, Canterbury, Auxerre, Uppsala, Auch, Rouen, Coutances, Milán, Bourges, Le Mans, Tortosa, Peterborough, Sens, Praga, Troyes, Soissons, y Amiens.*

Reconocido el papel de los *mecanismos de seducción y control* como gestores fundamentales del espacio central cruciforme, nos preguntaremos ahora por los posibles rasgos doctrinales que rigen el diseño de la arcada continua que en las arquitecturas de mayor envergadura perfila dicho espacio cruciforme. ¿Cómo se construye la unidad espacial?

Para iniciarnos en este importante aspecto de la trama visual, visitaremos una sucesión de ejemplos, de complejidad creciente: *Jumièges y Veruela; Saint Étienne y Cardona; Fontenay y Sacramenia; y Paray-le-Monial.* Después *Chartres y Conques* nos enseñarán la *solución paradigmática para una transferencia integral de ritmo,* solución que ratificaremos en *Le Mans, Rouen, Compostela, Santa Maria del Mar, y en cinco arquitecturas auvertinas –Issoire, Saint Nectaire, Orcival, Saint Saturnin y Notre Dame du Port–.*

Pero todavía nos faltará algo muy importante, que *Orleans* nos enseñará, y que las catedrales de *Troyes, Soissons, Noyon, Reims y Coutances* confirmarán.

Este importante capítulo finaliza aplicando todo lo aprendido al análisis de *Sens, Pontigny, León, Altenberg, la grote of St. Bavokerk, en Haarlem, la grote kerk de Breda, y Saint-Denis, en París.*

La luz cenital y la cúpula celeste son piezas tan importantes en el doctrinario simbólico cristiano, como centrales en su arquitectura sacra. ¿Cómo intervienen en la organización del espacio interior? ¿Qué diferente relación establecen con la nave central y con la cabecera?

Melque y Bande nos enseñarán la primera *solución paradigmática* para fijar el alzado de la *clave de la cúpula,* que veremos ratificada en el trabajo de *Miguel Ángel* en el *Vaticano, de Palladio en Venecia y de Bramante en Milán. Auvergne* también lo ratificará en cinco ocasiones, *y Saint Étienne, en Nevers; Saint Pierre, en Aulnay; Saint Jean de Montierneuf, en Poitiers; Saint Benoit-sur-Loire, Sénanque, y la catedral de Segovia* nos enseñarán algunas variantes.

En la catedral de *Jaca* aprenderemos la *segunda solución paradigmática,* y en *Conques* y *Paray-Le-Monial la tercera,* y con ese amplio bagaje nos acercaremos a ejemplos tan interesantes como *Cardona, Speyer, y Maguncia, con apoyos situados a diferente cota.*

Por último, *San Vicente, en Ávila*, y las catedrales de *Salamanca, Compostela y Ourense* nos acercarán a la escenografía integral que construye con rigor y extrema precisión un *camino iniciático* para los fieles en la nave, y un *mecanismo de justificación jerárquica* para quienes presiden y ofician el ritual desde la cabecera, todo lo cual podremos ratificar ampliamente en *Ely, Durham, Peterborough, Lincoln, Salisbury, Coutances, Il Gesù y Sant'Andrea della Valle.*
El capítulo finaliza con algunas soluciones muy sugerentes: *La Seu Vella de Lleida, y la colegiata de Toro; Le Dorat; un trampantojo en Sant'Ignazio di Loyola, en Roma; Cardona* y el trabajo de *Bramante en Santa Maria delle Grazie, en Millán. Se cierra definitivamente con tres cúpulas insoslayables: la más poderosa –San Pedro, en el Vaticano–; mucho más que un simple alarde técnico –el duomo de Florencia–; y una aproximación a los orígenes imperiales –Hagia Sophia, y Sergio y Baco, en Estambul–.*

El pequeño formato de estas arquitecturas, su rápida construcción, el cuidado puesto en su ejecución, y su transparencia visual, ofrecen la oportunidad de acercarnos a los criterios de planificación escenográfica de alguno de los arquitectos históricos más renombrados. Los momentos de sumo placer observacional van a ser, pues, muy abundantes.
Como siempre, comenzaremos con algunos ejemplos simples *–Sull, Lillet, Torres del Río y Eunate–*, para acercarnos enseguida a estructuras más complejas*: Santa Maria della Pace, en Roma; Ottmarsheim y la capilla Palatina, en Aquisgrán; el trabajo de Longhena en Santa Maria de la Salute, en Venecia; Liebfrauenkirche, en Tréveris; la Rotonda di San Lorenzo, en Mantua y la Round Church en Cambridge.* Después analizaremos con mucho detalle los rupturistas proyectos *de Brunelleschi para la cappella de'Pazzi; de Giuliano de Sangallo en Prato; de Rafael –o Bramante– en Sant'Eligio, en Roma; posiblemente de Bramante en Todi; de Bernini en Ariccia y en Sant'Andrea al Quirinale; y de Borromini en San Carlino alle Quattro Fontane y Sant'Ivo alla Sapienza, en Roma.*

¿Cuándo comenzó el tratamiento escenográfico del espacio sacro de disciplina cristiana? ¿Cuál fue el nivel de elaboración espacial de los primeros templos basilicales? Estas son las preguntas que busca clarificar este capítulo.
Sant'Apollinare in Classe nos enseñará la *solución paradigmática* para el espacio basilical, que *Santa Sabina y Santa Maria in Domnica, ambas en Roma,* ratificarán de modo inmediato. Después nos acercaremos hasta *Sant'Agnese f.l.m., Santa Cecilia in Trastevere, Santa Maria in Trastevere y San Paolo f.l.m., todas ellas en Roma; y San Miniato al Monte, en Florencia, y San Bartolomeo in Pantona, en Pistoia.*
Finalizaremos en Rávena, visitando el minimalista *Battistero degli Ariane* y la exuberancia escenográfica *de San Vitale.*

SEGUNDA PARTE: ARQUITECTURA CEREMONIAL ROMANA Y ETRUSCA

Intrigados por el altísimo nivel de elaboración espacial de las primeras basílicas cristianas, y con el recuerdo todavía fresco de lo visto en San Vitale, nos preguntaremos si la tradición constructiva imperial romana pudo estar detrás de los proyectos fundacionales para su última religión oficial.
Cada marco ideológico y político define sus propios criterios escenográficos, y su observación requiere de un nuevo aprendizaje visual. Comenzaremos, pues, por algunos ejemplos simples, como la *Villa romana de Centcelles, en Tarragona; el Aula Octogonal*

de las Termas de Diocleciano, en Roma; el Templo de Zeus, en el Asklepieion de Pérgamo; y el Tempio Rotondo, en Ostia. Después nos acercaremos hasta algunos espacios del mayor rango institucional: *el Mausoleo de Teodorico, en Rávena; el Mausoleo de Constantina y el Panteón de Adriano, ambos en Roma. La Biblioteca de Celso, en Éfeso, y la Sala de los Filósofos, en Villa Adriana,* añadirán diversidad espacial, y esta última visita nos abrirá las puertas a un mundo inesperado: el tratamiento ceremonial y de prestigio en los complejos termales, ejemplificado en *las Grandes Termas de Villa Adriana y en las Termas Masculinas de Herculano.*

Pero el espacio absidal romano también puede asumir funciones sacras y de culto imperial: lo podremos comprobar en *Eumachia, el Templo de Vespasiano, el Santuario de Lari Pubblici, y el Macellum, todos ellos en Pompeya,* y lo confirmaremos en *Villa Casale, en Sicilia; La Sede degli Augustali, en Ostia; y el Larario de Villa Popea, en Oplontis.*

En análisis del espacio romano se cierra con tres magníficos ejemplos de su mejor voluntad ceremonial –la *Basílica imperial de Majencio/Constantino y el Ara Pacis Augustae, ambos en Roma;* y con la sorprendente visita al *Sacello degli Augustali, en Herculano.* Dos templos republicanos y un mausoleo del siglo II a.n.e. cierran el análisis.

Llegados a este punto es inevitable preguntarse por las posibles fuentes de inspiración de este quehacer constructivo romano, y Etruria es una posibilidad obligada. Con ese fin, y ante la dificultad de encontrar otros espacios con un grado de conservación que permita un análisis visual mínimamente riguroso, nos acercaremos a la *Necrópolis de la Banditaccia, en Cerveteri,* para visitar *las Tumbas Polícroma, Mengarelli, de los Vasos Griegos, de la Cornisa y de los Capiteles.* No es fácil aceptar lo observado.

TERCERA PARTE: ESPACIO SACRO GRIEGO Y MICÉNICO

Hemos retrocedido hasta el siglo VI a.n.e., y los interrogantes se actualizan: ¿se planteó Grecia algún tratamiento escenográfico para su espacio sacro? Por lo que se refiere a su marco exterior, el acuerdo en positivo entre los especialistas es unánime, pero ¿lo extendió a su espacio interior?

Dos templos murales de pequeño formato –*Hera Matronale, y el Megarón del Santuario de Deméter Malophoros,* ambos en *Selinunte, Sicilia*– serán los encargados de iniciar nuestra mirada en la observación del espacio interior sacro de tradición griega. Después visitaremos los templos columnarios de *Poseidón* y de *Atenea*, ambos en *Poseidonia –la Paestum romana–*, lo que nos dejará en muy buenas condiciones para volver a *Selinunte*, y analizar con mucho detenimiento la estructura del opistodomo y de la sala sacra de su *Templo E.* Dada la escasa atención que la bibliografía especializada presta al espacio interior griego, la sorpresa es enorme, solo superada por la coherencia de lo encontrado con el altísimo nivel de elaboración de la estructura exterior de este tipo de templos: ni una malla geométrica ni una secuencia numérica o proporcional rige su diseño, que sí se muestra ajustado a una trama escenográfica de extrema precisión.

La búsqueda de espacios griegos bien conservados nos lleva hasta Micenas, y su visita nos regalará una triple sorpresa, pues *el Tesoro de Atreo, la Tumba de Clytemnestra y la Tumba de Tiryns,* todas ellas fechadas en el siglo XIII a.n.e., presentan una estructura escenográfica con tal nivel de elaboración simbólica, que entendemos la posible incredulidad del lector ante lo que afirmaremos en el texto, incredulidad que solo se desvanecerá cuando visite esas tumbas y disfrute de las exquisitas observaciones que su trama visual propone y construye.

CUARTA PARTE: IDEOLOGÍA EN LA ARQUITECTURA SACRA DEL ANTIGUO EGIPTO

Si Micenas ha hecho retroceder nuestros pasos hasta una fecha tan temprana como el siglo XIII a.n.e., parece sensato preguntase si pudo compartir ese saber con algún otro pueblo mediterráneo. Los templos egipcios son una posibilidad, y su comparación, por ejemplo, con el espacio sacro cristiano, da pie a una aleccionadora reflexión sobre la íntima relación entre la estructura espacial sacra y la cosmología específica que lo patrocina.

Kom Ombo, El Dakka, Dendera, Filae, Edfú y Kalabsha nos explicarán las bases instrumentales e ideológicas del espacio interior adscrito al *modelo clásico faraónico*, y los templos de *Beit el-Wali; Ramsés II y Nefertari, en Abu Simbel; Seti I, en Abidos; y el Templo de Amada, a orillas del Lago Nasser,* nos acercarán hasta los orígenes del Imperio Nuevo, en el siglo XV a.n.e. Su visita constatará la enorme creatividad de los arquitectos faraónicos para ajustar el espacio interior sacro al ritual funerario y a la visión cosmológica egipcia, con absoluta sistematicidad a lo largo de casi 1.500 años, y desconcertante precisión en todos los casos analizados.

*Un **breve comentario sobre los posibles orígenes de la trama visual** cerrará esta parte.*

QUINTA PARTE: MALTA Y GOZO YA CONSTRUYERON ESPACIOS ESCENOGRÁFICOS MUY ELABORADOS

Resulta difícil imaginar de antemano que un tratamiento escenográfico bien elaborado pudo estar presente en el trabajo arquitectónico egipcio, pero la sorpresa más desconcertante de todo este largo viaje ocurrió en las islas de Malta y Gozo. Sus cinco templos megalíticos mejor conservados, apenas mencionados en los manuales de historia de la arquitectura, mantienen una estructura interior suficiente para que una mirada experimentada reconozca la presencia de una *solución escenográfica* muy coherente con la que 2.000 años más tarde utilizaron los arquitectos egipcios para sus templos. Extraordinario.

Ejemplificaremos tan rotunda afirmación visitando los *Templos B y C del complejo Mnajdra, y el Templo C de Hagar Qim, ambos en la isla de Malta; y los Templos B y C del complejo de Ggantija, en la isla de Gozo,* construidos todos ellos entre los años 3.500 y 3.000 a.n.e. Sencillamente extraordinario, por lo inesperado, y por el nivel de desarrollo social e ideológico de la sociedad que fue capaz de construirlos.

Cierra el texto un ***breve glosario** (pág 556)* y un ***índice por lugares** (pág 560)* encargado de facilitar la visita a los edificios analizados.

Primera Parte

Escenografía doctrinal cristiana

Capítulo I

Seducción y control como criterios hegemónicos de validación espacial

TRATAMIENTO ESCENOGRÁFICO DEL ESPACIO CRUCIFORME CRISTIANO

"En cada espacio existe algo (...) que se dirige al sentimiento y algo que se dirige a la razón. Aquí vamos a hablar del segundo caso."
Paul Fraunkl

Iniciamos esta memoria en el lugar en que realmente comenzó la experiencia: en ***Santa Maria de Barberà***. La sinceridad de las formas implicadas en su planta cruciforme[1] permite una primera aproximación, muy intuitiva y ordenada, a su estructura espacial.

Al medir su interior[2] es inmediato constatar que los diferentes espacios parciales se acercan a formas geométricas simples: la nave a un doble cuadrado, el crucero a un rectángulo "4 a 3", y los brazos a sendos cuadrados –más preciso el izquierdo y bastante irregular el derecho–. La cabecera central se inscribe en otro rectángulo "4 a 3", pero diferente al del crucero. Se trata de un resultado inicial tan estimulante como insatisfactorio, por los desajustes observados entre esas figuras y la construcción real, algunos de ellos detectables a simple vista. Los más notables son la presencia de un crucero romboidal, con la cabecera más estrecha que la nave, y la asimetría de los brazos, con el derecho muy poco ortogonal.

¿Por qué su arquitecto no planificó los brazos ortogonales y simétricos?, ¿por qué no ajustó el crucero a una forma regular, dotando de similar anchura a la cabecera y a la nave?, ¿por qué esa falta general de precisión? La respuesta más frecuente ante estos "déficits" –habituales en muchos templos y ciertamente sorprendentes de encontrar en una "residencia" dedicada a albergar a un dios– es calificarlos de "errores constructivos", y achacarlos a la falta de experiencia del arquitecto y del equipo de trabajadores implicados en la construcción. Pero no creemos que este tipo de respuestas sean demasiado útiles en la mayoría de los casos, pues se limitan a dejarnos impotentes ante la ignorancia.

¿Eran geómetras y constructores muy limitados, o estamos equivocando el modo en que tratamos de comprender estos edificios? Todo espacio sacro ¿es una mera agrupación de espacios parciales definidos de forma individual, o es un espacio concebido globalmente? ¿No sería mejor valorar cada espacio, no por su forma individual, sino por su relación con los espacios contiguos, es decir, por su contribución al espacio total? Veamos si este cambio en el punto de vista nos aporta algún resultado de interés.

1 Integrada por una nave longitudinal, el crucero, los brazos con los absidiolos laterales, y la cabecera central. Su perfil perimetral se cierra con un muro continuo.

2 Durante el trabajo escolar también medimos sus dimensiones exteriores, comparándolas con las interiores, lo que motivó algunas reflexiones de interés. Pero aquí, como a lo largo de toda la memoria, nos limitaremos al análisis del espacio interior.

I – OPTIMIZACIÓN VISUAL EN EL ESPACIO CRUCIFORME

Al acceder a la nave de Barberà, desde el umbral de la puerta frontal vemos al completo el ábside central, pero apenas podemos observar lo que pueda estar sucediendo en los absidiolos laterales. Según avanzamos por el eje axial del edificio nuestra visión de la cabecera se amplía, y al llegar cerca de la mitad de la nave –este dato es irrelevante– nos sorprende la aparición de dos estrechas franjas verticales de luz procedentes de los vanos situados al fondo de los absidiolos. Es un efecto escenográfico curioso, reforzado por la dirección del perfil de sus vanos (croquis 1), pero no tiene nada de extraordinario, pues siempre que un edificio cruciforme sea simétrico respecto de su eje longitudinal –y sus absidiolos no muy profundos–, esa situación debe ocurrir necesariamente, al margen de la voluntad del arquitecto.

ACCESIBILIDAD VISUAL DESDE LA NAVE

Lo verdaderamente significativo es que, si ahora nos desplazamos a derecha e izquierda, hasta situarnos *junto a los muros laterales* de la nave, siempre a la altura del punto desde el que hemos observado las dos franjas de luz –punto que llamaremos ***centro óptico***–, vemos el *extremo riguroso del brazo opuesto*: el croquis 1 lo muestra[3]. A la línea transversal que se apoya en el *centro óptico* la llamaremos ***eje visual***: desde cada uno de sus extremos dejamos de ver lo que ocurre en el absidiolo frontal, pero disponemos de plena ***accesibilidad visual*** sobre el absidiolo opuesto, hasta el extremo riguroso del brazo.

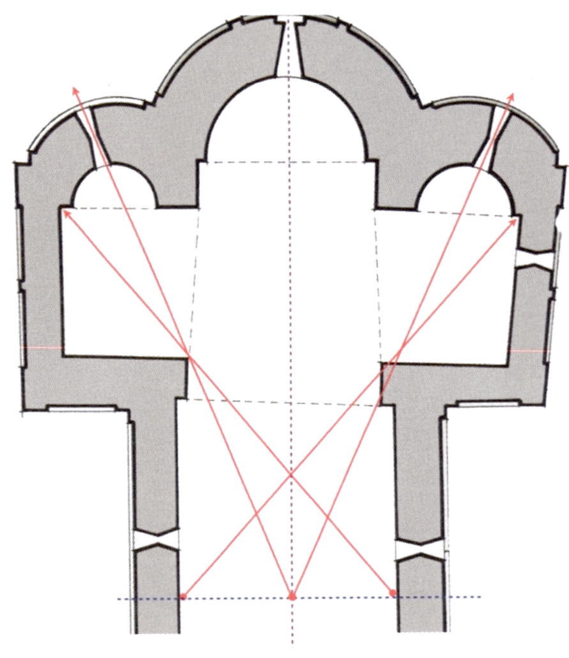

Croquis 1. Santa Maria de Barberà: trama visual desde la nave. Planta tomada de J. Vigué.

Esta *doble alineación desde el eje visual* –con el fondo de los absidiolos desde su punto medio, y con los vértices de los brazos desde sus extremos–, es un gesto esencial para los objetivos escenográficos del edificio, y solo ocurre si se ha buscado. Ya no basta con que el edificio sea simétrico. Para que el espacio interior tenga ese comportamiento visual es necesario que la anchura de la nave, la longitud y anchura de los brazos, la profundidad de los absidiolos y la posición de sus vanos, y el emplazamiento del eje visual en la nave, hayan sido decididos de forma coordinada, y ajustadas sobre el terreno, hasta asegurar la correcta precisión de las visuales implicadas.

Antes de generalizar hay que comprobar cómo se comporta esta parte de la trama visual en otros muchos edificios, pero ya avanzamos que *acabamos de identificar la* ***primera ley fuerte de validación visual, encargada específicamente de optimizar la accesibilidad visual desde la nave sobre la cabecera:*** *desde los extremos del eje visual se busca el extremo del brazo opuesto –el vértice riguroso es la solución paradigmática–, lo que permite ver todo el ábside central y el absidiolo opuesto. Desde el centro óptico, además de ver todo el ábside, se busca un punto simbólico de los escenarios auxiliares –el fondo de los absidiolos o la clave del arco de entrada, son las soluciones paradigmáticas[4]– lo que nos permite observar, en general, hasta "la mitad de cada absidiolo".*

3 Recordemos que siempre dibujamos las visuales observadas sobre el terreno, aunque, como en este caso, crucen por encima de uno de los vértices de la nave. Cuando eso ocurre, se debe a la poca precisión de la planta.

4 La referenciada en el *fondo de los absidiolos* la podemos observar en templos cruciformes tan dispares como Santa Cecilia, en Montserrat; Sant Jaume de Frontanyà; Santa Maria de l'Estany; Sant Ponç de Corbera; Sant Benet de Bages; Santa Eufemia de Cozuelos; Estíbaliz; San Salvador de Cantamuda; la abadía de Montmajour; la catedral de Senez; la iglesia de Bayons; la chapelle de Vergons; Sant'Agata, en Asciano; y Sant'Andrea, en Mantua. Situar la referencia en la *clave del arco* de acceso a los absidiolos fue la opción, por ejemplo, de los arquitectos de Saint Genís, en Fontaines; Sant Miquel, en la Seu d'Urgell; Saint André, en Sorède; la abadía de Boscodon; la catedral de Saint Pierre, en Maguelone; y San Francesco, en Siena.

Barberà nos acaba de enseñar la importancia de los aspectos escenográficos en el diseño del espacio sacro, y su objetivo fundamental: *optimizar la visión* de lo que ocurre en la cabecera, a cuyo buen fin deben colaborar la forma y dimensiones de todos y cada uno de los espacios implicados. Por ejemplo, si la longitud de los brazos fuese algo mayor, una parte de los escenarios auxiliares de Barberà no se podría observar desde los extremos del *eje visual. ¿Qué sentido normativo tendría en una arquitectura sacra una situación de ese tipo?*

Volveremos más tarde sobre el comportamiento del *eje visual*, pero ahora nos interesaremos por la relación entre la nave transversal y la cabecera central.

ACCESIBILIDAD VISUAL DESDE LOS BRAZOS Y CONTROL DESDE LA CABECERA

En 1.919 se descubrió en este templo un conjunto de pinturas del siglo XII entre las que destaca un notable pantocrátor situado en la bóveda de su ábside: *¿establece esa imagen alguna relación privilegiada con los espacios que la entornan?*

Al desplazarnos por los brazos de Barberà, junto al muro contiguo a la nave, la mirada del pantocrátor nos sigue, y no deja de observarnos incluso cuando alcanzamos los vértices extremos de ambos brazos. Su vigilante mirada –no especialmente feroz, la verdad sea dicha– nos acompaña durante todo el recorrido, y cuando alcanzamos ambos vértices se alinea con las impostas que decoran los machones de acceso al ábside, impostas que parece remarcar su posición. El croquis 2, y las imágenes 1 y 2 recogen esa situación.

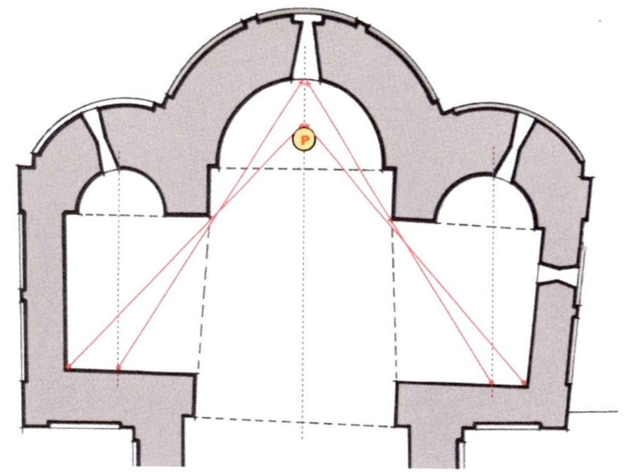

Croquis 2. Santa Maria de Barberà: accesibilidad visual desde los brazos sobre la cabecera central. El pequeño círculo en el interior del ábside señala la posición del rostro del pantocrátor en su bóveda.

A destacar que este efecto se produce en Barberà con precisión muy similar desde ambos brazos, ¡¡a pesar de su forma desigual!! Íbamos a escribir *irregular*, pero ¿cuál es la regularidad?: la plena simetría de los brazos y el trazado ortogonal de sus muros perimetrales, o la coincidencia con la mirada del pantocrátor desde sus extremos. En clave geométrica deberíamos optar por la simetría y la ortogonalidad, pero en la mentalidad religiosa de los siglos XI y XII *¿no sería mucho más importante sintonizar correctamente con la sugerente y controladora mirada del pantocrátor, que trazar los brazos a escuadra y cartabón?*

Lo que Barberà nos acaba de mostrar es un gesto proyectual muy importante, que pone de manifiesto una clara relación entre la posición del rostro del pantocrátor en la bóveda del ábside, los vértices extremos de ambos brazos, la altura de la línea de impostas en el machón de la cabecera *¡¡¡y la altura de la mirada del observador!!!* Se trata de un excelente ejemplo de *arquitectura a escala humana*, entendiendo por tal aquella que, en el momento de definir sus dimensiones, tiene muy presente las de las personas que lo van a habitar.

Tal como muestran las imágenes 1 y 2, el efecto visual es tan contundente en términos escenográficos y simbólicos, que consideramos innecesario dedicar mucha tinta al tema: el pantocrátor ha de poder ser observado *–accesibilidad visual–* e imponer su autoridad hasta el extremo de ambos brazos *–pleno control–*. Para que funcione esta doble acción –que la divinidad *"vea"* y *"pueda ser vista"*–, la posición del rostro del pantocrátor se ha de situar sobre la vertical del *corte de las visuales procedentes de los vértices de los brazos* –lugar al que denominaremos ***punto de máximo control***–. Su papel es muy valioso, pues también señala la posición más retrasada que puede ocupar el oficiante en la cabecera si desea *imponer su presencia hasta los extremos de los brazos*. El balance es claro: *rasgos tan básicos como **la seducción, el control y la imposición presencial son los encargados de gestionar y validar ideológicamente la combinación de formas y dimensiones** de la nave transversal y del ábside central, con el pantocrátor como referencia de la máxima calidad simbólica. Y eso tanto en las arquitecturas que lo incluyen como en las que se diseñaban previendo su inclusión*. Excelente. *No solo comenzamos a entender mejor **cómo se pudieron diseñar estos espacios, sino también el porqué de tal diseño, sus objetivos y sentido**.*

Imagen 1. Visual desde el vértice del brazo izquierdo de Barberà, al pantocrátor en el ábside.

Imagen 2. Visual desde el vértice del brazo derecho de Barberà, con la imposta remarcando el rostro del pantocrátor.

LA PROFUNDIDAD DE LA CABECERA TAMBIÉN ES UNA CUESTIÓN ESCENOGRÁFICA

La posición del punto más profundo del ábside es, sin duda, otro tema fundamental en la definición de la cabecera. Un ábside profundo configura un escenario amplio, capaz de albergar ceremonias más complejas, con numerosos decorados y figurantes; pero su parte más profunda puede quedar oculta a la mirada de las personas situadas en los extremos de los brazos. Por contra, un ábside corto gana en *accesibilidad visual*, pero pierde capacidad para acoger representaciones espectaculares, y acorta la distancia entre los fieles y el espacio reservado a las jerarquías y al oficiante, contraviniendo de ese modo la firme segregación que el doctrinario cristiano fija entre ambos ámbitos. Parece, pues, necesario buscar una solución de compromiso que permita retrasar todo lo posible la posición del fondo del ábside, pero manteniendo una buena capacidad para reclamar la atención de los fieles desde algún punto normativo acordado para los brazos. *¿Cuál puede ser ese punto normativo?*

La forma más inmediata de identificarlo es buscar, sobre el terreno, desde qué lugar de los brazos vemos el fondo del ábside y encontrar que sistematicidad cumple: tal como muestra el croquis 2, en Barberà una buena aproximación son los ejes de los absidiolos, solución muy interesante pues pone en relación directa la estructura de los escenarios auxiliares con la del escenario principal, reforzando de ese modo el carácter colegiado y unitario del espacio escenográfico[5].

Esta *doble alineación visual* –con el *punto de máximo control* desde los extremos de los brazos y con el fondo del ábside desde una *marca constructiva*[6] en los brazos–, es otro gesto escenográfico esencial, y para que ocurra es imprescindible la correcta coordinación entre la longitud y la anchura de los brazos, la forma y dimensiones del crucero, y la anchura y profundidad de la cabecera. Una vez más la correlación entre espacios anexos se muestra determinante de la forma y dimensiones de cada uno de ellos.

*Estamos ante la **segunda ley fuerte de validación visual**, aquella que **optimiza la capacidad de seducción y control entre la cabecera y la nave transversal**, asegurando sistemáticamente la impositiva presencia de la autoridad divina y eclesiástica hasta los extremos de los brazos, y una relación clara y precisa entre el punto más profundo del espacio sagrado y un punto significativo de los brazos.*

PARTICIÓN DEL ESPACIO INTERIOR ASOCIADA AL PUNTO DE MÁXIMO CONTROL Y AL EJE VISUAL

Barberà nos acaba de enseñar que *cuando el espacio interior de una arquitectura sacra cristiana se fragmenta y diversifica, es primordial asegurar la máxima cohesión visual entre sus partes, y para conseguirla la trama actúa como criterio hegemónico* que pauta y orienta, tanto la elaboración del proyecto, como su ajuste sobre el terreno. Cuatro juegos de líneas visuales se muestran suficientes para establecer una relación precisa entre puntos tan esenciales como los cuatro vértices del crucero, todos los vértices de los brazos, el punto más profundo del ábside, la proyección en planta de la posición del rostro del pantocrátor, la posición de los vanos más profundos de los absidiolos... El croquis 3 lo muestra, y el resultado es contundente: lo que en Barberà se muestra bastante impreciso e irregular en términos geométricos, es mucho más nítido y coherente en términos escenográficos y simbólicos.

Hemos avanzado bastante en la comprensión del espacio interior, en sus fines y objetivos, y en el papel instrumental que la trama desempeña para conseguirlos. No está mal como primera respuesta a las preguntas iniciales. Pero los cuatro juegos de líneas visuales que acabamos de resumir no definen un proyecto constructivo completo y específico, pues si fijamos los vértices del crucero y "estiramos o encogemos" los brazos, arrastrando los extremos de las líneas visuales que confluyen en sus vértices, todas las formas encontradas seguirán cumpliendo con las alineaciones visuales que hemos reconocido en Barberà. Tampoco ha quedado definida la posición del muro a los pies del templo. Nos hemos acercado al núcleo del problema, pero todavía faltan elementos importantes para comprender la solución completa que define un proyecto constructivo.

5 Hemos comprobado que por esa misma solución optaron Sant Miquel, en la Seu d'Urgell; Sant Benet de Bages; Sant Jaume de Frontanyà; Sant Pau del Camp; Santa Margarita, en Santa Cruz de Serós; el Monasterio de Siresa (con buena precisión desde el brazo izquierdo, pero muy desviada desde el brazo derecho); la chapelle de Vergons; la catedral de Saint Pierre de Maguelone; S. Maria y S. Clemente, en Schwarzrheindorf; e Il Gesù y Sant'Andrea della Valle en Roma.

6 Llamamos *marca constructiva* a un punto fácilmente identificable sobre el terreno, señalizado por algún elemento decorativo o constructivo –pilar adosado, pliegue, jamba de una puerta... o por una *partición* de una longitud inmediata.

Para avanzar hacia ese objetivo, y dada la importancia simbólica del pantocrátor, nos hemos preguntado si *la posición de su rostro está sujeta a algún criterio sistemático*. Al fijarla se debe tener muy presente el perfil esférico de la bóveda que lo acoge: retrasar la posición del rostro supone aumentar su verticalidad, lo que favorece su observación desde la nave, pero en este caso se debe acortar la longitud de los brazos pues recordemos que sus extremos no pueden quedar fuera del control de su mirada. Por contra, si optamos por adelantar la posición del rostro para ganar espacio en los brazos, se ha de tener muy presente que la curvatura de la bóveda del ábside provoca que el rostro adopte una posición cada vez más horizontal, lo que dificulta su observación desde la nave, sobre todo cuando el ábside no es muy alto. Necesitamos nuevamente una solución de compromiso.

¿Cómo resolvió este dilema el arquitecto de Barberà? Las mediciones realizadas en la cabecera apuntan a que optó por una *receta constructiva* que sitúa el *punto de máximo control* sobre ***una partición en términos enteros simples** de la profundidad del ábside* del tipo *"1 a 1"* –es decir, sobre su punto medio–, y *"1 a 2"* de la *profundidad total de la cabecera*, incluido el presbiterio.

La ejecución de esa *receta constructiva* es muy simple, pues basta tomar una cuerda de longitud igual a la profundidad total prevista para la cabecera y plegarla en tres partes iguales: los cabos extremos coinciden con el inicio de la cabecera y el fondo del ábside, y los pliegues sitúan el final del presbiterio y el *punto de máximo control*, en cuya vertical el pintor debía situar el rostro del pantocrátor. Si la eficacia de una receta constructiva depende de cuan simple sea de aplicar, el proyecto para la cabecera de Barberà es un ejemplo extremo.

¿Ocurre algo similar para el *eje visual*? Las mediciones ofrecen una respuesta clara: en *Barberà* su posición está asociada a una nueva *partición en términos enteros simples*, del tipo "2 a 1" a favor de la cabecera, de la *longitud interior* total del edificio, desde el paño interior del muro al pie de la nave hasta el punto más profundo de la cabecera.

*La **tercera ley fuerte de validación legitima las posiciones del punto de máximo control y del eje visual, por su ajuste a sendas "particiones en términos enteros simples"**, respecto de la profundidad de la cabecera para el primero, y respecto del conjunto del espacio interior del edificio para el segundo.*

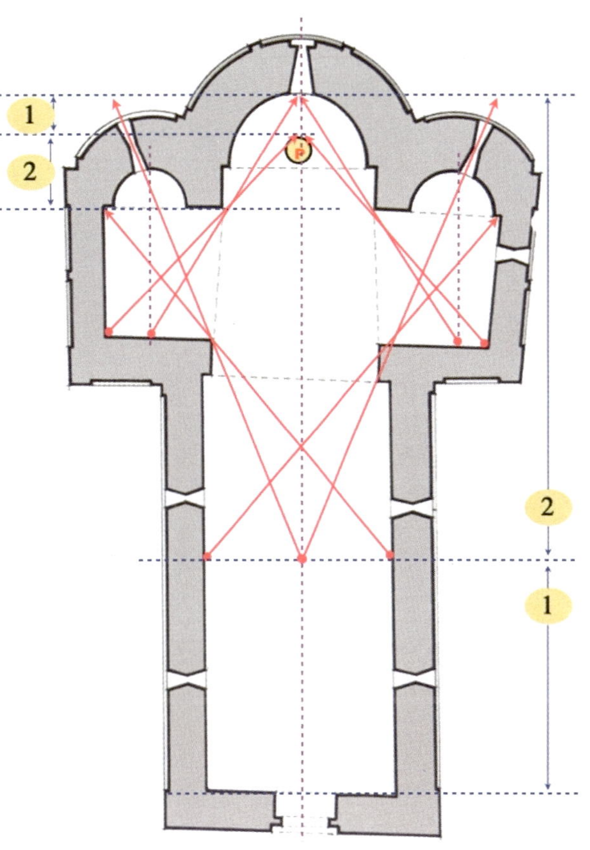

Croquis 3. Trama completa de Barberà, incluidas las particiones asociadas al punto de máximo control y al eje visual.

Ambas *particiones* completan el tratamiento relacional del espacio sacro, destacando que la asociada al *eje visual* pone en concordancia los extremos axiales del espacio interior, integrando el muro al pie de la nave en el proyecto global.

En términos constructivos, la noción de *partición* es muy rentable, pues supone que la posición de los elementos esenciales de la trama –*eje visual* y *punto de máximo control*– no se fija mediante un trazado geométrico, siempre complejo, ni en unidades de medida locales[7], sino por la simple *división en partes iguales de una longitud esencial del espacio interior* del edificio. Al comparar entre sí las dimensiones de cualquier templo no es difícil reconocer alguna relación del tipo √2, √3 o √5, generadas automáticamente por los instrumentos de dibujo

7 Hecho importante para los arquitectos y los artesanos que debían cambiar de lugar –y con ello de unidades de medida– en busca de nuevos encargos.

y construcción que utilizaban, pero cuando nos preguntamos por la posición de los elementos esenciales de la trama, siempre aparece ajustada con precisión muy razonable a una relación simple en cifras enteras, sin recurrir a números más complejos[8]. La apuesta por el uso de *particiones en cifras enteras simples* supone un fuerte condicionante para el trabajo del arquitecto, pues dificulta alcanzar una solución válida para el proyecto, sobre todo si desea respetar el posible programa geométrico previsto inicialmente para el espacio interior. Pero trabajar con números simples tiene muchas ventajas: por ejemplo, la sencillez de su trazado facilita la formación de los trabajadores implicados y minimiza la posibilidad de error. También simplifica el seguimiento del proceso constructivo y su ajuste al proyecto previsto, pues permite la fácil reproducción de este último en cualquier momento durante los muchos años que solían durar las obras en estos edificios. Sin un sistema numérico ágil y unos algoritmos simples para el cálculo, manejar cifras más complejas dificulta el trabajo práctico. Es cierto que con esa fuerte restricción la experiencia del arquitecto debía ser esencial para conseguir el encaje de todos los elementos espaciales y visuales implicados, y requería de un largo trabajo de preparación, rectificado y reelaboración a pie de obra. Pero tal esfuerzo se justifica si se traduce en una mayor facilidad en la ejecución y en el seguimiento de la construcción. Estamos ante una situación de *"máximo esfuerzo proyectual, para asegurar la mayor sencillez y agilidad al construirlo"*. ***Lo más esencial resuelto con lo más simple.*** Sabia decisión para evitar errores y asegurar el mejor cumplimiento de los objetivos fundamentales del proyecto.

II – RATIFICACIÓN AL PROTAGONISMO DE LA TRAMA CRUCIFORME

La intervención de la trama visual que acabamos de reconocer choca con nuestro escaso hábito en analizar el espacio interior sacro desde una perspectiva escenográfica, y desde los objetivos simbólicos e ideológicos que ese espacio debía materializar y transmitir. Pero, educada nuestra mirada en el uso del vocabulario observacional básico, y asimilada su lógica interna, vamos a poder comprobar que su manejo resulta tan simple y estimulante como eficaz en la sistemática comprensión de la estructura espacial de estas arquitecturas. Una excelente forma de comprobarlo es visitar la ***chapelle de Vergons*** y ***Sant Benet de Bages***, y comparar sus respectivas estructuras escenográficas con lo aprendido en Barberà.

Vergons fue edificada a los pies de los Alpes mediterráneos franceses en la segunda mitad del siglo XII – un siglo más tarde que Barberà–. Benet, edificio que tuvimos oportunidad de estudiar antes de la remodelación que hoy dificulta el disfrute de su excelente espacio interior, tomó forma en la última década del siglo XII en las proximidades de Barcelona.

La presencia de un pantocrátor ha sido esencial para entender los *mecanismos de seducción y control* que rigen la estructura espacial de Barberà, pero algunos elementos de su trama son poco precisos. No es el caso de Vergons, que, a pesar de sus reducidas dimensiones[9] y de su aparente modestia, posee un diseño exquisito y una construcción muy precisa, tanto en términos visuales como geométricos[10]. Benet posee unas dimensiones algo mayores, y también conserva bien el proyecto geométrico de partida[11]. Si repetimos en ambos templos las pautas observacionales seguidas en Barberà, las tramas obtenidas (croquis 4) presentan un sorprendente nivel de concordancia entre ellas, y con Barberà: *los apoyos y referencias de los cuatro juegos de líneas visuales son absolutamente idénticos, y las particiones asociadas son diferentes en sus valores numéricos, pero similares en su papel proyectual.*

La ***sistematicidad en los criterios de diseño espacial*** es un valor importante en nuestro análisis, y lo que acabamos de encontrar es una situación con tal grado de similitud, que parece como si sus respectivos arquitectos hubiesen estudiado en la misma escuela-taller, y sobre el mismo libro de modelos. Pero Vergons y Benet también ponen de manifiesto otro rasgo fundamental: *la trama visual no es un esquema cerrado de aplicación mecánica, sino un método de trabajo, de obligado cumplimiento en sus principios, medios y objetivos, pero flexible y rico en la diver-*

8 Las cinco primeras cifras van a ser suficientes, excepto en las grandes cabeceras de las catedrales góticas.

9 Similares a las de Barberà, con poco más de 18 metros de longitud interior.

10 Los aficionados a las figuras simples encontrarán aquí un esquema rico y preciso, que la trama visual no ha tenido que deformar para validarlo: cabecera, crucero y brazos se ajustan muy bien a rectángulos "3 a 2", y la nave a "2 y 1/2" cuadrados.

11 Sus pocos más de 30 metros de longitud interior acogen una nave también dimensionada en "2 y 1/2" cuadrados, un crucero y una cabecera inscritos en sendos rectángulos "4 a 3", y dos brazos cuadrados, mejor ajustado el derecho que el izquierdo.

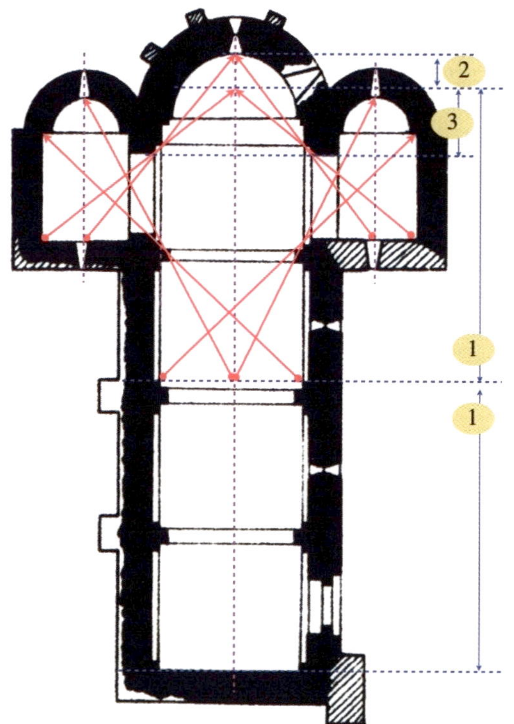

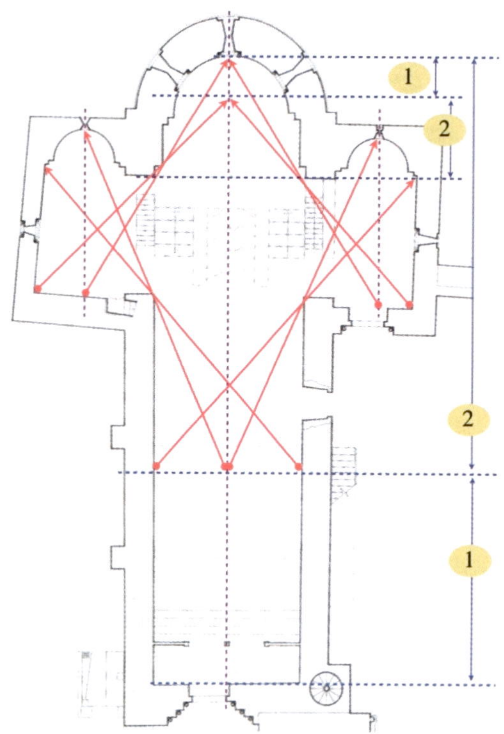

Croquis 4. Trama visual para la Chapelle de Vergons (izquierda, sobre una planta tomada de J. Thirion) y para Sant Benet de Bages (derecha).

sidad de soluciones posibles, capaz, no solo de permitir, sino también de estimular múltiples posibilidades creativas en el trabajo de los mejores arquitectos.

Ambos edificios todavía nos ofrecen otra reflexión de interés, que merece la pena ser destacada: no es fácil desde una visión geométrica justificar *por qué* sus respectivos arquitectos, en lugar de ajustar el espacio interior de la nave, por ejemplo, a 2 o 3 cuadrados, optaron por hacerlo a "2 y 1/2 cuadrados", forma muy poco elegante. Pero para la trama visual esa decisión fue esencial, ya que es servicial a que la posición del *eje visual* se ajuste a *una partición en términos enteros simples* –tan simple como "1 a 1" en Vergons y "2 a 1" en Benet– *del espacio interior.* Excelente: ***la geometría propone, pero es la trama quien decide hegemónicamente.***

III– LA TRAMA VISUAL COMO INSTRUMENTO HEGEMÓNICO

Se va consolidando la idea de que la estructura espacial de estas arquitecturas responde a un proyecto global, elaborado desde una lógica escenográfica y simbólica muy rigurosa, y trazado sobre el terreno con mucho cuidado y precisión. Por encima de cualquier otro criterio[12], las líneas visuales garantizan la correlación entre los diferentes espacios parciales asociando puntos constructivos esenciales de su perfil perimetral, mientras las *particiones* aseguran una relación simple entre la posición de los dos elementos nucleares de la trama visual –el *eje visual* y el *punto de máximo control*– y las dimensiones fundamentales del edificio.

La trama se muestra pues como un instrumento proyectual ágil y eficaz, muy consistente ideológicamente, pero no define un proyecto único y específico, pues solo determina relaciones entre puntos y entre dimensiones. ¿Qué falta? Muy simple: fijar el valor absoluto de una dimensión básica del edificio[13]. Cuando se hace, el proyecto queda definido al completo.

12 Dentro de las interpretaciones matemáticas, dos son los enfoques más frecuentes: los geométricos, que tratan de explicar cómo se pudieron definir los diferentes espacios a partir de figuras simples y trazados a compás, regla, escuadra y cartabón; los enfoques modulares, que buscan justificar las dimensiones del templo como múltiplos y submúltiplos de una dimensión de referencia, ajustada a algún sistema de unidades de medida, locales o de tradición romana.

13 Aquí es donde intervienen las unidades de medida locales, pues ese valor se debe acordar con el patrón contratante.

TRAMA VISUAL Y AJUSTE DEL PROYECTO SOBRE EL TERRENO

No es difícil imaginar al arquitecto dibujando "sobre papel" un primer esbozo de las formas y dimensiones estimadas para los espacios esenciales del futuro templo, y sobreponer sobre ellas los juegos de visuales de obligado cumplimiento, estimando finalmente el valor de las *particiones* obtenidas. Después necesitaba de toda su intuición y experiencia para ajustar una propuesta que tratase de respetar, dentro de lo posible, las primeras formas y dimensiones previstas para el edificio, y cumpliendo siempre con rigor las *leyes de validación visual*. Tras todo ello, también es inmediato imaginarlo, acompañado de sus ayudantes, estacas y cuerdas en mano, trasladando esa propuesta sobre el terreno, y repitiendo similar proceso de ajuste.

La nave transversal, lugar de encuentro de las visuales procedentes de la nave y de la cabecera, debía mostrar una gran flexibilidad para facilitar el encaje entre los apoyos y las referencias normalizadas, lo cual es coherente con el hecho reiteradamente observado de que, en general –y muy especialmente en los templos de menor rango institucional–, los brazos son los espacios menos ortogonales, peor ajustados a figuras simples, y con dimensiones más desiguales para sus lados. Ahora podemos entender mejor el motivo de esos hechos: en la mayoría de los casos esas "irregularidades" no se deben a errores de trazado ni a deficiencias en la construcción, sino a decisiones necesarias para que un proyecto con un programa geométrico insoluble con la trama, llegase a cumplir con las obligatorias *leyes de validación visual*. Como caso paradigmático, recuérdese el carácter desigual de los brazos de Barberà y la no ortogonalidad de su crucero, pero su excelente relación visual con el rostro del pantocrátor.

No es fácil hacer compatibles todos los elementos que integran el proyecto espacial y constructivo de estos edificios, y en muchas ocasiones la forma y dimensiones finales de los brazos acusan esa situación, mostrando hoy los costes de la factura que debieron pagar para conseguirlo. Los arquitectos más experimentados eran capaces de elaborar proyectos que cumplían con las reglas visuales, sin violentar en exceso las primeras formas previstas para sus espacios –Vergons y Benet nos lo han mostrado–, pero en otras ocasiones, el plan geométrico se veía bastante desfigurado para poder satisfacer las obligatorias normas de *accesibilidad visual, seducción y control*, siempre hegemónicas. En estos casos, hoy no podemos reconocer sobre el terreno formas simples, y no acabamos de entender la poca fineza de su trazado, llegando incluso a dudar del buen oficio de los equipos que las construyeron. Pero el problema se debe a que no estamos racionalizando los hechos observados mediante los criterios adecuados: no construían figuras geométricas, no trazaban proporciones simples, no levantaban muros, no cerraban bóvedas, no esculpían capiteles... Hacían arquitectura, que es más que la simple reunión mecánica de todos esos elementos. Debemos, pues, aprender a observar y a valorar el espacio interior sacro, en tanto que sacro, es decir, desde los objetivos ideológicos que debía satisfacer: *la escenificación de un marco doctrinal y simbólico en un espacio capaz de acoger las coreografías rituales asociadas al culto.* Por supuesto, la consecución de ese objetivo está muy por encima de la precisión en las formas geométricas construidas.

TRAMA VISUAL Y SEGUIMIENTO DEL PROCESO CONSTRUCTIVO

La respuesta a esta cuestión nos parece muy sólida: la trama visual reúne excelentes condiciones para facilitar la supervisión permanente del largo proceso de construcción de estos edificios, fuese cual fuese su duración y complejidad, pues *ninguno de sus elementos esenciales –apoyos, referencias, alineaciones visuales, y longitudes interiores asociadas a las particiones– quedaban cegados por la obra, cuando la construcción avanzaba.* Por lo tanto, si era necesario, se podía rehacer sobre el terreno el proyecto constructivo –o una de sus partes– en cualquier momento del proceso de edificación.

Además, una mirada experimentada, que sabe desde dónde mirar –apoyos– y qué puntos buscar –referencias–, puede verificar de forma muy fácil si se están cumpliendo las alineaciones visuales de validación. Y una simple cuerda permite comprobar el ajuste de las *particiones* previstas. La única condición para un correcto seguimiento de las obras es conocer los rasgos específicos del proyecto, muy fáciles de conservar, por ejemplo, en una breve nota escrita sin que sea necesario recurrir a planos como los que hoy utilizamos. Quizá a ello se deba el que no hayan llegado hasta nosotros ese tipo de documentos. El método de trabajo asociado a la trama visual no los requiere, por lo que es muy factible que no existiesen.

La sencillez y cercanía espacial de Barberà, Benet y Vergons dio pie a resolver sus proyectos con tramas bastante simples y muy próximas, lo cual nos ha permitido afianzar, por repetición, el valor de lo observado, dar consistencia a los conceptos nucleares de la trama visual, y familiarizarnos con su manejo. Lo necesitábamos. Pero, *¿qué ocurre cuando la estructura espacial se vuelve más compleja?*

RESPUESTA DE LA TRAMA VISUAL CUANDO LA CABECERA CAMBIA SU PERFIL

La complejidad más frecuente en la cabecera es un cambio en su perfil geométrico. Las tres arquitecturas analizadas hasta estos momentos poseen un ábside semicircular, pero *¿cómo se comporta la trama cuando el ábside adopta un perfil rectangular?*

Para responder a esta cuestión viajaremos hasta ***Santa Marta de Tera***, en Zamora. A lo largo de sus brazos encontramos un banco corrido; si aceptamos su ofrecimiento a tomar asiento y apoyamos la cabeza en los pilares del crucero, observaremos el punto medio de la ventana situada en el testero del ábside[14]. Desde los extremos de ambos brazos, nuestra mirada confluye sobre el *punto de máximo control*, situado sobre una *partición* "2 a 1" muy precisa de la profundidad del ábside.

Hasta aquí la similitud con una cabecera semicircular es plena, pero *Tera* nos aporta una novedad importante: *la trama se completa con un tercer juego de visuales que buscan los vértices del rectángulo absidal.* El apoyo en los brazos para esta nueva visual es una *partición* "1 a 2" bastante precisa. El croquis 5 lo muestra.

El balance es claro: *la estructura de un ábside rectangular se ha resuelto con idénticos recursos que los utilizados cuando el perfil es semicircular, con la novedad de que la presencia de unos puntos tan remarcados como los vértices del ábside permiten establecer una nueva relación visual, que incrementa el grado de cohesión entre los brazos y la cabecera.* Estamos utilizando la misma metodología de trabajo, pero, aprovechando la nueva geometría del ábside, la trama visual se ha enriquecido y densificado.

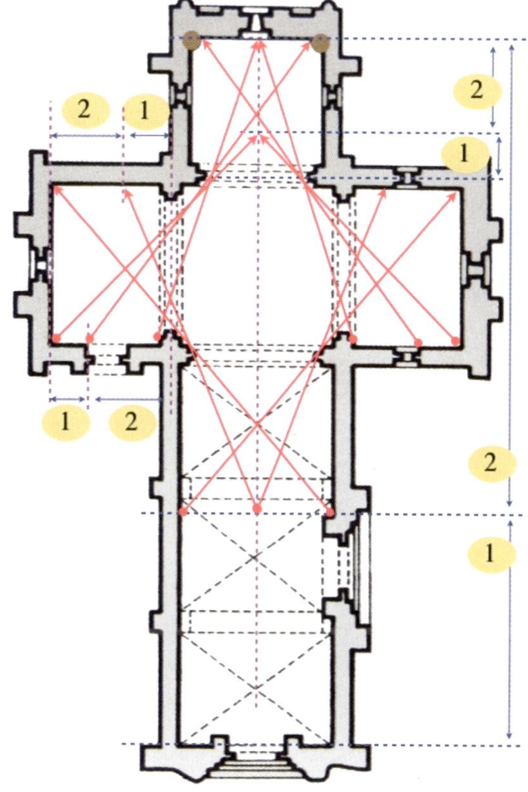

Croquis 5. Trama visual en Tera. En ausencia de absidiolos, el centro óptico busca referencia en una partición simple del brazo. Planta tomada de J. Vidaurre.

Excelente Tera, tanto en sus similitudes como en sus especificidades, y muy buen ejemplo de los dos momentos de placer que estas arquitecturas proporcionan a un observador atento: ratificar el esquema básico, y reconocer los rasgos específicos que todo proyecto ingenioso incluye, y preguntarnos por su significado simbólico.

RESPUESTA DE LA TRAMA ANTE UNA CABECERA DE GRAN TAMAÑO

La abadía de ***Montmajour*** –panteón de los condes de Provenza– es un excelente ejemplo para analizar cómo se comporta la trama ante una segunda complejidad: organizar una cabecera de gran tamaño.

La nave quedó inacabada, pero su cabecera permite un delicioso ejercicio de educación de nuestra mirada en esta nueva complejidad: las visuales desde los extremos de los brazos se cortan ahora bajo la clave del arco de

14 Por ejemplo, Saint Mathieu, en Bretaña, construye esa misma visual desde el pilar del crucero. Saint Genís, en Fontaines y Santo Tomás de Canterbury, en Salamanca; y Sant Pere de Rodes también lo hacen, en estos tres casos, con ábsides de perfil semicircular.

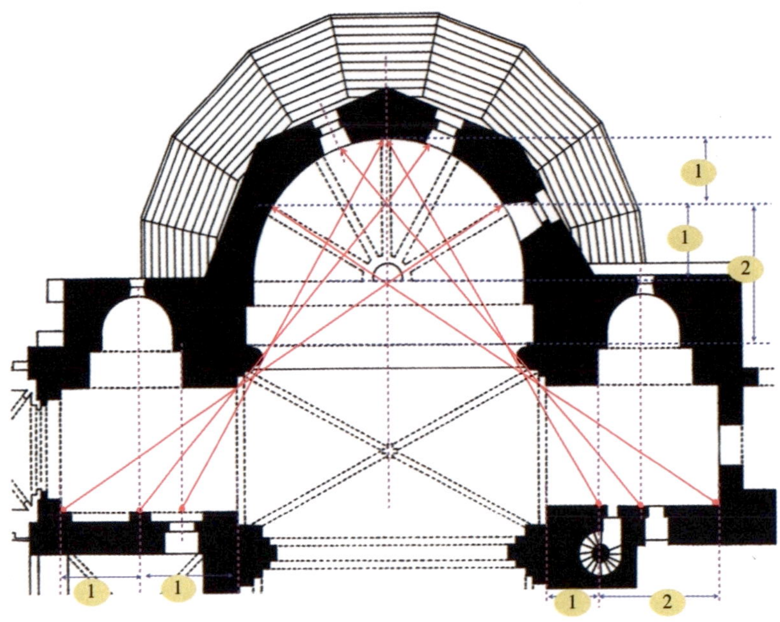

Croquis 6. Intervención del eje de control y del punto de máximo control en Montmajour. Para ganar espacio en la cabecera, la visual al fondo del ábside acerca su apoyo al crucero, hasta situarse sobre una partición simple de la longitud de los brazos. Planta tomada de Z-D. Seffadj.

acceso al ábside, posición que asume el papel de *punto de máximo control*[15]. Si prolongamos ambas visuales hasta su encuentro con el muro perimetral, a la línea que une esos puntos de encuentro la llamaremos ***eje de control***, y cumple una triple condición: en primer lugar, desde sus extremos se controla hasta los vértices extremos de los brazos, pues así la hemos definido (croquis 6). En segundo lugar, su punto medio, al que llamaremos ***punto de control*** –no confundir con el *punto de máximo control*– busca algún elemento significado de la estructura de los brazos: en Montmajour se asocia con los ejes de los absidiolos, rigurosamente en el lado izquierdo y con algo menos de precisión para el absidiolo derecho. La tercera condición es que este *eje de control* también lleva asociada una *partición* del espacio interior de la cabecera, por partida doble en el caso de Montmajour: una del tipo "1 a 1" de la profundidad interior del ábside y otra "1 a 2" sobre la profundidad interior total de la cabecera.

*Estamos ante la **cuarta ley fuerte de validación visual**, aquella que interviene cuando deseamos construir un escenario de gran profundidad. En ese caso, los mecanismos encargados de asegurar el control amplían sus recursos con la intervención del **eje de control**, que se comporta de modo muy simétrico a como lo hace el eje visual en la nave: desde sus extremos se busca el extremo del brazo opuesto, y desde su punto medio alguna marca constructiva en los brazos.*

Debido a la necesidad de ganar espacio en la cabecera, esta es la *estructura de control y de optimización visual* más frecuente en las arquitecturas sacras de disciplina cristiana. El *punto de máximo control* sigue activo, pero su protagonismo en exclusiva queda reservado a las cabeceras poco profundas. En las grandes, lo comparte con el *eje de control* que *Montmajour* nos acaba de enseñar.

Por otra parte, el comportamiento del *eje visual* en la nave de *Montmajour* resulta muy familiar: desde cada extremo se busca el vértice del brazo opuesto, y desde el *centro óptico* podemos observar una fina ranura de *luz* procedente de los vanos situados en el fondo de ambos absidiolos. Sistematicidad absoluta.

15 Es una decisión muy frecuente cuando la bóveda del ábside toma la forma nervada, forma que impide la presencia de un pantocrátor. Ahora podemos entender mejor por qué Barberà, Vergons y Benet no sitúan el *punto de máximo control* solo respecto de la profundidad del semicírculo absidal, sino que también lo hacen respecto de toda la profundidad de la cabecera. Hacerlo respecto del ábside solo es imprescindible cuando se va a incluir un pantocrátor en la bóveda esférica, pero en el resto de cabeceras el referente simbólico puede corresponder a la clave del arco, como ocurre en Montmajour, y en esos casos la referencia obligada para la *partición* es la profundidad del conjunto de la cabecera, regla universal, pues también la cumplen las cabeceras con pantocrátor.

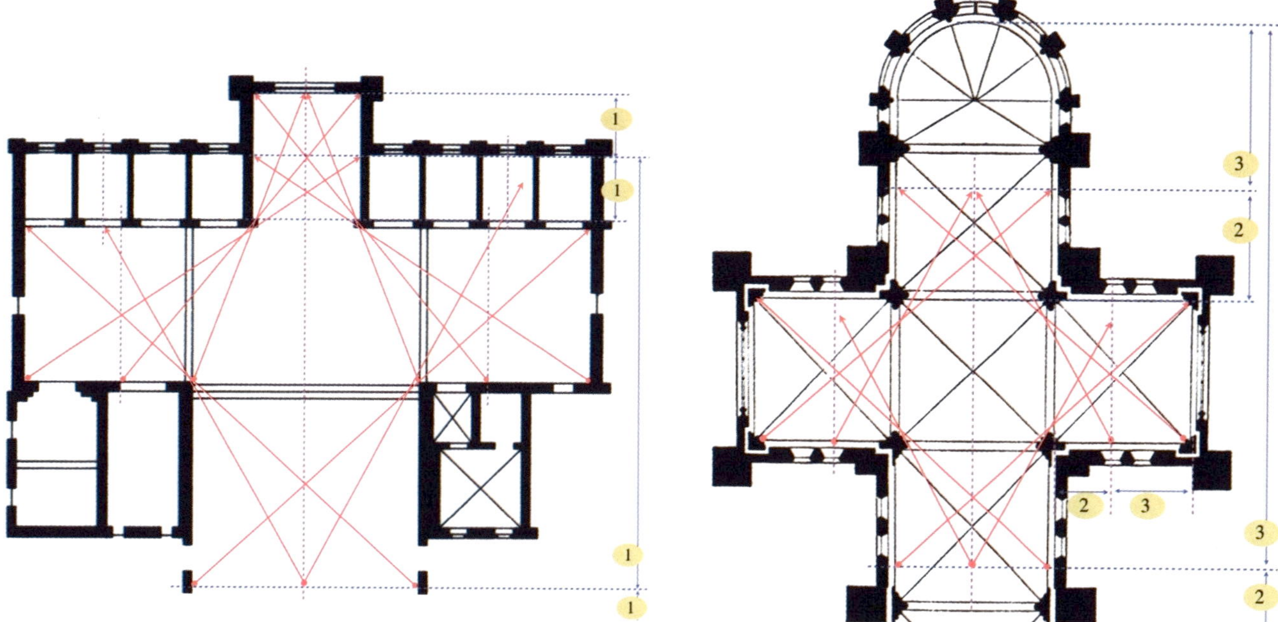

Croquis 7. Izquierda: trama visual para San Francesco, en Siena, con los apoyos en los brazos sobre sendas marcas constructivas: el eje central y el perfil del segundo absidiolo más periférico. Derecha: a partir de una planta de G. Dehio y de G. Bezold, trama en Angers. Como en Tera, en ausencia de absidiolos, las referencias para el eje visual de ambos templos se sitúan sobre particiones de la longitud de los brazos.

V – LA TRAMA TAMBIÉN GESTIONA LAS GRANDES ARQUITECTURAS INSTITUCIONALES

Los edificios que hemos estudiado hasta estos momentos poseen unas dimensiones modestas, y en todos los casos la trama visual ha sido capaz de explicar bastante bien su organización espacial. *¿Ocurre lo mismo en las arquitecturas destinadas a acoger las grandes concentraciones de fieles y los mayores fastos del poder eclesiástico y político?*

San Francesco, en ***Siena***, y la *catedral de* ***Saint Maurice***, en ***Angers***, nos ofrecen la oportunidad de analizar cómo se comporta la trama visual en dos espacios cruciformes de grandes dimensiones –más de 87 metros de longitud interior en Siena y 90 en Angers– que asumieron funciones institucionales bastante diferentes: Angers fue el gran espacio de representación ceremonial de la poderosa dinastía Plantagenêt, y San Francesco tuvo por objetivo rentabilizar al máximo la prédica franciscana, facilitando la concentración de fieles. Ambos edificios incluyen un escenario amplio, y por lo tanto el *eje de control* es quien asume el protagonismo principal en la configuración escenográfica de sus respectivas cabeceras. En la nave el papel hegemónico corresponde en todos los casos, y en exclusiva, al *eje visual.*

Como muestra el croquis 7, tanto Siena como Angers, dejan claro que *el incremento en las dimensiones del edificio no afecta al protagonismo de la trama visual ni a las soluciones que propone, que se siguen cumpliendo con rigor y plena normalidad.*

VI – RECURSOS QUE FACILITAN EL CUMPLIMIENTO DE LA TRAMA VISUAL

Al comparar las tramas de las arquitecturas analizadas hasta estos momentos es evidente que, *en todos los casos, estamos ante verdaderos proyectos integrales, en los que, si cambiamos una dimensión básica de cualquiera de sus espacios parciales, el orden visual se desmorona al completo, y con él también lo hace la lógica escenográfica y la carga simbólica construida.*

Cada paso que damos en el análisis hace más evidente la gran dificultad de cumplir con las exigentes condiciones marcadas por los criterios de optimización visual, y su posible compatibilización con un plan geométrico para el edificio. Si a ello sumamos la necesidad de dotar al espacio de valores plásticos y rasgos sugerentes y emotivos, las dificultades se multiplican exponencialmente. Para facilitar el trabajo de encaje, los profesionales se dotaron de algunos recursos de uso frecuente, que las arquitecturas que hemos analizado ya nos han enseñado.

EFECTO "DIAFRAGMA"

Si centramos nuestra atención en las visuales que, desde los brazos de Tera, buscan los vértices y el punto medio del muro trasero de su cabecera (croquis 5), no es complicado calcular que, según las dimensiones y forma geométrica de sus brazos y ábside, tales alineaciones no se deberían producir. *¿Cómo consiguió el arquitecto hacerlas realidad sobre el terreno?. ¡¡¡adosando en la parte interior de los machones de acceso a la cabecera sendas semicolumnas de notable envergadura!!!* La carga plástica e ideológica de esa decisión es evidente: realzar el arranque de la cabecera y remarcar la segregación del espacio sacro, lo cual refuerza su carácter jerárquico. Pero también es importante su papel dentro de la estructura visual de la cabecera: *esas semicolumnas asumen la misión de "cerrar" la entrada al ábside, orientando nuestra mirada –las visuales– hasta enfocarla sobre las referencias simbólicas y escenográficas normalizadas.*

Estamos ante lo que denominamos "efecto diafragma", encargado de asegurar la precisión en la relación visual entre un apoyo situado en un espacio –los brazos en este caso– y su referencia en otro espacio –la cabecera–, mediante la manipulación del apoyo tangencial –el machón de acceso a la cabecera–, adosándole un ligero cerramiento –una semicolumna en este caso– de grosor adecuado al objetivo buscado. Es un recurso de uso muy frecuente, que solo destacaremos cuando el cerramiento sea de envergadura manifiesta, como ocurre en Tera.

Estamos ante un alarde de ingenio y sutileza proyectual, al servicio del mejor cumplimiento de los objetivos escenográficos fijados para el espacio interior del edificio, con absoluta coherencia y fidelidad al método de trabajo que los asegura.

EFECTO "PLIEGUE"

El arquitecto de Tera también situó sendas columnillas adosadas a los vértices más profundos del ábside, cuya misión plástica vuelve a ser evidente: romper la monotonía de una entrega a sangre entre dos muros lisos. Pero también juegan un papel importante dentro de la trama visual. En efecto: dos muros que se entregan solo definen una referencia válida –la línea vertical de encuentro–, sin más margen de maniobra para el arquitecto. Pero si en esa vertical situamos una fina columna, un vértice biselado, o un pliegue –recurso especialmente frecuente–, estamos aumentando los puntos de referencia válidos disponibles para el arquitecto, que gozará así de más opciones para encajar la trama: al único vértice de una entrega simple se suman ahora como referencias válidas los perfiles anterior y posterior de la columnilla adosada, los bordes del bisel, o los vértices de la secuencia de pliegues.

Son recursos plásticos, pero que también abren mayores posibilidades al encaje visual del proyecto, facilitando al arquitecto el cumplimento de las férreas obligaciones marcadas por la trama.

FLEXIBILIDAD EN LAS REFERENCIAS PARA LA PARTICIÓN ASOCIADA AL EJE VISUAL

La *longitud del espacio interior* sobre la que se define la *partición* asociada al *eje visual* tiene una referencia obligada: el muro de cierre al pie de la nave. Pero en la cabecera hemos encontrado dos posibilidades: tomar como referencia el punto más profundo del ábside –ha sido el caso de Barberà, Benet, Tera y Angers[16]–, o utilizar la posición del *punto de máximo control* –Vergons y Siena optaron por esta solución[17]–.

16 Entre las arquitecturas cruciformes hemos comprobado que optaron por esta solución Sant Jaume de Frontanyà; San Pedro de Lárrede; Santa Margarita, en Santa Cruz de Serós; las catedrales de Saint Pierre, en Maguelone, y Saint Maurice, en Angers; la abadía de Boscodon; Sant'Agata, en Asciano; San Francesco, en Asis; Sant'Andrea della Valle, en Roma.

17 También lo hicieron Sant Miquel, en la Seu d'Urgell; Sant Ponç, en Corbera; Santa Maria de l'Estany; Santo Tomás de Canterbury, en Salamanca; Santa Eufemia de Cozuelos; la abadía de Montmajour; Saint Genís des Fontaines; Saint André, en Sorède; la catedral de Senez; Saint Savinien, en Melle; la iglesia de Bayons; San Francesco, en Siena; Sant'Andrea, en Mantua; e Il Gesù y Sant' Ignazio di Loyola, en Roma.

Las dos opciones tienen similar complejidad constructiva, y desde un punto de vista ideológico ambas gozan de buenos argumentos justificativos: apoyarse en el *punto de máximo control* es la solución que consigue la mejor relación entre los dos elementos neurálgicos de la trama visual –el *punto de máximo control* en la cabecera, y el *centro óptico* en la nave–, y supone nada menos que tomar como referencia de cierre del espacio interior la posición desde donde la autoridad divina y terrenal obtienen la máxima capacidad de control e imposición sobre el conjunto del espacio interior. Pero optar por situar la referencia en el fondo del ábside se puede interpretar como el deseo de que el conjunto del espacio interior esté en concordancia directa con "lo más profundo del ámbito más sagrado". Esta flexibilidad es la encargada de facilitar al arquitecto la solución al difícil reto de ajustar la posición del *eje visual* a una *partición*, buscando la menor deformación posible de las dimensiones inicialmente pensadas para la nave.

FLEXIBILIDAD EN LAS REFERENCIAS PARA LA PARTICIÓN ASOCIADA AL PUNTO DE MÁXIMO CONTROL Y AL EJE DE CONTROL

Por similares motivos, también la *profundidad de la cabecera*, cuya *partición* fija la posición de los elementos esenciales para el control de la nave transversal, ofrece un pequeño margen a la flexibilidad: su referencia obligada es el *punto más profundo del ábside*, pero la referencia inicial puede oscilar entre el *perfil anterior de los pilares de la cabecera –es la solución paradigmática*[18]*– o su perfil interior.* También aquí ambas soluciones ofrecen interpretaciones simbólicas fáciles de argumentar, pues basta con postular que el arco triunfal forma parte, o no, del interior sacro.

VII – DOS EJEMPLOS DE CREATIVIDAD AL SERVICIO DE LA ESCENIFICACIÓN SIMBÓLICA

Una vez iniciados en el funcionamiento de los recursos escenográficos más básicos y esenciales, y en su significado ideológico, estamos en buenas condiciones para acercarnos a situaciones mucho más ricas y complejas: por ejemplo, a la catedral de ***Saint Cyr et Sainte Juliette***, en ***Nevers***, Bourgogne francesa, un caso muy ilustrativo de la capacidad de la trama para generar composiciones altamente sugerentes y de gran capacidad narrativa.

El edificio está dominado por un espacio gótico construido en el siglo XIV, pero aquí nos interesa la cabecera románica del siglo XI situada a los pies de la nave gótica. Su crucero incluye dos columnas exentas que soportan sendas arcadas longitudinales. *¿Cuál es la trama que valida esta compleja estructura espacial? ¿Qué relato simbólico construyen?* De modo similar a lo ocurrido en Barberà, un llamativo pantocrátor del siglo XII situado en la bóveda del ábside –descubierto en el siglo XIX y restaurado en 1.991– nos ayuda a encontrar la respuesta: en cada brazo –con dos tramos desiguales y poco ortogonales– encontramos cuatro apoyos situados sobre otras tantas *marcas constructivas*: vértice extremo, punto medio de cada tramo, y el nervio axial del pilar entre tramos. El croquis 8 detalla esa situación.

Cuando recorremos ordenadamente esta secuencia de apoyos, el despliegue simbólico que nos ofrece el ábside resulta deslumbrante: las visuales desde el *apoyo* más periférico buscan con precisión la *clave del arco de entrada al ábside.*

Al desplazarnos hasta el *segundo apoyo* –punto medio del tramo más periférico– *nuestra mirada y la del pantocrátor se encuentran rigurosamente*, y lo hacen en presencia de dos testigos de excepción: la *cruz* y el *cordero*, símbolos básicos de la iconografía cristiana, representados junto a la *clave del arco de acceso al ábside*. Tal como muestran las imágenes 3 y 4, esta escena queda enmarcada por el pilar y el arco de acceso a la cabecera y por la arcada longitudinal del crucero, en una composición de gran dificultad constructiva, resuelta de modo muy brillante. Excepcional. Mucha experiencia debía tener el arquitecto que fue capaz de imaginar una composición tan elaborada, y creer que era posible construirla.

Desde el *tercer apoyo* vemos el eje de la ventana situada en el fondo del ábside, lo que nos sitúa frente a otro elemento nuclear de la simbología cristiana: la *luz axial* que la atraviesa.

18 De la muestra de 30 templos cruciformes que hemos analizado, solo en cinco casos usan como referencia el perfil interior de la cabecera. Son el monasterio de Siresa; la abadía de Montmayour; San Francesco, en Siena; la catedral de Senez; y Saint Savinien, en Melle.

Imagen 3. Visual a la mirada del pantocrátor en Nevers, desde el punto medio del segundo tramo del brazo izquierdo, en presencia de la cruz y del cordero situados junto a la clave del arco de acceso al ábside.

Imagen 4. Composición escenográfica similar a la anterior, ahora desde el punto medio del segundo tramo del brazo derecho.

Imagen 5. Visual al rostro del pantocrátor desde el punto medio del primer tramo del brazo izquierdo de Nevers. El ábaco sobre el capitel de la columna exenta del crucero se alinea con el cordero y con el centro de la cruz.

Imagen 6. Similar composición a la anterior, ahora desde el brazo derecho. Al igual que en el lado izquierdo, el anillo de la columna exenta asume un papel similar a la imposta del machón de Barberà, subrayando el rostro del pantocrátor,

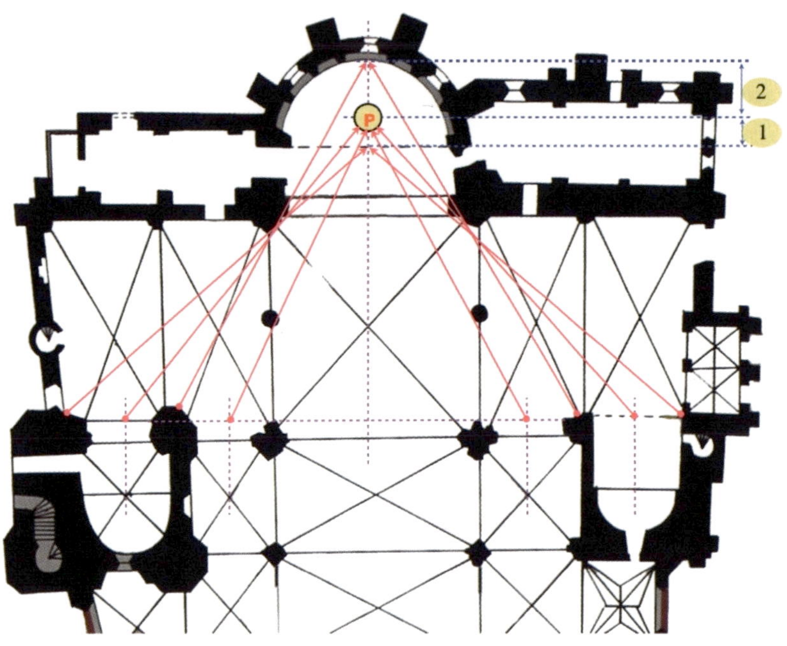

Croquis 8. Trama visual para la cabecera románica
de la catedral de Nevers.

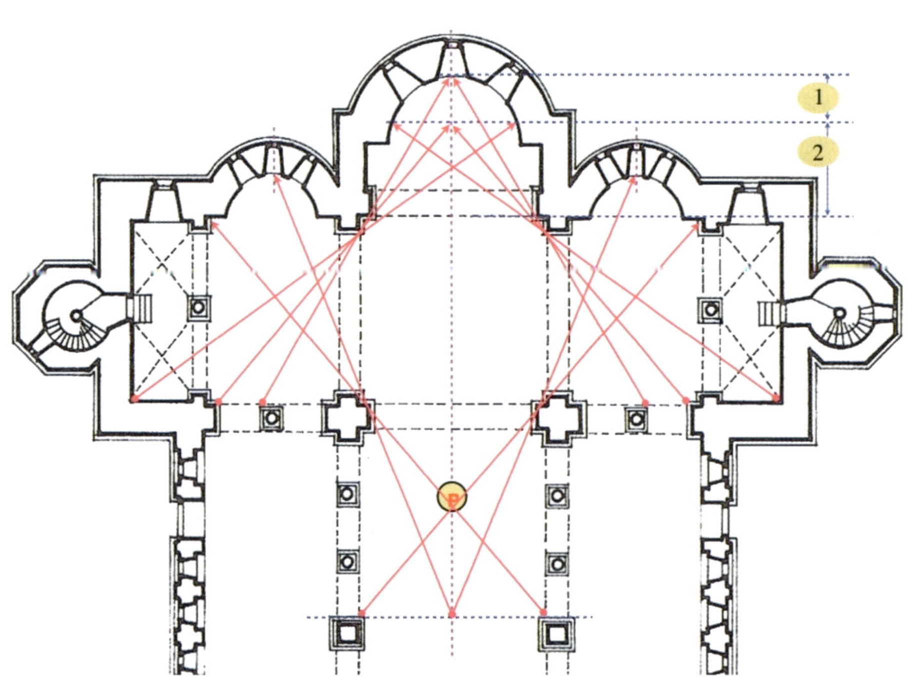

Croquis 9. Trama visual para la cabecera auxiliar de
Hildesheim. Planta tomada de H. Beseler y H. Roggenkamp.

Si llegamos hasta el *cuarto apoyo* –punto medio del tramo más cercano al crucero– nos espera otro momento de enorme placer y complicidad con su arquitecto: encontramos de nuevo la *atenta y seductora mirada del pantocrátor*, asomada ahora tras la columna exenta del crucero. Su rostro aparece subrayado por una fina moldura anular situada bajo el capitel que corona dicha columna, y cuyo ábaco se alinea bastante bien con el centro de la *cruz* representada en el intradós del arco de acceso al ábside. Las imágenes 5 y 6 lo muestran. Nuevamente excepcional.

Nevers nos acaba de enseñar que, incluso en situaciones muy complejas, la trama busca, y consigue, la optimización en la relación visual entre el espectador y los símbolos doctrinales más poderosos emplazados en la cabera del templo. En este caso, la presencia de una arcada longitudinal en el crucero y de las columnas exentas que la soportan, no solo no provoca graves interferencias sobre el ábside románico, sino que el arquitecto aprovechó su presencia para remarcar el protagonismo de dichos símbolos y construir un relato con cuatro momentos de sumo interés. Una ligera variación en las dimensiones de cualquiera de los elementos implicados sería suficiente para entorpecer la visión y frustrar los objetivos escenográficos y doctrinarios fijados para esta compleja composición espacial.

Estamos ante una poderosa demostración de la potencia creativa de los instrumentos proyectuales asociados a la trama, resuelta en el marco metodológico que Barberà nos ha enseñado. Excelente trabajo por parte del arquitecto de Nevers.

EL PANTOCRÁTOR TAMBIÉN PUEDE DIRIGIR SU MIRADA HACIA EL ÁBSIDE

Una estructura espacial con una cabecera auxiliar situada a los pies de la nave longitudinal también la encontramos en ***Sankt Michael,*** en ***Hildesheim,*** Baja Sajonia, pero con una diferencia importante respecto de Nevers: el pantocrátor está ahora situado en la cubierta plana de la nave, con la mirada atenta a lo que ocurre en el ábside auxiliar. *¿Cuál es la lógica que justifica una composición tan específica?* El croquis 9 recoge lo observado sobre el terreno siguiendo las pautas habituales[19].

El emplazamiento del pantocrátor, un poco por delante de la vertical del punto de corte de las visuales que buscan el final del primer tramo de ambos brazos, le permite gozar de una excelente visión panorámica sobre todo lo que ocurre en los tres escenarios situados al pie de las naves, pero es desde los vértices periféricos de ambos absidiolos desde donde podemos apreciar toda la sutileza de esta composición espacial: cuando desde ambos puntos dirigimos nuestra mirada hacia el pantocrátor, su rostro queda perfectamente enmarcado por la imposta de los pilares del crucero. La imagen 7 lo muestra.

Una vez más encontramos escenificado el típico juego de "ver y ser visto", "observar y ser observado", ahora desde la cubierta de la nave central sobre la cabecera auxiliar, a los pies de las naves longitudinales. Excelente lección proyectual, con otro notable ejemplo de flexibilidad en el uso del método de trabajo asociado a la trama visual, lejos de cualquier receta simple y mecánica.

VIII – EXTENSIÓN TEMPORAL DEL USO DE LA TRAMA VISUAL

A estas alturas del viaje compartido reconocemos no conocer los límites temporales, ni territoriales, en el uso de la trama visual, pero sí podemos afirmar que responde a una tradición constructiva bastante más dilatada en el tiempo que el estrecho margen que definen los siglos X y XIII, periodo en el que se construyó la mayor parte de los edificios que hemos visitado hasta estos momentos. Lo podemos comprobar si nos acercamos hasta ***Quintanilla de las Viñas.***

Los especialistas sitúan su construcción entre finales del siglo VII y comienzos del siglo VIII, pero para nuestro trabajo esas dudas no son muy relevantes, pues *no estamos estudiando la evolución histórica de la trama, sino aprendiendo a identificar sus rasgos fundamentales y las implicaciones ideológicas más interesantes y sugestivas*

19 A destacar en Hildesheim el predominio del *eje de control* sobre el *eje visual*: mientras las visuales que parten del primero llegan hasta los vértices extremos de la nave transversal, las que lo hacen desde el segundo solo alcanzan el final del primer tramo de los brazos. No estamos ante una excepción, sino ante una regla general: en caso de comportamiento asimétrico, el *control* se muestra siempre prioritario sobre la *accesibilidad visual.* Toda una declaración de intenciones sobre los objetivos de estas arquitecturas.

Imagen 7. Visuales desde los vértices de los absidiolos de la cabecera auxiliar de Hildesheim, con el pantocrátor enmarcado por la imposta de los pilares del crucero.

que busca trasmitir a quien se sumerge en el espacio interior que construye, y en este sentido la visita a Quintanilla es especialmente gratificante y educativa. Vayamos por pasos.

A pesar de que solo ha llegado hasta nosotros su cabecera, lo que podemos observar no deja lugar a dudas sobre la presencia de una trama visual en toda regla (croquis 10): el *eje de control* se sitúa sobre una *partición* "1 a 2" de la profundidad interior de la cabecera y el *punto de máximo control* sobre otra "2 a 1" de la profundidad total. La trama se completa con dos juegos de visuales muy recurrentes: las que buscan los vértices del rectángulo absidal –apoyadas en una *partición* de los brazos–, y las que ponen en sintonía los vértices iniciales de ambos brazos con las jambas de su ventana –el comportamiento del brazo izquierdo es mucho más nítido que el derecho–.

Un rasgo muy llamativo de Quintanilla es la presencia de dos rústicas columnas en el acceso al ábside, y en seguida reconocemos su papel, esencial para que las visuales que en ellas se apoyan tangencialmente converjan sobre las referencias normativas. Sin su intervención activa la trama quedaría desajustada. El *efecto "diafragma"* es en este caso tan vistoso como la envergadura de dichas columnas. Sencillamente delicioso por su contundencia, y encantador por la transparencia de sus intenciones.

La tranquilidad del entorno incita a quedarse un buen rato en el lugar. Lo podemos aprovechar para comparar la estructura visual que acabamos de reconocer, con la de las cabeceras de Tera y Siena, construidas unos 400 y 700 años más tarde. Es difícil negar la buena sintonía entre ellas, y poner en duda que responden a una misma tradición en el manejo de las reglas de composición escenográfica.

Santa María de Melque y ***Santa Comba de Bande***, nos ofrecen otro excelente ejemplo de tratamiento visual en fechas muy anteriores al siglo X, pues los especialistas fijan su construcción a mediados del siglo VII. Comparten muchos rasgos básicos: dimensiones reducidas –algo mayor Melque que Bande–, planta cruciforme centralizada alrededor de un crucero bastante bien ajustado a una forma cuadrada, notable cabecera, con un ábside semicircular en el caso de Melque y rectangular en Bande, nave única no muy alargada... El croquis 11

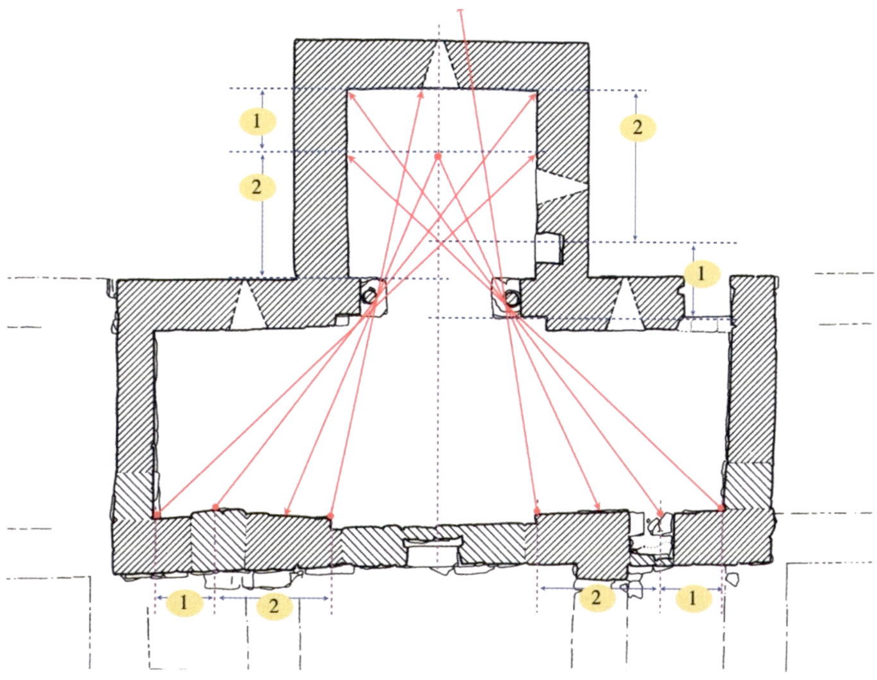

Croquis 10. Trama para la cabecera de Quintanilla de las Viñas. Las visuales que parten del punto de control no definen una partición significativa sobre los brazos, ni señalan algún elemento arquitectónico o decorativo que se haya conservado. Planta tomada de Manfred Klinkott.

muestra lo observado sobre el terreno para la relación entre los brazos y sus respectivas cabeceras: cuatro juegos de visuales coordinan las formas y dimensiones de ambos espacios, dejando clara la similitud de los apoyos utilizados y la proximidad simbólica de las referencias buscadas. El croquis 12 completa la trama con la relación entre la nave y los brazos, en la que destaca la perfecta simetría que en ambos edificios se da en el comportamiento del *eje de control* y del *eje visual.*

Nos sentimos muy cómodos ante los resultados de Quintanilla, Melque y Bande, por familiares. Aunque fueron construidos muchos años más tarde, todo indica que sus respectivos arquitectos hubiesen comprendido rápidamente la estructura visual de los edificios que estamos visitando en este capítulo. Hoy, perdidas en muy buena medida esas claves interpretativas del espacio ritual, acercarnos a la lógica escenográfica que gobierna su configuración exige de nosotros un importante esfuerzo inicial, pero ya comenzamos a saber apreciar su rentabilidad: el espacio sacro no es un mero contenedor neutro que alberga signos identitarios de la religión que lo patrocina, sino que, por sí mismo, ya juega un papel activo en la construcción del mensaje simbólico asociado y en su transmisión a los fieles.

PRIMERA MIRADA A UNA ARQUITECTURA RENACENTISTA

Hemos retrocedido hasta el siglo VII, y lo encontrado ha subrayado la *continuidad en la metodología que gestiona la estructura visual y escenográfica del espacio sacro, y la gran capacidad de la trama para adecuar sus recursos y soluciones a los cambios espaciales ocurridos en esos siglos*. ¿Sucede algo similar al avanzar en el tiempo? Lo podemos comprobar si nos acercamos, por ejemplo, hasta ***Sant'Andrea***, en ***Mantua***, proyectada por ***Leon Battista Alberti*** en 1.470, por encargo directo del Duque Ludovico Gonzaga.

El *Quattrocento* italiano ha dejado aquí un buen ejemplo de sus intenciones arquitectónicas, pues no se trata de un edificio remodelado, sino de una arquitectura de nueva planta. La dirección de la obra corrió a cargo de Luca Fencelli, y los trabajos en su cúpula no finalizaron hasta una fecha tan tardía como 1.783.

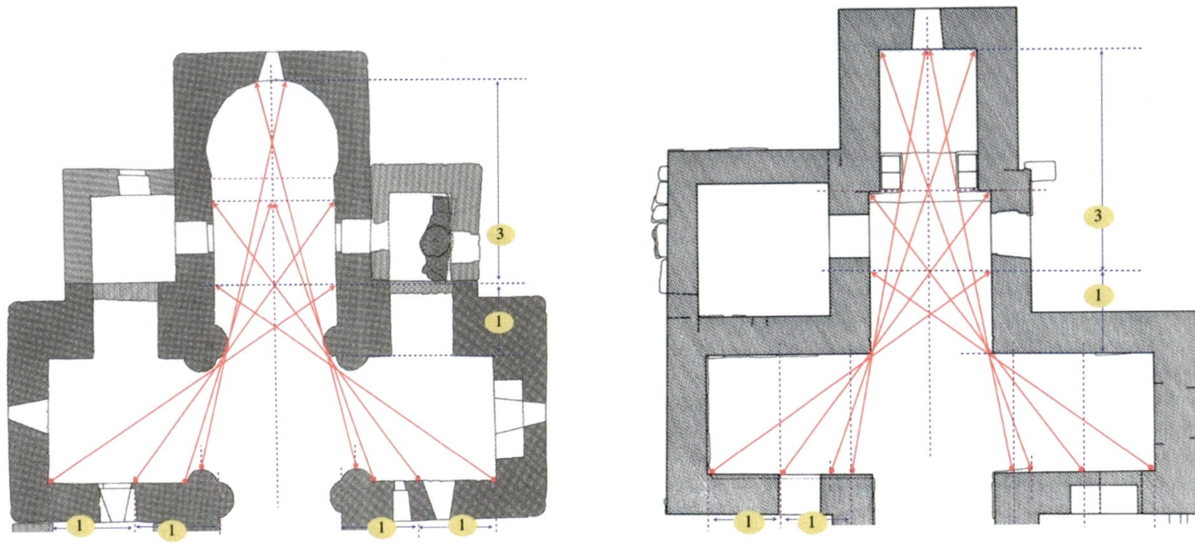

Croquis 11. Trama visual para la cabecera de Melque (izquierda) y de Bande (derecha). La planta de ambos templos la hemos tomado de L. Caballero Zoreda y J. I. Latorre Macarrón.

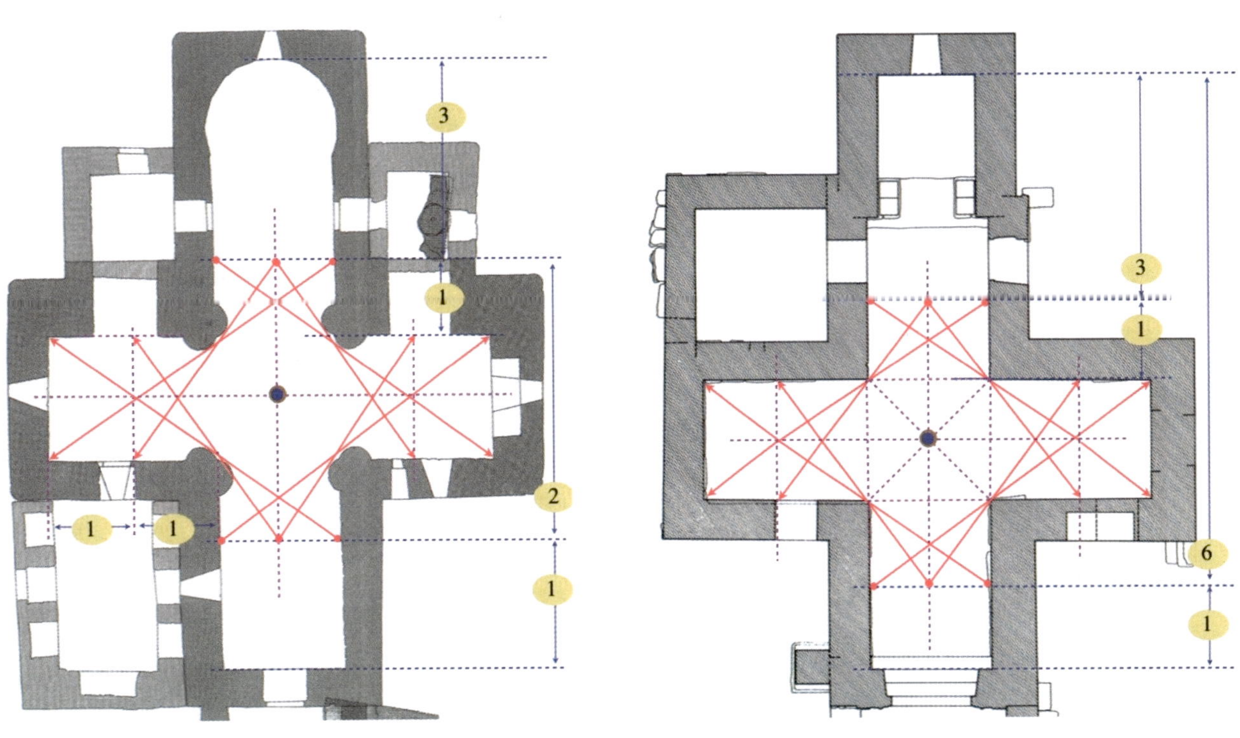

Croquis 12. Comportamiento del eje de control desde la cabecera y del eje visual desde la nave, en Melque (izquierda) y en Bande (derecha).

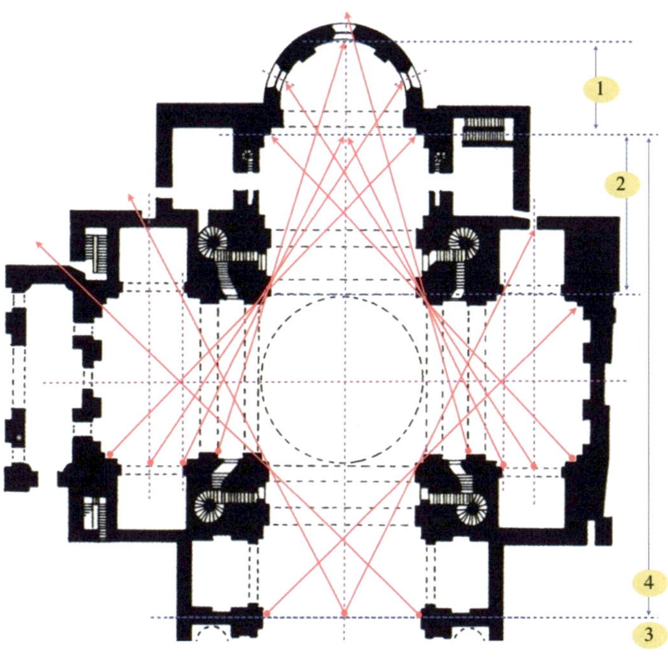

Croquis 13. Trama visual para Sant'Andrea, en Mantua. Las vuales que sobresalen del perfil perimetral son las desenfocadas. Planta tomada de L. M. Roth.

A estas alturas del viaje compartido, una simple mirada al croquis 13 basta para comprender el programa visual que gobierna la organización espacial de su planta: el *eje de control* se sitúa sobre una *partición* muy rigurosa "1 a 2" de la profundidad total de la cabecera, coincidiendo con el pliegue de acceso al ábside. La trama se completa con dos juegos de visuales apoyadas en sendas *marcas constructivas* en los brazos: el eje de los absidiolos y el perfil del pilar acanalado más cercano al crucero. Cada una de ellas busca con precisión el eje central de las dos *fuentes de luz que iluminan* la cabecera central, el ventanal lateral del ábside, y el situado en el punto más profundo.

La trama asociada al *eje visual* es francamente inmediata y familiar, pues busca los vértices de los brazos y el eje central de la ventana axial de los absidiolos.

Debemos reconocer que esperábamos un tratamiento visual más innovador por parte de Alberti, y no una trama tan esquemática y habitual, construida por Luca Fencelli con muy poca *fineza,* pues las dos visuales dirigidas al brazo izquierdo desde el *eje visual*, y la visual al fondo de la cabecera desde el brazo derecho, están bastante desenfocadas.

No deja de sorprender que los notables cambios llevados a cabo en las estructuras sociales y de gobierno durante esos siglos, no se trasladasen hasta la organización espacial de las arquitecturas ceremoniales promovidas por los nuevos poderes políticos. Estéticamente Sant'Andrea está muy lejos de los edificios que hemos estudiado hasta estos momentos, pero no así su trama visual. Quizá debamos ir aceptando que el trabajo proyectual y de validación asociado a la trama era tan eficaz en la plasmación arquitectónica de la simbología y los valores doctrinales de la religión que los apadrinaba, que su aplicación fue de muy largo recorrido histórico, y cada nueva situación los hizo suyos, por encima de *aggiornamentos* estéticos y de los recurrentes y consabidos discursos formales sobre el cambio y la modernidad con los que se adorna todo nuevo poder.

DOS EJEMPLOS DE ARQUITECTURA POST-RENACENTISTA

El derroche ornamental de las arquitecturas barrocas suele enmascarar su estructura espacial, lo que dificulta la identificación de la trama visual que les da coherencia. A pesar de esa dificultad, nos acercaremos ahora a dos edificios proyectados y construidos en la segunda mitad del siglo XVI y en el primer cuarto del siglo XVII.

Para capitalizar su protagonismo en la cruzada contrarreformista que siguió al Concilio de Trento, en 1.568 los jesuitas comenzaron, bajo proyecto de ***Giacomo Vignola***, las obras de ***Il Gesù***, su sede corporativa en ***Roma***. Se trata de un espacio cruciforme que extrema los rasgos esenciales de la trama. En efecto: la longitud de sus brazos se acorta hasta permitir que desde el *centro óptico* en la nave ya se pueda observar hasta los extremos de los brazos. Paralelamente, desde los extremos del *eje visual* vemos hasta la *profundidad media del brazo opuesto*. Como resultado de todo ello, la *accesibilidad visual* desde la nave sobre la cabecera y sobre la corta nave transversal se ha reforzado, favoreciendo de ese modo la atención de los fieles a los sermones y al pomposo ritual jesuítico.

El *eje de control* tiene un comportamiento simétrico, y desde el *punto de control* ya se observa la *longitud total de ambos brazos* –actúa, pues, como *punto de máximo control*–, lo que refuerza la *imposición presencial* desde la cabecera, manteniendo el ábside notablemente segregado, lejos de las personas situadas en los brazos y en la nave central. El croquis 14 izquierdo lo recoge.

Tan eficaz se mostró en términos ideológicos el espacio construido por Vignola, que cuando 20 años más tarde ***Yago della Porta*** planificó ***Sant'Andrea della Valle***, también en ***Roma***, dedicado a la prédica de los teatinos –rivales de los jesuitas en ocupar el liderazgo en la lucha contra el Renacimiento Humanista–, lo hizo con un esquema visual casi idéntico al de Il Gesù, pues en el comportamiento de los *ejes visual* y *de control* la única diferencia la encontramos en las *particiones* asociadas, aunque siempre favorables al papel preponderante de la cabecera central[20].

Estamos ante dos excelentes ejemplos de cómo se reflejó en la organización espacial sacra el endurecimiento ideológico promovido por el Concilio de Trento, y de la capacidad de la trama para adecuarse al férreo marco doctrinal cristiano, manteniendo siempre la coherencia con los principios fundamentales de su metodología de trabajo.

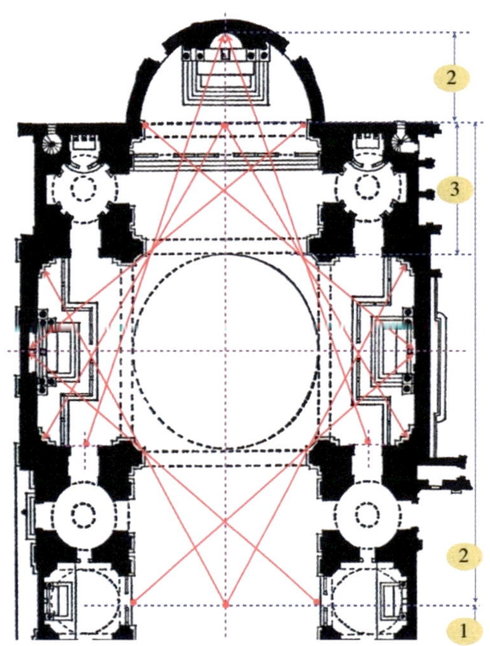

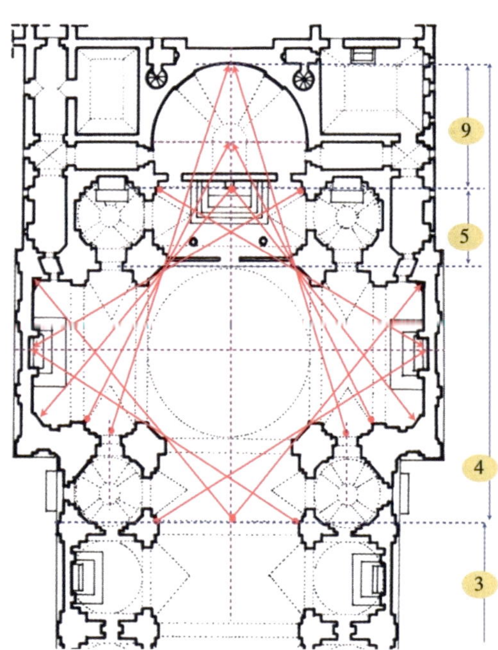

Croquis 14. Trama visual para Il Gesù (izquierda), y para Sant'Andrea della Valle (derecha), ambas en Roma. Plantas tomadas de P.Letarouilly y de Ch. Norberg-Schulz.

20 Idéntico esquema visual utilizó Orazio Grassi al diseñar 60 años más tarde la cercana Sant'Ignazio di Loyola.

IX – A MODO DE PRIMERAS CONCLUSIONES

Toda iniciación exige esfuerzos, en este caso de percepción visual y de contextualización simbólica, pero hay que reconocer que una vez educada nuestra mirada en los gestos esenciales, los criterios de validación visual para estas arquitecturas son fáciles de identificar y muy eficaces para comprender el sentido de la estructura de los espacios que las conforman.

El resultado del trabajo de campo presentado a lo largo de este primer capítulo evidencia que *las formas y dimensiones* implicadas en el espacio interior sacro de disciplina cristiana, *no se definen de modo aislado y estanco para cada espacio parcial, sino que se ajustan colectivamente hasta conseguir la correcta relación entre todos ellos*, corrección que se rige por un *principio de optimización visual focalizada de modo preferente sobre los elementos jerárquicos y simbólicos* que configuran la cabecera del templo. La bondad de cada espacio no reside en su sintonía con una figura geométrica o con una proporción, sino en su encaje y colaboración con el proyecto escenográfico global gestionado por la trama visual.

Las propuestas que intentan explicar desde una mera perspectiva geométrica cómo se pudo planificar el espacio sacro, presentan un déficit muy grave: *no pueden responder a la pregunta de por qué, de entre todos los múltiples puntos que cualquier esquema geométrico ofrece como posibles, el arquitecto escoge algunos para definir el espacio interior sacro, descartando los restantes.* Y lo que hemos encontrado es que la trama visual sí es capaz de responder a esa cuestión, y lo hace de forma contundente y sistemática: *escoge los puntos que optimizan la cohesión visual entre espacios parciales, y que otorgan la* ***mayor carga simbólica y el máximo rigor y protagonismo ideológico*** *al espacio global resultante. Y si esos puntos quedan fuera del programa geométrico, no solo es lítico recurrir a ellos, sino obligatorio.*

La trama visual es quien decide hegemónicamente la posición definitiva, sobre el terreno, de los puntos escenográficos esenciales del espacio interior, imponiendo el cumplimiento de los *mecanismos de seducción, accesibilidad visual, control e imposición presencial.* La geometría puede proponer, pero la trama –es decir, el marco ideológico al cual es servicial– es quien decide.

Debemos reconocer que nos ha sorprendido tanto la elegancia de las soluciones encontradas, como la *aparente sencillez* del método de trabajo puesto en juego para obtenerlas; y decimos *aparente sencillez*, pues solo puede ser el resultado de un prolongado proceso de maduración de los recursos constructivos y de selección de las soluciones creativas más eficaces. Esa sencillez, junto a su extrema contundencia ideológica y eficacia constructiva, pueden ser los motivos de su aplicación continuada durante los más de 900 años –entre los siglos VII y XVII– transcurridos desde Quintanilla de las Viñas, Santa Comba de Bande y Santa María de Melque, hasta Il Gesù y Sant'Andrea della Valle.

Pero no nos debemos confundir, la trama visual es fácil de detectar a posteriori, pero utilizarla de modo creativo, hasta conseguir un nuevo proyecto de calidad, no es trivial. Es un ejercicio muy complejo, que requiere de mucha experiencia e intuición, claridad en los objetivos y capacidad de compromiso para la rectificación sobre el terreno, sobre todo si se desea respetar el esquema geométrico de partida.

LAS LEYES DE VALIDACIÓN VISUAL NO SON UN CANON ESTÉTICO

Las leyes sistemáticas que acabamos de detectar intervienen como normas de falsación proyectual, es decir, como criterio de exclusión, negando validez al proyecto que no las satisfaga, por inconsistencia con el marco ideológico de obligado respeto. Pero su cumplimiento no asegura la calidad plástica –ni siquiera funcional– del proyecto. La trama no es un canon de belleza; no se ocupa de la calidad plástica del espacio.

Satisfacer las leyes de validación visual es *condición necesaria* para no ser rechazado como proyecto posible, *pero no es condición suficiente* para garantizar su interés, pues la arquitectura es mucho más que el ajuste visual entre puntos neurálgicos del perfil perimetral de un espacio interior fragmentado.

La trama determina y guía el trabajo del arquitecto, pero dejando un amplísimo margen de maniobra a su creatividad para generar infinidad de escenarios diferentes. La trama visual marca los "noes". El arquitecto, con su creatividad, es quien pone los "síes".

Capítulo II

Sumisión y control, una obsesión permanente

TRAMA VISUAL EN LOS ESCENARIOS LATERALES

"La arquitectura es empleada por los dirigentes políticos para seducir, impresionar e intimidar"
Deyan Sudjic

En tanto que escenario de las coreografías litúrgicas más importantes, y púlpito preferente para el discurso ideológico, es razonable suponer que los arquitectos dedicasen sus mejores energías al diseño de la cabecera central, y que la estructura de los absidiolos fuese un tema menor. Justamente por ello, su análisis puede mostrar hasta que punto llegaba el cuidado de todos los detalles espaciales en estos edificios. *¿Recibieron los absidiolos algún tratamiento visual específico? ¿Guardan alguna relación con la cabecera central?*

Cuando cada brazo dispone de un solo absidiolo ya hemos visto algunos ejemplos de cómo se integran en la trama cruciforme –la luz de su vano se suele asociar con el *centro óptico,* y su eje central puede apoyar la visual al fondo del ábside–. Pero cuando cada brazo incluye dos o más absidiolos la complejidad impone nuevas condiciones. En ese caso, la casuística se hace enorme, por lo que renunciamos a detallar un catálogo de las soluciones observadas, y optaremos por algo mucho más interesante: *aprender a observar su estructura visual, es decir, a saber identificar las marcas constructivas que se ofrecen como apoyos posicionales para las alineaciones visuales significativas, los puntos que reúnen la carga simbólica necesaria para actuar como referencias, los apoyos tangenciales más frecuentes, el grado de precisión exigido a esa relación visual, y el posible significado escenográfico de los trazados resultantes.*

I – PRIMEROS PASOS PARA APRENDER A OBSERVAR LA ESTRUCTURA DE LOS ESCENARIOS LATERALES

Las abadías de ***Sénanque*** y ***Le Thoronet***, ambas en la Provenza francesa, son un buen lugar para iniciarnos en la observación de estos nuevos espacios.

En ambos edificios cada brazo incluye dos absidiolos de perfil semicircular, y al recorrer el muro frontal es bastante inmediato identificar dos asociaciones visuales significativas (croquis 1): como *referencias* actúa siempre el punto más profundo de cada absidiolo, con la llamativa presencia de *la luz* del vano axial, punto que en todos los casos se observa desde una *marca constructiva* muy *bien identificada sobre el terreno*: en Sénanque desde los vértices del brazo, y en Le Thoronet desde los ejes de los absidiolos. Como *apoyo tangencial* siempre actúa el perfil de los machones entre absidiolos, y todos los trazados destacan por su *buena precisión.*

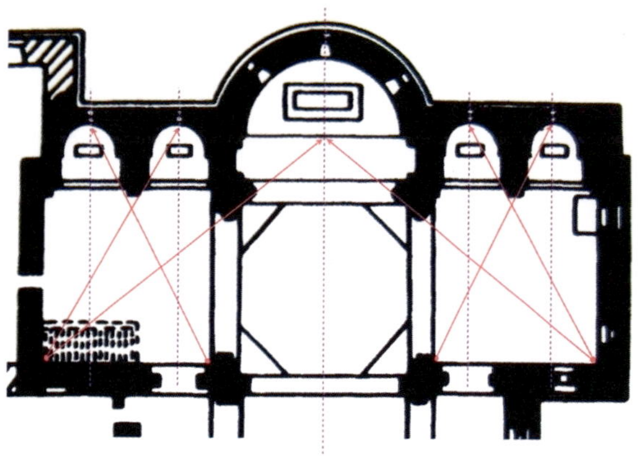

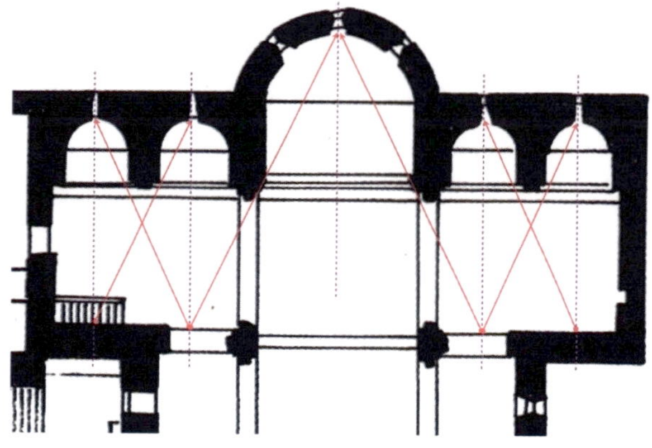

Croquis 1. Trama visual para los absidiolos de Sénanque (izquierda) y Le Thoronet (derecha).

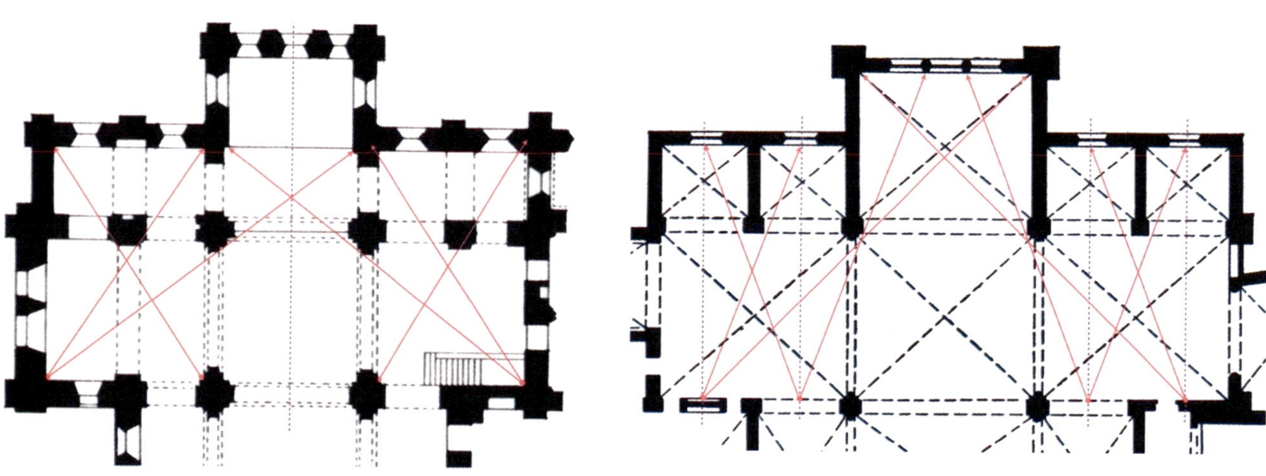

Croquis 2. Trama para los absidiolos de Fontenay (izquierda) y Santa Maria Novella (derecha. Planta tomada de L. Benevolo). A destacar la coordinación entre los absidiolos y la cabecera central mediante la intervención de una trama compartida, también presente en Le Thoronet y en Sénanque.

Ambas arquitecturas comparten, pues, el mismo esquema relacional, pero con *soluciones específicas* algo diferentes: al optar por apoyos más periféricos Sénanque genera escenarios auxiliares proporcionalmente menos profundos, es decir, algo *más accesibles visualmente* y con *mayor capacidad de control e imposición* que Le Thoronet.

Fontenay y ***Santa Maria Novella***, en ***Florencia***, también con dos absidiolos en cada brazo, pero con perfil rectangular, muestran las posibilidades que ofrece ese cambio geométrico: su escenografía se resuelve desde los mismos *apoyos,* tanto posicionales como tangenciales, que en Sénanque y Fontenay. Pero, mientras Le Thoronet utiliza la misma *referencia* –el eje de la ventana axial de cada absidiolo–, Fontenay busca los vértices de los absidiolos, opción coherente con su perfil rectangular[1]. Estamos ante un buen ejemplo de sistematicidad en la metodología de trabajo y de especificidad en las soluciones concretas.

1 L'Escaladieu y el monasterio de Piedra construyen trazados similares.

Los gestos proyectuales que acabamos de reconocer al recorrer el muro trasero de los brazos de estos cuatro templos, nos han enseñado la ***primera buena práctica para la mejor integración visual entre absidiolos.*** *Está basada en la construcción de un juego de visuales cruzadas, con apoyo en puntos constructivos sugeridos por la estructura de los brazos y de los propios absidiolos –los vértices de los brazos y los ejes centrales de los absidiolos–, y referencias simbólicas situadas en la zona más profunda de los absidiolos –punto medio trasero, luz axial y vértices, si existen–. Como apoyo tangencial siempre actúa el perfil de los machones.*

Pero un segundo repaso a los croquis anteriores permite detectar que, a ese juego relacional entre brazo y absidiolos se suma una visual que, utilizando un apoyo de la trama específica entre absidiolos, busca una referencia simbólica en el ábside central. Excelente. Lo interpretamos como una clara señal del gran interés del arquitecto por alcanzar la máxima cohesión posible para el conjunto del espacio interior.

*La **segunda buena práctica para la mejor integración de los absidiolos** anima al arquitecto a añadir una relación directa entre ellos **y el ábside central**, y para lograrla puede utilizar las referencias normalizadas en el ábside. De conseguirlo, se configura una trama más densa, que confiere al espacio que gestiona un carácter más servicial a las estrategias de seducción y control y con mayor nivel de cohesión espacial.*

II – RESPUESTA DE LA TRAMA ANTE ESCENARIOS AUXILIARES MÁS COMPLEJOS

Esta primera sesión formativa sobre los espacios absidales más simples nos ha mostrado que su estructura escenográfica es tan elegante como coherente con la trama del espacio cruciforme central, pero *¿qué pasa cuando el espacio se hace más complejo?* El ***kloster de Eberbach***, a orillas del Rin, con tres absidiolos rectangulares en cada brazo, ofrece una excelente oportunidad para analizarlo.

Siguiendo las pautas anteriores, un paseo ordenado por el muro trasero de ambos brazos muestra que el arquitecto de Eberbach utilizó las mismas *referencias simbólicas* que en Fontenay y Novella –punto medio trasero, luz axial y vértices–, pero dado que participan un mayor número de absidiolos, tuvo que generar nuevos apoyos para mantener una buena *densidad* para la trama. En efecto, a los que ya conocemos sumó *el eje central de los machones* entre absidiolos, y la *prolongación de sus dos perfiles.* El croquis 3 lo detalla.

El resultado es una trama integrada por siete visuales para cada brazo, todas ellas muy precisas gracias el notable *efecto "diafragma"* generado por el perfil de los gruesos machones entre absidiolos.

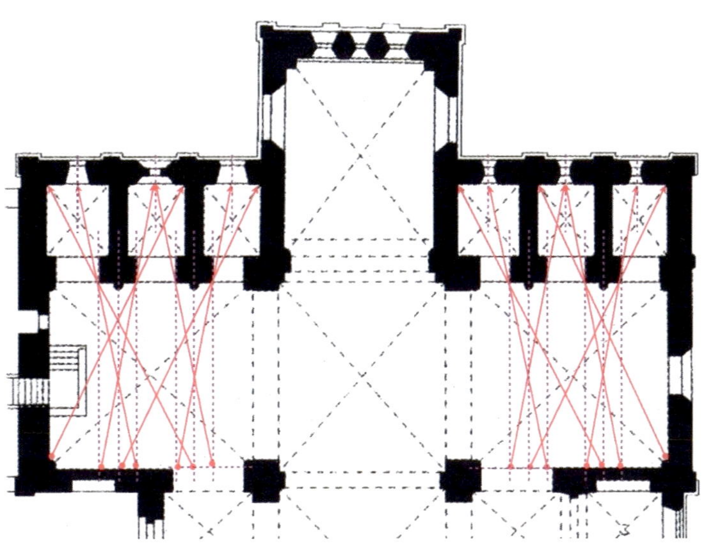

Croquis 3. Simetría, sobriedad y nitidez caracterizan la trama para los absidiolos de Eberbach.

La secuencia visual entre los absidiolos de Eberbach es tan regular y sistemática, que incluso parece fácil proponer *cómo se podría añadir un cuarto absidiolo* a cada brazo, manteniendo la coherencia con los criterios utilizados en los tres absidiolos construidos. Pero ese ejercicio no tiene nada de fácil, pues no podemos olvidar que una decisión de ese tipo afectaría al *eje de control* y al *eje visual*, ya que ambos están asociados con los extremos de los brazos que hemos decidido alargar, lo que obligaría al replanteo total del proyecto. Cada gesto parcial parece simple, pero no lo es si tenemos muy presente el *carácter relacional del proyecto y de la trama que lo rige*. Una vez más la realidad observada insiste en que no se trata de partes que se reúnen, sino de un todo fragmentado. No debemos razonar en términos de visuales individuales y aisladas, sino en tanto que trama. No podemos decidir sobre un trazo concreto sin tener presente todas sus implicaciones dentro del proyecto global.

Una pequeña exquisitez poder recorrer el perfil de los brazos de Eberbach, comprobando la precisión con la que su equipo constructor plasmó en piedra el magnífico proyecto definido por su arquitecto.

La visita a la abadía de ***Noirlac*** permite corroborar el protagonismo de los nuevos apoyos reconocidos en Eberbach, y sumar una nueva referencia de primer nivel simbólico, que completa el abanico disponible: las jambas laterales de los notables ventanales situados en el fondo de sus absidiolos.

El proyecto de Noirlac es de tal calidad que la trama que valida la relación entre sus dos absidiolos reúne hasta ¡¡nueve visuales!! por brazo (croquis 4), a las que se suman otras cuatro que ponen en sintonía cada brazo con el vértice final del presbiterio, el punto medio del acceso al ábside, su vértice más profundo, y el eje de la ventana central del muro trasero (croquis 5). Extraordinario, sobre todo si tenemos presente el rigor constructivo con que esa trama fue llevada a la práctica.

Estamos, pues, ante un programa que reúne nada menos que trece relaciones visuales, que en el brazo derecho se amplia hasta catorce[2]. *¿Qué argumento escenográfico está detrás de este abrumador despliegue visual?*

Para reconocerlo nos fijaremos en el brazo derecho, que todavía conserva la escalera que lo comunica con el dormitorio de los monjes, y aceptaremos la invitación a participar en la *experiencia de descender por ella hasta el interior del espacio sacro*.

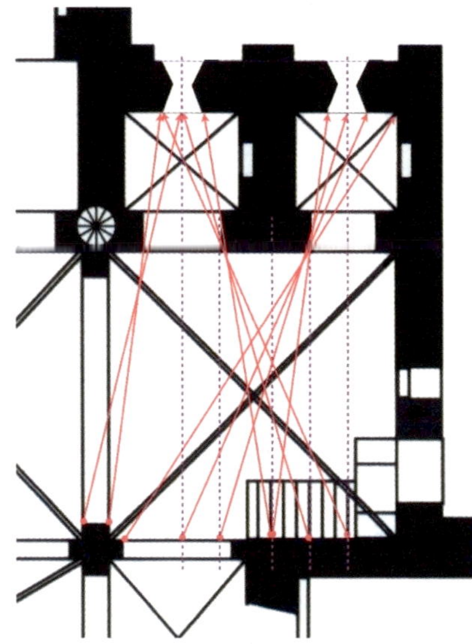

Croquis 4. Noirlac. Trama entre absidiolo. Solo hemos representado el brazo derecho para ganar claridad en el croquis. El brazo izquierdo repite igual tratamiento.

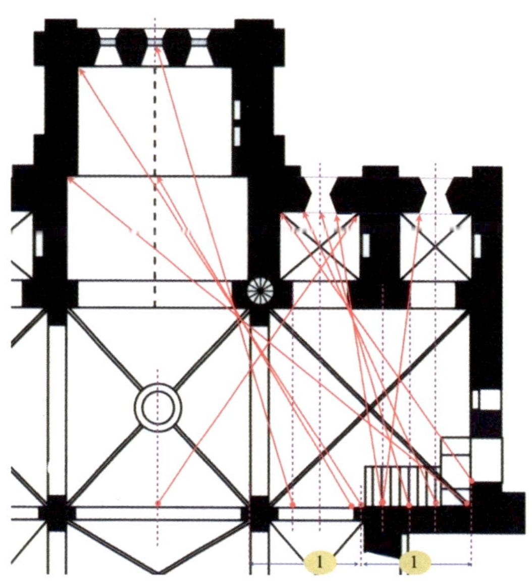

Croquis 5. Secuencia simbólica que se produce al descender por la escalera, desde el dormitorio de Noirlac.

2 Inmediatamente explicaremos por qué se amplia.

Imagen 1. Doble visual a las jambas interiores de las ventanas de los absidiolos derechos de Noirlac, desde el eje central del machón entre ellos.

Desde el umbral del dormitorio podemos observar toda la nave transversal y la luz que se filtra a través del gran ventanal del absidiolo más cercano. Se trata de un llamativo gesto de bienvenida al espacio sacro, pero no forma parte de la trama visual pues carece de una referencia con precisión constructiva.

Si nos desplazamos lateralmente hasta la *jamba izquierda* –en el sentido de la marcha– *de la puerta del dormitorio*, nuestra mirada se alinea, ahora sí de modo riguroso, con el *vértice del absidiolo más cercano a la cabecera.* El croquis 5 lo detalla[3].

Al pisar la plataforma de la escalera y acercarnos hasta el *vértice del brazo*, podemos observar el *final riguroso del presbiterio*, punto que coincide con el *extremo del eje de control.* ¡¡¡ Incluso antes de iniciar el descenso al espacio sacro, sin apenas tiempo para olvidar las tentaciones y los malos pensamientos nocturnos que el buen diablo les haya podido provocar, la arquitectura ya pone a los monjes bajo el enérgico y directo escrutinio del *eje de control* !!!Impecable y contundente¡¡¡ Pura ideología contruida.

Al descender por la escalera ampliamos progresivamente la visión del interior del absidiolo más cercano al ábside, y al alcanzar la *anchura media del absidiolo más periférico* recibimos, con precisión constructiva, el *primer rayo de luz* de su ventanal. Es un primer grado de *iluminación*, que nos prepara para otro mucho mayor: al llegar al escalón alineado con el *eje central del machón entre absidiolos*, podemos observar el *perfil interior riguroso de las jambas de los ventanales de ambos absidiolos*, invadiéndonos toda su *purificadora luz.* La imagen 1 lo muestra.

Es un acto que nos prepara y anima a seguir *descendiendo hacia el espacio interior*, y al hacerlo nuestra mirada alcanza el *vértice más profundo del ábside central.*

El balance es notable, pues el descenso por la escalera ha conducido nuestra mirada desde el inicio hasta el punto más profundo del ábside *–el espacio sacro de mayor calidad jerárquica–*, sumergiéndola durante el camino en la doblemente purificadora *luz* de los absidiolos. Irreprochable como *viaje iniciático* hasta el corazón del espacio sacro.

3 Esta es la catorceava visual, no presente en el brazo izquierdo, pues carece de una puerta simétrica.

Imagen 2. Noirlac. Izquierda: desde el vértice del brazo izquierdo, visual a la clave del arco de acceso al ábside. Derecha: desde el perfil interior del primer absidiolo izquierdo, visual al eje de la ventana central del ábside y del rosetón superior.

Pero la secuencia de gestos simbólicos continúa, y si nos acercamos hasta el *punto de confluencia entre el brazo y la nave lateral* observaremos una de las referencias de mayor calidad simbólica: *la clave del arco de acceso al ábside central*, visual complicada de construir pues se define con apoyo tangencial en el perfil curvo del arco de acceso a la cabecera central. Pero tras lo que el pantocrátor de la catedral de Nevers nos ha enseñado, ya no debería sorprendernos la capacidad de los arquitectos medievales para construir ese dificultoso trazado con la nitidez que muestra la imagen 2 izquierda[4].

Este potente viaje de descenso al espacio sacro culmina cuando al seguir avanzando hacia el crucero, observamos el eje de *la ventana central del ábside y el centro del rosetón que la corona* (imagen 2 derecha). ¿Estamos en un punto válido como apoyo para la trama?: Sí, pues coincide con una *marca constructiva* bien señalada sobre el terreno: *el perfil izquierdo del primer absidiolo*.

El proyecto de Noirlac tiene muchos puntos fuertes, pero, sobre todo, resulta deslumbrante el exquisito despliegue simbólico que construye el *descenso iniciático* al espacio sacro que acabamos de realizar desde el dormitorio de los monjes. Y todo ello ¡¡¡en un brazo que apenas supera los diez metros de longitud!!!!, incluido el tramo ocupado por la escalera. Estamos sin duda ante un ejemplo paradigmático de intensa aplicación de las *dos buenas prácticas* señaladas anteriormente, la que coordina la relación entre absidiolos, y la que busca la mayor

4 La precisión es algo mayor en el brazo izquierdo, pero impresionante desde ambos brazos.

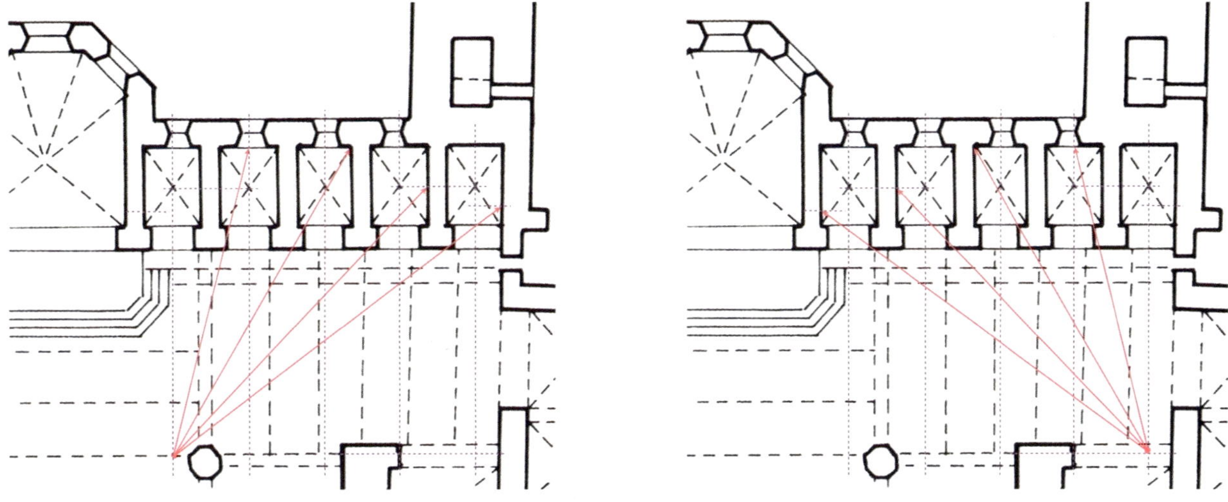

Croquis 6. Visuales desde el eje del primer (izquierda) y del quinto absidiolo (derecha) del brazo derecho de Santa Croce. Planta tomada de L. Grodecki.

sintonía de ellos con la cabecera central. No queda más remedio que reconocer que su arquitecto fue tan celoso y severo cumplidor de los objetivos ideológicos que debe vehicular el espacio interior de estos edificios, como diestro y meticuloso en su trabajo creativo. Siempre es un enorme placer analizar una arquitectura destacada por el ingenio de su proyecto, por el rigor de su construcción y por la carga simbólica que gestiona, y Noirlac cumple muy bien con esa triple condición. Es comprensible que si nos acercamos a una arquitectura de esta envergadura sin la suficiente experiencia observacional, y nos fijamos en alguna de estas alineaciones, sintamos curiosidad por tal hecho, pero que no seamos capaces de llevar más lejos la reflexión sobre el sentido que pueda tener. Pero una observación reiterada sí puede aportar elementos interpretativos y suficiente confianza a nuestra mirada para apreciar y disfrutar de su racionalidad escenográfica.

III – MÁXIMA COMPLEJIDAD, RESUELTA CON LOS MÍNIMOS GESTOS

Con el firme deseo de conservar en la retina las aleccionadoras imágenes que Noirlac nos ha regalado, finalizaremos este breve capítulo visitando ***Santa Croce***, en ***Florencia***, una arquitectura de dimensiones enormes –casi 115 metros de longitud interior–, cuyas obras comenzaron pocos años antes de finalizar el siglo XIII, bajo proyecto y dirección de ***Arnolfo di Cambio***, arquitecto que también intervino en el proyecto para la catedral de esa ciudad.

Santa Croce es un edificio para la prédica franciscana que, en su afán por ofrecer múltiples posibilidades a la coreografía ritual, dotó a la nave transversal nada menos que de diez absidiolos, cinco por banda. La trama que los organiza es verdaderamente sorprendente, de las que hay que repasar varias veces para confirmar que no nos estamos engañando, traicionados por el "deseo de encontrar visuales". Y, sobre todo, para disfrutar de ella.

Cada brazo incluye ¡¡¡¡veinte visuales entre absidiolos!!!!, construidas desde tan solo cinco apoyos situados sobre los *ejes axiales* de los absidiolos. Como referencias, cada apoyo utiliza una secuencia sistemática y escalonada que, en orden decreciente de profundidad, es la siguiente: *el eje de la ventana axial del primer absidiolo contiguo, el vértice trasero del segundo, y la mitad y la cuarta parte del muro lateral de los dos absidiolos más alejados*. Veamos en detalle qué ocurre desde cada apoyo.

La observación desde el eje axial del primero y del quinto absidiolo es muy clara y precisa, apreciándose la secuencia completa de las referencias que acabamos de señalar, y que el croquis 6 detalla.

Imagen 3. Trama visual desde el apoyo en el eje del primer absidiolo del brazo derecho de Santa Croce.

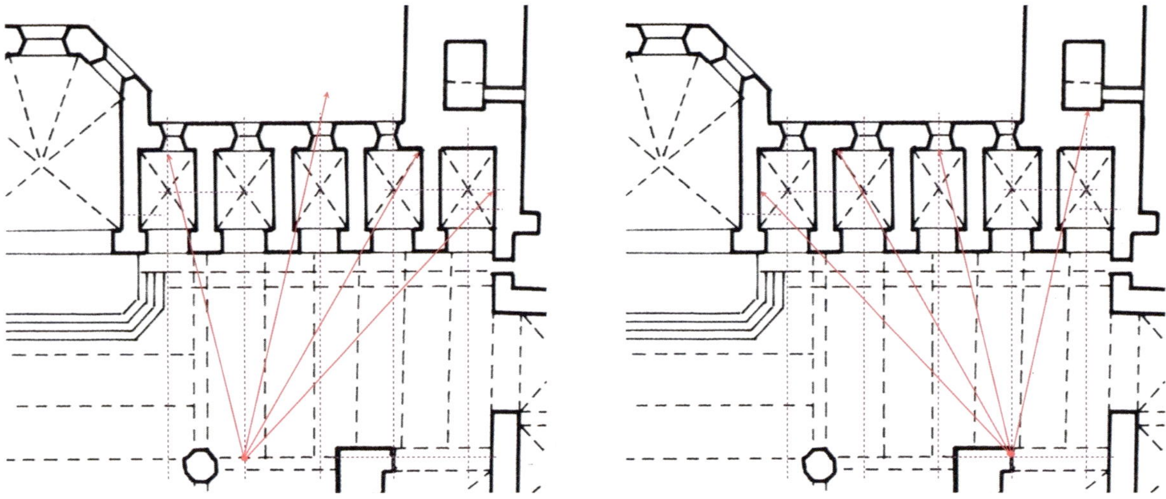

Croquis 7. Visuales desde el eje del segundo (izquierda) y del cuarto absidiolo (derecha) del brazo derecho de Santa Croce.

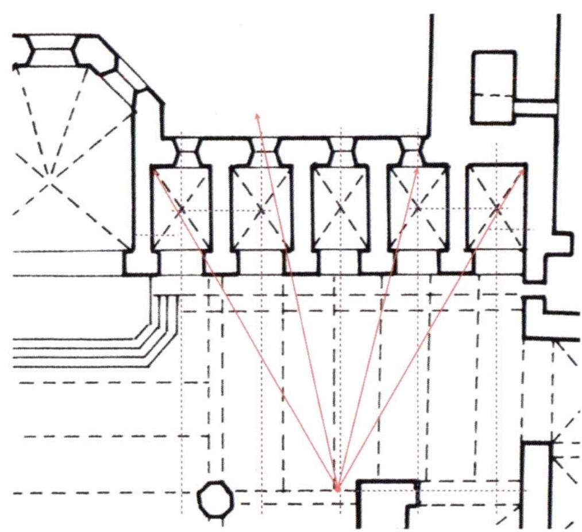

Croquis 8. Trama visual desde el eje del absidiolo central del brazo derecho de Santa Croce.

Para identificar la posición de las situadas en los absidiolos más alejados son de gran ayuda los marcos que pautan las escenas representadas en sus muros laterales, algunas de las cuales salieron de los pinceles de Giotto.

Desde el eje central del segundo y del cuarto absidiolo podemos comprobar (croquis 7) como tres visuales alcanzan muy bien las referencias previstas en la secuencia sistemática, pero una se desvía de su objetivo.

Desde el apoyo central ocurre algo similar: tres visuales cumplen con exquisita precisión con las referencias sistemáticas, pero la cuarta se desvía ligeramente del objetivo deseado.

Sorprendidos por la envergadura de lo que acabamos de observar, merece la pena hacer una pausa, pasear con calma por el interior de los absidiolos, y apreciar sus excelentes pinturas. Restablecida la tranquilidad y superada la incredulidad inicial, podemos repetir las observaciones anteriores, y rendirnos a la evidencia de que son correctas. Excelente.

El balance global nos parece excepcional, pues, sobre un total de veinte visuales para la trama específica entre los absidiolos del brazo derecho, solo se producen tres desviaciones. Las diecisiete visuales restantes son muy precisas en su construcción.

Estamos ante un caso de extrema *exhaustividad* en la relación entre absidiolos –veinte visuales implicadas–, resuelto con un *número mínimo de apoyos y referencias* –tan solo un tipo de apoyo y cuatro referencias–. Santa Croce es, pues, un excelente ejemplo de *máxima complejidad resuelta con los mínimos gestos.*

Fantástico ejercicio proyectual, a la altura del ingenio de Miguel Ángel, Galileo y Maquiavelo, cuya memoria está muy presente en este edificio.

IV – REFLEXIÓN FINAL

La riqueza y diversidad de situaciones presentes en el espacio sacro permiten encontrar, sin mucho esfuerzo, alineaciones visuales que llaman nuestra atención, pero el análisis de los absidiolos ha reafirmado las condiciones que deben cumplir esas visuales para que sean significativas dentro de la trama. Son estas:

Las ***referencias*** deben ser puntos importantes y bien señalado de la cabecera –el centro o los extremos de líneas de acceso, la profundidad máxima, el eje de control, ...– o un elemento que incluya una carga simbólica manifiesta –pantocrátor, clave de bóveda, luz exterior...–.

Los ***apoyos tangenciales*** válidos son muy limitados: el perfil de los pilares del crucero y el de los machones de acceso a los diferentes escenarios de la cabecera.

En los ***apoyos posicionales*** debemos diferenciar dos situaciones: en la ***nave*** solo los hemos encontrado sobre el *eje visual.* En los ***brazos*** siempre deben estar situados sobre una *marca constructiva* señalada sobre el terreno, es decir, asociados a un elemento constructivo –vértice inicial o final del brazo, eje central de los absidiolos, o su perfil de acceso–, o decorativo –columna adosada o pliegue en un vértice o en el muro–. Solo en algunas ocasiones puntuales los apoyos aparecen asociados a una *partición en términos enteros simples* de la longitud del brazo.

Este segundo capítulo nos ha enseñado otro rasgo importante de la trama, que debemos tener muy presente en nuestras pautas observacionales: la diferencia entre *"leyes fuertes de validación visual"* y *"buenas prácticas proyectuales"*.

*Las **leyes fuertes de validación** son normas que el arquitecto está obligado a cumplir al organizar el espacio cruciforme, y su papel es asegurar que se cumplan con extremo rigor las firmes estrategias de seducción, accesibilidad visual, control e imposición presencial. Para ello dispone de los ejes visual y de control, y del punto de máximo control, elementos alrededor de los cuales se configura el núcleo duro de la trama en planta para el espacio cruciforme.*

Sin el cumplimiento de las *leyes fuertes* no hay arquitectura sacra de disciplina cristiana, pues no se satisfaría el marco ideológico ni la estructuración jerárquica del espacio interior en los términos fijados por el doctrinario institucional.

Pero el análisis de los absidiolos nos acaba de mostrar que, complementando a las *leyes fuertes*, el trabajo de composición espacial incluye un segundo recurso muy importante para la plasmación final de todo proyecto escenográfico sacro: las denominadas ***buenas prácticas proyectuales****, que actúan a modo de recomendaciones a seguir, sin que su ausencia invalide el proyecto.*

Es cierto que, cuantas más buenas prácticas incluya un proyecto, mayor será la calidad y la envergadura del relato ideológico que construya y transmita, y más profunda será la articulación interna de su espacio interior, pero su cumplimiento no es obligatorio.

Esa laxitud *¿denota relajación ideológica?* Difícil de aceptar dado el patrón contratante de estos edificios y el enorme protagonismo social y político que debían asumir. Las causas las debemos buscar en otros motivos: cuando aumentamos las situaciones complejas que el arquitecto *debe resolver simultáneamente*, solo los más hábiles estaban en condiciones de hacerlo con suficiencia. En caso contrario, no es difícil encontrar templos, incluso de primer nivel internacional, con débil presencia de *buenas prácticas* que gestionen en términos escenográficos las formas y dimensiones de sus absidiolos, lo cual les sitúa ante un importante déficit narrativo. No es el caso de Anzy-le-Duc, Maulbronn, Pontigny, Flaran, Sylvanès, La Oliva, Las Huelgas, Piedra, La Seu d'Urgell, arquitecturas todas ellas excelentes para practicar la formación observacional adquirida en este capítulo. El placer está asegurado.

Capítulo III

De cómo un punto de luz cede su protagonismo a una pintura de Tiziano

LAS NAVES LATERALES SE INTEGRAN EN EL RELATO SIMBÓLICO FOCALIZANDO SU ATENCIÓN SOBRE EL ÁBSIDE

"La base de la arquitectura monumental sacra es la abstracción y el simbolismo. El ritual simbólico engendra la construcción técnica, y no al contrario."
Sigfried Giedion

Una vez identificados los *criterios sistemáticos* que rigen la planificación del espacio sacro cruciforme *–apoyos sobre marcas constructivas, referencias con protagonismo simbólico, líneas visuales precisas, punto de máximo control, ejes visual y de control, particiones asociadas, leyes fuertes de validación visual y buenas prácticas constructivas–*, y la especial relevancia de las pautas ideológicas que dan consistencia a ese proceder constructivo, nos proponemos ahora analizar la estructura de las naves laterales que suelen acompañar a la nave central.

Al margen de los motivos funcionales y estructurales concretos que llevaron a añadir esas naves[1], *¿qué relación guardan con el espacio central cruciforme?, ¿extiende la trama su acción reguladora hasta las naves laterales?, ¿qué relato simbólico construyen?*

I - SOLUCIÓN PARADIGMÁTICA PARA LA PLANIFICACIÓN DE LAS NAVES LATERALES

Para responder a estas cuestiones reemprendemos viaje, y el primer destino es ***San Martín de Frómista***, edificio construido durante las dos últimas décadas del siglo XI, en paralelo a arquitecturas tan esenciales en la estructura política de aquellos años como las catedrales de Jaca y Santiago de Compostela, y la colegiata de San Isidoro, en León. Estamos, pues, en un momento de gran energía creativa en la cultura románica peninsular, y se nota en la organización espacial de todos esos edificios.

Somos conscientes del debate que rodeó la rehabilitación de Frómista, y es muy posible que estemos frente a la mejor obra neo-románica local del siglo XIX, más que ante una arquitectura del siglo XI, pero el análisis que estamos desarrollando se apoya por ahora en puntos constructivos situados en los muros perimetrales y en el perfil de los pilares del crucero, y la bibliografía especializada no cuestiona el respeto a la posición original de esos elementos durante su proceso de reconstrucción. En cualquier caso, recordemos que la reiteración de solu-

1 Entre esos motivos se encuentra aumentar la capacidad del edificio, favorecer la estabilidad y la iluminación de la nave central, hacer compatible la circulación perimetral con la ritualidad que se desarrolla en el espacio central, ofrecer nuevas posibilidades coreográficas para los actos procesionales de mayor envergadura, ...

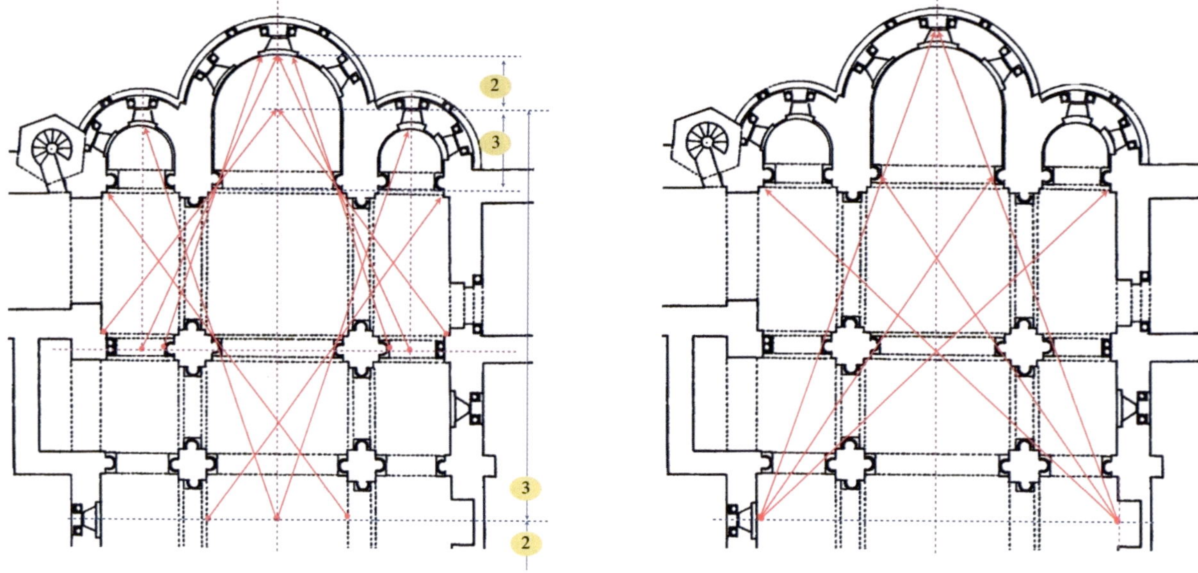

Croquis 1. Trama visual para el núcleo cruciforme de Frómista (izquierda) y para las naves laterales (derecha) representada sobre la planta anterior a su restauración, elaborada por J. L. Senra.

ciones similares es lo significativo en nuestro análisis. Por lo tanto, lo que observemos en Frómista tendrá valor en la medida en que lo volvamos a reconocer en otros edificios.

No damos nada por supuesto, y antes de entrar en el análisis de la estructura espacial de sus naves laterales, nos hemos preguntado si en su núcleo cruciforme interviene una trama similar a la detectada en las arquitecturas que carecen de naves laterales. La respuesta es afirmativa, y Frómista resuelve la relación entre su nave, brazos y cabecera con las mismas *soluciones paradigmáticas* que Barberà nos ha enseñado: como muestra el croquis 1 izquierdo, desde el *centro óptico* observamos el eje central de los vanos de los absidiolos –y su *luz*–, y desde los extremos del *eje visual* vemos los vértices de los brazos. El fondo del ábside se asocia con el eje de los absidiolos, y el *punto de máximo control* lo encontramos sobre una *partición* "2 a 3" de la profundidad total de la cabecera. Excelente. Podemos, pues, pasar al estudio de las naves perimetrales.

No siempre añadir unas naves laterales se resolvió prolongando el muro de cierre lateral de los brazos hasta el final de la nave principal –como ocurre en Frómista–, pero incluso ante tan trivial solución podemos preguntarnos si esas nuevas naves buscan alguna relación visual con los restantes espacios interiores. Para responder aplicaremos la metodología habitual: pasear por el espacio interior, identificar los posibles apoyos normativos, situarnos sobre ellos, observar las referencias escenográficas y simbólicas que se ofrecen, y valorar el grado de precisión de la alineación que establecen. La sistematicidad tiene la última palabra sobre el valor de lo observado.

Como guía orientativa para el trabajo de campo, hemos tenido presente que el principio de *"economía en los medios utilizados"* sugiere que es muy probable que los nuevos apoyos estén en buena sintonía con los definidos en la nave central. Si aceptamos esa indicación, la primera opción será situarnos sobre *la prolongación del eje visual, junto al muro perimetral,* y al hacerlo, desde las dos naves laterales de Frómista podemos detectar una *triple alineación visual* que busca con excelente precisión *tres puntos esenciales de la estructura escenográfica de su cabecera,* definiendo dos situaciones de *extrema calidad simbólica.*

RELACIÓN CON LOS ESCENARIOS AUXILIARES

La primera situación está definida por dos visuales: una busca el final estricto del brazo opuesto, y la otra el perfil tangencial de la columna adosada que da paso a la cabecera central[2]. La colaboración entre ambas visuales –con la complicidad del ritmo de los pilares de la nave– garantiza la *plena accesibilidad visual sobre el absidiolo*

2 Con gran precisión desde la nave derecha y con algo menos –pero suficiente– desde el lado izquierdo.

Imagen 1. Sobre la anchura media de la nave lateral derecha de Anzy-le-Duc, en el eje visual: doble visual que busca con rigor los límites inicial y final del brazo izquierdo.

opuesto. A destacar que no se limitan a "dejar ver" el brazo en toda su longitud, sino que *señalan sus límites rigurosos, inicial y final, con excelente precisión* (croquis 1 derecho).

Santa María de Huerta ratifica esta solución, pues desde su *eje visual*, siempre *junto al muro* perimetral, también podemos observar una doble visual al inicio y al final riguroso del brazo opuesto, que incluye ahora dos absidiolos.

Frómista y Huerta comparten la utilización del apoyo *junto al muro perimetral*, el más habitual, pero hemos encontrado una segunda posibilidad: situar el apoyo sobre la *anchura media* de las naves laterales: es lo que ocurre en Saint Pierre, en Aulnay, y en ***Anzy-le-Duc*** (imagen 1), dos arquitecturas de primer rango[3].

*Acabamos de encontrar la **primera buena práctica proyectual para la mejor integración visual de las naves laterales**, buena práctica que estimula al arquitecto a buscar su **correcta sintonía con los escenarios auxiliares** de la cabecera. Para ello, el eje visual extiende su protagonismo hasta esas naves, ofreciendo dos nuevos apoyos posicionales: junto al muro perimetral y la anchura media de la nave lateral. Las referencias válidas son los límites constructivos rigurosos de los brazos. Los pilares del crucero son el apoyo tangencial fundamental, a los que se puede sumar el primer pilar de la nave central.*

RELACIÓN CON EL ÁBSIDE CENTRAL

Es indudable que disponer de una buena visión sobre el absidiolo opuesto es un gesto interesante, pero es mucho más importante relacionarse con el ábside central, y Frómista muestra la dificultad que para ello supone la ineludible presencia de los gruesos pilares del crucero, necesarios para soportar el peso de las cubiertas: en ambas naves laterales, sobre el *eje visual* en su encuentro con el muro perimetral, apenas se puede observar el ábside central. Pero una mirada cuidadosa permite reconocer una situación muy sorprendente, que pone de manifiesto hasta qué punto los arquitectos de esos siglos dominaban las estrategias de optimización simbólica: desde ese apoyo –junto al muro perimetral–, entre los gruesos pilares del crucero, una visual alcanza el fondo riguroso del ábside (croquis 1 derecho) permitiendo que nuestra mirada perciba una estrecha franja vertical de *luz* procedente del vano axial de la cabecera (imagen 2). Acabamos de encontrar la segunda situación escenográfica que Frómista construye para sus naves laterales: *a falta de una visión generosa sobre la cabecera central, un gesto de enorme calidad simbólica asume el protagonismo en la relación entre las naves laterales y el ábside, con la luz axial –y el mensaje que encierra– reclamando nuestra atención entre los pilares del crucero.*

El valor que demos a ese gesto va a depender de su presencia reiterada en otras arquitecturas y de nuestra capacidad para descodificar su significado simbólico, capacidad que suele distar muchos enteros de la cultura escenográfica de los arquitectos medievales. De ahí la dificultad que hoy tenemos para leer con significado propio la estructura espacial de estas arquitecturas. No repetiremos aquí lo que muchos autores ya han explicado sobre el papel de la luz en el mistificador discurso cristiano. Nosotros nos centraremos en mostrar cómo ese rasgo doctrinal se ha plasmado en propuestas constructivas concretas, encargadas de cristalizar en piedra su mensaje.

Un primer ejemplo que ratifica esta situación lo encontramos en ***Santa Maria de Vilabertran***: siempre sobre el *eje visual*, también *junto a los muros laterales*, la *luz de la ventana axial* de su ábside nos regala un guiño de complicidad simbólica idéntico al de Frómista[4]. La imagen 3 lo muestra.

Dada la austera decoración de los espacios ceremoniales de algunas abadías, especialmente las de disciplina cisterciense, el recurso al protagonismo de la luz fue muy utilizado en ellas. En este sentido, la solución construida en ***Noirlac*** es muy interesante: la posición avanzada del *eje visual* y la mayor anchura proporcional de sus naves laterales permiten una visión entre los pilares del crucero algo más generosa de la cabecera (imagen 4), y *dese el muro perimetral*, sobre *su eje visual*, podemos observar cómo el eje de la ventana central de su ábside se ofrece como referencia precisa para nuestra mirada. La composición escenográfica se refuerza cuando detectamos que la imposta del pilar de la cabecera señala con razonable precisión el centro del pequeño rosetón situado sobre la vertical de la ventana, recordando el recurso utilizado para *subrayar* el rostro del pantocrátor de Barberà.

3 La Seu Vella de Lleida y la catedral de La Seu d'Urgell también construyen esa misma solución.

4 Con nitidez desigual, encontramos similar solución en arquitecturas tan dispares como Saint Michel de Cuxa, Sant Llorenç del Munt, Santa Maria de Cervià, La Oliva, Sénanque, Sankt Michael en Hildesheim, y San Juan de Ortega. Frontfroide mejora esa solución, pues añade desde el mismo apoyo un segundo trazado a la clave del arco de acceso al ábside.

Imagen 2. Sobre el eje visual de Frómista, junto al muro perimetral izquierdo, observamos la fina franja vertical de luz procedente del vano situado al fondo del ábside. Simultáneamente, por la derecha del pilar del crucero, una segunda visual señala el perfil de la columna adosada que da acceso al ábside central.

Imagen 3. Sobre el eje visual, junto a los muros perimetrales de Vilabertran, una franja de luz procedente del pequeño vano situado en el fondo del ábside reclama la atención de nuestra mirada entre los pilares del crucero.

Una escenificación basada en la luz axial también se observa en ***Fontenay*** (imagen 5), Sant Pere de Rodes, Sant Pere de Galligants, Rueda, Aralar, San Michele en Pavia, Saint Nazaire en Carcassonne, Saint Pierre en Poitiers, Saint Roman en Locronan, y en los duomos de Pienza y Faenza.

La importancia simbólica del *punto más profundo del ábside* dio pie a que, incluso en ausencia de una fuente de luz axial, los arquitectos lo utilizasen como referencia privilegiada para las visuales desde las naves laterales: así lo hizo, por ejemplo, Brunelleschi en San Lorenzo, en Florencia, y Bramante en Santa Maria delle Grazie, en Milán. También Alberti utilizó esa solución en Santa Maria Novella, en Florencia, pero desde la anchura media de las naves laterales. Cuando la cabecera se dota de un deambulatorio, el fondo del ábside se identifica con la clave de su arcada más profunda, y la trama desde las naves laterales la puede utilizar como referencia válida. Es el caso de Fitero, Moreruela, Issoire, Saint Saturnin, o Saint Étienne, en Nevers. Una vez más encontramos una diversidad de posibilidades compositivas, pero todas ellas con similar complicidad ideológica y constructiva.

*Estamos ante la **segunda buena práctica proyectual para la mejor integración visual de las naves laterales**, buena práctica que estimula al arquitecto a conseguir su **correcta sintonía con el punto más profundo de la cabecera central**, para lo cual tiene a su disposición dos apoyos posicionales válidos –junto al muro y sobre la anchura media de la nave lateral–, y un apoyo tangencial –los pilares del crucero–. La referencia es, lógicamente, el punto más profundo de la cabecera. La carga mística de este trazado se refuerza cuando en el fondo del ábside se sitúa algún elemento simbólico de calidad, como una fuente de luz, el sillón de la autoridad que preside el ritual, o una imagen identitaria.*

Finalizaremos este apartado subrayando la exquisitez del proyecto de Frómista, tanto por la coherencia conceptual de los gestos que construye desde las naves laterales sobre la cabecera, como por la capacidad de su arquitecto para hacerlos compatible con la densa trama visual que articula el núcleo cruciforme del espacio interior del templo. Por eso hemos catalogado su *solución* de *paradigmática*, es decir, de *modelo de referencia para el tratamiento escenográfico de las naves laterales* en una arquitectura sacra de disciplina cristiana.

Imagen 4. Desde el eje visual de Noirlac, junto al muro de la nave lateral derecha: la visual busca el eje de la ventana central del ábside y del rosetón superior, con la imposta del machón subrayando su centro.

Imagen 5. Sobre el eje visual de Fontenay, junto al muro de la nave lateral derecha: la visual busca el eje de la ventana central del ábside.

II – INTERVENCIÓN DEL PANTOCRÁTOR EN LA ESTRUCTURACIÓN DE LAS NAVES LATERALES

Para los fieles menos iniciados, la luz y el punto más profundo del ábside son recursos que implican una relación algo fría y distante con la autoridad divina. *¿Cómo articular para ellos una relación de lectura más inmediata y persuasiva?* Algunas arquitecturas analizadas en el primer capítulo nos han enseñado el papel asumido por el pantocrátor en la estructuración de los brazos, *¿podemos reconocer alguna intervención similar sobre las naves laterales?*

Para responder a esa cuestión pocos ejemplos más ilustrativos que el ***kloster St Johann***, en ***Müstair***, a los pies del monte Stelvio. Su cabecera del siglo X adosa un cuerpo longitudinal de tres naves, fruto de la remodelación que sufrió el edificio en el siglo XV. Estamos ante una magnífica oportunidad para disfrutar de sus frescos –por sí solos justifican la visita–, analizar la capacidad de intervención espacial de un pantocrátor sobre unas naves laterales, y valorar el papel de la trama en el encaje entre dos proyectos espaciales, el de la cabecera y el de las naves, separados por más de 500 años.

La remodelación del edificio fue tan contundente que incluso se engrosaron los machones de la cabecera, adelantando su perfil, un apoyo esencial para la trama. Pero desde los primeros pasos por el interior del edificio se detecta la clara voluntad del arquitecto del siglo XV por sintonizar con los protocolos de trabajo utilizados en el diseño original. Por ejemplo, el nuevo ábside central mantuvo el protagonismo del viejo pantocrátor y del *punto de máximo control* situado en la vertical de su rostro, y el arquitecto que rehabilitó el edificio tuvo mucho cuidado en atribuirle una *partición* normalizada –en concreto, del tipo "1 a 2"– respecto de la nueva profundidad de la cabecera. El croquis 2 lo muestra.

En la nave central la trama se muestra muy rica, con dobles visuales desde los tres apoyos habituales (croquis 3 izquierdo). Este magnífico programa para el espacio nuclear cruciforme se completa con una doble acción desde las naves laterales: la primera, desde la *anchura media*, busca la clave del arco de acceso al nuevo ábside. La segunda, desde el *muro perimetral*, señala la doble manifestación de la autoridad divina que preside su cabecera: la *luz* íntegra de la ventana axial –su jamba exterior con precisión constructiva– y la figura completa del pantocrátor –su rostro aparece perfilado contra la columna del crucero–, definiendo una excelente composición escenográfica que la imagen 6 muestra.

Gratificados ante este despliegue de recursos simbólicos para las naves laterales, con el pantocrátor liderando el proyecto, solo queda remarcar el alto grado de sintonía que la trama ha puesto de manifiesto entre las nuevas naves longitudinales y la vieja cabecera de Müstair, sintonía que solo puede ser fruto de la concordancia en el método de trabajo de sus respectivos arquitectos, muy distantes en el tiempo, pero cercanos en el ideario proyectual e ideológico que guió sus diseños.

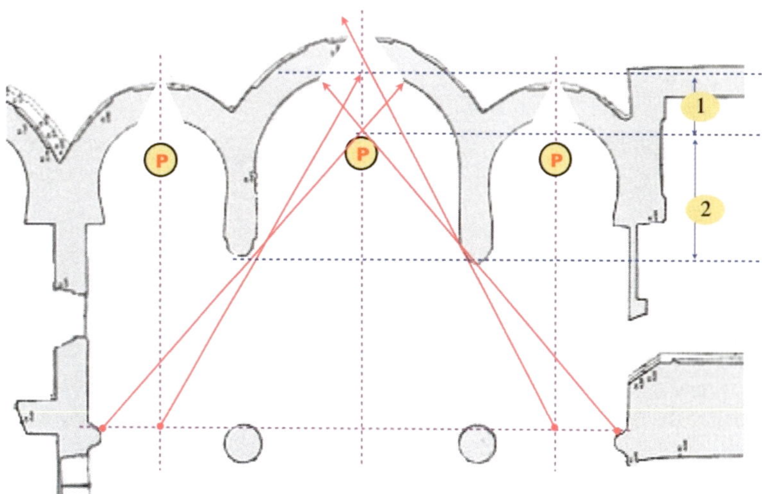

Croquis 2. Trama para la cabecera de Müstair. A destacar que, desde los extremos de los brazos, cada visual, tras enmarcar al pantocrátor, señala con precisión la jamba más lejana de la gran ventana axial, cuya anchura parece haber sido decidida para conseguir tan escenográfico efecto. La imagen 6 lo muestra.

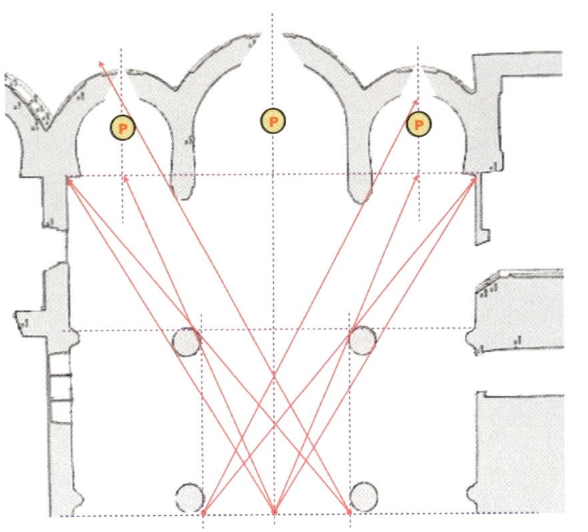

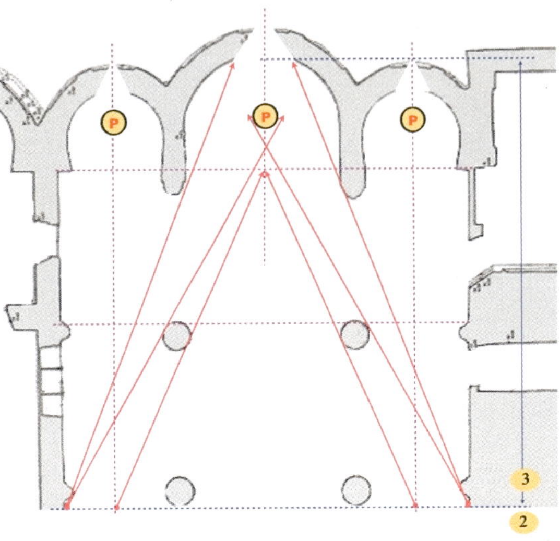

Croquis 3. Trama desde las naves de Müstair. Izquierda: para la nave central. Derecha: desde las naves laterales. Por segunda vez la anchura de la ventana axial se muestra esencial para garantizar la precisión normativa de las referencias simbólicas.

Imagen 6. Doble visual desde el eje visual de Müstair, junto al muro de la nave lateral izquierda. Una perfila escenográficamente el pantocrátor tras la columna del crucero, mientras la segunda busca con precisión constructiva la jamba izquierda de la ventana axial, dejando ver toda su luz.

Otro buen ejemplo de intervención del pantocrátor sobre las naves laterales lo encontramos en ***Santa Giustina***, en ***Sezzadio***, cerca de ***Milán***. Desde su accesible cabecera el rostro del pantocrátor actúa de referente para estructurar los largos brazos, pero es inmediato comprobar que también extiende su acción doctrinaria hasta las naves laterales: desde el encuentro del *eje visual* con los *muros laterales*, una visual perfila su figura completa contra la columna del crucero, alineando su rostro con la base del capitel. Desde la nave izquierda lo hace con muy buena precisión (imagen 7), pero con menor fineza desde el lado derecho.

Imagen 7. Desde el eje visual, junto al muro de la nave lateral izquierda de Sezzadio, visual que perfila el rostro del pantocrátor contra la parte inferior del capitel que corona el pilar del crucero.

III – UN CAMBIO ESTRUCTURAL EN LA BÓVEDA GENERA UNA NUEVA RELACIÓN SIMBÓLICA

Cuando el ábside se cubre con una bóveda de cuarto de esfera, su superficie continua es un lugar muy adecuado para acoger la figura de un pantocrátor, pero cuando la cubierta adopta un relieve nervado, tal posibilidad desaparece. En ese caso *¿qué otro elemento tomó el relevo en el protagonismo simbólico sobre las naves laterales?* Al analizar la relación entre los brazos y la cabecera ya tuvimos que abordar un dilema similar, y ***Vézelay*** nos recuerda la solución allí encontrada: siempre sobre el *eje visual* en su encuentro con los muros perimetrales, las visuales buscan *la clave de la bóveda nervada del ábside* que a finales del siglo XII sustituyó a la anterior cabecera románica. Excelente coherencia.

Edificios tan dispares como las abadías de Pontigny y ***Westminster***, las catedrales de Noyon y Auch, Notre Dame de Beaune, el kloster de Altenberg, la dom de Ratisbona, o San Martín, en Amberg, y San Georg, en Dinkelsbühl, también son excelentes ejemplos para ratificar el protagonismo de la clave de la bóveda del ábside como referencia simbólica de primera calidad para las naves laterales.

Imagen 8. Visual a la clave del ábside de Vézelay, desde los muros laterales, sobre el eje visual.

Imagen 9. Abadía de Westminster. Retrocediendo desde el crucero, el eje visual lo encontramos en el perfil anterior de los segundos pilares de la nave (sin incluir los del crucero), sobre una partición “1 a 1” de la distancia comprendida entre el muro frontal de la nave y el perfil perimetral del deambulatorio. Situados sobre él, junto al muro perimetral de la nave izquierda, podemos observar la clave del ábside.

San Petronio, en Bolonia, es un buen ejemplo de la obsesión por sintonizar con la clave del ábside: en su bóveda dibuja unos nervios simulados que confluyen en la correspondiente clave, también simulada. Pues bien, incluso en esas condiciones, las visuales desde los extremos del eje visual en las naves laterales, buscan con notable precisión esa clave pintada. Estamos ante un verdadero trampantojo visual, cuya misión más evidente es subrayar que el proyecto dibujado se ajusta rigurosamente a las mejores *buenas prácticas constructivas y simbólicas*. Un segundo ejemplo lo encontramos en la Grote St. Laurenskerk, en Alkamaar, edificada a finales del siglo XV, que cierra en alzado sus naves y presbiterio con una cubierta de madera de perfil semicircular, cual bóveda de cañón corrida. Sobre su ábside construye una estructura nervada, también de madera, que confluye en una "simulada y muy dorada clave". A pesar de tal simulación, y como es normativo, junto a los muros de las naves laterales, sobre el eje visual, nuestra mirada se alinea con esa dorada clave.

Imagen 10. Visual a la clave del ábside de Batalha desde la anchura media de las naves laterales.

Cerraremos este apartado con la visita a dos monasterios portugueses: ***Batalha***, que en una demostración de buen hacer arquitectónico busca la clave del ábside desde la anchura media de sus naves laterales. La imagen 10 desea ser una invitación explícita a realizar su comprobación sobre el terreno. Por su parte, ***Alcobaça*** incluye un excelente gesto de enorme intencionalidad doctrinal: en el último tramo de la nave lateral izquierda sorprende la presencia de una puerta que comunica con el claustro exterior, y decimos que sorprende porque su posición es asimétrica respecto de cualquier elemento arquitectónico o decorativo, tanto cuando la observamos desde el interior del templo como cuando lo hacemos desde el claustro exterior. Pero su extraña posición adquiere pleno orden y significado al detectar que su eje central ¡¡¡coincide con el eje visual!!!, y que desde su umbral nuestra mirada encuentra, con llamativa precisión, ¡¡¡la clave del ábside!!! (imagen 11 y croquis 4).

Imagen 11. Visual a la clave del ábside, desde el eje de la puerta que comunica el claustro y el interior de Alcobaça.

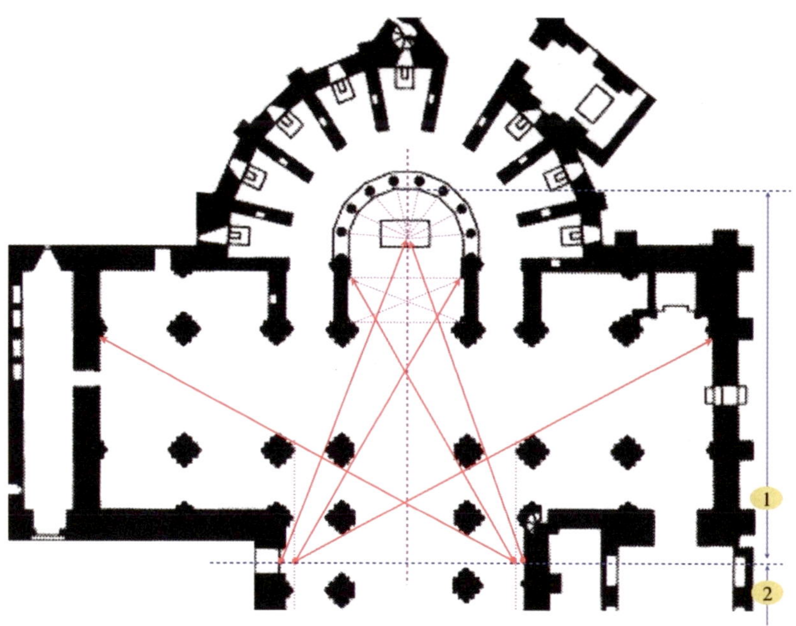

Croquis 4. Trama desde las naves laterales de Alcobaça, sobre el eje visual –partición "1 a 2" hasta el fondo del ábside–. Planta tomada de Maria Joao Saldanha.

Estamos ante la construcción en piedra de un mensaje de gran calado doctrinal: tras un piadoso paseo claustral, desde la misma línea de acceso al recinto interior sacro, el espacio construido nos sitúa ya en plena sintonía con el elemento de mayor calidad simbólica del templo: con la clave de su ábside desde el *eje visual.*

Tal como también muestra el croquis 4, este viaje simbólico tiene una segunda etapa: si avanzamos unos pocos centímetros sobre el *eje visual*, al alcanzar el perfil de los pilares adosados al muro perimetral nuestra mirada encuentra los vértices finales del brazo derecho y del presbiterio. Estamos ante una variante del trazado paradigmático que Frómista nos ha enseñado al inicio de este capítulo, variante que amplía levemente la *accesibilidad visual* sobre la cabecera central. Excelente Alcobaça.

Los edificios que acabamos de visitar son buenos ejemplos de *la* ***tercera buena práctica*** *para la mejor integración visual de las naves periféricas, buena práctica que propone al arquitecto buscar la* ***mejor sintonía con el pantocrátor o con la clave de bóveda del ábside****, en tanto que elementos simbólicos más importantes de la cabecera. Para conseguirlo, dispone de los apoyos posicionales normativos –junto al muro y anchura media de la nave lateral–, y de similar apoyo tangencial –los pilares del crucero–.*

IV – CUANDO LA MIRADA NO PUEDE PENETRAR EN EL ÁBSIDE

Tras el pesimismo inicial al constatar que los gruesos pilares del crucero suponían un notable obstáculo para la observación generosa del ábside central desde las naves laterales, las arquitecturas visitadas hasta estos momentos nos han enseñado una parte importante de los recursos utilizados por los arquitectos para superar esa dificultad: primero ha sido el fondo del ábside y su luz axial quienes han asumido el protagonismo simbólico; después se ha sumado el pantocrátor; finalmente, en su ausencia, lo ha hecho la clave del ábside. Pero en las cabeceras más profundas –por ejemplo, la de los grandes templos góticos–las visuales pueden tener serias dificultades para alcanzar el interior del ábside central. *¿Cuál fue la respuesta ante tal dificultad?*

Muy simple: si no podemos alcanzar el ábside, intentemos por lo menos llegar hasta su puerta. En ese caso, dos son las soluciones más habituales: la primera es ***situar las referencias en los extremos de la línea de paso al áb-***

Imagen 12. Sobre el eje visual, junto al muro de la nave lateral derecha de Saint Étienne, en Caen, la visual busca la fina columna adosada que marca el final del presbiterio.

side. Los elementos decorativos que marcan el final del presbiterio –pliegues y columnas adosadas de diferentes grosores– son las referencias que encontramos en arquitecturas tan dispares como Sainte Gertrude, en Nivelles; Notre Dame La Grande, en Poitiers; ***Saint Étienne, en Caen*** (imagen 12); las catedrales de Le Mans, Bayeux, Amiens y Gent; St Martin und Kastukus, en Landshut.

La segunda opción es *situar la* ***referencia en el punto medio de la línea de acceso al ábside****, es decir, en la vertical de* ***la clave del arco de paso*** *al espacio más sagrado*. La carga simbólica de esta solución es muy notable, y optaron por ella dos edificios tan destacados como Saint Foy de Conques y la catedral de Autun. También lo hizo la Frauenkirche en Nuremberg, pero desde la anchura media de sus naves laterales.

Los ejemplos aportados no son suficientes para poder afirmar "y, en consecuencia, queda demostrado", pero, por repetición, el gesto de *transferir protagonismo desde la clave del ábside a la línea de acceso al ábside* va ganando consistencia y voluntad proyectual. Es evidente que la carga simbólica de esta solución es menor y que podríamos hablar de una cierta devaluación de la calidad simbólica de las referencias puestas en juego, pero lo sorprendente no es que la trama visual se vea obligada a utilizar referencias de menor rango al no poder alcanzar el ábside desde las naves laterales; lo verdaderamente sorprendente es que, ante trazados que pueden superar los 50 metros sorteando un verdadero estrangulamiento visual entre los pilares del crucero, los arquitectos no se arredrasen ante tamaño reto, creyesen que era posible construirlos, aceptaran su materialización, y en la mayor parte de los casos la ejecutasen con una precisión desconcertante. Si tenemos en cuenta la larga duración de las obras y los consiguientes procesos de asentamiento, difíciles de prever y controlar, el resultado todavía resulta más meritorio.

La ***cuarta buena práctica*** *para la mejor integración visual de las naves periféricas propone que, ante la imposibilidad de alcanzar el ábside debido a la gran profundidad de la cabecera,* ***la trama debe intentar establecer una buena relación, directa y precisa, con su línea de acceso.*** *Como referencias simbólicas actúan en ese caso los extremos de esa línea o la clave del arco de paso al ábside.*

Las naves periféricas pueden tener dificultades en su relación con el espacio nuclear cruciforme –de ahí su calificativo de periféricas–, pero parece bastante evidente que la metodología de trabajo asociada a la trama visual y su voluntad escenográfica, siempre exige –y premia simbólicamente– la búsqueda de un importante nivel de integración visual con la cabecera.

V - SOBRE LA FORMA DE LOS PILARES

Antes de avanzar en el reconocimiento de nuevas soluciones que aseguran la correcta integración de las naves laterales, nos detendremos por un momento en un tema esencial para el correcto funcionamiento visual de estas arquitecturas.

TRATAMIENTO "FORMA/GROSOR"

Es evidente que el grosor de los muros, columnas y pilares integrados en la estructura resistente de estos edificios viene determinado por el peso de la cubierta que deben soportar. La experiencia de los arquitectos sobre las diferentes técnicas constructivas utilizadas en esos soportes, junto a su conocimiento del comportamiento resistente de los materiales de uso más frecuente, era la base de las estimaciones utilizadas para hacer frente a ese problema. Pero, una vez decidido el grosor que se considerase adecuado para garantizar la estabilidad del edificio *¿qué forma final podían tomar los pilares?*

El apoyo de los arcos y nervios que descienden desde las bóvedas condiciona la solución, pero deja mucho margen de maniobra para la iniciativa del arquitecto. Por ejemplo, si nos fijamos en los pilares del crucero de Frómista, es cierto que deben permitir la descarga con la menor violencia estructural posible de las diferentes fuerzas que confluyen en ellos desde la cúpula y desde las bóvedas de las naves, pero eso no define una forma obligatoria ni única para el pilar. *¿Fijar su perfil definitivo era un problema meramente estético, o existe algún otro criterio que acote las opciones válidas? ¿Interviene la trama visual en este tema?*

El croquis 5 reúne las cuatro visuales con apoyo tangencial en cada pilar del crucero de Frómista: tres lo hacen en su parte interior y la cuarta en el perfil exterior. Si conservando su grosor resistente, la forma de esos pilares fuese algo diferente a la que poseen, alguna de esas visuales podría resultar interferida o desviada, y una parte de la trama desfallecería, perdiendo protagonismo activo. De ocurrir esa situación, la sintonía relacional entre espacios quedaría inmediatamente degradada, su cohesión visual disminuida, y frustrada en buena parte su carga simbólica. Por supuesto, las tareas de seguimiento del proceso constructivo también perderían algunos recursos importantes.

Los criterios estéticos que definen la forma final de un pilar están supeditados a los problemas resistentes[5], pero también deben tener muy presente su participación en la trama visual. La colonización ideológica del espacio interior y la cohesión visual que la trama busca requiere de la colaboración activa de los pilares, exigiéndoles que las visuales que en ellos se apoyan señalen con precisión las referencias normativas buscadas. Por ejemplo, en Frómista, la *forma romboidal* de los pilares, con sus cuatro vértices alineados con los ejes longitudinal y trans-

5 Por ejemplo, debido al peligro de pandeo, su perfil no se puede alejar mucho de la forma compacta centralizada.

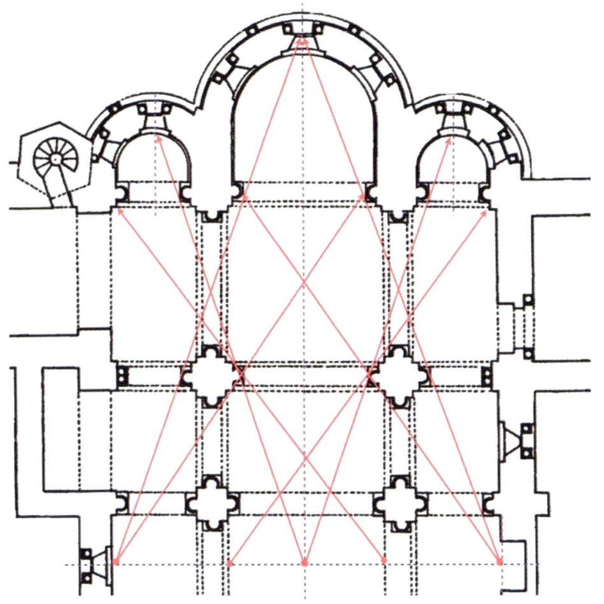

Croquis 5. Visuales con apoyo tangencial en los pilares del crucero de Frómista.

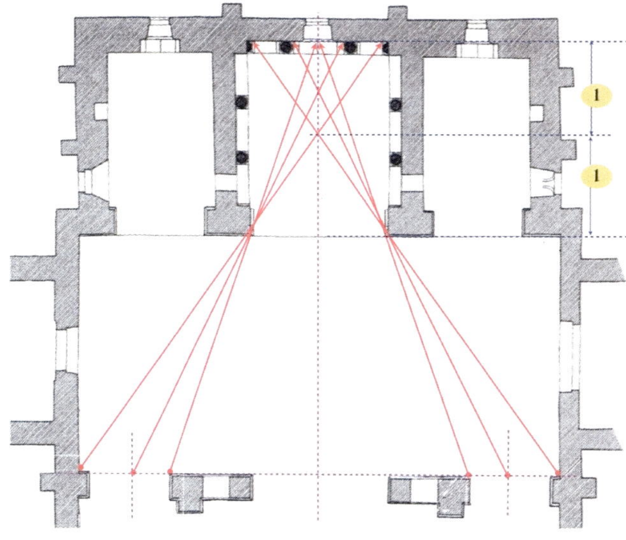

Croquis 6. Trama para la cabecera de Santullano. Planta tomada de L. Arias Paramo.

versal del edificio, es esencial para *dejar pasar* a las cuatro visuales procedentes del *eje visual* y *enfocarlas* hacia las referencias válidas en la cabecera[6].

La conclusión es clara: *el grosor de un pilar viene definido por su contribución a la estabilidad global del edificio, pero, dado un grosor resistente suficiente, en la medida en que ese pilar intervenga activamente en la trama visual, su forma debe ser servicial a la consecución de los objetivos fijados para las líneas visuales que apoya, ya sea de forma tangencial o posicional.* A este importantísimo hecho lo llamaremos *tratamiento "forma/grosor"*.

Pero en todos los casos, a pesar de esas obligaciones resistentes y escenográficas, siempre resta un amplio margen de maniobra para que el arquitecto imprima su creatividad plástica sobre los detalles finales de dichos pilares.

UN CASO EXTREMO DE TRATAMIENTO "FORMA/GROSOR"

Un ejemplo muy interesante de ese *tratamiento* para los pilares lo encontramos en ***San Julián de los Prados***, la arquitectura ceremonial mejor conservada del periodo de máximo apogeo de la monarquía asturiana. Edificado en un momento tan temprano como la primera mitad del siglo IX, el estudio de sus formas globales ya pone de manifiesto que estamos ante una arquitectura de primer nivel, con un diseño muy cuidado, construido con notable precisión[7]. Pero bajo nuestro punto de vista la pregunta importante es *¿qué trama visual valida esa combinación de formas y dimensiones, calificándola como posible para una arquitectura sacra?*

Basta un breve paseo por el interior de la nave transversal para reconocer que la trama que otorga coherencia a la cabecera de Santullano es tan eficaz, como elegante. En efecto: la arcada ciega que decora el fondo del ábside también es algo más que un mero recurso plástico. Tal como muestra el croquis 6, el perfil de sus columnas actúa de referencias para las tres visuales normativas que relacionan los brazos con el ábside central, situando

6 Entre los templos comentados cabe destacar los casos de Anzy-le-Duc y Aulnay, cuyos pilares romboidales son apoyo tangencial de cinco y cuatro visuales, respectivamente.
También el diámetro de las columnas del crucero de Müstair (croquis 3) se muestra como un parámetro bien integrado en la trama visual, y su redondeado perfil es el apoyo tangencial simultáneo para cinco visuales. Si su diámetro fuese algo mayor, o menor, las columnas dejarían de colaborar de modo positivo con la trama, y algunas visuales se verían imposibilitadas de alcanzar la referencia buscada.

7 El conjunto del edificio aparece inscrito en un rectángulo "8 a 5" –la mejor aproximación a "Ø" en cifras enteras–, dividido en tres partes: un rectángulo "4 a 3" muy preciso para el cuerpo formado por las naves longitudinales, un rectángulo en "1 + Ø" de exquisita precisión para la cabecera, y el rectángulo sobrante –bastante bien ajustado a "2 a 1"– ocupado por la nave transversal, que siempre actúa de comodín flexible entre la nave y la cabecera. Dado el escaso grosor de los muros –la cubierta de madera así lo permite–, esas formas se trasladan bastante bien a los espacios interiores.

el *punto de máximo control* sobre una *partición* "1 a 1" de su profundidad total. Plena normalidad. Excelente.

Al observar en detalle la nave central de Santullano sorprende la gran envergadura de los pilares en forma de "L" que la separan de la nave transversal, limitando la visión sobre los absidiolos laterales. En una primera impresión podríamos pensar que se trata de un error en el diseño. *¿Necesita Santullano unos pilares de esa envergadura para soportar la cubierta de madera?* Seguramente no. *¿Qué otros criterios pudieron intervenir al definir su perfil?*

Los hechos observados sobre el terreno muestran lo siguiente: todas las visuales que parten del *eje visual* cumplen con extremo rigor con el papel normativo que les corresponde, alcanzando siempre referencias previsibles. Pues bien, en cuatro casos lo hacen ¡¡apoyándose tangencialmente en el perfil de esos atípicos pilares en "L"!! Es cierto que la forma de esos pilares resta accesibilidad visual sobre la cabecera[8], pero el notable *efecto "diafragma"* generado por su forma en "L" es colaborador imprescindible para enfocar las visuales mencionadas sobre las referencias normalizadas de la cabecera. Estamos, pues, ante unos pilares atípicos, que generan una trama absolutamente típica, y todo ello gracias a un enérgico tratamiento *"forma/grosor"*[9].

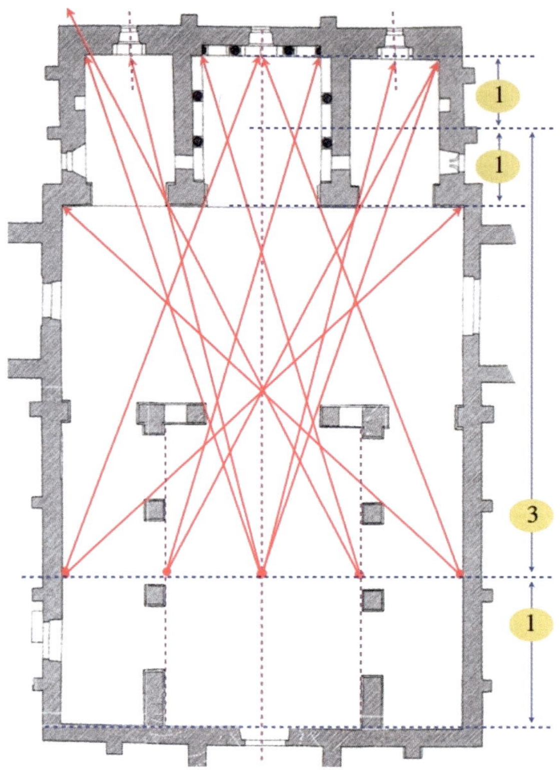

Croquis 7. Trama para las naves de Santullano.

Para las naves laterales, Santullano utiliza dos de las tres visuales paradigmáticas detectadas en Frómista: una, contra el perfil del primer pilar de la nave, busca el vértice opuesto de la nave transversal. Otra alcanza el punto central del muro trasero del ábside, reclamando nuestra atención sobre una ancha franja vertical de *luz* perfilada entre el machón de la cabecera y el correspondiente pilar en "L". Excelente Santullano en todos sus gestos.

UN COMENTARIO DE LA MANO DE WITTKOWER

En su libro "*Sobre la arquitectura en la edad del Humanismo*", ***Rudolf Wittkower*** recoge un efecto visual detectado en dos arquitecturas renacentistas venecianas: Il Redentore, proyectada por Palladio en 1.576, y Santa Maria della Salute, obra de Longhena, fechada en 1.630.

Wittkower afirma que "*el diseño de Longhena sólo puede entenderse plenamente cuando se tiene en cuenta el factor óptico*", y que "*Longhena se inspiró en el principio palladiano de unificación óptica de espacios dispares*". También añade que "*la aproximación escenográfica de Longhena a la arquitectura implica una relación construida con mucha precisión entre el objeto a ver y el espectador; el espacio se organiza siempre refiriéndolo a ese espectador de manera que desde el punto de mira adecuado perciba imágenes y perspectivas coherentes*". Finalmente afirma que "*el propio carácter del diseño hacía que esos puntos se recomendasen a sí mismos ante el espectador sensible*". Wittkower apoya estas afirmaciones en un hecho que considera muy destacable: la presencia en ambos edificios de un par de visuales que, desde el punto medio de la puerta de acceso, enmarcan las cabeceras de ambos templos, "*creando una unidad óptica para quien las contempla desde la entrada*" (croquis 8). Wittkower no se-

8 Los amplios vanos que perforan esos pilares parecen reconocer esa situación, e intentar paliarla recuperando a su través algo de la visión perdida sobre los absidiolos.

9 Un siglo más tarde, St. Cyriakus, en Gernrode, muy cerca de Hildesheim, también resolvió su trama de ese modo, es decir, mediante unos notables pilares en "L". 500 años antes que Santullano ya lo había hecho San Paolo f.l.m., en Roma, una obra fundacional de la arquitectura institucional cristiana.

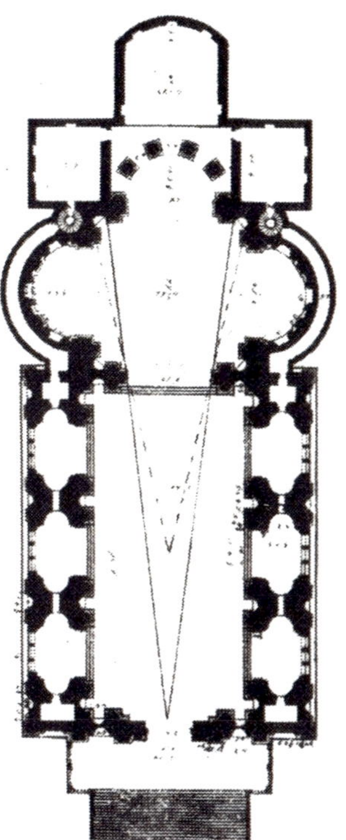
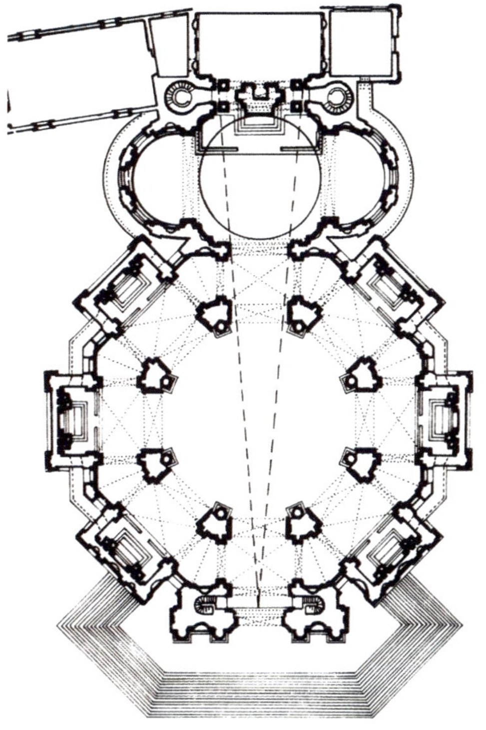
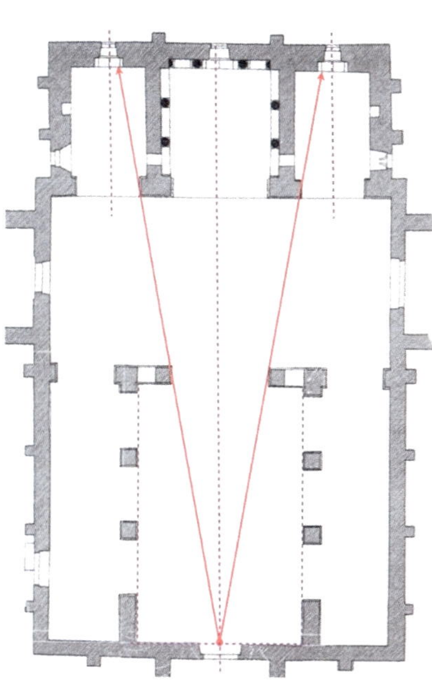

Croquis 8. Izquierda: Il Redentore, con las visuales señaladas por Bertotti Scamozzi (1719-90), y utilizadas por Wittkower en su comentario. Centro: Santa Maria della Salute, con las líneas visuales señaladas por Wittkower. Derecha: desde el umbral de la puerta de acceso a Santullano, visuales al fondo de los absidiolos, con la presencia a la luz axial que filtran sus vanos.

ñala más visuales para ambas arquitecturas, ni para otras arquitecturas, pero el efecto que menciona lo considera muy importante pues "*esta relación óptica era nueva e insólita*".

En todas las arquitecturas que estamos presentando nos centramos únicamente en los aspectos *sistemáticos* de la trama que *valida sus proyectos*. Pero las afirmaciones de Wittkower nos animan a realizar un comentario final sobre Santullano que, aunque incumple esa condición, viene a reforzar la importancia de los temas escenográficos en estas arquitecturas: tal como muestra el croquis 8 (derecha), las visuales desde el centro del umbral de acceso a su nave central, y también gracias a la forma de los pilares en "L", no solo enmarcan el perfil del ábside central, tal como Wittkower señala que hicieron 700-800 años más tarde Palladio en Il Redentore y Longhena en Santa Maria della Salute, sino que el arquitecto de Santullano enriqueció esa escenificación con un gesto de gran calado simbólico: ambas visuales, además de enmarcar el ábside central, buscan con precisión el fondo de los absidiolos laterales y sendas franjas verticales de *luz* procedentes de sus ventanas axiales, *luz* que se cuela entre los machones de la cabecera y los pilares en "L" de la nave. Construir este efecto, sin más condicionantes, nos parece incluso trivial. Pero lo que sí nos parece muy meritorio –y por eso lo destacamos–, es hacerlo compatible con toda la densa, rica y normalizada trama visual que, como acabamos de describir, organiza las naves y la cabecera de Santullano. Sencillamente extraordinario su arquitecto.

Volveremos más tarde sobre Il Redentore y sobre Santa Maria della Salute, pues el tema no se agota, ni mucho menos, con las visuales mencionadas.

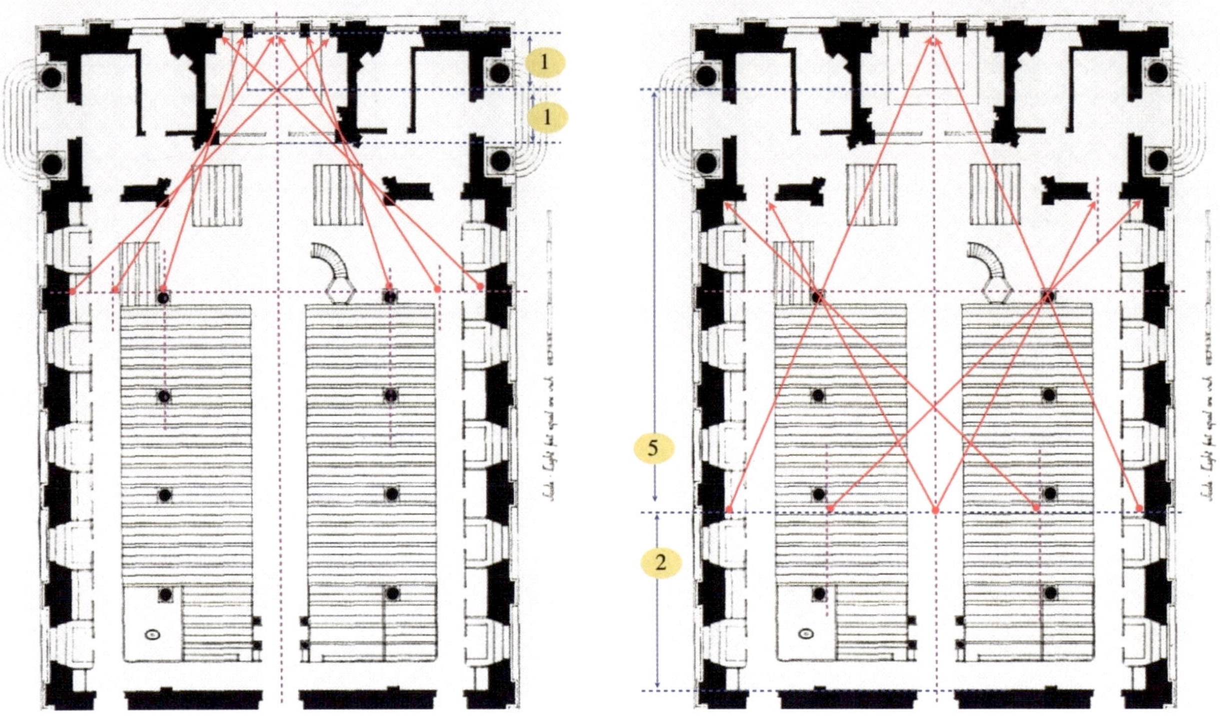

Croquis 9. St Martin in the Fields. Izquierda: trama para la cabecera. Derecha: trama desde el eje visual. Sobre el terreno, todas las visuales son muy precisas, aunque la planta utilizada sugiere que deben colisionar con el acceso a la cabecera y con el último par de columnas de la nave.

VI – LONDRES AMPLÍA DEL MARCO TEMPORAL DE UTILIZACIÓN DE LA TRAMA VISUAL

En el primer capítulo hemos mencionado ejemplos de uso de la trama desde el siglo VII hasta el inicio del XVII. Se trata de una horquilla temporal insospechada al inicio del trabajo, pero ***Londres*** la amplía en un siglo. En efecto, tras el gran incendio que devastó la ciudad en 1.666, su reconstrucción también afectó, y de modo muy masivo, a su arquitectura sacra. Un excelente ejemplo lo encontramos en ***St Martin in the Fields,*** junto a Trafalgar Square, cuyas obras comenzaron en 1.726 bajo proyecto de ***James Gibbs***.

Su cabecera, rectangular y poco profunda, está resuelta con tres juegos de visuales que buscan como referencias los vértices más profundos del ábside, y las jambas y el eje central del gran ventanal tripartito que sustituye al tradicional muro trasero de la cabecera (croquis 9 izquierdo).

Si esta solución resulta más que familiar, todavía lo es más la que Gibbs organizó para el *eje visual*: vértices y punto medio de los brazos son las referencias buscadas desde el *eje visual* en la nave central (croquis 9 derecho). En las naves laterales, desde el muro perimetral, la visual busca con enorme precisión el eje de simetría del gran ventanal central del ábside. La imagen 13 lo muestra.

Finaliza la tercera década del siglo XVIII, y Martin in the Fields repite una colección de gestos escenográficos, idénticos a los que Santullano ya construyó en el siglo IX. Han trasncurrido casi mil años y estamos ante un muy buen ejemplo de la capacidad de los arquitectos para obtener soluciones plásticas y configuraciones espaciales bien diferentes. Siempre con la *seducción, sumisión y control como gestores hegemónicos* de los proyectos para el espacio sacro cristiano.

Los criterios estéticos cambian, pero el núcleo fuerte del programa ideológico construido *–la ideología construida–* permanece invariable.

Imagen 13. Visual desde la nave lateral derecha de Martin in the Fields, sobre el eje visual, junto al muro perimetral, al centro del gran ventanal del ábside.

VII - LAS NAVES LATERALES TAMBIÉN PUEDEN CONSTRUIR SOLUCIONES DINÁMICAS

La trama visual debe asegurar una relación directa, precisa y permanente entre tres puntos importantes del espacio interior sacro: un apoyo posicional –desde donde observar normativamente–, un apoyo tangencial –que guía nuestra mirada– y una referencia simbólica que busca impregnar nuestro pensamiento. Pero cabe preguntarse sí la situación puede ser más rica en posibilidades escenográficas. Por ejemplo, *¿puede un proyecto incluir algún efecto narrativo asociado a un desplazamiento entre apoyos contiguos?* De hecho, ya hemos encontrado algunas situaciones de ese tipo: baste recordar el breve recorrido desde el extremo del brazo hasta al eje del absidiolo de Barberà, que ha llevado nuestra mirada desde el rostro de su pantocrátor hasta lo más profundo del espacio sagrado. Otro ejemplo espectacular ha sido el descenso iniciático por la escalera del dormitorio de Noirlac. En ambos casos estamos ante un *resultado dinámico de la trama, que exige de nuestro caminar activo entre apoyos sucesivos para que se visualice el relato simbólico que el espacio sacro construye. La imagen final toma todo su significado como integral de las imágenes parciales.*

¿PODEMOS ENCONTRAR ALGUNA SITUACIÓN EQUIVALENTE PARA LAS NAVES LATERALES?

Cuando los dos apoyos normalizados de las naves laterales –junto al muro y anchura media– son activos, y nos desplazamos entre ellos, *¿pueden ambas visuales unir esfuerzos para construir algún relato de interés?* Una nueva visita a ***Le Thoronet*** ofrece una primera respuesta, clara y sencilla.

El croquis 10 recoge las visuales que construye desde su nave izquierda[10]: ambas buscan el punto más profundo del ábside. La concertación de formas y dimensiones de la nave perimetral, el crucero y la cabecera consigue que, al desplazarnos entre los dos apoyos, el efecto escenográfico sea de continuidad en la relación con la *luz axial*, y con lo que ella representa. Nos hemos desplazado físicamente entre los dos apoyos, pero nuestra mirada se ha mantenido fija sobre un mismo objeto simbólico. Magnífico como primera experiencia, aunque poco "dinámica" en las referencias utilizadas. Una construcción similar la encontramos, por ejemplo, en San Galgano, cerca de Siena, y en Santa Maria de Agramunt.

Hildesheim construye una solución más dinámica (croquis 10 derecho): desde el muro lateral observamos el extremo de la línea de paso al espacio más sagrado, y al desplazarnos lateralmente nuestra mirada penetra en el ábside hasta que, al alcanzar la anchura media de la nave lateral, podemos observar su punto más profundo. Ahora sí estamos ante un caso plenamente dinámico, tanto en nuestro caminar como en nuestra mirada. Una vez más, la carga simbólica de este breve *camino* se ve reforzada con la intervención de la *luz* procedente de la ventana axial del ábside. Conceptualmente simple, pero muy efectista si lo valoramos en términos de discurso simbólico ajustado a las posibilidades, y necesidades, del momento en que fueron planificadas estas arquitecturas.

Por ejemplo, las catedrales de Faenza y de La Seu d'Urgell también presentan esta misma solución

Un resultado más llamativo lo encontramos en ***Sainte Croix, en Olorón***. La visual más periférica busca la clave del arco de acceso al ábside, mientras que el desplazamiento hasta el segundo apoyo conduce nuestra mirada hasta el fondo del ábside, que en Olorón coincide con el eje de la ventana axial y con la visión completa de su pantocrátor, bien enmarcado entre los pilares del crucero (croquis 11 izquierdo e imagen 14). Estamos ante una escenografía magnífica, construida con notable precisión. Por ejemplo, el duomo de Siena y la colegiata de Toro, en Zamora, construyen una escenificación similar.

Saint Pierre et Saint Paul, en Rosheim presenta un trazado más rico y complejo (croquis 11 derecho): junto al muro de la nave lateral, una doble visual señala dos puntos tan importantes como el extremo y el centro de la línea de acceso al ábside. Cuando avanzamos hacia el segundo apoyo, ambas visuales penetran en el espacio más sagrado, los pilares del crucero las comprimen hasta que al alcanzar la anchura media de la nave lateral confluyen sobre el fondo del ábside, momento en que nuestra mirada encuentra la recurrente franja vertical de *luz*

10 En la nave derecha el comportamiento es simétrico, situación que se repite en los próximos templos. Solo hemos representado el lado izquierdo de la trama para ganar nitidez en los croquis.

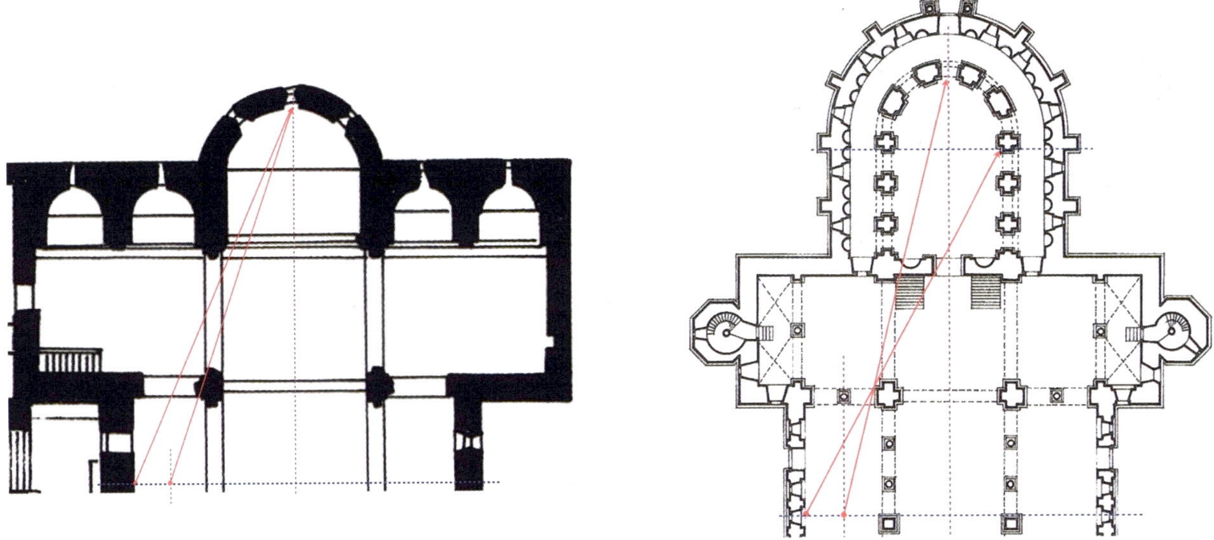

Croquis 10. Trama desde las naves laterales. Izquierda: Le Thoronet, con referencia en el fondo del ábside. Derecha: Hildesheim, donde las visuales conducen nuestra mirada desde el extremo del ábside hasta su punto más profundo.

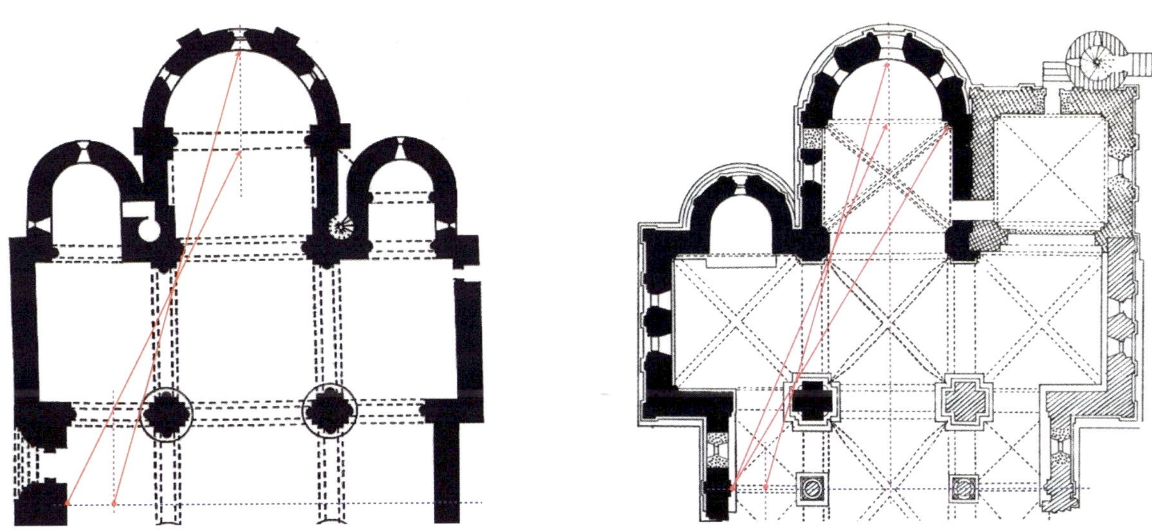

Croquis 11. Izquierda: visuales a la clave del arco de acceso al ábside de Olorón, y al fondo del ábside. Derecha: Rosheim, con referencias en el extremo y en el centro de la línea de acceso al ábside, y en el fondo del ábside.

procedente de la ventana axial del ábside. Excelente por lo que tiene de complejidad narrativa creciente. En San Juan de Ortega, en Burgos, podemos apreciar ese mismo relato.

Semur-en-Brionnais es una magnífica arquitectura borgoñona, de trama muy cuidada y bien construida, que ofrece otra solución todavía más elaborada y sutil para sus naves laterales: junto al muro, una doble visual permite observar el ábside desde el extremo del *eje de control* hasta la jamba de su ventana más profunda, pero sin que lleguemos a percibir su luz directa. Su presencia solo se insinúa.

Al desplazarnos hacia la anchura media de la nave lateral los pilares del crucero van comprimiendo la visión de la cabecera, concentrándola sobre la ventana axial. Al alcanzar la anchura media se recompone una nueva doble visual precisa, que se alinea con precisión sorprendente con las jambas de dicha ventana. Ahora la totalidad

Imagen 14. Desde la anchura media de la nave lateral izquierda de Olorón podemos observar el eje central de la ventana más profunda del ábside, con el pantocrátor perfectamente enmarcado entre los pilares del crucero.

de *su luz nos ilumina*, sin que ningún elemento perturbe o interfiera nuestra atención. Ideológicamente impecable, y escenográficamente magnífico.

Sin duda estamos ante un excelente ejemplo de integración de las naves periféricas en la trama visual, con un valor escenográfico muy cercano al conseguido para el espacio central cruciforme.

EL PANTOCRÁTOR COMO GUÍA DEL BREVE CAMINO INICIÁTICO CONSTRUIDO POR LAS NAVES LATERALES

Olorón nos ha mostrado un primer ejemplo de trama dinámica para las naves laterales asociado a la figura del pantocrátor, pero una respuesta paradigmática a ese tema la encontramos en ***Santa Maria Laach***, en ***Renania-Palatinado***, cuya virtud más evidente es su abrumadora capacidad impositiva.

Tal como muestra la imagen 15, siempre sobre el *eje visual* en su encuentro con el muro perimetral, uno de los ojos del pantocrátor nos observa fijamente, cual cíclope, sin que tengamos forma de escapar a su escrutadora mirada. Bajo su cintura, en la vertical del "ojo vigilante", el perfil rojo de la jamba de la ventana axial remarca la precisión y el papel doblemente simbólico de esa visual.

Cuando caminamos hacia la anchura media de la nave lateral el impacto escenográfico se refuerza: la visión del rostro del pantocrátor se amplía, y la progresiva presencia de la luz procedente de la ventana axial confirma su protagonismo simbólico. Al alcanzar la anchura media Maria Laach muestra toda su exquisita perfección formal: el pilar del crucero busca la clave rigurosa del arco de acceso al ábside, y perfila la mirada del pantocrátor y la jamba opuesta de la ventana absidal (imagen 16). En paralelo, el pilar de la cabecera define con rigor la posición de la segunda jamba de la ventana, permitiendo una visión integral de la *luz axial* y de la orlada figura del *todopoderoso*[11].

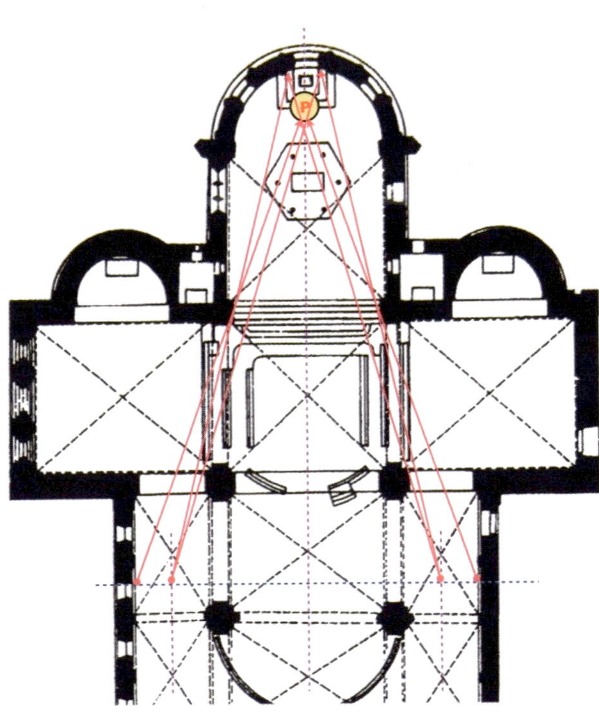

Croquis 12. Trama dinámica para las naves laterales de Santa Maria Laach.

11 Se trata del mismo final que en Semur-en-Brionnais, pero aquí reforzado por la presencia del pantocrátor.

Imagen 15. Visual desde el muro izquierdo de Maria Laach,
sobre el eje visual –partición "1 a 1" hasta el fondo del ábside–.

Imagen 16. Sobre el eje visual, en la anchura media de las naves laterales de Maria Laach. Los pilares del crucero enmarcan con notable rigor la ventana axial y la imagen del pantocrátor, señalando también la clave del arco de acceso al ábside.

Como en Müstair y en Olorón, las dos representaciones de la suprema autoridad, una más hermética –la luz–, y otra más explícita –una humanizada figura–, aúnan esfuerzos en Maria Laach para conseguir los objetivos ideológicos fijados al espacio sacro, pero lo hacen con un tono frío e hierático muy alejado de la encantadora y amable exageración de los frescos suizos, y del toque naíf de Sezzadio. Pero a favor de Maria Laach debemos reconocer que la envergadura narrativa de su proyecto y su excepcional precisión constructiva, hacen de ella una rotunda demostración de la férrea voluntad del arquitecto por incluir a las naves laterales en la trama visual, logrando superar de modo muy brillante todas las dificultades que siempre acompañan a la planificación de este espacio periférico.

OTRAS REFERENCIAS SIMBÓLICAS PARA EL BREVE CAMINO INICIÁTICO DESDE LAS NAVES LATERALES

Ya hemos aprendido quién sustituyó al pantocrátor en las estrategias de seducción y control cuando dejó de formar parte de la iconografía absidal, y ***Santi Giovanni e Paolo***, en ***Venecia***, y la abadía de ***Villers la Ville***, en la ***Valonia Belga***, nos lo recuerdan: *la clave de la bóveda del ábside*.

El templo de Giovanni e Paolo construye un doble trazado muy similar al que hemos observado en Le Thoronet, pero con referencia en la clave del ábside (croquis 13). En Villers la Ville, desde la misma secuencia de apoyos, nuestra mirada pasa desde *la clave de la bóveda de su ábside* hasta el *fondo del ábside*, identificado por la clave de la ventana axial de la cabecera. Saint Sulpice, en París, y Marienkirch, en Berlín, repiten ese mismo trazado.

Un caso con especial carga simbólica lo encontramos en ***Saint Germain, en Auxerre***: junto al muro la referencia activa es la clave del arco de acceso al ábside, y al desplazarnos hacia al segundo apoyo nuestra mirada accede a su interior, hasta observar la clave de su bóveda (imagen 17 derecha). A destacar el contraste entre la brevedad del desplazamiento físico entre referencias –de la clave del arco de acceso al ábside hasta la clave de su bóveda–, y la gran carga simbólica del relato que construye, capaz de suplir con suficiencia la ausencia de pantocrátor y de luz axial.

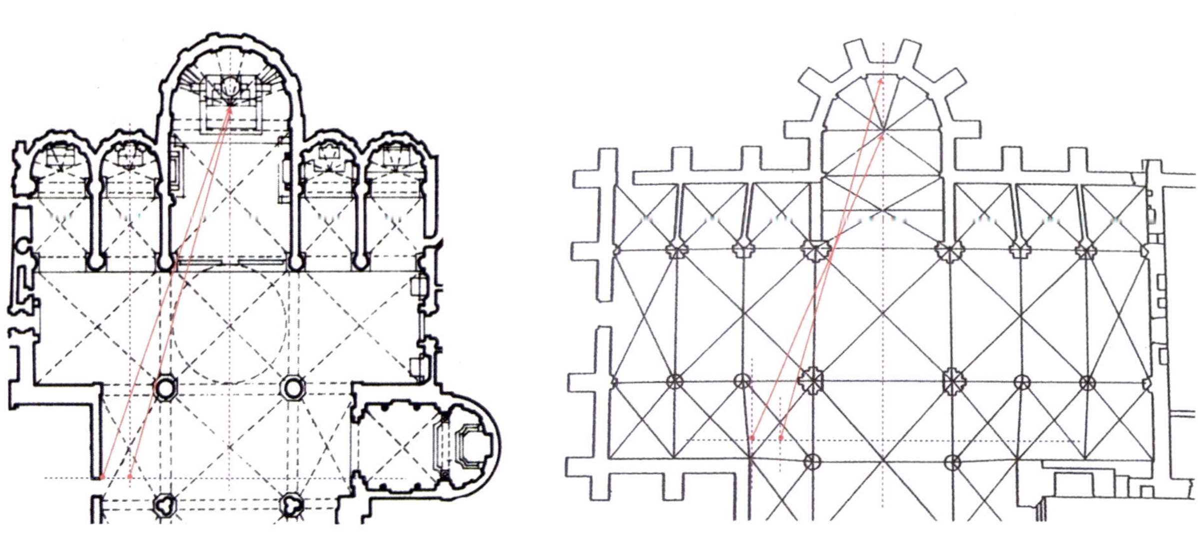

Croquis 13. Izquierda: trama desde las naves laterales de San Giovanni e Paolo, con referencia en la clave del ábside. Derecha: visuales a la clave de la bóveda y al fondo del ábside en Villers la Ville.

Imagen 17. Izquierda: desde la anchura media de la nave izquierda, a la clave del ábside, perfilada con exquisita precisión por el pilar del crucero de la catedral de Segovia. Derecha: lo mismo desde el lado derecho en Saint Germain, en Auxerre.

La ***catedral de Segovia*** presenta un efecto dinámico muy similar: desde los muros laterales alcanzamos la clave del arco de acceso a la cabecera, cuando nos desplazamos lateralmente nuestra mirada va atravesando el profundo presbiterio, y desde la anchura media de las naves laterales la clave del ábside aparece perfilada contra los pilares del crucero (imagen 17 izquierda).

Una muestra del amplio abanico de soluciones que fueron capaces de construir los mejores creadores lo encontramos en ***Santa Maria Gloriosa dei Frari***, una arquitectura veneciana comenzada en 1.250 y finalizada en 1.320, que consigue para las naves laterales un espectacular acceso visual sobre el ábside central: desde el muro observamos el fondo riguroso del ábside, y cuando nos desplazamos hasta la anchura media de la nave lateral, el campo visual se abre hasta quedar a nuestro alcance la visión íntegra del altar mayor. El marco observacional conseguido es de tal amplitud, que permitió incorporar en 1.518 un retablo –L'Assunta– de más de 3,5 metros de anchura, encargado por los franciscanos a Tiziano para ocupar ese lugar. La imagen 18 lo muestra.

Imagen 18. Maria Gloriosa dei Frari. Venecia. Desde la anchura media de la nave lateral izquierda, sobre el eje visual, una doble visual enmarca con notable precisión, entre el machón de la cabecera y la columna del crucero, el altar mayor, con el retablo Tiziano incorporado en 1.516.

VIII – REFLEXIÓN FINAL

Las arquitecturas que hemos analizado en este capítulo nos han enseñado que la incorporación de unas naves laterales, no solo no disminuye el papel de la trama visual en el espacio cruciforme, sino que lo refuerza, pues la aparición de pilares exentos delimitando el perfil de la nave incrementa la permeabilidad del espacio. En realidad, se trata de una excelente oportunidad para que el buen arquitecto, una vez satisfechas las obligatorias *leyes fuertes de validación,* sume nuevos lazos simbólicos obteniendo así un espacio más relacional y cohesionado, y con mayor capacidad narrativa.

Es cierto que la trama para las naves laterales se ha mostrado menos sistemática que la detectada en el núcleo central cruciforme, y que la diversidad de posibilidades que hemos reconocido puede provocar una cierta sensación de dispersión. Pero al ordenar el material de campo, comparar soluciones, y reconocer similitudes y especificidades, el *corpus de buenas prácticas* encargadas de controlar y enriquecer simbólicamente estos espacios ha resultado mucho más rico y sugerente de lo que esperábamos.

Hemos encontrado casos muy bien resueltos para la relación entre las nuevas naves y los escenarios auxiliares. Pero quizá lo más notable ha sido la progresiva[12] mejora en la *accesibilidad visual* sobre la cabecera central. Tras constatar en los primeros ejemplos analizados la dificultad de conseguir una visión generosa y colectiva sobre ella, hemos encontrado como opción preferente la de *primar la apuesta por una mirada más puntual sobre los elementos con mayor carga simbólica emplazados en el ábside:* franja de luz, profundidad máxima de ese espacio, rostro del pantocrátor, clave de su bóveda, y clave del arco de acceso al espacio sacro se han mostrado como las referencias encargadas de reclamar y retener la atención del fiel, favoreciendo así una mirada más personal e intimista, a la que se ofrece refugio en las naves laterales, al margen de la sobrecargada y grandilocuente parafernalia de la liturgia central.

Por supuesto, estas soluciones también enriquecen las perspectivas visuales de los participantes en las actividades procesionales que estas naves perimetrales pueden acoger.

Pero también hemos podido reconocer la presencia de soluciones más ambiciosas, asociadas a la ***quinta buena práctica proyectual****, aquella que, utilizando la intervención colegiada de los dos apoyos normativos –junto al muro y anchura media de la nave lateral–, anima a construir una* ***solución dinámica*** *sobre la cabecera central.*

En ese caso, a la contemplación puntual y pasiva dominante, los mejores arquitectos sumaron la posibilidad de realizar un breve desplazamiento lateral que estimulase el acercamiento iniciático a lo que representa la cabecera del templo. Es un viaje que se construye con –y que requiere de– nuestra voluntad explícita de aproximación, pero ni nuestros pasos ni nuestra mirada se pueden salir de los estrictos límites espaciales y doctrinarios fijados: de un apoyo a otro, de una referencia a otra. El camino físico y mental está rígidamente pautado en todos sus detalles, y la única opción válida es seguirlo[13], siempre con la mirada focalizada sobre el ábside. No a lugar a un camino propio, ni a una mirada personalizada[14].

El reto que supone articular este tipo de soluciones delata los límites de los arquitectos menos experimentados, pero estimula la habilidad de los más astutos, y en los proyectos más elaborados hemos podido comprobar que alcanzaron un nivel de articulación visual que nos atrevemos a calificar de especialmente meritorio e imaginativo, sobre todo tratándose de unas "simples naves laterales". Recordemos que hemos comenzado este viaje observando *una fina franja de luz* procedente de la ventana axial del ábside de Frómista, y lo hemos finalizado con una trama veneciana que nos permite contemplar *la totalidad del altar y del retablo de Tiziano que lo preside.* No está mal como muestra de la capacidad de los arquitectos para salvar el tremendo obstáculo visual que siempre representan los enérgicos pilares del crucero. Transformaron una dificultad en la oportunidad para establecer un tipo diferente de relación con la cabecera. De no haber aceptado ese reto, las naves laterales hubiesen quedado como simples pasillos circulatorios, ciegos al juego escenográfico y simbólico que inunda el espacio central cruciforme.

12 Progresiva, no en la secuencia histórica, sino en el orden en que hemos presentado las soluciones encontradas.

13 Siempre se puede abandonar, pero bajo infernales amenazas.

14 Situación diferente, por lo menos en términos formales, al doctrinario islámico, que dice permitir el libre deambular por su espacio interior.

Capítulo IV

El relato ideológico gana altura

¿CONSTRUÍAN ALZADOS AL MARGEN DEL RELATO SIMBÓLICO, Y SIN PENSAR CÓMO IBAN A SER OBSERVADOS?

"... el carácter primordial de la arquitectura, el carácter por el que se distingue de las demás actividades artísticas, reside en su actuar por medio de un vocabulario tridimensional que involucra al hombre."
Bruno Zevi

¿Cómo se decidían los alzados de la nave central? Tremenda pregunta para comenzar un nuevo capítulo. Si en el anterior hemos centrado nuestra atención en la relación de las naves laterales con la cabecera, ahora lo haremos en su articulación con la nave central, abordando una cuestión tan estimulante como la definición de su estructura. Dado que estamos hablando de arquitecturas para el adoctrinamiento ideológico, y *la cubierta, el muro y la arcada son los elementos interiores que más superficie ofrecen a la mirada de los fieles, ¿desaprovechaban la ocasión de implicarlos en el juego narrativo?, ¿es creíble que quedasen al margen de la planificación escenográfica del edificio?, ¿construían alzados sin pensar cómo iban a ser observados?, ¿qué relación establecen entre sí cubierta, muro y arcada?*

Al decidir el valor de las dimensiones en planta y alzado de estos edificios se debían tener presentes múltiples factores, desde los costes económicos y el tiempo de fábrica, hasta la experiencia del equipo que iba a poner en pie la obra, pues al aumentar la anchura o el alzado de los espacios implicados, la dificultad constructiva se dispara de modo exponencial. Sopesados todos esos factores y acordado un orden de magnitud, *¿cómo se fijaban sus valores precisos?* Una dimensión valor definida a escuadra y cartabón aporta un notable grado de cuidado profesional al proyecto, pero tiene escaso valor simbólico. *¿Quién es capaz de reconocer a simple vista si el alzado interior de una nave –o de cualquier otro elemento del edificio– está dimensionado en √2, 3/2, Ø, √3 o 2, respecto de su anchura?* Su descodificación solo está al alcance de la pequeña minoría que conoce este tipo de recursos. Y en cualquier caso, *¿cuál es el mensaje simbólico diferenciado que construye cada una de esas opciones métricas?* Escuadra y cartabón no parecen los argumentos más adecuados para explicitar a los ojos de los fieles la misión doctrinaria encomendada a estos edificios. Para alcanzarla debieron buscar otros medios de comunicación mucho más directos. *¿Cuáles?* Esa es la cuestión sobre la que nos centraremos en este capítulo.

Antes de comenzar el trabajo de campo debemos remarcar la dificultad del estudio de los alzados de estas arquitecturas. Sin duda, las cubiertas y el tramo superior del muro han sido las partes del edificio que más traumas han sufrido a lo largo de su dilatada historia. Revueltas sociales, guerras, incendios, terremotos, realzado de muros, adhesión de las bóvedas a las nuevas modas estéticas, ... son datos –muchas veces poco documentados– que introducen incertidumbre en el análisis. Aspectos como el desgaste de los pavimentos, filtraciones, enterramientos, incorporación de escalones para realzar la cabecera, sobrealzado para la instalación de una moderna calefacción, ... también pueden implicar cambios en la cota original del pavimento –todavía menos documentados que en el caso de las cubiertas–, que suman nuevas dudas. Las inseguridades son, pues, muchas e importantes, pero mayor es nuestro deseo de completar una mirada razonada sobre las tres dimensiones de estos edificios, ya que nada de lo analizado hasta estos momentos nos hace dudar de la coherencia del método de trabajo de sus creadores. Por ello, y a pesar del riesgo de cometer errores, incluso graves, no renunciamos al placer de adentrarnos en esta parte del análisis. Como disculpa ante tal irresponsabilidad recordemos una vez más que no es un dato, una visual o un trazado concreto lo que tiene valor –o lo que defendemos–, sino los criterios generales de validación ideológica que de ellos se deducen, cuyo rigor está asociado a su grado de reiteración.

I – PAUTAS PARA LA OBSERVACIÓN DE LOS ALZADOS

Las naves laterales suponen un magnífico contrafuerte para la nave central, pero su eficacia resistente requiere que la zona de apoyo mutuo, y sus respectivas anchuras y alzados, estén coordinadas de modo adecuado. *¿Podemos detectar algunos criterios sistemáticos que participen en esa concertación de dimensiones y esfuerzos? ¿Incluyen esos criterios alguna carga simbólica fácil de identificar?* Para buscar respuesta ordenada a estas preguntas comenzaremos por plantearnos cuáles pueden ser unas posibles *pautas para la observación de los alzados de la nave central desde las naves laterales.*

Desde dónde mirar. Apoyos: el *principio de economía en los gestos implicados* aconseja buscar estos *apoyos* en puntos que estén en buena sintonía con los que ya conocemos, es decir, con los utilizados en la trama que valida la planta. La primera opción es, pues, "*junto al muro*" y "*sobre la anchura media*" de las naves laterales, e inmediatamente vamos a poder comprobar su bondad.

Qué observar. Referencias: la experiencia aconseja buscar las *referencias* en elementos constructivos o decorativos fáciles de identificar, y de lectura simbólica inmediata. En este caso han de estar situados en la parte alta de la nave central. Dos son los primeros candidatos que cumplen bien con ambas condiciones:

** *Línea de máximo alzado* de la bóveda corrida, o *la clave* cuando la bóveda se organiza por tramos. La carga simbólica de la bóveda es muy inmediata, pues se asimila a la *bóveda celeste*. Lógicamente, *la línea de máximo alzado y la clave de bóveda* se identifican con el punto culminante del mítico mundo celestial.

** *Final del muro vertical de la nave*, remarcado en muchas ocasiones por una línea de impostas. En la tradición cristiana, el muro vertical se asimila al mundo terrenal situado bajo la bóveda celeste, y es inmediato que su *final* se asocie con la frontera de paso entre lo terrenal y lo celestial.

Quién puede guiar nuestra mirada. Apoyos tangenciales: tras lo aprendido en Barberà, Nevers, Sezzadio, Noirlac y Müstair, dos son los candidatos más claros:

** La *imposta* o *el ábaco del capitel* que corona cada columna o pilar de dicha arcada.

** La *clave* de los arcos formeros de la arcada entre naves.

II – RELATO SIMBÓLICO ENTRE NAVES LONGITUDINALES. SOLUCIÓN PARADIGMÁTICA

Ya tenemos el abanico completo de elementos que pueden guiar nuestros pasos y nuestra mirada, a la búsqueda de nuevos momentos de complicidad con quienes pensaron estas arquitecturas. Y para comprobar su utilidad nos dirigiremos a dos arquitecturas de primer nivel: la catedral de ***Santiago de Compostela***, y ***Saint Foy***, en ***Conques***.

En ambos edificios hemos comprobado que, *en pie, junto al muro perimetral*, en la mitad de cualquier tramo de sus naves laterales, al alzar la vista hacia la nave principal observamos una relación precisa entre la *imposta de los pilares* –o del ábaco de los capiteles– que soportan a los arcos formeros, y la *imposta corrida* que marca el *final del muro* de la nave central (imagen 1 superior). Por motivos obvios, a esta ***solución*** la llamaremos ***"impostas alineadas"***.

Si avanzamos hasta la *anchura media de la nave lateral*, ambas arquitecturas nos gratifican con una nueva visual del máximo valor simbólico: nuestra mirada, contra la *clave del arco formero* se alinea ahora con la *línea de*

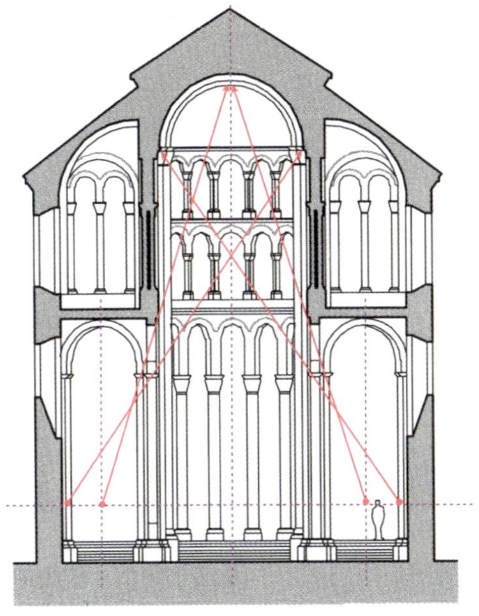
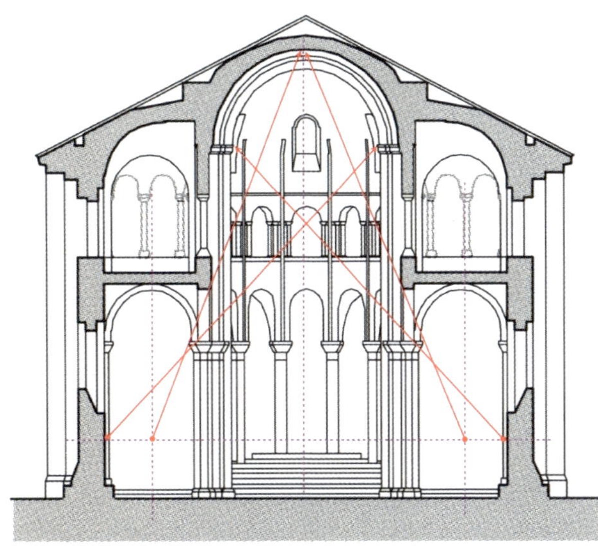

Croquis 1. Trama en alzado entre las naves longitudinales de Conques (izquierda) y Compostela (derecha), con las soluciones paradigmáticas "impostas alineadas" y "claves alineadas". Secciones tomadas de J. Gómez.

máximo alzado de la bóveda central (imagen 1 inferior) –o con la clave de la bóveda cuando se organiza por tramos–. Es la *solución* que denominamos ***"claves alineadas"***.

Hay que reconocer que ambos trazados –*"impostas alineadas"* y *"claves alineadas"*– son muy elegantes, y que, incluso por motivos estrictamente constructivos, son admirables por la sencillez de la receta para su construcción, y por la facilidad que ofrecen para supervisar el nivel de ajuste entre la obra y el proyecto decidido.

Es evidente que para que estas alineaciones se cumplan con rigor, *la anchura de las naves laterales, el alzado de las impostas y de la clave del arco formero, la anchura de la nave central, el alzado de su muro y el de la bóveda central, han tenido que ser concertados y ajustados sobre el terreno*. Estamos ante una nueva, y muy ambiciosa, correlación de dimensiones en planta y alzado, muchas de las cuales también deben satisfacer simultáneamente las exigencias impuestas por la trama en planta. Extraordinario.

Comprender la carga simbólica de ambas *soluciones* es bastante simple, tanto para cada una de ellas por separado como para la *secuencia dinámica* que generan: *el punto más periférico de las naves laterales de Compostela y Conques nos sitúa frente al final del mundo terrenal, pero sin poder acceder todavía a la bóveda celestial. Solo en la medida que avancemos hacia la nave central, es decir, que nos sumerjamos en el espacio sacro, nuestra mirada logrará superar ese límite y acceder progresivamente a la visión del mundo divino. Especial importancia tiene la anchura media de la nave lateral, pues desde ella conseguimos observar el punto más alto y sublime del mundo prometido. Finalmente, cuando penetramos en la nave central, quedamos bajo la plena protección –y absoluta tutela– de la divinidad que lo habita.*

Compostela y Conques nos acaban de presentar las ***dos soluciones paradigmáticas*** para la relación en alzado entre naves longitudinales, y su concatenación supone un breve, pero auténtico, *camino de ascensión iniciática*.

Acabamos de identificar la ***primera buena práctica constructiva –y simbólica– para la definición de los alzados de la nave central****, buena práctica que, además de fijar la altura máxima de la bóveda central, también determina la altura del muro que la soporta, y las posiciones de las impostas de los pilares y de las claves de la arcada entre naves. Y todo ello* ***a escala humana****, es decir, en correlación con el alzado de nuestra mirada. Por supuesto, la anchura de las naves laterales también está implicada en esta concertación.*

Imagen 1. Arriba: desde el perfil de los pilares adosados al muro perimetral de Conques, solución "impostas alineadas". Abajo: desde la anchura media de la nave lateral de Compostela, solución "claves alineadas". El máximo alzado de la bóveda central coincide con el punto de sujeción de la lámpara.

A destacar la coherencia de *las soluciones "claves alineadas" e "impostas alineadas"* con lo observado en el capítulo anterior en la relación entre las naves laterales y el ábside central: entonces caminar entre los apoyos normativos *–desde el muro perimetral hasta la anchura media de las naves laterales–* nos llevó desde *la línea de acceso al ábside hasta lo más profundo del espacio sagrado*. Ahora, igual desplazamiento físico, nos eleva *desde el final del mundo terrenal hasta lo más alto del reino divino*. Extraordinario. No somos capaces de imaginar mayor coherencia simbólica, ni cómo utilizar menos recursos ni elementos constructivos para plasmar el discurso programado. Excelente ejemplo de *minimalismo gestual al servicio de la máxima rentabilidad simbólica y doctrinal.*

RATIFICACIÓN A LA SOLUCIÓN PARADIGMÁTICA

Las *pautas de observación* sugeridas por la experiencia adquirida al analizar la trama en planta se han mostrado muy eficaces para descodificar la racionalidad volumétrica de las naves de Compostela y Conques, y los elementos simbólicos asociados han conferido una contundente justificación a ese modo de entender la planificación tridimensional. Se trata, sin duda, de unas reglas de composición que reúne tres máximos muy brillantes: de ingenio proyectual, de sencillez constructiva y de potencia simbólica. Pero no olvidamos que la solidez de toda conclusión depende de su grado de reiteración. Con ese objetivo, y a pesar de los riesgos derivados de su enérgica reconstrucción, volvemos a ***Frómista***, ahora con la atención dirigida a sus alzados: en pie, *junto al muro lateral*, podemos reconocer la *solución "impostas alineadas"* (imagen 2 superior), y desde la *anchura media de las naves* laterales la *solución "claves alineadas"* (croquis 2). Frómista se suma así a las paradigmáticas Compostela y Conques.

Al analizar la planta de Frómista, desde el punto de encuentro de su *eje visual* con el *muro perimetral* hemos reconocido la presencia de tres visuales –al fondo del ábside, al perfil del pilar de acceso a la cabecera y al extremo del brazo opuesto–. La trama en alzado añade ahora una ¡¡cuarta visual!! desde ese punto, que busca el final del muro de la nave central. Estamos ante un apoyo *tridimensional*, pues contribuye a la trama tanto en planta como en alzado. Además, la anchura media de las naves laterales, inactiva para la trama en planta de Frómista, se ha sumado ahora a la concertación espacial, generando un trazado de la máxima calidad simbólica: hasta el punto de mayor altura de la bóveda. Excelente.

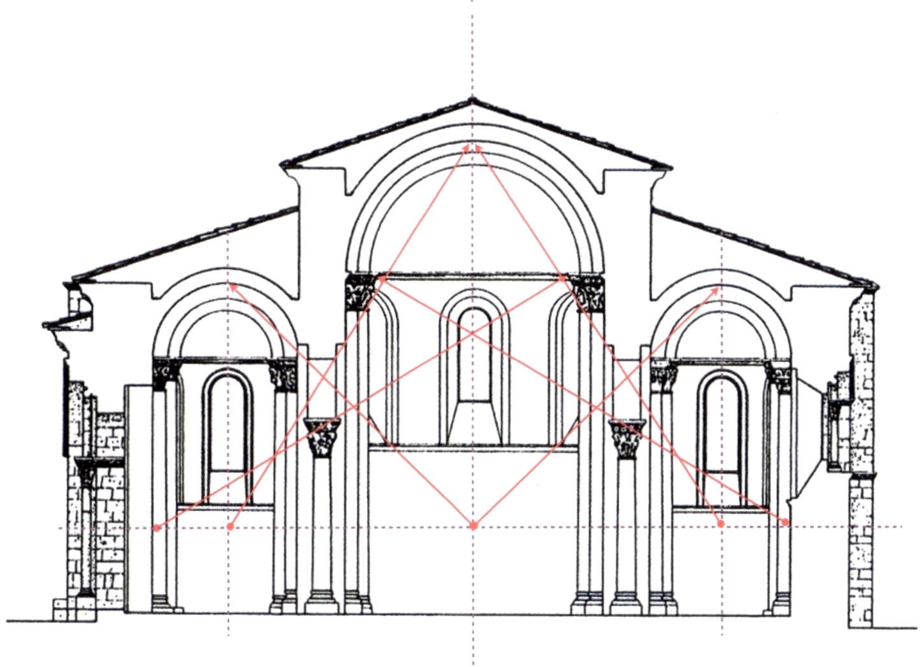

Croquis 2. Solución paradigmática para la trama visual en alzado entre las naves longitudinales de Frómista.

Imagen 2. Arriba: desde el muro perimetral izquierdo de Frómista, "impostas alineadas". Abajo: desde la anchura media de la nave izquierda en La Oliva, "claves alineadas".

LAS NAVES LATERALES COMO ESPACIOS NARRATIVOS COMPLEJOS, MUY BIEN PROYECTADOS

El análisis de la trama en planta ya dejó muy claro que las naves laterales no son simples corredores de circulación, sino espacios con una planificación muy minuciosa, cuyo objetivo es optimizar su relación escenográfica con la cabecera. Lo encontrado ahora es que también buscan su mejor integración volumétrica –y narrativa– con la nave central.

Tras muchas pruebas, con aciertos y errores, se pudieron establecer unos criterios prácticos para estimar en qué condiciones las naves laterales cumplían con mayor eficacia su papel de contrarresto a la pesada bóveda central, deduciendo un límite de seguridad a respetar para el alzado de dicha bóveda[1]. Pero, finalmente, todas las piezas implicadas –naves, pilares, arcos, muros y bóvedas– debían afinar, sobre el terreno, sus dimensiones definitivas, en anchura y altura, hasta conseguir que las relaciones simbólicas que estamos encontrando se cumpliesen con rigor. Y en la inmensa mayoría de los casos lo hacen con mucha mayor precisión que cualquier trazado geométrico, modular o proporcional que se pueda sugerir para su justificación. Todo indica, pues, que al construir alzados ni las relaciones numéricas ni los trazados geométricos rigurosos eran el criterio determinante. Más parecen una ayuda encaminada a orientar sobre las dimensiones más ágiles para acercarse a las soluciones correctas, sin violentar los márgenes de seguridad, en la confianza de que, en última instancia, el ajuste visual, sobre el terreno, asegurará su precisión simbólica.

VARIANTES A LA SOLUCIÓN PARADIGMÁTICA

Es fácil sumar nuevas adhesiones a la *solución paradigmática*[2], pero más interesante es aprender a reconocer las múltiples y ricas variantes que los arquitectos fueron capaces de generar en este tema. Sus pautas de observación son muy simples:

** Posibles referencias y apoyos tangenciales: por ahora nos limitamos a aceptar los paradigmáticos.

** Posibles apoyos posicionales: a los dos normativos se puede sumar *el perfil exterior de los pilares de la arcada*, una *marca constructiva* muy clara.

¿Qué ofrecen al arquitecto estas variantes?: la posibilidad de optar entre ***diferentes alzados para la nave central.*** El mínimo lo genera un trazado desde el muro perimetral que se apoye en la imposta del pilar. Por contra, utilizar el perfil exterior de los pilares de la arcada –la nueva posibilidad que acabamos de sugerir– y apoyarse en la clave del arco formero, genera el máximo alzado. Las diferentes combinaciones entre apoyos posicionales y tangenciales generan las soluciones intermedias entre ambos límites[3]. Veamos algunos ejemplos.

Sénanque traza *impostas alineadas* desde la *anchura media* de las naves laterales, y *claves alineadas* desde el *perfil exterior de los pilares* de la nave. Este cambio en los apoyos no afecta al mensaje simbólico construido, pues las referencias son las mismas, pero aumenta su carga emotiva, ya que genera mayores alzados proporcionales, tanto para el muro como para la bóveda apuntada que cubre su nave central. Y todo ello sin necesidad de aumentar el alzado de los pilares y de los arcos formeros de la arcada, lo que favorece la estabilidad del edificio.

En ***Saint Étienne, en Caen***, las visuales también parten del *muro perimetral* y del *perfil exterior de sus pilares*, pero ambas se apoyan ahora en la clave del arco formero (croquis 3 izquierdo). El resultado es un nuevo incremento del alzado –siempre en términos proporcionales– para el muro y para la línea de máximo alzado de la nave central[4].

1 Seguramente aquí es donde intervenían las reglas *ad triangulum* y *ad quadratum*, mencionadas con mucha frecuencia por la literatura especializada por su protagonismo en el debate sobre el alzado del duomo de Milán.

2 Por ejemplo, las catedrales de Amiens, Ratisbona, Parma, Autun, Zamora, y Tarragona. También se encuentra en San Isidoro, en León; Saint Nectaire, en Auvergne; Notre Dame, en Fontgombault; Maria Laach: Fitero; Huerta; Retuerta; Sacramenia, y en Santa Maria in Vallicella, en Roma, una arquitectura construida a partir de 1.575.

3 Por ejemplo, a igual apoyo tangencial, acercar (alejar) el apoyo posicional a la arcada de la nave se traduce en un mayor (menor) alzado para la nave central. Por ejemplo, a igual apoyo posicional, subir (bajar) el apoyo tangencial en la arcada se traduce en un mayor (menor) alzado para la nave central.

4 Sant Llorenç del Munt construye una solución similar. Saint Germain des Prés, en París, la matiza al utilizar similar apoyo tangencial, pero para buscar *la clave de la nave* desde el centro de la nave lateral, y *el final del muro de la nave* desde el muro perimetral.

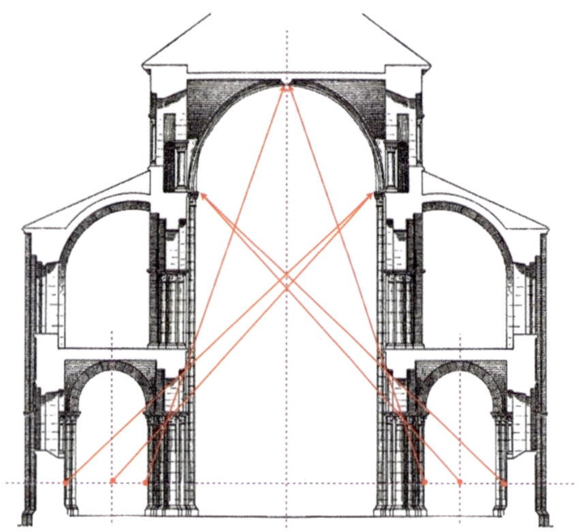

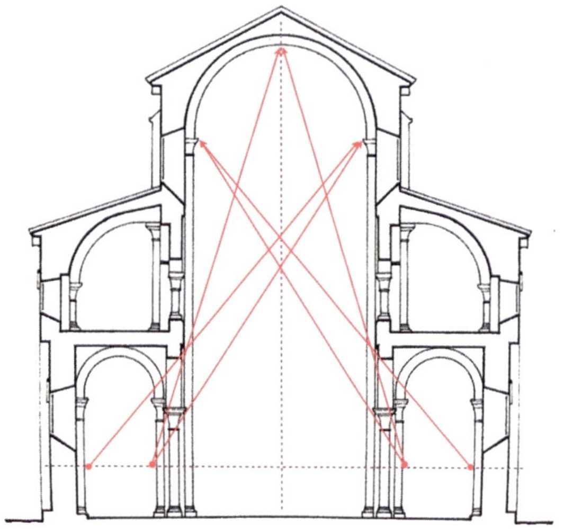

Croquis 3. Trama visual en alzado entre las naves longitudinales. Izquierda: en Saint Étienne, en Caen. Derecha: en Saint Étienne, en Nevers. Secciones tomadas de G. Dehio y G. Bezold, y de J. Addiss, respectivamente.

Saint Étienne, en Nevers, construye las mismas visuales que Saint Étienne, en Caen, (croquis 3 derecho). Pero sube un peldaño más en su riqueza compositiva trazando desde el *perfil exterior de los pilares* una tercera visual del tipo *impostas alineadas*. El resultado es un relato simbólico más rico y sutil: desde el muro perimetral nos alineamos con el inicio del mundo celestial y cuando, tras cruzar toda la nave lateral, llegamos al perfil de los pilares, la clave del arco formero señala el punto más alto de la bóveda celeste. Pero en ese momento, en una lección de realismo, y de gran humildad, la imposta del pilar nos recuerda de dónde venimos y a dónde podemos volver: al mundo terrenal, fuera del reino celestial. Excelente: *las variantes en la definición de los alzados no solo aportan diferentes alturas, sino* ***también mayores posibilidades y riqueza narrativa al relato simbólico construido.***

Esta magnífica *doble visual, doblemente simbólica,* también la podemos reconocer, por ejemplo, en Saint Martin, en Chapaize.

Sant Vicenç, en ***Cardona,*** construye esa misma *doble visual,* pero desde otro apoyo, obteniendo un resultado simbólico diferente: su arquitecto confirió tal altura a la imposta del pilar y a la clave del arco formero que, a pesar del gran alzado de la bóveda central[5], pudo retrasar hasta la anchura media de la nave lateral el apoyo utilizado. Esta composición da lugar a que, cuando caminamos sobre el eje longitudinal de las naves laterales, la clave y las impostas de los arcos formeros enmarquen, rigurosamente, la mitad de la bóveda. En términos simbólicos, *"desde el inicio hasta el punto más alto del espacio celestial".*

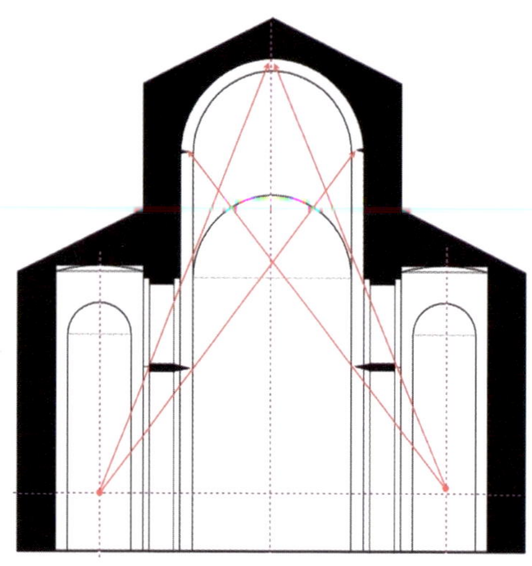

Croquis 4. Visuales en alzado para las naves de Cardona. Sección elaborada a partir de J. Lluís, A. Costa y A Ferré.

5 Nada menos que del orden de tres veces su anchura, en una arquitectura construida a comienzos del siglo XI.

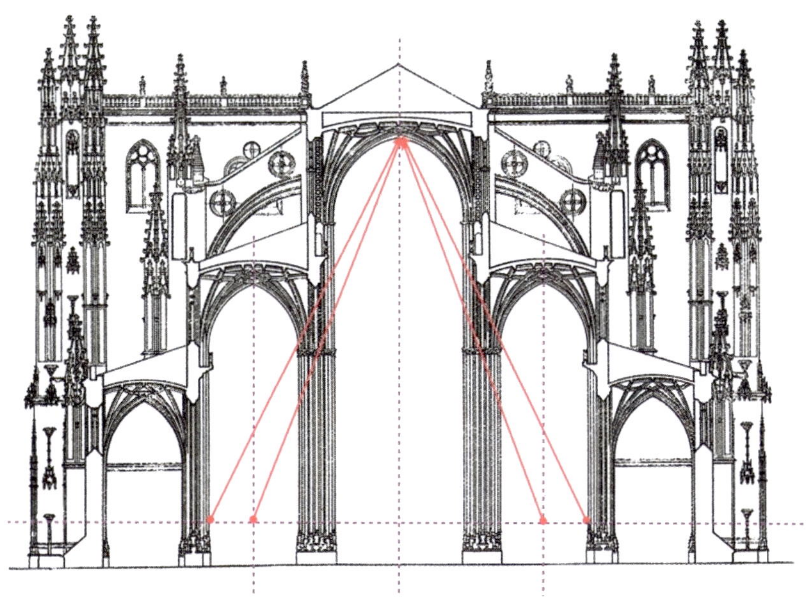

Croquis 5. Trama visual en alzado para las naves de la catedral Nueva de Salamanca. Sección tomada de F. Chueca.

Muy experto debió ser el arquitecto de Cardona para construir una solución de este tipo, tanto como el de Saint Hilaire, en Semur-en-Brionnais; Le Thoronet y el del duomo de Lucca, que también la utilizaron[6].

La nave derecha de la catedral Vieja de ***Salamanca*** –la izquierda fue cizallada longitudinalmente para dar cabida a la catedral Nueva–, nos enseña otra posibilidad: buscar la misma referencia –en concreto, *la clave de bóveda de la nave central*– desde los dos apoyos paradigmáticos. Curiosa solución, que opta por un relato estático en sus referencias. Pero el momento de mayor placer lo obtuvimos al acercarnos hasta la ***catedral Nueva***, y comprobar que cuatro siglos más tarde construyó ¡¡esa misma solución!! (croquis 5). En la bibliografía podemos encontrar información sobre los diferentes proyectos sopesados, y su visita deja claro que, en última instancia, se optó por la complicidad, es decir, por reproducir el trazado –y el relato simbólico– de la vieja catedral. Excelente ejemplo de continuidad proyectual, que se refuerza cuando encontramos, por ejemplo, que el duomo de San Giovanni Battista, en Ragusa, también la construyó en una fecha tan tardía como el año 1.720.

Finalizamos este breve recorrido por las variantes en alzado en Faenza y Palermo: sus duomos construyen las *soluciones paradigmáticas*, pero las *impostas alineadas* no se apoyan en el muro de las naves laterales, sino en el *muro más profundo de las capillas-contrafuertes adosadas exteriormente a las naves laterales*. Saint Sulpice, en París, construye idéntica solución. La creatividad parece inagotable, pero ya poseemos buena parte de los conocimientos necesarios para poder abordarla con éxito, y disfrutar con su análisis.

III – ARQUITECTURAS CON UN SOLO TRAZO EN ALZADO

Al igual que ocurre con la relación entre las naves laterales y la cabecera, tampoco es fácil construir un doble juego de visuales sobre la bóveda central. No podemos olvidar que las naves laterales forman parte de una trama mucho más amplia, y ahí reside la extrema dificultad de incorporar nuevos trazados. Mucha experiencia e intuición se requieren para que, con los sistemas de cálculo y representación espacial disponibles en aquellos momentos, un arquitecto pudiese imaginar una nueva solución con la riqueza compositiva que estamos identificando, la hiciese compatible con el resto de la trama, y la dimensionase hasta articular un proyecto ejecutivo. No nos debe extrañar, pues, que *la solución más frecuente sea construir una sola visual para la trama en alzado*, situa-

6 Irache, escenifica ese mismo recurso simbólico –*observación simultánea del inicio y del cénit del mundo celestial*–, pero el arquitecto retrasó el apoyo hasta situarlo *junto a los muros laterales*, generando así una bóveda central de menor alzado.

Imagen 3. "Claves alineadas" desde la anchura media de la nave lateral derecha de la catedral de Winchester.

Imagen 4. "Claves alineadas" desde la nave deambular derecha de la cabecera de la catedral de Winchester, cuando nos situamos sobre el perfil del muro-contrafuerte adosado al pilar del crucero. Su perfil está bien marcado por un notable cambio en el pavimento de la nave deambular.

ción similar a la encontrada para la trama en planta, pero con una diferencia importante: para la trama en planta el apoyo más frecuente es *junto al muro*, opción muy razonable, pues es la posición desde la que con mayor facilidad se puede salvar el cierre de los pilares del crucero y alcanzar alguna referencia significativa de la cabecera. Por contra, para la trama en alzado la solución más habitual es utilizar como apoyo *la anchura media de las naves laterales,* y lo es para construir la solución *claves alineadas*.

La contundencia simbólica de ese trazado –al caminar sobre la anchura media de las naves laterales quedamos en permanente, y vigilante, sintonía con el todopoderoso habitante del máximo alzado de la bóveda celeste–, y la generosa altura que proporciona para la nave central –bastante superior a la conseguida, por ejemplo, si trazásemos esa misma visual desde el muro perimetral–, creemos que son las responsables directas del gran protagonismo de esa *solución.* Un buen ejemplo lo encontramos en las naves longitudinales de la catedral de ***Winchester***. La imagen 3 muestra su fuerza y rotundidad.

A destacar que, si Salamanca nos acaba de mostrar un caso de complicidad narrativa entre dos edificios próximos, pero de épocas y estructuras muy diferentes, Winchester ofrece la posibilidad de reconocer que una operación similar –es decir, organizar el mismo relato simbólico en dos espacios de momentos constructivos y estética diferente– puede ocurrir en un mismo edificio, en este caso entre sus naves y la cabecera, reordenadas a fondo en los siglos XIV, XV y XVI[7]. *¿Cómo lo consiguieron los arquitectos implicados?* De un modo (aparentemente) simple: con un cambio sutil, pero muy intencionado, en los apoyos posicionales utilizados en ambos espacios. Mientras en las naves la *solución claves alineadas* se apoya en la *anchura media de las naves laterales*, para la cabecera ese mismo relato simbólico se construye cuando nos situamos sobre el *perfil del muro-contrafuerte adosado al pilar del crucero* (imagen 4).

Excelente lección proyectual, que pone de manifiesto, una vez más, el carácter hegemónico de la voluntad doctrinaria y de los criterios ideológicos en la planificación espacial sacra, a los cuales deben supeditarse las diferentes formas y dimensiones implicadas. Las diferencias estructurales o estéticas no son una dificultad al deseo de complicidad narrativa.

7 Las viejas naves normandas del siglo XI fueron remodeladas a finales del siglo XIV, y su deambulatorio fue construido durante los siglos XV y XVI.

Imagen 5. Solución claves alineadas desde la anchura media de la nave lateral derecha de Durham.

El trazado paradigmático *claves alineadas construido desde la anchura media de la nave lateral* lo podemos ratificar en edificios tan señalados como las catedrales de ***Durham*** (imagen 5), Salisbury, Chartres, Soissons, Reims o Siena[8].

Saint Savin-sur-Gartempe construye una solución diferente para su ilustrada bóveda: una visual apoyada en el perfil de los pilares adosados al muro lateral busca *el alzado máximo* de la bóveda central, pero perfilado por *los vértices de los ábacos sobre los capiteles de las columnas* (imagen 6). Estamos ante una solución del tipo *impostas a clave* que, por ejemplo, también utilizó la catedral de Poitiers para validar su estructura de salón.

Un solo trazado con apoyo *junto al muro* es menos frecuente, pero podemos reconocerlo en Iguerande, Santo Domingo de la Calzada, Toro, San Petronio, en Bolonia, y en las catedrales de Sigüenza, Segovia y Canterbury, patrocinando siempre una solución del tipo *claves alineadas*[9]. Se trata de un trazado menos evocador –genera alzados proporcionales más bajos–, pero más impositivo, pues coloca bajo el control cenital de la bóveda central a la totalidad de las personas situadas en cualquier punto de las naves laterales.

La catedral de Ávila optó por acercar el apoyo a la nave central, utilizando el *perfil exterior de los pilares* de la nave, y desde ese punto construyó la clásica solución *claves alineadas*. Pontigny llevó las cosas un poco más lejos, y desde ese mismo apoyo construyó una nueva solución: *impostas a máximo alzado de la bóveda central.*

Todas estas excelentes arquitecturas son buenos ejemplos de la ***segunda buena práctica para la definición de los alzados de la nave central:*** *ante la dificultad de establecer una doble relación entre naves, el arquitecto debe intentar conseguir,* ***por lo menos, un trazado con notable carga simbólica*** *y de fácil lectura.*

Podríamos seguir presentando más ejemplos de variantes para la trama en alzado, pero nos parece mucho más interesante subrayar lo más importante que nos han enseñado las arquitecturas visitadas hasta estos momen-

8 También lo podemos observar en Orcival, Saint Saturnin y Notre Dame du Port, en Auvergne; Saint Jouin, en Marnes; Sant'Ambrogio, en Milán; las abadías de Poblet, Noirlac, Flaran, Fontenay, Saint Denis y Altenberg; y en las catedrales de Auxerre, Lucca y Turín. Incluso arquitecturas tan tardías como la grote kerk de Breda y St Georg, en Amberg, la aplican.

9 Como variante, desde *el muro* lateral Vézelay construye la solución *"impostas alineadas"*.

Imagen 6. Desde el perfil de los pilares adosados al muro perimetral, el vértice del ábaco de los capiteles de Saint Savin sur Gartempe busca la línea de máximo alzado de la bóveda central. En la imagen, dos columnas de la nave enmarcan una viñeta que representa un equipo de artesanos constructores.

tos: ***el protagonismo nuclear del relato simbólico en la definición de los alzados de la nave central,*** **y *su reiterada sistematicidad constructiva.*** La metodología a seguir para su descodificación es muy simple: en un tramo cualquiera de una nave lateral, debemos caminar desde el muro hacia la nave central, atentos a las impostas y a la clave del arco formero, y, simultáneamente, a las posibles referencias simbólicas en la nave. Las alineaciones que detectemos serán significativas, es decir, formarán parte de la trama visual, si cuando las observemos estamos situados sobre una *marca constructiva* precisa de la nave lateral. Excelente. Con este simple instrumental observacional, el placer del descubrimiento y de la interpretación simbólica del espacio construido queda a nuestro alcance.

IV – ¿QUÉ RELATO CONSTRUYE UNA CUBIERTA PLANA?

Antes de que el uso de la bóveda de obra se generalizase, la nave central se cubría con una techumbre plana de madera, con los tirantes vistos o ocultos por un artesonado decorativo. *¿Cómo se comporta la trama en esa situación? ¿Construye un relato simbólico similar al de una cubierta abovedada? ¿Sigue actuando la línea de máximo alzado como referencia de la máxima calidad simbólica? ¿Bajo qué forma?*

ARQUITECTURAS DE CUBIERTA PLANA CON UNA SOLA VISUAL EN ALZADO

Por su mayor sencillez, empezaremos el análisis de esta nueva configuración espacial estudiando las situaciones resueltas con una sola visual, tan frecuentes aquí como en los espacios abovedados, pero con una diferencia importante que ***Sant'Agnese f.l.m., en Roma*** nos la enseña: mientras que en los espacios abovedados la solución más habitual es *claves alineadas construida desde la anchura media de la nave lateral*, en los espacios con cubierta plana lo es *impostas alineadas desde el muro perimetral*[10]. El croquis 6 lo muestra. Excelente, pues dado que este

10 Quizá esa diferencia se deba a que la introducción de la cubierta abovedada estimuló la posibilidad de aprovechar al máximo el evidente y llamativo simbolismo asociado a su punto más elevado. Dado que el contrarresto del peso de la bóveda exigía que las naves laterales tuviesen una anchura mayor que en el caso de los templos con cubierta plana, no era muy complicado conseguir que la anchura media de las naves laterales actuase como apoyo de tan simbólica visual.

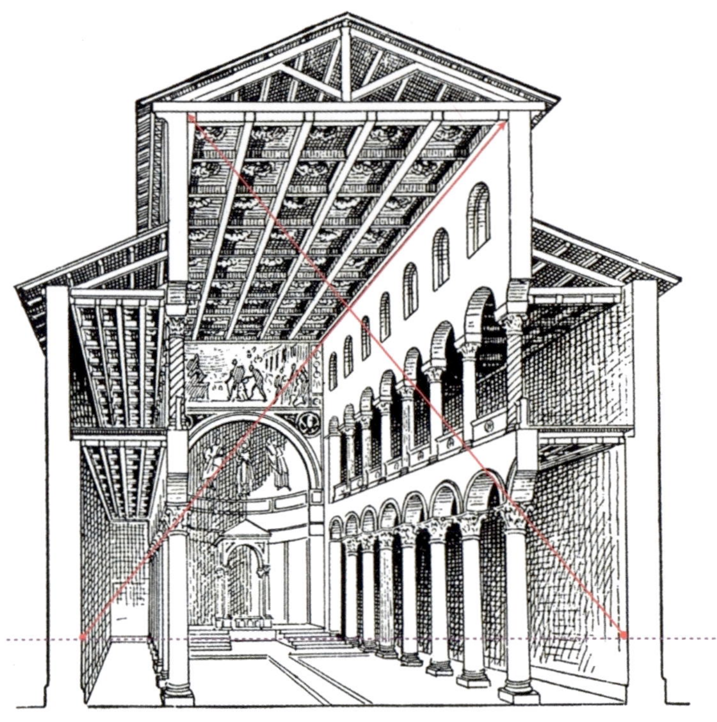

Croquis 6. Desde el muro de Agnese f.l.m.: al final del muro de la nave central, con apoyo en el ábaco del capitel.

templo fue construido en una fecha tan temprana como la primera mitad del siglo VII, ya podemos comenzar a intuir cuáles pudieron ser los antecedentes más inmediatos del tratamiento simbólico de las cubiertas abovedadas.

Santa Maria in Domnica y Santa Maria in Aracoeli, en Roma –con poca precisión en este último caso–; el duomo de Torcello; San Lorenzo, en Florencia; San Giovanni Laterano, en Roma –en este caso con mayor nitidez–; la abadía de ***Fountains*** (croquis 7 e imagen 7) y el kloster de ***Paulinzella en Turingia*** (imagen 8 superior) construyen esa misma solución. Sant'Antimo en Castelnuovo dell'Abate; y San Bartolomeo in Pantona, en Pistoia, la corroboran.

Un caso interesante, por aleccionador, lo encontramos en la basílica de ***San Frediano***, en ***Lucca***, cuyo proyecto original fijó el alzado del muro de la nave central mediante la *solución impostas alineadas*, con apoyo *junto al muro perimetral* (imagen 9 superior). Cuando un siglo más tarde se decidió realzar dicha nave, se optó por aplicar similar *solución*, pero desde *la anchura media* de la nave lateral (imagen 9 inferior). La decisión de acercar el apoyo a la nave central generó el deseado mayor alzado, y al no cambiar de referencia se mantuvo el relato simbólico. Estamos ante otro buen ejemplo de complicidad narrativa, ahora para un mismo espacio en dos momentos constructivos diferentes.

ARQUITECTURAS DE CUBIERTA PLANA CON UNA DOBLE SOLUCIÓN EN ALZADO

Clarificado el protagonismo del *final del muro* en las arquitecturas con cubierta plana, nos queda por dilucidar el papel de la *clave de bóveda, y **Santa Maria Maggiore***, otra arquitectura fundacional, construida en ***Roma*** durante la primera mitad del siglo V, nos lo enseña[11]: *desde el muro perimetral* reconocemos la *solución* construida con el *final del muro de la nave* (imagen 10).

Si avanzamos hasta la *anchura media* de la nave lateral, el arquitrabe de la "arcada" central alinea muestra mirada con la *anchura media del artesonado* de la cubierta (imagen 11) [12].

11 La remodelación sufrida en épocas posteriores también afectó a la estética del artesonado de la nave principal, que fue renovado en los últimos años del siglo XV.

12 Por supuesto, esa posibilidad también se da cuando se trata de una única visual. Por ejemplo, Sainte Gertrude, en Nivelles, construye *claves alineadas* desde la anchura media de las naves laterales.

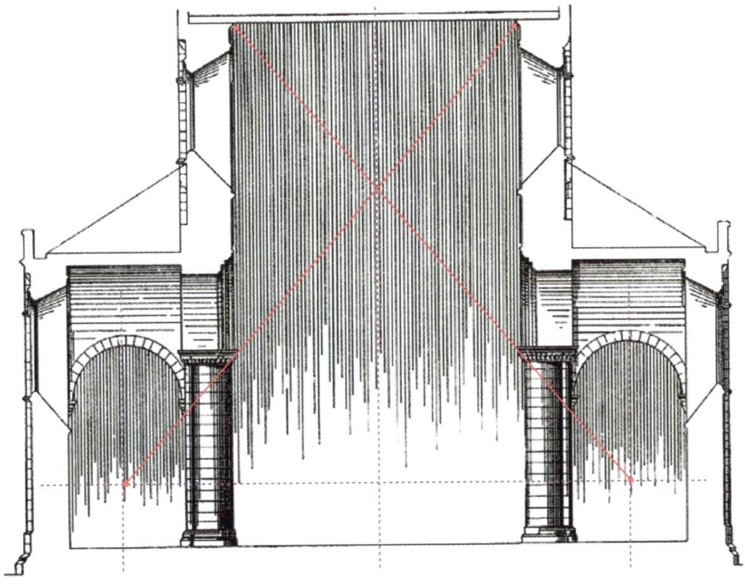

Croquis 7. Solución impostas a final del muro en la abadía de Fountains,

Imagen 7. Abadía de Fountains. Desde la anchura media de la nave lateral derecha, las impostas del pilar se alinean con el final del muro de la nave central.

Imagen 8. Arriba: kloster de Paulinzella, con la solución "impostas a final del muro" Abajo: la abadía de San Galgano, cerca de Siena, construye una variante, siendo ahora la clave del arco formero la que busca el final del muro de la nave central. Junto a su carga simbólica, destaca su misión constructiva, pues señala el final riguroso del muro, límite que posiblemente quedaba algo enmascarado por el apoyo de la bóveda, hoy caída. A destacar la precisión con la que las impostas de los pilares se alinean con la base de los ventanales. Volveremos sobre este importante detalle.

Imagen 9. San Frediano, en Lucca. Solución impostas alineadas. Arriba, desde el muro perimetral de la nave derecha, definiendo el final del muro original. Abajo: al acercar el apoyo hasta la anchura media de la nave lateral, la misma solución genera un mayor alzado para la nueva referencia señalada. Excelente ejemplo de minimalismo constructivo, y de continuidad narrativa en términos simbólicos.

Imagen 10. Trama en alzado en Santa Maria Maggiore, en Roma. Desde el muro perimetral de la nave lateral derecha, el arquitrabe de la arcada se alinea con el final del muro de la imagen central. Estamos ante la típica solución "impostas alineadas".

Imagen 11. Santa Maria Maggiore, en Roma. Al avanzar hasta la anchura media de la nave lateral derecha, el arquitrabe de la arcada se alinea con la anchura media del artesonado de la nave central. Es la solución "claves alineadas", cuando el arco formero cede su protagonismo a un arquitrabe horizontal.

Excelente: *la anchura media del artesonado parece asumir el papel constructivo y simbólico que en una nave abovedada corresponde a la línea de máximo alzado o a la clave de bóveda*[13].

Para ratificar el protagonismo de esa nueva referencia nada mejor que acercarnos hasta el duomo de ***Orvieto***, una arquitectura diáfana y luminosa, que construye una trama en alzado muy nítida. Tanto desde el *muro perimetral* como desde la *anchura media* de las naves laterales, busca como referencia *la anchura media de la cubierta*. En el primer caso utiliza como apoyo tangencial *la clave del arco formero* (imagen 12 superior), y en el segundo las *impostas* de los capiteles de las enérgicas columnas (imagen 13).

Excelente, pues todo apunta a que Santa Maria Maggiore y el duomo de Orvieto han completado los antecedentes inmediatos al tratamiento simbólico de las cubiertas abovedadas, poniendo de manifiesto su invarianza respecto de la geometría utilizada en la cubierta. Como ejemplo explícito, cabe destacar que Orvieto construye el mismo relato simbólico que las dos catedrales salmantinas[14].

La ***tercera buena práctica para la definición de los alzados de la nave central*** resume las conclusiones encontradas: ***tanto si se cierra con una cubierta plana como si lo hace con una estructura abovedada, en términos de trama visual el tratamiento volumétrico de la nave central es idéntico, pues en su planificación ambas configuraciones utilizan el mismo vocabulario constructivo y simbólico***, es decir, *iguales apoyos posicionales y tangenciales; similares referencias* y *soluciones paradigmáticas*, y, sobre todo, *idéntico relato mítico y doctrinario, tanto puntual como dinámico. La única variación se produce en el intercambio de papeles entre la línea de máximo alzado –o la clave de la bóveda–, y la anchura media de la cubierta plana. Estamos ante una situación de plena continuidad proyectual y absoluta coherencia doctrinal.*

V – UN CAMBIO ESTRUCTURAL OBLIGA A RECOMPONER LAS PAUTAS DE OBSERVACIÓN, Y EL MURO GANA ALTURA SIMBÓLICA

Al analizar la relación entre los brazos y la cabecera central hemos comprobado que una variación en la forma de la cubierta del ábside –paso de una superficie continua a otra nervada o estrellada– trajo aparejado un cambio en las referencias utilizadas por la trama, que transfirió el protagonismo del pantocrátor a la clave de la nueva bóveda. *¿Qué ocurrió cuando el gótico introdujo importantes innovaciones en la estructura de la cubierta y en el tramo superior del muro de la nave central?*

Durante casi mil años, la estructura resistente de estos edificios había establecido una nítida diferencia entre el final del muro y el arranque de la cubierta, ya fuese plana o abovedada. Una línea de impostas, o algún otro elemento estructural o decorativo, solía remarcar la separación entre ambas piezas constructivas. Pero la incorporación de la bóveda de crucería supuso una imbricación diferente, con pérdida de la linealidad en la entrega entre muro y cubierta, y la consiguiente desaparición de los elementos horizontales que simbolizaban la frontera entre el mundo terrenal y el ámbito celestial. Las catedrales de León y Troyes nos enseñan que la respuesta de la trama ante esta pérdida de referentes fue introducir dos *nuevas citas simbólicas: la clave y la línea de base de los grandes ventanales de la nave central.*

En efecto: desde el perfil de las columnas adosadas a los muros perimetrales de ***León*** podemos observar como *las claves de los arcos formeros* se alinean con las de los grandes ventanales. Simultáneamente, *las impostas* señalan con gran precisión *la línea de base de los ventanales de la nave central* (imagen 14).

La catedral de ***Troyes*** construye esa misma doble alineación, pero desde el perfil exterior de los pilares entre sus dobles naves laterales (imagen 15)[15].

13 Los templos nórdicos construidos íntegramente en madera matizan esta solución y sitúan la *"clave de bóveda"* en el vértice más alto de la cubierta triangular interior. Lo podemos comprobar desde el perfil exterior de los pilares de la nave en Hopperstad y Heddal, desde la anchura media de las naves laterales de la stavkyrkje, en Lom, y desde el muro perimetral de Gol, en Oslo.

14 Por supuesto, también para una cubierta plana podemos encontrar otras variantes. Por ejemplo, la abadía de Quedlinburg construye la solución *claves alineadas* desde el muro lateral, y desde la anchura media *impostas alineadas.*

15 Además, desde la *anchura media de la primera nave lateral*, tanto León como Troyes, construyen la paradigmática *solución claves alineadas* con la bóveda central.

Imagen 12. Arriba: Duomo de Orvieto. Desde el muro perimetral, la clave del arco se alinea con el centro de la cubierta. Abajo: En Notre Dame de Locmarie, en Quimper, ocurre lo mismo, pero añade un detalle sobre el que volveremos más tarde: simultáneamente, las impostas del arco formero buscan el inicio de la cubierta. Magnífico.

Imagen 13. Duomo de Orvieto. Desde la anchura media de la nave lateral derecha, el perfil de las impostas de los pilares busca la anchura media de la cubierta, en su base plana.

León y Troyes definen así un marco observacional muy preciso, y atractivo por luminoso y colorista, que subraya el relato incluido en los grandes ventanales de la nave central, y en la luz que filtran. Es cierto que la estructura resistente de las naves góticas facilita ampliar el tamaño de esos ventanales y su buena sintonía con el ritmo de la arcada de la nave, pero la precisión conseguida en ambos edificios en los encuadres escenográficos con los límites superior e inferior de sus ventanales no es un mero resultado del esquema resistente. Solo se consigue si se ha buscado explícitamente. Se ha resuelto el problema técnico de la iluminación interior de estos grandes espacios sacros, y se ha aprovechado ese reto para articular una solución que incrementa de modo notable el valor simbólico del muro, y de sus huecos. Magnífico.

Estamos ante otro ejemplo de un cambio en las técnicas constructivas que motiva la recomposición de las referencias válidas, pero siempre con absoluta continuidad en los objetivos simbólicos y en los valores narrativos construidos. No deja de ser sorprendente el nivel de detalle que está alcanzando el tratamiento visual del espacio interior sacro, hecho que interpretamos como una muestra de la exhaustividad impositiva del mensaje doctrinal que vehicula, aprovechando para ello todos y cada uno de los elementos que lo integran.

Con esta actualización de las *pautas de observación* es inmediato descodificar la estructura en alzado de arquitecturas tan importantes como Laón, ***Noyon*** (croquis 8 izquierdo) y Coutances: el primer gesto común lo encontramos en la utilización del muro perimetral como apoyo para la visual a la *clave de los ventanales* que iluminan sus respectivas naves centrales. El segundo gesto compartido es que, para definir el formidable alzado de sus respectivas naves centrales, acercaron los apoyos hasta el *perfil exterior del pilar del crucero y el último de la nave* –los más gruesos de la arcada–, construyendo desde esa posición la solución *claves alineadas*, precisamente la que genera un mayor alzado. Excelente decisión, tanto que la abadía de ***Bath*** la reproduce rigurosamente. La imagen 16 lo muestra[16].

16 Es interesante la especificidad que en este tema presenta la catedral de Southwark, en Londres, pues, además de construir la clásica *solución claves alineadas* desde la *anchura media* de las naves laterales, desde el *muro perimetral* construye una doble alineación de rico contenido simbólico: a la *clave de los pequeños ventanales* de la nave central y, simultáneamente, a la *clave del tramo de bóveda de la nave lateral frontal*, lo que da lugar a que la *luz* del claristorio y el *cenit de la bóveda celestial* lateral aúnen fuerzas para enriquecer el relato simbólico.

Imagen 14. Catedral de León: desde el perfil de las columnas adosadas al muro perimetral derecho, la clave del arco formero se alinea con la clave del gran ventanal frontal, en la nave central, mientras las impostas del pilar de la arcada lo hacen con su base.

Imagen 15. Catedral de Troyes: desde el perfil exterior de los pilares entre naves laterales, las impostas y la clave del arco formero se alinean con la base y con la clave del gran ventanal frontal, en la nave central, construyendo una solución idéntica a la de León.

Imagen 16. Abadía de Bath. Arriba: desde el banco corrido adosado al muro perimetral de la nave derecha, visual a la clave del ventanal en el claristorio de la nave central. Abajo: desde el perfil de los grandes pilares del crucero, a la línea de máximo alzado de la bóveda central, de estructura en palmera.

Croquis 8. Trama en alzado en las catedrales de Noyon (izquierda) y de Evreux (derecha). El apoyo en Evreux es el perfil de la arcada, pero en Noyon lo es el perfil de los pilares del crucero, por eso en el croquis está ligeramente separado del pilar de la arcada.

También desde la anchura media de las naves laterales podemos observar en la catedral de ***Evreux*** la *clave del ventanal en el muro*, mientras que desde el *perfil de los pilares* de la arcada constatamos la *solución claves alineadas* (croquis 8 derecho)[17].

PRECEDENTES A ESTE QUEHACER SIMBÓLICO

No es difícil encontrar precedentes a esta forma de entender la relación con el final del muro vertical, y la catedral de ***Peterborough*** nos muestra un muy buen ejemplo. El muro de la nave central –de finales del siglo XII– incluye una segunda arcada, servicial a la galería superior, y sobre ella el correspondiente claristorio. La cubierta de madera de la nave central –de la primera mitad del siglo XIII, y muy bien conservada– está integrada por tres tableros, horizontal el central e inclinados los dos laterales. El relato simbólico que construye este despliegue de elementos y formas incluye *cuatro momentos narrativos de gran intensidad*, que se apoyan en una *partición* bastante precisa del tipo "1 a 1 a 1" –es decir, en tres partes iguales– de la anchura de las naves laterales.

De los cuatro apoyos definidos por esa *partición*, dos –los extremos– generan visuales simples. Los dos intermedios las generan dobles. Los croquis 9 a 12 y las imágenes 17 a 20 describen en detalle la secuencia narrativa completa.

17 Dentro del amplio abanico de posibilidades, destacan las soluciones construidas por la catedral de Amberes y por la Abbaye aux Dames, en Caen: desde la *anchura media* de la nave lateral ambos edificios construyen la solución *claves alineadas*, pero Amberes busca la *clave de los grandes ventanales* desde el *eje de los pilares entre las dobles naves laterales*, mientras Caen lo hace desde el *muro perimetral*.

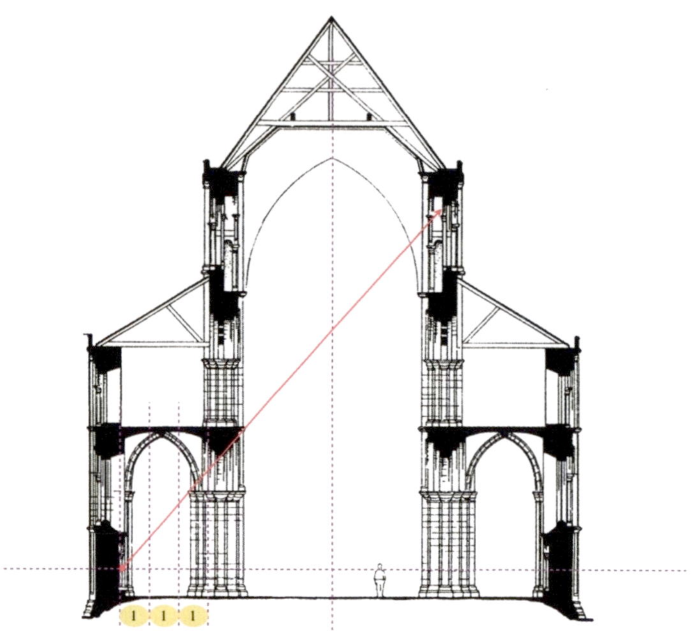

Croquis 9. Catedral de Peterborough. Desde el muro perimetral, la clave del arco formero se alinea con el final riguroso del ventanal de la nave central –solución claves alineadas–, con su luz reclamando nuestra atención, e invitándonos a avanzar hacia la nave central. Sección tomada de Banister Fletcher.

Imagen 17. Visual a la clave del ventanal de la nave central de la catedral de Peterborough.

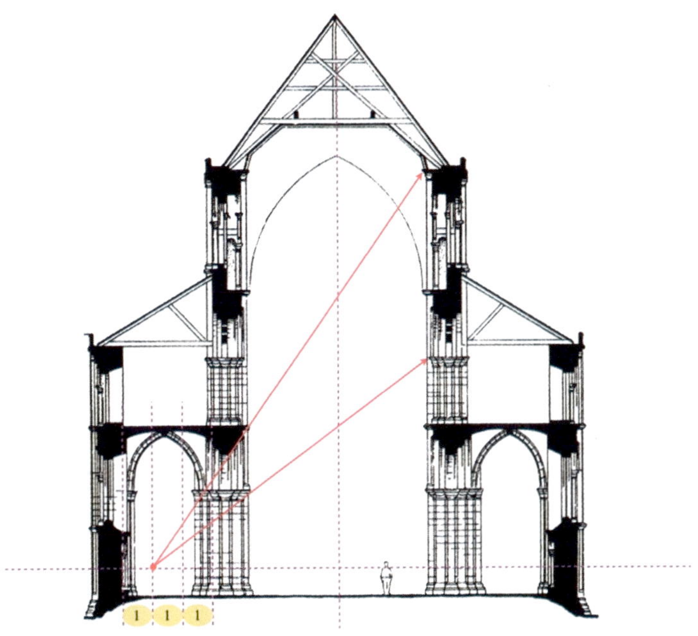

Croquis 10. Al aceptar la invitación y caminar unos pasos, nuestra mirada se eleva, hasta que, al alcanzar el siguiente apoyo, la clave del arco formero se alinea con el final del muro vertical de la nave central. Simultáneamente, el perfil del ábaco de los capiteles se alinea con la base del claristorio. Estamos a las puertas del mundo celestial, con el tramo final del mundo terrenal a la vista, solución que anticipa en un siglo la que acabamos de reconocer en las catedrales de Troyes y León.

La imagen 18. Doble visual al final del muro vertical y a la base del claristorio de la catedral de Peterborough.

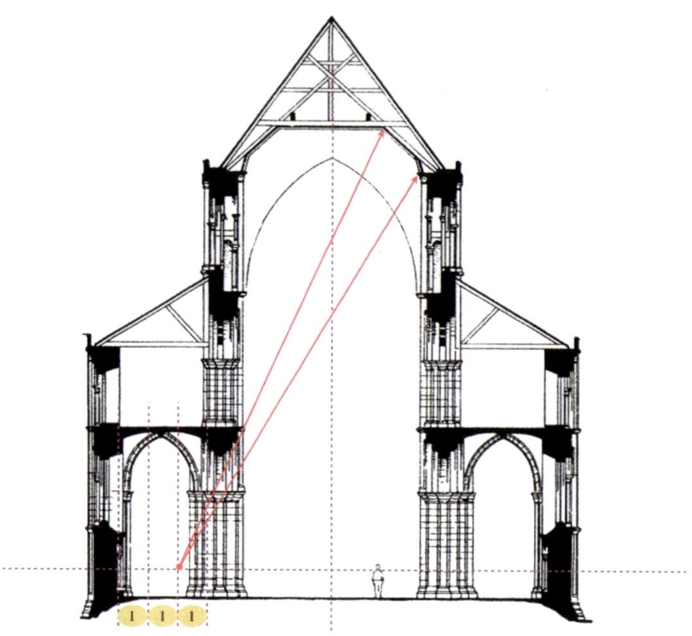

Croquis 11. La expectativa de alcanzar la celestial cubierta nos lleva hasta el tercer apoyo, desde donde la clave y el ábaco del arco formero componen un nuevo marco de observación sobre la primera entrega del cielo prometido, identificado por la anchura íntegra y precisa del tablero lateral –el inclinado– de la cubierta. La recompensa al perseverar en el avance hacia el espacio interior sacro se concreta. Cierto que todavía podemos percibir el final del mundo terrenal, pero va quedando atrás, mientras el espacio celestial gana nuestra atención.

La imagen 19. Doble visual al perfil inicial y final del tablero inclinado de la cubierta de Peterborough.

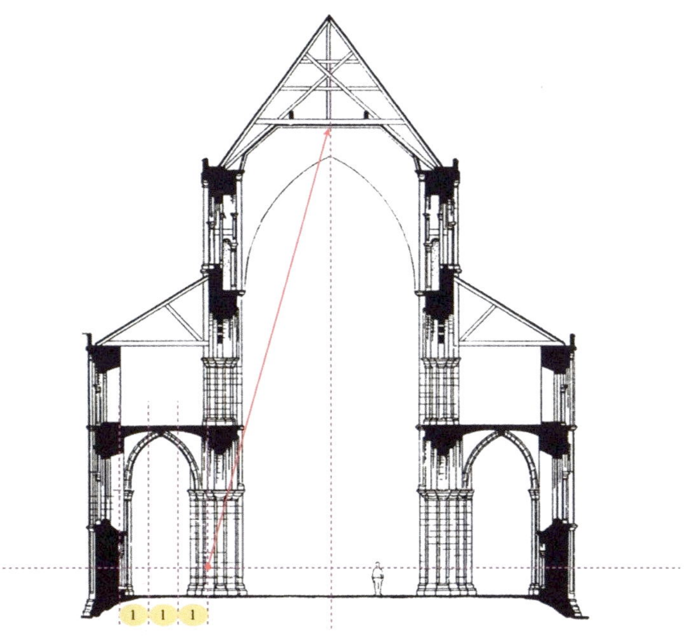

Croquis 12. Finalmente, al llegar junto al perfil de los pilares de la nave central, la alineación paradigmática claves alineadas impone sus criterios, y Peterborough ofrece a nuestra mirada la máxima recompensa doctrinal: el punto culminante del mundo celestial, simbolizado por la anchura media rigurosa del tablero central de la cubierta.

Imagen 20. Visual que alinea la clave del arco formero con el punto medio del tablero central de la cubierta de la nave.

Imagen 21. Cabecera de la catedral de Peterborough. Visual a la clave del claristorio en el presbiterio. Compárese con la imagen 17 tomada desde el mismo apoyo en la nave lateral.

Pero la cabecera de Peterborough –reordenada a finales del siglo XV y comienzos del XVI– también nos ofrece un muy buen ejemplo de tratamiento paradigmático cuando se pierde la linealidad en la entrega entre el muro y la cubierta. En efecto: desde cuatro apoyos similares a los utilizados en sus naves laterales *–partición* "1 a 1 a 1" de su anchura–, la nave deambular articula un relato simbólico con cuatro visuales –en este caso todas simples– que buscan otras tantas referencias muy coherentes con las utilizadas en la nave central: *la clave superior del ventanal del claristorio*, el *final del muro vertical*, el *final del tramo palmeado de la cubierta*, y *su línea de máximo alzado*. Las imágenes 21 a 23 muestran la secuencia completa.

Excelente Peterborough, pues nos enseña dos tramas paradigmáticas para el tratamiento en alzado del muro y la cubierta: cuando su entrega es lineal –en la nave– y cuando dicha linealidad se ha perdido –en la cabecera–. Es cierto que en ambos casos el relato se articula instrumentalmente de un modo algo diferente, y con una menor exhaustividad para la cabecera, pero *las etapas a seguir en nuestro caminar, el orden que pauta nuestra sumisa mirada en elevación, su principio y final, la gradualidad emotiva del camino iniciático, el papel de la luz, y el significado simbólico* global, son similares.

Excelente Peterborough en ambas situaciones, lo que hace de él un lugar magnífico para educar nuestra mirada en la observación de este tipo de tratamiento simbólico en alzado. Volveremos a ella muy pronto, pues todavía guarda algunas lecciones importantes.

Por cierto, *¿cuántas variables deben concertar sus dimensiones para conseguir cada uno de los caminos iniciáticos que nos acaba de enseñar Peterborough? ¿Cómo conseguir esa nitidez escenográfica y precisión constructiva con los instrumentos de cálculo y dibujo de aquellos siglos?* Una vez más, nos parece muy evidente que cualquier propuesta proporcional, geométrica o modular que se pudiese manejar, incluso las elaboradas por los arquitectos más hábiles con el ábaco, el compás y la escuadra, debía dejar muy abiertas las sugerencias que formulase, pues solo el ajuste práctico, sobre el terreno, podía asegurar la bondad de las alineaciones que acabamos de observar, hecho imprescindible para la mejor credibilidad del relato simbólico propuesto y para el cumplimiento de las exigencias doctrinales e ideológicas del cliente.

Imagen 22. Cabecera de Peterborough. Arriba: visual al final del muro vertical. La imagen 18 muestra la situación equivalente para la nave. Abajo: al final del tramo palmeado de la cubierta del presbiterio, situación muy cercana a la recogida en la imagen 19 para la nave.

Imagen 23. Cabecera de Peterborough. Desde el apoyo más cercano al presbiterio, a la anchura media del tramo horizontal de la cubierta de la cabecera. La imagen 20 muestra su equivalente para la nave central.

Imagen 24. Catedral de Nidaros, en Trondheim. Desde el muro perimetral de la nave lateral derecha, las impostas de los pilares de la nave se alinean con la base de los ventanales de la nave central.

Finalmente señalar que, además de la *solución claves alineadas* –una de ellas en los ventanales–, también es fácil encontrar ejemplos que utilizan *la base de los ventanales* como referencia para la *imposta de los pilares*: por ejemplo, la grote kerk, Haarlem, y en las catedrales de Magdeburger, Uppsala, y ***Nidaros, en Trondheim***[18]. En St. Laurenskerk, en Alkamaar, esa alineación se produce cuando nos situamos junto al muro perimetral[19]. Es otra muestra de la capacidad creativa de los buenos arquitectos, y de la flexibilidad de posibilidades que la trama ofrece para hacer frente a la creciente complejidad de los relatos que se desean construir.

¿PODEMOS ENCONTRAR EJEMPLOS MÁS ANTIGUOS QUE CONSTRUYAN ESTE TIPO DE SOLUCIONES?

Una primera respuesta la obtenemos al acercarnos hasta ***Sant'Apollinare in Classe***, una arquitectura fundacional construida en la primera mitad del siglo VI en las inmediaciones de ***Rávena***.

La estructura escenográfica entre sus naves se articula mediante dos juegos de *visuales doblemente simbólica*, que utilizan los dos apoyos normativos más frecuentes: *junto al muro perimetral* y la *anchura media de las naves laterales*. Desde el primero (croquis 13), el perfil superior de los capiteles de la arcada subraya la base de los ventanales situados en la parte superior del muro de la nave central, y *toda su luz nos ilumina*. Simultáneamente, la clave del arco formero nos alinea con el *final del muro*, a las puertas del *mundo superior*[20]. La imagen 25 lo muestra.

Al avanzar unos breves pasos hasta la *anchura media* de la nave lateral, una nueva *doble visual* construye las dos *soluciones paradigmáticas –impostas y claves alineadas–*, lo que nos permite observar con exquisita precisión *desde el inicio hasta el punto culminante de la celestial cubierta*[21]. El croquis 14 dibuja ambas visuales, y la imagen 26 certifica su precisión[22].

La respuesta de Apollinare in Classe a nuestra pregunta inicial es, pues, muy clara y rotunda: a mediados del siglo VI –sus obras se iniciaron en 534–, los arquitectos implicados en la arquitectura sacra de disciplina cristiana ya manejaban todos los recursos fundamentales que estructuran la escenografía más elaborada para el alzado entre naves, y lo hacían con extrema calidad y rigor. Cierto que los cambios introducidos durante el periodo gótico en las bóvedas y en el muro favorecieron un incremento notable del protagonismo del muro como soporte de una tercera referencia en alzado de muy alta calidad simbólica –*la luz* de los grandes ventanales–, que se sumó al *final del muro* y a la *línea de máximo alzado de la bóveda central*, pero Rávena nos acaba de mostrar que las bases instrumentales y conceptuales de tales *soluciones* ya estaban definidas en el siglo VI, y con un nivel de madurez extraordinaria. Difícil, muy difícil, conseguir una *trama iniciática transversal* tan rica como la de Apollinare in Classe con tan escasos elementos movilizados. Mucha experiencia y astucia fueron necesarias para conseguirlo.

También volveremos a Sant'Apollinare in Classe, pues solo nos ha enseñado algunos gestos de su inmenso capital narrativo.

Tras este acercamiento a los orígenes del *camino iniciático transversal* entre naves longitudinales, dirigimos nuestros pasos hasta la catedral de ***Oxford*** para interesarnos por su nivel de integración en esta tradición constructiva. La nave central todavía mantiene hoy una cubierta plana, y tras todo lo que llevamos observado, descodificar sus objetivos simbólicos es bastante inmediato: su trama la conforman *dos juegos de visuales doblemente simbólicas*, rigurosamente idénticas en sus apoyos, referencias y precisión de trazado, a las que nos acaba de enseñar Sant'Apollinare in Classe. El croquis 15 y las imágenes 27 lo muestran.

Magnífico este gesto de continuidad proyectual y escenográfica, separado por más de 500 años.

18 Magdeburger añade una segunda visual *junto al perfil exterior de los pilares de la nave*, desde donde construye "*claves alineadas*". Uppsala y Trondheim construyen esa misma *solución* desde el *muro perimetral*.

19 Además, desde la *anchura media* de las naves laterales, las impostas de las columnas se alinean con el *final del muro*.

20 Es rigurosamente la misma doble visual que Peterborough construye desde el segundo apoyo en sus naves laterales (imagen 18).

21 Tal como muestra la imagen 13 inferior, esa misma solución la construyó Locmarie 500 años más tarde.

22 A pesar de las múltiples reformas sufridas, incluido un notable realzado de su pavimento en el siglo XVI, en Sant'Apollinare Nuovo (también en Rávena) podemos observar la *solución claves alineadas* desde la anchura media de las naves laterales y *clave del arco formero a final del muro* desde los muros perimetrales. Es una estructura visual más simple que el de Sant'Apollinare in Classe, pero copia dos de sus cuatro visuales.

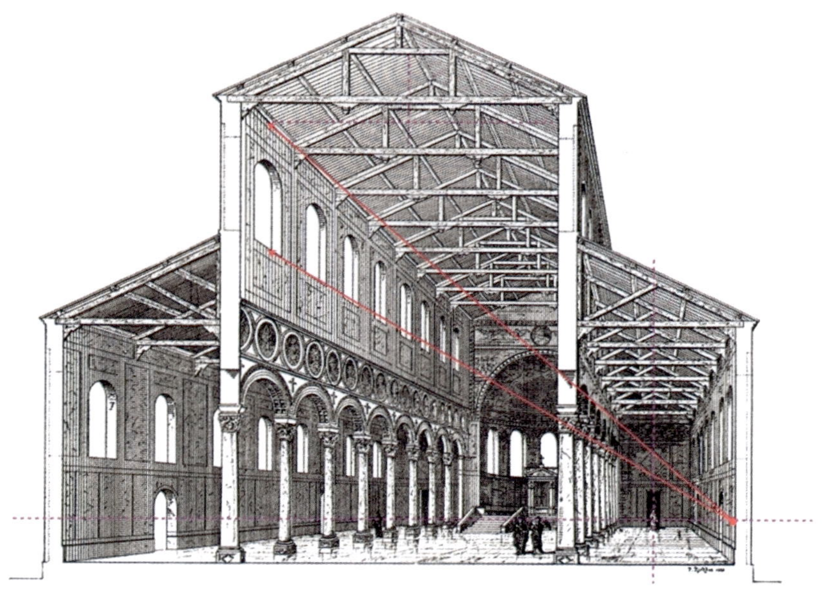

Croquis 13. Trama en alzado para Sant'Apollinare in Classe cuando observamos desde el muro lateral: el perfil superior de los capiteles de la arcada busca la base de las ventanas en el muro central, y la clave del arco formero el final de dicho muro. Sección tomada de G. Dehio y G. Bezold.

Imagen 25. Marco observacional en Sant'Apollinare in Classe desde muro perimetral.

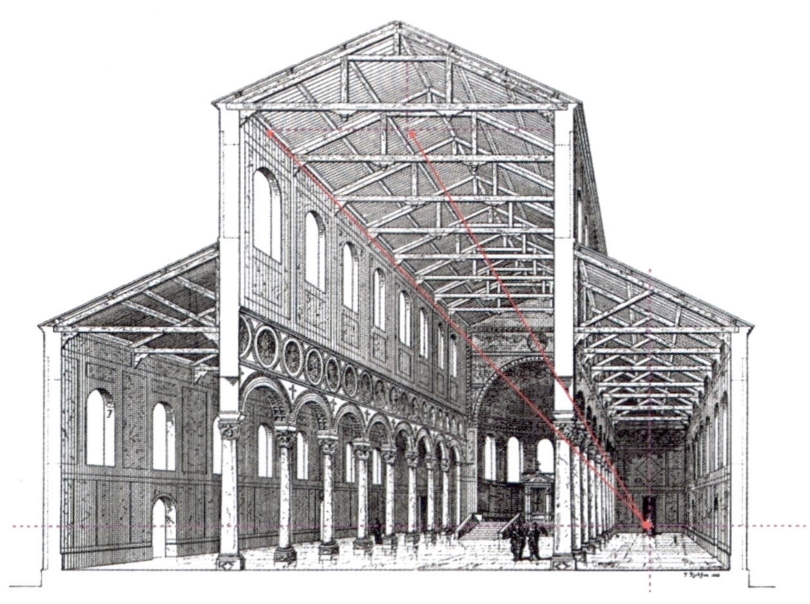

Croquis 14. Sant'Apollinare in Classe. Desde la anchura media de la nave lateral derecha construye simultáneamente las dos soluciones paradigmáticas –impostas y claves alineadas–. En concreto, el perfil superior de los capiteles de la arcada busca el final del muro vertical, mientras la clave del arco formero se alinea con la anchura media de la cubierta plana.

Imagen 26. Nuevo marco observacional en Sant'Apollinare in Classe, ahora desde la anchura media de la nave lateral.

Imagen 27. Nave lateral izquierda de la catedral de Oxford. Arriba: Junto al muro perimetral, el ábaco del capitel del arco formero señala la base del claristorio, mientras la clave de ese mismo arco se alinea con el final del muro vertical. Abajo: Desde la anchura media de dicha nave, el ábaco del capitel del arco formero busca el final del muro vertical, mientras la clave de ese mismo arco señala el punto medio de la cubierta plana. La concordancia con las soluciones de Apollinare in Classe es plena: compárese con las imágenes 25 y 26.

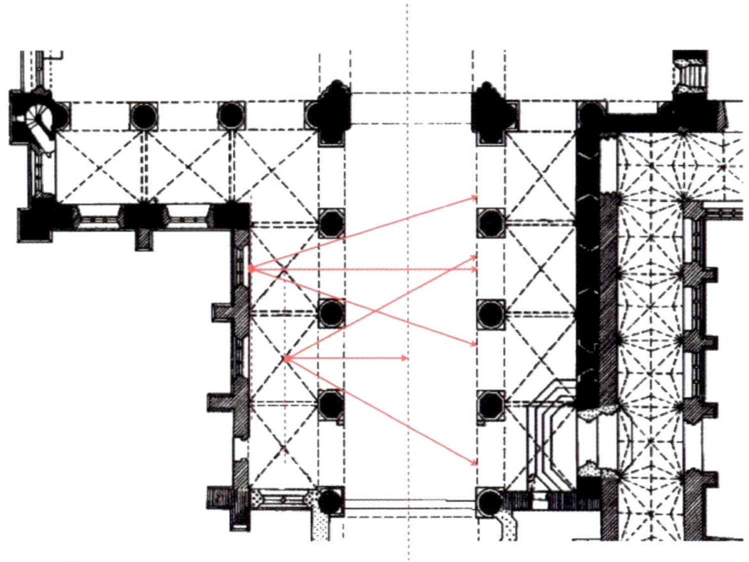

Croquis 15. Catedral de Oxford. Trama para la nave lateral izquierda. La doble visual que se apoya en el muro señala los límites inferior y superior del claristorio. Desde su anchura media construye al unísono las dos soluciones paradigmáticas claves e impostas alineadas. Las imágenes 27 lo muestran. Para mayor claridad del croquis, los juegos de visuales están representados en tramos diferentes de la nave lateral, pero ambos los podemos observar en cualquier tramo.

VI – ARQUITECTURAS CON MÁS DE UN PAR DE NAVES LATERALES

El relato simbólico que construye la trama en alzado todavía se puede enriquece más cuando la nave central se rodea de *naves laterales dobles*. En este caso también la complejidad constructiva se incrementa notablemente, pues además de concertar las dimensiones de las tres naves y de la arcada que las comunica, como ha ocurrido hasta ahora, hay que tener presente las segundas naves laterales y la arcada específica que las relaciona con las primeras.

Un ejemplo paradigmático de arquitectura con cuatro naves laterales, todas ellas activas visualmente sobre la nave central, lo encontramos en ***Saint Sernin***, en ***Toulouse***. El croquis 16 muestra la trama completa que articula su relato simbólico: Si realizamos el *camino iniciático transversal* en sentido inverso al que hemos utilizado en todos los ejemplos anteriores, obtenemos la siguiente secuencia observacional:

** Desde la *anchura media de la primera nave lateral,* las *claves del arco formero* guían nuestra mirada hasta *la línea de máximo alzado de la bóveda* corrida que cubre la nave central (imagen 28 superior). El mensaje simbólico es el mismo que en los casos anteriores.

** Desde el *eje del pilar entre naves laterales,* la solución *impostas alineadas* nos sitúa frente al final del mundo terrenal (imagen 28 inferior). Reconocemos fácilmente su significado.

Para sus primeras naves laterales Saint Sernin construye, pues, las dos *soluciones paradigmáticas* que Compostela y Conques nos han enseñado, y en ambos casos con muy notable precisión. Excelente. *¿Qué añaden las segundas naves laterales a este conocido relato simbólico?*

** Desde el *muro perimetral,* en la segunda nave lateral, con apoyo tangencial en la *clave del arco formero de la nave principal,* la visual conduce nuestra mirada hasta el *límite superior del muro de la nave central* (imagen 29), referencia ya utilizada desde la primera nave lateral.

Imagen 28. Saint Sernin. Arriba: solución claves alineadas desde la anchura media de la nave lateral izquierda. Abajo: solución impostas alineadas cuando nos situamos sobre el eje del pilar entre naves laterales.

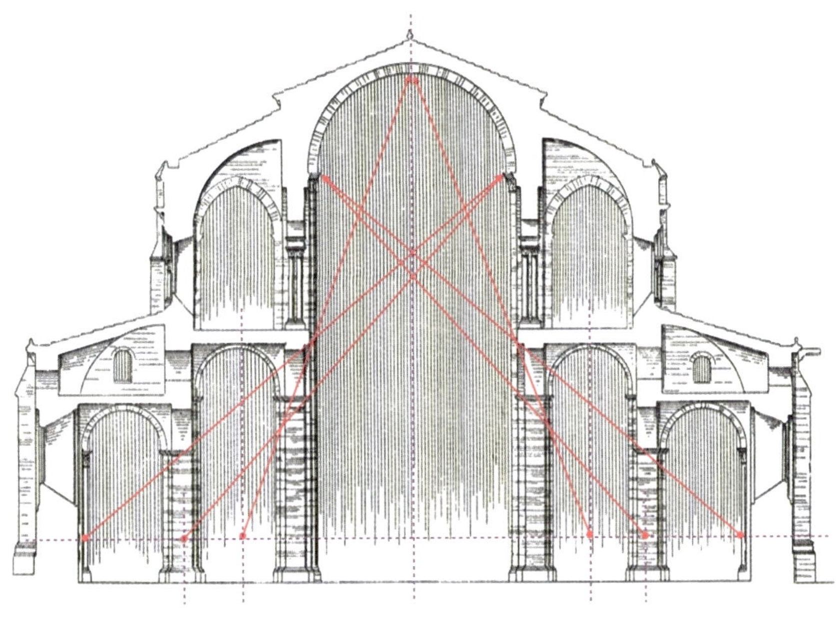

Croquis 16. Etapas del relato simbólico asociado al camino iniciático transversal para las naves longitudinales de Saint Sernin. Sección tomada de G. Dehio y G. Bezold.

Imagen 29. Clave a final del muro de la nave principal, construida desde la segunda nave lateral de Saint Sernin, junto al muro.

Como resultado de todo ello, el relato simbólico construido por las cinco naves longitudinales de Toulouse es abrumador: *desde el límite más marginal del espacio interior de las cinco naves –el muro perimetral– solo vemos el mundo terrenal que el muro de la nave central representa. Más arriba se insinúa el mundo celeste, pero queda fuera de nuestro alcance. Cuando avanzamos hacia el interior del espacio sacro nuestra mirada va accediendo a una parte de la bóveda central, pero el eje de los pilares entre naves nos recuerda que el camino es duro, con avances y retrocesos, y mediante un cambio en el apoyo tangencial –que pasa a ser la imposta del pilar– nos devuelve al inicio del camino –es decir, al final del muro–. No hemos consumado el avance hacia lo más alto. Hemos caído. Y si queremos acercarnos a los gozos prometidos debemos no flaquear ante las dificultades y proseguir en el esfuerzo hasta llegar a la anchura media de la primera nave lateral, momento en el que, por fin, podremos contemplar el punto culminante del mundo celeste, y quedar a la espera de la futura recompensa que, según dicen, esconde ese lugar.*

Saint Sernin muestra que, al aumentar el número de naves laterales, se incrementa el número de etapas y la riqueza de matices del relato simbólico construido, pero los valores que se transmiten son invariantes frente a los cambios espaciales, con similar principio y final narrativo. El carácter cerrado y dogmático del doctrinario revelado no permite fruslerías imaginativas en ese terreno.

Excelente Saint Sernin, pues nos sitúa en muy buenas condiciones para poder apreciar el inesperado regalo que nos ofrece la cabecera de la catedral de ***Oxford***: cubierta con una bóveda palmeada y dotada en su lado izquierdo de dos naves laterales, lleva las cosas más lejos, enriqueciendo el relato simbólico con dos juegos de *visuales doblemente simbólicas*, y una *visual simple* para su *camino iniciático transversal*. La *primera luz* y *la clave* de la bóveda central ganan en protagonismo. El croquis 17 y las imágenes 30 y 31 lo detallan.

Imagen 30. Cabecera de la catedral de Oxford. Desde el perfil trasero de la segunda nave lateral izquierda, el ábaco del capitel del arco formero se alinea con la imposta que señala la base la galería sobre la arcada del presbiterio. Simultáneamente, la clave de ese mismo arco deja pasar la primera luz del ventanal del claristorio superior.

Imagen 31. Cabecera de la catedral de Oxford. Arriba: desde el "muro" trasero de la primera nave lateral izquierda, el ábaco del capitel del arco formero se alinea con la base del claristorio, mientras su clave se alinea con la del ventanal.
Abajo: el camino iniciático transversal se cierra cuando alcanzamos el punto medio de la primera nave lateral: la clave del arco formero se alinea con la clave de la florida cubierta del presbiterio.

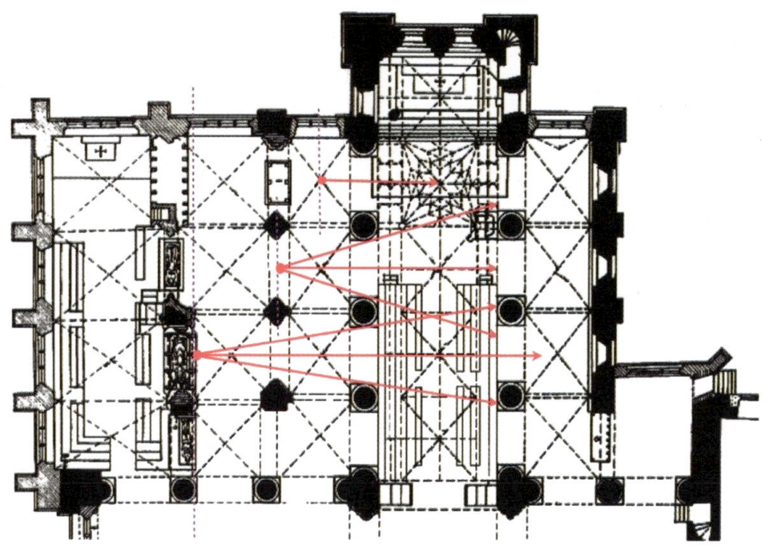

Croquis 17. Cabecera de la catedral de Oxford. Los tres apoyos, ordenados de izquierda a derecha, construyen las visuales descritas en las anteriores imagenes 30 y 31. Para mayor claridad, están representadas en tramos diferentes, pero las podemos identificar en cada tramo de las naves laterales izquierdas de la cabecera. De modo similar a lo señalado en el croquis 15, cada tramo de la doble nave lateral construye los tres juegos de visuales, aunque en alguno de ellos el mobiliario actual puede entorpecer algo la observación.

LAS NAVES LATERALES TAMBIÉN PUEDEN SER SIMBÓLICAMENTE ACTIVAS ENTRE SÍ

También la catedral de ***Bourges*** incluye cinco naves en su estructura longitudinal, y construye desde ellas tres visuales sobre la nave central (croquis 18 superior):

** Desde la *anchura media* de las segundas naves busca *la base de la galería* de la nave central, y desde *los perfiles exterior e interior* de los pilares entre naves laterales señala la *clave de la bóveda central.*

Excelente, pero Bourges nos presenta a una novedad muy interesante:

** *Desde el perfil exterior* del pilar entre naves construye una segunda visual del tipo *claves alineadas,* pero *¡¡sobre la clave de la primera nave lateral!!*

La catedral de ***Toledo*** cambió uno de los tres apoyos utilizados por Bourges y añadió uno nuevo, pero recurrió a las mismas referencias, incluida la *clave de la primera nave lateral.* El croquis 18 inferior lo muestra.

Bourges y Toledo poseen plantas y alzados con estructura y dimensiones muy diferentes, pero escriben con sus alzados un relato simbólico muy similar, de gran densidad narrativa y enorme voluntad de cohesión volumétrica.[23]

23 La bibliográfia especializada señala que el primer arquitecto documentado de la catedral de Toledo, el Maestro Martín, había trabajado anteriormente en Bourges, hecho coherente con la extrema similitud de las tramas en alzado que presentan ambas arquitecturas.

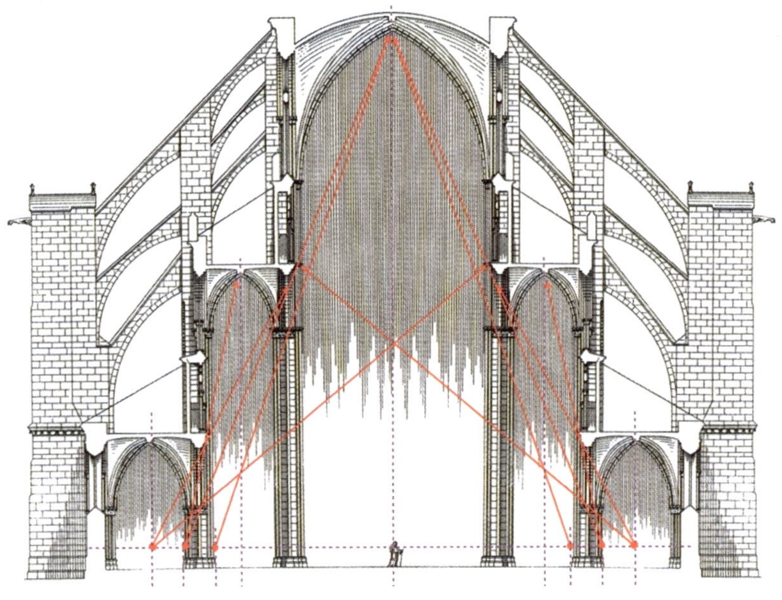

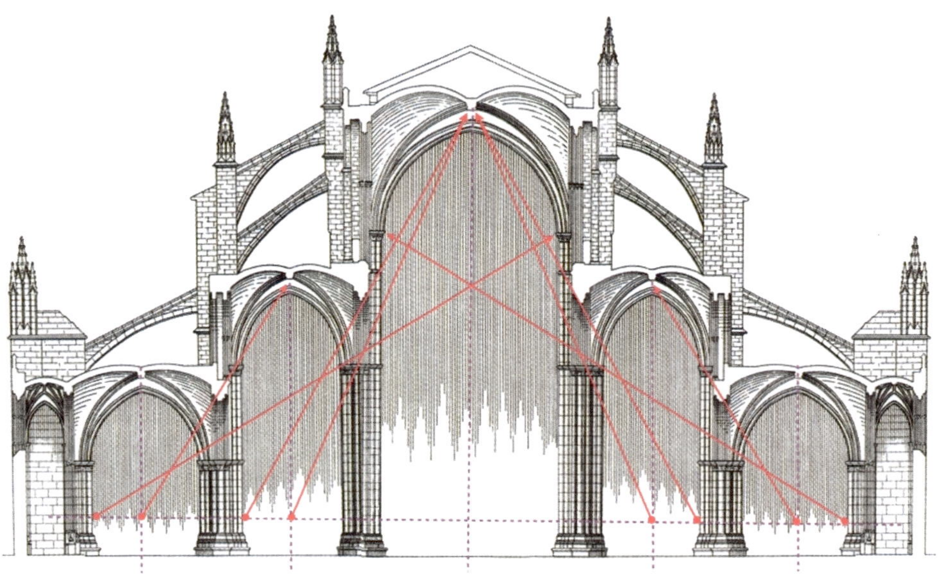

Croquis 18. Trama en alzado para las naves longitudinales de las catedrales de Bourges (arriba) y Toledo (abajo). A destacar la visual a la clave de la primera nave lateral y la gran similitud entre ambos esquemas escenográficos.
Croquis elaborados a partir de secciones tomadas de G. Dehio y G. Bezold.

Imagen 32. Arriba: catedral de Bourges. Doble visual desde el perfil exterior de los pilares entre naves laterales, a la clave de bóveda de la primera nave lateral y, simultáneamente, a la línea de máximo alzado de la nave central. También aqui el punto de sujeción de la lámpara la señala. Abajo: duomo de Milán. Desde la anchura media de la segunda nave lateral, a la clave de bóveda de la primera nave lateral.

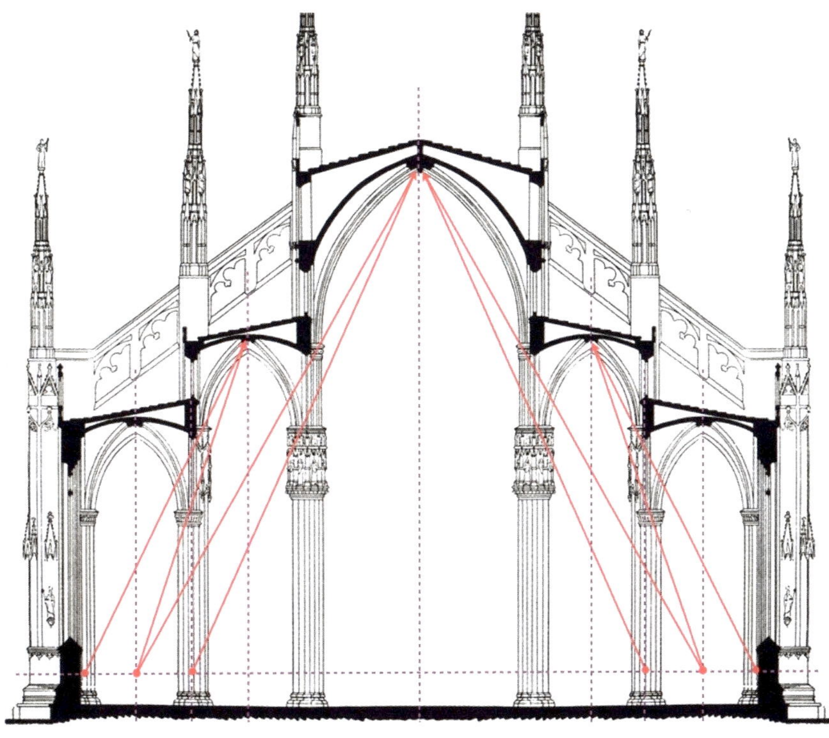

Croquis 19. Duomo de Milán. Programa que construye el relato simbólico en alzado entre sus naves longitudinales. Sección tomada de G. Dehio y G. Bezold.

Dado el amplio eco que en la literatura especializada ha tenido el debate histórico sobre la finalización en alzado del duomo de ***Milán***, resulta de obligado cumplimiento interesarnos por la estructura visual del espacio realmente construido, y lo encontrado no defrauda las mejores expectativas: resuelve la trama entre sus cinco naves con un esquema minimalista integrado por cuatro visuales, que solo requieren de la participación de *dos referencias* de la máxima calidad simbólica *–las claves de la bóveda central y de la primera nave lateral–*, y de *tres apoyos* bastante periféricos. El croquis 19 los detalla.

El resultado es una composición muy elegante que, por correlación, fija con precisión todas las dimensiones fundamentales, en planta y alzado, de las cinco naves –solo el alzado de las segundas naves laterales no queda determinado directamente por estas cuatro visuales–. También define la posición de las claves y del perfil superior de los bulbosos capiteles de las cuatro arcadas que las comunican. Excelente, tanto por su precisión constructiva como por su enorme carga simbólica.

Toledo, Bourges y Milán nos han enseñado tres buenos ejemplos de aplicación creativa de la ***cuarta buena práctica para la definición precisa de los alzados de las naves longitudinales****, buena práctica que, una vez asegurada la relación entre las naves laterales y la central –relación siempre preferente–, apremia al arquitecto a intentar conseguir algún trazado simbólico entre las propias naves laterales. Para ello, los apoyos posicionales y tangenciales disponibles siguen siendo los normativos, y como referencia se añade la clave de la bóveda de las propias naves laterales.*

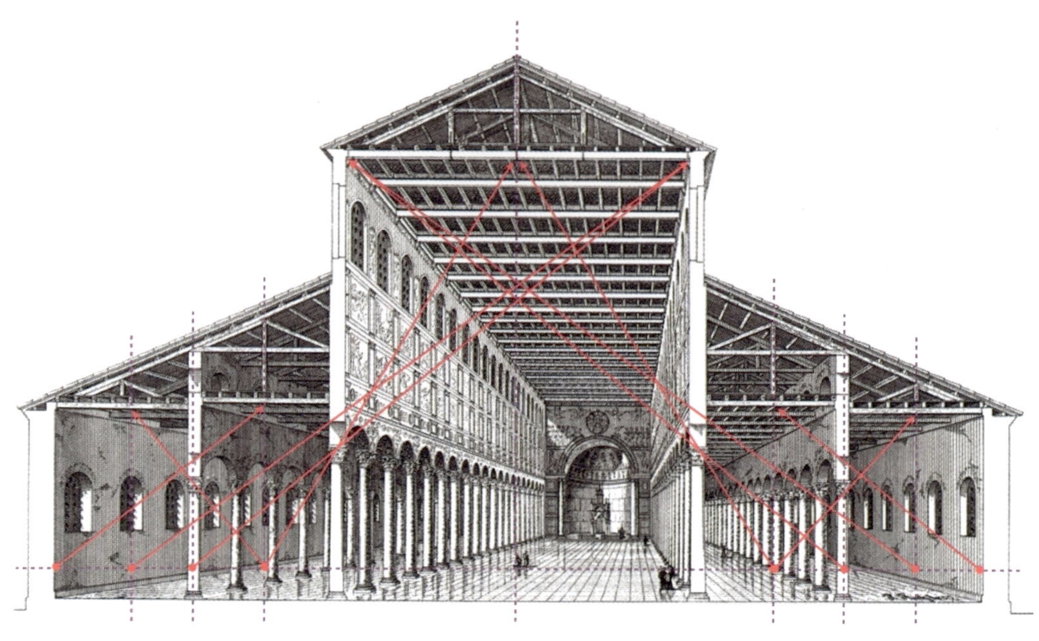

Croquis 20. Trama en alzado en San Paolo f.l.m. Sección tomada de G. Dehio y G. Bezold.

Imagen 33. San Paolo f.l.m. Desde el muro perimetral derecho, a la anchura media de la cubierta de la primera nave lateral izquierda.

Por supuesto, también en las arquitecturas con cubierta plana podemos encontrar muy buenos ejemplos de aplicación de esta *cuarta buena práctica*. ***San Paolo f.l.m.***, en ***Roma*** –otra arquitectura fundacional–, es un caso excelente. Desde tres apoyos normativos construye para su nave central las *soluciones clave a final del muro, impostas a final del muro,* y *claves alineadas.* Se trata de una trama nítida y eficaz, sin fisuras ideológicas, que gana muchos enteros cuando encontramos que se completa con dos visuales entre las propias naves laterales, visuales que buscan "la *clave de la nave lateral contigua*", es decir, la *línea central de su cubierta plana (*croquis 20).

San Paolo f.l.m. ratifica nuevamente la similitud en el tratamiento simbólico que la trama da a los alzados sacros, al margen de la geometría de las cubiertas.

VII – LA NAVE TRANSVERSAL TAMBIÉN PUEDE ENTRAR EN EL JUEGO ESCENOGRÁFICO

Quizá en un afán exagerado de exhaustividad, también nos hemos preguntado si cuando la nave transversal posee sus propias naves auxiliares *podemos reconocer algún gesto cercano al que escenifican las naves longitudinales.* La respuesta de ***Compostela*** y Conques es categórica, ya que definen para ellas *las mismas soluciones paradigmáticas* construidas en sus naves longitudinales, generando un relato simbólico muy similar. En ambos brazos la precisión es exquisita (imagen 34 superior).

Saint Sernin, en Toulouse, introduce una variante pues, aunque repite la solución *"impostas alineadas"* desde el *muro perimetral de las naves transversales*, desde su *anchura media* no hemos reconocido la presencia de una visual que busque la *línea de máximo alzado* de la bóveda central, como ocurre en las naves longitudinales. No nos debe sorprender esta respuesta, pues una arquitectura es una obra de creación, y su resolución no es obligatoria ni única. Nada impide al arquitecto optar en las naves transversales por una solución diferente a la utilizada en las naves longitudinales, aunque, en general, no lo hicieran, favoreciendo de ese modo la mejor simetría para el proyecto, su mayor cohesión ideológica y su más fácil lectura.

TRAMA ENTRE LAS NAVES AUXILIARES LONGITUDINALES Y LA NAVE TRANSVERSAL

Finalmente podemos señalar que una estructura espacial muy frecuente es la formada por un cuerpo longitudinal de tres naves, que se entregan a una nave trasversal única. *¿Podemos reconocer en esas condiciones alguna relación visual no azarosa entre ellas?*

La respuesta *paradigmática – "claves alineadas"* – la encontramos en tres arquitecturas que ya conocemos bastante bien: situados en el *centro geométrico del último tramo de las naves laterales –el más cercano a la nave transversal–, la clave del arco de paso al brazo se alinea muy bien con el máximo alzado de la bóveda transversal* –por ejemplo, en Frómista y en Sénanque–, *o con la clave del correspondiente tramo de bóveda* –en ***La Seu Vella de Lleida*** (imagen 34) y en la domkyrka de Uppsala–.

Estamos ante guiños escenográficos de excelente calidad, plenamente *coherentes con la trama visual,* que insisten en la presencia integral de los temas visuales en estas arquitecturas, más allá del aseado cumplimiento de las obligatorias leyes de validación.

Imagen 34. Arriba: impostas alineadas desde el muro de la nave lateral del brazo derecho, lado nave, de Compostela. Abajo: Claves alineadas sobre la nave transversal, vistas desde el punto central del tramo de la nave lateral izquierda más cercano a la cabecera de La Seu de Lleida.

VIII – A MODO DE RESUMEN

Hemos comenzado el análisis de los alzados de las naves longitudinales con bastantes incertezas ante el evidente riesgo de error dada la insuficiente contextualización de muchos de los edificios analizados. Pero hemos optado por continuar, pues nada justificaba la renuncia al análisis volumétrico del espacio, ni desde un punto de vista observacional –los gestos se repetían con reiteración difícil de imputar al azar, o a la malicia del observador–, ni en términos conceptuales, pues en todos los casos estábamos encontrando trazados muy coherentes con la trama en planta que ya conocíamos. Superadas las vacilaciones iniciales, la consistencia del relato simbólico sugerido por las soluciones observadas ha resultado especialmente estimulante, y a él se ha sumado un abanico de implicaciones constructivas nada desdeñable.

El balance final pone de manifiesto que ***la combinación imaginativa** –muy imaginativa– **de apenas tres apoyos posicionales, dos apoyos tangenciales, y poco más de dos referencias simbólicas***[24], es todo *lo que los buenos arquitectos han necesitado para definir un amplio abanico de soluciones concretas, capaces de dotar al espacio volumétrico de un **fuerte relato simbólico**, que en las mejores arquitecturas alcanza la condición de **camino iniciático transversal**, es decir, generado al caminar desde el muro perimetral hasta la nave central.*

Como en los capítulos anteriores, lo más importante para disfrutar de esta parte de la trama es adquirir soltura en el manejo de las *pautas de observación*. Pero no debemos olvidar que las soluciones en alzado son *buenas prácticas* recomendadas para incrementar el valor doctrinal y educativo del espacio construido –por lo tanto, un edificio puede no incorporarlas sin que su proyecto quede invalidado–. También debemos tener siempre presente que las cubiertas son los elementos que mas remodelaciones han sufrido a lo largo de la dilatada historia de estos edificios. No debe, pues, sorprendernos que al visitar un templo de disciplina cristiana y observar sus alzados, no detectemos una trama nítida, incluso cuando se trate de arquitecturas de gran renombre institucional. Habría que conocer su historia constructiva para poder valorar lo ocurrido. Pero el mero listado de los edificios comentados en este capítulo da una idea bastante fiel del buen dominio que los arquitectos tuvieron de estas *buenas prácticas*, ya desde las primeras construcciones fundacionales.

Vamos añadiendo nuevas piezas al análisis, pero todavía restan por estudiar algunos aspectos volumétricos muy importantes. El primero que abordaremos es la estructura del deambulatorio, un espacio perimetral que rodea la cabecera central, en continuidad con las naves laterales. *¿Qué pautas sigue en su definición estructural? ¿Qué tiene en común la trama del deambulatorio con la de los restantes espacios interiores, especialmente con las naves laterales?* El próximo capítulo lo dedicaremos a responder estas preguntas, lo que también nos permitirá obtener una visión más rica y matizada de la correlación espacial que acabamos de encontrar para los alzados de la nave central. Más tarde abordaremos el análisis de la cúpula central sobre el crucero, un aspecto nuclear en la organización espacial y simbólica de estos edificios.

24 Recordemos que el gótico añade *la clave y la base de los grandes ventanales centrales.*

Capítulo V

El espacio interior sacro insiste en que alcemos la mirada al cielo

TRATAMIENTO SIMBÓLICO PARA EL DEAMBULATORIO

"Los mosaicos bizantinos no son solo físicamente inseparables de su marco arquitectónico, sino que su propia colocación se aprovecha de ese marco para establecer una jerarquía ceremonial de las partes básicas del escenario de la liturgia allí alojada y su tema proporciona a este teatro significados teológicos precisos."
Spiro Kostof

El deambulatorio permite rodear la cabecera, estableciendo una relación muy cercana con los símbolos situados en su escenario principal. Cabe suponer, pues, que la definición de sus formas y dimensiones no era un tema menor para el arquitecto. Su estructura debe colaborar al contrarresto de la bóveda de la cabecera y a la iluminación interior de esta parte del edificio, pero esos temas dejaban bastante margen de maniobra para la creatividad escenográfica.

En planta, la relación visual entre el deambulatorio y el ábside viene determinada, básicamente, por el grosor de las columnas o pilares de la arcada que comunica ambos espacios, y por la separación entre ellos. Con un mínimo de experiencia constructiva, ambas condiciones no suponen un problema importante, y en la inmensa mayoría de las arquitecturas que hemos visitado la transparencia horizontal entre deambulatorio y cabecera central es más que notable. Pero creemos que sería una ingenuidad pensar que un espacio tan importante determina su diseño por un criterio tan laxo como la transparencia en planta de su arcada, criterio que apenas condiciona de modo significativo las dimensiones básicas del deambulatorio.

Una cabecera semicircular rodeada por un corredor al que se suele adosar un rosario de capillas radiales, es un terreno muy fértil para la especulación geométrica, y muchos investigadores no se han conformado con proponer para su explicación las figuras y trazados más intuitivos, sino que han apostado por sofisticados polígonos y formas estrelladas, cuya dificultad de trazado sobre el terreno solo es superada por su nula sistematicidad. Nuestro interés está lejos del ejercicio formal de inventar ocurrencias, aparentemente ingeniosas, sobre lo que desconocemos, para seguir desconociendo. Por el contrario, las preguntas que van a guiar nuestros pasos son coherentes con las que nos han llevado hasta aquí: *¿de qué forma concreta se abordaban las cuestiones simbólicas en el deambulatorio?, ¿qué tipo de relación podemos reconocer entre él y el ábside central?*

I - DE NUEVO UN PANTOCRÁTOR ESTRUCTURA NUESTRA MIRADA

La anchura de la nave y la altura de su bóveda son las dimensiones nucleares del deambulatorio. La arcada del ábside queda determinada al fijar la posición de los pilares, las impostas y de las claves de sus arcos. La cabecera central aporta al juego relacional su achura y alzado. Tras todo lo analizado hasta estos momentos, y salvo sorpresa mayúscula, cabe suponer que buena parte de esos parámetros deben estar colegiados entre sí, pero *colegiados ¿respecto de qué fines?*

Para buscar respuesta al conjunto de preguntas que hemos acumulado sobre la estructura del deambulatorio, nada mejor que visitar ***Saint Sernin***, en ***Toulouse***, arquitectura que ya nos ha enseñado a observar con intención paradigmática el relato simbólico que articula la trama en alzado entre sus cinco naves longitudinales. *¿Extendió a su deambulatorio esa misma estrategia legitimadora?*

Entre 1.860 y 1.879 Violet le Duc llevó a cabo una importante reconstrucción del edificio, pero el dato más negativo para el estudio de su trama visual es el refuerzo que necesitaron los pilares del crucero para hacer frente al enorme peso de la torre que lo corona. Dado el importante papel que esos pilares juegan como apoyo tangencial para muy buena parte de la trama en planta, es fácil suponer la distorsión que puede provocar en la estructura visual del edificio una rectificación unilateral de su grosor, y tanto más cuanto más notable sea dicha rectificación. A pesar de esta dificultad, analizaremos la estructura de su deambulatorio animados por la presencia de un pantocrátor que preside su ábside, representación que siempre se ha mostrado muy generosa para ayudarnos a comprender las reglas de composición escenográfica que rigen la estructura espacial de estas arquitecturas.

SOLUCIÓN PARADIGMÁTICA

La capacidad visual del primer tramo del deambulatorio de Toulouse está condicionada por la mencionada rectificación del grosor de los pilares del crucero. Dejaremos, pues, su análisis para otras arquitecturas que hayan conservado mejor la estructura original.

En coherencia con los criterios observacionales utilizados en las naves laterales, la primera opción para avanzar hacia el interior del deambulatorio es hacerlo caminando sobre su *anchura media*. Si al alcanzar la línea de acceso al segundo tramo lineal –paralelo al presbiterio– alzamos la vista hacia la bóveda del ábside, lo observado es sorprendente por inesperado –¿seguro?–, impactante por su exquisita precisión, y rotundo por su tremenda coherencia con lo encontrado al analizar la estructura de las naves longitudinales. Sentimos desvelar la respues-

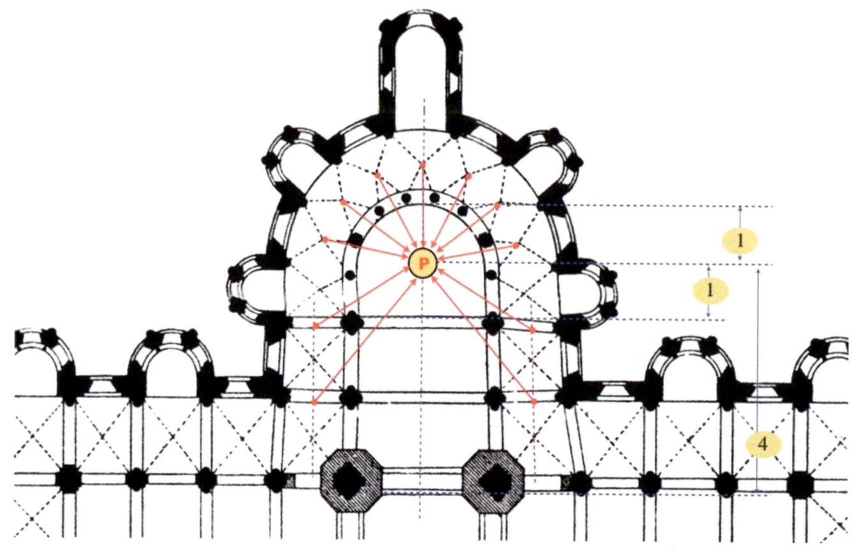

Croquis 1. Trama para el deambulatorio de Saint Sernin presentada sobre la planta elaborada por G. Dehio y G. Bezold en la que se puede apreciar el refuerzo de los pilares del crucero.

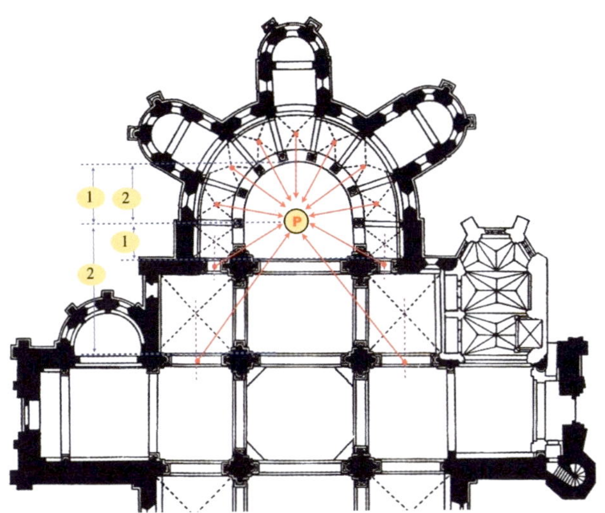

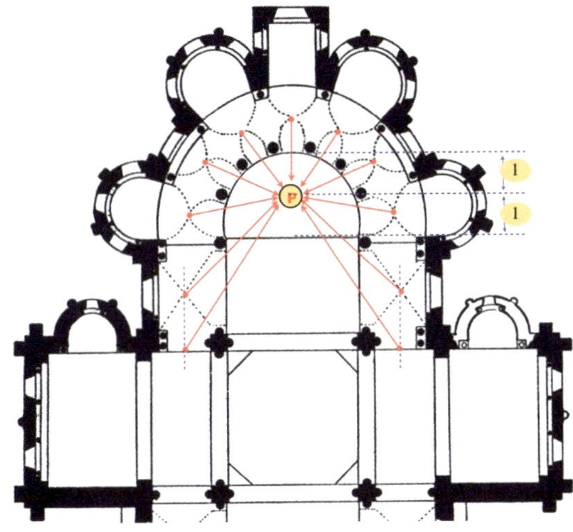

Croquis 2. Trama para los deambulatorios de Paray-le-Monial (izquierda) e Issoire (derecha). Construyen la misma solución paradigmática que Toulouse, añadiendo un primer apoyo en el punto medio del acceso al deambulatorio.

ta y privar al lector del inmenso placer de descubrirla personalmente sobre el terreno, pero la necesitamos para continuar con la explicación: perfilado contra la arcada del deambulatorio, *el pantocrátor nos observa*, esbozando una leve mueca de complicidad mientras parece susurrar en voz baja: *"en efecto, aquí estoy, una vez más, atento a tus pasos, y a la espera de reconocimiento"*. Las imágenes 1 y 2 lo muestran.

Turbador. Francamente turbador, pues su mirada nos acompaña a todo lo largo del deambulatorio, repitiendo sistemáticamente, y con extrema precisión constructiva, esa misma composición escenográfica desde todos los apoyos normalizados: en el tramo lineal que nos falta por recorrer, desde el *punto medio* de su línea de acceso, y en la parte anular, concéntrica al ábside, desde los *puntos centrales de cada tramo*, bajo sus respectivas claves de bóveda[1] (croquis 1)[2].

Acabamos de identificar la ***primera buena práctica proyectual*** *–la fundamental– encargada de asegurar de modo paradigmático* ***la mejor integración escenográfica del deambulatorio en el conjunto de la cabecera central,*** *buena práctica que insta al arquitecto a buscar una sintonía clara y precisa entre la secuencia de apoyos situados sobre la anchura media de los tramos que conforman el deambulatorio, y la referencia simbólica de mayor calidad en la bóveda del ábside, en este caso la mirada del pantocrátor.*

Una vez más, el juego entre *accesibilidad visual, seducción, sumisión y control* está servido, y se muestra determinante en el diseño del espacio sacro. La evidencia es tan clara, que no requiere más gasto de papel ni tóner.

RATIFICACIÓN A LA SOLUCIÓN PARADIGMÁTICA

Corroborar lo encontrado en Toulouse y detectar la riqueza de variantes que fueron capaces de generar, son los dos retos –a cuál más estimulante– que debemos abordar ahora.

Paray-le-Monial y ***Saint Austremoine d'Issoire*** responden a la primera situación: en ambas arquitecturas la mirada del pantocrátor también asume el papel de referencia para la trama que valida la estructura de sus respectivos deambulatorios, y los apoyos en planta los encontramos sobre la *anchura media* de los diferentes tramos que lo componen, incluido el *punto medio de la línea de acceso al primer tramo*, junto a la nave transversal (croquis 2).

1 En el tramo más profundo, un cuadro torpemente situado en su arcada casi ciega tan elaborado y sutil efecto. Es una muestra más de la pérdida de comprensión de los criterios de planificación escenográfica de estas arquitecturas.

2 Aunque difícil de observar por el deterioro de los correspondientes frescos, en Notre Dame La Grande, en Poitiers, encontramos una solución incluso más sorprendente que la de Toulouse, pues con siete apoyos similares –en la anchura media del deambulatorio– nuestra mirada puede percibir, simultáneamente, el pequeño pantocrátor representado en la bóveda del ábside y el de mayor tamaño presente en la cubierta del presbiterio. El esfuerzo observacional merece la pena, por la magnífica *solución* construida.

Imagen 1. Visual desde el punto medio de la línea de acceso al segundo tramo izquierdo del deambulatorio de Saint Sernin.

Imagen 2. Idéntica composición escenográfica, ahora desde el segundo tramo derecho del deambulatorio.

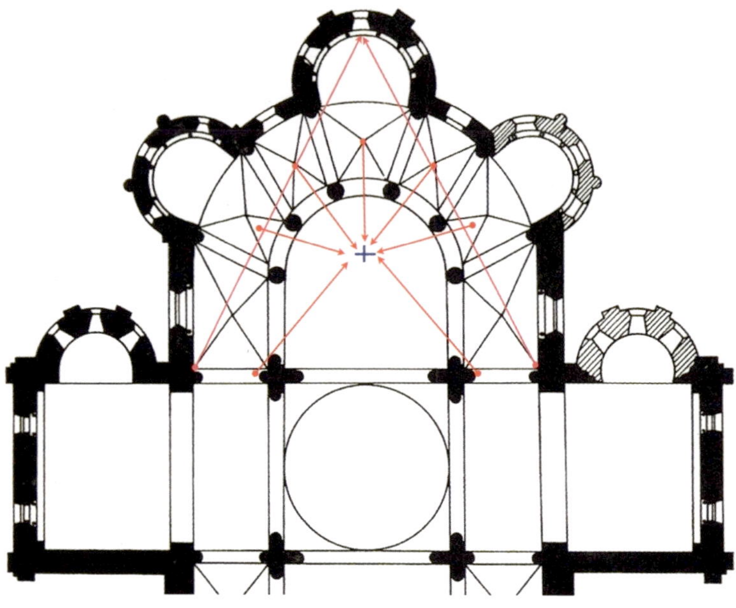

Croquis 3. Trama en Saint Étienne, en Nevers, con el primer apoyo situado junto a los pilares del crucero.

Cuando la bóveda esférica del ábside románico carece de pantocrátor la referencia es menos explícita, pero es bastante inmediato reconocer la *solución paradigmática* en arquitecturas tan importantes como Conques, Orcival, Le Dorat, Notre Dame du Port en Clermont Ferrant, y Saint Saturnin en Auvergne.

LA SOLUCIÓN PARADIGMÁTICA SE ENRIQUECE

Tampoco en el deambulatorio estamos ante una solución mecánica, única y obligatoria, sino ante un abanico de posibilidades que comparten similares implicaciones simbólicas. Por ejemplo, ***Saint Étienne***, en ***Nevers***, nos propone una variante de sumo interés, que tendremos oportunidad de encontrar en múltiples arquitecturas, especialmente en aquellas con una cabecera dotada de un notable presbiterio: los apoyos se sitúan sobre la *anchura media del deambulatorio* –como en los ejemplos anteriores–, pero en su *primer tramo* debemos situarnos *junto a los pilares del crucero*[3] (croquis 3).

Estamos ante una importante ***concreción de la primera buena práctica proyectual*** *para la mejor integración del deambulatorio, concreción que ofrece dos opciones para el primer apoyo: sobre el "punto medio de la línea de acceso", o "junto a los pilares del crucero".* Tendremos oportunidad de analizar excelentes ejemplos de ambas posibilidades, pero ya podemos adelantar que situar el apoyo "junto a los pilares del crucero" acostumbra a ser la construcción escenográfica más espectacular.

II – PAUTAS OBSERVACIONALES PARA EL DEAMBULATORIO, Y SOLUCIONES MODÉLICAS

Lo aprendido en los cuatro edificios que acabamos de visitar es suficiente para resumir las pautas observaciones que debemos seguir en las siguientes visitas:

** Los apoyos posicionales paradigmáticos se sitúan sobre la anchura media del deambulatorio, con dos opciones para su primer tramo: la anchura media de la línea de acceso, y junto a los pilares del crucero.

** Como apoyo tangencial más recurrente se utiliza el perfil de la arcada y sus claves.

** Como referencia simbólica son posibles tres opciones ajustadas a la forma de la cubierta del ábside: el rostro del pantocrátor, la confluencia de los nervios de la bóveda sobre la clave del arco de acceso al ábside, y la clave de la bóveda cuando la cubierta toma una forma estrellada.

3 Muy posiblemente este fuese el apoyo original en Toulouse.

La combinación de esas opciones va a generar todas las variantes que podremos encontrar. Renunciando de antemano a cualquier intento de exhaustividad, nos centraremos ahora en ilustrar las soluciones fundamentales, y algunos ejemplos interesantes por su especificidad. Los correspondientes croquis recogen, siempre con mucho cuidado, la posición de los apoyos, y a ellos remitimos, evitando así descripciones repetitivas y farragosas.

SOLUCIÓN MODÉLICA PARA UNA CABECERA NERVADA

Veruela y ***Moreruela*** son buenos ejemplos de esa estructura espacial. El croquis 4 detalla los apoyos utilizados en ambos casos, y la imagen 3 muestra el papel desempeñado en Veruela por *la clave del arco de acceso al ábside* como referencia simbólica para esta parte de la trama[4].

SOLUCIÓN MODÉLICA PARA UNA CABECERA ESTRELLADA

Altenberg y la catedral de ***Reims*** ejemplifican muy bien la *solución con referencia en la clave de la bóved*a estrellada del ábside y primer apoyo *junto a los pilares del crucero*. El croquis 5 muestra con detalle la posición de los restantes apoyos.

Las catedrales de Nevers, Bayona y ***Breda*** (imágenes 5 y 6) construyen esa misma escenografía.

Pontigny optó por situar el *primer apoyo sobre el punto medio de la línea de acceso al primer tramo*, con la visual buscando la estrellada clave de su ábside a través de la primera arcada del deambulatorio. Su arquitecto le dio una anchura mucho mayor que a las restantes, generando una solución poco arriesgada y con escasa tensión escenográfica.

Para su catedral, ***Auxerre*** optó por esos mismos apoyos (croquis 6), pero la visual desde la *anchura media* de la línea de acceso alcanza la clave del ábside a través de la *¡¡segunda arcada!!*, y lo hace con una precisión verdaderamente desconcertante (imágenes 7 y 8). *¿Cuántas magnitudes deben colegiar sus dimensiones para conseguirlo?, ¿cómo asegurar que durante la obra no se estrangulase el estrecho espacio entre ambas arcadas, permitiendo el paso de esta visual?* Sencillamente magistral. Y a pesar de su enorme complejidad, es una solución de amplio recorrido: por ejemplo, también la podemos encontrar en las catedrales de ***Canterbury***, Colonia[5], ***Uppsala*** y Burdeos.

La catedral de ***Auch*** es un caso muy meritorio, pues el primer tramo de su notable deambulatorio, además de la visual desde *los pilares del crucero,* sumó una segunda visual para su primer tramo con apoyo *bajo su clave de bóveda,* trazado que repite en los restantes tramos, tanto lineales como anulares[6] (croquis 6).

III – CUANDO EL ESPACIO SE HACE MÁS IMPOSITIVO

La extrema sistematicidad y elegancia de las tramas que estamos encontrando, se acompaña en algunas ocasiones de especificidades muy interesantes. Por ejemplo, *¿cómo responde la trama ante el deseo de mayor capacidad impositiva sobre el conjunto del deambulatorio?*

LOS APOYOS POSICIONALES SE DESPLAZAN HACIA EL MURO PERIMETRAL

La catedral de ***Rouen*** se ajusta bien a esa situación. Su arquitecto coordinó las dimensiones de la cabecera para que la clave del ábside "*viese y pudiese ser vista*" desde el eje central de los cuatro primeros tramos del deambulatorio (croquis 7 izquierdo). Pero en el último tramo lineal y en todos los tramos anulares, los *apoyos se desplazan más allá de la anchura media, acercándose al muro perimetral.* La accesibilidad visual se ha ampliado, hasta alcanzar las posiciones más periféricas, y la práctica totalidad de la anchura de la parte anular del deambulatorio queda bajo el juego de *seducción y control respecto de la clave del ábside* (imagen 9).

La catedral de ***Coutances*** lleva esta solución un poco más lejos, y en la parte anular *todos los apoyos alcanzan con rigor el perfil exterior del correspondiente tramo* (croquis 7 derecho), culminando así el proceso de centri-

4 A destacar que se trata de una solución similar a la que hemos encontrado en otras partes de la trama, cuando el ábside se cubre con una bóveda nervada.

5 Muy clara desde el acceso al deambulatorio por su derecha, pero el mobiliario impide su ratificación en el lado izquierdo.

6 El pilar derecho del crucero está rodeado de mobiliario, lo que no permite situarse en la posición adecuada, pero junto al pilar izquierdo, la visual a la clave del ábside es de una precisión muy notable.

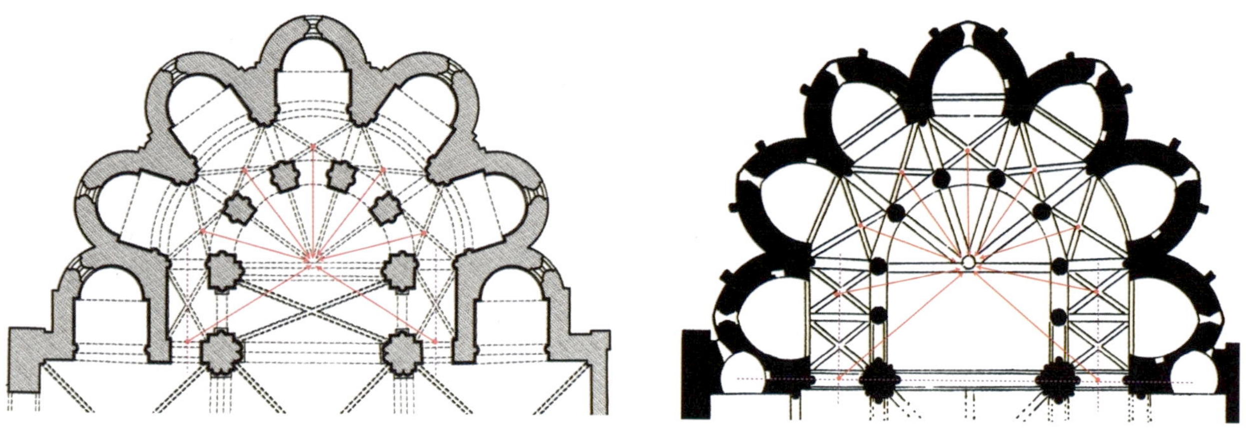

Croquis 4. Izquierda: trama visual para el deambulatorio de Veruela, representada sobre una planta de L. Giménez. Derecha: trama similar en Moreruela, sobre una planta de Gómez Moreno. En ambos casos los apoyos se sitúan sobre el punto medio de la línea de acceso al primer tramo, y sobre el punto central de los restantes tramos.

Imagen 3. Desde la anchura media de la línea de acceso, por la derecha, al deambulatorio de Veruela: visual a la clave del arco de acceso al ábside y a la del propio ábside.

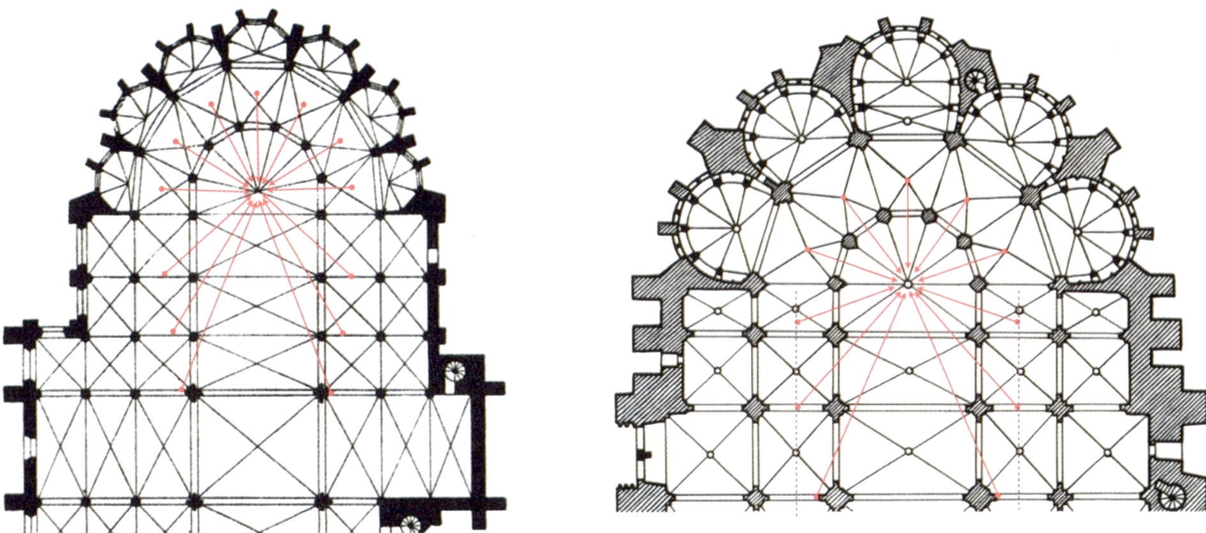

Croquis 5. Trama para los deambulatorios de Altenberg (izquierda) y Reims (derecha).

Imagen 4. Deambulatorio de Altenberg. Situados junto al pilar izquierdo del crucero, visual a la clave del ábside. Destaca el efecto "subrayado" generado por el capitel de la primera columna de la arcada.

Imagen 5. Visual a la clave del ábside desde la posición junto al pilar izquierdo del crucero de Breda.

Imagen 6. Visual a la clave del ábside desde el pilar derecho del crucero de Breda.

Imagen 7. Visual desde el punto medio de la línea de acceso, por la izquierda, al deambulatorio de Auxerre, con la clave del ábside enmarcada entre el primer pilar del deambulatorio y la arcada del segundo tramo.

Imagen 8. Similar composición escenográfica, ahora desde el punto medio de la línea de acceso, por la derecha, al deambulatorio de Auxerre.

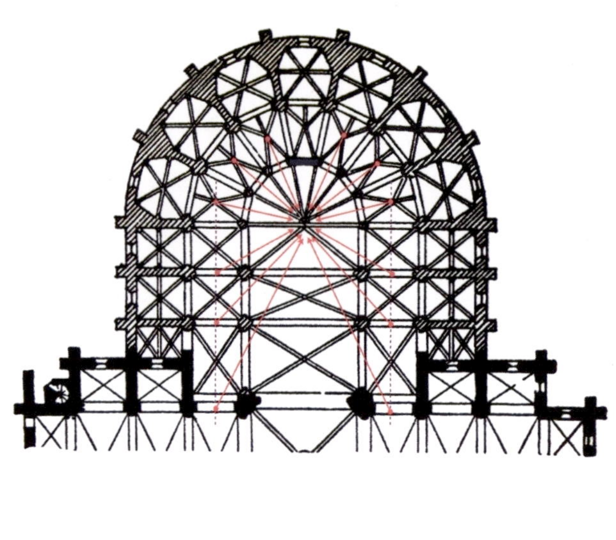

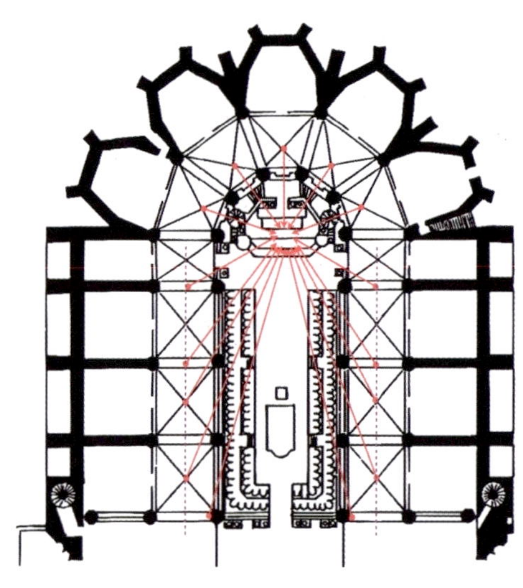

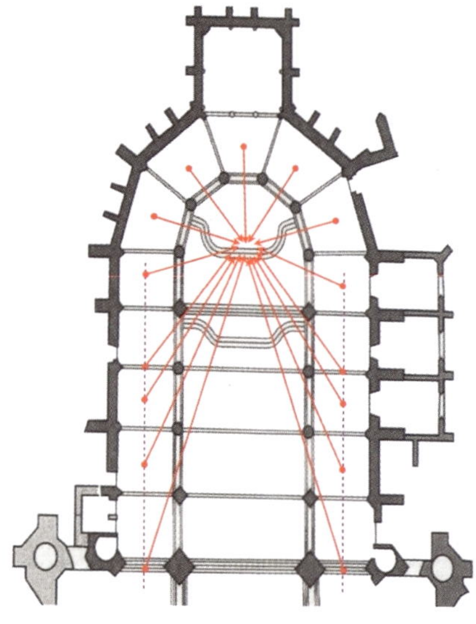

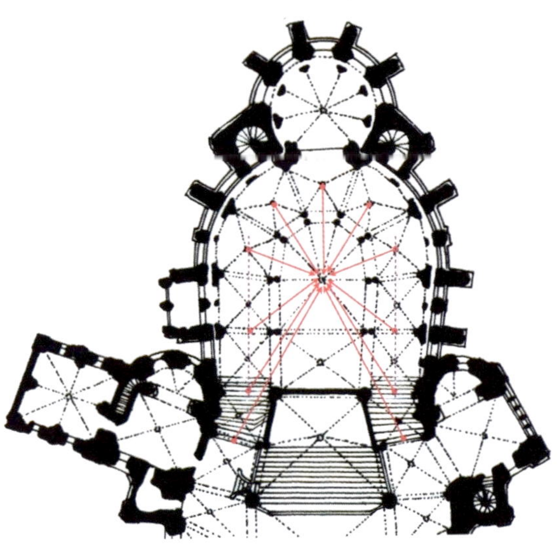

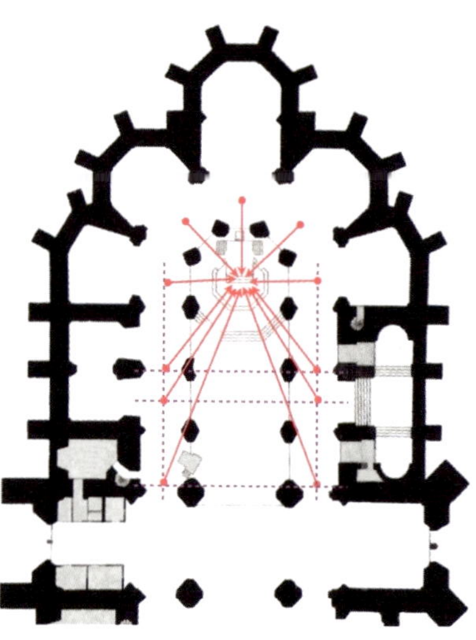

Croquis 6. Trama escenográfica para el deambulatorio. De arriba abajo y de izquierda a derecha: Pontigny, Auch, Auxerre, Canterbury y Uppsala.

Imagen 9. Catedral de Rouen. La clave del ábside aparece enmarcada entre los dos primeros pilares de la arcada del deambulatorio, cuando la observamos desde el punto medio de la línea de acceso, por la derecha.

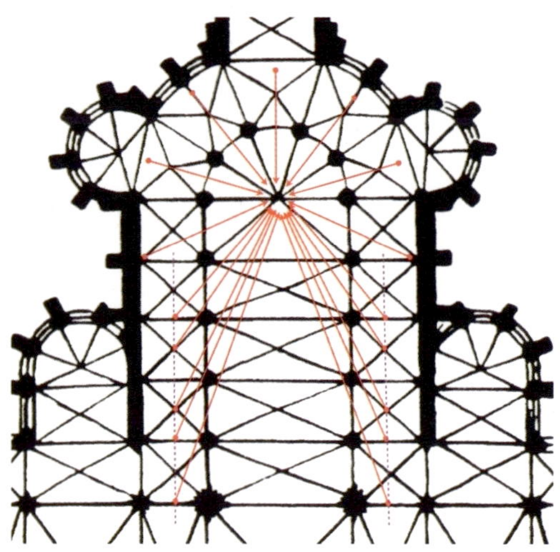

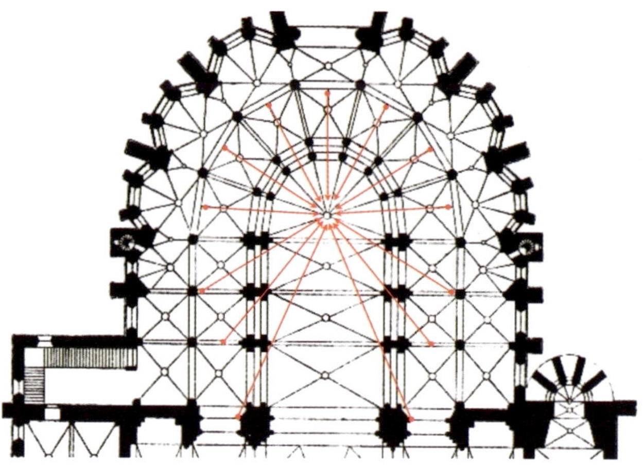

Croquis 7. Trama visual para el deambulatorio de Rouen
(izquierda) y Coutances (derecha).

fugación, desde la paradigmática "*anchura media*" hasta la nueva opción "*junto al muro perimetral*", apoyo que, recordémoslo, también es la segunda opción más utilizada por la trama en alzado entre naves longitudinales. Se trata, pues, de un gesto de extrema coherencia proyectual[7].

El anillo perimetral formado por las naves laterales y el deambulatorio de ***Santa Maria del Mar***, en ***Barcelona***, posee un alzado muy cercano al de la nave central y al de la cabecera. Si a ello sumamos unos pilares bastante estilizados y unos arcos formeros muy cercanos a las cubiertas, la sensación de transparencia y unidad volumétrica del conjunto del espacio interior se hace muy notable.

Incluso en estas condiciones, su arquitecto no renunció al protagonismo más impositivo de la clave del ábside sobre el deambulatorio, y para conseguirlo aplicó una solución muy cercana a la construida por Coutances, pero con una especificidad muy interesante: situados *junto al muro perimetral* del deambulatorio, las claves de la arcada quedan "muy por encima" de la clave del ábside, no estableciendo con ella una relación visual precisa en los términos exigidos por la trama (croquis 8). Pero una mirada atenta, inmediatamente detecta que *las impostas de los pilares de la arcada sí la establecen, enmarcando la clave del ábside y alineándose con su diámetro*. Estamos ante un espectacular *efecto "subrayado"*, por alineación (imagen 10).

Ahora sí hemos detectado un trazado simbólicamente contundente –y constructivamente preciso–, coherente con la metodología de trabajo de la trama: ante el desmesurado alzado de la clave de la arcada, Berenguer de Montagut –su arquitecto– recurrió al segundo apoyo tangencial válido según el código de *buenas prácticas* para el tratamiento de los alzados: *las impostas de los pilares de la arcada*, cuya posición no está en este caso condicionada por ningún otro compromiso constructivo, lo que les deja amplia disposición para participar en este efecto simbólico, muy explícito para cualquier pícara mirada.

El duomo de ***Milán***, construido medio siglo más tarde, definió una solución muy similar para su deambulatorio: desde el perfil exterior, junto al muro periférico, la visual a la clave de bóveda del ábside se apoya tangencialmente en el perfil superior de los voluminosos bulbos que adornan los pilares de su arcada (croquis 8 derecho).

La anchura media del deambulatorio y la clave de la arcada son los apoyos posicionales y tangenciales más recurrentes, pero acabamos de encontrar que el perfil perimetral del deambulatorio y las impostas de la arcada también pueden asumir, de modo colegiado, un papel de primer rango y de la máxima espectacularidad. Barcelona y Milán amplían así las opciones válidas para la mejor integración visual del deambulatorio.

7 La catedral de Olorón construye esa misma solución para el deambulatorio de su breve cabecera.

Imagen 10. Visual desde el perfil exterior del tramo más profundo del deambulatorio de Santa Maria del Mar. A destacar la precisión del encuadre y alineación de la clave del ábside con el perfil tangencial de las impostas anulares de los pilares.

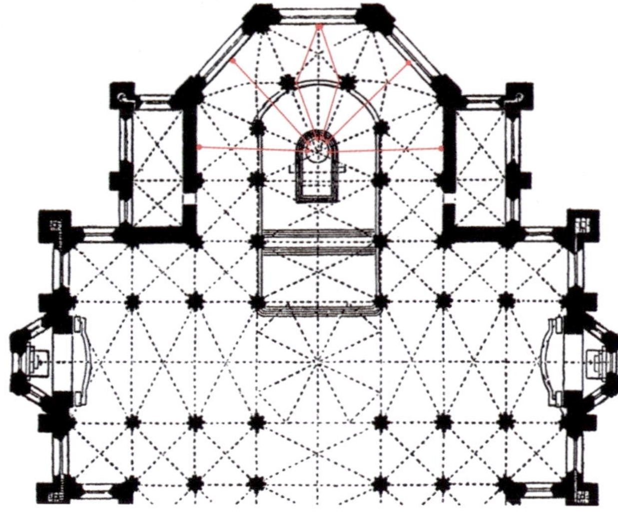

Croquis 8. Trama visual para el deambulatorio con todos los apoyos posicionales situados sobre el perfil exterior del deambulatorio. Izquierda: Santa Maria del Mar (planta tomada de M. Cornet i Mas). Derecha: el duomo de Milán (planta tomada de N. Hiscock).

IV – EL DEAMBULATORIO DUPLICA SUS NAVES

De modo similar a lo que ocurre con las naves laterales dobles, cuando el deambulatorio se dota de una segunda nave concéntrica, la dificultad para su integración visual se complica, y en muchas ocasiones esa segunda nave deambular queda ciega en su relación con la clave del ábside. Tratándose de arquitecturas escenográficas, no parece esa una opción de calidad, y lo sorprendente es que ocurre incluso en edificios de primer rango institucional, tan significados como Saint Denis o las catedrales de París y Chartres.

Un caso mejor resuelto lo encontramos en la catedral de ***Bourges*** (croquis 9), cuyo doble deambulatorio está integrado por cuatro tramos lineales y cinco anulares. La respuesta del arquitecto ante el reto de dotar a este espacio de un relato simbólico fue muy clara: situó el primer apoyo en la posición más espectacular *–junto a los pilares del crucero–*, y en los siguientes tramos lineales lo desplazó hacia el exterior, hasta alcanzar en el último tramo lineal la *periferia de la primera nave*. Hasta aquí, nada nuevo. Pero en los tramos circulares siguió desplazando los apoyos hasta acercarlos a la *anchura media de la segunda nave,* aunque sin alcanzarla rigurosamente, logrando así su *integración parcial* en la relación con la clave del ábside (imagen 11).

La catedral de ***Le Mans*** construyó una solución mucho más ambiciosa, pues a la normativa relación con la clave del ábside añadió una segunda visual desde el perfil exterior de los pilares intermedios de su doble deambulatorio, visual que busca *¡¡la clave de bóveda del tramo frontal de la primera nave deambular!!*, con apoyo tangencial en la clave de la arcada interna al deambulatorio (croquis 9 derecho e imagen 12).

Le Mans se dotó así de un doble mecanismo simbólico: el tradicional, focalizado sobre la clave del ábside, y uno específico para los tramos semicirculares del deambulatorio, con referencia en las claves de la primera nave. Si recordamos las soluciones en alzado que construyen entre sí las dobles naves laterales de Bourges, Toledo, Milán y San Paolo f.l.m. (capítulo IV, págs. 136 a 141), es inmediato reconocer su similitud con lo que acabamos de encontrar para el deambulatorio de Le Mans. Estamos ante un nuevo gesto de extrema coherencia proyectual y escenográfica, que refuerza su mutua intencionalidad y rigor.

Imagen 11. Visual desde el centro del tramo más profundo de la segunda nave del deambulatorio de Bourges, a la clave del ábside.

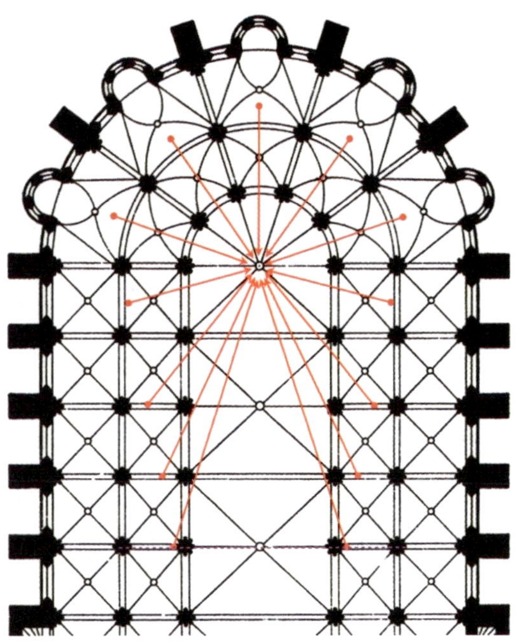
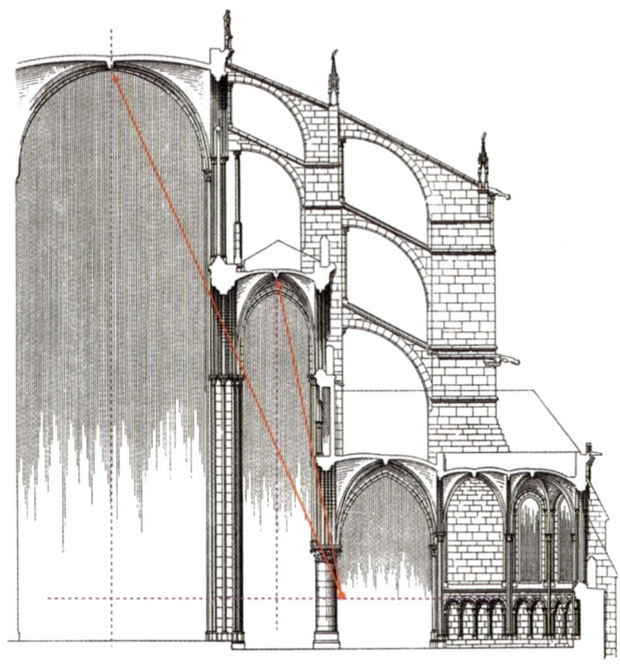

Croquis 9. Izquierda: trama para el deambulatorio de Bourges. Derecha: doble visual a las claves del ábside y de la primera nave deambular en los tramos semicirculares del deambulatorio de Le Mans. Planta y sección de G. Dehio y G. Bezold.

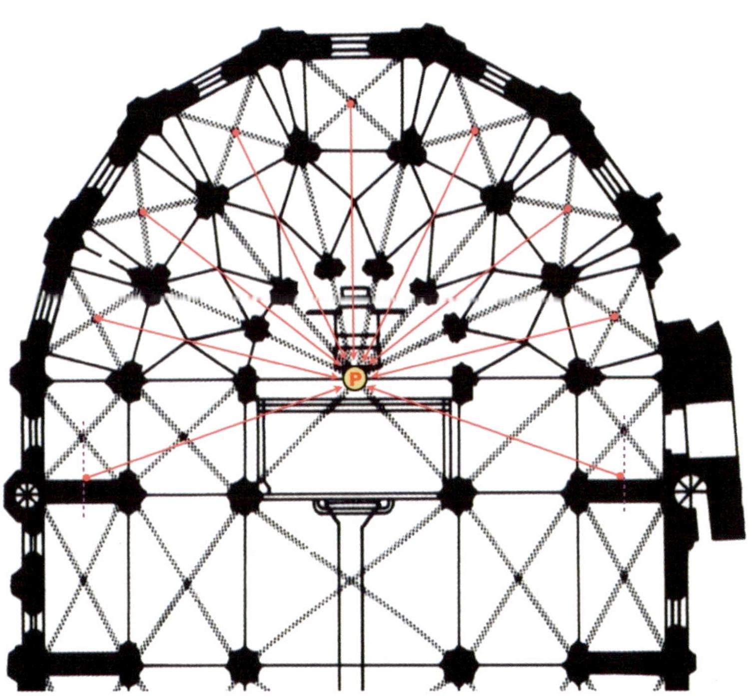

Croquis 10. Trama para el doble deambulatorio de la catedral de Tortosa.

Imagen 12. Doble visual desde el perfil exterior de los pilares entre naves del deambulatorio, en el primer tramo circular derecho de Le Mans: a la clave del ábside y a la del correspondiente tramo en la primera nave deambular.

Imagen 13. Desde el centro de la segunda nave del deambulatorio de Tortosa, en su tramo más profundo, la arcada de la cabecera enmarca la clave del ábside, y su diámetro se alinea con el perfil tangencial de la imposta. La clave de la arcada entre naves del deambulatorio también se alinea con la clave de la bóveda de la primera nave. Excepcional.

SOLUCIÓN PARADIGMÁTICA PARA UN DEAMBULATORIO DOBLE

En la catedral de ***Tortosa*** encontramos una solución todavía mejor resuelta, que nos atrevemos a calificar de *paradigmática para un deambulatorio de doble cuerpo*, tanto por su excelencia escenográfica, como por su precisión constructiva (croquis 10). Si el arquitecto de Le Mans centrifugó los apoyos hasta el perfil exterior de los pilares de la parte anular del deambulatorio, y el de Bourges los acercó al eje central de la segunda nave, Bernat Dalguaire consiguió en Tortosa alcanzar rigurosamente *el punto medio de la segunda nave deambular*, y desde ese apoyo construyó la misma *¡¡¡doble solución simbólica!!!* que Le Mans, pero con una escenografía incluso más rotunda: tal como muestra la imagen 13, la arcada del ábside *enmarca y subraya* –por alineación– la llamativa clave de su ábside, recordando el efecto observado en Santa Maria del Mar[8]. En paralelo, la clave de la arcada entre las naves del deambulatorio señala, con precisión constructiva, la clave de bóveda del tramo frontal de la primera nave. ¡¡¡Sencillamente magistral!!!

Las tres arquitecturas que acabamos de presentar –Bourges, Le Mans y Tortosa– ejemplifican muy bien *la* ***segunda buena práctica proyectual*** *para la mejor integración visual del deambulatorio, aquella que estimula al arquitecto a dotarlo de una segunda nave, y definir en ella la secuencia de apoyos capaces de generar una relación clara y precisa con la clave del ábside. El objetivo óptimo es que esos apoyos alcancen la anchura media de la segunda nave, y un objetivo excepcional es conseguir una segunda relación visual con la clave de bóveda del tramo frontal de la primera nave deambular. En ese caso, el relato simbólico alcanza niveles escenográficos insuperables.*

La dificultad de proyectar correctamente –en términos de la trama escenográfica– un deambulatorio con doble cuerpo es tal, que son muy pocas las arquitecturas que lograron dotarse de un espacio de esas características, resuelto con alguna relación simbólica de interés para la segunda nave.

V – PERO LAS SOLUCIONES NO FUERON SIEMPRE TAN CONSISTENTES

El deambulatorio es un espacio muy especializado y de incorporación algo tardía a la arquitectura sacra de disciplina cristiana, pues no formaba parte de la estructura basilical de tradición romana que sirvió de modelo a los templos fundacionales de la nueva religión. En consecuencia, fue necesario madurar su trama, y en ese proceso encontramos soluciones muy limitadas. Sant Pere de Rodes es un ejemplo: el enorme grosor del muro que rodea el ábside y la baja altura de sus aberturas, ciega la observación de la bóveda de su ábside desde el deambulatorio. Vignory es otro caso fallido: en la parte semicircular de su deambulatorio solo establece relación con el cenit de la bóveda desde una posición imprecisa muy cercana al ábside, que no parece asociada a una *marca constructiva* clara.

SOLUCIONES CON APOYO JUNTO A LA ARCADA

Una arquitectura tan destacada como Vézelay también resolvió el tema con muchas limitaciones, pues, tanto en los tramos lineales como en la parte semicircular, nos debemos arrimar a la arcada de la cabecera para que nuestra mirada pueda acceder hasta la clave de su ábside. El resto de la anchura del deambulatorio queda fuera de esa relación.

En arquitecturas de primer renombre como Saint Benoit-sur-Loire, Saint Denis, Saint Étienne en Caen, o en catedrales tan notables como Noyon, París, Chartres, Beaune, Bayeux, Evreux, Gent, Bruselas, Magdeburger y Amberes también encontramos situaciones poco brillantes, con los apoyos posicionales siempre muy próximos a la arcada del ábside, y sin valor normativo. En general, son soluciones muy alejadas de la brillantez de los restantes aspectos de sus tramas visuales.

SOLUCIONES CON ALGUNOS TRAMOS CIEGOS

En algunos deambulatorios serviciales a cabeceras muy profundas podemos encontrar otra importante limitación: los tramos iniciales, los más cercanos a la nave transversal, pueden tener serios problemas para relacionarse con la clave del ábside. Es el caso de la catedral de ***Peterborough***, cuyo arquitecto no logró que los dos primeros tramos lineales participasen de una relación directa con el pantocrátor que preside su ábside. Pero en los restantes tramos la solución construida es brillante. Las imágenes 15 y 16 lo atestiguan. En la catedral de ***Sens***

8 Sus obras habían comenzado pocos años antes.

encontramos una situación similar (croquis 11), con el tercer tramo ya activo, buscando en este caso la clave del ábside (imagen 14), también con apoyo junto al pilar de la arcada.

Doscientos años más tarde la catedral de ***Praga*** repitió similar limitación: los dos primeros tramos lineales son ciegos respecto de la clave del ábside, y en los restantes tramos el apoyo se sitúa *junto a los pilares de la arcada*. Solo en la parte semicircular consigue alcanzar la línea de anchura media del deambulatorio.

Las catedrales de ***Troyes*** y ***Soissons*** presentan una situación cercana (croquis 11), pero mejor resuelta, pues solo el primer tramo es "ciego". El primer apoyo activo lo podemos reconocer junto a la columna de la arcada que da paso al segundo tramo. Si avanzamos hacia el fondo del deambulatorio la accesibilidad visual gana enteros, y amplía su capacidad de acción hasta situar los apoyos en la anchura media de los restantes tramos.

Para quien visite Sens, Soissons o Troyes le proponemos un pequeño ejercicio observacional: en los dos primeros tramos lineales de sus respectivos deambulatorios *¿es posible reconocer otras referencias significativas que puedan paliar, en parte, su déficit de relación con la clave del ábside?*

Croquis 11. Trama visual para el deambulatorio de las catedrales de Sens (arriba izquierda), Praga (arriba derecha), Troyes (abajo izquierda) y Soissons (abajo derecha).

Imagen 14. Las generosas dimensiones del ábaco del capitel de la arcada de la catedral de Sens son esenciales para "subrayar" la clave del ábside cuando la observamos desde el pilar de paso al tercer tramo del deambulatorio.

Imagen 15. Catedral de Peterborough. Los dos primeros tramos de su deambulatorio son ciegos respecto del pantocrátor, pero situados junto al segundo pilar (el tercero si incluimos el del crucero) podemos observar está excelente composición.

Imagen 16. Lo mismo ocurre en el lado derecho del deambulatorio: situados junto al segundo pilar de la arcada, los criterios de seducción y control recuperan su protagonismo hegemónico y nos acercan a lo observado en Saint Sernin. Excelente

Finalmente cabe señalar el caso extremo de Orleans, en cuyo deambulatorio, los cuatro primeros tramos lineales son inactivos sobre la clave del ábside. Para los restantes tramos, los apoyos se sitúan muy cerca de la arcada, lejos de las posiciones paradigmáticas. No es esta la parte más brillante ni mejor resuelta de su trama.

VI – A MODO DE RESUMEN

En este capítulo tampoco hemos tenido voluntad de analizar la posible evolución de la trama visual, y el orden de presentación de los diferentes proyectos sólo ha respondido a criterios de creciente complejidad espacial, con especial atención a las propuestas con mayor valor compositivo, rigor constructivo y espectacularidad escenográfica. Pero también hemos creído oportuno señalar algunos casos fallidos, pues creemos que destacan el gran mérito de aquellos proyectos que lograron superar la tremenda dificultad de cuadrar la tupida red de relaciones visuales en planta y alzado que hemos detectado, con apoyos y referencias imbricadas y compartidas con otras partes de la trama.

Para finalizar este capítulo visitaremos la catedral de ***Amiens***. Tal como muestra el croquis 12, en la parte anular de su deambulatorio los apoyos se sitúan bajo la clave de bóveda de cada tramo, mientras que en la parte lineal se aproximan a la arcada del ábside, tanto, que en el segundo y tercer tramo se emplazan *junto a los pilares de la arcada*.

Desde la posición *junto a los pilares del crucero* su arquitecto no consiguió alcanzar la clave del ábside, pero sí lo hizo desde la *anchura media de la línea de acceso*. Las imágenes 17 y 18 son una invitación a gozar, sobre el terreno, de la nitidez constructiva y de la espectacularidad escenográfica de esa solución. Excelente, pues, el proyecto para Amiens. Pero los mejores arquitectos siempre sorprenden con algún regalo muy gratificante: si nos situamos *junto a los pilares del crucero*, no alcanzamos la clave del ábside, pero podemos observar, con exquisita precisión, *¡¡la clave de bóveda del último tramo del presbiterio!!*, visual que se refuerza con un notable *efecto "subrayado"* a cargo de las impostas del primer pilar exento de la arcada.

Para avanzar de forma ordenada en la presentación de las arquitecturas analizadas a lo largo de este capítulo no hemos señalado la presencia de esta solución –aunque acabamos de invitar a reconocerla al visitar Sens, Soissons y Troyes–, pero se trata de un recurso bastante frecuente, especialmente en las cabeceras más profundas y complejas, como Reims o Beauvais[9].

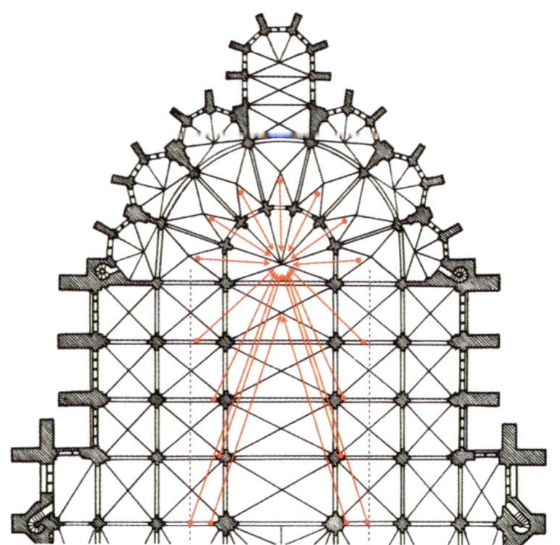

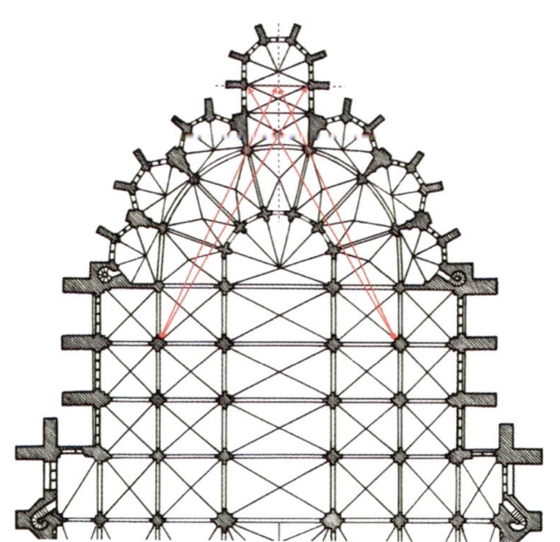

Croquis 12. Izquierda: trama visual para el deambulatorio de Amiens. Derecha: trama visual para su capilla axial. Planta tomada de L. Grodecki.

9 Cuando desde las naves longitudinales laterales, no podemos alcanzar la línea de acceso al ábside, también se suele aplicar esta solución.

Antes de finalizar la visita, Amiens todavía nos ofrece otro grato momento: tal como muestra el croquis 12 derecho, si nos apoyamos en el pilar periférico que señala el inicio del último tramo lineal del deambulatorio, es fácil detectar una relación muy precisa con dos puntos constructivos esenciales en la configuración espacial de su capilla axial, en concreto con los extremos y el punto medio de la línea de acceso a su pequeño ábside[10]. Esta línea gana protagonismo cuando nos preguntamos por la *partición* asociada al *eje visual* en la nave, y encontramos que, si la tomamos como referencia de cierre del espacio interior –129 metros en cifras redondas hasta el paño interior del muro al pie de la nave–, una *partición* tan habitual, simple y elegante como "2 a 1" a favor de la cabecera sitúa la posición del *eje visual* con un margen de error inferior al 0,5%. Fascinante la habilidad de sus constructores. Estamos en una arquitectura para los grandes fastos y pompas de la monarquía francesa, y se nota el altísimo grado de elaboración de su proyecto y el cuidado extremo puesto en todos y cada uno de sus detalles.

IMPLICACIONES MÉTRICAS DE LAS BUENAS PRÁCTICAS PROYECTUALES PARA EL DEAMBULATORIO

El juego escenográfico que hemos encontrado en este capítulo requiere de unas reglas de composición muy precisas, que relacionan la anchura del deambulatorio con la del ábside, y el alzado del observador con la altura del pantocrátor o de la clave del ábside. De modo muy similar a lo ocurrido cuando desde las naves laterales hemos observado la cubierta de la nave central, la posición de los capiteles y de las claves de la arcada son los elementos mediadores en esa relación.

No es complicado suponer cómo se podía ajustar esta situación sobre el terreno. Lo más difícil, como siempre, es imaginarla y hacerla compatible con el resto de la trama, con las necesidades resistentes de la cabecera, con la iluminación interior, con las posibles capillas radiales, con el atractivo plástico requerido por toda cabecera sacra, ...

Resulta muy grato comprobar los esfuerzos movilizados para buscar soluciones concretas a los múltiples problemas que genera la riqueza espacial de estos edificios, pero todavía lo es más cuando constatamos la gran *economía en los recursos puestos en juego para conseguirlas*. En este caso, destaca la *coherencia entre las soluciones que acabamos de encontrar para el deambulatorio y las construidas para las naves laterales*: similares apoyos posicionales –anchura media como opción más frecuente, y muro perimetral como segunda posibilidad–, idénticos apoyos tangenciales –predominio de la clave de la arcada, con las impostas del pilar *subrayando* el efecto escenográfico–, y mismas referencias –en concreto, las de mayor carga simbólica: el pantocrátor, la clave de bóveda y la línea de máximo alzado–.

La similitud de las soluciones paradigmáticas para las naves laterales y para el deambulatorio genera una situación extraordinaria: en una arquitectura que incorpore un anillo perimetral completo –es decir, naves laterales longitudinales, naves transversales auxiliares y deambulatorio–, si construye las soluciones paradigmáticas en todos esos espacios, un visitante que camine sobre la anchura media del anillo perimetral siempre estará bajo la guía y tutela de la línea de máximo alzado de las naves centrales. Cuando alcance el deambulatorio pasará a depender del mismísimo pantocrátor –o en su transfiguración en clave del ábside–. Al margen de su voluntad y consciencia, el propio espacio construido le sitúa bajo el control del máximo alzado del núcleo cruciforme, incluido el ábside central[11]. Excelente cristalización en piedra de la obsesiva voluntad tutelar que el doctrinario cristiano atribuye al todopoderoso que habita en lo más alto de la bóveda celeste.

Una vez más encontramos que las anotaciones geométricas de la libreta de Villard de Honnecourt pueden mostrar el *cómo* de las formas y dimensiones del espacio interior sacro, pero su *porqué* lo debemos buscar en la ideología que valida las formas realmente construidas.

Es el caso de las catedrales de Soissons, Chartres, Amberes y Reims; Saint Germain de Prés, y la Grote Kerk de Breda. No la hemos mencionado en el Capítulo III para poder centrar los comentarios sobre las soluciones y recursos más frecuentes de la trama, evitando extremar la complejidad de la casuística presentada.

10 El croquis 3 recoge una situación muy similar en Saint Étienne, en Nevers.

11 Excepto de la cúpula sobre el crucero, espacio cuyo análisis abordaremos dentro de dos capítulos.

Imagen 17. Desde el punto medio de la línea de acceso por la izquierda al deambulatorio, visual a la clave del ábside de Amiens a través de la arcada del segundo tramo.

Imagen 18. Similar composición escenográfica, ahora desde el punto medio de la línea de acceso por la derecha al deambulatorio de Amiens.

Capítulo VI

A imagen y semejanza del todopoderoso

DE CÓMO UNA ARCADA CONTINUA MATERIALIZA EL DON DE LA UBICUIDAD

"En un edificio del siglo XIII todo es lógico. ¿Qué quiere decir esto? No que las iglesias sean un puro teorema, sino que todas sus partes concuerdan una con otra."
Henri Focillon

Hemos comenzado este trabajo estudiando la estructura del núcleo cruciforme del espacio sacro, y un educativo pantocrátor nos ha guiado en la identificación de los criterios de *optimización visual* encargados de asegurar la mejor relación escenográfica entre sus espacios parciales –nave, brazos, crucero y cabecera–. Unas pocas *leyes fuertes de obligado cumplimiento* se han mostrado suficientes para asegurar los mecanismos *de seducción y control.* Después hemos podido comprobar que, cuando el espacio cruciforme se rodea de unas naves laterales y de un deambulatorio, la *optimización* se extiende a la totalidad del espacio interior, y una amplia colección de *buenas prácticas proyectuales* estimula voluntades y señala caminos y objetivos para el mayor enriquecimiento de la *calidad simbólica del espacio volumétrico.*

Si a ello sumamos el eficaz *papel constructivo* asumido por la *trama visual,* y las excelentes posibilidades que ofrece para el ágil *seguimiento de la obra*, tenemos el abanico completo de las motivaciones que, a nuestro juicio, justifican plenamente la solidez, coherencia, y perdurabilidad de este quehacer arquitectónico.

Desde la primera visita a Barberà hemos avanzado mucho en la comprensión del papel que juegan los objetivos ideológicos en la definición de la composición espacial de estas arquitecturas, acercándonos a los ***porqués*** de sus formas y dimensiones. Pero nos quedan importantes dudas que no deseamos obviar: en las arquitecturas cruciformes cerradas por un muro perimetral continuo, una quincena de puntos es suficiente para definir el perfil íntegro de la planta del edificio[1], y hemos comprobado reiteradamente que los *ejes visual y de control* son suficientes para determinar la posición de todos ellos sobre el terreno. Una vez fijada, el muro corrido que las une conforma la estructura perimetral íntegra del edificio, dejando escaso margen para la ambigüedad o el error. Pero esa situación es mucho más débil e insatisfactoria cuando nos interesamos por las arquitecturas de mayor complejidad espacial. Por ejemplo, y como caso extremo, el perfil del espacio cruciforme central de la catedral de Compostela está delimitado por una arcada continua integrada por 61 pilares exentos –confiamos en haberlos contado todos–, que se extiende a lo largo del perímetro de las naves central y transversal, del presbiterio y del ábside. Cuando los proyectos alcanzan ese grado de complejidad, el número de puntos fijados por los *ejes visual y de control* representa una parte porcentual muy pequeña del total de la estructura, por incremento de la estructura.

1 La profundidad máxima del ábside y de los absidiolos, los extremos de la línea que separa el presbiterio y el ábside, los cuatro vértices del crucero, otros tantos en los extremos de los brazos, y los dos vértices anteriores de la nave.

En esas condiciones *¿qué criterios podía utilizar el arquitecto para situar la posición de los pilares no determinada de modo explícito por la trama cruciforme?* Esa arcada continua, *¿está conformada por un agregado de sucesivas arcadas, cada una de ellas definida solo en función del espacio concreto que delimita, o se trata de una arcada continua, planificada globalmente, que tiene muy presente el conjunto del espacio que entre todas ellas definen? ¿Qué confiere carácter unitario al espacio que encierran? ¿Hay algunos criterios objetivos que construyan "unidad espacial", o todo se apuesta a la intuición y subjetividad del arquitecto?* Estamos ante una verdadera catarata de dudas, a cuál de mayor envergadura e interés.

I – TRAMA VISUAL PARA LA CABECERA, MÁS ALLÁ DEL EJE DE CONTROL

No partimos de cero para abordar estas cuestiones, pues la trama en alzado entre naves ya nos ha enseñado algunos criterios sobre la mejor posición que las impostas, capiteles y clave de los arcos formeros de la arcada deben adoptar para cumplir su papel como apoyos tangenciales de las visuales en alzado. Pero esos criterios no determinan la estructura completa de la arcada: por ejemplo, no dicen nada preciso sobre la distancia entre pilares.

Para obtener respuesta a las dudas anteriores debemos volver al trabajo de campo, siempre fructífero y placentero, y antes de enfrentarnos a las arquitecturas de mayor complejidad, comenzaremos por el estudio de algunos casos sencillos, que nos enseñen *dónde debemos fijar nuestra atención para intentar obtener respuestas racionales* a las preguntas anteriores.

La visita a ***Jumièges*** es difícil de olvidar. Pero, dado su estado de conservación, no es un testimonio suficiente para basar una sólida interpretación del diseño de una cabecera compleja. Por esa razón, proponemos que estas notas sean tomadas como una simple invitación a disfrutar del placer de su visita.

A pesar del total desfallecimiento de su cabecera, es un ejercicio delicioso tratar de reconstruir el posible comportamiento del *eje de control* a partir de las basas de los pilares de la arcada de la cabecera que todavía se conservan, y de los muros de sus brazos. El croquis 1 izquierdo resume lo observado sobre el terreno: el *eje de control* se sitúa sobre una *partición* "3 a 1" de la profundidad interior de la cabecera, y las visuales desde sus extremos se alinean con el vértice del brazo opuesto. Desde el *punto de control* podemos observar la anchura íntegra del primer tramo de ambos brazos. Estamos ante un comportamiento plenamente normalizado.

Los obligados criterios de *accesibilidad y control visual* han quedado satisfechos, pero el nivel de indefinición de su profunda cabecera y de sus largos brazos es todavía muy grande, pues nada sabemos, por ejemplo, sobre la posición de los ocho pilares restantes de la arcada de la cabecera, y de los vértices de acceso a las naves laterales. *¿Cómo concretó estos datos su arquitecto? ¿Podemos reconocer alguna relación, más allá del eje de control, entre la nave transversal y la arcada de la cabecera?* Para responder a esta cuestión, el sistemático método de trabajo que venimos aplicando nos propone recorrer ambos brazos, detenernos en las *marcas constructivas* que todavía conservan, y observar su posible relación con algún elemento importante de la cabecera.

DÓNDE DEBEMOS FIJAR NUESTRA ATENCIÓN PARA OBTENER RESPUESTAS ADECUADAS

No hay que olvidar que estamos recorriendo Jumièges para disfrutar de su visita, y que la precisión y el rigor se lo exigiremos a las próximas arquitecturas. Pero no renunciamos a dejar constancia de lo que hemos observado: tal como muestra el croquis 1 derecho, a los dos pares de visuales asociados al *eje de control* se suman ahora cuatro nuevos juegos, configurando un rico abanico visual que utiliza como referencias todos los pilares y columnas de la cabecera –las más profundas por partida doble–, y toma como apoyo en los brazos los vértices de acceso a las naves laterales, su anchura media, y el vértice lateral y frontal de los pilares del crucero, todos ellos *marcas constructivas* bien señalizadas sobre el terreno todavía hoy.

El resultado es una asociación entre apoyos y referencias que implica a la práctica totalidad de los elementos arquitectónicos presentes en los brazos y en la cabecera, siempre con los pilares del crucero como apoyo tangencial. Por mucha que sea la excitación ante lo encontrado, la situación de Jumièges aconseja no llevar las cosas más lejos, pero el resultado es ¡¡sencillamente deslumbrante!!, pues nos acaba de mostrar el camino a seguir en el análisis de las más ricas y complejas cabeceras sacras.

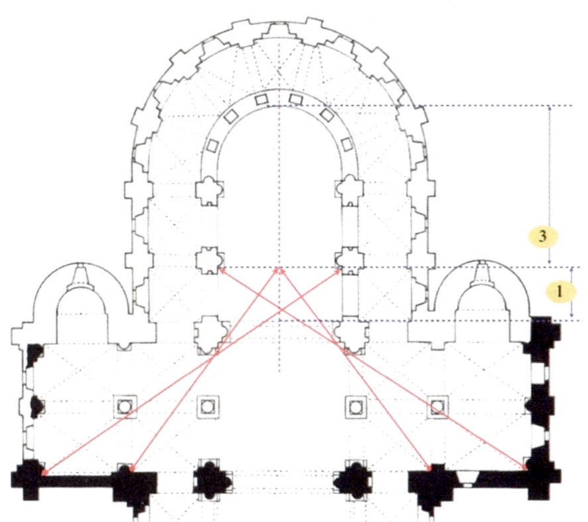

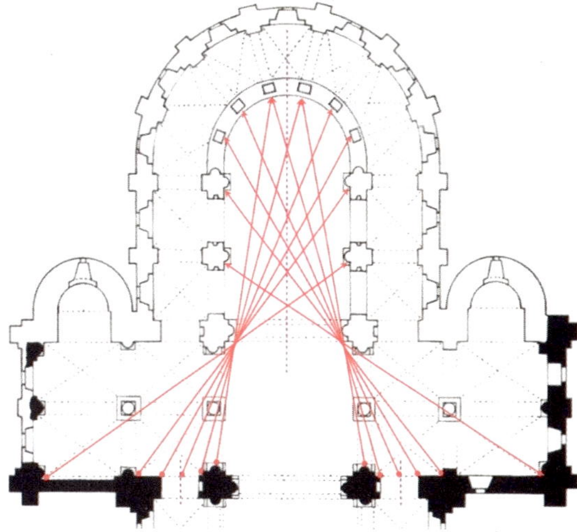

Croquis 1. Izquierda: trama para el eje de control de Jumièges. Derecha: trama completa para su cabecera. Planta tomada de K. J. Conant.

RATIFICACIÓN A JUMIÈGES EN UNA ARQUITECTURA MEJOR CONSERVADA

Una vez comprobada en ***Veruela*** la intervención del *eje de control* (croquis 2 izquierdo), también nos hemos preguntado si podemos detectar una relación más rica entre su nave transversal y la arcada de la cabecera. Lo observado es lo siguiente:

** Cada brazo de Veruela incluye cinco *apoyos sobre marcas constructivas precisas*, a las que se añade una *partición* sobre el punto medio de brazo.

** Para *las referencias en la cabecera,* no se trata de que las visuales "den contra un pilar", pues esa acción es tan confusa en términos constructivos como ambigua simbólicamente. Las visuales *han de coincidir rigurosamente sobre una marca constructiva precisa y sistemática de esos pilares.* En el caso de Veruela lo hacen sobre las estrechas columnas adosadas bajo las ménsulas de descarga de las nervaduras de la bóveda del ábside (imagen 1).

También actúan como referencias el *punto medio del acceso al ábside y la anchura media del segundo tramo de la arcada* de la cabecera, reconocible por la clave del correspondiente arco.

** Por supuesto, *solo forman parte de esta trama las relaciones visuales que intervienen con precisión constructiva.*

A destacar que, si la cabecera de Veruela prescindiese de las estrechas columnas que prolongan los nervios de descarga de la bóveda del ábside, la estabilidad de la cubierta apenas se vería afectada, pero la estética de la cabecera sí se alteraría. Estamos ante un recurso plástico que materializa líneas de fuerza, simula levedad para la cubierta, confiere relieve y volumen al muro, parcela una gran superficie lisa... Pero también participa en la trama visual: *¿cómo afecta este hecho a la calidad estética del espacio interior del edificio?*

PRIMERA APROXIMACIÓN A LA NOCIÓN DE TRANSFERENCIA DE RITMO VISUAL

El abanico de visuales que acabamos de encontrar en Veruela aporta dos cosas importantes: *un nuevo recurso proyectual* para la elaboración de los diseños más complejos, y una *nueva situación plástica.*

Como ***recurso proyectual***, es fácil imaginar la capacidad de intervención de este juego de visuales en la preparación del proyecto, en su trazado sobre el terreno, y durante el largo proceso de construcción.

Pero esa asociación visual también genera una ***nueva implicación plástica***, más allá del papel decorativo que protagonice individualmente cada uno de los elementos implicados. En efecto: *la secuencia ordenada de referencias en la arcada de la cabecera posee un valor plástico propio. La sucesión de los apoyos aporta algo similar al muro de la nave transversal. Y el abanico de visuales que asocia ambas secuencias añade un nuevo valor relacional, al construir una verdadera concordancia entre espacios por* ***transferencia de ritmo visual*** *entre sus elementos decorativos.*

Imagen 1. Visual desde el vértice de acceso a la nave lateral izquierda de Veruela, que busca la fina columna adosada bajo la ménsula de descarga del segundo nervio de la bóveda del ábside.

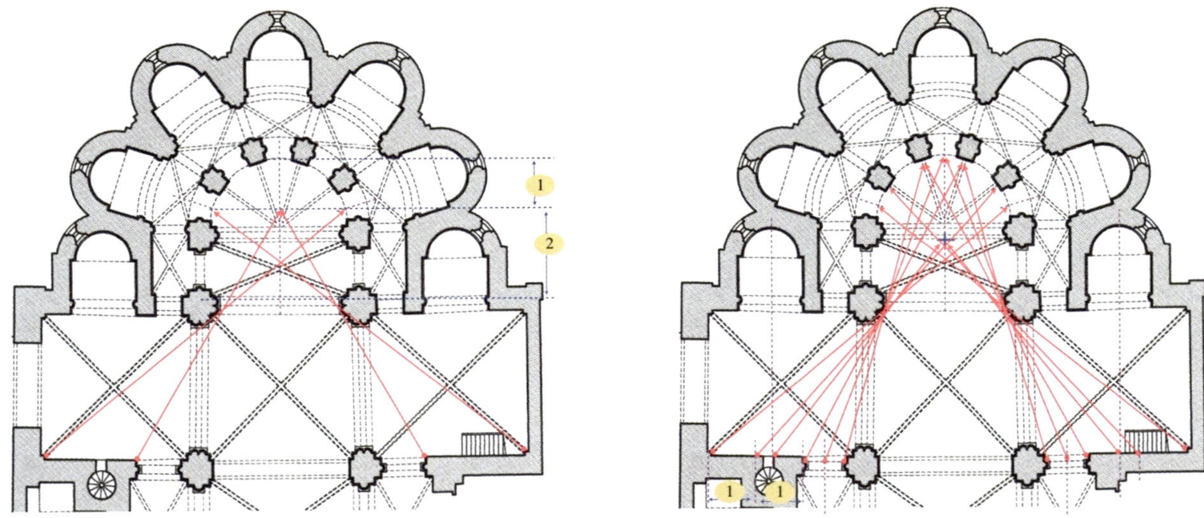

Croquis 2. Izquierda: comportamiento del eje de control en Veruela. Derecha: abanico de visuales que relacionan la estructura de los brazos con la cabecera. Planta tomada de L. Giménez.

A remarcar que se trata de una sintonía de ritmos objetiva, es decir, reconocible en todo momento por cualquier observador atento, al margen de cual sea su sensibilidad y educación estética.

Estamos ante *la* ***primera buena práctica proyectual*** *para la construcción de un mecanismo de transferencia de ritmo visual entre dos espacios anexos, en este caso entre la nave transversal y la cabecera.*

Veruela y Jumièges presentan una enorme exhaustividad proyectual, pues todos los elementos decorativos y constructivos importantes de sus brazos y cabecera forman parte de la secuencia de apoyos y referencias del abanico de visuales que integran la *transferencia*. Tanto es así, que si uno de los pilares de sus respectivas cabeceras cambiase de posición –en el caso de Veruela arrastrando consigo a la fina columna adosada– la concordancia visual –la *transferencia de ritmo*– entre brazos y cabecera se degradaría inmediatamente.

Cuanto más simples y austeros son los brazos y la cabecera, tanto más elemental es la relación visual que se puede establecer entre ellos, y en los espacios cruciformes más simples el *eje de control* ha de ser –y lo es– autosuficiente para definir ambos espacios a la totalidad. Si están definidas pocas referencias, no puede haber muchas visuales activas. Si no hay apoyos disponibles, mal se puede organizar un flujo notable de relaciones. Pero cuando la cabecera y los brazos ganan en complejidad y aumentan los elementos constructivos y decorativos disponibles para entrar en sintonía, las oportunidades para definir asociaciones entre ellos se multiplican. En ese caso, tras cumplir con los obligados *mecanismos de control y seducción*, el buen arquitecto puede sumar otras relaciones, sutiles y ambiciosas, que posibiliten nuevos objetivos plásticos, escenográficos y simbólicos. Hoy, para su comprensión y disfrute, es suficiente una mirada minuciosa, educada en la observación de estos finos *mecanismos de transferencia visual.*

SOLUCIÓN PARADIGMÁTICA PARA UNA TRANSFERENCIA DE RITMO ENTRE BRAZOS Y UNA CABECERA CON ARCADA

Hemos dado los primeros pasos en la comprensión de los recursos que construyen la cohesión espacial en las grandes arquitecturas, pero es razonable albergar dudas sobre la nitidez del abanico de visuales que acabamos de reconocer en Jumièges y Veruela: en el primer caso por la escasez de restos de la cabecera, y en el segundo por el generoso grosor de las “estrechas” columnas de su cabecera, lo que introduce dudas sobre el rigor de su alineación con nuestra mirada. La visita a ***Saint Étienne***, en ***Caen***, despeja todas las dudas en este tema.

Su cabecera, fruto de la remodelación llevada a cabo en los primeros años del siglo XIII, posee una profundidad superior a los 23 metros, un alzado cercano a los 31, y una precisión constructiva total, lo que prueba el extremo rigor con el que eran capaces de proyectar, trazar sobre el terreno, y construir estos espacios.

Imagen 2. Visual desde la anchura media de la línea de acceso a la nave lateral derecha de Saint Étienne, en Caen, que busca con exquisita precisión el final del cuarto tramo del presbiterio, en su entrega con el ábside, final señalado por una fina columna adosada.

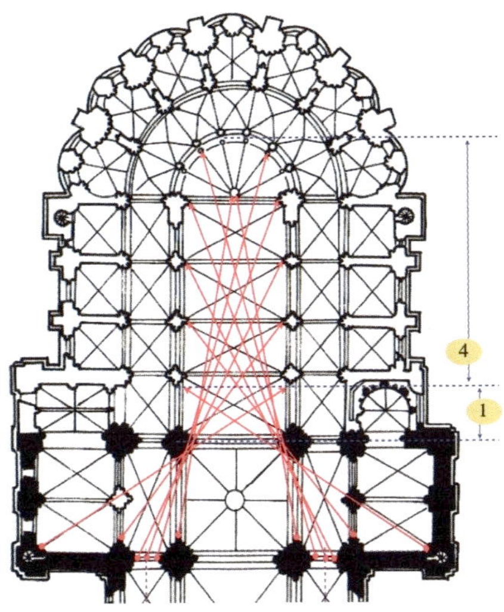

Croquis 3. Transferencia de ritmo entre brazos y cabecera en Saint Étienne, en Caen, incluido el eje de control. Planta tomada de Z.E. Seffadj.

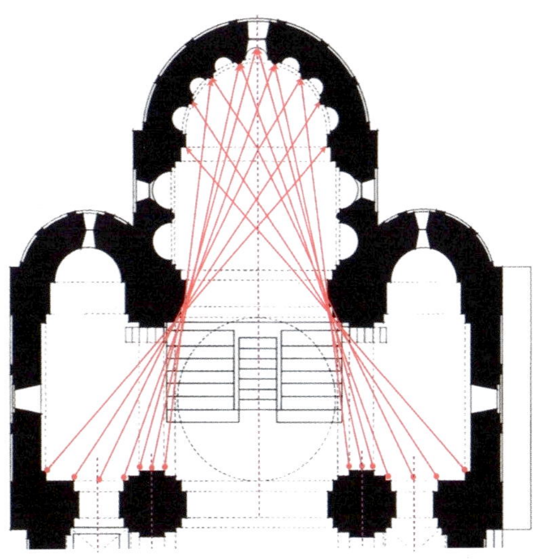

Croquis 4. Excelente ejemplo de sintonía visual entre brazos y cabecera en Cardona.

La arcada de su cabecera está organizada con gruesos pilares que adosan finas columnas, de entre las que llama la atención las que ascienden a lo largo de todo el muro, hasta confluir con los nervios de descarga de la bóveda. Son verdaderas "dianas verticales", que señalan de forma nítida la separación entre los diferentes tramos del presbiterio –cuatro– y entre los del ábside semicircular –siete–. Esa secuencia de catorce finas columnas *¿lleva asociada alguna transferencia de ritmo?* El croquis 3 muestra lo observado sobre el terreno.

Cuando la cabecera es muy profunda y los brazos muy cortos, la *transferencia de ritmo* puede no incluir todos los elementos de la cabecera, por falta de suficientes apoyos válidos disponibles. Es lo que ocurre en Caen, que implica a referencias en todos los tramos del presbiterio, pero solo dos en el ábside. A pesar de ello, es difícil hablar de indefinición constructiva en su proyecto, pues el abanico de visuales deja muy poco margen de duda sobre el lugar que coherentemente deben ocupar los cuatro pilares no señalados directamente. En Caen estamos ante un ejemplo de *transferencia de ritmo* entre cabecera y nave transversal, magnífico por su precisión, espectacular por sus dimensiones, y muy representativo de lo que vamos a encontrar en la cabecera de las mejores arquitecturas.

UNA TRANSFERENCIA DE RITMO TAMBIÉN SE PUEDE CONSTRUIR EN AUSENCIA DE ARCADA EN LA CABECERA

Algunas cabeceras aparentemente simples también pueden construir *mecanismos de transferencia de ritmo* cuya precisión e ingenio no desmerecen al de las más grandes cabeceras escenográficas. Por ejemplo, casi doscientos años antes que Saint Étienne, cien años antes que Veruela, y contemporánea a Jumièges, ***Cardona*** construyó una *transferencia* de gran inteligencia espacial, nitidez y elegancia plástica.

Un grueso muro corrido cierra su ábside, adornado por una secuencia de siete esbeltas hornacinas enmarcadas por finísimas columnas. También llama la atención la notable presencia de *pliegues* en los vértices de los brazos y en los pilares del crucero. El objetivo más inmediato de este amplio despliegue de recursos plásticos es evitar la monotonía visual del muro liso y de las entregas a sangre entre superficies planas, pero una mirada atenta pone de manifiesto que Cardona construye una intensa correlación entre los pliegues en los brazos y las finas columnas entre hornacinas.

Como muestra el croquis 4, hasta un total de siete pares de visuales integran esta potente *transferencia de ritmo* –¡¡para unos brazos que no alcanzan los 6 metros de longitud!!–, todas de exquisita precisión, máxime si nos fijamos en la base de las finas columnas, sobre el piso del sobrealzado ábside, lugar menos afectado por los movimientos que el edificio ha sufrido durante sus mil años de vida.

Imagen 3. Sobre el punto medio de acceso a la nave lateral derecha, a la columnilla entre la segunda y tercera hornacina del ábside de Cardona.

Si hasta ahora habíamos insistido en el *tratamiento "forma/grosor"* como un recurso para facilitar el apoyo tangencial de las visuales en los pilares del crucero, Cardona muestra cómo el perfil de los pilares también debe ser servicial a generar nuevos apoyos para las visuales que enriquecen una *transferencia de ritmo* entre brazos y cabecera.

Estamos ante un bellísimo ejemplo de cómo los elementos decorativos –en este caso los pliegues en los vértices de los brazos y en los pilares compuestos, y las columnillas adosadas entre hornacinas–, además de su carga estética individual, colaboran entre sí para articular una relación que enriquece de forma exponencial las cualidades plásticas del espacio construido, y favorece la idea *de correlación y unidad,* frente a la de *agregado y diversidad.*

La transferencia de ritmo detectada en Cardona pone al ámbito más sagrado en intensa relación con la estructura de los brazos, que muestran así su deseo de impregnarse de las cualidades de la cabecera, definiendo sus detalles "a imagen y semejanza" del ábside. Si esa transferencia de cualidades y valores se hace extensiva a las personas que protocolariamente se situaban en la nave transversal[2]*, el objetivo de estos criterios proyectuales supera el marco plástico, hasta alcanzar la condición de mecanismo legitimador y justificativo de la estratificación social y jerárquica.*

Por la sencillez de los recursos materiales –que no creativos– puestos en juego, y por la nitidez de su trazado, la *transferencia de ritmo* entre los brazos y la cabecera de Cardona es de una exquisitez encomiable y de una elegancia excitante. Por eso la hemos calificado de *modelo paradigmático.* La dificultad para reconocerla y apreciarla sobre el terreno se debe a nuestra falta de sentido escenográfico en la gestión de las pautas de observación y validación de estas arquitecturas, pues el mensaje no puede ser más directo y abierto: todos los apoyos y referencias están bien marcados sobre el terreno, a la vista, sin interferencias ni enmascaramientos de ningún tipo. Los límites al placer de la observación los pone nuestra (in)capacidad para mirar con intención y sentido.

Por ejemplo, en Poblet, La Oliva, la catedral de Lisboa, Los Jerónimos en Belém, y en Gross Sant Martin en Colonia, podemos ratificar lo observado en Cardona para un ábside de perfil semicircular[3]. Santa Maria Novella en Florencia, es una buena opción para ratificarlo en una cabecera rectangular[4].

II – LA NAVE TAMBIÉN PUEDE ACOGER UN MECANISMO DE TRANSFERENCIA DE RITMO

La importancia de la cabecera justifica la prioridad por estudiar su estructura, pero también nos interesa la posible relación entre los brazos y la nave longitudinal, ya que, de existir también un *mecanismo de transferencia* que asocie ambos espacios, estaríamos ante proyectos con un grado extremo de cohesión para el conjunto del espacio interior.

Para acercarnos ordenadamente a esta nueva situación, comenzaremos el análisis en dos excelentes arquitecturas monacales –Fontenay y Sacramenia–, que de un modo simple e inmediato muestran el funcionamiento de este nuevo mecanismo de concertación espacial.

Fontenay sirvió de modelo para otros muchos templos adscritos a la disciplina cisterciense, por lo que su estudio es muy rentable. Su *transferencia de ritmo* entre brazos y cabecera es bastante limitada, con solo tres juegos de alineaciones implicados (croquis 5), y la experiencia nos dice que de un proyecto fundacional cabría esperar alguna cosa más interesante. En efecto: *con la mirada atenta sobre la estructura de la nave central,* al *caminar por la nave transversal siguiendo el perfil del lado que acoge a los absidiolos,* podemos reconocer un abanico de siete visuales activas, todas ellas con apoyo en *marcas constructivas* de los brazos –vértice, punto medio de un tramo, y pliegues de los pilares–, que buscan *referencias normalizadas* en la nave –perfil de un pilar, clave de un arco formero, vértice de la nave y perfil de la puerta de acceso–. Y en todos los casos, con muy buena precisión.

A la noción de *transferencia de ritmo entre cabecera* y *brazos* que ya conocíamos, Fontenay acaba de añadir la de *transferencia de ritmo entre brazos y nave central,* resultado que, ahora sí, está a la altura de una arquitectura que desea marcar disciplina, rigor y señas de identidad para sus correligionarios. Y las similitudes que podemos reconocer en ***Sacramenia*** vienen a confirmar el éxito de tal operación. En efecto: los retablos que cierran

2 Estaba reservada para el clero y para las autoridades de mayor rango del lugar.

3 Cada una de ellas construyen un abanico de cinco pares de visuales referenciadas en los pilares y columnas adosadas al muro perimetral de su ábside.

4 Tras la remodelación realizada por Alberti podemos identificar una *transferencia de ritmo* con siete juegos de visuales, que implican a los dos tramos de sus largos brazos y a las tres magníficas cristaleras situadas en el muro trasero del ábside.

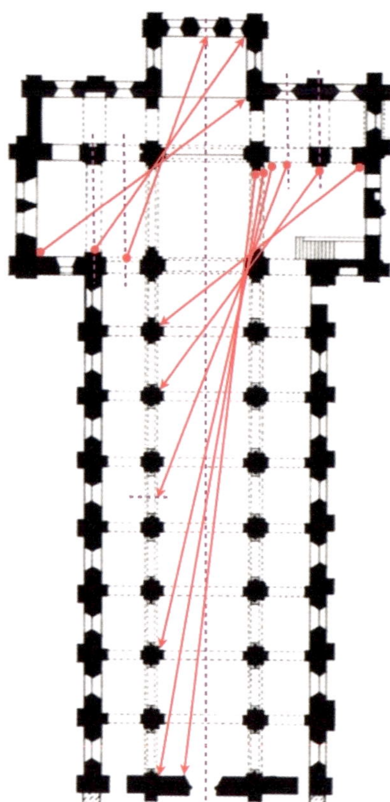

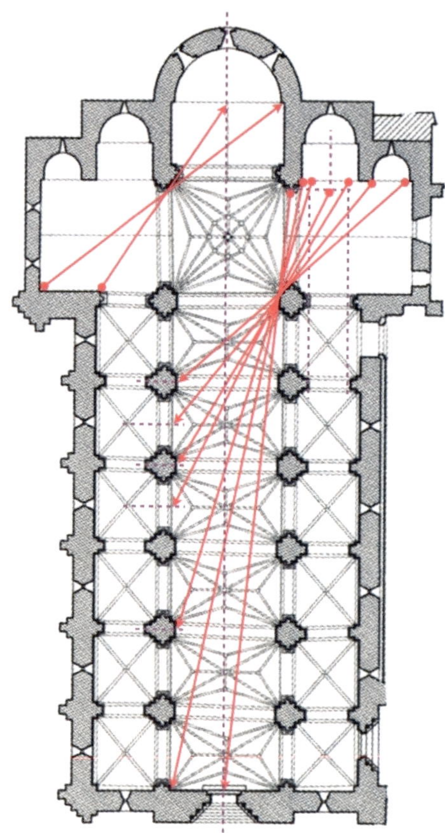

Croquis 5. Transferencia de ritmo visual entre la nave transversal y la central de Fontenay (izquierda) y de Sacramenia (derecha). La planta de esta última ha sido tomada de J. M. Merino de Cáceres. Para ganar nitidez solo hemos representado las visuales de un lado. Su comportamiento en el otro lado es simétrico.

los tres semicírculos absidales de su cabecera impiden identificar en toda su extensión la posible *transferencia de ritmo asociada a ella*, más allá de los dos juegos de visuales apoyados en el *eje de control*, pero la *transferencia de ritmo entre la nave transversal y la nave longitudinal* es excepcional, confirmando todo lo encontrado en Fontenay.

Para densificar esa *transferencia*, a los apoyos utilizados hasta ahora, Sacramenia añade dos nuevas *marcas constructivas*: la prolongación del perfil de los pilares de la nave principal y la de los pilares adosados al muro perimetral de las naves laterales, lo que le permite construir un abanico de siete pares de visuales, todas ellas con notable nitidez, capaces de señalar directamente la posición rigurosa de tres de los cinco pilares exentos de la nave, y las claves de dos arcos formeros de su arcada (croquis 5).

Es cierto que en las primeras observaciones sobre las referencias más lejanas –por ejemplo, las situadas al pie de la nave– podemos dudar de la precisión de tales alineaciones, pero, por repetición –criterio esencial en este tipo de estudios–, ya ganaremos confianza para valorar lo observado, teniendo siempre muy presente las posibilidades constructivas de aquellos siglos.

Fontenay y Sacramenia nos acaban de enseñar *la* ***segunda buena práctica proyectual para la más intensa concordancia visual del espacio cruciforme****, aquella que estimula al arquitecto a extender la transferencia de ritmo a la nave central. La colaboración de ambos mecanismos de transferencia –desde la cabecera y hasta la nave– dan como resultado* ***un mecanismo integral de transferencia de ritmo.***

Por supuesto, en ambas arquitecturas el *eje visual* sigue activo, pero reforzado por la transferencia que acabamos de encontrar.

Imagen 4. Visual desde el nervio axial del pilar derecho del crucero de Sacramenia, que busca como referencia el punto medio del muro al pie de su nave central. El eje central del rosetón es una buena referencia para valorar el ajuste de la alineación.

III - TRANSFERENCIA INTEGRAL DE RITMO EN EL ESPACIO CRUCIFORME

Para avanzar ordenadamente en la comprensión de los detalles de una *transferencia integral de ritmo* en las arquitecturas más complejas, nos acercaremos ahora hasta un edificio de primer nivel que cierra el perfil perimetral de su nave y cabecera con una arcada, pero que en la nave transversal sigue utilizando un muro corrido.

TRANSFERENCIA DE RITMO EN UN ESPACIO CRUCIFORME CON ARCADA EN LA CABECERA Y NAVE

Tal como recoge el croquis 6, cuando recorremos la nave transversal de ***Paray-le-Monial***, rápidamente queda patente que construyen una *doble transferencia de ritmo* integrada por seis juegos de visuales hacia la cabecera y cinco hacia la nave central.

Si comparamos ambas *transferencias*, encontramos algunos hechos interesantes: un ligero *desequilibrio* a favor de la cabecera, que incluye una visual más. También destaca que tres apoyos de la *transferencia* hacia la cabecera son *simétricos* de otros tantos apoyos utilizados por la *transferencia* hacia la nave central. Por último, cabe señalar que todos los pilares exentos de la nave central asocian su posición a la *transferencia de ritmo*, mientras que en la cabecera solo dos lo hacen. Volveremos sobre estos indicadores cuantitativos.

Excelente Paray-le-Monial, pues nos ha permitido dar un paso hacia la plena complejidad.

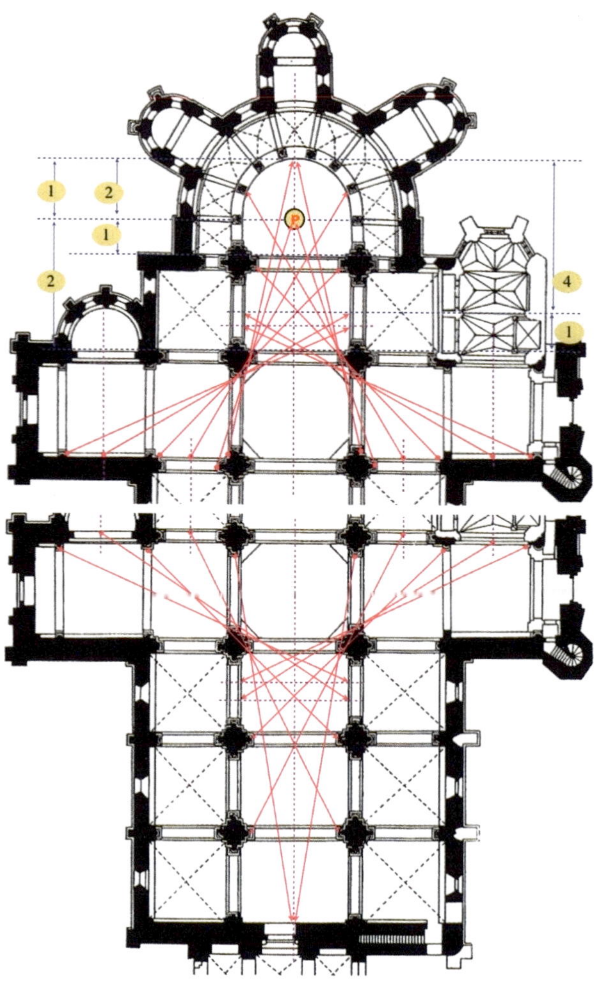

Croquis 6. Transferencia de ritmo en Paray-le-Monial. Arriba: entre brazos y cabecera. Abajo: entre la nave transversal y la central. Hemos representado por separado ambas transferencias para mayor nitidez y precisión de los apoyos utilizados en cada caso. Planta tomada de Z.E. Seffadj.

Imagen 5. Desde el punto medio del acceso derecho al deambulatorio de Paray-le-Monial: visual al final del segundo tramo de la nave, La referencia precisa es la fina columna que se alza para recoger al arco fajón de la nave.

SOLUCIÓN PARADIGMÁTICA PARA UNA TRANSFERENCIA INTEGRAL DE RITMO EN UN ESPACIO CERRADO POR UNA ARCADA CONTINUA

Toda preparación parece siempre poca, pero ha llegado el momento de abordar las arquitecturas más complejas, aquellas cuya nave transversal también dispone de naves auxiliares, por lo que una gran arcada continua enmarca a la totalidad el núcleo cruciforme de su espacio interior. Para ello nada mejor que acercarnos hasta la catedral de ***Chartres.***

Se trata de un edificio puesto en pie tras el oportuno incendio que en 1.194 arruinó buena parte del *démodé* templo anterior, lo que permitió a la jerarquía eclesiástica adecuarlo a las nuevas modas marcadas por la cercana Saint Denis. Su espacio interior es inmenso[5], casi inabarcable a la mirada, y con 50 pilares exentos delimitando su núcleo cruciforme es, por sí solo, una abrumadora demostración de medios y capacidades.

La *transferencia hacia la cabecera* está integrada por siete pares de visuales (croquis 7 izquierdo), que asocian la posición de "10 de los 16" pilares exentos que conforman la cabecera con "6 de los 8" pilares de la nave transversal, lo que significa que hasta *"16 pilares, de un total de 24"* –es decir, ¡¡*"2 de cada 3"!!*– participan en la *transferencia de ritmo*. Esa *intensidad* se refuerza con visuales que buscan como referencias la clave de la arcada del segundo tramo del presbiterio (imagen 6) y el punto más profundo de la cabecera.

Si ahora nos preguntamos por la *transferencia hacia la nave central*, el abanico construido incluye siete pares de visuales, que ponen en sintonía la posición de "12 de los 22" pilares de la nave central con "6 de los 8" pilares de la nave transversal. En consecuencia, hasta *"18 pilares de un total de 30" –algo menos de "2 de cada 3"–* participan de esa *transferencia.*

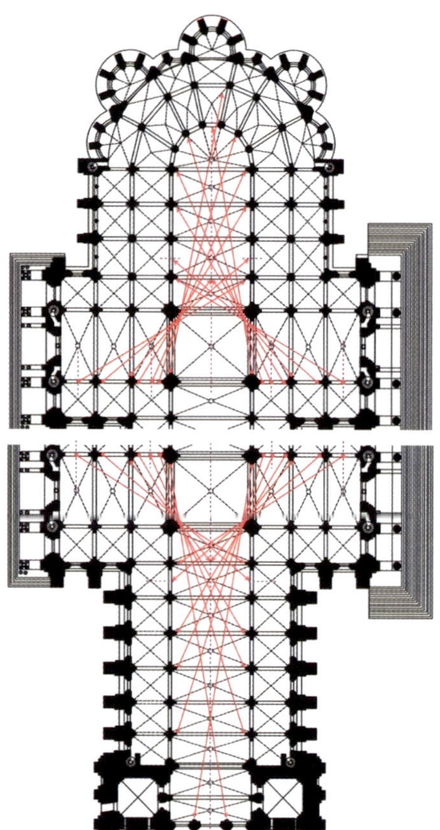
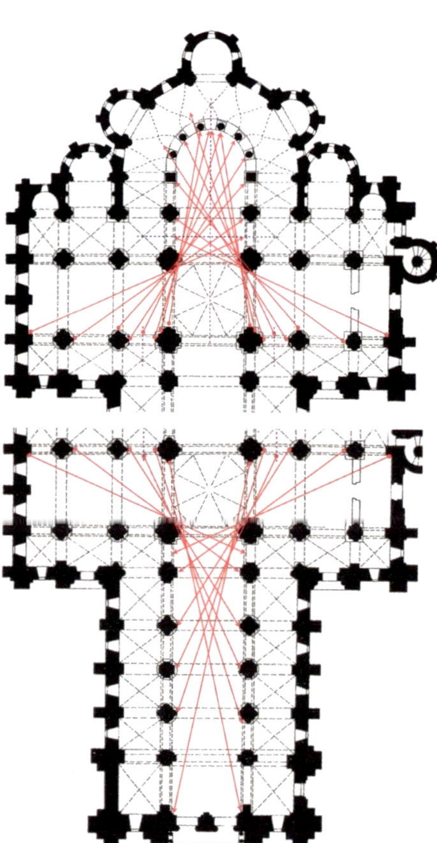

Croquis 7. Transferencia integral de ritmo en el espacio cruciforme de Chartres (izquierda) y de Conques (derecha). En ambos casos hemos separado la transferencia de ritmo hacia la cabecera y hacia la nave para que queden más claros los puntos de apoyo de la trama.

5 La distancia entre el muro al pie de la nave y el fondo del ábside es de 110 metros, de los que 36 –siempre en cifras redondas– corresponden a la profundidad interior de la cabecera. La nave central tiene 14 metros de anchura y 36 en alzado hasta las claves de bóveda.

Imagen 6. Visual a la clave de la arcada del segundo tramo del presbiterio de Chartres, desde el nervio lateral derecho del pilar de cierre del segundo tramo del brazo izquierdo. La marca romboidal sobre la clave permite evaluar el ajuste de la alineación construida.

Imagen 7. Visual desde el punto medio del primer tramo del brazo izquierdo, al perfil tangencial del tercer pilar de la nave central de Conques.

El balance global es abrumador:

** por la gran *intensidad* de su *transferencia integral de ritmo*, pues reúne un total de 14 pares de visuales,

** por su abrumadora *exhaustividad*, ya que define explícitamente la posición de "30 del total de 50" pilares exentos que integran la arcada continua,

** por su total *equilibrio*, al construir el mismo número de visuales –7 juegos– en cada sentido de la *transferencia*,

** y su plena *simetría*, pues utiliza 7 apoyos idénticos a ambos lados de la nave transversal.

Para corroborar lo observado en Chartres, una buena decisión es acercarse hasta ***Saint Foy***, en ***Conques***. Sobre el terreno no es complicado detectar en ella la presencia de un abanico integrado por ocho pares de visuales (croquis 7 derecho), que organizan una *transferencia de ritmo* entre brazos y cabecera en la que participan 4 pilares de cada brazo –*¡¡¡todos!!!!*– y 12 pilares de la cabecera –*¡¡¡todos!!!!*–. Plena *exhaustividad*, pues, en esta parte de la *transferencia de ritmo*.

Para la nave central podemos reconocer hasta seis juegos de visuales que aseguran una sintonía precisa entre las posiciones de 4 pilares de cada brazo –*¡¡¡nuevamente todos!!!!*–, con 12 de los 15 pilares exentos de la nave central. Excepcional Conques.

Las obras de este templo se iniciaron alrededor de 1.040, pero el deambulatorio y el ábside fueron remodelados en la última década del siglo XI, y a pesar de esta superposición de diferentes momentos constructivos, lo observado sobre el terreno se ajusta muy bien al resultado de un proyecto unitario, de excepcional calidad y cohesión espacial: su notable *intensidad* –14 pares de visuales implicadas– *solo deja fuera de la transferencia integral a "3 de los 39" pilares que integran la arcada continua que cierra el espacio cruciforme* –el que separa las puertas de acceso a la nave y los 2 pilares exentos más cercanos a ella–. El croquis 7 derecho lo muestra. *¡¡¡Estamos, pues, ante una transferencia integral de ritmo que fija la posición precisa de más del 90% de los pilares exentos, en una arquitectura con este nivel de complejidad!!!!* Se agotan los adjetivos y las admiraciones.

La calidad del proyecto se refuerza si tenemos en cuenta su *equilibrio* –no extraordinario, pero sí bastante notable: 8 pares de visuales hacia la cabecera y 6 hacia la nave–, y su excelente *simetría* –los 6 apoyos activos sobre la nave central tienen su correspondiente par al otro lado de los brazos, actuando sobre la cabecera–.

La nitidez de las visuales de Chartres, la extrema exhaustividad del tratamiento de Conques, y el óptimo valor de todos los parámetros asociados a sus respectivas *transferencias*, nos lleva a calificar a ambos proyectos de ***modelos paradigmáticos para una transferencia integral de ritmo entre cabecera y nave central****, con la nave transversal como mediador imprescindible en ese proceso.*

IV – ALGUNAS PRECISIONES SOBRE LOS MECANISMOS DE TRANSFERENCIA DE RITMO

La visita a Chartres y Conques ha mejorado mucho nuestra capacidad para detectar la presencia de un mecanismo de *transferencia de ritmo*, y apreciar su impacto sobre la calidad estructural del espacio construido. Pero antes de continuar viaje hacia nuevos retos, nos detendremos unos instantes para precisar algunos aspectos importantes que ambas arquitecturas nos han enseñado.

REFERENCIAS VÁLIDAS

Ya hemos señalado que sería muy burdo creer que es suficiente que una línea visual "choque contra un pilar" para considerar que esa visual y ese pilar forman parte de un *mecanismo de transferencia*. Las cosas son mucho más sutiles y exigentes, y la visita a Chartres nos ha enseñado las ***condiciones normativas que en este tema debe cumplir una arquitectura gótica***: sus pilares fasciculados están rodeados de finas columnas adosadas –cinco hacia el interior del presbiterio y de la nave central–, que se prolongan en alzado hasta confluir con las nervaduras de la bóveda. La imagen 6 lo muestra. Pues bien, *el perfil de la fina columna que define el vértice transversal interior a la cabecera o a la nave central, es la única marca constructiva que puede actuar de referencia válida para la participación de ese pilar en un mecanismo de transferencia de ritmo*. La visual que lo alcance en cualquier otro punto, no forma parte de la *transferencia* –o está desenfocada–. Estamos ante unas condiciones muy selectivas y de máxima precisión, sin el menor margen para la ambigüedad o la duda. El rigor constructivo y las responsabilidades simbólicas, así lo exigen.

Conques define sus pilares dentro del ***canon románico***, y en sus lados interiores a la nave y a la cabecera solo adosan una semicolumna que también recorre todo el muro, hasta alcanzar el correspondiente arco fajón. La imagen 7 lo muestra. Pues bien, *el perfil tangencial más periférico de esa semicolumna es la única marca constructiva que puede actuar como referencia válida para un pilar románico.* Esa semicolumna es más gruesa que las finas columnillas góticas de Chartres, pero en Conques la alineación con su perfil tangencial es del mismo nivel de precisión. Además de los motivos simbólicos, debe ser así para que el maestro constructor románico la pueda ejecutar sin el menor margen para el error interpretativo.

A destacar que en ambas arquitecturas estamos ante un nuevo aspecto del *efecto "forma/grosor"*: los pilares, además de las tareas ya señaladas en el marco de la trama, *también deben incluir un* ***vértice transversal bien remarcado, dirigido hacia el interior del espacio cruciforme, que asuma el papel de única referencia válida para la participación del pilar en la transferencia de ritmo.*** Estamos ante otro recurso plástico con importantísimas responsabilidades dentro de la cohesión espacial del edificio.

Chartres y Conques nos enseñan que *también puede actuar de referencia válida la anchura media de un tramo de la arcada del ábside, del presbiterio o de nave central, y sumar su protagonismo para conseguir una transferencia de ritmo de mayor densidad.* Por su relación directa con la clave del arco que los cubre, son *marcas* fáciles de identificar en la lejanía –imagen 6–, y siempre resultan accesibles en cualquier momento del proceso constructivo, y una vez finalizado. Cumplen, pues, con todas las estrictas condiciones exigidas a una referencia de la trama.

APOYOS VÁLIDOS

Por idénticas razones a las que acabamos de señalar para las referencias, la *anchura media de un tramo de la arcada* de la nave transversal también *puede ser un apoyo válido* en los brazos. Pero en los pilares se da una situación algo diferente: si en la cabecera y en la nave central solo es válido como referencia el *vértice romboidal interior* al espacio central, en la nave transversal hemos podido comprobar que *se puede sumar como apoyo el vértice lateral* más cercano al crucero[6]. De ese modo ***cada pilar exento de la nave transversal aporta dos posibles apoyos***, decisión muy justificada, pues, dado que habitualmente los brazos son más cortos que la nave central y que las grandes cabeceras, si queremos que la *transferencia* gane consistencia y densidad, es necesario incrementar los apoyos disponibles.

Para facilitar la repetición de la experiencia, en todos los croquis que aportamos en este capítulo también hemos intentado señalar con mucho detalle la posición precisa de cada uno de los apoyos utilizados.

PARÁMETROS OBJETIVABLES PARA LA EVALUACIÓN DEL GRADO DE ELABORACIÓN DE UN PROYECTO CONSTRUCTIVO

Como ya hemos apuntado, para facilitar la *comparación entre dos proyectos*, creemos que puede ser útil establecer algunos parámetros numéricos:

** *Intensidad de la transferencia de ritmo*: es la suma total de pares de visuales implicadas en ella.

** *Equilibrio*: compara la cantidad de visuales dirigidas hacia la cabecera y hacia la nave central.

** *Simetría*: señala los pares de apoyos en idéntica posición a ambos lados de la nave transversal.

** *Exhaustividad*: recuenta los pilares exentos cuya posición viene fijada directamente por la *transferencia*, respecto del total que conforma la arcada continua del espacio cruciforme.

Ahora podemos añadir un quinto parámetro:

** *Fineza*: detecta las visuales desviadas de su referencia objetiva, respecto del comportamiento de la visual simétrica.

Pero no debemos confundirnos: si en el comentario final al primer capítulo decíamos que la trama *no es un canon de belleza pues no se ocupa de las cualidades plásticas del espacio construido*, ahora añadimos que los cinco parámetros que acabamos de resumir tampoco suplen ni invalidan nuestra educación visual ni nuestra capacidad para apreciar las características del espacio interior. Solo pretenden enriquecer esa percepción al añadir una

6 Es una decisión muy razonable, pues es el vértice que permite una observación más profunda de la cabecera o de la nave central. La única excepción a esta regla ocurre en los pilares del crucero, en los que el segundo vértice activo es el que señala hacia la periferia del brazo, situación también coherente con su condición de único vértice lateral que pertenece al brazo.

valoración objetiva –por comparación entre realidades construidas– de la habilidad y sutileza del arquitecto que lo planificó y de la experiencia del equipo que lo construyó. Pero sin pretender ir más lejos. Veamos un ejemplo concreto de lo que queremos decir.

OBJETIVIDAD Y SUBJETIVIDAD EN LA VALORACIÓN DE LA COHESIÓN Y UNIDAD ESPACIAL

A priori, podemos pensar que la riqueza proyectual y la fineza constructiva de una *transferencia integral de ritmo* son más fáciles de conseguir en edificios que respondan a un proyecto único, construido en un tiempo breve y de forma continuada. Pero Conques nos ha enseñado que esa condición no es indispensable. ***Le Mans*** ratifica esa situación y añade un comentario de interés.

Su catedral es el resultado de más de 300 años de eternizadas obras, cuyo resultado final fue un cuerpo longitudinal de tres naves, de anchura bastante menor que el de su voluminosa cabecera. Desde la nave transversal –último espacio en sufrir una profunda reforma durante el siglo XIV y las primeras décadas del XV– la impresión es de notable *desajuste* entre el tamaño de las naves y el de la cabecera. A pesar de tan compleja situación, el croquis 8 recoge los detalles de la *transferencia integral* que Le Mans construyó:

** Seis juegos de visuales establecen una relación clara y precisa con la profunda cabecera, utilizando solo apoyos situados en el primer tramo del brazo.

** Ocho pares de visuales buscan referencias normalizadas en la larga nave central.

** Los seis apoyos utilizados en la *transferencia* hacia la cabecera tienen su simétrico en la *transferencia* hacia la nave.

La *transferencia de ritmo* de Le Mans se caracteriza, pues, por una notable *intensidad* –14 pares de visuales implicadas–, un ligero *desequilibrio* en favor de la nave –8 juegos activos, por 6 hacia la cabecera–, y por la plena *simetría* de los 6 apoyos compartidos. Estamos ante valores muy altos para todos estos parámetros, señal, a nuestro juicio, de la clara voluntad de los sucesivos arquitectos por conseguir la mejor cohesión espacial para el edificio.

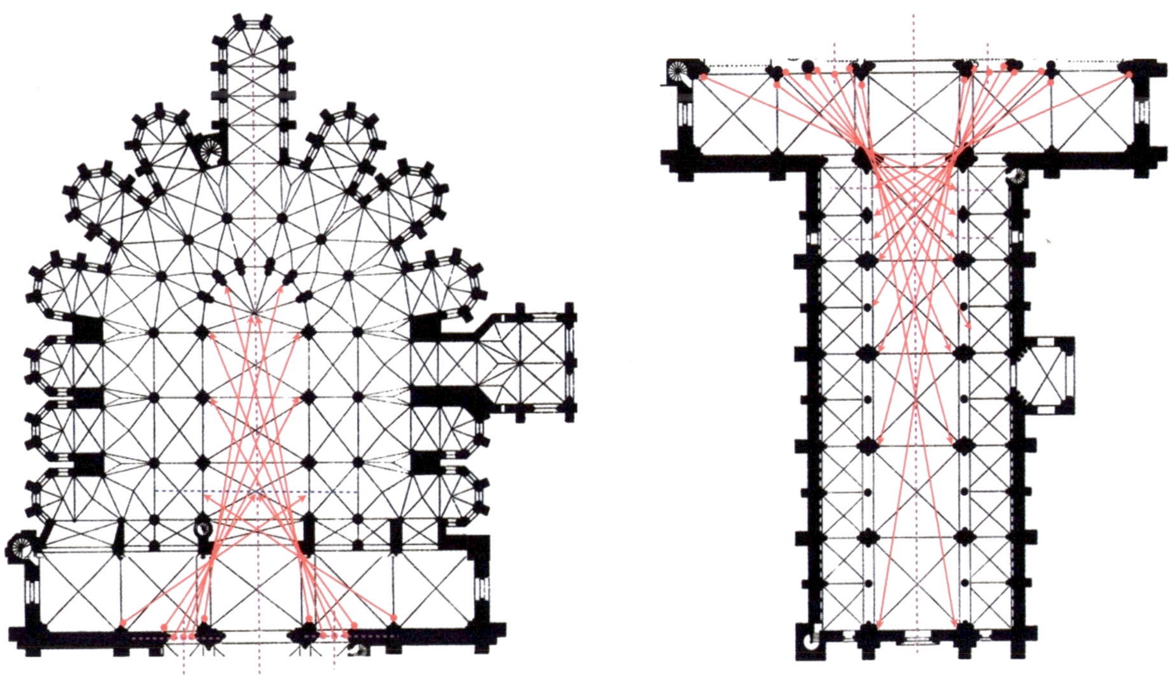

Croquis 8. Izquierda: transferencia entre los brazos y la cabecera de Le Mans, con seis juegos de visuales implicadas. Derecha: transferencia visual entre la nave transversal y la central, con dos visuales desviadas de sus referencias. En ambos casos sobre sendas plantas de G. Dehio y G, Bezold.

En consecuencia, Le Mans nos enseña que debemos diferenciar entre la *impresión subjetiva* que nos pueda causar un espacio, y las *características objetivas* que la trama trata de imprimirle, y que todo observador atento puede reconocer. Quizá no haya *sensación de unidad espacial* en Le Mans, pero el análisis de su trama señala que los diferentes proyectos la intentaron construir. Puede haber un objetivo de calidad espacial no alcanzado de modo suficiente, incluso plenamente fallido, pero su trama deja claro que sus arquitectos siempre tuvieron muy presente la búsqueda de la mejor cohesión interior.

La comparación con la paradigmática Saint Étienne, en Caen, es muy ilustrativa, pues pone de manifiesto el desfase que se puede dar entre *subjetividad* y *datos objetivos*. En efecto: contrariamente a lo que ocurre en Le Mans, la primera mirada a Caen impresiona por la sensación de homogeneidad y cohesión que causa la totalidad de su espacio interior. Pero cuando, tras analizar su excepcional *transferencia de ritmo hacia la cabecera*, volvemos la mirada hacia la nave central, es inevitable una cierta sensación de frustración por falta de evidencias objetivas que apoyen la posible presencia de alguna relación visual sistemática entre los brazos y el ritmo de los pilares de la nave central. La sintonía visual entre la cabecera de Caen y su nave transversal queda limitada a ambos espacios, y no se transmite hacia los pies del edificio. No hay *transferencia* visual entre la cabecera y la nave, es decir, entre la posición de los pilares de ambos espacios[7].

En Caen partíamos de la cohesión espacial como primera *impresión subjetiva*, y hemos encontrado una *a-sintonía objetiva* de ritmos entre cabecera y nave. Por contra, en Le Mans hemos pasado de una *impresión subjetiva* dominada por la descoordinación entre ambos espacios, a la constatación de una clara *voluntad objetiva de cohesión* y de articulación estructural entre ellos. Fallida en términos subjetivos, pero objetivamente intentada.

Por supuesto, con este comentario no pretendemos afirmar el predominio de un criterio –subjetivo u objetivo– sobre el otro, sino mostrar la necesidad de tener presente el mayor número de criterios posible para de ese modo obtener una visión más rica y matizada del espacio que estamos observando, del proyecto que guio su trazado, de la calidad del trabajo constructivo y de los objetivos buscados –conseguidos o fallidos– por su arquitecto.

IMPLICACIONES SIMBÓLICAS DE LOS MECANISMOS DE TRANSFERENCIA VISUAL

En el espacio cruciforme habíamos identificado una rica trama para los *ejes visual y de control*, capaz de garantizar una más que razonable *accesibilidad visual* y un férreo *control* del espacio interior. Pero la presencia de una *transferencia integral de ritmo* supone un enorme salto cualitativo en la cohesión y en la calidad simbólica del espacio construido.

Según el modelo formal resumido en el croquis 9, establece una relación directa entre dos pilares de la cabecera ("a") y dos de la nave transversal ("b"), que mediante su reflejo frontal ("c"), entran en relación directa con otros dos de la nave central ("d"). De ese modo, cada *juego de cuatro visuales, tras cruzar el núcleo cruciforme, se cierra sobre sí mismo, poniendo en comunión la posición de doce pilares.*

A destacar que los cuatro pilares del crucero siempre actúan como pivotes fijos, y su perfil debe estar ajustado para dar apoyo tangencial a todas las visuales de la *transferencia*, teniendo muy presente que su ángulo de tangencia varía cuando nos desplazarnos por la secuencia de apoyos en los brazos. Laboriosa, pues, la tarea de ajustar el proyecto final.

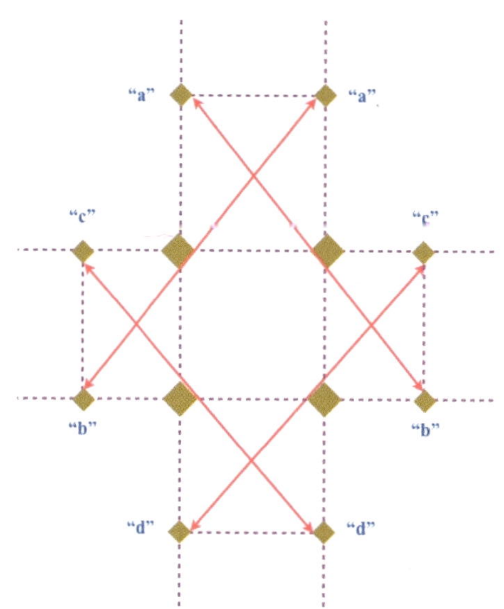

Croquis 9. Modelo formal para un mecanismo de transferencia de ritmo visual, según el paradigma Chartres/Conques.

7 El arquitecto dispone de otros medios para generar la sensación de unidad y homogeneidad espacial. La repetición de elementos decorativos es el recurso más usual, pero recordemos que aquí siempre nos estamos refiriendo a aspectos relacionados directamente con la estructura espacial.

Pero merece la pena tal esfuerzo, sobre todo, por las cualidades simbólicas que confiere al espacio que construye: *mediante una transferencia integral de ritmo, la cabecera central trasmite sus valores al conjunto del espacio interior, que queda planificado "**a su imagen y semejanza**"*. Estamos nada menos que ante *la traducción espacial de una de las más recurrentes y obsesivas ambiciones de todo poder controlador y autoritario, y que el doctrinario cristiano formalizó en el lema "hágase según su voluntad" y "construido a imagen y semejanza del todopoderoso"*.

Podríamos pensar que en edificios con tan grandes dimensiones, los mecanismos de control se han relajado, pero la realidad observada dice todo lo contrario: al poner el pie en el interior de un espacio que incluya una *transferencia integral de ritmo* ya quedamos bajo la influencia directa y extrema de la cabecera central, por muy alejados que estemos físicamente de ella. Sus enormes dimensiones, la luminosidad ambiental, su transparencia y la monumentalidad de los alzados, no pueden ocultar que estamos ante las estructuras espaciales más impositivas construidas por el cristianismo. Pura ideología construida.

V – CORROBORACIÓN AL FUNCIONAMIENTO DE UNA TRANSFERENCIA INTEGRAL DE RITMO

Para ejemplificar las *buenas prácticas* que Chartres nos ha enseñado, proponemos visitar la catedral de ***Rouen***, otra arquitectura de gran envergadura espacial[8]. Su núcleo cruciforme está delimitado por una arcada de 48 pilares fasciculados exentos, de perfil desigual: en la nave longitudinal poseen un núcleo romboidal rodeado por finas columnas adosadas; en la cabecera son circulares, y de sus capiteles parten tres finas columnas que ascienden hasta reunirse con los nervios de descarga de la bóveda (imagen 8).

La *transferencia de ritmo entre cabecera y nave* se caracteriza por una *intensidad* bastante notable –12 pares de visuales implicadas–, bien *equilibrada* –6 pares hacia la cabecera y 6 hacia la nave central–, y muy *simétrica* –los 6 apoyos de la trama hacia la cabecera tienen su equivalente activo hacia la nave central–. El croquis 10 detalla todas esas visuales, permitiendo una buena comparación de los apoyos utilizados a ambos lados de la nave transversal.

Como medida de su *exhaustividad* baste señalar que la *transferencia* define explícitamente la posición de "30 de los 46" pilares exentos de la arcada continua, es decir, del orden de *"2 de cada 3"*. La concordancia con el *modelo paradigmático* de Chartres es, pues, bastante manifiesta.

Para corroborar lo observado en Conques, la catedral de ***Compostela*** es una opción muy interesante. A pesar del derroche ornamental que ensucia la magnífica estructura de su cabecera y de los primeros tramos de la nave, podemos detectar en ella una excelente *transferencia de ritmo*: hasta cuatro juegos de visuales buscan en la cabecera referencias válidas situadas en los dos primeros tramos del presbiterio, los más limpios para la observación. Además, sin forzar mucho las cosas, se esbozan otros dos juegos de visuales que, a partir de dos apoyos muy habituales –mitad del primer tramo del brazo y vértice axial del pilar del crucero–, buscan dos referencias profundas: el pilar de cierre del presbiterio y el punto más profundo del ábside (croquis 10 derecho). La observación hacia la nave central es más cómoda, y permite reconocer cinco pares de visuales con nitidez suficiente.

Si incluimos los dos juegos de visuales "intuidas" hacia la cabecera, los *parámetros de calidad de la transferencia integral de ritmo* en Compostela, alcanzan los siguientes valores:

** *Intensidad*: participan hasta 11 pares de visuales.

** E*quilibrio*: 6 pares de visuales se dirigen hacia la cabecera, mientras 5 lo hacen hacia la nave.

** S*imetría*: 4 pares de apoyos son simétricos, uno no lo es, y el sexto hacia la cabecera carece de equivalente hacia la nave.

** *Fineza*: excelente precisión constructiva en todas las visuales implicadas (dejamos al margen las intuidas).

El resultado global es una *transferencia de ritmo* que determina directamente la posición de "32 de los 61" pilares exentos que configuran su espacio cruciforme –*"1 de cada 2"* pilares–, proporción menor que en Chartres o Rouen. Para reforzar esa situación, Compostela suma una referencia adicional en la nave central –la clave del arco formero del primer tramo de la arcada– y tres en la cabecera –las claves de los arcos formeros de los dos primeros tramos del presbiterio y el punto más profundo del ábside–.

8 La distancia entre el muro al pie de la nave central y el fondo del ábside es de 105 metros, que se prolongan en un deambulatorio y una profundísima capilla axial.

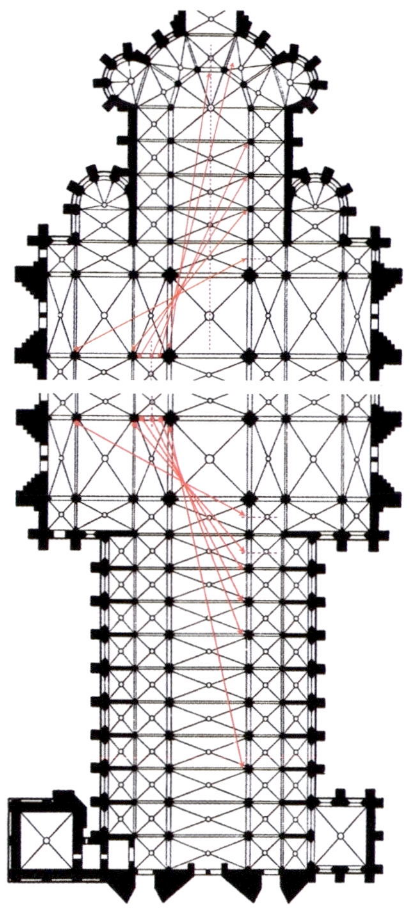

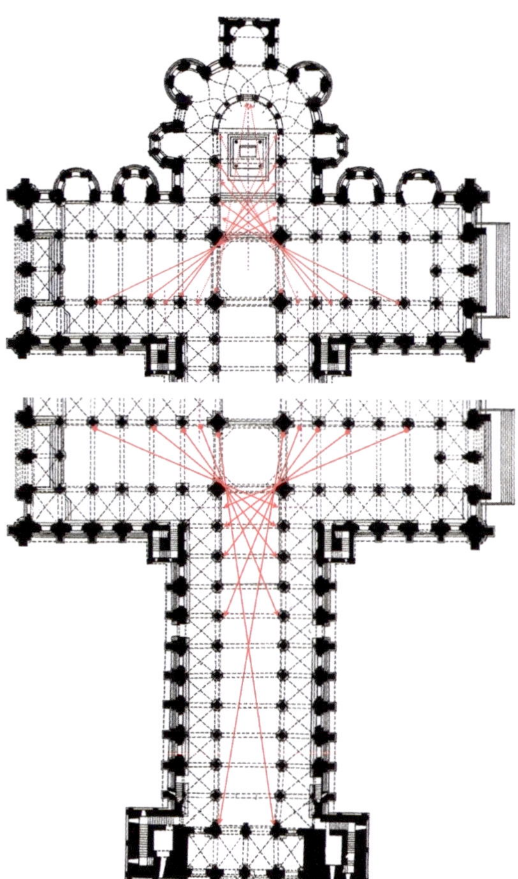

Croquis 10. Transferencia de ritmo observada en las catedrales de Rouen (izquierda) y Compostela (derecha), representadas sobre plantas tomadas de G. Dehio y G. Bezold, y de K.J. Conant, respectivamente. Nos ha sorprendido el notable –e inhabitual– desajuste entre la trama de Rouen y la planta utilizada. Confiamos en no habernos equivocado durante las observaciones. En caso contrario, pedimos disculpas por el error.

Se podría pensar que Compostela no posee un proyecto demasiado elaborado, pues los indicadores cuantitativos no presentan resultados demasiado altos, pero en su valoración final se deben tener presente dos hechos importantes: *la dificultad del espacio construido y el resto de la trama visual.* Respecto del primero, intentar situar 61 pilares en posición correcta, cerrando una nave de once tramos, unos brazos con cinco y una cabecera con cuatro, es de una dificultad tan extrema, que lo sorprendente no es que la *transferencia* solo fije la posición de 32 de ellos, sino que su arquitecto haya sido capaz de reelaborar el proyecto, y su trazado sobre el terreno, hasta alcanzar esa cifra, *respetando todos los restantes elementos de la trama visual.* Y ese es, precisamente, el segundo factor que debemos tener muy presente al valorar el proyecto final de Compostela, lo cual estaremos en mejores condiciones de realizar cuando en el siguiente capítulo analicemos la estructura de su cúpula sobre el crucero.

Imagen 8. Visual desde el vértice axial del primer pilar del brazo derecho de Rouen, el perfil de la columna adosada que cierra el segundo tramo de su cabecera.

TRANSFERENCIA DE RITMO EN UNA ESTRUCTURA LINEAL

Dado el mínimo uso que Santa Maria del Mar hace de los recursos decorativos, no es fácil definir apoyos y referencias que puedan gestionar la concordancia de sus 20 pilares exentos, la mitad en la cabecera y otros tantos en la nave central. Para suplir esta limitación, su arquitecto armó una solución tan ingeniosa como sugerente: además de utilizar los tres apoyos habituales en el brazo[9], añadió otros dos situados en los machones contrafuertes que separan las tres capillas laterales del "brazo". Dispuso así de cinco apoyos en cada brazo, lo que le permitió organizar una *transferencia* con buena *intensidad* –10 pares de visuales–, *total equilibrio* –5 pares en cada sentido–, y *plena simetría* –3 apoyos simétricos y 2 compartidos–. Las referencias se identifican de forma muy precisa con los nervios de descarga de las bóvedas sobre las impostas que coronan sus austeros pilares octogonales.

El balance de la *transferencia* construida muestra que *de los 28 pilares y machones que delimitan su espacio cruciforme interior[10], 24 definen su posición colegiadamente a través de la transferencia integral.* A destacar que en la cabecera cuatro pilares lo hacen por partida doble. Estamos ante un resultado muy notable, cercano a la *exhaustividad* de Conques, y muy superior al paradigmático porcentaje "2 de cada 3" de Chartres. Una estructura lineal también puede, pues, acoger una *transferencia de ritmo* de calidad similar a los mejores modelos paradigmáticos.

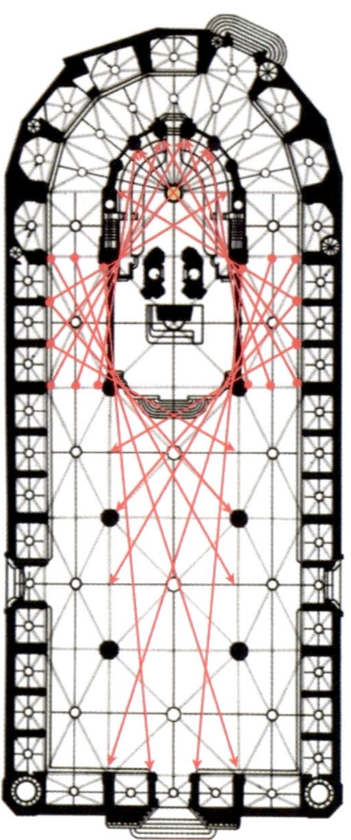

Croquis 11. Transferencia de ritmo en Santa Maria del Mar. Planta tomada de M. Cornet i Mas.

Siempre se insiste en el indiscutible papel resistente que juega el rosario de capillas situadas a lo largo del perfil perimetral de este edificio. Ahora queda subrayada su importancia dentro de la trama visual, con sus machones de separación aportando casi la mitad de los apoyos necesarios para densificar la *transferencia.* También podemos entender mejor los motivos espaciales que llevaron a dividir cada tramo de la nave en tres capillas laterales. Excelente.

TRANSFERENCIAS DE GRAN INTENSIDAD EN ARQUITECTURAS DE PEQUEÑAS DIMENSIONES

Las *transferencias de gran intensidad* no son patrimonio de las grandes arquitecturas, sino de los buenos proyectos. Nada impide disfrutar de su análisis en edificios de pequeñas dimensiones, aunque en estos casos la nave transversal suela ser única y cierre sus lados con un muro corrido. Es una estructura que ya hemos estudiado en Paray-le-Monial, y a la que ahora volvemos para disfrutar de cinco arquitecturas de primer nivel.

Auvergne es una región de visita obligada para los interesados en la arquitectura sacra de calidad, pues en un radio de apenas 40 kilómetros encontramos cinco edificios excepcionales: Saint Nectaire –el de menor tamaño, con algo menos de 35 metros de largo hasta el fondo de su deambulatorio–; Saint Saturnin; Notre Dame, en Orcival; Notre Dame du Port, en Clermont-Ferrand; y Saint Austremoine, en Issoire –el de mayores dimensiones, con 55 metros hasta el fondo del deambulatorio–. Hay poca exactitud sobre sus fechas específicas de construcción, pero bastante acuerdo en que su gran proximidad geográfica se acompañó con similar cercanía temporal en sus obras. Las últimas investigaciones las sitúan dentro de una horquilla temporal de unos 50 años, entre 1.080, momento aproximado del comienzo de las obras de Nectaire, y el año 1.130 para Issoire, la más joven.

9 Perfil lateral del pilar del crucero, extremo del brazo, y punto medio entre ambos.

10 A pesar de no ser exentos, también hemos incluido en ese dato los machones de las capillas que, al pie de la nave y en los brazos, se abren directamente al espacio cruciforme.

Las cinco arquitecturas comparten muchos rasgos espaciales importantes[11], y su proximidad ofrece una excelente oportunidad para, sin grandes desplazamientos físicos, poder realizar una segunda visita a alguna de ellas, y ratificar similitudes y diferencias en la trama que las organiza. De ese modo, la confianza en lo observado se multiplica ante la solidez de las conclusiones obtenidas. Confiamos que los croquis que adjuntamos sean de suficiente ayuda para ese gratificante ejercicio.

Saint Nectaire construye una *transferencia* con 8 pares de visuales, bien *equilibrada* –4 juegos en cada sentido–, y con "12 de los 18" pilares exentos participando directamente en ella, lo que equivale a "2 de cada 3", como en el modelo paradigmático (croquis 12 arriba). El rasgo de menor calidad espacial es la notable *asimetría* de sus apoyos: tan solo "2 de 8" son simétricas. Estamos, pues, ante un proyecto con brazos muy *poco transitivos* por la escasa sintonía visual que transfieren entre la cabecera y la nave central.

Saint Saturnin, con una estructura espacial más compacta, mejora el nivel de elaboración del proyecto, pues añade un segundo par de apoyos *simétricos*, y logra la plena *exhaustividad para los 16 pilares exentos* de su espacio interior, definiendo la posición de todos ellos (croquis 12 centro izquierda).

Orcival, de dimensiones y momento constructivo muy cercano a Saturnin, construye una situación muy *transitiva* y de gran *intensidad*, sin retroceder en la *exhaustividad* de la *transferencia*: consigue 3 pares de apoyos simétricos para un total de 11 juegos de visuales implicadas, que señalan con precisión la posición de "20 de los 20" pilares exentos posibles –todos– (croquis 12 inferior izquierdo).

Llama la atención la poca nitidez constructiva en todos los aspectos de la trama visual de ***Notre Dame du Port*** (croquis 12 centro derecha), aunque no es menos cierto que presenta un proyecto muy *transitivo*, con 4 pares de apoyos simétricos para una *intensidad* total de 9 juegos de visuales, que fijan la posición de "18 de los 22" pilares exentos que delimitan su espacio interior, proporción mayor que la paradigmática "2 de cada 3".

Issoire –la arquitectura de mayor tamaño– articula una *transferencia* con 11 juegos de visuales, con los apoyos simétricos limitados a tan solo 2 pares. Aun así, la *transferencia* consigue definir la posición de "20 de un total de 24" pilares exentos, también mayor que los "2 de cada 3" paradigmáticos (croquis 12 inferior derecho).

RESUMEN COMPARATIVO

La *transferencia* más débil la encontramos en Nectaire: es la menos *intensa* y *exhaustiva* en fijar la posición de los pilares, y la más *asimétrica* en los apoyos. Es el proyecto de menores dimensiones y más temprano. Reúne, pues, todas las condiciones para ser considerado "un primer ensayo".

Saturnin y Orcival son los dos proyectos con mayor *exhaustividad*, pues ambos la consiguen a la totalidad: ningún pilar exento queda al margen de la *transferencia*. También mejoran la *intensidad* y la *simetría* de Nectaire. Han pasado muy pocos años, y el cambio ha sido bastante notable. Si Saturnin y Orcival fueron edificadas por el mismo "taller" que Nectaire, es indudable que el proceso de maduración de sus métodos de trabajo fue rápido, eficaz y muy inteligente. Extraordinario.

Port alcanzó la mejor *simetría* de la serie, pero no consiguió mantener ni la *intensidad* ni la *exhaustividad* de Saturnin ni de Orcival. La calidad de su proyecto supone, pues, más un estancamiento –incluso podríamos hablar de retroceso– que una profundización en los avances alcanzados.

Issoire, la última arquitectura de la serie, mejora el proyecto de Port, recuperando la *intensidad* de Saturnin y Orcival, pero sin alcanzar su *simetría* ni *exhaustividad*.

Estamos, pues, ante proyectos *densos* –entre 8 y 11 pares de visuales implicadas, valores muy notables para el tamaño de estas arquitecturas–; muy *exhaustivos*, pues en todos los casos están por encima de la paradigmática relación "2 de cada 3", llegando en dos casos a asociar la posición de todos los pilares exentos. En cuatro participan todos los pilares de la cabecera.

Los parámetros más bajos corresponden a la *simetría* de la *transferencia*. Parece bastante claro que, cuando un brazo acoge un absidiolo, la posibilidad de simetrizar los apoyos queda muy mermada.

La elegancia de la *transferencia entre brazos y cabecera* es muy notable en las cinco arquitecturas, con índices de *intensidad* y *exhaustividad* superiores a los de la *transferencia entre brazos y nave*. Se trata de un resultado muy

11 Un potente núcleo cruciforme, naves laterales, brazos divididos en dos tramos por un enérgico pilar adosado, nave transversal que sobresale exteriormente de la estructura lineal, deambulatorio, y una notable cúpula sobre el crucero.

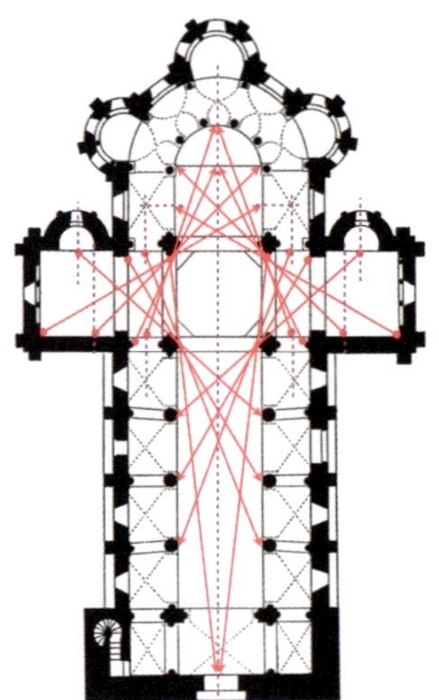

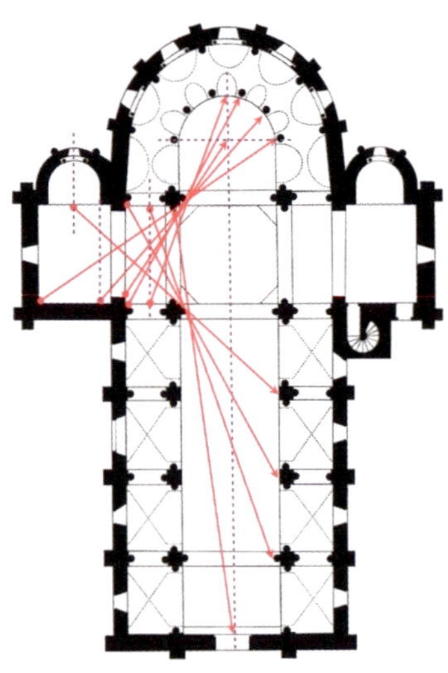

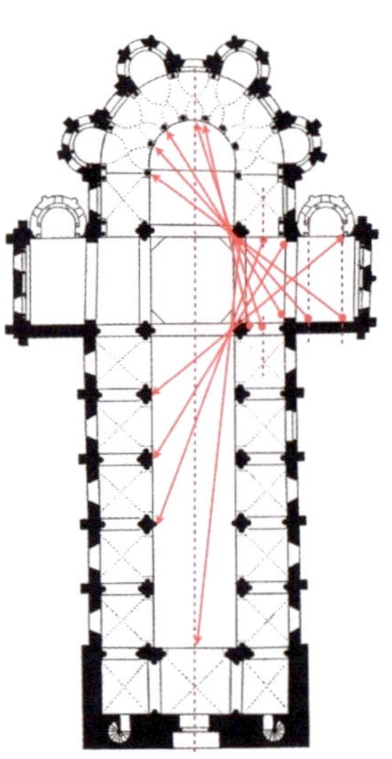

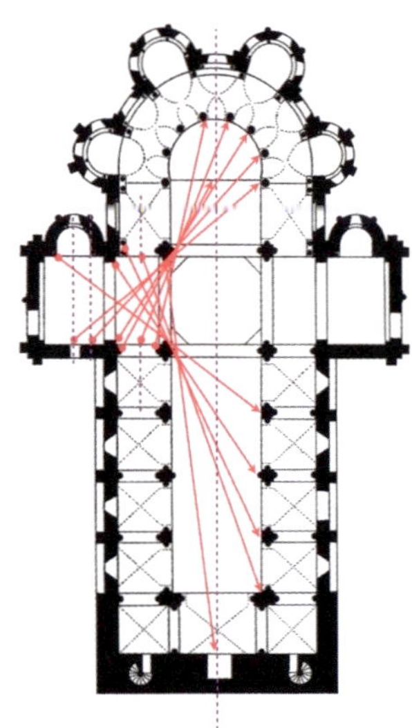

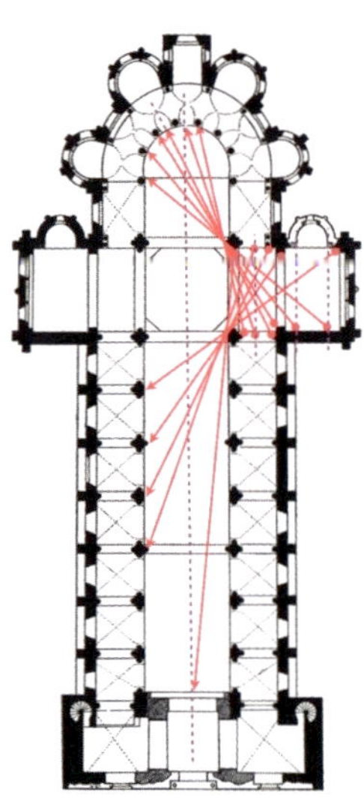

Croquis 12. De arriba abajo y de izquierda a derecha; transferencia de ritmo en Saint Nectaire, Saint Saturnin, Notre Dame du Port, Orcival y en Issoire. La trama es simétrica a ambos lados del edificio, y en cuatro casos solo hemos dibujado un lado para facilitar su mejor comprensión. Plantas tomadas de Ch. Craplet y N. Deney.

coherente con la primacía del diseño del escenario principal, y con la dificultad ya señalada para definir apoyos válidos en el lado del brazo que acoge un absidiolo.

Recordemos que cuando comparamos los indicadores de las *transferencias de ritmo* lo hacemos para contrastar sus niveles de elaboración, entender mejor los rasgos comunes y las especificidades de sus proyectos constructivos y simbólicos, así como la *finezza* del trabajo del "taller" que las puso en pie. Pero esos indicadores no miden las cualidades plásticas de los espacios que construyen, aunque parece claro que, de algún modo, deben colaborar a construir esas características, pues, de hecho, las *transferencias de ritmo* más ricas y sugerentes –y con indicadores numéricos más altos–, las hemos encontrado en las arquitecturas más y mejor adjetivadas por la crítica especializada.

En pocas ocasiones hemos tenido mayor sensación de cercanía y complicidad con un arquitecto y su equipo de trabajo que en el reiterado deambular por el espacio interior de estas cinco arquitecturas, tratando de ratificar en las restantes lo que cada una de ellas nos iba enseñando. Un ejercicio francamente recomendable, por el placer y el lujo que supone poder aprender, por reiteración, de las propias arquitecturas, en amigable diálogo –en la distancia temporal y conceptual– con sus creadores.

UN COMENTARIO METODOLÓGICO Y DE ALTO VALOR SIMBÓLICO

En la bibliografía encontramos muchos comentarios sobre los antecedentes de un estilo, relación entre diferentes zonas geográficas, influencias entre edificios, presencia de un mismo arquitecto o equipo de artesanos en varios edificios, ... La trama visual también puede aportar sugerencias de interés en ese campo, no tanto a través de los criterios más básicos y de obligado cumplimiento –pues son comunes–, sino a través de las soluciones específicas compartidas por diferentes arquitecturas. Sin duda, son las de mayor interés, pues permiten disfrutar de la creatividad que las generó, de la racionalidad que las justifica, y de la especificidad del mensaje simbólico que encierran. Pero también pueden ayudar a establecer relaciones entre arquitecturas de diferentes lugares y momentos.

Los cinco templos auvertinos que acabamos de analizar son un buen ejemplo de esa posibilidad, pues comparten tantos gestos que es difícil negar la intensa relación de sus proyectos. Por ejemplo, utilizan cinco apoyos idénticos[12], y todos ellos ofrecen como referencias para la *transferencia hacia la cabecera* los extremos de la línea de acceso al ábside y la clave de su arco de acceso. Como resultado de estas coincidencias, la dispersión de formas geométricas para sus cinco cabeceras[13] es mucho mayor que la de las tramas visuales que las validan. Excelente. Pero todavía resulta más importante la *altísima calidad simbólica de las soluciones que comparten:* por ejemplo, cuatro de ellas utilizan como referencias *la profundidad máxima del ábside y el punto medio del muro al pie de la nave central,* lo que implica que la *transferencia construida interviene activamente sobre ¡¡¡la totalidad del espacio interior, hasta sus límites axiales más extremos!!!* Un mismo ritmo –y el mensaje simbólico que vehicula– se extiende por el conjunto del espacio cruciforme, impregnándolo todo, desde el fondo del ábside hasta la puerta de acceso frontal. Esta composición escenográfica sumerge a la asamblea de fieles en el *ritmo marcado por el abanico de visuales que, partiendo desde lo más profundo del espacio sagrado, y tras apoyarse en la nave transversal, alcanza la totalidad de la nave central.* Excelente: a las características esenciales que los proyectos sacros están obligados a satisfacer *–accesibilidad visual, seducción, control e imposición presencial–*, los *mecanismos de transferencia* añaden ahora la concreción proyectual de la más inquietante ensoñación de todo poder: su ***ubicuidad en el espacio y en el tiempo***, es decir, su permanente capacidad para *hacerse presente en todo lugar y momento.* En este caso, en el interior del espacio sacro.

Al armazón ideológico tramado por los ejes visual y de control y por la trama en alzado, la transferencia de ritmo suma ahora dos consignas nucleares del doctrinario cristiano: "construido a su imagen y semejanza" y "el don de la ubicuidad".

12 Tres para las visuales que se dirigen hacia la nave central –los perfiles de acceso al deambulatorio y su punto medio– y dos para las que buscan la cabecera –el punto medio y el vértice de la nave lateral en el segundo–.

13 En dos casos el ábside se cierra con una arcada de cuatro columnas, mientras el resto lo hace con seis.

VI - UN CAMBIO DE ALTURA EN LOS MECANISMOS DE TRANSFERENCIA VISUAL

Desde el inicio del capítulo estamos buscando posibles recursos que colaboren con los *ejes visual* y de *control* en la definición de las estructuras espaciales más complejas, y el resultado obtenido hasta ahora nos parece francamente confortable, pues los mecanismos de *transferencia de ritmo* aportan cohesión espacial, racionalidad constructiva y un extraordinario tratamiento simbólico al espacio que las acoge.

Los criterios que fijan la posición de los pilares de la arcada cruciforme tienen la virtud de pautar nuestra mirada, y convertir una densa y abrumadora empalizada de columnas y pilares en una *secuencia ordenada*, que construye una relación intensa y muy precisa entre los diferentes elementos que la conforman. Ya no actúan solo los *ejes* y unas pocas visuales, sino una densa trama que ajusta todo el espacio interior al orden definido desde la cabecera central, con la arcada que envuelve al núcleo cruciforme como la cristalización de ese orden. Una vez más, la idea de *"tratamiento unitario"* prima sobre la de *"reunión de elementos dispares"*. Es, pues, razonable que, al creer haber encontrado un código tan potente de descodificación de lo observado, nuestra mirada se sienta satisfecha.

Pero si cargados con tan optimista bagaje dirigimos nuestros pasos hasta alguna de las arquitecturas catedralicias de mayor renombre institucional, el balance es frustrante. Las visitas a Noyon, Soissons y Troyes resultan un fiasco inesperado. Reims añade dudas e incertidumbres, y Coutances y Orleans ratifican la inutilidad de los esquemas de *transferencia* reconocidos hasta estos momentos. Cuando creíamos estar ante unas conclusiones sólidas, la realidad construida nos devuelve "al mundo terrenal" y nos coloca frente a lo indiscutible: el mecanismo de *transferencia de ritmo* descrito hasta estos momentos no se cumple en esas arquitecturas.

Los seis templos que acabamos de mencionar –Noyon, Soissons, Troyes, Reims, Coutances y Orleans– cumplen muy bien con las obligaciones fijadas por las *leyes fuertes de validación visual*. Por ejemplo, dadas sus dimensiones, es un inmenso placer medir en cualquiera de ellas las *particiones* asociadas a sus *ejes visual* y *de control*, constatar su precisión, e imaginar su posible trazado sobre el terreno[14]. Por supuesto, las visuales asociadas a ambos *ejes* también se comportan con absoluta normalidad. Las cualidades escenográficas de sus respectivos deambulatorios y la interesante trama en alzado entre sus naves longitudinales la hemos destacado en los capítulos correspondientes. Las seis satisfacen el doble requisito de "excelente proyecto" y "gran rigor constructivo". En esas condiciones, *¿cómo es posible que arquitecturas de la importancia de Noyon, Soissons y Coutances solo presenten una visual hacia la cabecera que se ajuste a las condiciones exigidas por el mecanismo de transferencia que conocemos?* En Orleans, Reims o Troyes no hemos reconocido ni siquiera una visual –no asociada a los *ejes de control y visual*– que cumpla las condiciones. Absoluta frustración, pues, ante tan desconcertante resultado.

¿Es coherente que edificios tan esenciales en el nacimiento, desarrollo y consolidación del gótico europeo se situasen al margen de las normas habituales de su época, y renunciasen al uso de un mecanismo tan potente para la articulación simbólica de su espacio interior? Difícil de aceptar. *¿Estamos ante un déficit en el proyecto, o ante un error de interpretación de los hechos observados?* Por supuesto, todos los votos están a favor de la segunda opción. La experiencia acumulada en este trabajo nos ha enseñado que, en la inmensa mayoría de los casos, la incoherencia reside en nuestra mirada, más que en los hechos construidos. Estamos obligados, pues, a reconsiderar a fondo las pautas observacionales utilizadas en las *transferencias de ritmo* que ya conocemos:

Apoyos posicionales: estamos utilizando los paradigmáticos que nos han enseñado Conques y Chartres. ¿Es posible que existan otros? Muy difícil. Constructivamente, es demasiado sofisticado pensar en la posible utilización de una secuencia de *particiones* para definirlos cuando la nave transversal dispone de tantas *marcas constructivas* inactivas. El principio de *economía y minimalismo en los recursos movilizados* desaconseja esa opción como línea prometedora de investigación.

Apoyos tangenciales: ¿tenemos otras opciones, además del perfil de los pilares del crucero? Rotundamente, no.

14 El *eje visual* y el *de control* de Noyon se sitúan sobre las *particiones*, "1 a 1" y "3 a 1" respectivamente, de la longitud interior hasta el fondo del ábside. En Soissons "4 a 3" hasta el fondo del deambulatorio y "5 a 1" hasta el fondo ábside, respectivamente. En Troyes "3 a 2" y "4 a 1", en ambos casos hasta el fondo del ábside. En Reims "1 a 1" hasta el fondo del deambulatorio y "2 a 1" hasta el fondo del ábside. En Coutances "1 a 1" y "5 a 1", ambas hasta el fondo del ábside. En Orleans "3 a 1" hasta el fondo del deambulatorio (¡¡con 111,48 metros de distancia!!) y "5 a 1" hasta el fondo ábside.

Referencias: hemos utilizado las paradigmáticas definidas por Conques y Chartres –vértices transversales de los pilares y claves de la arcada–, y no funcionan en ninguna de esas seis arquitecturas, ni siquiera de modo aproximado. ¿Tenemos otras opciones? ¿En otras partes de la trama hemos utilizado referencias diferentes? Sí: por ejemplo, el rostro del pantocrátor, las claves del ábside y del arco de acceso al ábside, y las de la nave central para la trama en alzado. *¿Alguna de esas referencias puede generar una secuencia capaz de dar soporte a una transferencia de ritmo?*

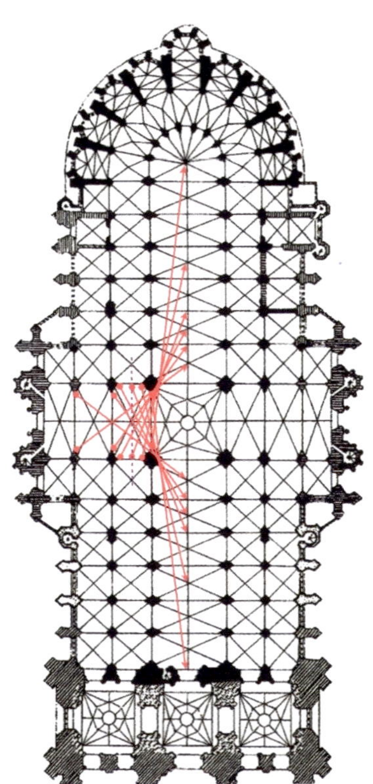

Croquis 13. Transferencia en alzado para la catedral de Orleans.

Aceptar esa posibilidad nos coloca a las puertas de la solución. En efecto, cuando volvemos a recorrer el perfil completo de sus respectivas naves transversales, nos detenemos en los apoyos normativos que nos han enseñado Conques y Chartres, y somos receptivos a esta nueva posibilidad para las referencias válidas, vuelve la consistencia al espacio observado, y nuestra mirada recupera la nitidez simbólica. Y una nueva visita a la catedral de ***Orleans*** aporta un ejemplo *paradigmático* de la *nueva solución*: se trata de un *mecanismo de transferencia de ritmo, pero con las referencias situadas ¡¡¡en las claves de la bóveda de la cabecera y de la nave central!!!*, es decir, en las claves de los diferentes tramos de bóveda y en las de los arcos perpiaños que delimitan dichos tramos. En nuestras primeras visitas a estos edificios, atentos a encontrar las –inexistentes– relaciones con las finas columnas de los pilares, no fuimos capaces de detectar la presencia de una clara y nítida asociación con puntos de tanta importancia constructiva y simbólica como las claves en sus bóvedas.

Si Chartres es el paradigma de una transferencia "en planta", Orleans lo es de una con las referencias "en alzado", en concreto, *con las claves de la cubierta de la nave central y de la cabecera.* Su *intensidad* implica a 12 pares de visuales; su *equilibrio* a 6 pares en cada sentido, y su *simetría* utiliza los mismos apoyos a ambos lados de la nave transversal (croquis 13). Pero en estas arquitecturas debemos matizar la idea de *exhaustividad de la transferencia*, pues ahora su objetivo no es la sintonía entre pilares de la arcada, sino entre las claves en la bóveda de la cabecera y de la nave central: por ejemplo, en Orleans la *transferencia* utiliza la totalidad de las claves de los dos primeros tramos del presbiterio y de la nave, y se completa con dos juegos de visuales que, partiendo de apoyos simétricos –los vértices axiales de los pilares del crucero–, cruzan la práctica totalidad del espacio interior, hasta alcanzar las referencias de mayor carga simbólica: *la clave del ábside y la clave del arco perpiaño que cierra la nave –es decir, el centro del muro al pie de la nave–*. Las imágenes 9 y 10 lo muestran.

Hace muy pocas páginas hemos comentado el aporte simbólico que supone para cuatro arquitecturas auvertinas que su *transferencia de ritmo* asocie *la profundidad máxima del ábside y el muro al pie de la nave*, y la tremenda carga ideológica que supone considerar que el orden para todo el espacio cruciforme, hasta sus extremos axiales, nace y fluye desde lo más profundo del lugar más sagrado. Orleans sube un peldaño más el mensaje mistificador, y apuesta por una solución todavía más ambiciosa y radical: apenas accedemos a su espacio interior, caemos bajo el influjo directo del punto ideológico más potente de todo el edificio, *¡¡la clave de su ábside!!*, situada a casi 100 metros de distancia, que se convierte así en *"origen de todas las cosas, y referencia absoluta para el orden de su espacio interior"*.

La primera objeción que se puede poner a lo que acabamos de afirmar, es evidente: ¿cómo se puede sugerir que para trazar un proyecto sobre el terreno se utilicen como referencias las claves de los tramos de bóvedas y de los arcos perpiaños, que se alzarán muchos años más tarde? La respuesta es simple: las referencias últimas son las

Imagen 9. Apoyados en el perfil axial del pilar izquierdo del crucero –lado nave– de la catedral de Orleans, visual a la clave del ábside. A destacar su notorio desajuste con el nervio de descarga de la bóveda, referencia en planta utilizada en las arquitecturas analizadas anteriormente.

Imagen 10. Apoyados ahora en el perfil axial del pilar izquierdo del crucero –lado cabecera– de la catedral de Orleans, visual a la clave del arco perpiaño que cierra la nave central, a los pies del edificio. Bajo su vertical, tras el órgano, podemos reconocer el centro del rosetón.

claves, pero lo son con la mediación de su proyección en planta, de modo similar a lo que ocurre con el rostro del pantocrátor al actuar de referencia para las visuales procedentes de los brazos o de las naves laterales. En ese caso ya hemos analizado en detalle el papel de las *particiones* para anticipar, en planta, su futura posición en alzado. El punto central de cada tramo de la nave, y el punto medio de paso entre ellos, juegan el mismo papel, respecto de las claves de los tramos de bóveda y de los arcos perpiaños.

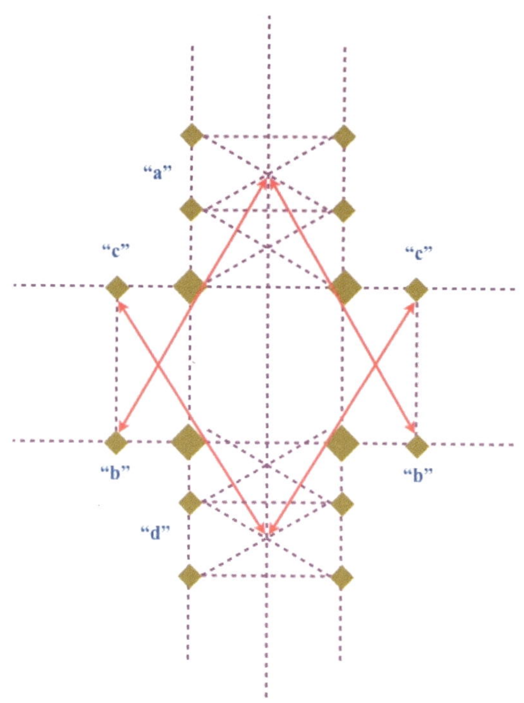

Croquis 14. Modelo paradigmático de transferencia de ritmo en alzado.

Una vez más estamos ante un proceso que requiere un ajuste muy fino sobre el terreno, pero ahora la visual –la cuerda que la materializa– que parte del vértice de un pilar de la nave transversal no busca el vértice de otro pilar de la nave central o de la cabecera, sino la estaca que señala el punto central de un tramo de esos espacios, o el punto medio de la línea de paso entre ellos. Hay relación entre las posiciones de los pilares del conjunto de la arcada continua, pero no directa, sino con la mediación de las claves, que son ahora las encargadas de asegurar la *unidad, cohesión y narratividad simbólica* del espacio volumétrico del edificio. Nuestra mirada no coincide con los vértices/columnillas de los pilares de la nave o de la cabecera –de ahí nuestro inicial desconcierto ante esta nueva situación escenográfica–, sino que lo hace con las claves de las bóvedas y de los arcos. La sintonía visual que buscábamos solo la podíamos detectar *elevando nuestra mirada hacia la cubierta*, ya que sus proyecciones no están señaladas en el pavimento. Tremenda contundencia simbólica. Una vez más, tan simple de reconocer –cuando se conocen las reglas del juego– como endiabladamente sutil de concebir. Ha costado encontrar la *solución*, pero el esfuerzo ha merecido la pena.

Destacar finalmente que, tal como muestra el croquis 14, el esquema formal para una *transferencia "en alzado"* consigue una simplicidad y elegancia extrema, superior incluso al modelo *"en planta"* que hemos esquematizado en el croquis 9 para Conques y Chartres.

Orleans nos acaba de enseñar *la **tercera buena práctica proyectual** para la mejor integración del conjunto del espacio interior, que lo consigue mediante una **transferencia de ritmo en alzado**. Para ello se incorporan como referencias válidas las claves de bóveda de la cabecera y de la nave, en tanto que elementos con la mayor carga evocadora presentes en la superficie de mayores dimensiones del edificio. Difícil de superar la escenografía simbólica que construye esta composición, pues al valor simbólico de las referencias utilizadas se suma la invitación a cumplir con el ancestral gesto de "elevar nuestra mirada a los cielos".*

Por supuesto, y con mucho gusto, debemos volver a Troyes, Noyon, Soissons, Reims, y Coutances para confirmar lo que Orleans nos acaba de enseñar.

RATIFICACIÓN A ORLEANS

Si la reconstrucción a fondo de la catedral de Orleans en los primeros años del siglo XVII, tras su destrucción por los hugonotes, puede introducir algunas incertidumbres sobre el grado de respeto a su proyecto original, la catedral de ***Troyes*** permite disfrutar de otro ejemplo paradigmático de *transferencia de ritmo, con todas las referencias situadas en alzado*. Su *intensidad* es un escalón menor que la de Orleans –11 pares de visuales, frente a los 12 de Orleans–, y con un ligero *desequilibrio* a favor de la nave, pues construye una visual más que la cabecera. Su *simetría* es buena, pues todos los apoyos disponen de su simétrico activo, menos uno, que carece de paralelo.

Tal como pone de manifiesto la comparación entre los croquis 13 y 15, la semejanza con la *transferencia* de Orleans es innegable: Troyes también utiliza todas las referencias en alzado de los dos primeros tramos de nave y de la cabecera –la secuencia completa de las cinco primeras claves de la nave central y las cuatro del presbiterio–. Además, los vértices axiales de los pilares del crucero son el apoyo de dos pares de visuales que también extienden la sintonía al conjunto del espacio interior, relacionando directamente sus dos puntos extremos: el centro del muro al pie de la nave y la profundidad máxima del ábside, trazado similar al que hemos encontrado en cuatro arquitecturas auvertinas. Excelente.

Se puede objetar, con razón, que Troyes presenta alguna visual falta de nitidez. Es cierto, pero Noyon, Soissons, Reims y Coutances reafirman la bondad de la *transferencia en alzado* como nuevo recurso proyectual.

La catedral de ***Soissons*** es una arquitectura magnífica en todas las facetas de su trama visual, y también construye una *transferencia* con todas las referencias *en alzado*.

A destacar que, a pesar de su compleja historia constructiva y de la forma desigual de sus brazos, la *transferencia* es simétrica respecto del eje longitudinal del edificio. Su *intensidad* es bastante notable, pues construye 10 juegos de visuales, cinco hacia la cabecera y otros tantos hacia la nave, por lo que estamos ante un *equilibrio* perfecto, que se acompaña de plena *simetría* para sus 5 apoyos.

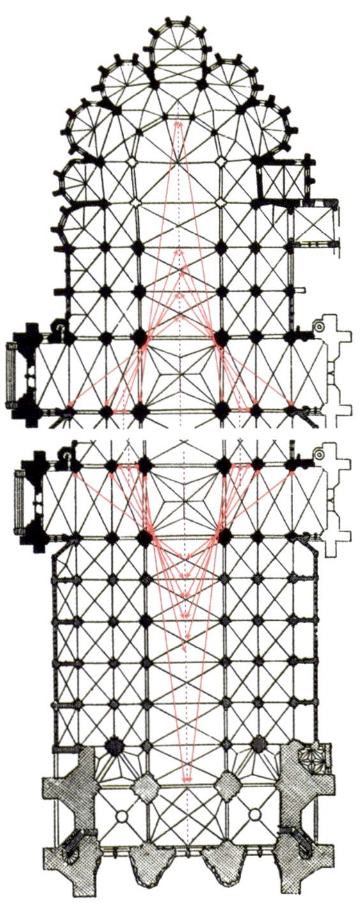

Croquis 15. Transferencia en alzado en Troyes, representada sobre una planta de V. de Courcel.

Como muestra el croquis 16, Soissons incluye un trazado muy cercano al encontrado en Orleans, y con similar carga simbólica: los vértices axiales de los pilares del crucero se alinean con la clave del ábside, y la *transferencia* así definida extiende su influjo hasta los vértices finales de la nave central –en Orleans lo hace con el centro del muro trasero–[15].

Tras otro oportunísimo incendio, ***Noyon*** pudo iniciar en 1.150 las obras de su nueva catedral, apenas 15 años más tarde que Saint Denis, con la que comparte protagonismo fundacional del nuevo estilo que hoy denominamos gótico.

Estamos, pues, ante un edificio al que debemos suponer voluntad rupturista, y los hechos observados así lo ratifican, ya que incluye una *transferencia* visual *en alzado* con 7 pares de visuales hacia la cabecera y otros tantos hacia la nave, con una *intensidad* total de 14 visuales, valor muy difícil de superar en un edificio de sus dimensiones. Por ejemplo, en la cabecera, utiliza ¡¡todas las referencias posibles en alzado!!

Los apoyos en la nave transversal son plenamente *simétricos*, destacando un gesto de especial calidad: la participación de los puntos de proyección en planta de la clave de las bóvedas de los espacios absidales que cierran ambos brazos, apoyos que buscan su buena sintonía con la clave de la primera arcada del presbiterio y de la nave. Es un magnífico ejemplo de especificidad, cuya detección sobre el terreno supone otro momento de sumo placer observacional.

En 1.210 el fuego purificador también tuvo a bien llegar hasta la vieja catedral carolingia de ***Reims***, y en un acto de milagrosa rapidez proyectual, un año más tarde ya se colocó la primera piedra de la nueva catedral. En ella podemos reconocer una *transferencia* hacia la nave con referencias en todas las claves de sus dos prime-

15 Dos buenas transferencias de ritmo en alzado hacia la cabecera muy similares a la de Soissons las podemos observar en las catedrales de Amberes y Malinas, pero sin continuidad en ambos casos hacia la nave central.

Imagen 11. Visual desde el nervio axial del pilar izquierdo del crucero –lado nave– de Soissons, a la clave del ábside.

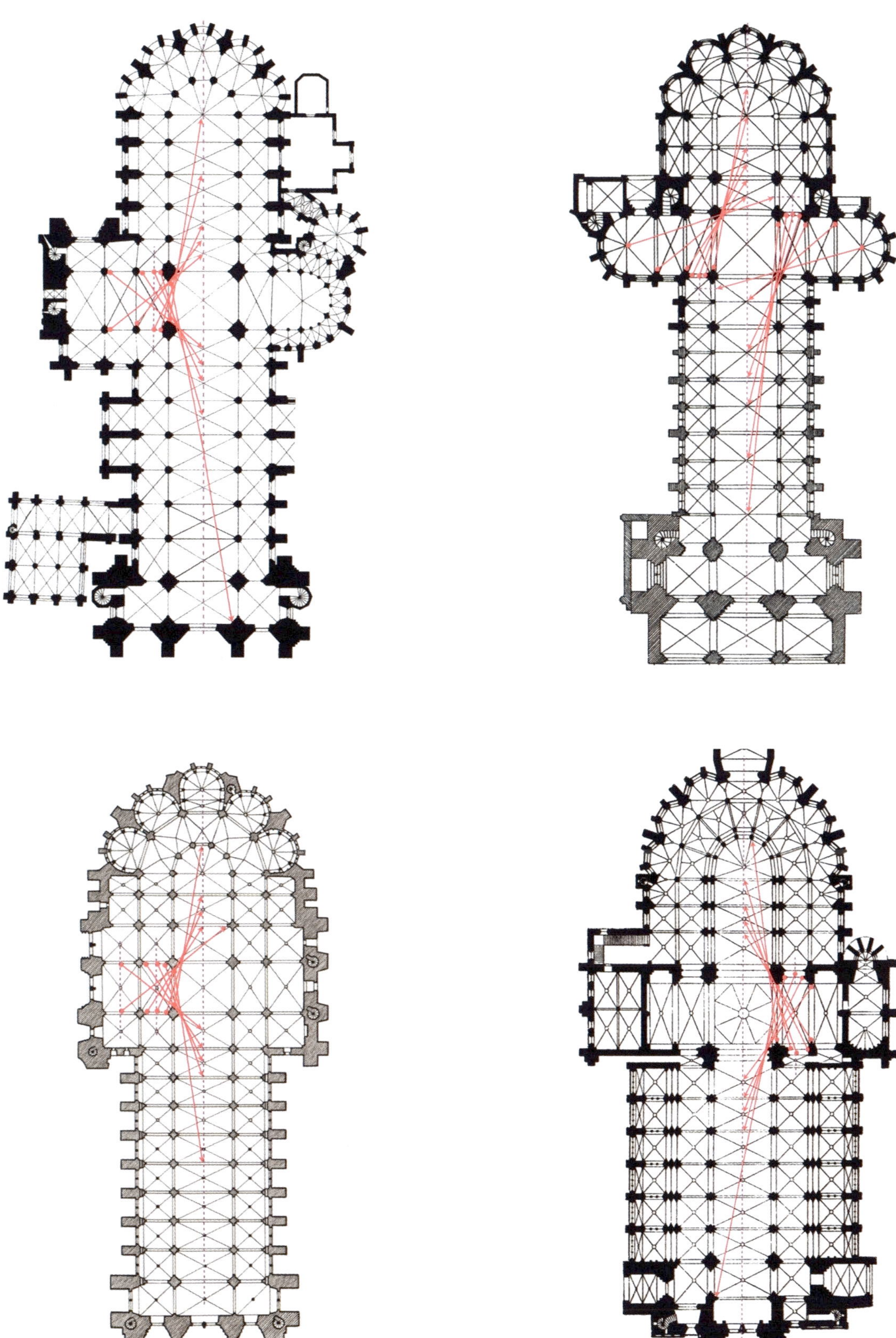

Croquis 16. De arriba a abajo y de izquierda a derecha, transferencia de ritmo en alzado en Soissons, Noyon, Reims y Coutances, sobre plantas de E. Del Brunet y R. de Lasteyrie, L. Grodecki, y G. Dehio y G. Bezold.

Imagen 12. Visual a la clave de bóveda del segundo tramo del presbiterio de Coutances, desde el vértice izquierdo del pilar entre tramos del brazo derecho. Se puede apreciar la falta de sintonía con el pilar más profundo y su fina columna adosada.

ros tramos, a las que se suma la clave del arco perpiaño de paso entre el quinto y sexto tramo. En la *transferencia* hacia la cabecera destaca la renuncia de la clave del ábside, en beneficio de su punto más profundo. La *intensidad* total no es llamativa –10 pares de visuales–, pero destaca su *equilibrio*, con cinco pares en cada sentido, y la *plena simetría* de todos sus apoyos.

La visita a Reims deja un ligero tono de decepción, pues de un edificio ceremonial de este rango institucional –aquí tenía lugar la coronación de los reyes franceses–, cabría esperar una mayor precisión y nitidez constructiva.

Coutances también se encomendó a las llamas, y en la primera mitad del siglo XIII dispuso de la oportunidad de remodelar a fondo las naves y la cabecera de su vieja catedral. El nuevo proyecto construyó una *transferencia* con cinco pares de visuales en cada sentido, con todos los apoyos *simétricos*. No se trata de una propuesta especialmente *intensa*, pero sí muy *equilibrada* y *simétrica*.

Un rasgo interesante de Coutances es que sitúa las referencias en alzado en los dos primeros tramos de la nave central, mientras que en la cabecera lo hace los más profundos del presbiterio.

Los vértices axiales de los pilares del crucero buscan los pilares más profundos del ábside, y los vértices extremos de la nave central. No insistimos en la carga simbólica de este trazado –una variante cercana a lo encontrado en Orleans y Soissons, incluso en Noyon–, pero lo aprovechamos para abrir la reflexión sobre un nuevo aspecto de la *transferencia de ritmo*: hasta estos momentos hemos hablado de *soluciones "en planta"* y *soluciones "en alzado"*. *¿Existe otra posibilidad?*

VII – TRANSFERENCIAS MIXTAS, EN PLANTA Y ALZADO

Al iniciar esta parte del estudio nos extrañó que algunas importantes arquitecturas presentasen una *transferencia en planta* de muy baja *intensidad*, con apenas tres o cuatro pares de visuales implicadas, hecho que parecía inconsistente con el resto de su trama. Cuando Orleans nos enseñó la posibilidad de establecer la *transferencia en alzado* decidimos reconsiderar la situación y volver a visitarlas. Por ejemplo, Coutances acaba de mostrarnos una *transferencia en alzado* a la que suma dos juegos de visuales con referencias *en planta* –los pilares más profundos de la cabecera y los vértices de la nave central–. ¿Se puede dar la situación complementaria?, es decir, *¿puede una transferencia en planta añadir algunas referencias en alzado?*

También nos animó a esta reconsideración un hecho siempre importante: si repasamos en detalle los croquis presentados a lo largo de este capítulo veremos que, en algunos casos, las *transferencias en planta* incluyen una visual a la clave del ábside, cuya especial carga simbólica justifica por sí sola su presencia en cualquier lugar, momento y circunstancia. Al encontrar esta situación no la hemos destacado para no desviarnos del hilo conductor que nos habíamos fijado para la presentación de este tema. Ahora lo podemos hacer, y preguntarnos si esa posibilidad puede ir más lejos.

La conclusión de esta nueva tanda de visitas ha sido clara: parece muy difícil alcanzar una *transferencia de notable intensidad* con una solución exclusiva en planta o en alzado. No todas las arquitecturas son Chartres, Conques, Compostela, Rouen, Noyon, Soissons, Troyes, Reims, Coutances o Orleans, y quizá la sutileza, precisión y elegancia de sus tramas visuales tenga algo –o mucho– que ver con el impacto visual que nos produce su espacio interior, y con las cualidades que la bibliografía especializada le atribuye.

Todo indica que el diseño y construcción de una *transferencia exclusiva en planta o en alzado* de densidad notable, solo estuvo al alcance de los arquitectos más experimentados. En los restantes casos, el dilema se planteó entre construir una *transferencia pura de baja intensidad*, o aceptar una *solución mixta*, que combinase elementos *en planta* y *en alzado*, capaz de generar *proyectos más densos y exhaustivos* que aportasen una mayor cohesión al espacio a construir. El trabajo de campo indica que en la mayoría de los casos prevaleció esta segunda opción.

Ante la dificultad proyectual, parece que lo más importante no fue el tipo de *transferencia* utilizada sino el grado de *concertación espacial* obtenido, lo que llevó a considerar como válido que ambas soluciones, en planta y en alzado, pudiesen sumar esfuerzos en la creación de correlaciones espaciales de mayor nivel y en la densificación del mensaje construido. Es cierto que la "mezcla" de soluciones puede restar elegancia al resultado y

Imagen 13. Desde el vértice lateral derecho del primer pilar de los brazos de Pontigny, a la clave del arco perpiaño entre el primer y segundo tramo del presbiterio, enmarcada por el capitel.

Imagen 14. Visuales desde el vértice izquierdo del pilar extremo del brazo derecho, a la clave de bóveda del primer tramo del presbiterio de la catedral de León, con notable efecto "subrayado", por coincidencia.

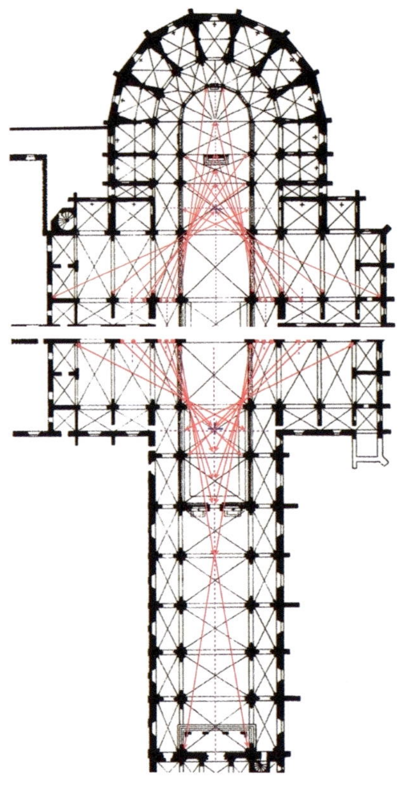

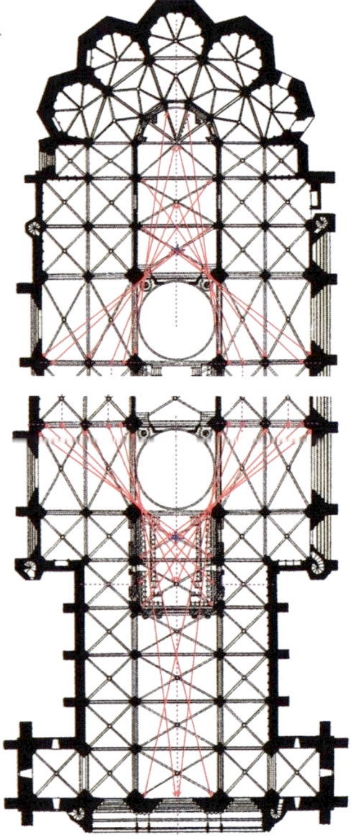

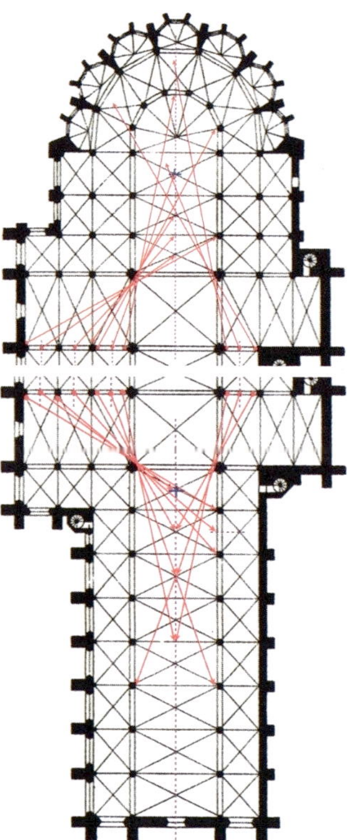

Croquis 17. Transferencia de ritmo en Pontigny (arriba), León y Altenberg (abajo, izquierda y derecha respectivamente).

generar alguna incertidumbre en su observación, pero es el coste a pagar ante la extrema dificultad de concebir esquemas puros de *notable densidad.*

*La **cuarta buena práctica proyectual** remarca la **necesidad de densificar el mensaje ideológico construido** por la transferencia de ritmo, y determina que el objetivo no es construir transferencias puras en planta o en alzado, sino estructuras interiores de calidad, es decir, **espacios con la máxima cohesión y riqueza simbólica**. Las buenas prácticas proyectuales son recursos para construir escenografía y narrativa doctrinal, y si hay que combinar soluciones constructivas para optimizar los resultados ideológicos, es legítimo hacerlo. Así lo ratifica las observaciones realizadas.*

Un ejemplo de arquitectura con *transferencia combinada en planta y alzado* lo encontramos en ***Pontigny***. Sus largos brazos permitieron construir una *transferencia* de notable *intensidad* –16 pares de visuales implicadas–, ligeramente sesgada en favor de la cabecera –9 pares, frente a 7 hacia la nave–, y con 6 apoyos *simétricos*. La cabecera aporta 5 referencias en alzado y 4 en planta, y la nave 4 en alzado, 2 en planta, y una que lo es en planta y en alzado (croquis 17 arriba).

Las visuales que parten de los vértices axiales de los pilares del crucero también juegan aquí un gran papel simbólico, pues buscan los pilares más profundos del ábside –como en Coutances y Noyon–, y los vértices de la nave central –al igual que Soissons y Coutances–. Una vez más, la *transferencia de ritmo* abarca hasta los límites extremos del espacio cruciforme.

Si a ello añadimos un *eje visual* muy preciso, situado sobre la *partición* "1 a 1" de los casi 99 metros de su longitud interior hasta el fondo del deambulatorio, está claro que estamos ante un proyecto ambicioso, muy bien resuelto, y mejor construido. Pontigny es, sin duda, un muy buen ejemplo para aprender a observar una *transferencia mixta.*

Cuando un observador se desplaza por la secuencia de apoyos en la nave transversal de la catedral de ***León***, puede apreciar una excelente *transferencia de ritmo*, aunque con algún déficit de precisión, sobre todo en el caso de las larguísimas visuales que buscan el muro de cierre al pie de la nave[16]. Se trata de una *transferencia* bastante *intensa* –13 pares de visuales–, con una característica poco frecuente: mayor protagonismo hacia la nave que hacia la cabecera –7 y 6 pares, respectivamente–. También la *simetría* es notable, pues 6 apoyos lo son (croquis 17 abajo izquierda).

Las referencias en la cabecera se distribuyen de forma equitativa entre planta y alzado –3 de cada tipo–, destacando que en dos ocasiones las visuales que buscan una clave continúan más allá, hasta coincidir también con referencias válidas en los pilares más profundos del ábside. Las referencias en la nave son, mayoritariamente, en planta, y solo en los dos primeros tramos buscan una clave.

En fechas similares a las de León, ***Altenberg*** construyó un espacio sacro muy transparente y luminoso, pero los dos tramos más periféricos del brazo derecho están cerrados, lo que impide observar al completo su *transferencia.* Si tomamos el brazo izquierdo como modelo, estamos ante una *transferencia* muy *intensa* –hasta 14 pares de visuales–, *equilibrada* –7 pares en cada sentido–, y con 6 apoyos *simétricos*. Las referencias utilizadas son 6 en alzado y otras tantas en planta. Excelente.

VIII – DOS EXCELENTES EJEMPLOS PARA APRENDER A OBSERVAR UNA TRANSFERENCIA DE RITMO

La grote of ***St. Bavokerk***, en ***Haarlem*** y la grote kerk de ***Breda***, son dos excelentes arquitecturas que reúnen muy buenas condiciones para enseñarnos a observar todos los aspectos de la trama y, en particular, los mecanismos de *transferencia visual.* Se trata de dos espacios luminosos y minimalistas en lo decorativo y en su mobiliario, rasgos frecuentes en las arquitecturas adscritas a la disciplina calvinista. La invitación a la atenta observación del propio espacio es inmediata, pues es el elemento dominante, y casi exclusivo, en la escenografía construida.

El croquis 18 permite apreciar sus detalles: Breda –la construcción más joven de las dos– incluye una *transferencia* con 11 pares de visuales y Haarlem una con 9 pares. Pero esta última construye uno de los trazados con mayor carga simbólica, el que pone en comunicación visual el punto medio del muro al pie de la nave con el punto más profundo del ábside. Breda responde con referencias en los vértices de la nave y en los pilares más profundos del ábside. Menor carga simbólica, pero similar rigor y elegancia.

16 Quizás los daños sufridos por el incendio de sus cubiertas puedan estar detrás de esta situación.

Imagen 15. Visual desde punto medio del acceso a la nave lateral derecha, al final del cuarto tramo del presbiterio de Haarlem. A destacar el exquisito ajuste con la fina columna que prolonga los nervios de descarga de la bóveda.

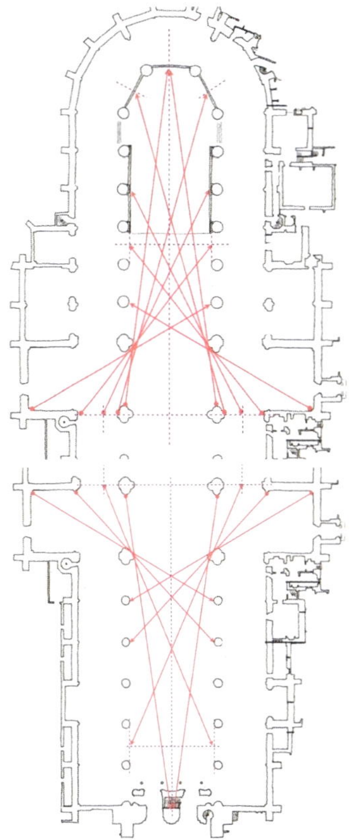

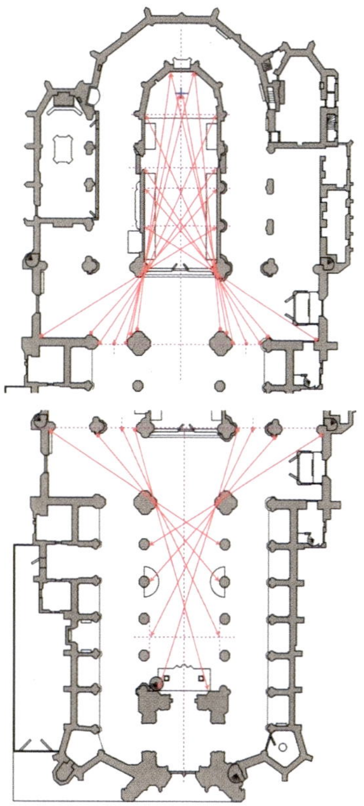

Croquis 18. Transferencia visual en Haarlem (izquierda) y en Breda (derecha). Planta tomada de M. Aubert.

A pesar de estas diferencias, las similitudes entre las *transferencias de ritmo* de ambos templos son tales, que si no tuviésemos presente los dos siglos que las separan, podríamos llegar a suponer que fueron planificadas por la misma mano[17].

IX – PERO NO SIEMPRE LOS PROYECTOS TUVIERON UNA RESOLUCIÓN TAN BRILLANTE

En algunas arquitecturas podemos detectar desajustes muy evidentes respecto del *proyecto que se intentaba construir*. ¿Cómo sabemos cuál era ese proyecto? En muchas ocasiones la duda es sencilla de resolver, por ejemplo, cuando desde un lado del edificio una visual busca con precisión una referencia plenamente normalizada, mientras que desde el lado opuesto no la alcanza con la precisión que exige la trama. Y mucho nos ha sorprendido que esa situación ocurra en la abadía de ***Saint-Denis***, verdadera necrópolis de la realeza francesa desde el siglo VII, y lugar predilecto de la alianza entre el poder religioso y la monarquía gala. La primera piedra de las obras de reforma que tuvieron lugar en 1.140 fue colocada por el mismísimo Luis VII.

Cuando analizamos la *transferencia* construida desde el brazo izquierdo hacia la cabecera, todo funciona como cabe esperar de una gran arquitectura institucional: hasta siete visuales buscan con notable precisión cuatro pilares, el punto medio de los dos primeros tramos de la arcada y el punto más profundo del ábside (croquis 19 izquierdo). Excelente. Pero cuando intentamos repetir esa misma observación desde el brazo derecho, las siete visuales frustran en su objetivo, y se desvían hacia su derecha (croquis 19 derecho). Todas se acercan a la referencia simétrica utilizada en el brazo izquierdo, pero ninguna la alcanza con nitidez suficiente. Sorprendente, por inesperado.

Si ahora repetimos la observación desde los siete apoyos del brazo derecho, simétricos a los anteriores, pero mirando hacia la nave central, encontraremos que, excepto una, el resto de visuales alcanzan con razonable pre-

17 St Vitus, la catedral de Praga, también construye una transferencia integral de ritmo muy cercana a las de Haarlem y Breda.

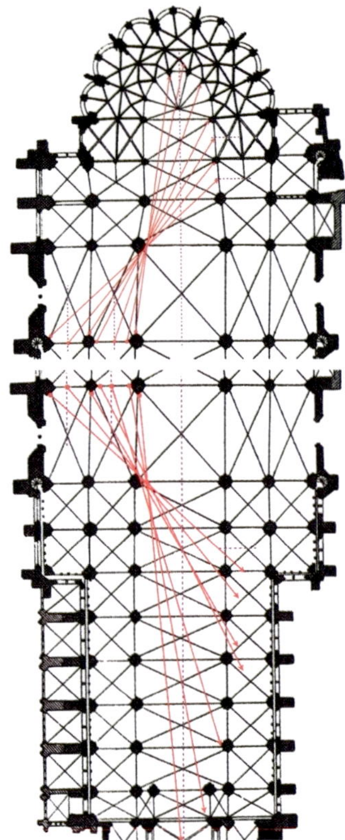
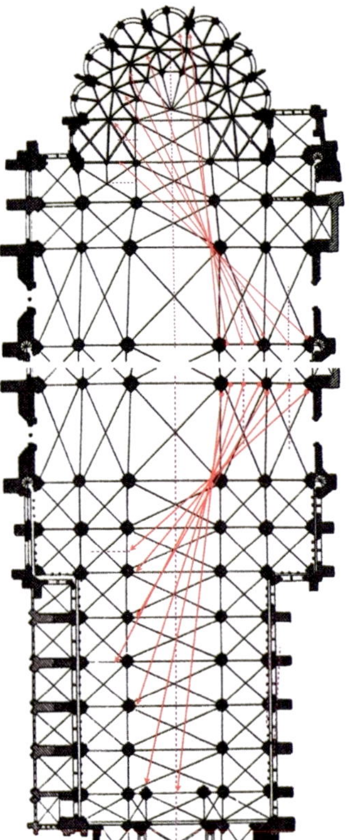

Croquis 19. Transferencia visual para Saint Denis.
Planta tomada de M. Aubert.

cisión puntos de referencia válidos. Excelente. Pero cuando realizamos esas mismas observaciones desde el brazo izquierdo, se reproducen los problemas, y apenas una visual alcanza con nitidez las referencias simétricas en la arcada derecha de la nave central. Nuevamente sorprendente.

Todo ocurre como si los pilares de la arcada izquierda de la cabecera y del lado superior del brazo izquierdo, se hubiesen desplazado hacia la izquierda de su posición teórica, lo cual provoca que todas las visuales que parten, o llegan, a ellos no alcancen con precisión los puntos previstos. ¿Errores en el proyecto original? ¿Errores durante su fábrica? Difícil de aceptar en una arquitectura de esta importancia institucional. ¿Aprovechamiento de fundamentos anteriores? ¿Interferencia con alguna construcción más antigua? ¿Desplazamiento de algunos elementos durante el asentamiento de la obra?, ... En cualquier caso, no deja de ser sorprendente que una situación de este tipo se dé, precisamente, en la joya institucional de la poderosa corona francesa. A lo largo de este trabajo hemos analizado arquitecturas con proyectos muy complejos, suma de muchas obras parciales, con superposición de capas constructivas y largos periodos de fábrica, y el resultado construido está muy lejos de la falta de *finezza* que presenta Saint Denis.

La realidad es tozuda, y basta observar con confianza para detectar algunas situaciones muy contradictorias con la publicidad oficial.

X – A MODO DE RESUMEN

"El lector medio que hojea los libros de estética y de crítica arquitectónica queda horrorizado por la vaguedad de los términos: "verdad", "movimiento", "fuerza", "vitalidad", "sentido de los límites", "armonía", "gracia", "escala", "proporción", "luz y sombra", "euritmia", "llenos y vacíos", "simetría", "ritmo", "masa", "volumen", "énfasis", "carácter", "contraste", "personalidad", "analogía",..., atributos de la arquitectura que los diferentes autores catalogan, a menudo sin precisar a que cosa se refiere."
Bruno Zevi

Desde las primeras observaciones realizadas, los mecanismos de *accesibilidad visual y control* se han mostrado fundamentales en la articulación del espacio interior sacro de disciplina cristiana. En planta lo han hecho a través del obligado cumplimiento de las *leyes fuertes de validación visual.* En alzado con la intervención de un amplio abanico de *buenas prácticas proyectuales* capaces de generar una *trama cenital de fuerte contenido simbólico, que cohesiona volumétricamente el corredor perimetral con el espacio cruciforme central.*

Parecía que con esos elementos el espacio nuclear quedaba muy bien definido[18] y agotaba sus posibilidades, pero lo que acabamos de comprobar es que los mejores arquitectos no se conformaron con ello, e intentaron llevar las cosas mucho más lejos, sumando un nuevo recurso proyectual extremadamente potente *–un mecanismo de transferencia de ritmo–*, cuyas bases ideológicas se ajustan a dos nociones esenciales del doctrinario cristiano: la capacidad del todopoderoso para estar presente en todo lugar e instante, y de actuar como referente de todo buen hacer. Y siempre confiando en que la credibilidad de ambos mantras –*"ubicuidad" y "todo a su imagen"*– se incremente en paralelo a la *intensidad, equilibrio, simetría, exhaustividad y finezza* de la *transferencia* construida. Para ello es válido combinar soluciones *"en planta" y "en alzado"*: *"Hágase tu voluntad, así en la Tierra como en el Cielo" invoca la plegaria. Y la arquitectura las construyó "así en planta como en alzado"*, hasta conseguir una *densidad* acorde con la contundencia simbólica deseada.

Han sido necesarias reiteradas visitas para reconocer, y aceptar, la sistematicidad de las diferentes soluciones inventadas para esta parte de la trama, pues nos resistíamos a admitir unos objetivos visuales tan ambiciosos para estos proyectos, objetivos cuyo cumplimiento se puede llevar por delante buena parte de las voluntades fijadas en la fase preparatoria del proyecto: *¿cómo compatibilizar una transferencia de ritmo con la intervención de los ejes visual y de control?, ¿es posible concertar una transferencia de ritmo en alzado con la trama volumétrica entre naves longitudinales, y con la trama para el deambulatorio?, ¿cómo simultanear la cohesión visual de una arcada continua con su misión resistente?, ¿qué papel puede quedar para la regularidad geométrica, con el terreno de juego tramado por un despliegue tan tupido de líneas visuales, absolutamente colegiadas entre sí?...* Mucha experiencia y confianza en sus múltiples saberes debía tener el arquitecto para aceptar un reto de esta envergadura.

Estamos ante prácticas proyectuales que construyen un mensaje ideológico que impregna al conjunto del espacio interior del edificio. Ya no es suficiente con la intervención de un *eje de control.* El conjunto del espacio ha de estar –y lo está– bajo control. Ya no basta con un *eje visual* que favorezca la *accesibilidad* a los símbolos sagrados situados de la cabecera. El conjunto del espacio ha de estar –y lo está– ocupado por la impositiva presencia de la autoridad divina y eclesiástica que emana desde la cabecera.

Podríamos decir que el conjunto del espacio interior vibra con las pautas y el orden marcado por la sacra cabecera, y que la arcada cruciforme y las claves de la cubierta se encargan de expandir y amplificar al conjunto del espacio interior. De ese modo, el mensaje construido impregna y satura a todo el que lo habita. Aquí, a diferencia de lo que ocurre en el breve *camino iniciático* que pueden construir las naves laterales, no es necesario que el fiel camine, observe con atención, busque, reconozca, acepte. No se requiere que muestre una actitud activa; más parece que se confía en que reciba los efectos de la densa trama por el mero hecho de estar inmerso en ella, por simple ósmosis, con independencia de su voluntad y actitud. Nunca la trama había sido tan invasiva en su deseo de colonizar, hasta la saturación, el espacio interior, e imponerse sobre los fieles que lo habitan. La acción ha pasado de nuestro caminar y de nuestra mirada, al propio espacio construido, cuyas cualidades nos serán imbuidas por el mero hecho de estar en él, de habitarlo. Las arquitecturas litúrgicas que construyen un mecanismo de *transferencia visual* son las más autoritarias e impositivas, pues, a pesar de sus enormes dimensiones en planta y alzado, en realidad, los fieles nunca habían estado tan mediatizados por –y supeditados a– la autoridad divina y terrenal identificada con el espacio más sacro. Seguramente ahí resida la motivación para tamaño esfuerzo proyectual.

A lo largo de todo el capítulo nos hemos detenido bastante en los detalles técnicos que construyen los mecanismos de *transferencia visual,* y ha sido así por dos razones. En primer lugar, por ser un tema tan inesperado que solo una mirada redundante y muy detallista nos ha hecho ganar confianza en lo observado. En segundo lugar, para facilitar la reproducción de las observaciones por parte del lector, lo que también permitirá reforzar o desautorizar su valor. Nos gustaría pensar que los gestos que la trama visual nos ha enseñado puedan estar relacionados con la construcción de alguna de las características que en la cita anterior Bruno Zevi ha enumerado para el espacio arquitectónico, cita tomada de su libro *Saber ver la arquitectura.*

18 A la espera de analizar la cúpula sobre el crucero, tema al que dedicaremos el próximo capitulo.

Capítulo VII

Hágase la luz. La seducción y el control se hacen cenitales

DE CÓMO UNA CÚPULA CONSTRUYE UN CAMINO INICIÁTICO Y UN MECANISMO DE LEGITIMACIÓN JERÁRQUICA

"Ver arquitectura significa reunir en una sola imagen mental toda la serie de imágenes interpretadas tridimensionalmente que se nos presentan cuando recorremos los espacios interiores."
Paul Frankl

Las naves laterales nos invitaron a observar su relación con la cubierta central, lo que inevitablemente nos condujo hasta el deambulatorio y su nexo con el pantocrátor y la clave del ábside. En el capítulo anterior, de la mano de las *transferencias de ritmo en alzado,* la cubierta central ha vuelto al primer plano del protagonismo simbólico. Pero todavía nos queda pendiente el análisis de un elemento cenital tan importante como la cúpula que cubre el crucero de muchísimas arquitecturas cristianas.

Si el estudio de las cubiertas es siempre problemático, el de la cúpula todavía lo es más, pues se trata de un elemento tan frágil como pesado, cuyo colapso suele acarrear graves consecuencias para los pilares del crucero y para una parte importante del conjunto de la fábrica. No es excepcional que se añadiese en una fase tardía de la obra y que haya sido reconstruida, incluso en más de una ocasión. Su análisis ha de ser, pues, muy cuidadoso, pero llegados a este punto hay preguntas que no se pueden soslayar: *¿qué aporta una cúpula al espacio interior cristiano que compense asumir tantos riesgos constructivos?*

I – DEBEMOS VOLVER A MELQUE Y BANDE

Para responder ordenadamente a esta pregunta vamos a volver a ***Melque*** y ***Bande***, pero fijándonos ahora en la estructura de sus respectivas cúpulas. Sus excelentes tramas en planta[1] motivan dos preguntas: *¿extendieron al alzado de sus cúpulas la óptima articulación espacial de sus plantas? ¿De qué modo concreto lo hicieron?*

El análisis cenital de ambos templos aporta una lección proyectual de primera envergadura, cuya solución encontraremos repetida en otros muchos edificios a lo largo de más de mil quinientos años de historia de la arquitectura sacra cristiana. En efecto, para hallar respuesta a las preguntas anteriores, y en un alarde de extrema coherencia metodológica, sus respectivos arquitectos nos invitan a situarnos sobre *los dos puntos neurálgicos de la trama* en planta: en el *centro óptico* y el *punto de control*, es decir, en el punto medio de los *ejes visual* y *de control.* Desde ellos, tanto en Melque como en Bande, al levantar la vista al cielo podemos observar *¡¡la clave que cierra*

1 Los croquis 11 y 12 del capítulo I las resumen.

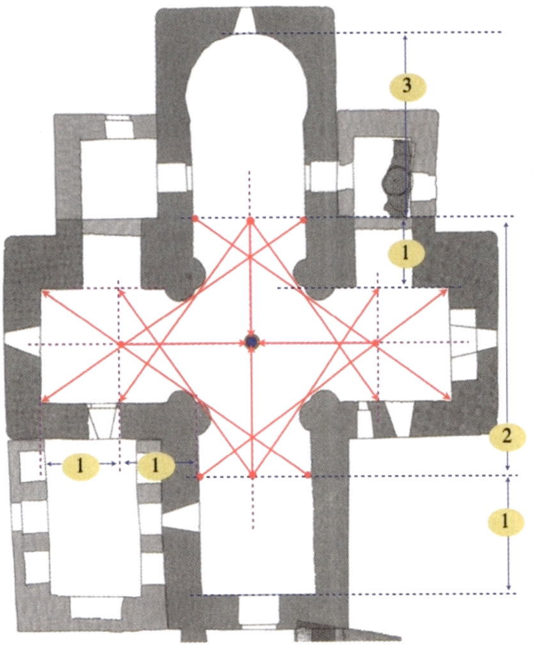

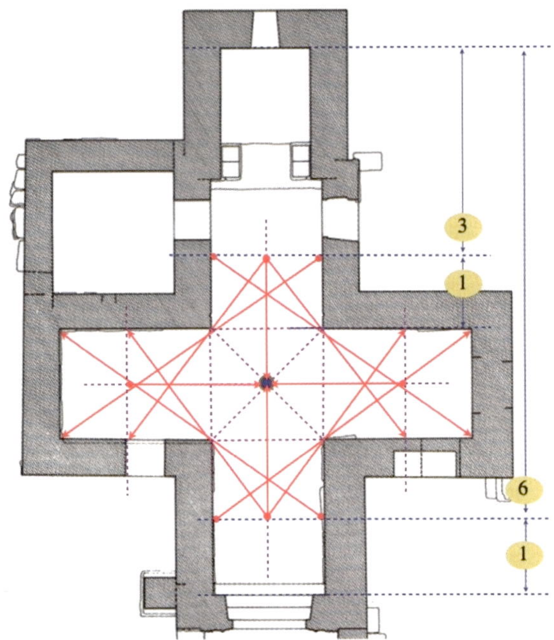

Croquis 1. Trama cenital a la clave de la cúpula de Melque (izquierda) y de Bande (derecha). Recordemos que la planta de ambos templos la hemos tomado de L. Caballero Zoreda y J. I. Latorre Macarrón.

Imagen 1. Desde el punto de control: visual a la clave de la cubierta del crucero de Melque (izquierda) y de Bande (derecha).

sus respectivas cúpulas!!, perfilada en ambos casos por la clave del correspondiente arco toral del crucero. El croquis 1 y 2, y la imagen 1 recogen esta situación.

La extrema exquisitez proyectual de ambas arquitecturas se confirma cuando nos preguntamos por el *apoyo en los brazos* para las visuales a la clave de la cúpula: el grado de elaboración de sus proyectos es tal, que los arquitectos consiguieron situarlo sobre el *punto de corte de las visuales* procedentes de los extremos de los *ejes visual* y de *control*, posición que en ambos edificios coincide bien con la longitud media del brazo (croquis 3).

Al placer del descubrimiento se suma la incredulidad ante la constatación, una vez más, del empeño por cumplir, incluso en las arquitecturas de menor protagonismo institucional, con las *estrategias de seducción y control*, ahora hasta el punto de mayor alzado interior, cuya carga simbólica queda explicitada por la analogía entre "cúpula arquitectónica" y "cúpula celestial". Una cúpula más alta dejaría al margen de nuestra mirada –por lo tanto, fuera del juego seducción/control– una parte del espacio cenital y del mítico mundo que sugiere. Una cúpula más baja desaprovecharía la posibilidad de elevar la posición de la referencia simbólica, disminuyendo su carga emotiva y evocadora.

Melque y Bande nos acaban de enseñar la ***primera buena práctica para el posicionamiento de la clave de una cúpula****: su óptima relación simbólica con la nave y la cabecera se resuelve mediante la intervención de dos visuales apoyadas en* ***los dos puntos neurálgicos de la trama*** *–el centro óptico y el punto de control–, apoyos que pasan ahora a trabajar tanto en planta como en alzado.* La denominaremos ***solución paradigmática "Melque/Bande".***

Nuevamente estamos ante una *solución relacional*, pues, para que se construya con rigor, las dimensiones en planta y alzado del crucero y de la cúpula deben estar concertadas con la posición de ambos *ejes* en la nave y en la cabecera, con el alzado de los arcos torales y con la altura del observador situado sobre los apoyos normativos. Con rotunda y métrica precisión, la ***dimensión humana*** reaparece una vez más, ahora en la concreción de un elemento escenográfico tan importante como la posición del punto de mayor alzado interior del edificio.

Para los *apoyos en los brazos* hemos encontrado *dos posibilidades*: la primera los sitúa en *un punto señalado por la trama visual.* Es el caso de Melque y Bande, que utilizan el corte de las visuales que proceden de los extremos de ambos *ejes*. Es la *opción* más simétrica y elegante. Pero cuando el arquitecto no puede conseguirlo, el *código de buenas prácticas* acepta una segunda *opción*: *situar los apoyos fuera de la trama, pero siempre asociados a una marca constructiva clara y concreta.*

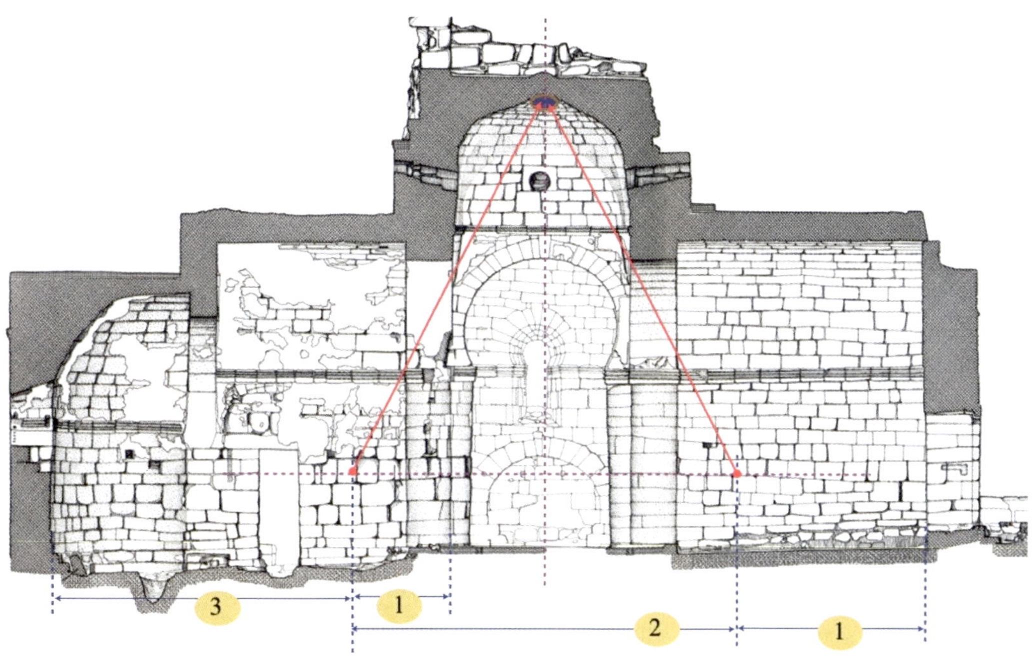

Croquis 2. Visuales a la clave de la cúpula en Melque desde el eje de control y desde el eje visual. Sección tomada de L. Caballero Zoreda y J. I. Latorre Macarrón.

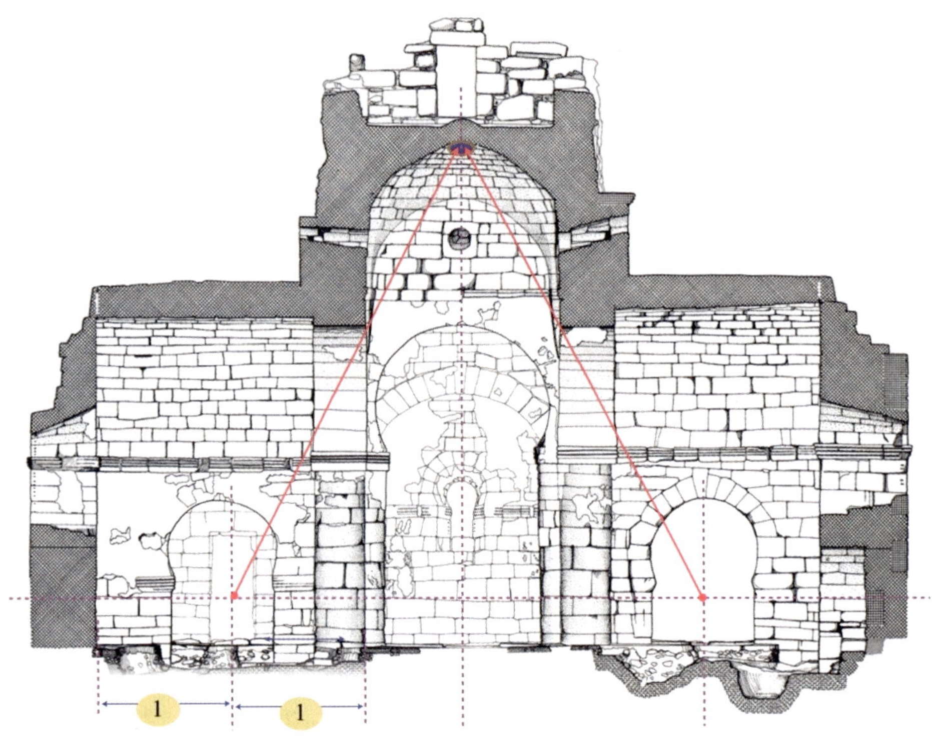

Croquis 3. Visuales a la clave de la cúpula en Melque desde el punto medio de ambos brazos.

RATIFICACIONES A LA SOLUCIÓN "MELQUE/BANDE" CON LOS APOYOS EN LOS BRAZOS SOBRE LA TRAMA VISUAL

Para proyectar y dirigir las obras de los templos más institucionales, la jerarquía eclesiástica siempre buscó los servicios de los mejores arquitectos de cada momento; por ejemplo, los de ***Miguel Ángel*** para diseñar la cúpula ***San Pedro***, en el ***Vaticano***, y los de ***Della Porta*** y ***Fontana*** para construirla. ¿Cómo resolvieron su estructura cenital?: recurriendo a la *solución* que Melque y Bande (croquis 4).

La cúpula del Vaticano incluye un óculo cenital por el que penetra la *luz exterior*: *¿Qué zona ilumina directamente?, ¿dónde debemos situarnos para poder gozar de su beneficiosa acción?, ¿hasta dónde nos controla la autoridad que esa luz pueda personificar?* Lo observado no deja lugar a la duda: en la nave, hasta el *centro óptico*[2]; en la cabecera, hasta el *punto de control*; y en los brazos, hasta el cruce de las visuales que proceden de los extremos de los *ejes visual* y de *control*. Estamos, pues, ante una *solución "Melque/Bande"* perfecta, tanto por lo que se refiere a los apoyos en la nave y en la cabecera, como en los brazos. Toda persona situada en el espacio comprendido entre esos cuatro puntos queda bajo la influencia directa de *la luz cenital*, y de la carga mistificadora que representa[3].

Venecia acoge dos arquitecturas sacras de ***Andrea Palladio***, ambas dotadas con una notable cúpula central. En la segunda[4], ***Il Redentore***, una construcción luminosa y bastante acogedora, Palladio apostó por una *solución "Melque/Bande"* a la que sumó un gesto escenográfico muy interesante: en pie, sobre el *centro óptico*, no llegamos a ver la clave de la cúpula, sino el perfil posterior del óculo que la entorna, por lo que solo nos alcanza *"el primer rayo luz cenital"* que se filtra a su través. Pero si accedemos al interior de los lóbulos transversales de su cabecera

2 El normativo *eje visual* lo encontramos sobre una *partición* "5 a 4" de los 182,60 metros de la longitud interior del edificio, a los pies de la tiara papal representada en el pavimento del primer tramo de la nave central. El *eje de control* tiene un comportamiento simétrico desde la cabecera.

3 Por ejemplo, Certosa di Pavia también construye una *solución "Melque/Bande* perfecta, pero en ausencia la luz cenital.

4 La primera arquitectura sacra en el currículum profesional de Palladio fue San Giorgio Maggiore, un edificio un tanto adusto y marcial, en el que ya aplicó una *solución "Meque/Bande"* rigurosa y precisa. Il Redentore se construyó 10 años más tarde.

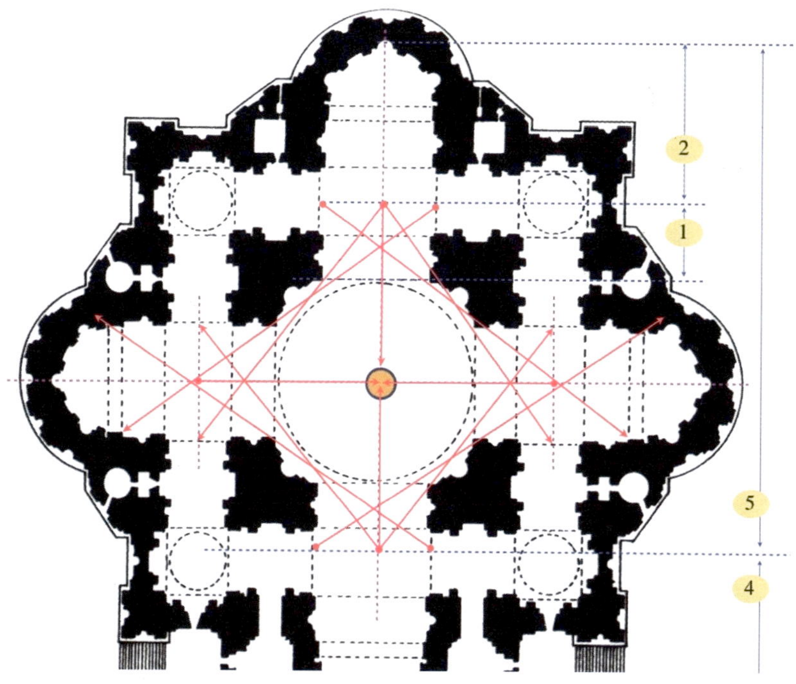

Croquis 4. Solución "Melque/Bande" para San Pedro, en el Vaticano, representada sobre la planta propuesta por Miguel Ángel. En los brazos el apoyo se realiza en el corte de las visuales procedentes de los extremos de los ejes visual y de control.

Imagen 2. San Pedro, en el Vaticano. Desde el apoyo en el brazo izquierdo: visual al diámetro central del óculo.

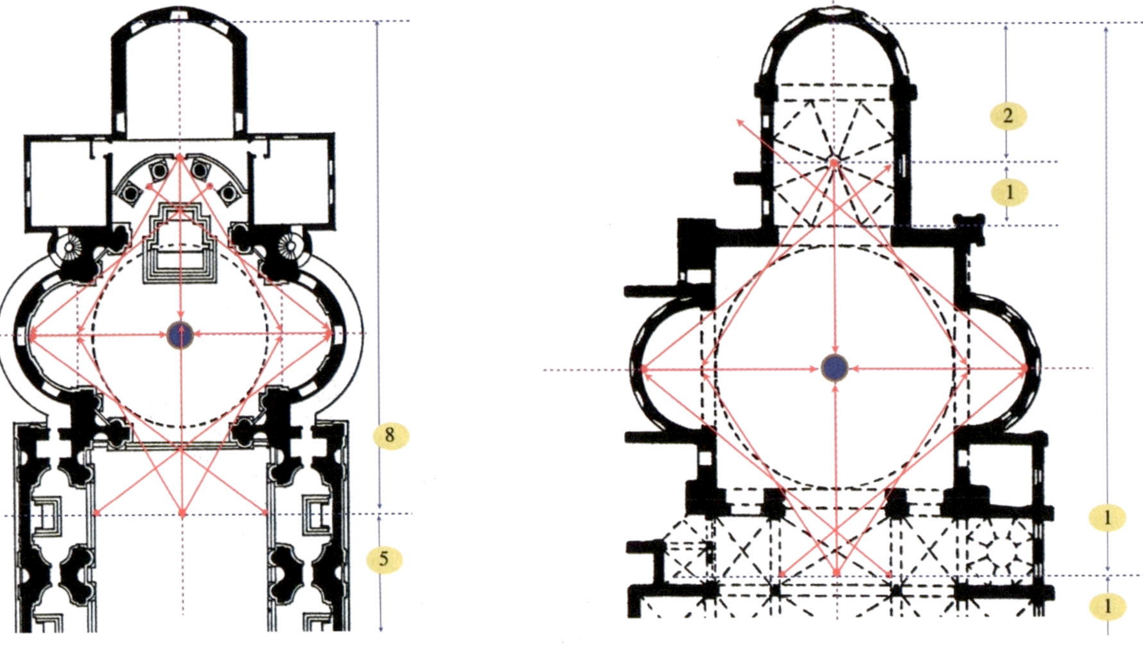

Croquis 5. Solución "Melque/Bande" para Il Redentore (izquierda), y para Santa Maria delle Grazie (derecha), con una visual desviada. En ambos casos el óculo está sobredimensionado para poder apreciar mejor la referencia exacta de las visuales implicadas. El apoyo en los brazos está situado sobre el corte de las visuales procedentes de los extremos de ambos ejes. Planta de Il Redentore tomada del Corpus Palladianum. La de Maria delle Grazie de B. Fletcher.

Imagen 3. Il Redentore. Visual desde el sillón presidencial del lóbulo izquierdo, al perfil anterior del óculo de la cúpula, con toda la luz vista.

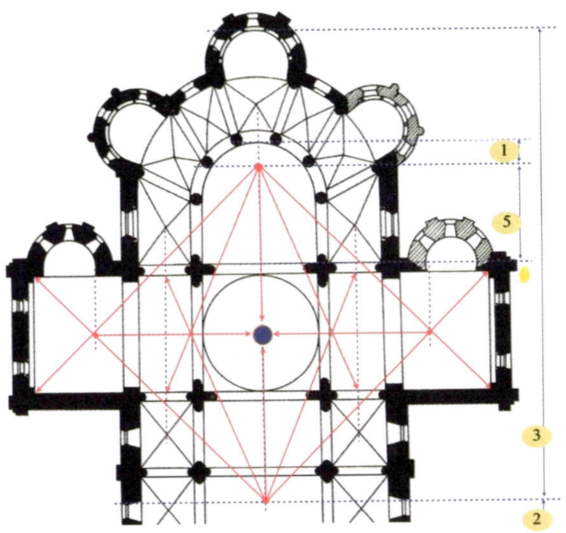

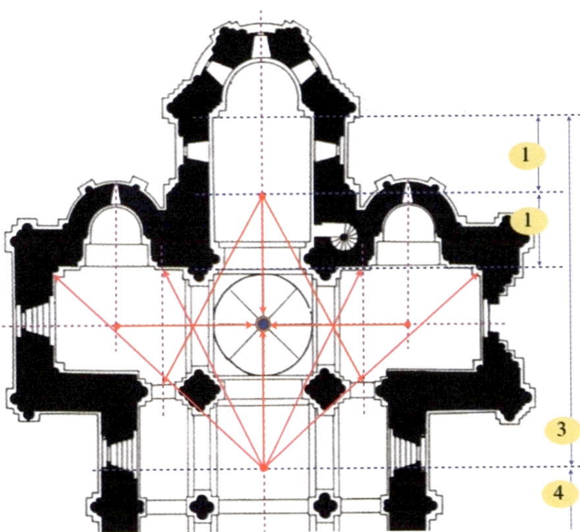

Croquis 6. Trama para la cúpula de Saint Étienne, en Nevers (izquierda), y de Saint Pierre, en Aulnay (derecha), esta última sobre una planta de M. Ballu.

(croquis 5 izquierdo), ligeramente sobrealzados respecto de la nave, y tomamos asiento en el sillón más profundo de cualquiera de sus sillerías perimetrales –lugar reservado a la autoridad que preside el ceremonial–, al levantar la vista al cielo nuestra mirada coincide con el perfil anterior del óculo, recibiendo ahora *toda la luz cenital*. La imagen 3 recoge tal escenificación.

Así pues, mientras los fieles, al llegar al *eje visual*, solo alcanzan una *"primera luz"*, la autoridad sentada en el sillón preferente está *"plenamente iluminada"*. Estamos ante la construcción de un enérgico ***mensaje de legitimación jerárquica***, por diferente grado de iluminación.

Santa Maria delle Grazie, en ***Milán***, ratifica la trama encontrada en Il Redentore (croquis 5, derecha). Los estudiosos no se ponen de acuerdo sobre el grado de implicación de ***Bramante*** en su proyecto, pero el análisis espacial deja claro que en su diseño participó un arquitecto de primera fila. Para la cúpula situó las referencias en el perfil anterior del óculo, por lo que cabecera, nave y lóbulos transversales reciben al unísono *toda la luz cenital*. Estamos ante una *solución "Melque/Bande"* más equilibrada ideológicamente que la construida por Palladio en Il Redentore.

Otro excelente ejemplo de ingenio compositivo lo encontramos en ***Saint Étienne***, en ***Nevers***, uno de los mejores proyectos del naciente románico francés. Aquí, para alcanzar la clave de la cúpula desde los brazos también debemos situarnos sobre el corte de las visuales que buscan los vértices de la nave transversal, pero ahora esas visuales no proceden de los extremos de ambos *ejes*, sino que, aprovechando las oportunidades que ofrece el carácter exento de los pilares del crucero, parten *¡¡del punto de control y del centro óptico!!* Estamos ante un esquema imaginativo, muy meritorio y sutil, llevado a la práctica con exquisita precisión. El croquis 6 izquierdo lo muestra.

Saint Pierre, en Melle, utiliza el mismo apoyo en los brazos para su *solución "Melque/Bande"*.

SOLUCIÓN "MELQUE/BANDE" CON APOYO EN LOS BRAZOS SOBRE UNA MARCA CONSTRUCTIVA

Un buen ejemplo de esta segunda opción la encontramos en ***Saint Pierre, en Aulnay***, que utiliza como apoyo el eje de los absidiolos. Es cierto que ese punto también coincide con la visual que, desde el *centro óptico*, busca el vértice de los brazos –como en Nevers–, pero el carácter no exento de los pilares de la cabecera –por ausencia de deambulatorio–, impide un comportamiento simétrico desde el *punto de control* (croquis 6 derecho).

La cabecera de ***Saint Jean de Montierneuf***, en ***Poitiers***, fue remodelada en el siglo XIII y su cúpula reconstruida en el XIX. Hoy, desde los *ejes visual* y de *control* (croquis 7 superior izquierdo), podemos observar el perfil del notable medallón que entorna la clave de su cúpula, ilustrada en este caso con una gran paloma de alas des-

Imagen 4. Desde el centro óptico, visual al perfil anterior del medallón que entorna la clave de Saint Jean de Montierneuf, cuyo desmesurado tamaño parece haber sido ajustado para ofrecer una referencia válida para la trama visual.

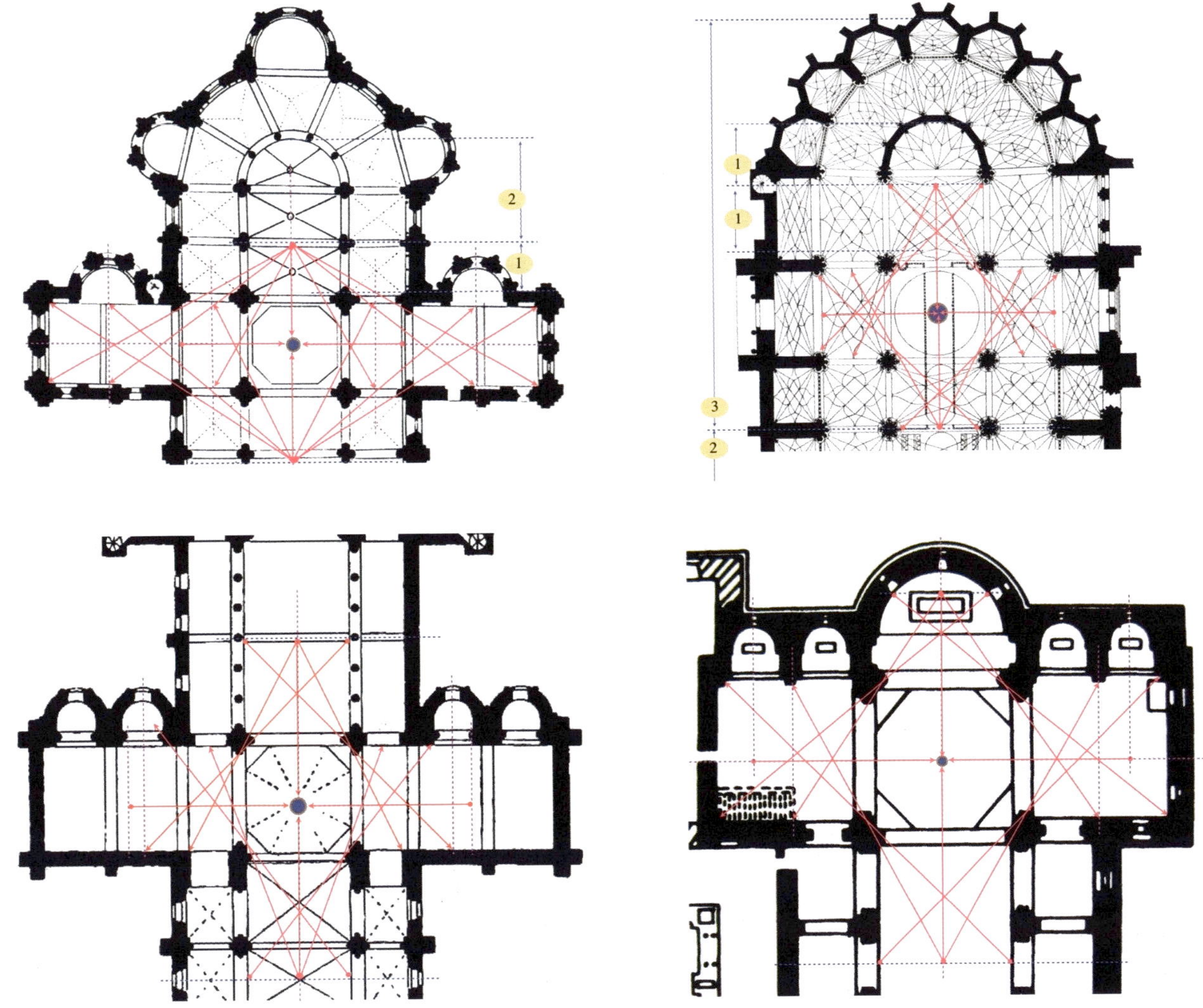

Croquis 7. Trama a la clave de la cúpula. De arriba a abajo y de izquierda a derecha: Saint Jean de Montierneuf, catedral de Segovia, Saint Benoit-sur-Loire y Sénanque.

plegadas (imagen 4). En los brazos el apoyo lo encontramos sobre una *marca constructiva*: el final del primero de sus tres tramos, lejos del corte de las visuales que buscan los vértices de la nave transversal. No deja de ser sorprendente que, tras tantos cambios en su cabecera y en su cúpula, todavía podamos reconocer en Montierneuf una *solución "Melque/Bande"* bastante precisa[5].

La catedral de ***Segovia*** está muy lejos estéticamente de Montierneuf, pero la trama para su cúpula es idéntica: repite el protagonismo de los *ejes visual* y de *control*, y utiliza en los brazos la misma *marca constructiva* que Montierneuf: el final del primer tramo. El croquis 7 (superior derecha) lo muestra.

Otro buen ejemplo de esta segunda *solución "Melque/Bande"* lo encontramos en ***Saint Benoit-sur-Loire,*** una arquitectura de notables dimensiones y con un comportamiento visual algo asimétrico[6], con el clásico *predominio del control desde la cabecera sobre la accesibilidad visual desde la nave* (croquis 7 inferior izquierda). En los largos brazos el apoyo se encuentra sobre el perfil exterior del primer absidiolo.

5 San Michele, en Pavia, y Saint Jouin de Marnes construyen la misma *solución "Melque/Bande"* que Montierneuf, con apoyo para los brazos sobre la prolongación del muro perimetral de las naves laterales. Para su cúpula sobre el crucero, el Monasterio de Sijena utiliza en los brazos el eje de los absidiolos, como Aulnay.

6 Las visuales que parten del lado derecho del edificio –y buscan la zona izquierda de la cabecera– son muy precisas, pero cuando salen desde el lado izquierdo, y se dirigen hacia la derecha de la cabecera, la precisión se diluye.

Sénanque optó por situar los apoyos sobre el eje de los segundos absidiolos, los más periféricos. Se trata de una trama menos atrevida que la de Nevers, Montierneuf o Aulnay, pero resuelta con mucho oficio, excelente integración volumétrica y similar contundencia escenográfica. Saint Hilaire, en Melle, lo hace desde el eje central de los accesos a su deambulatorio.

AUVERGNE RATIFICA EN CINCO OCASIONES LA SOLUCIÓN "MELQUE/BANDE"

Con el gratificante recuerdo todavía fresco de sus magníficas *transferencias de ritmo*, volvemos a pasear por las cinco arquitecturas auvertinas, ahora para disfrutar de la trama para sus cúpulas, que todas ellas resuelven de modo muy similar: desde la nave y la cabecera las cinco asocian su clave con el *centro óptico y con* el *punto de control.* En la nave transversal todas ellas sitúan el apoyo sobre el inicio del brazo propiamente dicho, muy cerca del cruce de las visuales procedentes de los extremos del *eje visual* y *de control.* Los croquis 8 y 9 recogen el detalle de cada una de ellas.

Saint Nectaire, la primera de la serie, posee la trama más simple. En los brazos el apoyo está algo adelantado respecto del punto de corte de las visuales que proceden de los extremos del *eje visual* y de *control.* Estamos, pues, ante una *solución "Melque/Bande"* con *toda la luz cenital vista* desde la nave, la cabecera y los brazos.

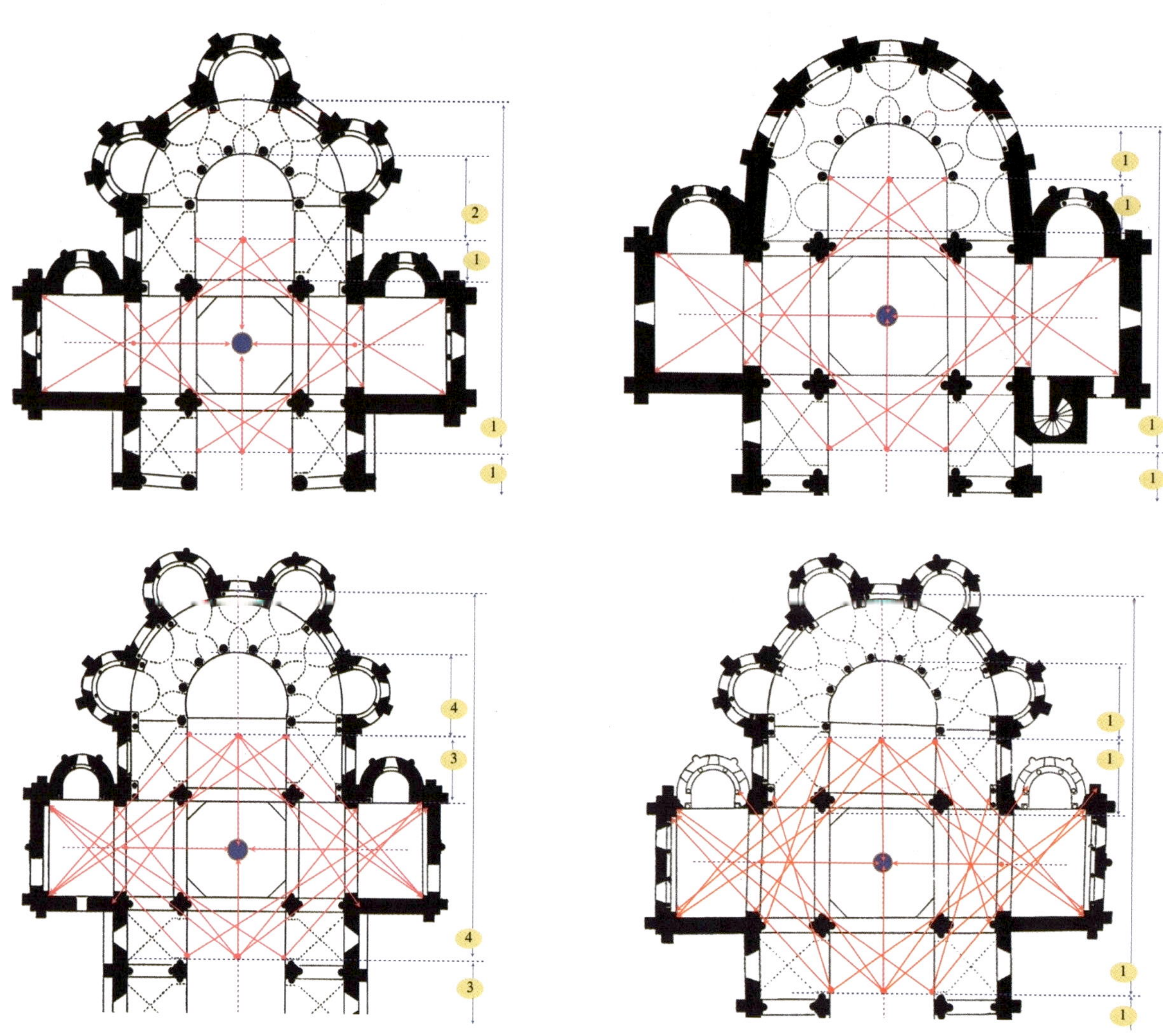

Croquis 8. De arriba a abajo, y de izquierda a derecha. Trama visual para la clave de la cúpula. de Saint Nectaire, Saint Saturnin, Orcival y Notre Dame du Port. Plantas tomadas de Ch. Craplet y N. Deney.

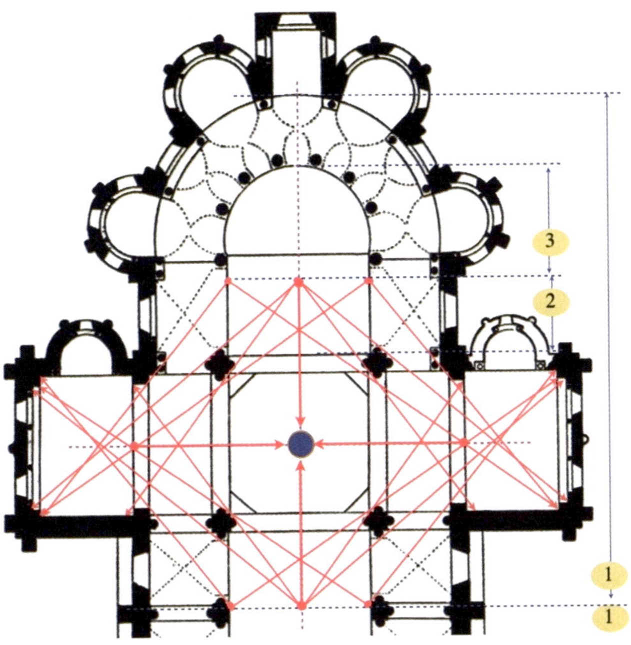

Croquis 9. Trama visual para la clave de la cúpula de Issoire.
Planta tomada de Ch. Craplet y N. Deney.

En ***Saint Saturnin*** encontramos el apoyo en los brazos sobre una *marca constructiva*: en el perfil anterior del pilar adosado que señala su acceso, también muy cerca del corte de las visuales procedentes de los extremos de ambos *ejes*.

Orcival da un paso más en la afirmación de la cúpula como elemento fundamental en la organización volumétrica del edificio, y genera dobles visuales en planta para los apoyos en el *eje visual* y en el *eje de control*. En los brazos utiliza el mismo apoyo que Saint Saturnin. Excelente.

Notre Dame du Port, al igual que en las *transferencias de ritmo*, puso en pie el proyecto cenital más ambicioso de estas cinco arquitecturas, pero también es el que presenta menor *finezza* constructiva: las triples visuales desde los extremos de ambos *ejes* y la doble *partición* asociada al *eje visual* no logran paliar la sensación de falta de contundencia, tanto en las visuales en alzado que buscan el centro del óculo, como en las que buscan en planta los vértices de los brazos. Y todo ello a pesar de que el arquitecto se ayudó del recurso de dotar a cada vértice de un generoso *pliegue*, con tres posibles referencias válidas.

En los brazos repite la *opción* construida por Orcival, y Saint Saturnin, con apoyo en el perfil anterior del pilar adosado que señala el acceso al brazo.

Issoire renunció a la ampulosidad escenográfica de Du Port, y volvió a la inteligente riqueza de Orcival. A destacar que su arquitecto consiguió retrasar los apoyos en los brazos hasta alcanzar el corte de las visuales procedentes de los extremos de ambos *ejes*, componiendo de ese modo la *solución "Melque/Bande"* más rigurosa de las cinco auvertinas, con los apoyos en los brazos sobre la propia trama visual.

Una mirada simultánea a sus respectivas *transferencias de ritmo* y a la *solución "Melque/Bande"* que cada una de ellas nos acaba de enseñar, aporta una visión muy real de la enorme complejidad –y el gran mérito– proyectual de estas excelentes arquitecturas.

UN MUY BREVE COMENTARIO

En el primer capítulo, al analizar la trama cruciforme, señalábamos que los brazos deben mostrar una gran flexibilidad para facilitar el encaje de las visuales en planta que llegan hasta ellos, procedentes de la nave y de la cabecera. La trama para la clave de la cúpula insiste en esa situación, y estamos comprobando que la sistematicidad y precisión de los apoyos situados en los *ejes visual* y de *control* se relaja cuando nos interesamos por los apoyos en los brazos. Las cinco auvertinas son un buen ejemplo de ello. Es bueno tener siempre presente estos he-

Imagen 5. Al perfil anterior del óculo en la cúpula de Saint Nectaire desde el punto de control.

Imagen 6. Visual desde el punto de control en la cabecera de Issoire, al perfil anterior del óculo en su cúpula.

chos pues nos ayudan a comprender muchas de las “irregularidades” que observamos cuando nos preguntamos por la estructura de los brazos de estas arquitecturas.

II – SOLUCIÓN CUANDO SE DESEA UN MAYOR ALZADO PARA LA CÚPULA

En un acto de verdadero vandalismo patrimonial, el ábside original de la catedral de *Jaca* fue derribado en 1.790 para ser sustituido por una lúgubre y anodina cabecera, lo que provocó, entre otras cosas, la pérdida de toda la trama visual referenciada en la cabecera románica. Pero todavía podemos reconocer, con bastante nitidez, el comportamiento del *eje visual*, y comprobar que, como en Nevers, estamos ante un excelente ejemplo de la fuerza creativa de los primeros proyectos románicos, y de la destreza que a mediados del siglo XI poseían los equipos responsables de planificar y construir las arquitecturas sacras más importantes del momento.

De forma sistemática, el *eje visual* promueve dobles visuales sobre los absidiolos. Desde las naves laterales todavía podemos reconocer la paradigmática visual a los vértices de la nave transversal que Frómista nos ha enseñado (croquis 10).

Si al interesarnos por la estructura de su cúpula nos situamos sobre el *centro óptico,* tal como nos han enseñado Melque y Bande, nuestra mirada queda muy lejos, por defecto, de su clave. Debemos avanzar algo más de un tramo completo de la nave para poder observarla. ¿Dónde estamos? Sobre el *corte de las visuales* que proceden de los extremos del *eje visual* y buscan los vértices de los brazos (croquis 10 derecho). A ese punto lo hemos denominado *punto panorámico*, pues desde él disponemos de plena accesibilidad visual sobre los tres escenarios de la cabecera. En Jaca, acabamos de encontrar que, además, también la tenemos hasta la clave cenital. Insuperable la optimización visual conseguida para ese punto.

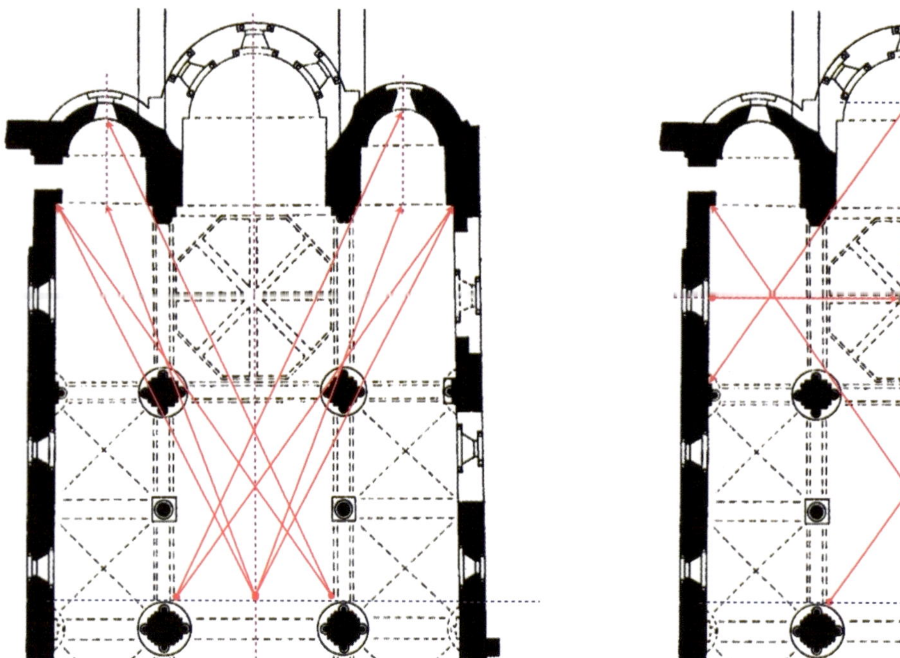

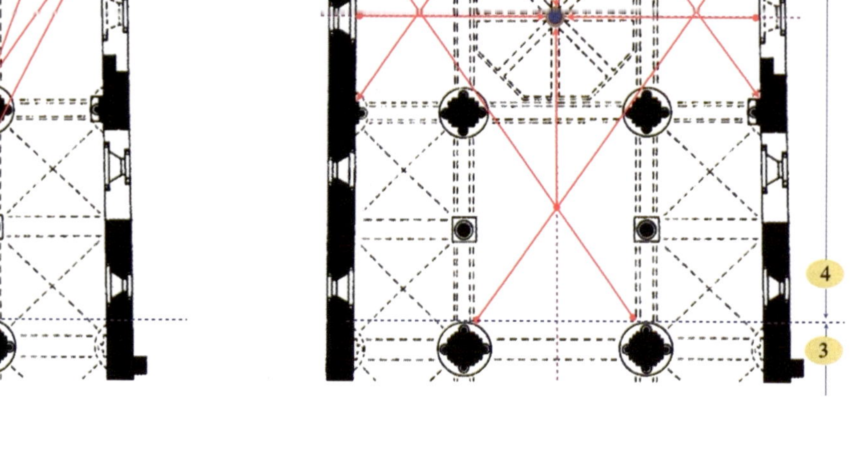

Croquis 10. Catedral de Jaca. Izquierda: trama desde el eje visual. Derecha: solución “panorámica” para su cúpula. Las visuales desde los brazos son estimadas por cálculo, a partir de las medidas de las dimensiones implicadas.

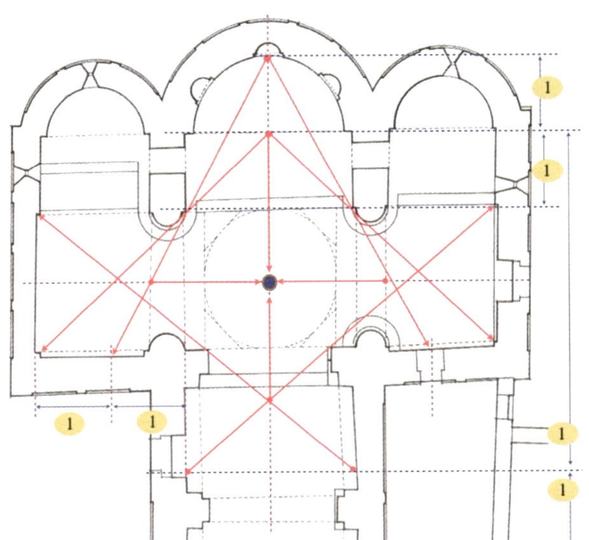
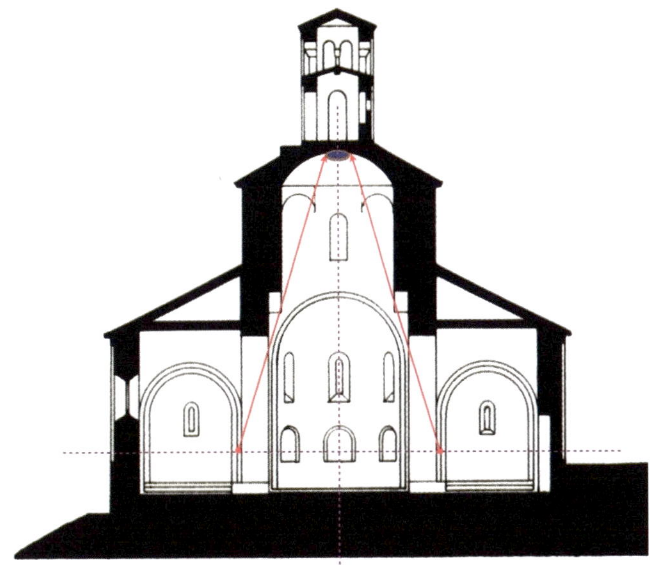

Croquis 11. Izquierda: trama para la cúpula de Sant Ponç, en Corbera. Derecha: visuales desde los brazos, con apoyo en el perfil exterior de los pilares del crucero. Sección tomada de R. Bosch.

En la cabecera el apoyo que alinea nuestra mirada con la clave de la cúpula se encuentra sobre un punto que reúne todas las condiciones para haber actuado como *punto de máximo control* en la antigua cabecera románica, pues desde él nuestra mirada alcanza con muy buena precisión los vértices extremos de los brazos[7]. ¡¡Que gran sensación de control, en planta y alzado, obtenemos al situarnos en ese punto!!

El mobiliario presente no permite apoyarse en los muros de cierre lateral de la nave transversal, pero el resultado de las mediciones indica que, si pudiésemos hacerlo, nuestra mirada se alinearía con la clave de la cúpula. El croquis 10 derecho también recoge esa situación.

Como consecuencia de todo ello, la catedral de Jaca sitúa bajo el influjo cenital de su cúpula el espacio comprendido entre el *punto panorámico* en la nave, el *punto de máximo control* en la cabecera, y la longitud íntegra de sus brazos. La denominaremos ***solución "panorámica"***. Al igual que la *solución "Melque/Bande"*, mantiene los apoyos en la nave y en la cabecera asociados a la trama visual, pero ha cambiado el *centro óptico* por el *punto panorámico*, y el *punto de control* por el *punto de máximo control. ¿Cuál puede ser el objetivo de este cambio?* Muy simple: a iguales dimensiones del crucero y del alzado de los arcos torales, al acercar ambos apoyos al crucero, Jaca consigue un *mayor alzado para la clave* y, por lo tanto, una cúpula más llamativa y evocadora.

Estamos ante la ***segunda buena práctica cupular****, que permite al arquitecto definir la posición de la clave de la cúpula desde la nave y la cabecera, no a partir del centro óptico y el punto de control, sino desde el* ***punto panorámico*** *y el* ***punto de máximo control****, otros dos elementos importantes de la trama visual. Esta solución construye una cúpula de mayor alzado.*

Para *los brazos* encontramos las dos mismas *opciones* que en la *solución "Melque/Bande"*: situar los *apoyos en un punto también perteneciente a la trama visual*, o sobre *una marca constructiva.*

Sant Ponç, en Corbera, construyó una *solución "panorámica"* con el *punto de máximo control* como apoyo más preciso. En la nave debemos situarnos sobre el *punto panorámico*, pero sin el buen nivel de ajuste encon-

7 Un dato que refuerza su protagonismo como *punto de máximo control* es que, respecto de él, el *eje visual* está situado sobre una *partición* muy precisa del tipo "4 a 3".

trado en la cabecera. Este dato nos lleva a pensar que su arquitecto priorizó el trazado desde el ábside, ajustando después los apoyos en la nave y en los brazos[8], estos últimos sobre el perfil exterior de los pilares del crucero.

Arquitecturas tan dispares como Sant'Agata, en Asciano; Santa Maria degli Angeli, en Asis; Madonna di Calcinaio, en Cortona, y Sant'Alessandro in Zebedia, en Milán, son ejemplos de *solución "panorámica"* con apoyo en los brazos sobre el cruce de las visuales a los vértices de los brazos. Sant Jaume de Frontanyà, Santa Eufemia de Cozuelos y Santa María de Mave lo sitúan sobre el eje de los absidiolos, y Saint-Martin, en Layrac junto al muro de cierre lateral.

Irache, también resuelve su cúpula con esta misma *solución*, pero con menor precisión en el apoyo en la nave.

III – MÁXIMA CAPACIDAD IMPOSITIVA. SOLUCIÓN "CONQUES/PARAY"

Volvemos a ***Conques***, y esta vez lo hacemos para comprobar cómo funciona la relación escenográfica con su cúpula, reconstruida entre los años 1.460 y 1.490.

La trama en planta desde los *ejes visual* y de *control* sigue pautas normalizadas, pero cuando nos interesamos por su posible relación con la cúpula, las primeras observaciones son francamente desalentadoras: nada que ver con algo cercano a una solución *"Melque/Bande"* o *"panorámica"*. Ni los *ejes visual* y *de control*, ni los puntos de cruce de las visuales que parten desde ellos, guardan alguna relación directa con la clave de la cúpula. *¿Por qué renunciaron a tan potentes soluciones?*

Tal como muestra el croquis 12, para que desde la cabecera nuestra mirada se alinee con la clave de la cúpula, debemos situarnos sobre *el punto más profundo del ábside* –una *marca constructiva*–, por lo que toda la cabecera central está sometida al influjo directo de la clave. Ya tenemos una buena pista para acercarnos a los objetivos y motivaciones del proyecto construido.

En el brazo izquierdo encontramos el apoyo junto al *muro lateral*[9]. Se trata de otro gesto muy clarificador de los fines buscados: *control y seducción* desde el cenit de la cúpula sobre la totalidad de la nave transversal.

Para encontrar el apoyo en la nave debemos caminar hacia la puerta del templo, hasta más allá del *eje visual*, y situarnos sobre el perfil posterior de los pilares centrales de la nave[10], otra *marca constructiva* bien señalada sobre el terreno.

El balance es muy preciso: del espacio cruciforme, tan solo los tres primeros tramos de la nave central –los más cercanos a la puerta de acceso– quedan fuera de la relación visual directa con la clave de la cúpula.

Ya tenemos bastante claros los objetivos de la trama cenital de Conques, pero todavía se hacen más explícitos si nos interesamos por la representación situada en la clave de su cúpula: *¡¡el escudo de armas del abad Louis de Crevant!!* (imagen 7), gobernador de la abadía en el momento de la reconstrucción de la cúpula. Es-

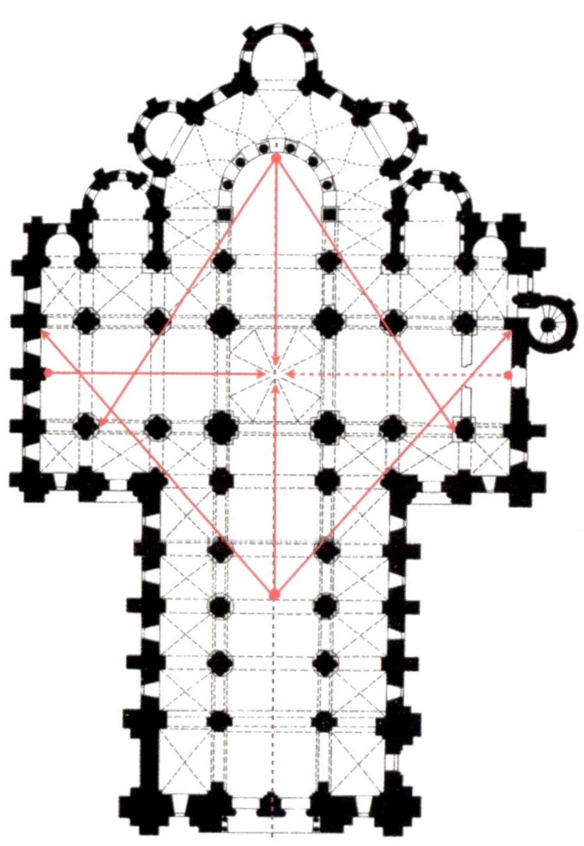

Croquis 12. Trama para la cúpula de Conques.

8 Aunque siempre queda la duda sobre la originalidad de las cotas actuales del pavimento de los espacios implicados.

9 En el lado derecho la sacristía no permite alcanzar esa posición y corroborar la simetría del trazado.

10 A partir de estos momentos, si no advertimos de lo contrario, siempre calificaremos los espacios y marcas constructivas tal como los encontramos al marchar hacia el interior del templo, es decir, caminando desde la periferia hacia el crucero.

Imagen 7. Desde el punto más profundo del ábside, visual a la clave de la cúpula de Conques, con el escudo de armas del abad Louis de Crevant.

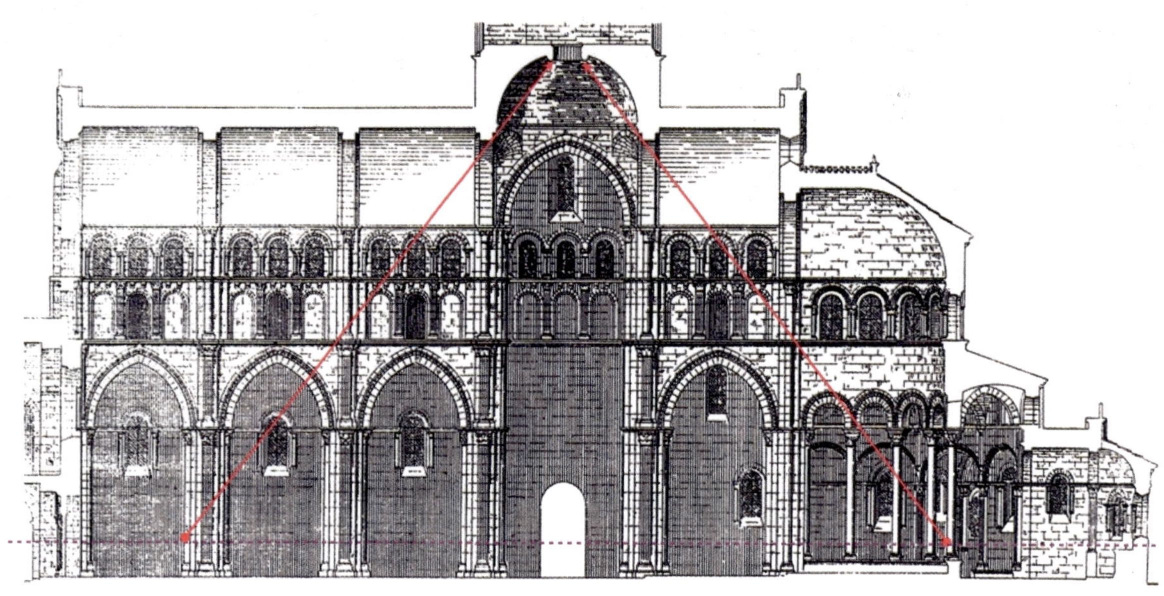

Croquis 13. Trama desde la nave y desde la cabecera al óculo de la cúpula sobre el crucero en Paray-le-Monial. Sección tomada de G. Dehio y G. Bezold.

tamos, pues, ante una planificación escenográfica que busca garantizar la impositiva presencia cenital de la autoridad del abad sobre la máxima cantidad del espacio interior cruciforme.

La trama de Conques no se ajusta a ninguna de las soluciones anteriores, pero no por un déficit en la elaboración del proyecto, sino porque la jerarquía abacial consideró más adecuado dejar de lado la clásica y evocadora intermediación de la *luz divina* y, para que no cupiese la menor duda sobre *"quien reina entre nosotros"*, estampó su personal firma en la clave de la cúpula, e impuso su presencia sobre la mayor cantidad posible del espacio interior, llegando incluso hasta los límites más periféricos de la cabecera y los brazos. Estamos ante un muy buen ejemplo de adecuación de los criterios de composición espacial al mensaje ideológico que el propio espacio debe transmitir. En este caso el de supeditación a una enérgica autoridad, que desea imponer su superioridad sobre el máximo número de las personas reunidas alrededor de la actividad ritual. Solo los tres tramos iniciales de la nave escapan a la tutela directa de sus armas. Otro ejemplo magnífico de pura ideología construida.

Encontraremos muchos ejemplos de esta *solución* a lo largo del capítulo, y ***Paray-le-Monial*** es el primero: su cúpula tampoco guarda relación directa con la trama visual en planta.

En la cabecera el apoyo se sitúa en el fondo riguroso del ábside –como en Conques–, y en la nave transversal junto a los muros laterales –también como en Conques–. En la nave lo encontramos sobre una *marca constructiva* muy precisa: el perfil anterior de los primeros pilares exentos de la nave (croquis 13).

El resultado global es que, en Paray-le-Monial, solo el tramo inicial de la nave escapa al influjo directo del cenit cupular, superando incluso la extraordinaria capacidad impositiva de Conques. Excelente construcción por su precisión espacial, pero inquietante en los objetivos buscados, y alcanzados.

Estamos ante la ***tercera buena práctica para la definición de la posición de la clave de una cúpula*** *–no hay más–, cuyo fin explícito es conseguir el mayor control y la máxima capacidad impositiva cenital sobre el conjunto del espacio interior sacro. En la cabecera y en los brazos, hasta sus límites extremos, y en la nave central hasta un punto situado entre el eje visual y el muro al pie de la nave. Para conseguirlo, el arquitecto puede situar todos los apoyos fuera de la trama visual, pero siempre debe hacerlo sobre una marca constructiva clara y precisa de la cabecera, de la nave y de los brazos. A esta composición la denominaremos* ***solución "Conques/Paray"****.*

Imagen 8. Visual a la clave de la cúpula de Il Gesù Nuovo, en Nápoles, desde el punto medio del primer tramo de la nave. Solo la primera mitad de dicho tramo escapa al obsesivo control cenital.

La podemos encontrar en situaciones tan dispares como, por ejemplo, la catedral de La Seu d'Urgell, en San Marcos, en Venecia; o ***Il Gesù Nuovo***, en ***Nápoles*** (imagen 8), cuya cúpula actual es el resultado de las sucesivas reconstrucciones realizadas en los siglos XVII y XVIII, a partir de la construcción original de 1.639.

La Compañía, sede de los Jesuitas en Arequipa, construye una *solución "Conques/Paray"* de la que solo escapan los dos primeros tramos de su larga nave central.

IV – NUEVO PASO EN LA COMPLEJIDAD COMPOSITIVA: APOYOS EN DIFERENTES COTAS

Al interesarnos por la estructura de la cúpula de ***Sant Vicenç***, en ***Cardona***, es cierto que desde los brazos nuestra mirada no consigue una alineación precisa con el óculo cenital, pero ese importante déficit queda más que compensado cuando la observamos desde la nave y desde la cabecera: al situarnos sobre los *ejes visual y de control* podemos observar el perfil anterior del óculo, recibiendo *toda la luz* que lo atraviesa (imagen 9).

Se trata, pues, de una *solución "Melque/Bande"*, pero con una especificidad muy interesante, que el croquis 14 recoge: el ábside está *¡¡¡notablemente sobrealzado!!!* –del orden de 2 metros– respecto de la cota de las naves. Pero Cardona nos reserva una sorpresa absolutamente inesperada: una mirada atenta detecta que *¡¡¡el alzado de la cúpula sobre su crucero es algo menor que la altura de la bóveda de la nave!!!* Un notable muro sobre el potente arco toral de la nave impide la comparación visual directa, pero las mediciones sobre el terreno no dejan lugar a duda: la clave de la cúpula está situada del orden de 30 centímetros por debajo de la línea de máximo alzado de la bóveda de la nave, medida junto al crucero (el croquis 14 también recoge esta situación). Desconcertante. *¿Para qué construir una cúpula más baja que la nave? ¿Qué otro sentido puede tener que no sea conseguir las alineaciones simbólicas "Melque/Bande" que acabamos de describir desde el eje visual y el de control, con referencia en la luz del óculo como referencia de la máxima calidad?*

Imagen 9. Desde el eje de control del ábside de Cardona, visual al perfil anterior del óculo de la cúpula.

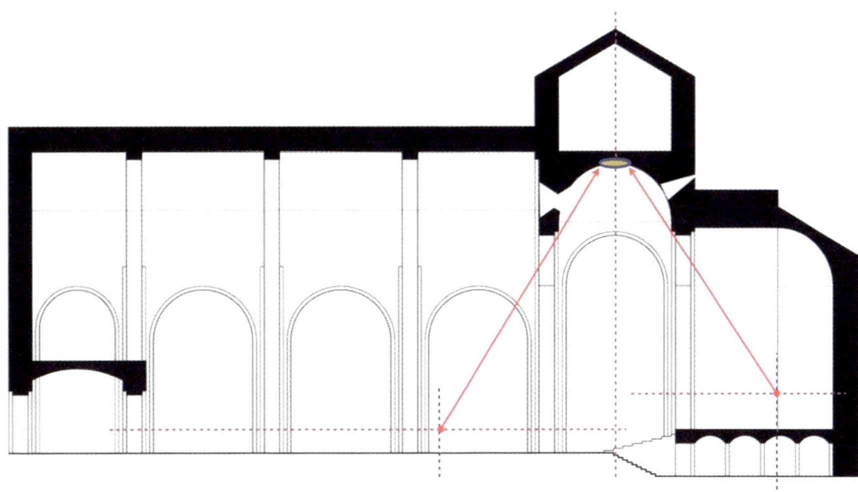

Croquis 14. Trama desde la nave y desde la cabecera sobre la clave de la cúpula de Cardona. El apoyo en la sobrealzada y muy profunda cabecera es el eje de control, sobre una partición "1 a 2" muy precisa de su profundidad total, posición que coincide con la línea de acceso al semicírculo absidal. En la nave el apoyo es el eje visual, sobre una partición "1 a 1" de la distancia entre el muro al pie de la nave y el eje de control. Sección elaborada a partir de J. Lluís, A. Costa y A Ferré.

¡¡¡Qué gran ingenio el de su arquitecto para conseguir un diseño tan sofisticado para la escenografía ceremonial de Cardona, y que gran experiencia poder estudiarlo hoy!!! Estamos sin duda ante una respuesta muy cualificada a un reto de notable dificultad: *la definición de una trama normalizada para la cúpula con cotas bastante diferentes para los apoyos en la nave y en la cabecera.*

UNA SEGUNDA CABECERA SOBREALZADA

Para el tipo de análisis que estamos realizando, la mínima prudencia aconseja trabajar en edificios con la máxima unidad constructiva –como Cardona–, pero es mucha la tentación de acercarnos hasta las arquitecturas centroeuropeas más poderosas, arquitecturas que no siempre cumplen con esa condición. Un buen ejemplo lo tenemos en la imperial catedral de ***Speyer***, panteón dinástico de la todopoderosa Casa de Franconia. Sucesivas remodelaciones en su cabecera, abovedamiento de la nave, incendios, refuerzo de los pilares, guerras, cambios de uso, inestabilidad de sus fundamentos por cercanía al caudaloso Rin... Son factores que han repercutido en la falta de nitidez de su trama visual.

Speyer también posee una cabecera –y una nave transversal– muy sobrealzada respecto de la nave longitudinal, y la pregunta es inmediata: en estas condiciones, ¿podemos reconocer para su cúpula alguna estructura visual normalizada?

La clave de la cúpula la encontramos cuando nos situamos sobre el *eje de control* y sobre la longitud media de ambos brazos, muy cerca del punto de corte de las visuales que proceden de los extremos de dicho *eje*. Excelente. Reconocemos muy bien ambos gestos, pues nos acercan a la *solución "Melque/Bande"*. Pero, ¿qué ocurre en la nave central?

Desde el crucero, para alcanzar la nave de Speyer, debemos descender una notable escalinata dividida en dos tramos consecutivos, enlazados por una generosa plataforma intermedia. Pues bien, si avanzamos hacia la nave por dicha plataforma, al alcanzar el perfil posterior del primer par de pilares exentos –en el sentido que ahora estamos marchando–, nuestra mirada coincide muy bien con la clave de la cúpula (croquis 15). ¿Qué otras condiciones cumple esta posición? Si nos desplazamos lateralmente hasta situarnos junto a los pilares de la nave, observamos los vértices finales de los brazos. Al medir su posición reconocemos que está sobre una *partición* del tipo "1 a 2", respecto del *eje de control*. Estamos, pues, sobre el *eje visual* de la nave.

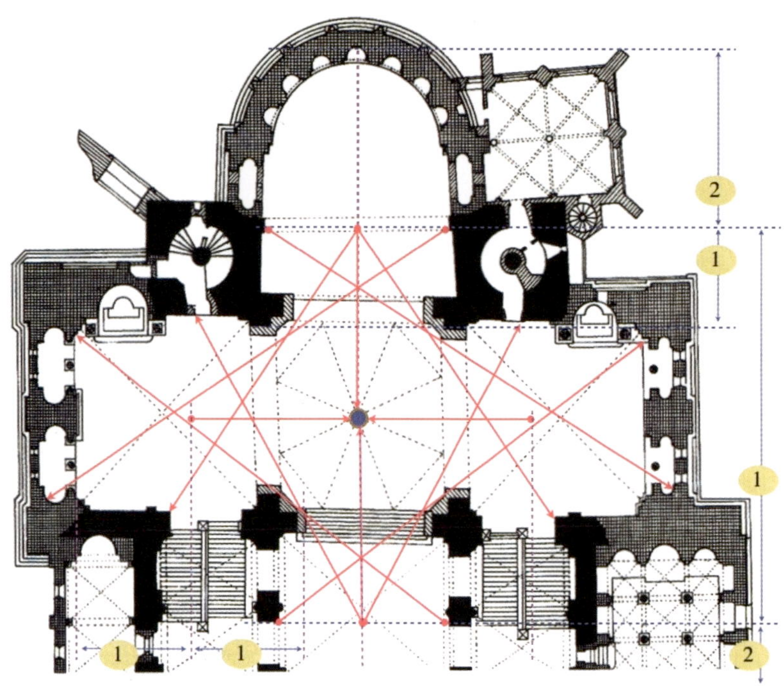

Croquis 15. Solución "Melque/Bande" para Speyer, con apoyo en los brazos sobre una marca constructiva, muy cerca del cruce de las visuales procedentes de los extremos de los ejes visual y de control. La planta utilizada muestra los cambios introducidos en el grosor de los pilares del crucero y el buen ajuste de las visuales a esa nueva situación.

La conclusión es que Speyer también aplicó una *solución "Melque/Bande"* completa para su cúpula*, pero* con los apoyos situados *¡¡¡en tres cotas diferentes!!!*: la del ábside, la de los brazos, y la de la plataforma de la escalinata en la nave central. No es fácil imaginar y considerar realizable este programa visual. Desconocemos los detalles de la construcción de la escalinata que comunica el crucero con la nave central, pero su estructura –división en dos tramos, y posición y dimensiones de la plataforma intermedia– es básica para que se pueda producir tan excelente sintonía entre el *eje visual* y la clave de la cúpula. Por ejemplo, si se hubiese optado por la misma solución que comunica los brazos con las naves laterales –un solo tramo continuo de escalones, sin plataforma intermedia–, tal efecto no se produciría.

Estamos ante lo que llamamos ***variante "Cardona/Speyer"****, caracterizada específicamente por construir la trama a la clave de la cúpula con apoyos en diferentes cotas.*

Para ratificar el protagonismo de esta *variante*, nada mejor que dirigirnos a la cercana ***Maguncia*** y visitar su catedral, centrando la atención sobre la cabecera auxiliar situada a los pies de las naves longitudinales. Una notable cúpula cubre el espacio cuadrangular que, a modo de antesala presbiterial, precede a su notable ábside semicircular. Una potente escalinata permite salvar los casi tres metros de desnivel que separan el ábside de la nave central. Si decidimos subir por ella, sobre el primer peldaño ya recibimos el *primer rayo de luz* procedente del óculo cenital. Magnífico comienzo, que tiene su efecto simétrico cuando nos sentamos en el lugar preferente de la sillería perimetral –el sillón más profundo– del sobrealzado ábside: también al alzar la vista, otra *finísima franja de luz* desciende sobre nosotros (imagen 10). Extraordinario: sentados en el fondo del ábside y en pie sobre el arranque de la escalera, con casi tres metros de diferencia en alzado, podemos observar, rigurosamente, la misma *primera luz cenital.*

Estamos ante un buen ejemplo de *solución "Conques/Paray"* con apoyos en cotas muy diferentes para la cabecera y para la nave, y esta vez con la especial carga simbólica que aporta la presencia de la luz cenital, ausente en Speyer.

Imagen 10. Cabecera auxiliar de la catedral de Maguncia: sentados en el sillón preferente de la sillería perimetral del ábside, visual a la primera luz cenital del cimborrio.

V – PRIMEROS GESTOS DE LA TRAMA VISUAL MÁS ALLÁ DE LA CLAVE DE LA CÚPULA

El bagaje que nos ha dejado el análisis de más de 30 cúpulas de arquitecturas de primer nivel es de ***tres soluciones paradigmáticas*** *–"Melque/Bande"*, con apoyos en los *ejes* de la trama; *"panorámica"*, apoyada en puntos de la trama diferentes a los *ejes*; y *"Conques/Paray"*, que utiliza *marcas constructivas–*, con ***dos posibilidades para los apoyos en brazos*** –sobre la trama o en una *marca constructiva–* y ***otras dos para la cota de los apoyos*** –similar o diferente–.

Su descripción pormenorizada ha sido imprescindible para mostrar la diversidad de oportunidades constructivas que ofrece una cúpula y los ambiciosos objetivos escenográficos que permite materializar. Pero, por sorprendente que parezca, el tema apenas ha comenzado a andar, pues hasta estos momentos nos hemos limitado a observar su clave, el óculo que con frecuencia la entorna, y la luz cenital. Pero el cimborrio puede incluir otros elementos importantes –tambor, vanos, ventanales, línea de impostas, ménsulas de descarga, imágenes, ...– y, dado que la experiencia nos dice que esos elementos pueden formar parte de la escenografía, cabe preguntarnos *si también participaron en el relato simbólico asociado a la cúpula.*

PRIMEROS PASOS EN LA CONSTRUCCIÓN DE UN RELATO SIMBÓLICO DE LARGO ALCANCE ASOCIADO A LA CÚPULA

Para responder ordenadamente a esta nueva complejidad espacial, nos trasladaremos hasta ***San Vicente***, en ***Ávila***, cuyas obras empezaron en el segundo cuarto del siglo XII. Aunque los trabajos en su cimborrio no finalizaron hasta los primeros años del siglo XIV, ya sabemos que un periodo tan dilatado de fábrica no es una dificultad insalvable para poder reconocer una trama visual autoconsistente.

Antes de observar la cúpula, es recomendable detenerse un momento en sus naves longitudinales: situados junto a los muros perimetrales, no se detecta una relación significativa con la bóveda central, pero si subimos

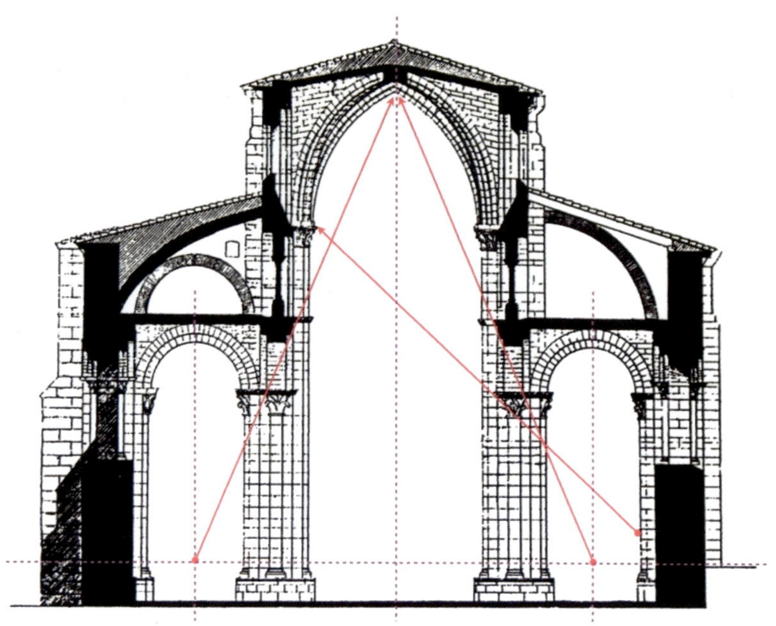

Croquis 16. Trama en alzado para las naves longitudinales en Ávila. Sección tomada de E. M. Repullés, en la que no aparece la puerta lateral sobrealzada ni los escalones que descienden hasta la nave.

hasta el umbral de la puerta lateral en la nave derecha[11], es inmediato apreciar cómo el ábaco que corona los capiteles de la arcada de la nave central se alinea con las ménsulas que apoyan los nervios de descarga de la bóveda que cubre esa nave. Estamos ante una *solución "impostas alineadas"* muy precisa, que el croquis 16 reproduce. Al descender los escalones, nuestra mirada asciende por la bóveda central, y alcanzamos su línea de máximo alzado cuando llegamos a la anchura media de la nave lateral. Estamos ahora ante la paradigmática *solución "claves alineadas"*, activa en ambas naves laterales.

El relato que compone esta secuencia transversal es muy inmediato: al acceder al templo por la puerta lateral estamos dejando atrás el *mundo terrenal*, y el arquitecto nos lo indica situándonos frente al límite superior del *muro de la nave central*. Conforme bajamos al espacio sacro nos sumergimos en el *mundo superior*, y nuestra visión de la *bóveda celeste* alcanzar su punto más elevado cuando llegamos al centro de la nave lateral.

Esta primera parte del relato simbólico en alzado tiene su continuidad en una segunda entrega focalizada ahora sobre el cimborrio, sobre su tambor prismático y su bóveda estrellada. Si hemos realizado el *camino transversal* alineados con la jamba izquierda –en el sentido de la marcha– de la puerta lateral, y al alcanzar el eje de la nave central giramos a nuestra derecha, al alzar la vista observaremos, con notable precisión, la imposta que señala el final del cuerpo prismático del tambor (croquis 17). El punto culminante de esta segunda entrega del relato se produce al avanzar hasta el punto medio del tramo de la nave más cercano al crucero, lugar de corte de las visuales que proceden de los extremos del *eje visual*. Estamos, pues, ante una *solución "panorámica"*. Como en Jaca, desde ese punto podemos observar los tres escenarios completos de la cabecera, y hasta la clave de la cúpula (imagen 11).

Ávila nos acaba de presentar la materialización de un verdadero *viaje iniciático*, articulado en dos momentos narrativos: el primero transversal, referenciado en la bóveda de la nave central, y el segundo axial, con el cimborrio como objeto de deseo mistificador. La línea de impostas en el muro de la nave, la clave de la bóveda central, la línea de impostas que señala el final del cuerpo del tambor y la clave de la cubierta del cimborrio, son las sucesivas referencias cuando recorremos este *camino*, referencias cada vez de mayor altura y carga simbólica.

11 Sobrealzada siete escalones respecto de las naves longitudinales.

Croquis 17. Trama desde la nave y desde la cabecera para el cimborrio de San Vicente. En la cabecera la visual a la clave se apoya en el punto de máximo control, y un enorme retablo impide alcanzar rigurosamente el correspondiente apoyo para la visual que busca el final del tambor, pero las mediciones sobre el terreno estiman que su posición se sitúa en el fondo del ábside. Sección tomada de E. M. Repullés.

Imagen 11. Visual a la clave de la cubierta del crucero, desde el punto panorámico de San Vicente.

Imagen 12. Vista general de la cúpula de la catedral románica de Salamanca.

Excelente Ávila en esta primera lección magistral de aproximación a la complejidad compositiva de un *camino iniciático* de largo alcance.

VI – EL RELATO SIMBÓLICO ASCIENDE A LA CONDICIÓN DE CAMINO INICIÁTICO

Una vez asimilados en Ávila los primeros gestos de la relación entre la nave central y la cúpula, nos dirigimos a la *catedral románica de* ***Salamanca*** para aprender de su notable cimborrio. Coherente en términos temporales y estéticos con el resto del edificio, consta de un tambor cilíndrico con dos niveles de estrechos y altos vanos, sobre los que se apoya una espléndida cúpula nervada (imagen 12). *¿Qué relato construye esta elegante estructura?*

A pesar de su complejidad y riqueza plástica, a estas alturas del trabajo no es difícil establecer unas ***pautas de observación*** que nos permitan apreciar, en detalle, la tarea simbólica encomendada a una estructura de este tipo: a las referencias utilizadas hasta ahora –clave, *luz* cenital y línea de impostas–, podemos añadir la *primera luz* que filtra un vano y *toda su luz*. Como apoyo tangencial solo actúan las claves de los arcos torales de la nave, y los apoyos posicionales siempre han de estar situados sobre la trama o sobre una *marca constructiva* precisa. Eso es todo lo que necesitamos.

Al caminar por el eje axial de la catedral románica de Salamanca es inmediato reconocer la presencia de una secuencia de cuatro visuales, que el croquis 18 muestra: de izquierda a derecha, la primera se apoya en el perfil final del breve vestíbulo de la nave central, y nos sitúa frente al *primer rayo de luz procedente del vano inferior* del tambor. La segunda parte del perfil posterior de la puerta lateral derecha situada en el segundo tramo de la nave, (la sección utilizada en el croquis 18 no la representa), y desde ese punto vemos la clave del vano inferior, recibiendo ahora *toda su luz*. Ese gesto supone una excelente preparación para que, desde el perfil posterior del tercer pilar exento de la nave recibamos la *plena iluminación del vano superior*, con referencia exacta es su clave. Se

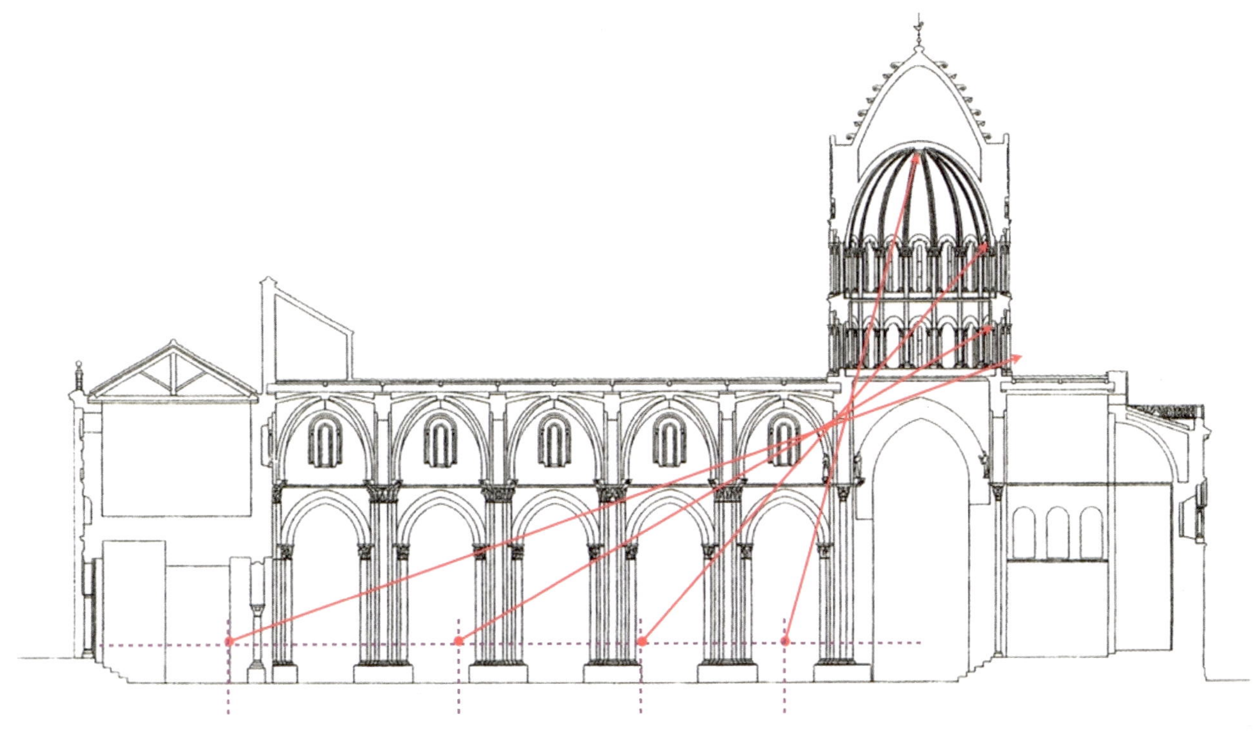

Croquis 18. Secuencia iniciática para la nave de la catedral románica de Salamanca, desde las cuatro marcas constructivas descritas en el texto.

trata de la tercera visual de la secuencia. Finalmente, desde el punto medio del último tramo de la nave, nuestra mirada alcanza la clave cenital. La imagen 13 recoge esos cuatro momentos.

En cualquier edificio que se dote de una cúpula, y su nave sea suficientemente larga, siempre es posible encontrar puntos de apoyo en la planta de la nave central desde donde nuestra mirada coincida con alguna referencia simbólica en el cimborrio. Pero es muy difícil que se pueda achacar al azar *que todos esos apoyos estén situados sobre marcas constructivas* precisas, o adscritos a la trama visual. Y es precisamente el riguroso cumplimiento de tan estricta condición lo que confiere *innegable voluntad proyectual* a las visuales que hemos observado en Ávila y Salamanca. Estamos muy lejos de la idea trivial que califica de camino iniciático cualquier aproximación física al ábside, pues el carácter genérico de esa imagen la hace inútil en términos constructivos y difusa como mensaje doctrinario. Por contra, la *trama iniciática* que estamos encontrando solo progresa sobre la base de *etapas rigurosamente precisas*, tanto en su punto de partida como en el de llegada.

Del ***camino iniciático*** que construye Salamanca cabe destacar su carácter *doblemente exhaustivo*: en planta ha conducido nuestros pasos a todo lo largo de la nave central, desde el final del vestíbulo y hasta el centro del último tramo de la nave. Paralelamente, en alzado nuestra mirada ha ascendido desde la base del tambor hasta el cenit cupular –el máximo recorrido posible–, sumergiéndonos en un relato trufado de gestos simbólicos cada vez más intensos y evocadores, con los diferentes grados de *iluminación* como guía principal. Esa doble exhaustividad aumenta, sin duda, la calidad del proyecto, pues incrementa la firmeza y determinación del relato simbólico que construye y transmite.

Comenzamos a entender los motivos que justifican el riesgo asumido al construir una cúpula sobre el crucero. Toca ahora ratificar en otros templos lo que Salamanca nos ha enseñado.

Imagen 13. Secuencia de las cuatro visuales para el camino iniciático en la nave de la catedral románica de Salamanca. Página anterior parte superior. Izquierda: a la primera luz del vano inferior. Derecha: a la clave del vano inferior, con toda la luz vista. En esta página: visual a la clave del vano superior, recibiendo su luz integral. Página anterior, parte inferior: desde el punto medio del último tramo de la nave, a la clave de la cúpula. Excepcional.

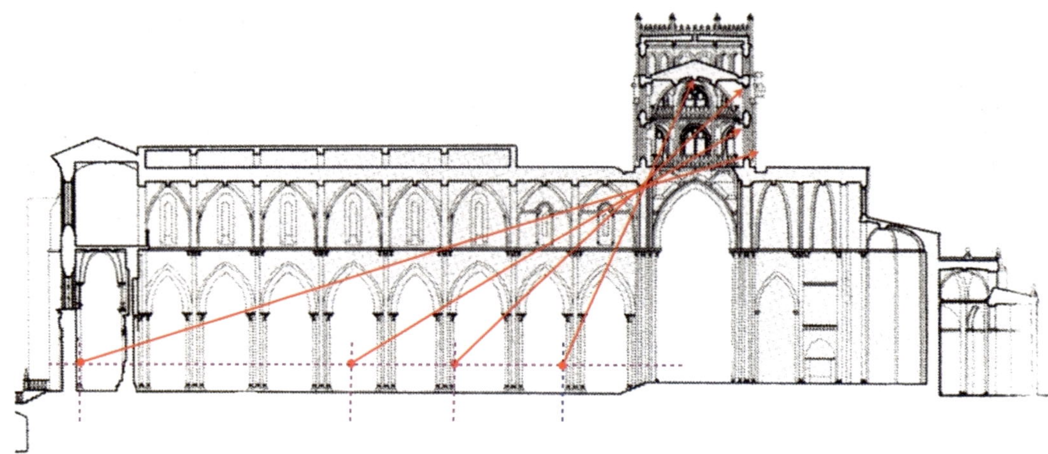

Croquis 19. Camino iniciático para la nave de la catedral de Ourense. De izquierda a derecha, los apoyos utilizados son el perfil inicial del breve nártex que precede a la nave, el punto medio del cuarto tramo, el perfil posterior del quinto par de pilares exentos y el eje visual.

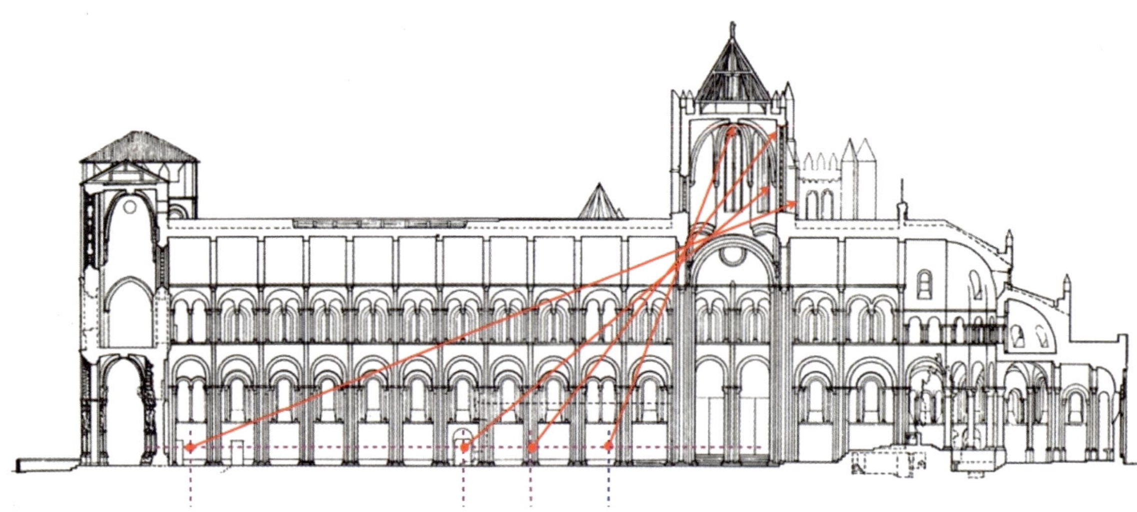

Croquis 20. Camino iniciático para la nave de la catedral de Compostela. Sección tomada de K. J. Conant.

OURENSE Y COMPOSTELA RATIFICAN LA TRAMA INICIÁTICA OBSERVADA EN SALAMANCA

El cimborrio de la catedral de ***Ourense*** incluye un tambor octogonal con dos niveles de amplios ventanales, cubierto con una cúpula estrellada de llamativa clave. Fue construido en los primeros años del siglo XVI, antes de las obras que en el XVII incorporaron un deambulatorio a su cabecera.

Como en Salamanca, su *camino iniciático* también comienza en el vestíbulo de acceso a la nave central (croquis 19), e incluye como referencias la *primera luz*, las claves del primero y segundo ventanal con *toda su luz vista*, y la estrellada clave de la cúpula (imágenes 14).

El cimborrio de la catedral de ***Compostela*** no posee la elegancia ni la simetría del de Salamanca ni del de Ourense[12], pero el interés institucional del edificio justifica su estudio. Aplicando las mismas pautas observacionales, encontramos que también aquí el *camino iniciático* para la nave central está integrado por cuatro visuales (croquis 20), con apoyos en los puntos medios del primero y del séptimo tramo de la nave[13], el eje medio de los octavos pilares exentos, y el *eje visual.*

12 Su tambor octogonal incluye lados con un gran ventanal y otros con una ventana más baja, cuya parte superior está cegada.

13 Este último coincide con el eje central de una puerta lateral, recurso escenográfico muy utilizado por la trama iniciática.

Imagen 14. Visuales para el camino iniciático de la catedral de Ourense. Arriba. Izquierda: a la primera luz del ventanal inferior. Derecha: a la clave del ventanal inferior, con toda su luz vista. Abajo. Izquierda: a la clave del ventanal superior, con toda su luz vista. Derecha: a la clave de la estrellada cúpula.

Imagen 15. Visual a la clave de la cúpula de la catedral de Compostela, desde el eje visual.

Por lo que atañe a las referencias, Compostela comparte tres con Salamanca y Ourense: el *primer rayo de luz,* que nos acoge desde el punto medio del primer tramo de la nave[14], la clave del gran ventanal, con *toda su luz vista,* y la clave de la cúpula, cuyo *ojo trinitario* nos observa al alcanzar el *eje visual* (imagen 15). Como nueva referencia actúa la ménsula de apoyo de los nervios que descargan el peso de la cúpula.

Los caminos iniciáticos construidos por Salamanca, Compostela y Ourense son todos ellos excelentes resultados de la aplicación de la ***cuarta buena práctica proyectual para el diseño de un cimborrio,*** *buena práctica que fija como objetivo especialmente deseable llevar el programa escenográfico mucho más allá de la simple definición de la posición de la clave de la cúpula, hasta lograr la construcción de una secuencia narrativa integral, con la luz como elemento mistificador más potente.*

En consecuencia, la trama no solo fija el alzado cenital de la cúpula, sino que también define la posición, en detalle, de los restantes elementos que participan de su estructuración simbólica[15].

14 Las lámparas que iluminan la nave central entorpecen algo esta visión, pero el trazado es muy preciso.

15 Excelentes *caminos iniciáticos* se pueden observar en la nave central en Sant'Ambrogio, en Milán; Notre Dame La Grande, en Poitiers; Sant'Agostino, en Roma; San Lorenzo y Santo Spirito, ambas en Florencia; y en las catedrales de Lisboa y Liubliana. También en el duomo de Vicenza, con la cúpula situada sobre la propia cabecera.
Sicilia es un magnífico lugar para disfrutar de buenos ejemplos de *caminos iniciáticos* para la nave, con especial protagonismo de la luz cenital. Por ejemplo, los duomos de Catania, Noto, Palermo, Piazza Armerina, Ragusa (San Giorgio y San Giovanni Battista) y Siracusa–. Con similar referencia, también en San Domenico, en Noto; en el duomo de San Giorgio, en Módica; en Sant'Agata, en Catania, y en Il Gesù, en Palermo. En la cappella Palatina de Palermo el protagonismo le corresponde a la figura divina, y en el duomo de Cefalú y en el de Monreale a su cubierta de madera.
En Londres, siempre con una cubierta artesonada, son notables los casos de Westminster y Southwark catedral.
Entre los templos de disciplina bizantina destacan el monasterio de Hosios Loukas, y Kottakis y Kapnikarea, en Atenas.

VII – LA NAVE TRANSVERSAL TAMBIÉN PUEDE CONSTRUIR UN RELATO INICIÁTICO

Es muy meritorio lo que acabamos de encontrar en estas tres arquitecturas, pero el relato simbólico todavía tomaría mayor densidad narrativa si tuviese un desarrollo paralelo en los brazos. *¿Se llegó hasta ese nivel de sofisticación en el diseño del espacio sacro?* Las notas de campo responden afirmativamente: Salamanca y Ourense construyen para sus brazos un breve *camino* integrado por dos visuales, mientras Compostela, con mayor longitud para su nave transversal, suma una tercera etapa.

Salamanca sitúa los apoyos en el centro geométrico de los dos tramos de su brazo derecho[16], y desde ellos busca como referencias la clave del vano superior y la clave de la cúpula. ***Ourense*** busca esas mismas referencias desde el final del primer tramo de sus brazos (caminando hacia el crucero) y desde la prolongación del perfil de la nave lateral. ***Compostela*** se apoya en el pilar de cierre de los brazos, el final del segundo tramo y el punto medio del cuarto, con referencias en las ménsulas de los arcos, la clave de los altos ventanales y la clave de la cúpula.

La menor longitud de los brazos obliga al relato simbólico asociado a renunciar a la primera etapa iniciática construida en la nave central, y a concentrarse sobre las referencias de mayor alzado y potencia simbólica. Pero desde un punto de vista doctrinal ese hecho, no solo no representa un problema, sino que permite conformar un potente gesto de *legitimidad jerárquica*, que da por supuesto que quienes siguen el ritual desde la nave transversal –recordemos que protocolariamente les corresponde a las autoridades y al cuerpo eclesiástico–, ya han superado las primeras etapas iniciáticas, y pueden gozar directamente de las etapas más elevadas.

*La **quinta buena práctica proyectual** propone al arquitecto **organizar también para la nave transversal un relato iniciático** que, aunque más corto, esté centrado en las referencias de mayor calidad simbólica ya utilizadas desde la nave.*

VIII – ¿QUÉ RELACIÓN ESTABLECE LA CABECERA CON EL CIMBORRIO?

En nuestro afán por apurar la correlación entre espacios, también nos hemos preguntado por la posible afinidad entre la cabecera y la cúpula de estas tres arquitecturas.

En ***Salamanca*** encontramos una visual que, desde el *punto de control*, alcanza la *clave de la cúpula*. La carga ideológica de este trazado es enorme, pues cuando el oficiante se sitúa sobre ese punto, además de *imponer en planta su controladora presencia*, al alzar la vista se comprueba "alineado y en excelente sintonía" con quien habite en lo *más alto de la cúpula celeste*. Estamos ante un gesto de evidente *respaldo y legitimación de su autoridad, por iluminación desde lo más alto*.

En Salamanca no podemos llevar las cosas más lejos pues el retablo que cubre el muro perimetral del ábside impide confirmar que desde su *punto más profundo* parte una visual a la clave del segundo vano del tambor. Las mediciones sobre el terreno indican que la respuesta es afirmativa, pero falta la observación directa que valide su precisión. De ser así, toda persona situada en cualquier punto de la cabecera central estaría en todo momento *plenamente iluminada* por los dos vanos del tambor, en un gesto que anticipa el *mecanismo de legitimación jerárquica* que Palladio construirá 400 años más tarde con *toda la luz* del óculo de la cúpula de Il Redentore[17].

El relato desde la cabecera de ***Ourense*** es excepcional. Como en Salamanca, es inmediato constatar que el *punto de control* se alinea con la *clave de la cúpula*, y que desde el fondo del ábside construye la visual que hemos podido "medir", pero no observar, en Salamanca. En efecto: el generoso tamaño de su ábside permitió incorporar una sillería perimetral de doble cuerpo. Sentados en el sillón preferente situado en el cuerpo sobrealzado de la sillería, nuestra mirada coincide con notable precisión con la *clave de la ventana superior* del tambor (imagen 16). En consecuencia, en Ourense el *mecanismo de legitimación jerárquica es doble*: con la clave para el oficiante instalado sobre el *punto de control*, y de *plena iluminación* desde el tambor del cimborrio para toda persona situada en cualquier punto de la cabecera central, incluido el sillón presidencial situado en su punto más profundo[18].

16 Recordar que el izquierdo está desfigurado para dejar espacio a la nueva catedral.

17 En la abadía de Bath podemos observar un mecanismo similar: desde la puerta de acceso frontal recibimos la primera luz del óculo. mientras que los oficiantes, incluso situados junto al muro trasero de la cabecera, reciben toda su luz.

18 Las mediciones realizadas sobre el terreno señalan que la visual desde el fondo del ábside, en pie, es la misma que la que observamos desde el sillón presidencial. Todo indica, pues, que la sillería ajustó su diseño y dimensiones para aprovechar la carga simbólica de ese trazado original.

Imagen 16. Visual desde el sillón presidencial situado en el fondo del ábside de la catedral de Ourense: a la clave del ventanal superior, con toda la luz de los dos ventanales frontales iluminando a la jerarquía situada en esta posición.

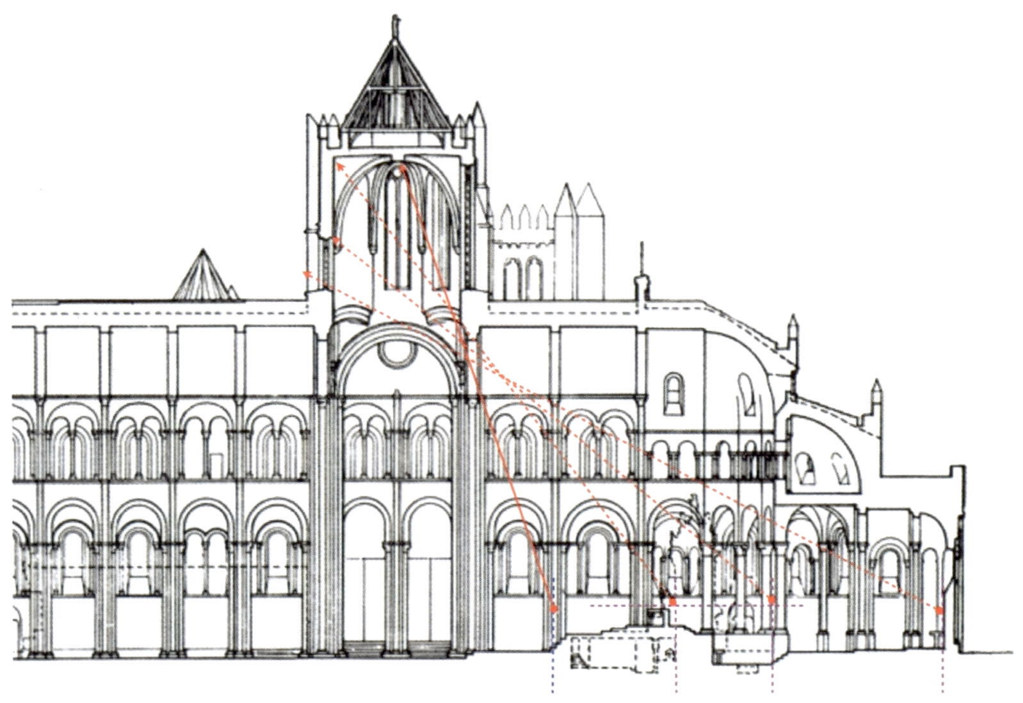

Croquis 21. Trama para la cabecera de la catedral de Compostela. Las visuales punteadas son las estimadas a partir de las mediciones.

*La **sexta buena práctica proyectual** exige al arquitecto **organizar un mecanismo de legitimación jerárquica para la cabecera**, con la clave y con toda la luz como respaldos de mayor calidad justificativa.*

Compostela también aplicó esta *buena práctica*, y como primer paso construyó una *solución Melque/Bande*, con el *punto de control* alineado con la *clave de la cúpula*. Pero observar desde el resto de su cabecera no es fácil, pues todo el oropel añadido impide precisar su magnífica estructura espacial. Es una pérdida importante, ya que las mediciones apoyan la presencia de un discurso de gran envergadura, integrado por otras dos visuales desde la cabecera central y una tercera desde la capilla axial, situación que podemos observar en algunas grandes cabeceras góticas, pero muy excepcional en una cabecera románica.

Los cálculos a partir de la medición en alzado para las referencias en la cúpula, del arco toral y de la arcada del deambulatorio, y de las distancias de los correspondientes apoyos en planta, indican que la visual a la *clave de la ventana más alta* se apoya sobre el punto central del tercer tramo del presbiterio, y que la *clave de la ventana inferior* se alinea con la *profundidad máxima del ábside*[19].

El *fondo de la capilla axial* puede ser el apoyo de la visual que busca un *primer punto de luz* procedente de la parte más baja de la ventana del cimborrio. Hemos dejado en la cabecera a la jerarquía *plenamente iluminada*, y la idea de *primera luz* vuelve a tener plena consistencia ideológica para la capilla axial[20], abierta a la pelegrina circulación por el deambulatorio.

Resulta encomiable que alguien fuese capaz de imaginar la posibilidad de construir un relato simbólico con cuatro etapas para el *camino iniciático* a lo largo de la nave, tres para cada brazo, y una desde la capilla axial (pendiente de confirmación), junto a un *mecanismo de legitimación jerárquica* para la cabecera integrado por otras tres visuales (dos pendientes de confirmación). Extraordinaria Compostela. En el capítulo anterior hemos analizado su *transferencia integral de ritmo*, constatando que los indicadores cuantitativos no presentaban valores muy altos[21]. Pero si a esos datos añadimos los *caminos iniciáticos y de legitimación jerárquica* que acabamos de encontrar para su nave, brazos y cabecera, podremos valorar mejor la calidad del trabajo de planificación espacial de sus arquitectos.

19 Tan alto número de visuales se consigue obviando la menor longitud de la cabecera con la gestión de su sobrealzado.

20 El alzado de la arcada del deambulatorio está implicado en este trazado.

21 Recordar, por ejemplo, que solo señala la posición directa de 32 de los 61 pilares exentos de su arcada, lejos de la relación paradigmática "2 de cada 3".

Hemos abierto este capítulo preguntándonos ***qué aporta una cúpula al espacio sacro que compense asumir los riesgos de su construcción***, y tras lo visto en Salamanca, Compostela y Ourense la respuesta es muy sólida y rotunda: una cúpula materializa en el espacio sacro un *camino iniciático* dirigido a los fieles, y un potente mecanismo de *legitimación jerárquica* para los personajes concentrados en la cabecera, aspectos ambos importantísimos dentro del doctrinario y del orden social cristiano. El esfuerzo de proyectar y construir una cúpula normalizada es muy notable, pero su rentabilidad también lo es, pues los objetivos ideológicos que materializa no son, precisamente, temas menores.

IX – INGLATERRA, FRANCIA E ITALIA COMPARTEN ESOS MISMOS CRITERIOS CONSTRUCTIVOS Y SIMBÓLICOS PARA SUS CAMINOS INICIÁTICOS Y MECANISMOS DE LEGITIMACIÓN JERÁRQUICA

A estas alturas del análisis ya no nos sorprende que arquitecturas muy distantes geográficamente compartan idénticos criterios constructivos, reflejo de la similar ideología que las inspira y a la que son serviciales. Por lo que se refiere tanto a la trama en alzado, como al *camino iniciático* para la nave y los brazos y al *mecanismo de legitimación jerárquica* para la cabecera, la catedral de ***Ely*** es un caso excepcional, que muy bien merece un comentario detallado. Se trata de un edificio de historia compleja, con más de un siglo continuado de obras comenzadas en los primeros años de la década de 1.080. Una vez finalizadas, apenas cuarenta años más tarde ya se remodeló íntegramente la cabecera, ampliando notablemente sus dimensiones. En 1.322 el cimborrio original colapsó, lo que obligó a reordenar íntegramente el crucero, dotándolo de una planta octogonal y de una estructura en alzado de madera que incluye un tambor y una cubierta estrellada. La nave principal está precedida de un generoso nártex, que soporta una enérgica torre completada en el siglo XIV. Su interior se cierra con una cubierta plana que acoge una llamativa representación del pantocrátor. *¿Qué relato simbólico en alzado construye tan compleja reunión de espacios y estructuras?*

En su quinto tramo, la nave lateral derecha incluye una puerta lateral que comunica con el exterior del templo[22]. Si repetimos la experiencia que nos ha enseñado San Vicente, en Ávila, es inmediato reconocer un rico *camino iniciático transversal*, con tres momentos importantes, que el croquis 22 recoge[23]:

¿Fueron sus arquitectos capaces de mantener este excelente nivel narrativo en la trama referenciada en el cimborrio sobre el crucero? Los croquis 23 y 24 inferior detallan el *camino iniciático* para la nave y los brazos, y el 24 superior la trama de *legitimación jerárquica* para la cabecera.

La secuencia de las imágenes 19 a 21 muestran las seis referencias simbólicas buscadas.

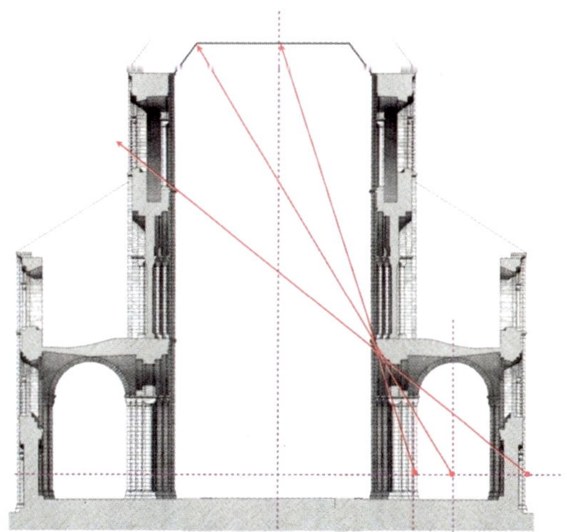

Croquis 22. Trama en alzado para la nave lateral derecha de la catedral de Ely. El primer apoyo activo lo encontramos en el perfil exterior del muro que acoge la puerta de acceso lateral (no representada en esta sección). El segundo momento narrativo lo encontramos al alcanzar la anchura media de la nave lateral. El camino iniciático transversal culmina cuando llegamos al perfil de los pilares de la nave. Las imágenes 17 y 18 detallan las referencias simbólicas que podemos observar en cada caso. La nave izquierda repite esta trama, pero, lógicamente, sin la visual desde "el exterior del muro".

22 Hoy da acceso a unas capillas exteriores, pero originalmente comunicaba con el claustro adosado al lado sur de las naves.

23 En la cabecera la trama en alzado también incluye tres visuales, con apoyos junto al muro perimetral, en la anchura media y en el perfil de los pilares de la cabecera. Las referencias utilizadas son la clave del ventanal del claristorio, la clave definida por el corte de los primeros nervios de la bóveda palmeada, y la línea de máximo alzado de dicha bóveda.

Imagen 17. Catedral de Ely. Arriba: situados en el perfil exterior de la puerta lateral de acceso desde el antiguo claustro, recibimos el primer rayo de luz que filtra el ventanal del muro de la nave central. Excelente e iluminador gesto de acogida. Abajo: el reclamo de su luz nos conduce hasta la anchura media de la nave lateral, punto desde donde podemos observar el final del mundo terrenal representado por el muro vertical. Simultáneamente, las impostas del pilar parecen buscar la base del claristorio, pero con desigual precisión en los diferentes pilares y tramos, motivo por el cual no hemos incluido ese trazado en el croquis 22 como visual normativa de la trama.

Imagen 18. Catedral de Ely. El tercer apoyo construye una solución del tipo "claves alineadas", que conduce nuestra mirada hasta el cenit de la cubierta central, compuesta por tres tableros, uno horizontal y dos laterales inclinados.

Croquis 23. Catedral de Ely. Camino iniciático para la nave. Incluye seis momentos narrativos, todos de gran valor simbólico. El primer gesto lo encontramos en el nártex, junto a la puerta de acceso frontal al templo (punto "a" del croquis). El segundo sobre el eje central del quinto par de pilares de la nave propiamente dichos (punto "b"). La puerta de acceso desde el claustro nos ha dejado en el centro de ese tramo, apenas unos pasos por detrás de ese apoyo. El tercer momento narrativo lo encontramos en el eje central de los siguientes pilares (punto "c"). Las tres estaciones finales se sitúan en el eje de los novenos pilares (punto "d"), en el punto medio del onceavo tramo de la nave (punto "e"), y sobre el perfil anterior de los gruesos pilares del crucero (punto "f"), posición que coincide con la del eje visual, situado sobre una partición "1 a 1" de la distancia entre el inicio de la nave y el muro trasero del altar mayor.

Imagen 19. Catedral de Ely. Camino iniciático para la nave. Arriba: visual desde la puerta frontal de acceso (punto "a" del croquis 23), que busca con notable precisión el final del zócalo del tambor. Abajo: desde el punto "b", al final riguroso del tambor. Es la primera visual al cimborrio que encontramos cuando accedemos desde la puerta lateral, atravesamos la nave derecha, y caminamos unos breves pasos sobre el eje axial de la nave central.

Imagen 20. Catedral de Ely. Arriba: al recorrer otro tramo de la nave (punto "c"), la primera luz del gran ventanal reclama manifiestamente nuestra atención. Abajo: debemos perseverar y avanzar otros tres tramos completos (punto "d") para que nuestro grado de iluminación se amplíe, y podamos recibir toda la luz de las primeras ventanas geminadas.

Imagen 21. Catedral de Ely. Arriba: sobre el punto "e" el nivel de iluminación alcanza su máximo grado, con toda la luz de los grandes ventanales accesible a nuestra mirada (la referencia precisa es la clave de los ventanales). Abajo: finalmente, sobre el eje visual, la clave de la cubierta recompensa nuestra perseverancia. La foto corresponde a la visual simétrica desde el brazo derecho, pues la intensa luz frontal de los grandes ventanales impidió hacer una foto en buenas condiciones desde el eje visual.

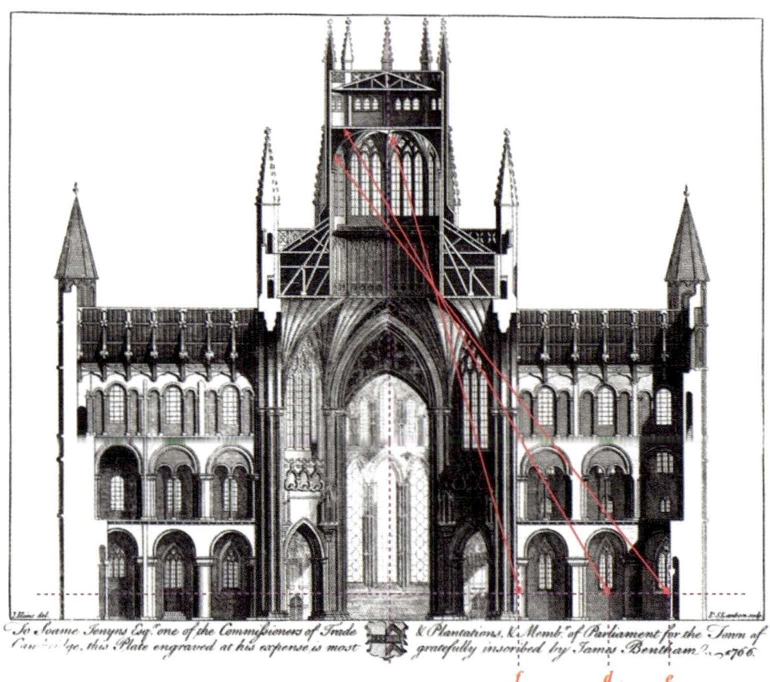

Croquis 24. Catedral de Ely, Arriba: camino de legitimación jerárquica desde la cabecera. Abajo: camino iniciático para la nave transversal. Para remarcar la simetría de toda la trama al cimborrio, hemos denominado igual a los apoyos que buscan la misma referencia. Como se puede observar, la cabecera incluye 5 similitudes (en nuestras notas de campo no consta una visual normativa –es decir, apoyada en una marca constructiva rigurosa– que busque desde la cabecera el final preciso del tambor). Los brazos, a pesar de su cortedad, incluyen las tres visuales de mayor calado simbólico. A destacar una especificidad muy interesante: en todos los casos, el apoyo tangencial no se produce en el correspondiente arco toral del crucero, sino en el perfil interior de la propia estructura de madera del cimborrio, que –seguramente para evitar la repetición de los problemas del cimborrio original– cerró su anchura, obteniendo así menores alzados.

Croquis 25. Catedral de Ely, Trama en alzado para el cimborrio sobre su nártex. Está integrada por seis visuales, con referencias en la clave de vano inferior (imagen 22 superior); en la línea de impostas que señala el final del primer tramo del muro vertical; la primera luz de los vanos superiores (imagen 22 inferior); la clave del vano superior (imagen 23 superior) y el rostro del pantocrátor representado en la cubierta plana (imagen 23 inferior).

Se trata de un programa tan exuberante como abrumador, y tan simétrico como preciso, especialmente sorprendente si tenemos presente la compleja vida constructiva del crucero y del cimborrio que lo cubre, y de la cabecera y de la nave transversal, con alguno de sus tramos rehecho tras su hundimiento parcial. Pero Ely nos muestra que el rigor doctrinario puede llevar las cosas aun más lejos. En efecto: cuando recorremos los tres tramos finales de la nave –esta vez en el sentido de salida–, una mirada atenta al muro y a la cubierta del imponente nártex reconoce un nuevo *camino iniciático* integrado por nada menos que seis visuales. El croquis 25 las muestra.

La secuencia de imágenes que siguen muestra como *la luz* y la *mirada del pantocrátor* acompañan, y supervisan, los pasos finales de todo visitante que abandona el templo. Impecable. Muy pocas arquitecturas ofrecen la oportunidad de contemplar un despliegue narrativo de la envergadura de Ely, que llega a implicar el acceso lateral desde el antiguo claustro, las naves laterales y la central, los brazos, la cabecera, el cimborrio de madera sobre el crucero, y la cubierta del nártex. Todos los alzados interiores –incluida la estructura de la parte final del muro de la nave, el tambor sobre el crucero y el muro del nártex– han quedado integrados en el relato construido. El balance final es que hasta un total de 23 visuales construyen una *transferencia de ritmo* entre otras tantas *marcas constructivas* precisas en la planta del templo y similar número de referencias simbólicas en alzado, tramando exhaustivamente el conjunto del espacio interior.

Increíble la experiencia y la capacidad de visualización espacial de los arquitectos de aquellos momentos, para, con sus limitados instrumentos de trabajo y de representación gráfica, ser capaces de concebir una trama con esa riqueza narrativa y creer que era posible construirla con similar coherencia y precisión en todas sus partes. Recordemos que las obras se iniciaron a finales del siglo XI y no concluyeron hasta bien avanzado del siglo XIV.

Imagen 22. Catedral de Ely. Trama en alzado para el nártex. Arriba: desde el punto "g" del croquis 24, a la clave de los vanos inferiores, con toda su luz vista. Abajo: desde el punto "i", a la primera luz del vano superior.

Imagen 23. Catedral de Ely. Trama en alzado para el nártex. Arriba: desde el punto "j" a la clave de los vanos superiores, con toda la luz vista. Abajo: desde el punto "l", al rostro del pantocrátor como final de este camino de salida del templo.

Imagen 24. Catedral de Durham. Arriba: desde el eje visual, en el perfil anterior de los pilares del crucero –sobre una partición "1 a 1" de la distancia entre los muros traseros de la nave y del altar mayor–, al centro del óculo del cimborrio.
Abajo: visual desde el eje central del primer pilar del brazo derecho, a la primera luz del tambor.

Imagen 25. Catedral de Peterborough. Arriba: final del camino iniciático para la nave. Desde el perfil anterior del último par de pilares de la nave, a la clave del cimborrio. Abajo: desde el punto medio del cuarto tramo de la nave, a la primera luz del tambor.

Imagen 26. Catedral de Lincoln. Arriba: desde el punto medio de la línea de acceso al tramo del brazo derecho más cercano al crucero, a la clave del cimborrio. Abajo: junto al muro de cierre del brazo izquierdo, a la primera luz del tambor.

Imagen 27. Catedral de Salisbury. Visuales al óculo situado en la clave de la cubierta del crucero. Arriba: apoyados en el muro trasero de la cabecera. Abajo: apoyados en la puerta de acceso frontal al templo.

Ely no es un caso aislado. Por ejemplo, la catedral de ***Durham*** (imagen 24) también construyó tramas muy generosas para su nave y cabecera, compartiendo con Ely cinco referencias en la cabecera y otras tantas en la nave. Pero quizá el gesto más destacable es la envergadura del *camino iniciático* para sus brazos, integrado por nada menos que seis visuales, siempre con un papel preponderante para la *luz* y el *óculo* de la cúpula.

Dado que el papel simbólico de la luz es un tema conceptual, no físico, no es difícil encontrar su reiterado protagonismo lejos de las orillas del Mediterráneo. Durham lo acaba de mostrar y la catedral de ***Peterborough*** (imagen 25) lo ratifica inmediatamente, tanto en su nave longitudinal y transversal, como en su profunda cabecera.

La catedral de ***Lincoln*** (imagen 26) es otro muy buen ejemplo de utilización sistemática de la *luz* y la *clave cenital* del cimborrio como criterios ideológicos de primer nivel que rigen la organización estructural del espacio interior sacro.

La potencia del relato simbólico aportado por un cimborrio es de tal envergadura que incluso podemos encontrar ejemplos en que, cubriéndose el crucero tan solo con un tramo de bóveda, algo más adornada, pero sin ningún alzado especial, es objeto de deseo visual desde puntos muy significativos del templo. Como buenos ejemplos ingleses, además del caso de la abadía de Bath que ya hemos comentado en la nota 17, encontramos la catedral de ***Salisbury*** (imagen 27), que busca el óculo desde los extremos del eje axial del templo, es decir, desde la puerta frontal de acceso al templo y desde el muro más trasero de la cabecera. La catedral de Winchester lo hace desde la puerta de acceso frontal.

Unos 150 años más tarde que Compostela, ***Coutances*** construyó en su catedral un cimborrio de gran densidad narrativa, con cinco etapas para la nave y siete para su profunda cabecera.

La cúpula nervada que cubre el crucero se apoya sobre un alto tambor octogonal de dos cuerpos: el inferior incluye una galería ciega con dos arcadas en cada lado, mientras el superior integra una galería de servicio, que apoya grandes ventanales dobles.

Sobre el eje axial de la nave, nuestro caminar nos lleva a través de una secuencia iniciática cuyas referencias de mayor calidad son, en orden ascendente, el *final del primer cuerpo del tambor*, la *primera luz* de los grandes ventanales (imagen 28 superior), *toda su luz*, y *la clave* de la cúpula. El croquis 26 detalla los apoyos utilizados.

La gran profundidad de la cabecera permitió a su arquitecto articular en ella una doble secuencia: un breve *camino iniciático* para la capilla axial y el deambulatorio, y una trama de *legitimación jerárquica* para el ábside y el coro. El croquis 26 también muestra los apoyos utilizados en esta parte de la trama.

El *camino iniciático* en el deambulatorio y en la capilla axial utiliza como referencias la base y el final del primer cuerpo del tambor, destacando que esta última también lo es de la visual construida desde el punto más profundo del ábside. Utilizar una misma referencia para el deambulatorio y para el ábside, jugando con el sobrealzado de este último, es un recurso con una enorme carga ideológica: donde finaliza el *camino iniciático* de los fieles, comienza la *legitimación jerárquica* de la autoridad sacerdotal. Impecable como gesto de segregación y compartimentación de papeles.

Cuando alcanzamos el presbiterio, el *mecanismo de legitimación* se intensifica, implicando a los tres signos simbólicos más contundentes: la *primera luz* de los grandes ventanales, *toda su luz*, y –desde el *eje de control*– la *clave de la cúpula*, solución muy cercana a la que hemos observado en Ourense y "calculado" en Compostela.

Para no complicarlo más, el croquis no incluye las dos visuales *iniciáticas* que Coutances construye en sus brazos desde el pilar de cierre del brazo y desde el punto central del tramo más cercano al crucero, visuales que buscan *toda la luz* de los grandes ventanales (imagen 28 inferior) y el perfil del óculo.

Extraordinaria Coutances, pues no podemos olvidar que esta relación con su cimborrio –incluida la solución "Melque/Bande" para la clave– es simultánea a su magnífica transferencia de ritmo en alzado que describimos en el capítulo anterior, una de las más elegantes que conocemos. No tenemos adjetivos para calificar su proyecto.

También en Italia encontramos excelentes tramas asociadas al cimborrio, como la planificada por ***Giacomo Vignola*** para ***Il Gesù***, edificio cuya estructura escenográfica en planta ya hemos analizado en el primer capítulo.

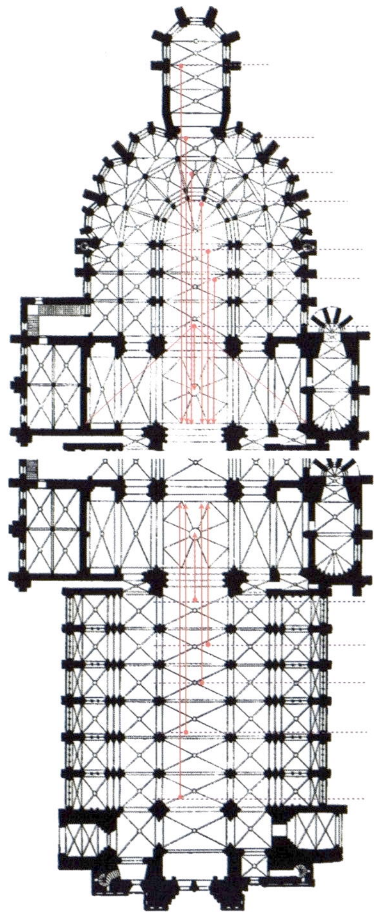

Croquis 26. Apoyos para los caminos iniciáticos desde la nave, capilla axial y deambulatorio de Coutances, y para el mecanismo de legitimación jerárquica en su cabecera central. Planta tomada de G. Dehio y G, Bezold.

Croquis 27. Camino iniciático y mecanismo de legitimación jerárquica para Il Gesù, en Roma. Sección tomada de De'Rossi.

Imagen 28. Trama al cimborrio de Coutances. Arriba: desde el centro del cuarto tramo de la nave, visual a la primera luz de los ventanales del tambor. Abajo: a toda la luz de los grandes ventanales, desde el fin del brazo derecho.

Imagen 29. Desde el perfil posterior de los pilares de acceso a la nave de Il Gesù, visual a la primera luz del vano en los riñones de la cúpula (no confundir con la luz íntegra de los grandes ventanales centrales). Abajo: desde el centro del presbiterio, al pie del altar de Andrea della Valle, visual legitimadora a toda la luz del óculo.

El relato *iniciático* para el cimborrio incluye ocho etapas en la nave y dos en cada brazo. En la cabecera, la secuencia *legitimadora* consta de dos visuales. Todas las referencias utilizadas poseen un altísimo valor simbólico[24], y el croquis 27 detalla los correspondientes apoyos.

El grado de nitidez de todas las visuales es máximo, destacando su excelente *solución "panorámica" para la clave de la cúpula,* con *toda la luz del óculo vista.*

Dos décadas más tarde, en la cercana ***Sant'Andrea della Valle***, el edificio con la mayor cúpula cristiana de la ciudad de Roma, solo superada por la del Vaticano, ***Yago della Porta*** optó por definir una narración *iniciática* con cinco etapas en la nave –tres menos que Il Gesù– y dos en cada brazo –como Il Gesù–. La trama *legitimadora* en la cabecera incluye tres visuales –una más que Il Gesù–.

A destacar que, a las habituales referencias simbólicas, Andrea della Valle añade una *paloma* representada en la bóveda de la linterna que cubre el óculo central. Cuando estudiemos las arquitecturas centralizadas renacentistas tendremos oportunidad de entrar en detalles sobre la importancia de esta referencia, cuyo simbolismo es bastante inmediato en el imaginario cristiano, y muy presente desde sus mismos orígenes.

X – ALGUNOS EJEMPLOS DE CAMINOS INICIÁTICOS CON SOLUCIONES ESPECIALMENTE SUGERENTES

Ya conocemos bastante bien cómo observar los gestos normativos de un *camino iniciático* y de un *mecanismo de justificación jerárquica.* No insistiremos, pues, más en ello, y nos centraremos ahora en mostrar algunas soluciones que ponen de manifiesto el derroche imaginativo que también se produjo en esta parte del proyecto espacial.

EL RELATO INICIÁTICO PUEDE COMENZAR ANTES DEL ACCESO AL ESPACIO INTERIOR SACRO

Si Salamanca y Ourense arrancan sus *caminos iniciáticos* en el vestíbulo que precede a su nave central, Toro y Lleida construyen soluciones todavía más ambiciosas.

Bajo el dintel de la puerta de acceso a la nave de ***La Seu Vella de Lleida*** recibimos un generoso haz de luz procedente de la parte baja del gran ventanal situado en el tambor que apoya su cúpula. Es un efecto estimulante, pero carece de una referencia precisa, por lo que no es una visual de la trama. Cuando retrocedemos hacia el exterior del templo, el haz de luz se va estrangulando, y es bastante inmediato encontrar que la *última posición desde la que percibimos su luz es ¡¡la anchura media de la galería del claustro!!* situado a sus pies, galería que se comporta a modo de lugar de encuentro y acogida para los fieles, verdadera antesala de acceso al espacio interior sacro.

Es un trazado plenamente normativo, pues se apoya sobre una *marca constructiva* precisa y busca una referencia con excelente carga simbólica. Un gesto escenográfico de esta calidad lo interpretamos como la clara voluntad del arquitecto por sumar la galería claustral a la corta nave de La Seu Vella –solo posee tres tramos–, definiendo así un espacio ceremonial más amplio y versátil. El croquis 28 recoge ese trazado, así como el resto de la trama para el cimborrio.

En la colegiata de ***Toro*** podemos reconocer un *camino iniciático* integrado por cuatro visuales, que el croquis 29 recoge. Dado el tamaño de su nave –solo tres tramos, como en Lleida, con apenas 24 metros de longitud–, el arquitecto muy bien se podría haber dado por satisfecho con ese resultado, pues es similar, por ejemplo, al que construyó Compostela para los once tramos de la suya. Pero no fue así: si nos situamos sobre el umbral de la puerta frontal de acceso al templo, recibimos toda la luz procedente del vano inferior de su tambor, aunque, como en Lleida, este trazo carece de la precisión requerida por la trama. Pero, si al observar los detalles de su colorista portada nos situamos sobre la *línea que la separa del pórtico*[25], y fijamos nuestra atención sobre el tambor del cimborrio, veremos la *clave del vano* inferior[26]. Por su precisión y simbolismo, esta sí es una visual de la trama. El inicio del relato iniciático ha retrocedido, pues, hasta el límite anterior de la portada, fuera de la nave. Magnífico.

24 Las referencias son el final del tambor, el *primer rayo de luz* del pequeño vano, su *luz completa*, el *rostro del creador* situado en la parte alta de la cúpula, la *primera luz* del óculo, su clave, *toda la luz* del óculo, y la *paloma* representada en la cubierta de la linterna.

25 Cuando la visitamos, un cambio de textura en el pavimento señalaba muy bien esa línea.

26 La torpe reja que hoy cierra la nave central dificulta la observación.

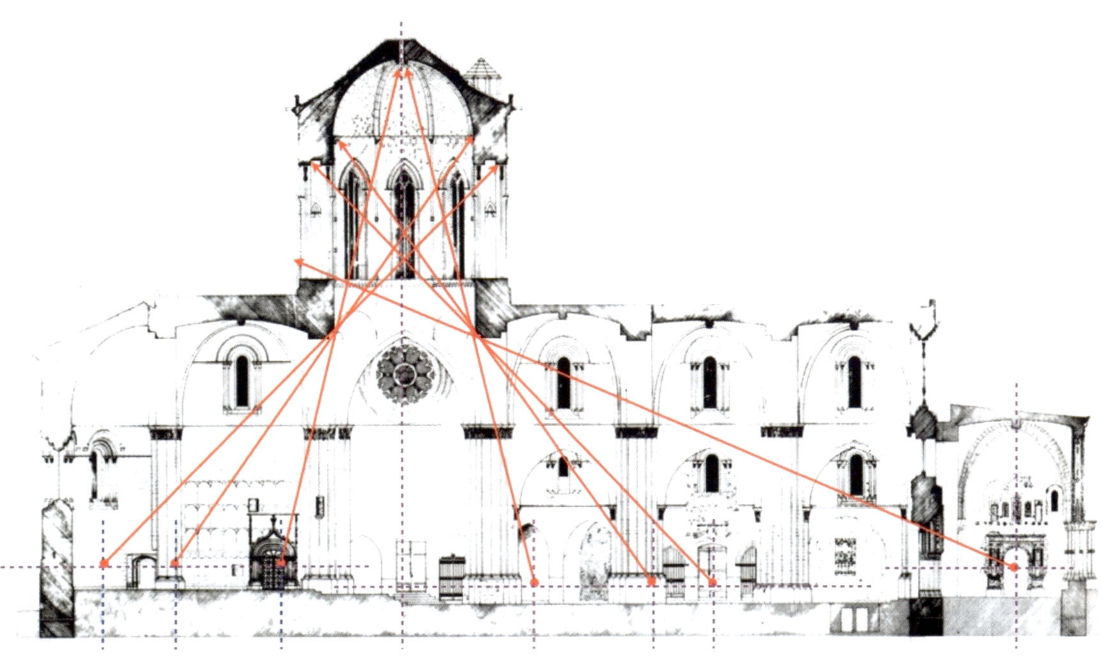

Croquis 28. Trama al cimborrio desde la nave y la cabecera de La Seu Vella de Lleida. La visual desde el centro de la galería del claustro es la que parte del punto situado más a la derecha.

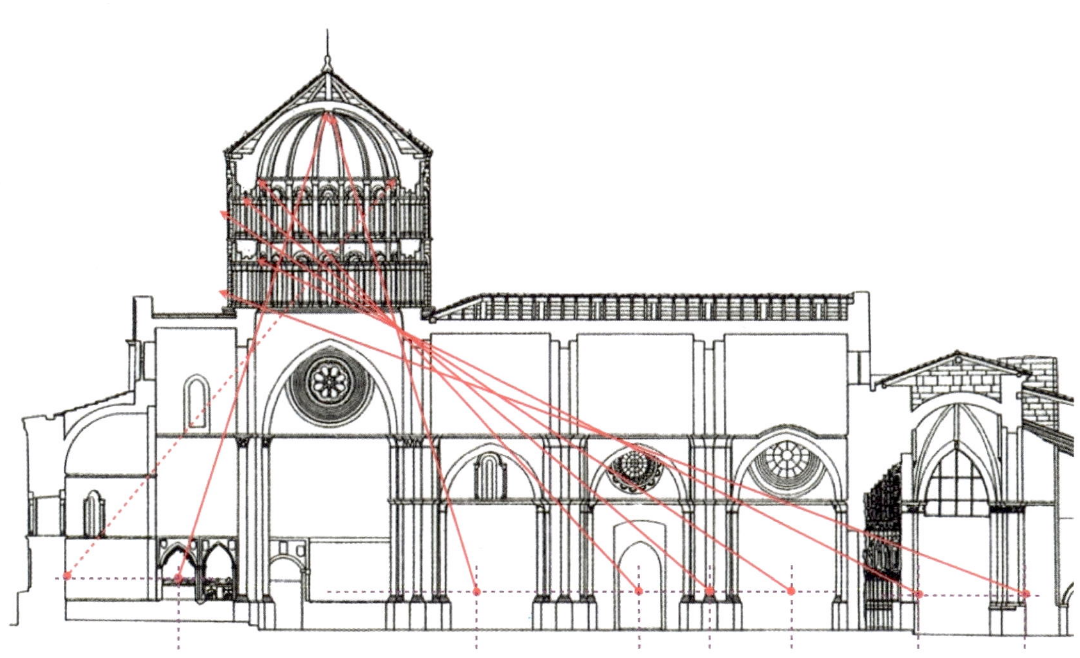

Croquis 29.. Trama al cimborrio desde la nave y la cabecera de Toro. La visual desde el fondo del ábside está estimada por medición, pues un retablo impide situarse en esa posición.

Imagen 30. Colegiata de Toro. Sobre la línea de acceso al pórtico, primera luz del vano inferior del tambor, por debajo del dintel de la portada. No confundir con la luz del rosetón inferior.

De quedar ahí las cosas, podríamos calificar su proyecto de ambicioso y muy potente, pero Toro llevó las cosas más lejos: si retrocedemos un poco más, cuando alcanzamos la *línea de acceso al pórtico*[27], contra el dintel de la puerta, veremos a ambos lados del parteluz –nunca mejor dicho– la *primera luz* procedente del vano inferior del tambor. A pesar de la reja de la nave, el efecto es claro. Lo muestra la imagen 30.

Apabullante el grado de elaboración de los proyectos de Toro y Lleida, y el nivel de detalle alcanzado por el relato simbólico que patrocinan sus respectivos *caminos iniciáticos*. Si Lleida integra la galería del claustro, Toro incorpora el espacio ocupado por la portada y la profundidad total del pórtico, hasta construir una narración que implica a *¡¡seis referencias simbólicas!!, todas las posibles en el tambor y en la cúpula que cierra su espacio cenital.* Sencillamente magistral.

QUÉ MEJOR QUE UNA PILA BAUTISMAL COMO INICIO DE UN CAMINO INICIÁTICO

El gesto más imaginativo del relato *iniciático* de ***Saint Pierre***, en ***Le Dorat,*** lo encontramos en su arranque, marcado por dos hechos: el gran desnivel entre la puerta principal de acceso y la nave[28], y la presencia de una gran pileta bautismal emplazada en el segundo tramo de la nave.

Desde el umbral de la sobrealzada puerta, nuestra mirada se alinea rigurosamente con la *base del tambor* que apoya a la cúpula. Tras este buen gesto inicial, lo más interesante ocurre cuando descendemos la escalinata y llegamos al muro anterior de la *pileta bautismal.* Desde esa posición observamos una referencia simbólica de extrema calidad: nada menos que *el primer rayo de luz* que filtran dos ventanales del tambor. La imagen 31 lo muestra. *Agua bautismal* y *primera luz cupular* comparten *rol iniciático*, en una conjunción simbólica muy difícil de superar.

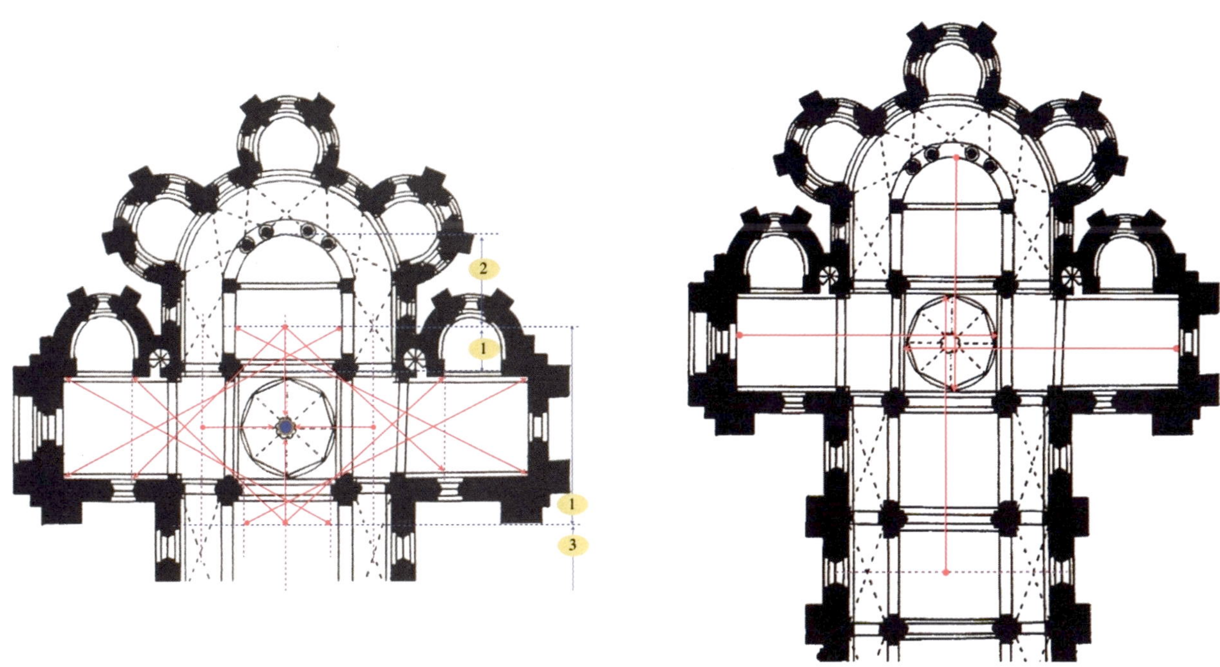

Croquis 30. Trama "Melque/Bande" para la clave cenital de Le Dorat (izquierda), y "Conques/Paray" para toda la luz de los grandes ventanales del tambor (derecha). Diseño de la planta a cargo de Z.E. Seffadj.

27 También notablemente señalada sobre el terreno por un nuevo cambio en el pavimento.

28 La escalinata de descenso al espacio sacro ocupa todo el primer tramo de la nave.

Imagen 31. Con la cámara junto al perfil anterior de la pileta bautismal, a la primera luz en el tambor de Le Dorat.

La *secuencia iniciática* y *legitimadora* construida por Le Dorat se cierra con una *solución "Melque/Bande"* rigurosa para la clave de la cúpula, que se complementa con una *solución "Conques/Paray"* atípica, pues no se construye con referencia en la clave cenital, sino en el final del tambor, lo que permite que *toda la fiscalizadora y purificante luz* de sus grandes ventanales alcance hasta el fondo del ábside, hasta los extremos de los brazos, y hasta el punto medio del segundo tramo de la nave. El croquis 30 recoge ambos gestos.

A destacar que la combinación de ambas *soluciones* genera para Le Dorat un mecanismo de *legitimación jerárquica* idéntico al observado en Ourense y al estimado, por medición, en Salamanca y Toro. Es la solución más frecuente para las cabeceras poco profundas. Excelente Le Dorat, una arquitectura poco conocida, pero con una estructura espacial muy superior a algunas de gran renombre mediático.

EFECTO "SIMULACIÓN"

El impacto escenográfico de una cúpula es de tal calibre, que incluso se han dado ejemplos de simulación, es decir, de *aplicación de las buenas prácticas proyectuales para la mejor integración de una cúpula ¡¡en ausencia de una cúpula real!!* Un ejemplo *paradigmático* de esa situación lo encontramos en ***Sant'Ignazio di Loyola***, un edificio de la ciudad de ***Roma***, diseñado a finales del primer cuarto del siglo XVII por el jesuita ***Orazio Grassi***[29].

Ante los problemas surgidos al intentar construir la cúpula de obra prevista inicialmente, en 1.685 se optó por cubrir su crucero con una cúpula pintada –con un óculo y la correspondiente linterna–, tarea que recayó sobre otro miembro de la orden: ***Andrea Pozzo***. *¿Intentó simular un relato iniciático para su cúpula?, ¿tuvo en cuenta las buenas prácticas arquitectónicas –es decir, volumétricas– al planificar esa pintura plana?* Al observar la cúpula de di Loyola desde la cabecera y los brazos no se detecta ningún gesto escenográfico de interés, solo una aberrante y perturbadora deformación, que contrasta con el estricto orden espacial imperante en toda arquitectura sacra cristiana. Por inesperada, una profunda sensación de intranquilidad y desconcierto invade al observador ante tan enigmática e incoherente intervención.

29 Un aguerrido e incansable luchador contra las nuevas tesis científicas de Copérnico, Kepler y Galileo.

Imagen 32. Visual a la primera luz del pintado óculo en Sant'Ignazio di Loyola.

Imagen 33. Visual al centro del óculo pintado en Sant'Ignazio di Loyola.

Imagen 34. Visual al perfil anterior del óculo, con toda la luz vista, en Sant'Ignazio di Loyola.

Pero si al acceder a su nave caminamos hasta *el perfil posterior de las columnas-contrafuertes adosadas al muro al pie de la nave*, podemos observar, con mucha precisión, *la primera luz que filtra el simulado óculo* (imagen 32).

Al alcanzar *el perfil anterior* de las columnas que cierran el primer tramo de la nave, nuestra mirada coincide con *el centro del óculo pintado* (imagen 33). Al llegar a *la anchura media* del segundo tramo de la nave percibimos *la totalidad de la luz que deja pasar el pintado óculo (imagen 34).*

El emplazamiento del lienzo –ligeramente por encima de los arcos torales del crucero–, la posición elegida para representar el óculo y la linterna –no en el centro del lienzo, sino bastante próximos al arco toral de la nave–, y el punto de fuga escogido para el dibujo, son esenciales para que la clave del arco toral pueda generar el abanico de tres visuales que acabamos de describir, y que *simula* con bastante realismo lo que veríamos normativamente al seguir el *camino iniciático* construido por una cúpula de obra ordinaria, es decir, tridimensional.

Di Loyola queda lejos de la riqueza del discurso narrativo cenital proyectado por Vignola para Il Gesù y por della Porta para Sant'Andrea della Valle[30], pero no renuncia a él, movilizando para ello las tres referencias que se pueden asociar a un óculo: su perfil posterior, con el *primer rayo de luz* que filtra; el diámetro central, con la clave a la vista; y su perfil anterior, permitiendo observar *toda la luz* que lo atraviesa. Este ejercicio de simulación incluye un gesto definitivo para su calificación como *efecto planificado en el marco de la trama visual*: como apoyos utiliza tres *marcas constructivas*, cumpliendo así con las rigurosas condiciones normativas. El balance es claro: para satisfacer la misión narrativa encomendada a toda cúpula, Andrea Pozzo *creó en di Loyola un trampantojo plano planificado con criterios idénticos a los que el arquitecto utiliza en su trabajo de composición volumétrica.* No estamos ante una cúpula que incluye alguna perspectiva vertiginosa, o un turbador contrapicado. Tampoco busca reproducir un escorzo con un punto de observación óptimo. *Lo que Pozzo buscó fue la construcción pictórica de un relato iniciático que necesita de nuestro caminar para su materialización completa. Y lo hizo ajustándose a las normas compositivas volumétricas fijadas por la trama para estos casos.*

30 Edificios construidos unos 60 y 40 años antes, respectivamente, fundacionales de los templos de disciplina jesuítica –el primero– y teatina –el segundo–, y situados a escasos metros de Sant'Ignazio. Sus tramas para el cimborrio las hemos presentado hace muy pocas páginas, y el croquis 27 recoge la de Il Gesù.

Vignola y della Porta mostraron los detalles de ese quehacer proyectual en Il Gesù y en Sant'Andrea della Valle, y todo indica que Andrea Pozzo tomó prestados esos criterios, y pintó un *camino iniciático* que solo se explicita si lo observamos de igual manera, y con similar actitud, que cuando lo construye la arquitectura. No es una pintura que decora un espacio arquitectónico –cosa que sí ocurre, por ejemplo, con la que cubre su nave central–. Es, a todos los efectos, la recreación pictórica de una situación dinámica, que necesita de la tridimensionalidad espacial y de nuestro movimiento para su construcción narrativa. Hoy, perdida esa cultura –tanto los criterios de representación como el modo de participar en ella–, se invita al visitante a prestar atención a la cúpula desde un único punto de observación, como si fuese una simple perspectiva con un punto de mira preferente. Tal opción devalúa el efecto buscado, y provoca una situación absurda: si renunciamos a la potencia simbólica de la noción de *camino iniciático* ¿qué sentido puede tener incluir una pintura "absurdamente deformada" en una arquitectura que en los restantes temas –espaciales, decorativos, doctrinales...– siempre busca, con extrema disciplina, la estabilidad y el orden más absoluto? La arquitectura sacra crea escenografías para seducir, impresionar, impartir doctrina –e intimidar si falla la seducción–, no situaciones que solo favorezcan el desconcierto de los fieles. De renunciar a la idea de *camino iniciático*, Pozzo muy bien podría haber pintado el óculo en el centro simétrico del lienzo evitando así la desagradable sensación actual cuando lo observamos desde los brazos y la cabecera, y cumpliría mejor su papel decorativo, incluso visto desde la nave[31].

CUANDO LA TRAMA SE ATREVE A PERFORAR UN MURO PARA ALCANZAR LA LUZ CELESTIAL

Ya hemos señalado que desde los *ejes visual* y *de control* de ***Cardona*** percibimos la *luz integra* del óculo de su cúpula (croquis 14), cuyo alzado es menor que el de la nave central. Pero ahora nos preguntamos por la posible existencia de un *camino iniciático* asociado a la cúpula.

El primer gesto positivo lo encontramos *junto a la puerta de acceso* a la nave: desde esa posición, el perfil del arco toral de la nave enmarca *toda la luz* de los dos vanos rectangulares situados en los riñones de la cúpula, destacando la precisión del encuadre conseguido. La imagen 35 lo muestra en su parte inferior y el croquis 31 representa esa visual. Si avanzamos por la nave, al alcanzar el *perfil anterior* del segundo par de pilares, podemos observar cómo bajo la clave del arco toral aparece el *primer rayo de luz del óculo*. Apenas unos pocos pasos más adelante encontramos el *eje visual*, desde donde ya podemos acceder a *toda la luz cenital*.

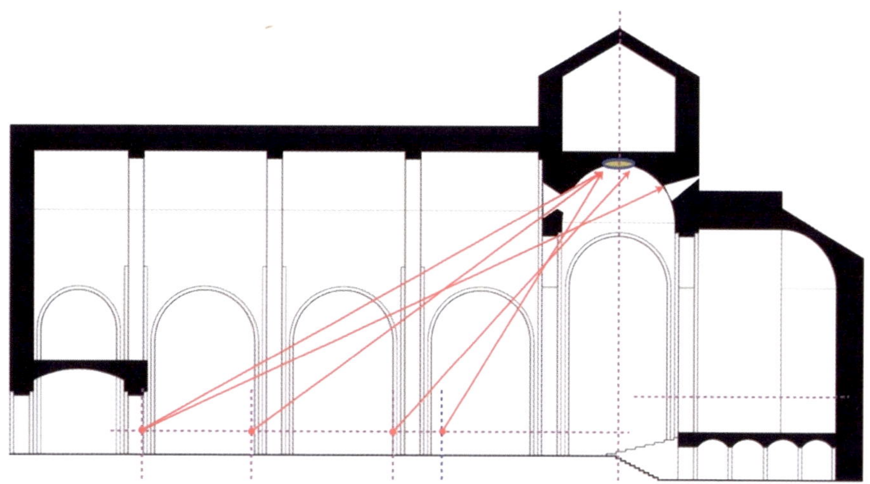

Croquis 31. Desde la puerta observamos toda la luz de los vanos de los riñones y un poco de luz del óculo. Desde el perfil anterior del primer pilar exento vemos el ultimo rayo de luz del óculo, cuya luz recuperaremos en los dos apoyos finales. Sección elaborada a partir de J. Lluís, A. Costa y A Ferré.

31 Otro buen ejemplo de cúpula pintada –esta vez sobre la nave, y también obra de Andrea Pozzo– con su correspondiente camino iniciático en trampantojo, la encontramos en la Jesuitemkirche de Viena, construida al finalizar el primer cuarto del siglo XVII.

Imagen 35. Doble visual desde la puerta de acceso a Cardona: en la parte inferior vemos, muy bien enmarcada, la luz íntegra de los vanos situados en los riñones de su cúpula; y en la parte superior, a través del vano en el muro sobre el arco toral de la nave, la breve luz cenital procedente del óculo.

Pero no hemos vuelto a Cardona para observar estos trazos, ya que se trata de un relato breve, sin rasgos de especial relevancia. Lo novedoso y extraordinario es que, desde el primer apoyo –junto a la puerta de acceso–, una mirada atenta es capaz de detectar en el muro sobre el arco toral de la nave un vano que filtra a su través un tenue rayo de luz. En la parte central de la imagen 35 se aprecia. Preguntados por la procedencia de dicha luz, la respuesta es sorprendente: ¡¡del óculo de la cúpula, situado tras el muro!! Ahora sí hemos encontrado un trazado de altísimo valor simbólico que no habíamos descrito hasta estos momentos: *el muro de apoyo de la cúpula sobre el arco toral de Cardona fue perforado para dotarlo de un notable vano, y a su través, desde la misma línea de acceso al interior de la nave, ya podemos establecer una primera relación directa con el elemento cenital de mayor calidad simbólica: la luz del óculo.*

Las sorpresas no terminan ahí: cuando caminamos hacia el crucero, los perfiles superior e inferior de dicho vano van guillotinando la luz que lo atraviesa, y al alcanzar el *perfil anterior* del primer par de pilares de la nave recibimos el *último rayo de luz* que consigue cruzarlo (croquis 31).

El resultado global es un *camino iniciático* con un arranque deslumbrante: desde la misma línea de acceso a la nave, la luz de la cúpula nos acoge por partida doble –desde los riñones y a través de un muro resistente–, y nos invita a avanzar en su compañía. Al hacerlo, la intensidad de la luz cenital disminuye, hasta abandonarnos al alcanzar el acceso al segundo tramo. Es un gesto que nos recuerda que el *camino* no es fácil ni lineal, y que a momentos de *luz* le pueden suceder otros de *oscuridad*. Una vez más, debemos demostrar nuestra fe y firme voluntad de alcanzar el objetivo deseado, y para ello se nos propone una prueba a superar: atravesar "casi a ciegas" el tramo central del *camino*. Y decimos "casi a ciegas", porque la luz de los vanos de los riñones siempre nos señala la dirección a seguir. Se trata, pues, de una prueba de superación, pero sin dejarnos en el abandono total. Si perseveramos en el esfuerzo, la recompensa será óptima: al llegar al acceso del tercer tramo de la nave, la luz cenital reaparece y nos vuelve a acoger, y a partir de ese instante se ofrece cada vez más generosa, hasta que, sobre el *eje visual*, nos ilumina plenamente. *¡¡Cuánta confianza e ingenio se requiere para construir, con tan pocos elementos materiales, un relato simbólico tan rico y matizado!!*

Somos incapaces de encontrar otra justificación para el vano sobre el arco toral que no sea construir el guiño simbólico descrito, ya que su aportación a la iluminación de la nave es solo testimonial[32]. Cardona es, sin duda, un muy buen ejemplo de cómo las arquitecturas más sutiles, cuando las abordamos con calma, actitud receptiva, y con un bagaje observacional adecuado, nos pueden enseñar verdaderas exquisiteces escenográficas. Recordemos, por ejemplo, la magnífica *transferencia de ritmo* que construye su cabecera[33].

CUANDO LA TRAMA SE ATREVE A CONSTRUIR UN SEGUNDO CAMINO INICIÁTICO, Y PARA ELLO DEBE PERFORAR UN MURO

La siguiente visita es a ***Santa Maria delle Grazie***, en ***Milán***, una arquitectura que ya hemos mencionado al inicio de este capítulo (croquis 5). Sus tres naves longitudinales son de inspiración gótica, mientras que la cabecera es fruto de una remodelación renacentista acaecida entre los años 1.482 y 1.490.

El rigor y la extrema elegancia de la *solución "Melque/Bande"* con la que define la posición de la clave de su cúpula deja claro que, a Bramante, o a quien realmente fue el responsable del proyecto para la nueva cabecera, le guiaba un gran respeto hacia las naves góticas. Ahora vamos a poder comprobar que esa preocupación también se plasmó en dos sugerentes tramas iniciáticas.

El normativo ***camino iniciático focalizado sobre la cúpula*** comienza ya en la puerta de acceso a la nave (apoyo 1 en croquis 32). Desde ese punto, la clave del apuntado arco de cierre de la vieja nave se alinea con la base del tambor (imagen 36). Al alcanzar el punto medio del tercer tramo de la nave (apoyo 2), nuestra mirada

32 Al estudiar la posición de la clave de la cúpula encontramos que, situar su alzado por debajo del de la nave central, fue una condición requerida para hacer posible la *solución "Melque/Bande"*. Ahora podemos añadir que ese menor alzado también es importante para la construcción del *camino iniciático* que acabamos de describir. Excepcional Cardona.

33 A destacar que La Cóllegiale du Saint Hilaire, en Semur-en-Brionnais, en la Borgoña francesa, construye un siglo más tarde una trama para su cúpula, con seis apoyos desde la nave, que incluye un efecto simbólico similar al de la Col·legiata de Cardona, con tres apoyos cuyas visuales buscan con éxito el óculo de la cúpula atravesando también un vano situado en el muro sobre el arco toral de la nave. Hoy el óculo está cegado, por lo que, en ausencia de luz cenital, la observación es más dificultosa que en Cardona, aunque el *camino iniciático* definido tiene similares estaciones, mensaje y objetivos.

encuentra el límite superior del tambor de la cúpula (imagen 37). Sobre el punto medio del quinto tramo (apoyo 3) podemos observar el final de la decoración geométrica en los riñones de la cúpula. Sobre el eje central del par de pilares de la nave más cercanos al crucero (apoyo 4), nuestra mirada alcanza el *primer rayo de luz* procedente del óculo en la cúpula. Finalmente, y como ya hemos señalado, cuando alcanzamos el *eje visual* (apoyo 5), la alineación se produce con el perfil anterior de la orla del óculo de la cúpula, permitiendo que *toda su luz* nos ilumine.

Se trata de un relato exhaustivo y denso, destacable por su capacidad para cohesionar narrativamente dos espacios concebidos en momentos arquitectónicos muy diferentes.

A estas alturas del viaje nuestra capacidad de sorpresa está muy saturada, pero todavía hay arquitecturas que consiguen admirarnos, y delle Grazie es una de ellas, y lo hace mostrándonos un segundo ***camino iniciático*** construido sobre *los mismos apoyos* utilizados en el primero. Veamos sus detalles.

Si volvemos a la *puerta de acceso* a la nave central (apoyo 1 del croquis 33), bajo la clave del redondeado arco de paso al presbiterio vemos la generosa luz que un vano circular deja pasar desde el exterior del edificio, por encima del tejado del ábside (imagen 36). Es un buen gesto de acogida, pero lo más intrigante lo encontramos en el muro sobre el redondeado arco: un abocinado vano circular lo perfora sin aportar luz al crucero, pues no se comunica con el exterior del edificio. *¿Qué aporta ese vano? ¿Qué se ve a su través?* A pesar de la distancia a la que nos encontramos –más de 60 metros–, una mirada atenta permite identificar que se trata de *uno de los medallones* que decoran la bóveda del presbiterio (imagen 36). A destacar la notable sintonía entre los diámetros del medallón y del vano circular, imprescindible para conseguir un enmarcado tan preciso.

¿Qué pudo buscar el arquitecto con esta sutileza compositiva? Quizá la tuvo, pero no hemos sido capaces de reconocer alguna representación en ese medallón que ayude a justificar tan sofisticado diseño.

Imagen 36. Triple observación significativa desde el apoyo 1. De arriba abajo: visual precisa a la base del tambor alineado con la clave del arco apuntado de cierre de la nave. El abocinado vano central permite observar a su través uno de los medallones decorativos de la cubierta del presbiterio. Finalmente, bajo el redondeado arco de acceso al presbiterio, con poca precisión, podemos observar la primera luz procedente del vano redondo situado sobre el arco de entrada al ábside.

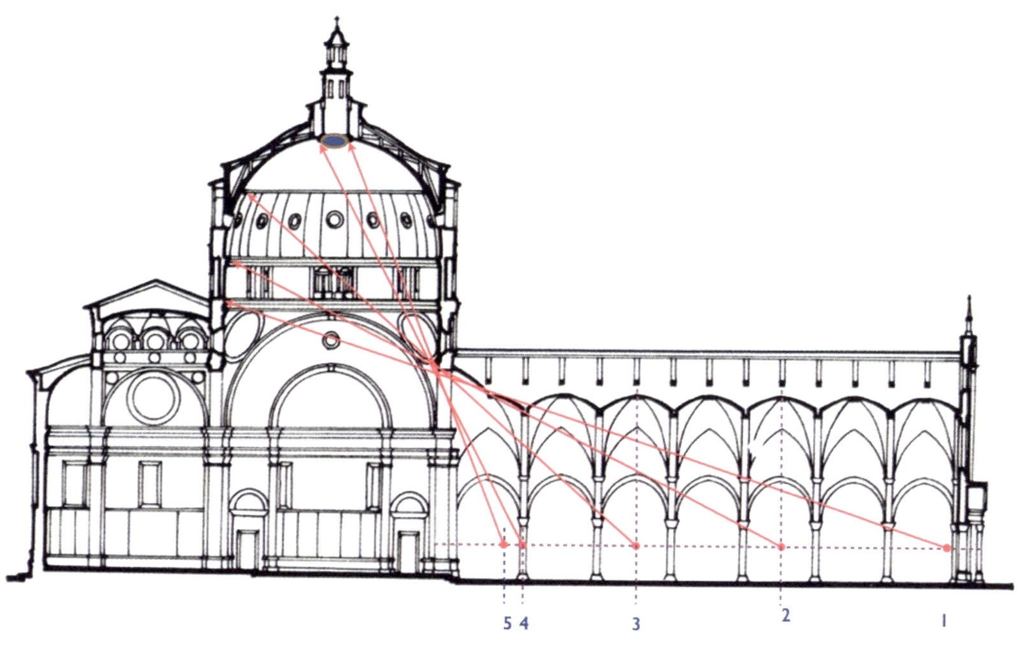

Croquis 32.Trama de la cúpula de Santa Maria delle Grazie. Sección tomada de De Pica.

Imagen 37. Triple observación significativa desde el apoyo 2. De arriba a abajo: la clave del arco toral del crucero señala con precisión la imposta superior del tambor. En el centro de la imagen, dos líneas del abocinado vano señalan el perfil de la clave de la cubierta del presbiterio. Finalmente, bajo el redondeado arco de acceso al presbiterio vemos la (casi) totalidad de la luz procedente del vano redondo situado sobre el arco de entrada al ábside.

Imagen 38. Arriba. Visual desde el apoyo 2: primer plano de la clave de la bóveda del presbiterio, muy bien enmarcada por las líneas pintadas en el vano abocinado. Abajo. Visual desde el apoyo 3: con notable precisión, la clave de la bóveda del presbiterio aparece ahora en el centro del abocinado vano.

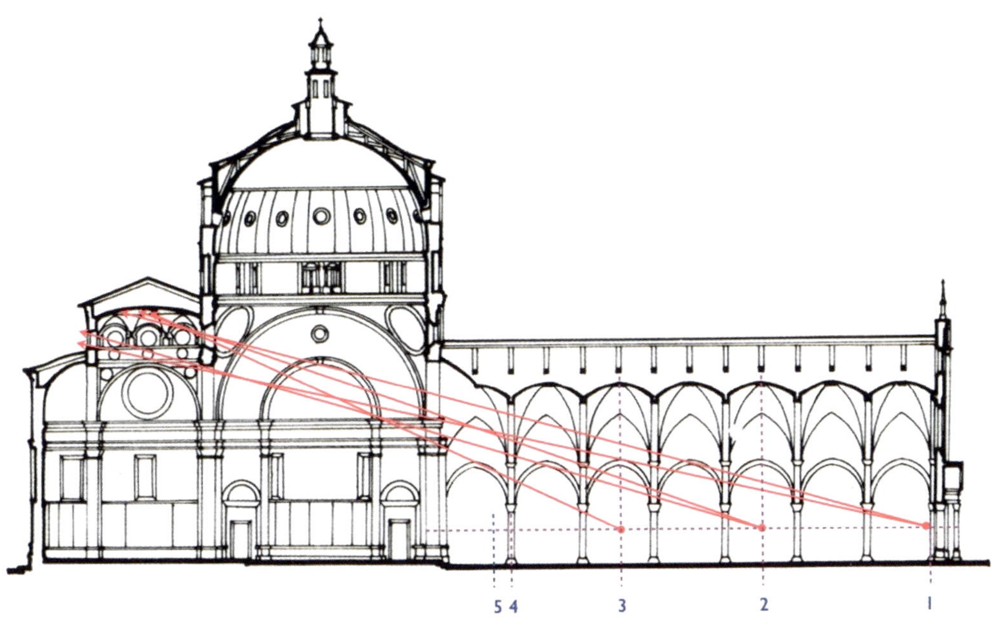

Croquis 33. Camino iniciático sobre la cubierta del presbiterio de Santa Maria delle Grazie, con tres estaciones activas.

Sorprendidos, nos preguntamos si se trata de un hecho casual, o podemos reconocer otras situaciones cercanas que den continuidad a esa observación. La respuesta la encontramos al volver a recorrer el eje de la nave. Al hacerlo, la luz que filtra el vano circular se amplía (imagen 37), y simultáneamente vemos como por la parte baja del abocinado vano va desapareciendo el medallón de la cubierta del presbiterio. Al alcanzar el apoyo 2 del *camino iniciático*, un nuevo elemento decorativo asoma por su parte alta. Se trata nada menos que la mismísima *¡¡¡¡clave de bóveda del presbiterio!!!!* perfectamente enmarcada por las dos líneas pintadas en el derrame interior del vano. La imagen 37 muestra la composición general, y la imagen 38 superior acerca un primer plano del vano.

Estimulados por lo observado, seguimos avanzando hacia el crucero, y al llegar a la siguiente etapa del *camino*, (apoyo 3), la *clave de la bóveda del presbiterio* queda ahora emplazada en el *centro del vano*, y las líneas en su derrame parecen incluso simular la prolongación de los nervios de la cubierta (imagen 38 inferior). *¿Qué está representado en la clave de bóveda del presbiterio para merecer tan dificilísimo ejercicio compositivo?:* una mirada atenta reconoce a una "*madonna con bambino*", gesto de muy alto valor simbólico, capaz, ahora sí, de aportar una justificación suficiente a un diseño de tan alto nivel de elaboración y tanta dificultad constructiva.

No sabemos encontrar un adjetivo que califique la imaginación y el esfuerzo proyectual que requiere la escenificación simultánea de un *relato iniciático focalizado en la luz cenital de la cúpula y otro referenciado en la madonna y el bambino emplazados en la clave de la cubierta del presbiterio.* El diseño colegiado de ambas narraciones es de una contundencia ideológica aplastante, solo superada por la fantasía necesaria para concebirlo, y por el esfuerzo de correlación espacial que requiere su correcto funcionamiento. *¿Cuántas dimensiones deben concertar sus valores para que esta (doble) escenografía funcione correctamente?*

En este apartado buscábamos ejemplos de gran creatividad al servicio de la construcción de un *camino iniciático* rico y complejo, pero nunca habíamos pensado que pudiesen llegar hasta el extremo de perforar un muro en Cardona para recibir la luz cenital, y otro en delle Grazie para acercarse a la *madonna* y a su *bambino. ¡¡¡¡A ver quién supera esto!!!!*

Imagen 39. San Pedro, en Vaticano. Primer plano desde el eje visual: al centro del óculo y al final del tambor de la linterna.

Imagen 40. Desde el apoyo interior al crucero (ver croquis 35 derecho), visual a la clave de la linterna sobre la cúpula del duomo de Florencia.

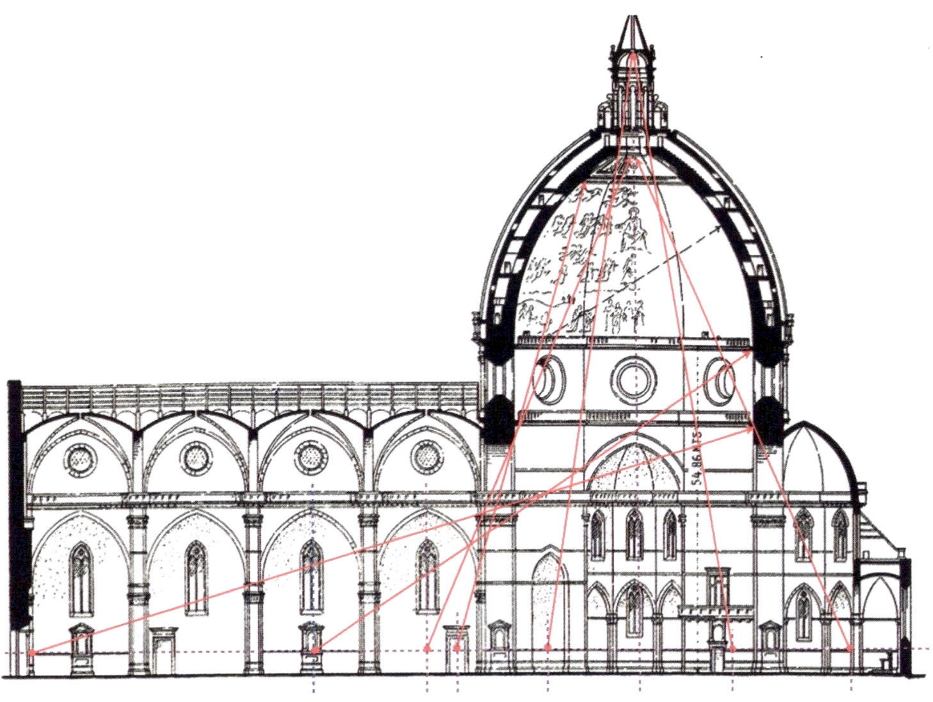

Croquis 34. Duomo de Florencia. Las cinco referencias para el camino iniciático se sitúan en la base y en el perfil superior del tambor, en la orla y la clave del óculo, y en la clave de la linterna. Estas dos últimas también lo son de la trama de legitimación jerárquica. Sección tomada de B. Fletcher.

XI – ANÁLISIS DE TRES CÚPULAS MEDIÁTICAS

Nada justifica finalizar este largo capítulo sin acercarnos hasta tres cúpulas de la máxima importancia arquitectónica y mediática: *San Pedro*, el duomo de *Florencia* y *Hagia Sophia*.

LA MÁS PODEROSA E INSTITUCIONAL

Al acceder a su espacio interior, nos recibe la luz procedente de la ventana frontal del tambor, pero sin que defina una referencia precisa. ***San Pedro***, en el ***Vaticano***, se une así a las arquitecturas que acogen al visitante con un gesto evocador, pero sin valor dentro de la trama visual[34]. Debemos avanzar hasta el *punto medio* del primer tramo de la larga nave para hallar la primera visual rigurosa: busca el perfil superior del ventanal en el tambor, permitiendo que nos alcance *toda su luz*. Al caminar sobre el eje axial, nuestra mirada asciende, y al llegar al *centro* del segundo tramo se alinea con el *final del tambor* (imagen 39).

El centro del tercer tramo apoya la tercera visual, que se alinea con el *perfil superior* que enmarca los personajes representados en los riñones de la cúpula. Estamos ante un buen ejemplo de articulación entre una representación pictórica en la cúpula y el espacio que la acoge. El último apoyo en la nave ya lo conocemos: el *eje visual*, desde donde podemos observar el *centro* del óculo de la cúpula y el final del tambor de la linterna.

Tal como recoge el croquis 4, en la cabecera solo hemos detectado la presencia de las visuales asociadas a la *solución "Melque/Bande"*, y en los brazos las que se apoyan sobre el cruce de las visuales procedentes de los extremos del *eje visual* en la nave.

Estamos, pues, ante una cúpula que construye una relación simbólica bastante limitada con los brazos, aunque precisa, y algo más amplia con la nave, pero sin incluir rasgos destacables, más allá de las grandes di-

34 Sería interesante poder abrir la puerta principal y tratar de observar si el *camino iniciático* se inicia sobre una *marca constructiva* en su pórtico, al modo de Toro y Lleida.

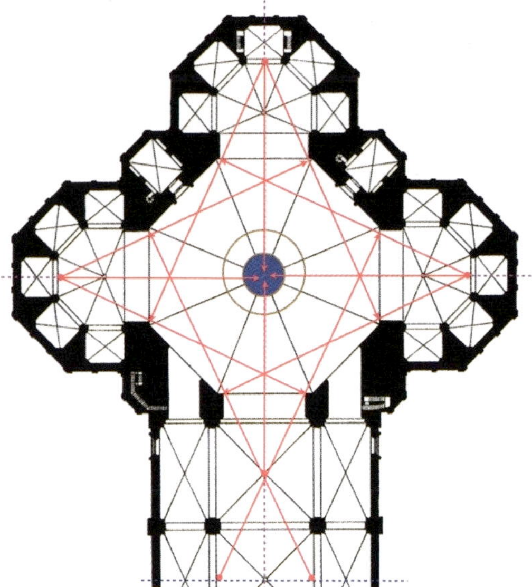

Croquis 35. Duomo de Florencia. Izquierda: trama al centro del óculo de la cúpula desde el punto más profundo del ábside y de los lóbulos laterales. Derecha: trama a la clave de la linterna desde el apoyo más interior, es decir, desde el punto de corte de las visuales que buscan el punto más profundo del ábside y de los lóbulos laterales. Planta tomada de G. Dehio y G. Bezold.

mensiones de la cúpula y de la fría rigidez de las imágenes que acoge. La impresión que causa está más cerca de la contundencia que de la admiración, de la fuerza que de la elegancia, de la imposición que de la seducción. Pero quizá sean esas las cualidades que la corte papal y su príncipe requieren de la arquitectura ceremonial destinada a la mayor exhibición de su poder.

MUCHO MÁS QUE UN MERO ALARDE TÉCNICO

La bibliografía siempre destaca el mérito constructivo de ***Brunelleschi*** por las innovaciones técnicas que introdujo al alzar, con mínimos medios y costes, la cúpula del ***duomo de Florencia.*** Excelente esfuerzo, sin duda, pero también en este caso nuestro análisis se interesa prioritariamente por el programa simbólico que valida su diseño y por la correlación espacial que estable con el resto del edificio.

Tal como muestra el croquis 34, un *exhaustivo camino iniciático* nos conduce desde la puerta de acceso a la nave central hasta el interior del crucero –hasta el punto de corte de las visuales que buscan el fondo de los espacios absidales transversales–. Paralelamente, nuestra mirada asciende desde la base del tambor hasta la *clave de la linterna* sobre el óculo (imagen 40). Insuperable.

A pesar de la escasa profundidad de la cabecera, su mecanismo de *legitimación jerárquica* incluye dos visuales: una a la clave del óculo desde el fondo del ábside, y otra a la clave de la linterna desde el corte de las visuales al punto más profundo de los lóbulos laterales (croquis 34 y 35).

El análisis de la trama *iniciática* y *de legitimación jerárquica* del duomo de Florencia permite concluir que estamos muy lejos del simple añadido de una pieza, técnicamente espectacular, pero concebida al margen del resto del edificio. Quien definió la forma final de la cúpula –sea Arnolfo di Cambio, Neri di Fioravanti o el propio Brunelleschi–, buscó para ella una excelente correlación con el resto del espacio interior, manejando con mucha agilidad y confianza las mejores *buenas prácticas* para su validación escenográfica.

Imagen 41. Visual a la clave de la cúpula de Hagia Sophia, desde el lugar reservado a la emperatriz Teodora en la galería superior.

UNA APROXIMACIÓN A LOS ORÍGENES IMPERIALES

"fueron los arquitectos de Justiniano quienes convirtieron la planta central con bóveda de ladrillo y cúpula en la norma de los edificios religiosos en todos los centros importantes del imperio."

Richard Krautheimer

La búsqueda de proyectos fundacionales para la arquitectura sacra cristiana es una magnífica excusa para viajar hasta ***Estambul***, y completar en ***Hagia Sophia*** el estudio de las cúpulas más mediáticas. La actual data del año 562, con cerca de 32 metros de diámetro y casi 57 de alzado, algo más que la cúpula original, hundida tras los terremotos de los años 553 y 557.

Tal como muestra el croquis 36, cuatro visuales integran su *camino iniciático*, destacando que todas ellas tienen su apoyo *¡¡fuera del espacio interior estricto!! de la nave*: dos parten del exonártex –del *perfil posterior* del muro de acceso y de su *anchura media*–, y otras dos del esonártex *–junto al paño interior* de sus muros–. Estos trazados, además de ser una clara anticipación de lo que hemos encontrado construido 600 años más tarde en Lleida y en Toro, son la norma escenográfica que seguirá la arquitectura sacra bizantina, y supone una variante simbólica muy interesante: mientras las arquitecturas de disciplina romana identifican el *camino iniciático* con la noción de *"avanzar por el eje longitudinal de la nave central, jalonado por las columnas y pilares de la arcada de la nave"*, la escenografía bizantina es más categórica y rotunda, pues enfrenta al fiel que desea acceder hasta el espacio sacro, a la necesidad de *"atravesar los muros"* de ambos nártex, que actúan a modo de verdaderas *barreras físicas transversales al sentido de la marcha*, muros *que materializan las pruebas que debemos superar* en nuestro deseo de alcanzar los gozos prometidos[35].

35 Un excelente ejemplo de continuidad proyectual de esta solución lo encontramos en La Katholikon del complejo monástico Hosios Loukas, cerca de Delfos, construido a mediados del siglo XI: con apoyo en sus dos nártex, genera un *camino iniciático* con siete momentos narrativos.

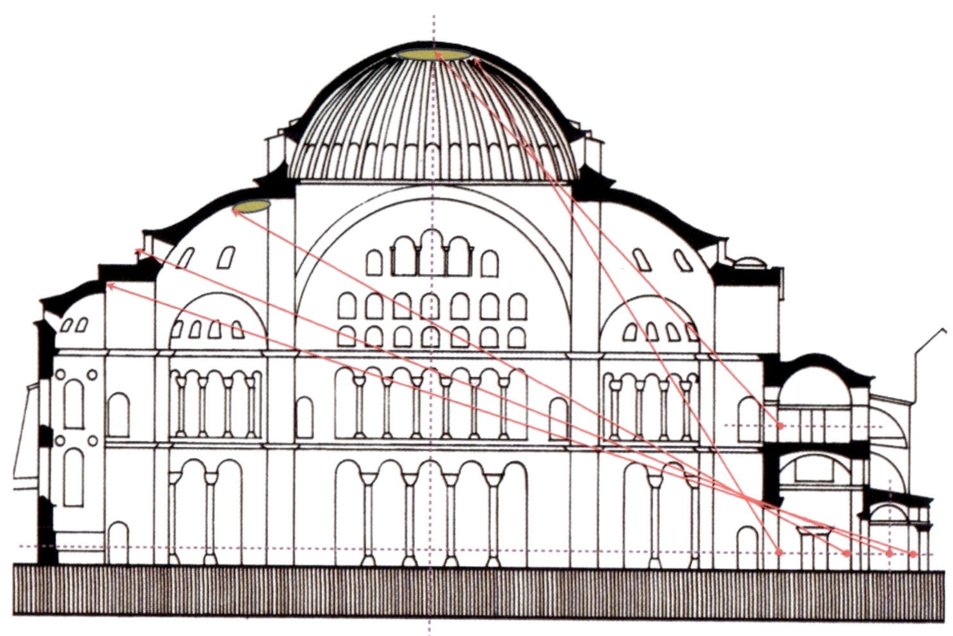

Croquis 36. Trama en alzado, con los apoyos situados en los dos cuerpos del nártex que dan paso al interior de Hagia Sophia. Sección tomada de L. M. Roth.

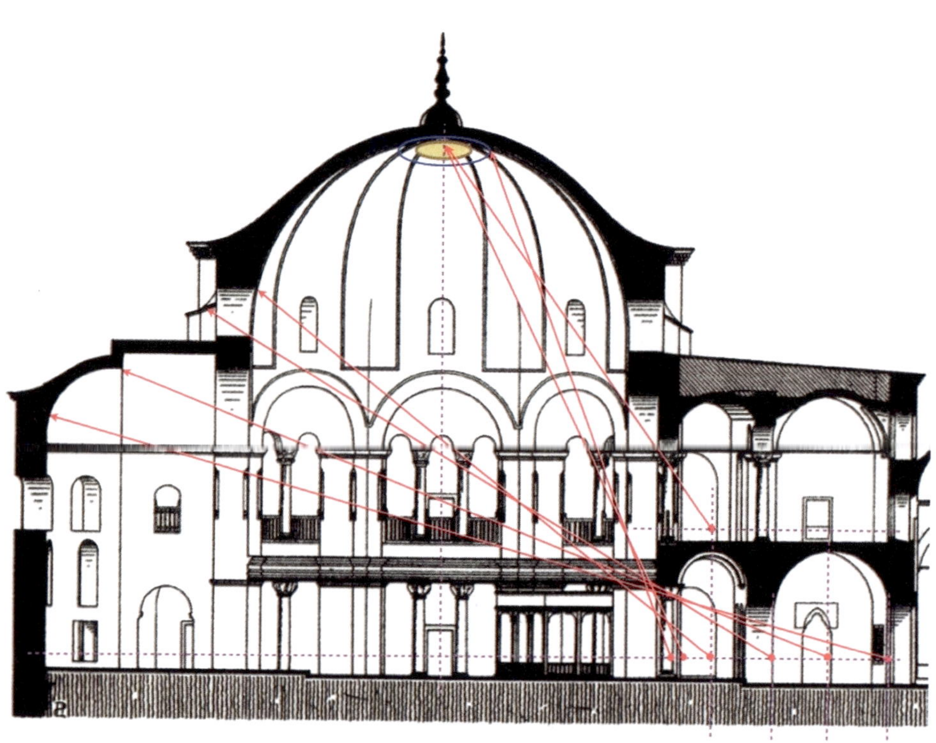

Croquis 37. Trama en alzado para Sergio y Baco. La similitud con Hagia Sophia es muy clara.

Imagen 42. Arriba: Desde la galería superior, visual a la clave de la cúpula de Sergio y Baco. Abajo: Desde el perfil anterior de los pilares de acceso a la nave central, visual a la orla decorativa añadida al ser transformada en mezquita.

Las referencias utilizadas por estas cuatro visuales son la *clave* del arco de acceso al ábside, la *primera luz* de la ventana situada sobre ese arco –visual no demasiado precisa–, el *perfil de la orla* que enmarca la clave de la bóveda de cuarto de esfera que contrarresta desde la cabecera el peso de la cúpula central, y el *perfil de la cita coránica que hoy rodea la clave de la cúpula.*

En una primera mirada sorprende que la clave de la cúpula no participe del relato iniciático, pero tal déficit se justifica plenamente cuando ascendemos a la galería superior: en el pavimento del corredor frente al ábside, encontramos un llamativo círculo de fragmentos de mármol verde que los especialistas identifican como el lugar desde donde la emperatriz Teodora seguía el ceremonial religioso e imperial. Desde su centro, al alzar la vista al cielo ¿qué observamos? En efecto: *¡¡la clave de la bóveda sobre la inmensa nave central!!* (imagen 41). Otro gesto explícito de reconocimiento de la íntima complicidad entre el poder político y el religioso. Antemio de Tralles e Isidoro de Mileto demostraron estar al día de los objetivos previstos para la nueva religión imperial, y Hagia Sophia tiene la virtud de mostrar las *prácticas escenográficas* que en el siglo VI ya utilizaban para imprimirlos en el espacio construido.

La especificidad del proyecto de Hagia Sophia nos ha animado a buscar confirmación a su trama en ***Santos Sergio y Baco***, también en ***Estambul***, emplazada cual capilla palatina en el palacio de Hormisdas, residencia de Justiniano. Su proyecto se fecha alrededor del año 527, y el croquis 37 muestra cómo el anillo perimetral que rodea su nave octogonal y el pórtico/exonártex que lo precede, generan una secuencia iniciática de seis visuales cuya similitud con Hagia Sophia no admite discusión, pues incluso llegan a compartir tres apoyos idénticos. Por si quedaba alguna duda, Sergio y Baco también construye la visual a la *clave de la cúpula* desde la galería superior, lugar desde donde Justiniano seguía los rituales religiosos.

La bibliografía especializada afirma que Sergio y Baco es un claro precedente y lugar de ensayo de algunas de las soluciones constructivas que luego se desarrollaron a mayor escala en la cercana Hagia Sophia, y el análisis de su trama refuerza esa interpretación.

A destacar que los alzados construidos en Sergio y Baco y Hagia Sophia serán fuente de inspiración directísima para Mimar Sinan cuando en 1.543 defina el proyecto para la luminosa cúpula central de Schzade Camii, mezquita fundacional de la arquitectura sacra promovida por el nuevo poder otomano, interesado tanto en distanciarse de los criterios utilizados en las mezquitas de tradición arábica, como en reclamar para sí la legitimidad de la tradición del Imperio Romano Oriental. Por supuesto, la influencia del proyecto de Schzade Camii será de muy largo recorrido en la futura arquitectura sacra otomana.

XII – RECAPITULACIÓN A UN LARGO CAPÍTULO

"Toute la structure du bâtiment est ordonnée en fonction du dôme."
Marcel Durliat

Al ordenar las primeras notas de campo ya se hizo "evidente que la presencia de una cúpula no se debía solo a aspectos estéticos ni a cuestiones relacionadas con la iluminación ambiental del espacio interior sacro. Había algo más, y muy importante, capaz de compensar el enorme riesgo asumido al construirla.

La revisión a fondo del material reunido ha confirmado esa primera impresión, quedando claro que el manual de *buenas prácticas* exigía al arquitecto que entendiese la incorporación de una cúpula sobre el crucero como una extraordinaria oportunidad para que la totalidad del espacio interior del edificio trabajase colegiadamente en la construcción de un *relato de aproximación* al mundo prometido, cuyo punto más alto el ideario cristiano sitúa en ella. Paralelamente, también debía ser capaz de *justificar y respaldar la autoridad de sus intermediarios* en la Tierra.

A los rasgos ideológicos que anteriormente habíamos encontrado como gestores de todo buen proyecto sacro cristiano *–seducción, control, sumisión, imposición presencial, a su imagen y semejanza, y don de la ubicuidad–*, se ha sumado ahora una metáfora de gran calado doctrinal *–la noción de camino iniciático–* y un *gesto legitimador de la supremacía jerárquica* de las personas que habitan la cabecera del templo, con especial carga *justificativa* para quien dirige el ritual desde *el punto de control.*

Un código específico de *seis buenas prácticas* guía al arquitecto en este trabajo, *buenas prácticas* de las que cabe destacar su marcado carácter axial. En efecto: en los capítulos anteriores hemos visto que todos los apoyos asociados a las restantes partes de la trama están situados de modo preferente en el perfil perimetral del espacio interior, con las referencias reunidas en la cabecera *–accesibilidad visual–*, en la arcada cruciforme *–transferencia de ritmo en planta–*, o en la cubierta de las naves y de la cabecera *–trama en alzado y transferencia de ritmo en alzado–*. Por el contrario, la trama para la cúpula cambia de estrategia, y apuesta por agrupar los *apoyos sobre los ejes ortogonales del edificio –el longitudinal y el transversal–*, y centralizar las referencias alrededor del punto de mayor alzado cupular. Esta última condición es servicial al protagonismo que se desea dar a la luz cenital en el relato simbólico y legitimador a construir.

Este quehacer proyectual da como resultado la aparición de un nuevo, y muy sugerente abanico de visuales, que coloniza por segunda vez la práctica totalidad del espacio interior –la primera ha corrido a cargo de los *mecanismos de transferencia de ritmo* analizados en el capítulo anterior–. La densidad del discurso ideológico así construido ha alcanzado cotas más que sofisticadas. Lógicamente, también ha aumentado la dificultad proyectual y constructiva. Ahora estamos en buenas condiciones para entender por qué tan pocos templos fueron capaces de dotarse simultáneamente de una *transferencia de ritmo* y una *cúpula iniciática y legitimadora*, a pesar del extremo interés de cada uno de sus respectivos relatos simbólicos: *¿cómo hacer compatible en un mismo proyecto dos tramas tan detallistas, densas y deterministas como una transferencia integral de ritmo y un camino iniciático cupular*[36]*?, ¿cuántas dimensiones se deben concertar para hacerlo posible?* Lo extraordinario es que algunos arquitectos lo consiguieron. Lo podemos reconocer hoy al visitar, por ejemplo, Cardona, Compostela, Conques, Coutances, Issoire, Orcival, Paray-le-Monial, Saint Nectaire, Saint Saturnin...

Detectar las primeras alineaciones asociadas a la clave de la cúpula fue un momento muy gratificante, pues confirmaba que la coordinación en alzado no se limitaba a la relación con la cubierta cruciforme, pero tampoco en este apartado esperábamos que el tema alcanzase tal nivel de elaboración proyectual, coherencia simbólica, y envergadura narrativa. Estamos ante un caso extremo de relación indisoluble entre proyecto e ideología: la ideología es quién valida el proyecto, y este solo tiene sentido en el marco ideológico definido por ella. Si el doctrinario cristiano no les atribuyese un valor simbólico a los puntos constructivos que hemos encontrado como referencias para el *camino iniciático y legitimador*, la secuencia de alineaciones detectada carecería del más mínimo interés. Ni siquiera la tendría en términos constructivos, pues ajustar en la práctica el juego de visuales implicadas requiere de tantas energías que, sin motivaciones ideológicas, el balance de dificultades y compensaciones sale ampliamente negativo.

Espacio e ideología, proyecto y relato simbólico, aparecen imbricados, hasta justificarse mutuamente de modo indisoluble. Encomiable la capacidad de los arquitectos para plasmar en proyectos constructivos concretos, hasta niveles de extrema sagacidad y astucia, el fabulador discurso al que estas arquitecturas dan soporte.

36 Las visuales implicadas en una *transferencia de ritmo*, tanto en planta como en alzado, tienen un trazado básicamente diagonal, que cruza el conjunto del espacio interior. Las visuales que construyen un *camino iniciático y de legitimación jerárquica* son trazados en alzado desde los ejes ortogonales del edificio. Estamos, pues, ante un conjunto de líneas muy difícil de visualizar mentalmente, lo que da idea de la extrema dificultad del diseño de los espacios interiores que quieren construir simultáneamente ambas soluciones.

Capítulo VIII

Arquitecturas centralizadas

UNA EXCELENTE OPORTUNIDAD PARA RATIFICAR LA POTENCIA Y FLEXIBILIDAD DE LA TRAMA VISUAL

"La forma arquitectónica no es el objetivo, sino la expresión de un contenido."
Dietrich Wildung

Visitaremos ahora algunos templos calificados genéricamente como "estructuras centralizadas", excelentes ejemplos para practicar lo aprendido hasta aquí. Se trata de un grupo heterogéneo, que incluye desde espacios muy simples –en el caso extremo, integrados tan solo por una nave circular y una pequeña cabecera adosada–, hasta edificios de una enorme complejidad espacial, que construyen proyectos tan sofisticados y minuciosos como los mejores que ya hemos analizado. A partir del siglo XV conocemos el nombre de muchos de sus responsables, lo que también nos permitirá acercarnos a los criterios de trabajo utilizados por buena parte de los mejores arquitectos.

En la presentación de este capítulo también seguiremos un orden de creciente complejidad, que no coincide con la secuencia histórica, con momentos de riesgo y gran atrevimiento creativo cuando los cambios políticos demandan nuevas señas de identidad para un renovado poder en alza, seguidos de otros periodos en los que la repetición de modelos esquemáticos, pero muy afianzados, es una práctica suficiente para un poder estable, deseoso de continuidad. Por supuesto, nos interesan especialmente los primeros.

I - ARQUITECTURAS CENTRALIZADAS DE PLANTA CIRCULAR

El diámetro de la nave y la anchura y profundidad de la cabecera, son las variables que definen las arquitecturas circulares más simples. El primer dato está relacionado con la capacidad deseada para el edificio, y los dos últimos con el clásico equilibrio entre *accesibilidad visual* y *segregación espacial.*

Un buen ejemplo de este tipo de edificios lo encontramos en ***Sant Sebastià de Sull***, en el prepirineo catalán. Es una arquitectura del siglo X a la que tenemos especial afecto, pues, junto con Barberà, nos enseñó los gestos esenciales para la comprensión del espacio interior de estos edificios: un banco adosado recorre todo su perfil interior –nave y cabecera–, y una rústica ventana reclama nuestra atención desde el fondo del ábside. *¿Desde qué parte del banco corrido, en la nave, podemos acceder a la luz que filtra esa ventana axial? Sentado en el fondo del ábside, ¿qué zona de la nave escapa a la mirada de quien preside la reunión?* A estas alturas del trabajo enunciar ambas preguntas resulta trivial, pero fue Sull quien nos las formuló por primera vez. Muy emotivo recuperarlas después de todo lo visto desde entonces.

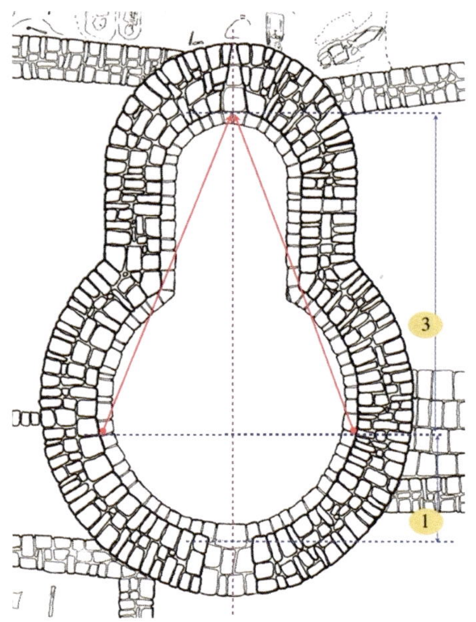

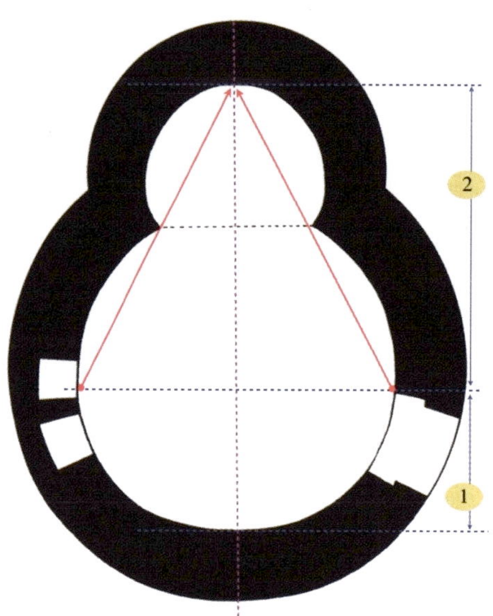

Croquis 1. Izquierda: trama para Sull. El banco corrido está representado por la cinta continua de los sillares más interiores. Derecha: trama visual para Lillet, con el eje visual apoyado en el perfil de la puerta de acceso. Plantas tomadas de J. Vigué.

A pesar de su deficiente estado de conservación, cuando en 1984 la visitamos por primera vez, las mediciones efectuadas pusieron de manifiesto un claro gesto de racionalidad en su trazado: una *partición* "3 a 1" de la longitud interior total sitúa la posición del *eje visual*, desde cuyos extremos, sentados en el banco corrido, podemos observar el eje central de la ventana axial. El croquis 1 resume esa situación.

En la cercana ***Sant Miquel de Lillet*** es una *partición* del tipo "2 a 1" de la longitud interior la que ajusta la posición del *eje visual*, cuyo comportamiento es similar al de Sull.

La visita a la cripta de Saint Michel de Cuxa disipa las más que razonables dudas que pueda generar el actual estado de abandono de Sull y la radical reconstrucción de Lillet. El rasgo más sobresaliente de Cuxa es la presencia de un enorme pilar en el centro de la nave circular, en el que se apoya el *eje visual*. Desde sus extremos se busca el normativo fondo del ábside. En este caso la *partición* asociada es del tipo "1 a 1" de la longitud interior total[1].

VALORACIÓN DE ESTAS PRIMERAS OBSERVACIONES

Las arquitecturas que acabamos de visitar presentan un comportamiento minimalista en los recursos puestos en juego, pues una *partición simple* y un par de visuales han bastado para concertar la posición del punto más profundo del ábside y de sus vértices de acceso. No son necesarios más datos para que su planta quede definida íntegramente. Son tramas sobrias, pero garantistas del control del espacio interior, efectivas para la resolución de las necesidades simbólicas, y muy ágiles en su trazado sobre el terreno.

Los valores de la *partición* asociada al *eje visual* están condicionados por una norma de confianza constructiva: el "*agujero*" practicado en el muro perimetral de la nave para encajar el ábside no debe poner en riesgo su capacidad de resistencia al peso de la cubierta. Las mediciones realizadas sobre el terreno, aunque insuficientes para enunciar una norma rigurosa, apuntan que, sin recurrir a sobrecostes excesivos –es decir, manteniendo

1 San Galgano, en Eremo di Montesiepi, es un edificio construido a finales del siglo XII, y muestra similares criterios compositivos. Su eje visual lo encontramos junto al diámetro transversal de la nave, definiendo una partición "4 a 3" de la longitud interior total, hasta el fondo del ábside.

Imagen 1. Desde el fondo de su ábside: visual a la clave de la cúpula de Torres del Río. En la parte baja de la imagen se pueden apreciar las columnas adosadas sobre los vértices de la planta octogonal.

el grosor habitual para el muro perimetral–, se ha de ser muy buen constructor para atreverse a que tal *"agujero"* se acerque a los 60 grados medidos desde el centro de la nave principal. Situarse en torno de los 45 grados es la solución más recurrente y consolidada. Es cierto que trabajar en la proximidad de los 30 grados minimiza los riesgos, pero la escasa amplitud del ábside generado resta posibilidades coreográficas de la cabecera, y su relación visual con la nave central queda muy empobrecida. Por supuesto, estos valores se podían comprobar muy fácilmente con los instrumentos de uso más frecuente en aquellos momentos: la escuadra y el cartabón. Son criterios en planta cercanos a las reglas *"ad quadratum"* y *"ad triangulum"* en alzado, y comparten con ellas los mismos ángulos asociados y los mismos instrumentos de dibujo.

II – ARQUITECTURAS DE PLANTA OCTOGONAL

Para avanzar en el análisis de la diversidad tipológica de estos espacios, nos trasladaremos ahora hasta ***Torres del Río***, en ***Navarra***, para visitar el denominado ***Santo Sepulcro***, un edificio de finales del siglo XII, de planta octogonal, a la que se adosa un ábside semicircular poco profundo.

Las preguntas iniciales son las mismas que en Sull, pero en un contexto algo diferente, caracterizado por la presencia de los *vértices del polígono, marcas constructivas* siempre bien señaladas sobre el terreno, y en la mayoría de los casos con su protagonismo realzado por algún elemento decorativo. Por ejemplo, en Torres del Río adosan finas columnas, que ascienden por el muro hasta confluir con alguno de los nervios de descarga de la cúpula (imagen 1). *¿Asumen algún protagonismo dentro de la trama?*

Situados junto a los vértices centrales más cercanos a la cabecera, observamos la clave de la bóveda del ábside bien *subrayada* por el ábaco de los capiteles de las columnas adosadas que perfilan su acceso. En planta, estas visuales confluyen sobre la profundidad media de la cabecera, asegurando el pleno control de la nave desde ese punto. Acabamos de encontrar el *punto de máximo control* (croquis 2).

Si retrocedemos hasta los vértices centrales más cercanos al muro trasero de la nave, nuestra mirada se alinea ahora con las jambas de la ventana axial del ábside, con *toda su luz* como referencia simbólica privilegiada. Al evaluar la posición de la línea que une estos vértices, obtenemos una *partición* muy precisa del tipo "3 a 1" respecto del *punto de máximo control.* Se trata, pues, a todos los efectos, del *eje visual* de la nave.

El rigor paradigmático de la trama de Torres del Río se subraya cuando nos preguntamos por el alzado de la cúpula sobre la nave: el fondo riguroso del ábside nos regala una visual que busca con buena precisión la clave de su nervada bóveda (imagen 1).

CUALIDADES VISUALES DEL OCTÓGONO

El caso de las arquitecturas octogonales es muy interesante, pues utilizan como base una figura geométrica que *genera automáticamente relaciones muy cercanas a los criterios compositivos fijados por la trama visual*, lo que supone una enorme ayuda para el arquitecto en su labor de ajuste entre la trama escenográfica y la base geométrica del proyecto.

Una primera característica que favorece su uso es que cada lado del octógono ocupa un sector circular de 45 grados. Si recordamos los márgenes de confianza que parecen guiar los valores de la anchura del ábside para no debilitar en exceso el muro perimetral, el octógono suministra de forma automática el valor central y de uso más frecuente.

Un segundo dato importante es que, si dibujamos los dos juegos de "líneas visuales" paradigmáticas que Torres del Río nos ha enseñado (croquis 2 derecha), no es complicado calcular que la relación entre la posición del eje de apoyo y los puntos de corte de ambos juegos de líneas se acerca mucho a particiones en términos enteros simples. En concreto, la partición asociada al "eje visual", respecto del "punto de máximo control" es del tipo "3,12 a 1", a tan solo un 4,0% de la relación "3 a 1" exacta. En consecuencia, y dado el reducido tamaño de estos edificios, al arquitecto de Torres del Río le bastó acercar el *punto de máximo control* del orden de unos 20 centímetros a la nave[2], para conseguir un riguroso cumplimiento de la *partición en términos enteros*, sin apenas afectar a la regularidad geométrica de la planta.

2 Para ello utilizó el habitual recurso de cerrar levemente el acceso al ábside mediante un par de semicolumnas adosadas.

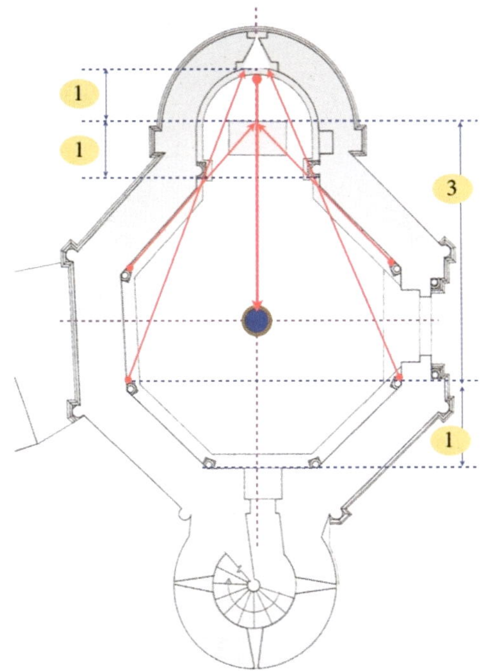

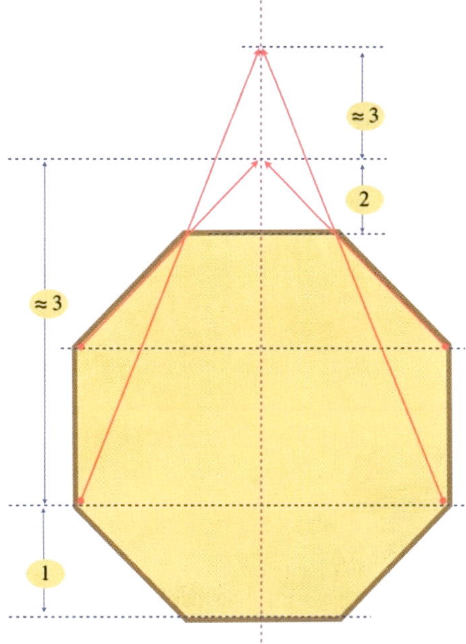

Croquis 2. Izquierda: trama visual para Torres del Río. Planta tomada de L. Gil. Derecha: particiones generadas automáticamente por la "trama visual" asociada al octógono formal.

El modelo formal también genera una partición rigurosa del tipo "2,82 a 2" para el punto de máximo control, respecto de la profundidad total de la cabecera, lo que supone una diferencia de un 5,7% respecto de una proporción entera del tipo "3 a 2". Pero aquí el arquitecto de Torres del Río optó por un tratamiento mucho más enérgico: situó la referencia, no en el fondo del ábside, sino en las jambas de la ventana axial, lo que le permitió acercar la posición del fondo del ábside, hasta ajustarla a una *partición* del tipo "1 a 1", la más simple y elegante. Las semicolumnas adosadas a la entrada del ábside también colaboraron en ese ajuste, aportando el necesario *efecto "diafragma"*. El resultado de estas decisiones fue disponer de una cabecera más accesible que la ofrecida por el modelo formal, y sumar al marco escenográfico el protagonismo simbólico de la *luz íntegra* filtrada a través de la ventana axial.

Las dos cualidades que acabamos de señalar –un excelente margen de confianza constructiva, y un juego de particiones muy próximas a las condiciones de validación– justifican muy bien que ***las buenas prácticas para las arquitecturas poligonales aconsejen el uso preferente del octógono para la definición de un espacio sacro centralizado****.*

El arquitecto de Torres del Río partió, pues, de un modelo formal muy favorable para el cumplimiento de las obligaciones exigidas por la trama, y lo mejoró, construyendo una *partición* más *entera* para el *eje visual*, y mucho más *simple* y elegante para el *punto de máximo control*. Y todo ello conservando muy bien la regularidad de la forma octogonal para la nave, lo cual también aseguraba el respeto a los márgenes de confianza constructiva. Excelente lección proyectual y extremo rigor constructivo en Torres del Río, sin duda un *proyecto paradigmático* para una arquitectura de planta octogonal.

La cercana ***Eunate*** anticipó el uso de los mismos apoyos para las líneas visuales e idéntica *partición* para el *eje visual* que Torres del Río. Pero construyó una cabecera todavía más accesible, situando el *punto de máximo control* sobre una *partición* "2 a 1" de su profundidad (croquis 3 izquierda). Para conseguirlo, su arquitecto también aplicó un notable *efecto "diafragma"* mediante las columnas de acceso al ábside, pero al no ser suficiente, debió recurrir a deformar la planta octogonal, tanto que tal deformación es perceptible a simple vista sobre el terreno.

La comparación con Torres del Río en nitidez de las visuales, ajuste de las *particiones* asociadas, regularidad geométrica, simetría, ... es siempre favorable a Torres del Río, pero Eunate es un buen respaldo a su proyec-

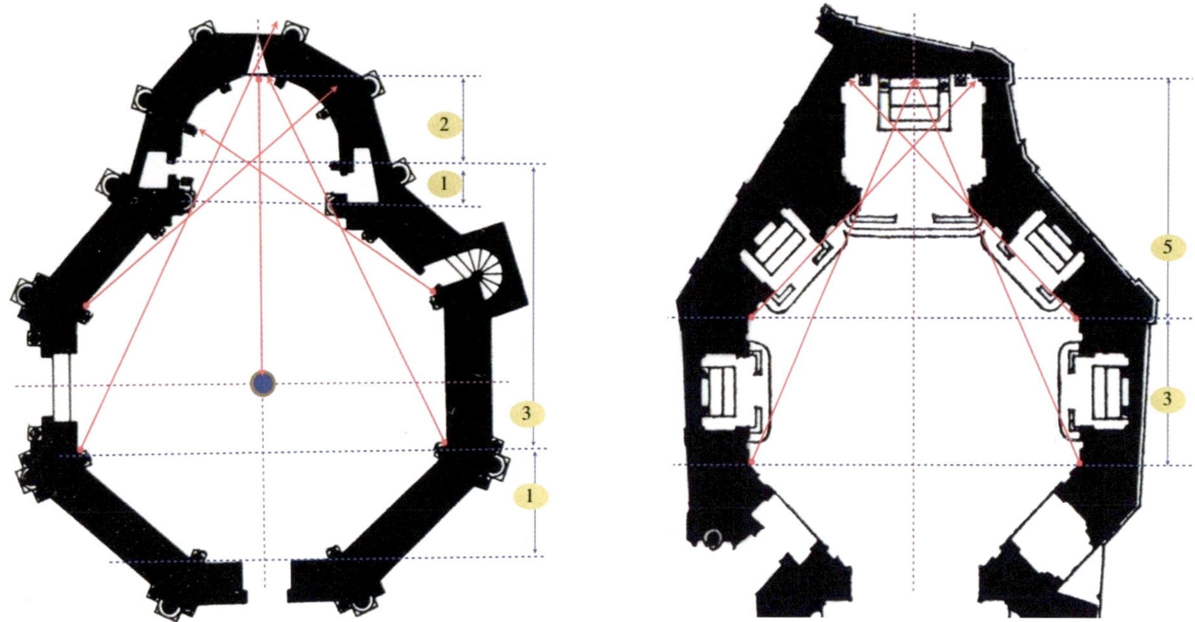

Croquis 3. Trama visual en planta para Eunate (izquierda) y para el espacio octogonal de della Pace (derecha).

to: por ejemplo, desde el fondo del ábside, construyó la misma visual a la clave de la cúpula sobre la nave central que Torres del Río[3].

¿Cómo responde la trama cuando la cabecera adopta una forma rectangular? Para responder a esta pregunta, nada mejor que visitar ***Santa Maria della Pace***, en ***Roma***, junto a Piazza Navona.

Buena parte de los visitantes que se acercan hasta ella lo hacen atraídos por el claustro proyectado por Bramante, el pórtico barroco de Pietro da Cortona y el interés de las pinturas de su nave, algunas de ellas obra directa de Rafael. Pero su espacio interior también merece una atenta mirada.

A finales del siglo XV, su arquitecto –posiblemente ***Baccio Pontelli***–, organizó su interior sobre una secuencia de tres espacios muy bien articulados entre sí: una nave rectangular, que culmina en un espacio central octogonal, al que adosa un ábside cuadrado. Es inmediato constatar que la cohesión entre el espacio octogonal y el ábside viene asegurada por la *solución paradigmática* que nos ha enseñado Torres del Río, ajustada a la forma rectangular del ábside (croquis 3 derecho). Excelente[4].

Pero llegados hasta della Pace no debemos perdernos la interesante trama en alzado asociada a las capillas perimetrales excavadas en el muro del espacio octogonal: el relato que construyen está basado en un *doble abanico radial* de gran calidad simbólica. El primero se organiza a partir de los *vértices* y la *anchura media* de cada lado del octógono (croquis 4 izquierdo). Desde esos apoyos, nuestra mirada encuentra siempre el *rostro de la figura* que desde la cubierta de la linterna alza los brazos exclamativamente. La imagen 2 lo muestra.

El segundo abanico de visuales cenitales lo podemos detectar cuando nos situamos en la posición del oficiante del ritual, al pie de cada uno de los altares de las capillas perimetrales y del ábside central (croquis 4 derecho): desde esas posiciones nos alcanza el *primer rayo de luz cenital*. Estamos muy cerca de un *mecanismo de legitimación jerárquica*.

3 El Battistero de la Basilica di Santi Pietro e Paolo, en Agliate, también construye ese mismo trazado en altura a la clave de la cúpula.

4 El Battistero de Florencia construye una variante: el *eje visual* adelanta su posición hasta las jambas de las puertas laterales de acceso, sobre una *partición* "5 a 3", y alinea sus extremos con el *punto medio del muro trasero* de su ábside rectangular.
Con un ábside poligonal, las Capelas Imperfeitas del Mosteiro de Batalha utilizan la *solución paradigmática* desde los cuatro vértices centrales del octógono. Las visuales al fondo del ábside se apoyan bajo la clave de las capillas iniciales. Otro ejemplo excelente.

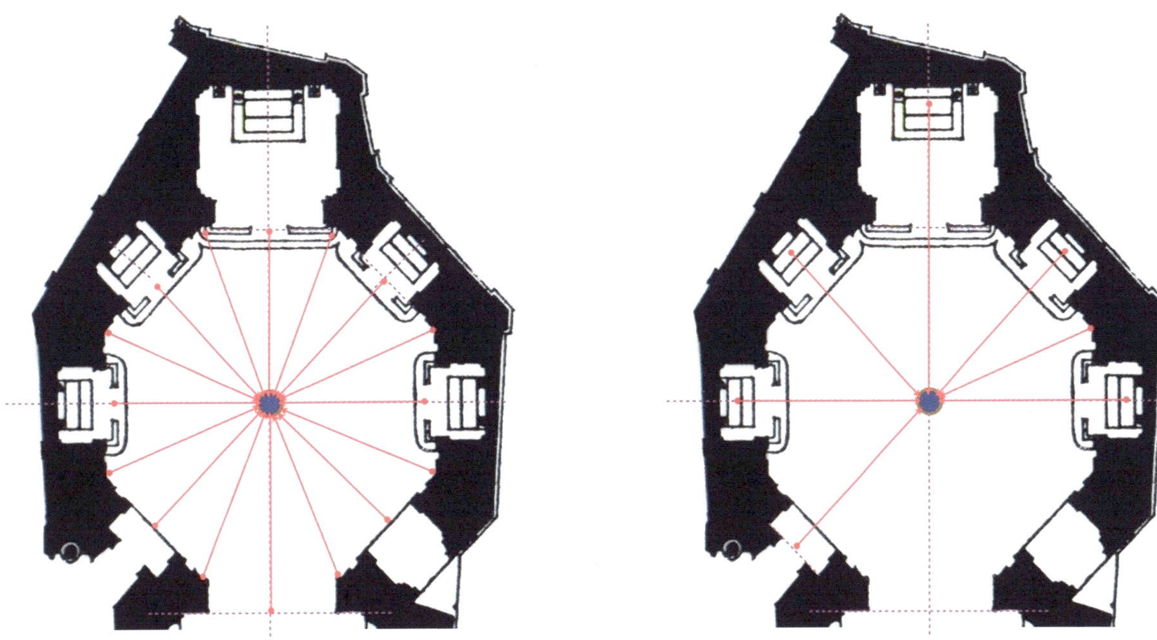

Croquis 4. Trama en alzado para Maria della Pace. Izquierda: con referencia en el rostro del creador situado en la cubierta de la linterna (imagen inferior). Derecha: a la primera luz que filtra el óculo cenital de la cúpula.

Imagen 2. Desde el eje longitudinal de la nave de Maria della Pace, sobre el perfil anterior de los pilares del octógono: al rostro del creador braceando desde la cubierta de la linterna, sobre el óculo.

Santa Maria della Pace nos acaba de mostrar la enorme capacidad imaginativa y sugerente que puede llegar a alcanzar la trama en un espacio centralizado de pequeñas dimensiones. Excelente para entrenar de forma ordenada nuestra mirada en esta nueva complejidad espacial.

III – EL ESPACIO SE HACE MÁS COMPLEJO: INCORPORACIÓN DE UN DEAMBULATORIO

Cuando una arquitectura centralizada incorpora un deambulatorio perimetral, consigue dos objetivos importantes: una mayor oferta espacial para las coreografías sacras, y un notable incremento de la capacidad de resistencia del edificio frente al peso de la cubierta, lo que le permite disponer de una nave central más amplia, e incorporar una galería superior. ¿Cómo aprovecha la trama visual las oportunidades que ofrece esta nueva situación? Una excelente posibilidad para averiguarlo la encontramos en ***Saint Pierre et Saint Paul***, en ***Ottmarsheim***, una arquitectura fechada en torno al año 1.030.

Tanto la planta baja como la galería superior están conformadas por dos octógonos bastante regulares, a los que se adosan sendas cabeceras rectangulares. En la planta baja la nave central es el espacio preferente para los fieles; es, por lo tanto, el que debe disponer de los mejores privilegios visuales. Para materializarlos, su arquitecto utilizó un juego de visuales similar al *paradigmático* que Torres del Río nos ha enseñado (croquis 5 izquierdo). En el deambulatorio, aunque la fragmentación espacial impone serias limitaciones, los extremos del *eje visual*, junto al muro perimetral, se alinean correctamente con los vértices de acceso al ábside, en una relación más instrumental que simbólica.

La planta superior carece de nave central, y el arquitecto, en su deseo de mejorar la *accesibilidad visual* del deambulatorio sobre la cabecera, llegó al extremo de cambiar ligeramente la posición del *eje visual* y las dimensiones del ábside, respecto de la planta inferior, hasta construir una doble y muy precisa visual que, desde cada extremo del *eje*, busca el vértice trasero del ábside y la jamba de su ventana axial, dejando pasar la clásica *estrecha franja vertical de luz*, sobre cuyo valor simbólico ya no insistimos más (croquis 5 derecha).

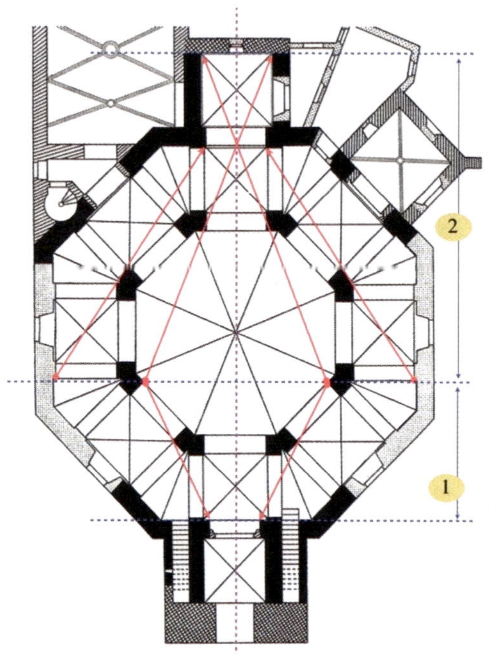

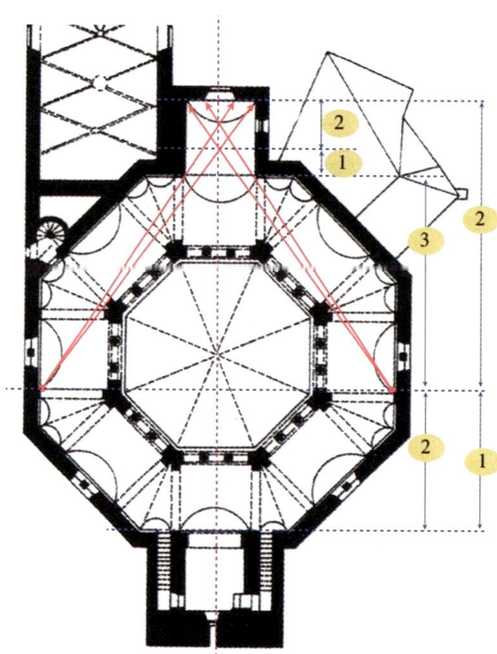

Croquis 5. Trama visual para Ottmarsheim. Izquierda: planta inferior. Derecha: galería superior.

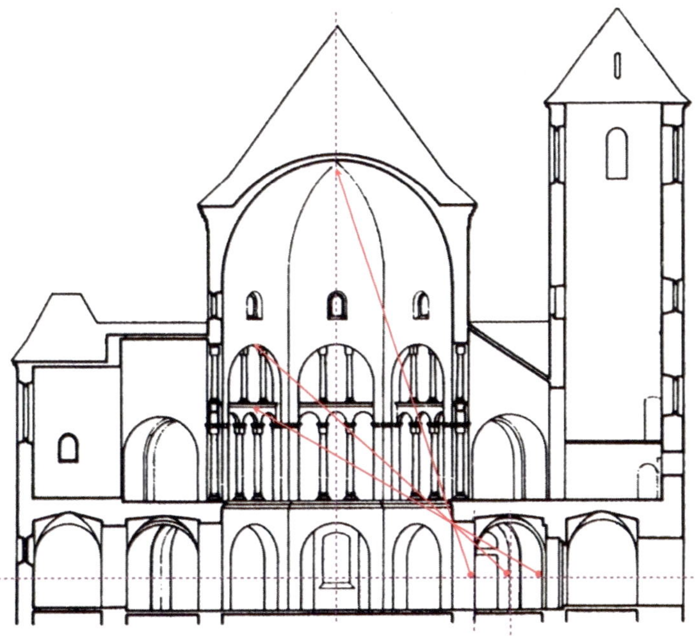

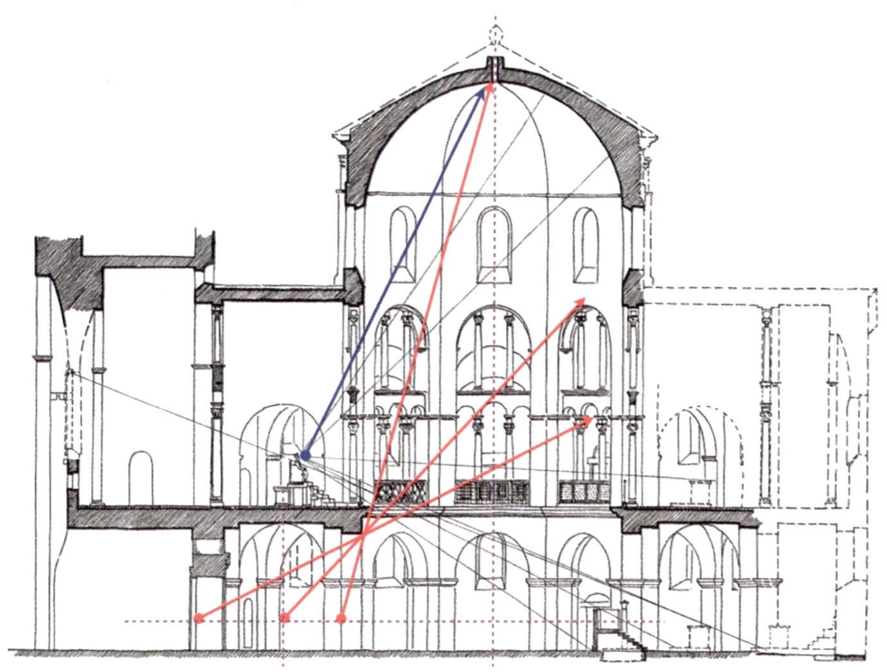

Croquis 6. Trama en alzado. Arriba: en Ottmarsheim. Abajo: en la Capilla Palatina de Aquisgrán. Nos hubiese gustado haber podido subir a la galería superior y observar la (posible) trama de legitimación jerárquica para Carlomagno cuando se situaba en su trono, posiblemente un trazado del tipo "impostas a clave", representado en azul sobre la sección de Felix Kreusch, que también incluye (en negro) las líneas panorámicas que ese autor valora para el trono imperial.

Imagen 3. Desde la anchura media del deambulatorio: visuales al perfil superior de la segunda arcada de la galería superior de Ottmarsheim (arriba) y de Aquisgrán (abajo).

Tres *particiones* muy precisas, una para el *punto de máximo control* y dos para el *eje visual*, completan la trama para la planta superior, que sorprende por el cuidado puesto en su diseño.

El conjunto de la trama detectada en Ottmarsheim denota un admirable ingenio relacional, capaz de dotar a los dos espacios preferentes –la nave central en la planta inferior, y la galería perimetral en la planta superior– de un excelente marco escenográfico, a pesar de las limitaciones y de la fragmentación de su espacio interior.

Finalizaremos la visita a Ottmarsheim comparando sus alzados –reconstruidos tras cada nuevo incendio, el más reciente en 1.991– con los de la ***capilla Imperial Palatina***, en ***Aquisgrán***, edificio que ha llegado hasta nosotros con una notable degradación de su proyecto original en planta[5]. Tal como muestra el croquis 6, la trama en alzado de ambas arquitecturas presenta notables similitudes: desde el perfil interior del muro perimetral de Ottmarsheim –desde el perfil exterior en el caso Aquisgrán–, la *clave de la arcada* del deambulatorio señala con precisión la línea de impostas que marca el *final de la primera arcada* de la galería superior.

Con buena precisión en ambos casos, desde la anchura media del deambulatorio la *clave de la arcada* busca *el perfil superior de la segunda arcada* de la planta alta (imagen 3). El breve *camino iniciático* culmina junto al perfil exterior de los pilares de la arcada de la planta baja: en ambos edificios la mirada encuentra la *clave de la cúpula*.

La elegancia de su trama en planta, y el respaldo dado por la capilla Palatina a su programa en alzado, hace del proyecto escenográfico de Ottmarsheim un verdadero *paradigma* para las arquitecturas centralizadas de planta octogonal con deambulatorio, y la incorpora a la selecta lista de pequeñas arquitecturas –en tamaño– que proporcionan momentos de extremo placer al analizar su programa visual.

SEGUNDO EJEMPLO DE PLANTA OCTOGONAL CON DEAMBULATORIO

Para hacer frente a la peste que en 1.630 asolaba la ciudad de ***Venecia***, las autoridades locales tuvieron la feliz ocurrencia de construir ***Santa Maria della Salute***, con proyecto de ***Baldessare Longhena***.

Para validar la relación espacial entre la nave octogonal y la notable cabecera lobulada, Longhena optó por asociar el perfil del altar con los extremos del *eje visual* que se apoya en los vértices posteriores de dos pilares poligonales de la nave –como en Ottmarsheim–. A ello sumó otro juego de visuales desde el deambulatorio, con referencia en el punto más profundo de los lóbulos laterales de la cabecera –trazado que recuerda el construido por Palladio en Il Redentore, edificio situado a escasos metros de della Salute–. El resultado es una cabecera bastante bien relacionada con la nave y con el deambulatorio, a pesar de las dificultades que siempre ofrece un espacio tan compartimentado (croquis 7).

Della Salute también incluye otro juego de visuales que ponen de manifiesto la preocupación de Longhena por focalizar la atención de los fieles sobre el altar desde el mismo momento en que accediesen al espacio interior: desde la anchura media de las puertas laterales, contiguas a la central, con precisión constructiva, buscan la clave del arco sobre al altar (croquis 7 derecho)[6].

El programa en alzado es uno de los aspectos fuertes del proyecto de Longhena: el punto central de cada tramo del deambulatorio apoya una visual al cenit de la cúpula central (croquis 8). Además, desde el perfil anterior de cada lado del octógono, otra visual busca el perfil anterior del óculo, mostrando con precisión *toda la luz* que lo atraviesa.

El mayor efecto escenográfico de la trama en alzado lo encontramos en el tramo del deambulatorio que comunica la nave central y la cabecera: sobre su punto central, tras buscar el cenit de la cúpula sobre la nave –tal como acabamos de señalar que lo hacen todos los tramos del deambulatorio–, cuando giramos 180 grados y dirigimos nuestra mirada hacia la cabecera, podemos observar, con precisión suficiente, el perfil anterior del óculo de la cúpula sobre la cabecera, recibiendo *toda su luz* [7].

5 Debida a la sustitución en el siglo XIV de la cabecera primitiva por un nuevo espacio, bastante tenebrista e intimidador, y al ligero incremento del grosor de los pilares de la nave respecto de su dimensión original.

6 Un segundo juego de visuales, señalado con trazo discontinuo en el croquis 7 derecho, pone en relación el *punto medio* de la puerta central con el perfil de las columnas que lo enmarcan, pero se trata de un encuadre muy genérico, sin la precisión constructiva exigida por la trama. Son las visuales señaladas por Rudolf Wittkower en su artículo sobre *"Santa Maria della Salute"* que hemos comentado en el capítulo II al analizar la estructura de Santullano.

7 Un doble trazado similar –a la clave de la cúpula de la nave y de la cabecera desde un mismo punto– lo podemos reconocer en arquitecturas tan dispares como la cercana San Marcos, la catedral de Canterbury, y la Round Church (Santo Sepulcro) de Cambridge. Bernini también aplicó ese trazado en Sant'Andrea al Quirinale, en Roma.

Imagen 4. Santa Maria della Salute. Arriba: a la clave de la cúpula sobre la nave, desde el centro del tramo del deambulatorio contiguo a la puerta de acceso al espacio interior. Abajo: en la cabecera, desde el fondo del lóbulo absidal izquierdo, visual al perfil anterior del óculo en la cúpula sobre la cabecera. La similitud de esta visual con Il Redentore es total (ver la imagen 3 de la página 228).

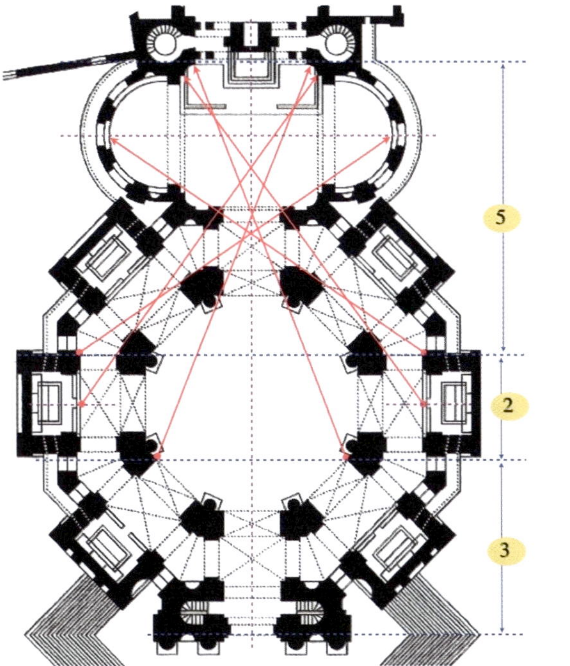

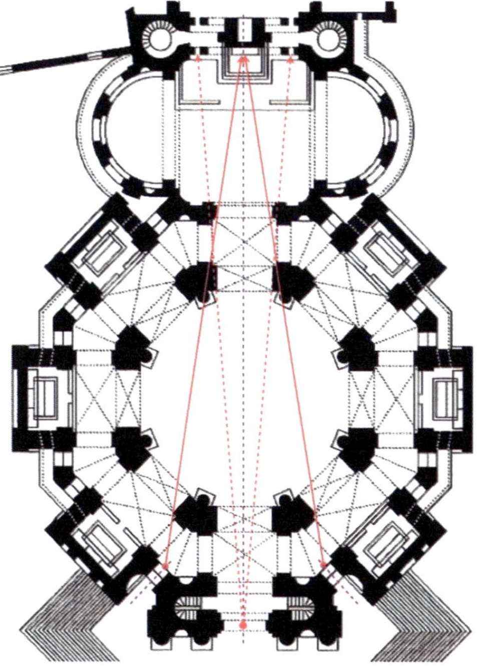

Croquis 7. Izquierda: trama básica para Santa Maria della Salute. Derecha: visuales que asocian las puertas de acceso frontal con el altar y el fondo del ábside.

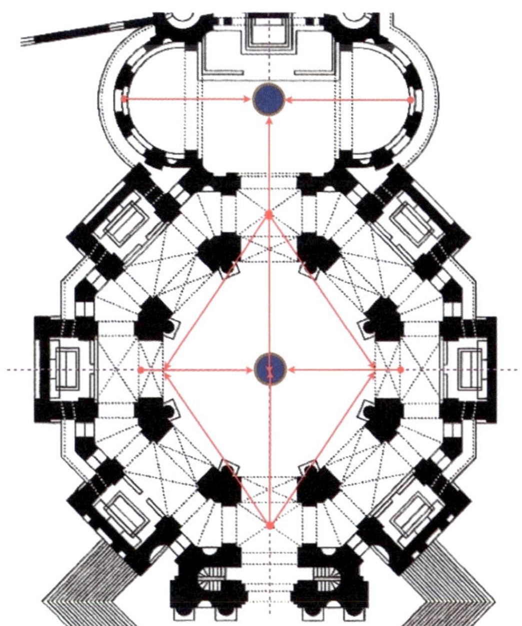

Croquis 8. Trama en alzado para della Salute. Las visuales sobre la cúpula central se repiten en todos los tramos del deambulatorio, pero no las hemos representado para evitar saturar el croquis de líneas, dificultando su interpretación.

Si tras salvar la diferencia de cota entre el deambulatorio y la cabecera, nos situamos en los extremos transversales más profundos de ambos lóbulos, al levantar la vista encontraremos el perfil anterior del óculo, componiendo una escenografía idéntica a la proyectada por Palladio para la cabecera de Il Redentore –segundo gesto de similitud con esa arquitectura–.

Estamos ante un buen ejemplo de espacio muy fragmentado, con formas y dimensiones bastante dispares, que la trama cohesiona con resultado muy positivo.

CUANDO LA PLANTA POLIGONAL SE HACE CUASI-CIRCULAR

En apenas 49 metros –su longitud interior total–, a mediados del siglo XII la ***Liebfrauenkirche*** de ***Tréveris*** construyó un proyecto tan completo como el de las arquitecturas más ricas analizadas hasta estos momentos. De hecho, la cortedad de su nave solo se deja sentir en el valor de la *partición* asociada al *eje visual* y en su *transferencia de ritmo*, que apenas puede incluir tres juegos de visuales, frente a los seis que actúan entre los brazos y su profunda cabecera. El croquis 9 recoge esa situación.

Su excelente diseño en planta se completa con la *solución "claves alineadas"* para el alzado entre naves, con apoyo en el perfil de los pilares de la arcada entre naves, tanto longitudinales como transversales (croquis 10 izquierdo).

Para la clave de la cúpula sobre el crucero, Liebfrauenkirche construyó una *solución "Conques/Paray"* que solo deja fuera de su control a los dos tramos finales de su profundo ábside (croquis 10 derecho). El carácter autoritario de esta solución es muy coherente con el predomino que en planta establecen los mecanismos de *control* desde la cabecera, sobre la *accesibilidad* desde la nave.

Por el exhaustivo uso de recursos y soluciones de la máxima calidad en tan breve espacio interior, y por la precisión de todos sus trazados, la Liebfrauenkirche de Tréveris es una arquitectura muy adecuada para poner a prueba nuestra habilidad en la gestión de todos los criterios de validación visual, tanto en planta como en alzado. Especialmente recomendable, pues, su visita, y su observación cuidadosa.

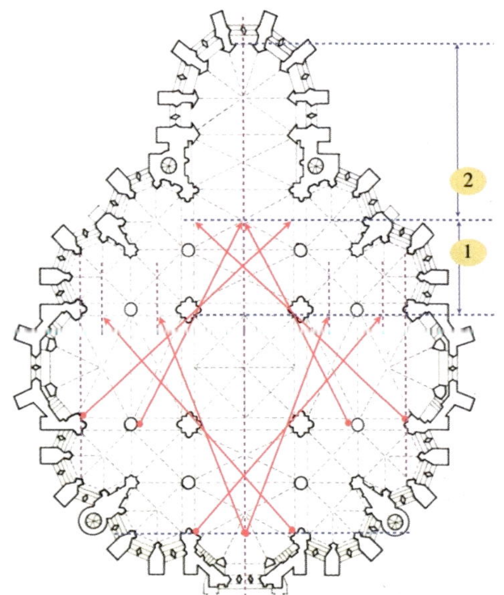

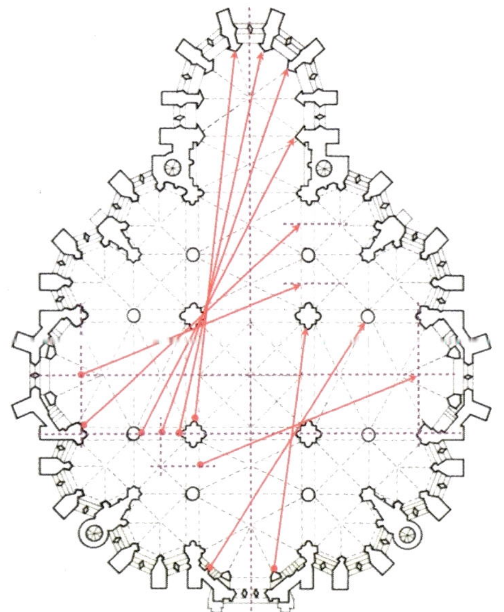

Croquis 9. Trama para Liebfrauenkirche. A la izquierda: desde los ejes de control y visual. A la derecha: transferencia de ritmo, de la que solo hemos representado un lado para que la observación sea más fácil de reproducir sobre el terreno. Planta tomada de G. Dehio y G. Bezold.

Imagen 5. Liebfrauenkirche. Desde el eje visual a la clave de la cúpula sobre el crucero.

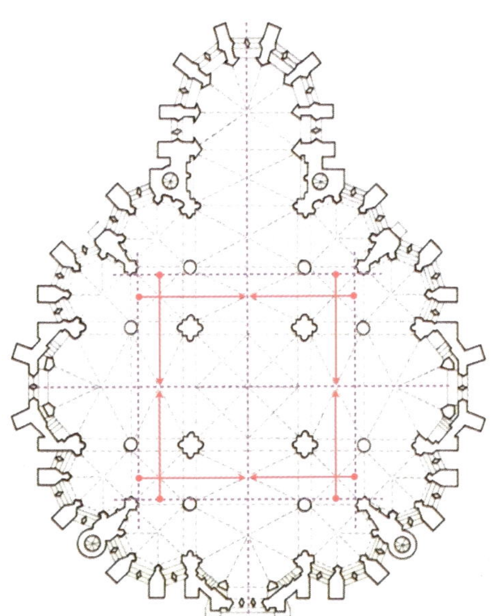

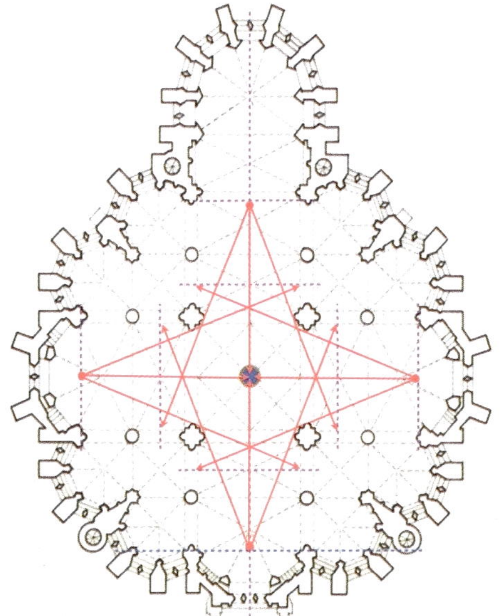

Croquis 10. Trama en alzado para Liebfrauenkirche. Izquierda: "claves alineadas" desde el perfil posterior de las columnas de las naves laterales. Derecha: trama tridimensional asociada a la clave de la cúpula sobre el crucero.

FINALMENTE, EL POLÍGONO ALCANZA LA FORMA CIRCULAR

Cuando un edificio con deambulatorio incrementa el número de lados de la nave poligonal, la arcada interior debe reducir la distancia entre las columnas o pilares situados en sus vértices, obligando al ábside a ajustar su anchura a tal situación. En estas condiciones, la transparencia del espacio construido se complica, la segregación de la cabecera aumenta, y acceder visualmente al ábside desde la nave se hace cada vez más problemático. Es lo que sucede en la ***Rotonda di San Lorenzo***, en ***Mantua***, un edificio de ladrillo, muy rehabilitado, cuya construcción se inició hacia el año 1.080.

La nave está perimetrada por una arcada con diez potentes columnas, y la cabecera consta de un pequeño ábside semicircular, precedido por un breve presbiterio de profundidad similar al grosor del muro. El resultado es una estructura espacial con una *accesibilidad visual* sobre la cabecera seriamente comprometida; pero Mantua nos premia con el espléndido esfuerzo realizado por su arquitecto para conseguirla en términos más que razonables.

El *eje visual* lo podemos reconocer tangente al perfil anterior de las primeras columnas de la arcada, y de él parten cuatro juegos de visuales con referencias en puntos esenciales de la estructura de la cabecera (croquis 11): los vértices y el punto medio de la línea de acceso al presbiterio, el punto medio de la entrada al ábside y su profundidad máxima. Dos *particiones* asociadas al *eje visual* y al *punto de control* completan la propuesta.

Curiosa e interesante la trama de Lorenzo, familiar en términos genéricos, pero con numerosas especificidades muy poco frecuentes: por ejemplo, el *eje visual* queda (casi) fuera de la nave central; por ejemplo, la nave apenas aporta visuales; por ejemplo, el deambulatorio incluye tres apoyos diferentes; por ejemplo, las columnas de la arcada que enmarcan la cabecera sirven de apoyo tangencial para cuatro juegos de visuales.

Pero, tal como muestra el croquis 11 derecho, en su breve cabecera destaca un trazado muy revelador de los objetivos de estas arquitecturas: a pesar de la complejidad espacial y de las cortas dimensiones del ábside, el *control* sobre la puerta de acceso se cumple de modo obsesivo, hasta ser asegurado por partida triple, es decir, *¡¡¡por tres visuales que parten desde dos apoyos diferentes!!!* El emplazamiento y las dimensiones de la puerta lateral son tales, que la autoridad sentada en el sillón presidencial situado al fondo del ábside puede observar su anchura completa, de jamba a jamba precisa, lo que le permite seguir en detalle todos los movimientos que se producen a su través. Además, situados sobre el *punto de control,* nuestra mirada se alinea rigurosamente con el eje central de dicha puerta. La supervisión de todo lo que ocurre en el acceso al templo es, pues, total.

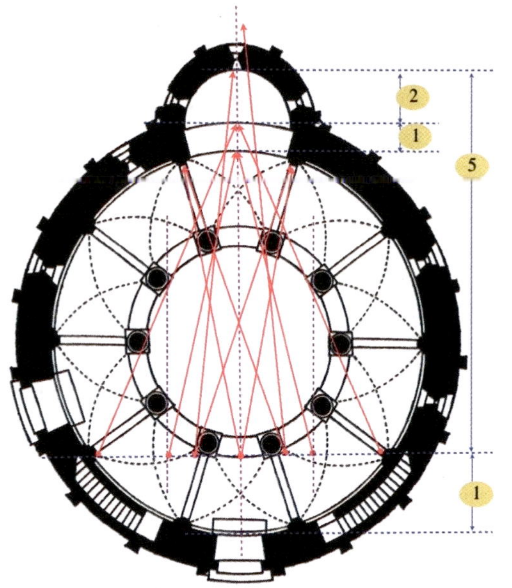

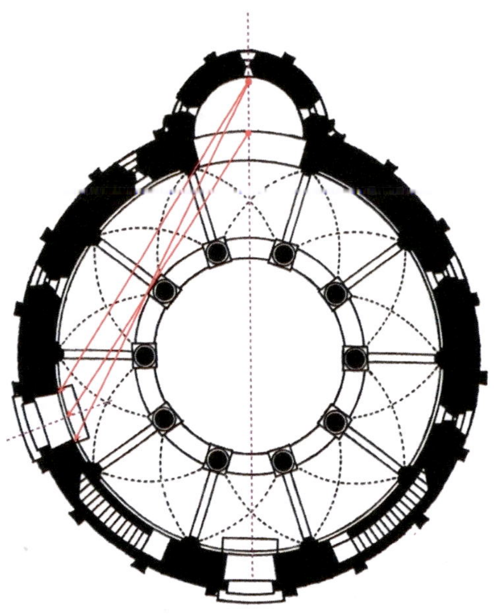

Croquis 11. Izquierda: trama asociada al eje visual de San Lorenzo. Derecha: desde la cabecera, tres visuales aseguran el pleno control sobre la puerta de acceso.

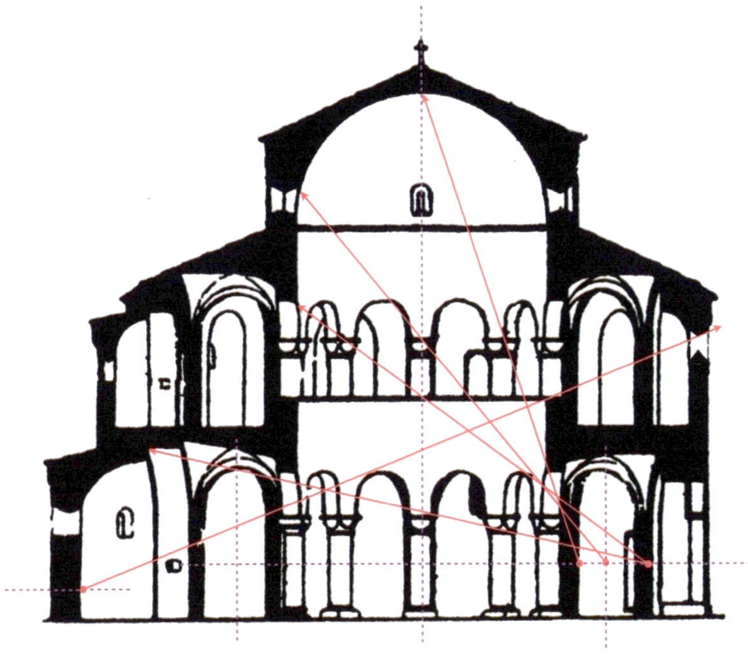

Croquis 12. Trama en alzado desde el eje longitudinal de San Lorenzo. Desde la cabecera solo hemos representado la visual específica que busca la primera luz del vano situado en la galería superior. La imagen 6 lo muestra.

Imagen 6. Sentados en el sillón presidencial situado al fondo del ábside de San Lorenzo: visual de legitimación jerárquica, por asociación con la primera luz del vano frontal en el muro perimetral de la galería superior, por encima de su balaustrada.

Esta estructura en planta se completa en la Rotonda con un *camino iniciático* en alzado con tres apoyos en el deambulatorio: el primero lo encontramos junto al muro perimetral. Desde él, la clave de la arcada de la nave se alinea con la clave del arco de la galería superior del edificio, en un trazado cercano al que hemos identificado en Ottmarsheim y Aquisgrán. Desde ese mismo apoyo, Lorenzo suma una segunda visual dirigida a la clave del arco de acceso al ábside. Excelente.

Al avanzar unos breves pasos y llegar a la anchura media del deambulatorio, la clave de la arcada se alinea ahora con la clave superior del pequeño vano situado en los riñones de la cúpula, y *toda su luz* nos ilumina generosamente.

El ascenso iniciático culmina con la *solución "claves alineadas"*, que se construye al alcanzar el *eje visual* –el perfil anterior de la arcada de la nave–, posición que nos sitúa frente al cenit de la cúpula. Este trazado también tiene su equivalente riguroso en Ottmarsheim y en Aquisgrán. El croquis 12 dibuja todas esas visuales.

Desde la cabecera podemos reconocer una trama idéntica, a la que se añade una cuarta visual: en el fondo del ábside, sentados en el sillón presidencial, asomando por encima de la balaustrada de la galería superior percibimos el *primer punto de luz* procedente del vano situado en el muro perimetral de dicha galería (imagen 6). Como resultado de esta puesta en escena, la jerarquía que preside el ritual, desde su sillón, mientras con el rabillo del ojo *controla* los movimientos que se producen en la puerta de acceso al edificio, su mirada puede complacerse con la *iluminada legitimidad* que le confiere *la luz* procedente del vano de la galería superior. Es un muy buen ejemplo de construcción simultánea desde un mismo punto de los autoritarios mecanismos de *imposición presencial, control y legitimación jerárquica.*

La Rotonda de Mantua confirma que la presencia de un deambulatorio en estas pequeñas arquitecturas ofrece la posibilidad de construir un *camino iniciático* bastante denso, pues, mientras el pasillo perimetral incrementa los posibles puntos válidos como apoyos, en paralelo, el mayor alzado para la cúpula permite aumentar los elementos disponibles como referencias para el relato simbólico. Excelente proyecto y excelente reconstrucción.

Cerramos esta breve aproximación a las arquitecturas centralizadas con deambulatorio visitando la ***Round Church*** de ***Cambridge,*** o Iglesia del Santo Sepulcro. El croquis 13 recoge el esquema escenográfico en alzado que, tras su compleja historia constructiva[8], podemos hoy reconocer sobre el terreno. La cercanía con lo identificado en Ottmarsheim, Aquisgrán, Venecia, Tréveris y Mantua, es inmediata, con referencias simbólicas tan clásicas como la *clave de los arcos* del nivel superior, el *final del muro vertical* y la *clave de la cúpula.*

Pero un gesto más específico, y también de gran interés, lo encontramos al analizar la relación entre la vieja nave central y su deambulatorio —primera mitad del siglo XII—, y el nuevo presbiterio y sus salas laterales —resultado de las obras llevadas a cabo en los siglos XIII y XIX—. El croquis 14 muestra cómo el eje transversal del espacio circular se comporta a todos los efectos como un *eje visual,* desde el que se genera la trama en planta y alzado que racionaliza la estructura de esos nuevos espacios: el punto central de la nave circular soporta un triple juego visual que busca simultáneamente el perfil exterior de las molduras de la puerta de acceso al presbiterio —contra los pilares circulares de la nave central—, los vértices traseros del presbiterio —contra el perfil de las molduras de la puerta de acceso—, y el final en alzado del muro trasero —contra la clave de la puerta—. Tal como muestra la imagen 7, desde el centro de la nave circular toda la cabecera central, en anchura y altura, queda a nuestro alcance visual riguroso. La trama se completa con dos visuales que, desde el perfil del deambulatorio, sobre el *eje visual,* buscan los vértices traseros de las naves laterales. Todos los puntos constructivos y simbólicos más importantes de la cabecera han quedado definidos, con la mediación tangencial de las puertas que les dan acceso.

Excelente Cambridge, tanto en la ratificación histórica que aporta, como por la relación que establece entre el espacio circular original y las sucesivas ampliaciones de la cabecera. Se puede sugerir que la trama quizá perdió en esa fase algo de su *capacidad narrativa* y su *carácter evocador*, pero es indudable que siguió conservando, íntegramente, su papel para asegurar *la accesibilidad visual, el control y la cohesión espacial.* Es, sin duda, otro claro ejemplo de continuidad de unos recursos proyectuales históricos muy arraigados, que muestran, una vez más, toda su flexibilidad y eficacia.

8 Su fecha de construcción inicial se sitúa alrededor de 1.130, pero a mediados del siglo XIII ya se añadió el presbiterio y una primera nave auxiliar en su lado norte. En 1.841 parte del deambulatorio se derrumbó, y durante las obras de reconstrucción se agregó una nave sur y se amplió la nave norte a sus dimensiones actuales.

Croquis 13. Round Church de Cambridge. Trama en alzado desde su eje longitudinal. Los apoyos de la trama de acceso están situados en el perfil interior del muro perimetral, el perfil anterior del pilar circular y en su eje central. El apoyo más a la derecha lo encontramos en el eje central de las jambas de la puerta que hoy da paso al presbiterio, ligeramente sobrealzado respecto del pavimento de la nave central y del deambulatorio.

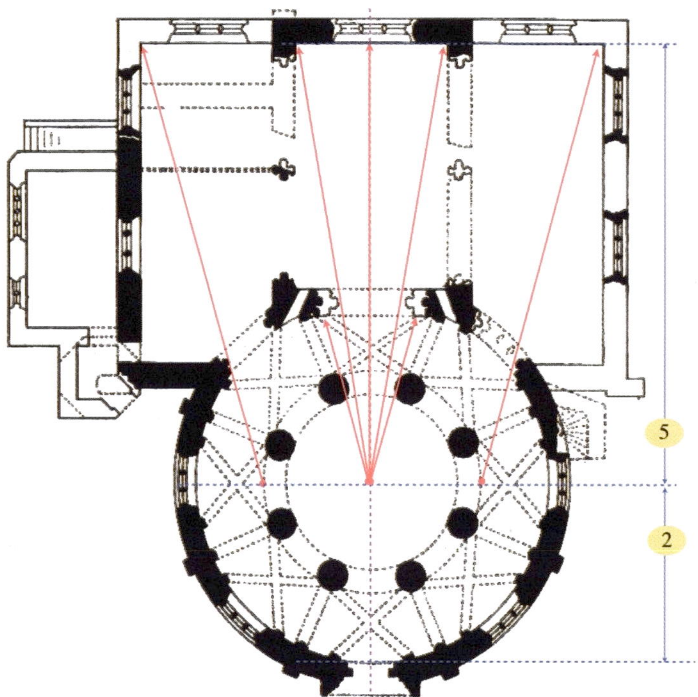

Croquis 14. Round Church de Cambridge. Trama en planta y alzado entre la nave central, el presbiterio y las naves laterales.

Imagen 7. Round Church de Cambridge. Triple visual desde el centro de la nave circular: al perfil exterior de la puerta del presbiterio, a sus vértices traseros (la precisión del encuadre es tal que apenas se pueden observar en la imagen), y al final del muro vertical, ligeramente por encima de la clave del gran ventanal.

IV – UN PROYECTO RUPTURISTA EXTREMADAMENTE ELABORADO

Durante los siglos XV y XVI el gran interés por la arquitectura clásica estimuló la construcción de arquitecturas centralizadas, lo que, unido a su menor coste y mayor rapidez de obra –por sus menores dimensiones–, explican su proliferación. Quien la encargaba veía pronto los frutos de su decisión y dispendio, y quienes las proyectaban tenían la oportunidad de dejar su nombre asociado, en exclusiva, a una obra de creación. Veamos algunas, importantes por la calidad de su diseño.

UN PROYECTO RUPTURISTA

Hemos dedicado mucho interés –con mayor placer en cada nueva visita– al estudio del proyecto de ***Filippo Brunelleschi*** para la ***cappella de'Pazzi***, en ***Florencia***. Su recurrente mención en los manuales de historia de la arquitectura, la voluntad rupturista que le atribuyen, la aparente simplicidad de las formas implicadas, el discurso geometrizante que casi siempre acompaña su presentación, los sistemáticos comentarios sobre las formas dibujadas en el pavimento cual mensaje revelador de las bases de su diseño, ... han sido factores de estímulo, hasta convertir su descodificación en un verdadero reto.

Es evidente que encajar la nueva construcción dentro de la arquería del claustro de Santa Croce –hubo que derribar una parte para darle cabida– tuvo que condicionar el trabajo de Filippo, por lo que todavía resulta más estimulante intentar acercarse a la racionalidad de las decisiones que tomó para salvar una dificultad de tal envergadura.

La anchura interior del espacio es de 18,22 metros y su profundidad de 16,45, de los que 10,89 están ocupados por la nave, y el resto –5,56 metros– por la cabecera. El espacio interior está, pues, inscrito en un rectángulo de módulo "5 a 4,5", con "3 partes" dedicadas a la profundidad de la nave y "1,5 partes" a la profundidad de la cabecera (croquis 15). *¿Cuáles son las bondades y las limitaciones de esta configuración espacial?*

Adjudicar a la nave un rectángulo de "5 partes de anchura y 3 de profundidad" permite organizar una "nave central" cuadrada de "3 por 3 partes", a la que se adosan dos "naves laterales" simétricas, de anchura "1 parte". La simplicidad y elegancia de esta malla geométrica, junto al confortable apoyo que ofrece a la cúpula central, es un buen punto de partida para el proyecto, pero deja sin resolver la estructura de la cabecera.

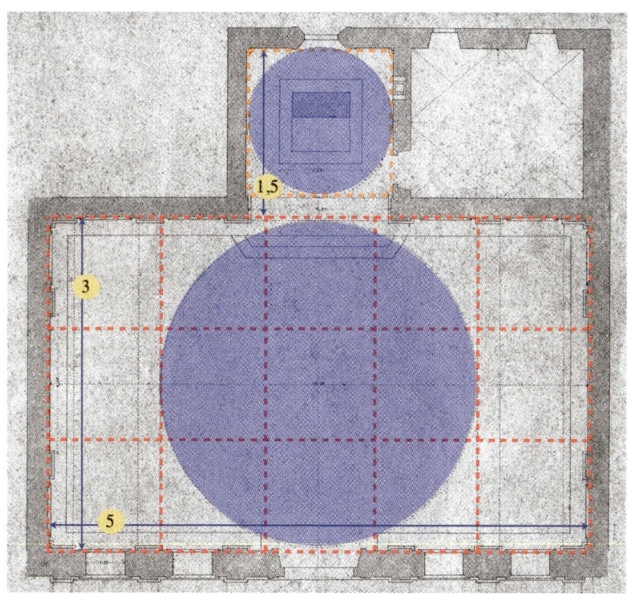

Croquis 15. Malla geométrica para la cappella de'Pazzi, con el perfil de la cúpula sobre la nave central y sobre la cabecera. La falta de precisión de la mayor parte de las plantas disponibles nos ha obligado a recurrir a una planta histórica tomada de Jodoco del Badia, poco nítida, pero muy bien ajustada a la construcción real.

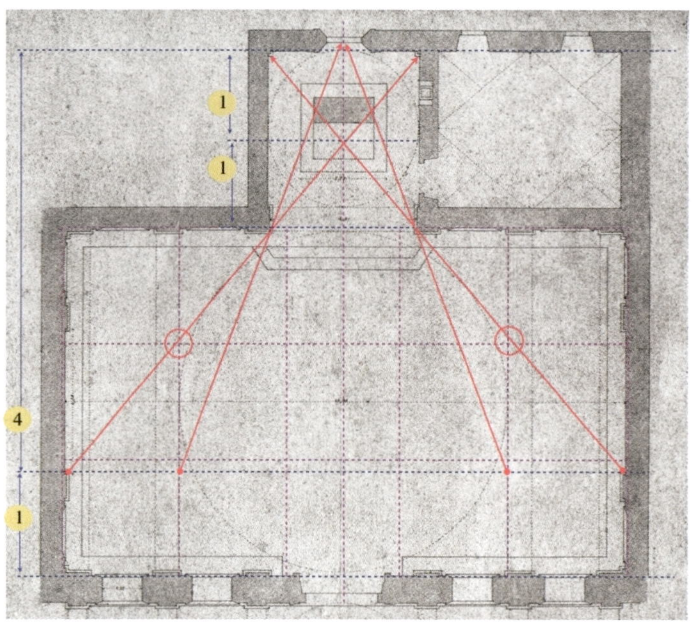

Croquis 16. Trama desde el eje visual de la cappella de'Pazzi.

Para la anchura del ábside hemos medido 4,42 metros en su entrada, que se amplían hasta 4,92 metros al superar el cerramiento de los pilares de acceso. Ambas medidas son difíciles de ajustar a alguna relación simple, respecto de la profundidad de la cabecera –5,56 metros–, manteniendo el grado de precisión con el que Brunelleschi organizó el cuerpo central del edificio.

En alzado las cosas tampoco funcionan mejor: la cúpula sobre la nave central se aproxima a un trazado "por 2" respecto del lado del cuadrado en el que se apoya, pero con un desajuste de más de un metro respecto del modelo formal. Tal diferencia hace indefendible ese trazado como criterio de diseño utilizado por Brunelleschi para su definición.

La conclusión es clara: la malla geométrica describe bien la forma de la nave, pero se muestra incapaz de justificar la forma del ábside y el alzado de la cúpula central, piezas esenciales en todo proyecto sacro. El discurso geometrizante, cuando se lleva más allá de la planta de "las naves", muestra importantes lagunas interpretativas, tanto para la cabecera como para la cúpula, precisamente los ámbitos con mayor carga simbólica de la capilla. Una vaguedad argumental –por no calificarla directamente de error–, aunque se repita muchas veces, nunca alcanzará carácter de justificación válida. Debemos, pues, buscar otras vías de análisis.

LA TRAMA TOMA EL MANDO

¿La racionalidad escenográfica es capaz de mejorar las no-justificaciones dadas por la malla geométrica? ¿Qué trama valida la estructura de la cabecera y de la cúpula de'Pazzi, asegurando su correcta concordancia simbólica con la nave?

La primera intuición nos lleva a buscar el *eje visual* sobre alguna de las líneas de la malla geométrica "5 a 3" de la nave. Si probamos con la línea más cercana al muro de acceso, lo observado sobre el terreno no apoya tal intuición: desde ella, nuestra mirada se acerca a posibles referencias simbólicas en la cabecera, pero queda lejos de la precisión exigida por la trama. Además, esa línea de la malla introduce una *partición* del tipo "3,5 a 1" respecto de la profundidad total del espacio interior del edificio, relación no ajustada a los *"términos enteros simples"* requeridos por la trama. ¿Fue esa la razón por la que Brunelleschi rechazó esa línea como posible *eje visual*?

Tal como recoge el croquis 16, poco antes de esa línea de la malla geométrica, podemos reconocer la presencia de un eje transversal que cumple tres condiciones:

** Los dos puntos de corte de ese eje con las líneas de la malla geométrica que delimitan longitudinalmente las "naves laterales", apoyan sendas visuales que buscan el centro de la ventana situada en el fondo de la cabece-

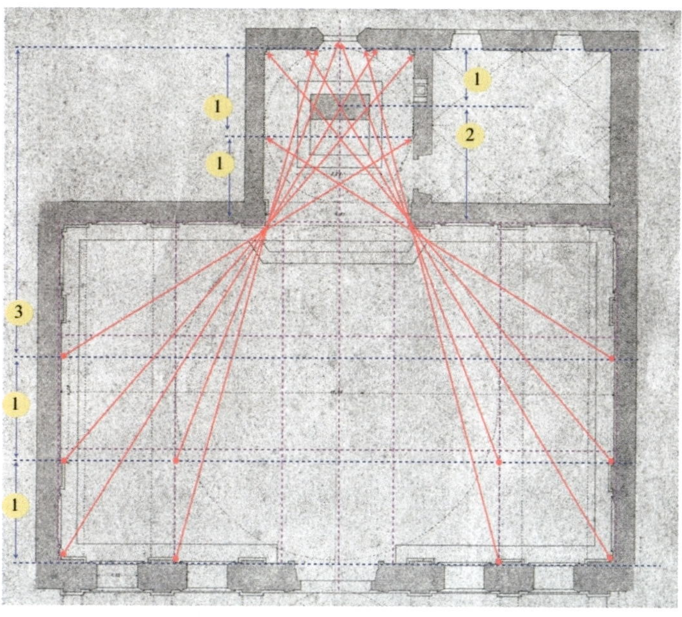

Croquis 17. Trama completa en planta para la cappella de'Pazzi.

ra, lo que significa que esas visuales están definiendo *¡¡la anchura de entrada al ábside!!!*, pues la malla geométrica ya ha fijado la profundidad de la cabecera, ajustándola a "1,5 partes". Estamos ante un primer gesto de racionalidad escenográfica.

** Si ahora nos desplazamos a lo largo de ese eje transversal hasta alcanzar el muro lateral, posición que coincide con una *marca arquitectónica precisa* –el perfil de un notable pilar acanalado adosado–, podremos observar, con mucha nitidez, el vértice más profundo del abside rectangular. Acabamos de encontrar la relación entre la anchura del acceso a la cabecera y su anchura más profunda. Se trata de un segundo gesto asociado con la *accesibilidad visual* de la cabecera[9].

** Finalmente, las mediciones indican que ese eje transversal está situado sobre una *partición* "4 a 1", ahora sí en *términos enteros simples*, del conjunto del espacio interior de la cappella, desde el muro al pie de la nave hasta el fondo de la cabecera. Estamos, pues, ante un verdadero *eje visual*.

Excelente el rigor y la contundencia con la que Brunelleschi implicó a la trama para definir los puntos constructivos que fijan al completo la estructura de la cabecera, ajustándola a los normativos criterios de *accesibilidad y control visual*. La ausencia de una forma geométrica simple para el ábside de'Pazzi no es, pues, un lapsus o una inconsistencia en el proyecto de Brunelleschi que debamos esconder, sino una necesidad escenográfica. Solo hay que dejar de lado las interpretaciones unilaterales, incluir la lógica visual y simbólica que guía los proyectos sacros, y la composición espacial de'Pazzi se racionaliza al instante.

Pero todo apunta a que Filippo no se conformó con una trama que se limitase a definir los vértices de acceso y cierre de la cabecera, y para enriquecer el relato simbólico asociado al ábside sumó otros tres juegos de visuales. Veamos, en detalle, cómo lo hizo y cuáles son.

La cappella también dispone de un banco corrido a todo lo largo de los cuatro lados del espacio central y desde él, podemos reconocer el protagonismo que Brunelleschi dio a la luz procedente del fondo del ábside: sentados sobre dicho banco, junto al muro al pie de la nave, sobre la línea de la malla geométrica que delimita la "nave central" –posición señalada por el perfil de otra moldura vertical acanalada que adorna el muro, una nueva *marca constructiva*–, podemos observar, con mucha precisión, el perfil interior de la ventana de la cabecera y del pequeño rosetón situado sobre ella. *Toda la luz* procedente de ambas aberturas nos alcanza. La imagen 8 lo muestra.

9 Además, una observación cuidadosa pone de manifiesto que esa visual pasa sobre uno de los vértices de la malla "5 a 3" de la nave. El croquis 16 lo señala. Es un momento de notable gratificación proyectual, por la acción colaborativa entre malla y trama.

Imagen 8. Sentados junto al muro, al pie de la cappella de'Pazzi, sobre la línea entre la nave central y la nave derecha: visual al perfil interior del ventanal de la cabecera, y del vano redondo superior, con toda su luz vista.

Imagen 9. Cappella de'Pazzi. Visual desde el vértice de la nave lateral derecha: al desplazarnos hasta ese punto, la luz de la ventana axial del ábside ha quedado estrangulada, y nos alineamos con el perfil exterior de su moldura izquierda.

Al desplazarnos lateralmente hacia el vértice más cercano de la nave, el pilar de acceso a la cabecera va estrangulando la luz procedente de la ventana y del vano circular, y cuando alcanzamos dicho vértice ya no podemos percibir su luz directa. Pero nuestra mirada, con precisión constructiva, alcanza una nueva *marca constructiva*: el perfil exterior de la llamativa moldura que decora y entorna las jambas laterales de dicha ventana (imagen 9).

Esta potente escenografía se completa con la presencia de una quinta visual que, desde el muro lateral de la nave, apoyada en una *partición* del tipo "3 a 2" de la profundidad total de la cabecera, busca la profundidad media del muro lateral de la cabecera, perfilando un eje cuyo punto medio reúne todas las condiciones para actuar de *punto de máximo control* (croquis 17).

Excelente Brunelleschi. Divide las "4,5 *feas* partes geométricas" de la profundidad de'Pazzi en "5 elegantes partes *enteras*", situando el *eje visual* sobre la *partición* "4 a 1", y un eje auxiliar sobre otra del tipo "3 a 2". Y desde ambos ejes –y con la ayuda del muro al pie de la nave– construye un abanico de cinco pares de visuales que aseguran una densa correlación entre la nave y la cabecera, dotando al ábside de una generosa estructura simbólica, con la *luz axial* como reclamo fundamental. Extraordinario Filippo, y muy bien ajustado a las más estrictas normas asociadas a la trama.

Tras repetir las observaciones anteriores para disfrutar al cerciorarnos de su rigor, una buena decisión es seguir un rato más en la excelente compañía de Brunelleschi, y ofrecerle la oportunidad de que nos enseñe las *soluciones* que construyó para los alzados de la cappella: si optamos por observar la cúpula central desde la cabecera –imprescindible–, obtendremos otro momento de sumo placer, pues cuando nos situamos junto al muro trasero del ábside, nuestra mirada alcanza con precisión el centro de su óculo (imagen 10).

Por segunda vez, y con indiscutible rotundidad, la trama muestra su hegemonía sobre una interpretación meramente geométrica del proyecto para la cappella, y aquello que no encajaba al intentar dimensionarlo respecto de un trazado geométrico o una proporción simple –recordemos la desviación de más de un metro en el alzado de la cúpula al intentar ajustarla a "2 veces" la anchura del espacio que la apoya–, lo hace ahora, correctamente, en términos visuales, poniendo en relación directa dos puntos tan esenciales en el ideario sacro como *el fondo del ábside* y la *luz cenital* sobre la nave. No insistiremos más sobre la carga simbólica y de justificación jerárquica de este trazado, pero sí añadiremos que la nave central y la cabecera están en *cotas algo diferentes*.

Magnífico. Pero si volvemos a la nave todavía podemos disfrutar de un nuevo regalo de Brunelleschi: sentados en el banco perimetral, desde la profundidad media de la nave podemos observar, de modo muy preciso, el *primer rayo de luz* que deja pasar la linterna sobre el óculo de la cúpula central (imagen 11). Magnífico. Magnífico. Y magnífico. Tres veces magnífico.

Aunque no lo podemos afirmar con plena certeza, creemos que Filippo todavía fue más lejos, y añadió otra relación visual en alzado, ahora entre la nave y la cúpula sobre la cabecera. La escasa iluminación de la cúpula sobre el ábside –carece de óculo– dificulta su observación, pero dejamos apuntado un gesto muy interesante a la espera de que alguien con más medios lo pueda confirmar o desmentir: en la nave central, sobre el *eje visual*, al levantar la vista hacia la cúpula que cubre la cabecera, creemos haber reconocido una notable alineación con su clave cenital (croquis 18). Si con mejor iluminación esta observación se confirmase, el resultado sería más que "tres veces magnífico", pues supondría la plena integración entre la nave y la cabecera de la cappella de'Pazzi, tanto en planta como en alzado.

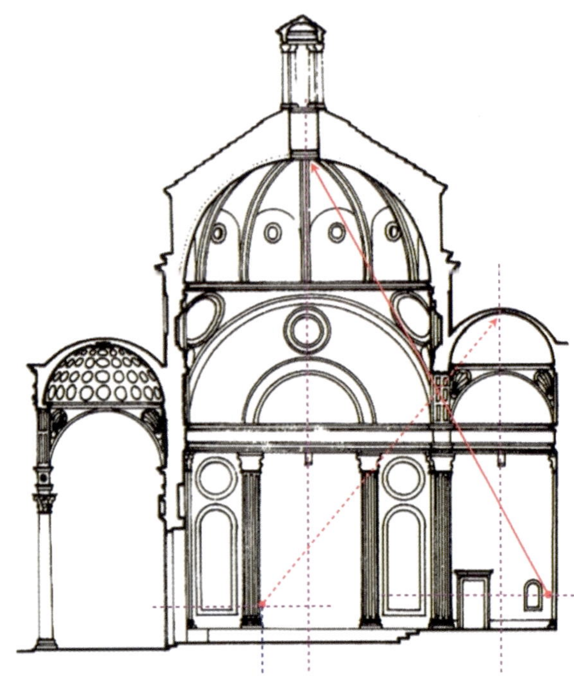

Croquis 18. Trama en alzado desde el eje axial de la cappella de'Pazzi. El trazo discontinuo para la visual a la clave de la cúpula sobre la cabecera indica que queda pendiente de confirmar su precisión. Sección tomada de Stegmann-Geymüller.

Imagen 10. Visual al centro del óculo de la cúpula central desde el fondo del ábside de la cappella de'Pazzi.

Imagen 11. Desde el muro lateral izquierdo: visual a la primera luz que filtra la linterna sobre la cúpula de la nave central.

Extraordinario Brunelleschi: pudo partir de una malla geométrica, pero cuando tuvo que resolver la estructura simbólica de la cabecera y de la cúpula, cedió la palabra a la trama visual, que define así, en solitario, la estructura de los espacios con mayor carga simbólica: el relato asociado a la *luz axial* de la cabecera, y el que construye la *luz cenital* procedente del óculo y de la linterna sobre la nave central –el de la cúpula absidal queda pendiente de confirmación–. Y todo ello cumpliendo con las *leyes de validación visual* y con las mejores *buenas prácticas* recomendadas por la trama: *particiones* enteras, apoyos asociados a *marcas constructivas*, ligero *efecto "diafragma"* en los vértices de acceso a la cabecera, ... El proyecto posee toda la exquisita elegancia de los esquemas extremadamente elaborados, fruto de una prolongada experiencia y de muchas horas de trabajo sobre el tablero de dibujo. Excepcional Brunelleschi, concibiendo un *diseño rupturista con los instrumentos proyectuales más tradicionales.* No entendemos porqué muchos de sus apologistas degradan tan excelente trabajo, reduciéndolo a sus aspectos geométricos más banales, insistiendo en hacer bajar la vista a sus alumnos para admirar las formas dibujadas en el suelo de la nave, cual verdad telúrica, cuando lo que deben hacer es elevar la mirada para observar cómo trató Filippo la *luz cenital* de la cúpula y la *luz axial* de la cabecera. Si la luz es quien siempre construye el espacio, en las arquitecturas sacras de disciplina cristiana lo hacen de forma exhaustiva.

V – DE CÓMO LA TRAMA VISUAL PUEDE JUSTIFICAR UNA GRAN DIVERSIDAD DE ESPACIOS BASADOS EN UNA MISMA MALLA GEOMÉTRICA

Transcurridos cincuenta años desde el trabajo de Brunelleschi en la cappella de'Pazzi, ***Giuliano de Sangallo***, por encargo directo de ***Lorenzo de Médici***, preparó para la ciudad de ***Prato***, muy cercana a Florencia, el proyecto para ***Santa Maria delle Carceri***. Estamos en 1.484.

Lo primero que llama la atención de este pequeño edificio es la inmediatez y la fácil identificación de sus formas. La austeridad mobiliaria y su precisión constructiva, facilitan su comprensión espacial y la de su elegante trama de validación.

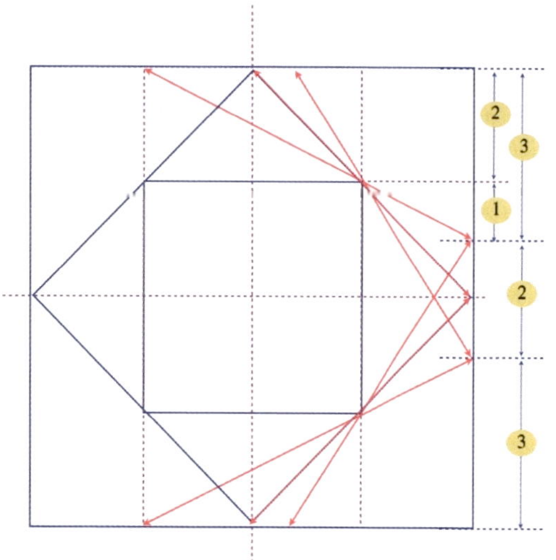

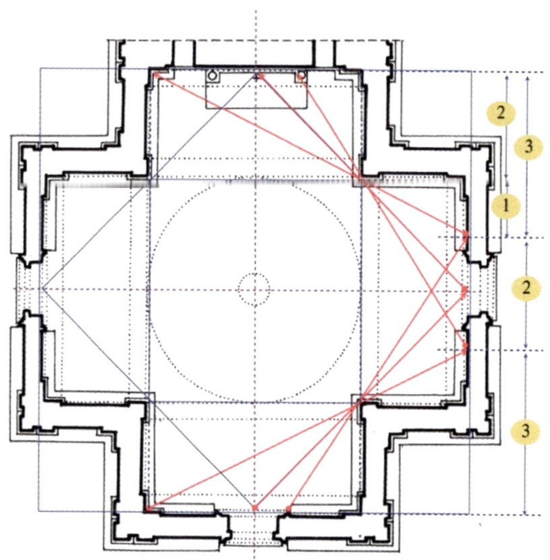

Croquis 19. Izquierda: secuencia de tres cuadrados circunscritos, con las posibles "visuales y particiones" generadas de modo automático. Derecha: superposición de ese modelo formal sobre la planta de delle Carceri. El ajuste es perfecto.

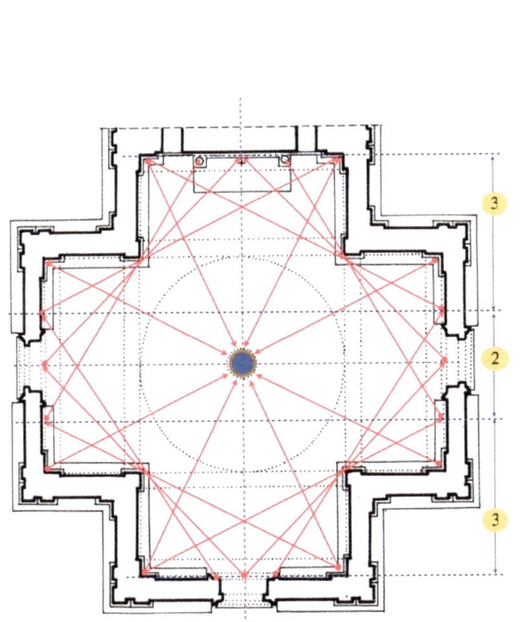

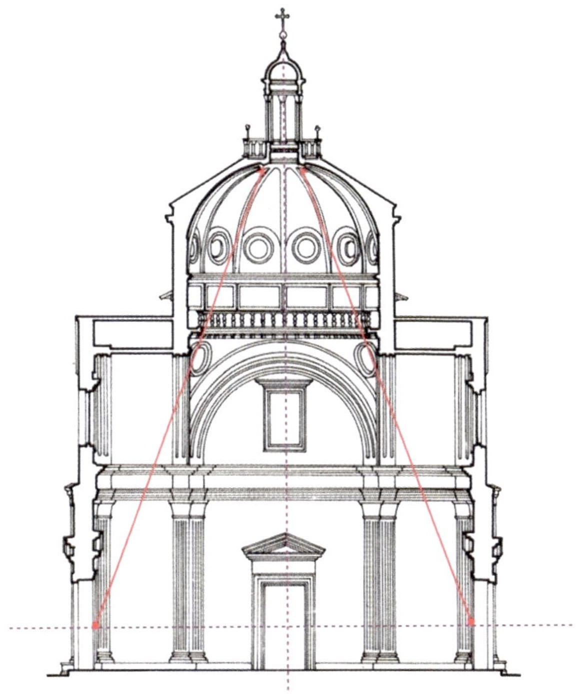

Croquis 20. Izquierda: trama completa para delle Carceri, que muestra la elegancia de su simetría radial. Derecha: trama en alzado al óculo de su cúpula, con toda la luz vista desde los vértices interiores más periféricos.
Planta y alzado tomados de Anderson.

Si Torres del Río nos ha enseñado la bondad del octógono como forma poligonal que genera requisitos muy cercanos a los exigidos por la trama, Prato nos muestra cómo la secuencia de tres cuadrados circunscritos define un juego de diagonales y proporciones asociadas que también prefiguran los elementos básicos de una posible trama. En efecto: es fácil calcular que, según el modelo formal, para un cuadrado de lado igual a "4 unidades", esa secuencia de tres cuadrados genera una distribución del tipo "3-2-3 unidades", que puede apoyar dos ejes, cada uno de ellos con un juego de visuales correctamente normalizadas (croquis 19 izquierdo). Si añadimos los lados del cuadrado intermedio, tenemos la trama completa, en planta, de Maria delle Carceri (croquis 19 derecho), trama que define incluso la anchura de la puerta de acceso principal y el marco que entorna el altar. *Mínimos gestos implicados con máxima rentabilidad escenográfica.* Sencillamente exquisito.

Como en de'Pazzi, cuando nos interesamos por el alzado de la cúpula central, la precisión geométrica se diluye[10]. Pero la trama también acude aquí al rescate, aportando una buena justificación: en pie, desde todos los vértices periféricos, nuestra mirada siempre confluye sobre el perfil anterior del óculo, recibiendo *toda la luz cenital* (croquis 20 derecho). Estamos, pues, ante una *solución "Conques/Paray" de extrema exhaustividad,* que abarca la totalidad del espacio interior, con las implicaciones impositivas que ello conlleva.

Trabajar fuera del casco urbano de Prato proporcionó a Sangallo la oportunidad de proyectar sin las limitaciones que implica hacerlo teniendo que ajustarse a un espacio intersticial muy consolidado –como le ocurrió a Brunelleschi en la galería del claustro de Santa Croce–, lo que le permitió basar su proyecto en un esquema geométrico muy puro y maximizar la rentabilidad de la trama que la propia secuencia de cuadrados le sugería. Este aprovechamiento de las sinergias entre malla y trama dio como resultado más notable la potente simetría radial en planta y alzado recogida en el croquis 20 izquierdo.

La luminosa, tranquila y acogedora Maria delle Carceri es una excelente oportunidad para aprender a observar los mejores espacios centralizados del *quattrocento*, y gozar de la transparencia de su proyecto, sin olvidar que estamos ante una planta sumamente controladora, y una solución cenital de fuerte carácter impositivo.

10 Con poca precisión se aproxima a una relación (muy poco elegante) del tipo "2 +1/3" veces la anchura del crucero.

UNA SOLUCIÓN DIFERENTE A PARTIR DE LA MISMA MALLA GEOMÉTRICA

Veinticinco años más tarde del trabajo de Sangallo en Prato, comenzaron en ***Roma*** las obras de ***Sant'Eligio degli Orefici***, proyecto considerado tradicionalmente como un encargo del gremio de orfebres a ***Rafael***, aunque hoy se duda entre esa posibilidad y la autoría de ***Bramante***.

Degli Orefici, inmerso en el abigarrado parcelario romano, consiguió ajustar sus formas a un esquema cercano al de Prato, pero con una diferencia importante: la presencia de un ábside semicircular precedido por un breve presbiterio rectangular, con ambos espacios situados fuera de la secuencia de tres cuadrados circunscritos que define el resto del espacio sacro. *¿Cómo se integra esa cabecera en el espacio interior de degli Orefici?* La respuesta es muy precisa: aprovechando algunas diagonales de esa secuencia de cuadrados, como en Prato, pero prolongándolas para buscar ahora referencias fuera de la malla geométrica. *¿Qué diagonales aprovechó?*: como en Prato, las que generan una *partición* ajustada a los criterios enteros simples requeridos por la trama visual. El croquis 21 derecho las recoge.

De ese esquema cabe destacar, por ejemplo, la diagonal del rectángulo al pie de la nave: prolongada para fijar la posición de un *eje visual* en el brazo, se "refleja" hacia la cabecera hasta alcanzar el eje longitudinal del edificio, definiendo con precisión la profundidad del presbiterio y la posición del *eje de control* en la cabecera. Es fácil calcular que la *partición* formal asociada a ese trazado es del tipo "4 a 2", valor que coincide muy bien con las mediciones sobre el terreno.

La definición del perfil de la cabecera se completa con la intervención de dos visuales: una define la anchura del ábside desde el extremo del eje transversal del edificio. La segunda, apoyada en el vértice del brazo, determina su profundidad máxima[11]. Excelente cumplimiento de los criterios de *accesibilidad y control* visual, sin margen para la menor duda constructiva[12].

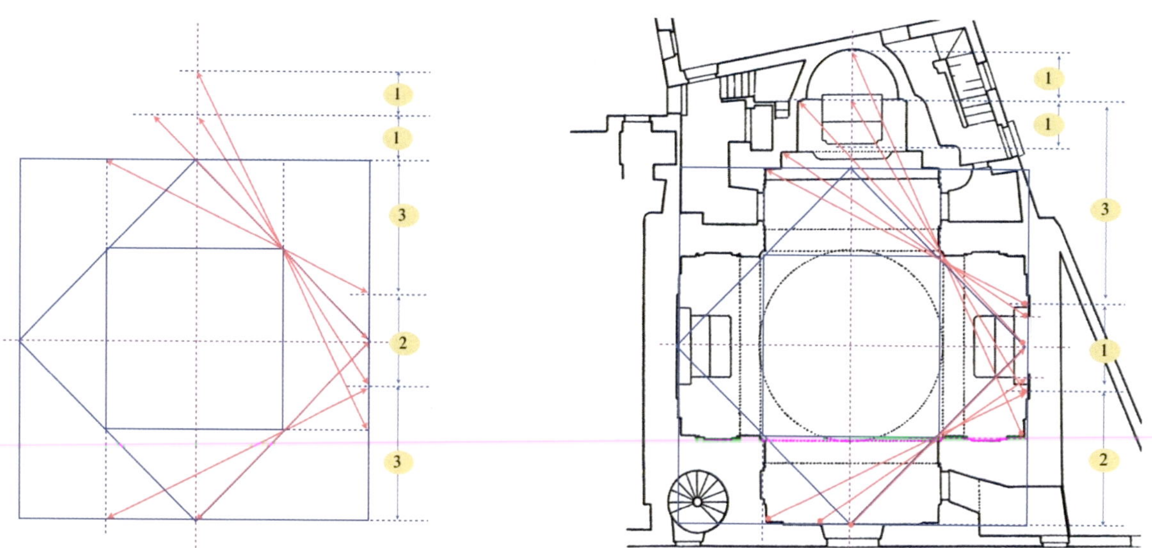

Croquis 21. Izquierda: modelo formal al que parece responder Eligio degli Orefici, con las "visuales y particiones" generadas de modo automático. La parte interior a la secuencia de cuadrados es similar a la delle Carceri. Derecha: trama real detectada sobre el terreno. El modelo formal fue deformado –las particiones lo dejan claro– quizá para poder encajar la construcción real sobre la parcela disponible dentro de la trama urbana de Roma.
Planta y alzado tomados de F. Sanguinetti.

11 Supone situar el tradicional *punto de máximo control* sobre *el punto más profundo del ábside*, la *solución* más impositiva.

12 Como muestra de la voluntad del proyecto de asegurar la mayor *accesibilidad visual* para el espacio interior, los perfiles laterales del marco de los altares situados en los brazos se alinean con las jambas laterales de la puerta de acceso, lo que da lugar a que, desde la jamba izquierda ya observemos todo el altar derecho, y desde la jamba derecha hagamos lo mismo con el altar izquierdo.

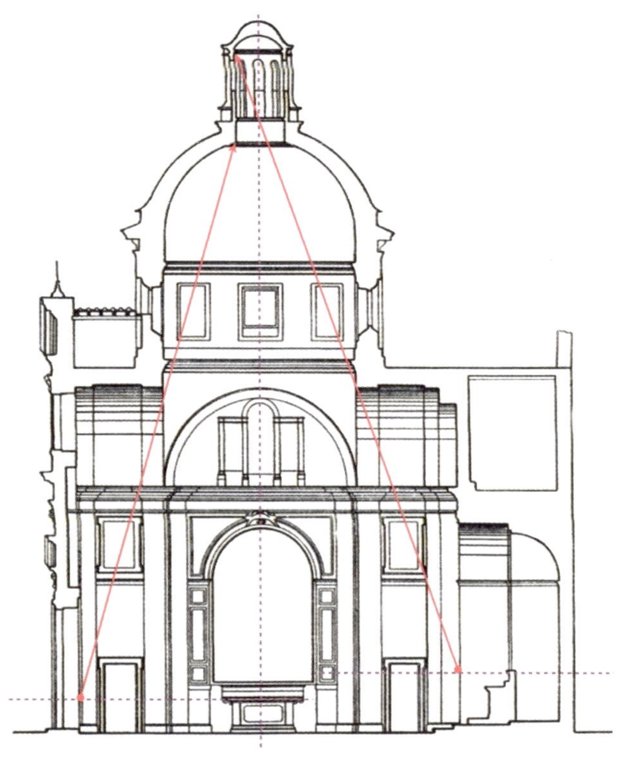

Croquis 22. Eligio degli Orefici: visuales al perfil del óculo desde la línea de acceso al espacio interior, y al final del tambor de la linterna, con toda su luz vista, desde la línea de paso al tramo más profundo del presbiterio.

Imagen 12. Visual al perfil del óculo desde la línea de acceso al espacio interior de Eligio degli Orefici.

También en este caso estamos ante una *solución* para la cúpula con objetivos muy cercanos a *"Conques/Paray"*, pues la trama solo deja al margen de la impositiva influencia de *la luz cenital* los espacios situados fuera de la malla geométrica: el ábside y la parte más profunda del presbiterio[13].

Magnífico: sobre una misma malla geométrica de tres cuadrados circunscritos, Sangallo y Rafael –o Bramante– generaron proyectos cuya diferencia radica en los puntos de la malla que utilizaron para definir el perfil perimetral interior de ambas arquitecturas, y en todos los casos la decisión la tomaron guiados por los criterios fijados por la trama sobre *optimización visual, control y accesibilidad.* La malla propone, y la trama dispone. La malla ofrece posibilidades, y la trama escoge, decide, valida, y construye escenografía doctrinal. Lo sabíamos desde hace muchas páginas, pero, a la menor oportunidad que se le ofrece, esa tozuda realidad siempre reafirma su presencia.

UNA BRUTAL TRANSFERENCIA DE RITMO EN UNA ARQUITECTURA LOBULADA

Optamos ahora por acercarnos hasta ***Santa Maria della Consolazione***, en ***Todi***, un edificio situado también fuera de la zona amurallada de la ciudad, por lo que su arquitecto[14] dispuso de un amplio margen de maniobra espacial para definir el proyecto. También aquí una secuencia de tres cuadrados, pero ahora circunscritos por otros tantos círculos, pudo ser la base del proyecto, que quedó configurado por una nave central cuadrada, a la que se adosan cuatro grandes lóbulos semicirculares.

En un espacio interior tan poco fragmentado, los temas de *control y accesibilidad visual* no parecen acuciantes, por lo que proponemos comenzar la visita interesándonos por la posible sintonía visual entre dos lóbulos contiguos, por ejemplo, entre el que acoge el acceso frontal al edificio y el brazo derecho: con un poco de confianza en la mirada no es complicado reconocer una relación reiterativa –hasta en cuatro ocasiones– entre *"el punto medio de acceso a una fornícula incrustada en el muro perimetral y el vértice central del pilar adosado frontal"*, siempre con apoyo tangencial en el pilar del crucero. El croquis 23 izquierdo lo recoge.

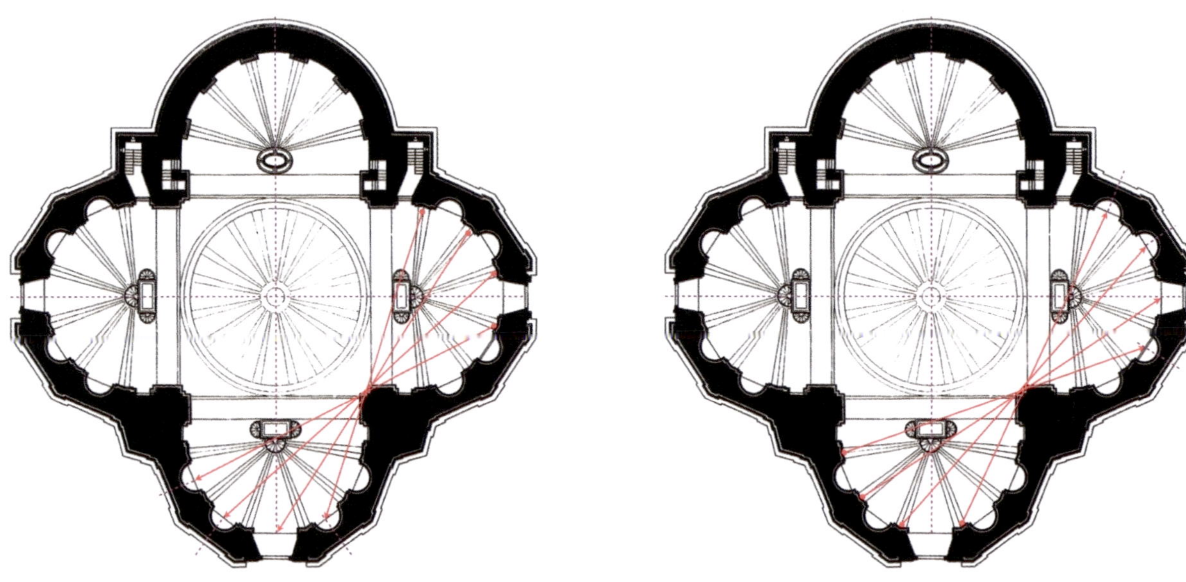

Croquis 23. Todi. Izquierda: visuales desde el punto medio de las fornículas del lóbulo de acogida, al vértice central de los pilares adosados del brazo derecho. Derecha: ahora los apoyos y las referencias en ambos espacios han intercambiado sus papeles. Planta tomada de Cola da Caprarola.

13 El menor tamaño de las arquitecturas centralizadas favorece la construcción de la *solución "Conques/Paray"* para su cúpula. No nos debe extrañar, pues, su frecuente presencia en estas arquitecturas.

14 Nuevamente se habla de Bramante, pero los especialistas no se ponen de acuerdo.

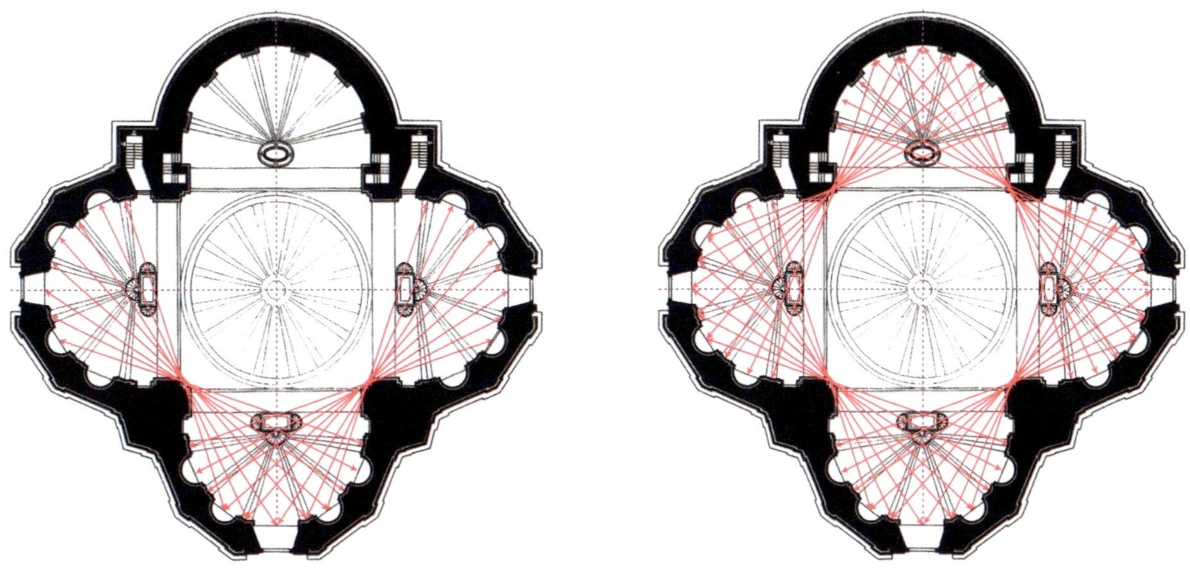

Croquis 24. Todi. Izquierda: transferencia de ritmo entre la nave transversal y el espacio de acogida. Derecha: transferencia de ritmo para el conjunto del espacio interior.

Cuando observamos desde el brazo hacia el espacio de acogida, se añaden otras cuatro visuales, con voluntad simétrica a las anteriores. El croquis 23 derecho lo muestra. Es un placer comprobar en los restantes espacios lobulares la sistematicidad de lo que acabamos de encontrar.

Si reunimos en un croquis (el 24 izquierdo) todas las visuales que asocian el espacio de acogida con los brazos, estamos ante una *transferencia de ritmo* que incluye nada menos que once apoyos, cinco de ellos de carácter doble, que generan dieciséis visuales. Y todo ello para un edificio que apenas supera los 38 metros de longitud interior máxima.

Dada la rigurosa simetría de sus formas y trazados, *la transferencia integral de ritmo que rige el conjunto del espacio interior de Todi se construye con un único gesto que asocia el punto medio del acceso a una fornícula con el vértice central del pilar adosado frontal. Es el minimalismo llevado hasta un límite imposible de superar, pues por debajo de "un único gesto" desaparece el proyecto y el espacio, es decir, la arquitectura.* ¡¡¡Qué inmenso placer, por complicidad con su arquitecto, reconocer sobre el terreno una solución de este tipo, construida con tal nitidez!!!

Una duda surge a estas alturas del análisis: es evidente que esa *exhaustiva transferencia de ritmo* asegura una excelente cohesión visual y una plena sintonía entre todos los elementos que articulan su perfil perimetral, pero, en esas condiciones, *¿ha renunciado Todi a los instrumentos básicos de la trama, es decir, a la presencia de un eje visual, un eje de control y unas particiones asociadas?*

Mientras reflexionamos cómo encontrar respuesta a esta pregunta, nos interesaremos por un aspecto siempre espectacular y gratificante de la trama: el alzado de la cúpula central. Si desde la puerta de acceso al templo avanzamos por su eje axial, alcanzaremos un punto desde el que nuestra mirada recibe la *luz plena* del óculo central (imagen 13). *¿Reúne ese punto otras condiciones de interés?* Desde él, mirando hacia los brazos, podemos observar el vértice central del pilar adosado situado por delante del eje transversal del edificio (croquis 25). Estamos, pues, sobre el punto de corte de dos visuales que forman parte de la *transferencia de ritmo*. Excelente, pues nos mantenemos dentro del *minimalismo* más exigente. Además, a nuestra derecha e izquierda, podemos reconocer que estamos alineados con el punto medio de acceso a dos fornículas, puntos desde los que también parten dos visuales de la *transferencia* que buscan el vértice central de los pilares inmediatamente anteriores al eje transversal de los brazos. Todo apunta, pues, a que estamos sobre el *eje visual* de la nave, hecho que se confirma cuando comprobamos que su posición se ajusta muy bien a una *partición* del tipo "8 a 1" de la longitud interior total.

La cabecera reproduce ese mismo esquema, pero con una *partición* asociada al *eje de control* del tipo "4 a 5" de la profundidad de la cabecera, también de notable precisión. El croquis 25 recoge estos datos.

Imagen 13. Desde el centro óptico de la nave, visual al perfil del óculo en la cúpula central de Todi.

Imagen 14. Sobre el perfil de la elipse central, desde el eje axial, visual a la paloma en la clave de la linterna de Ariccia.

Increíble el nivel de sistematicidad y minimalismo de la trama de Todi, que resuelve todos los temas, incluidas las obligatorias *leyes de validación,* sin recurrir a más visuales que *"la línea única"* que construye la *transferencia íntegral de ritmo.*

La extrema simetría y elegancia de la trama en planta se extiende hasta la cúpula, que se resuelve con *una rigurosa solución "Melque/Bande"* para la nave y la cabecera.

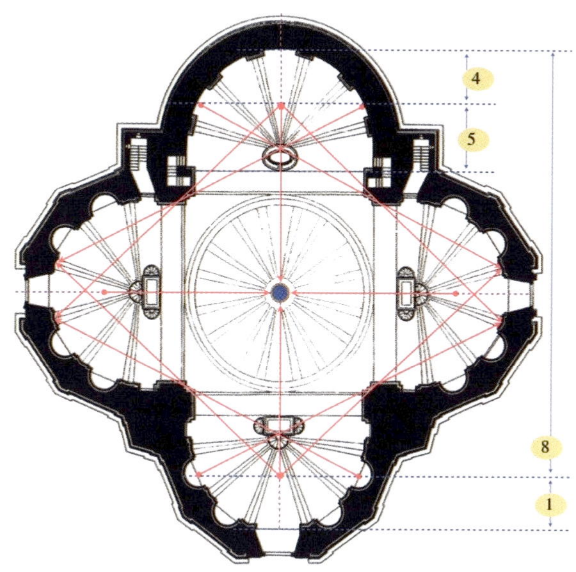

Croquis 25. Comportamiento de los ejes visual y de control en Todi, y de la trama en alzado.

Aunque Todi es uno de nuestros proyectos favoritos, resulta muy difícil elegir entre el tremendo esfuerzo realizado por Brunelleschi para racionalizar las rígidas limitaciones impuestas por el espacio disponible para la cappella de'Pazzi (año 1.430), la sorprendente capacidad de integración espacial alrededor de un núcleo octogonal que Ponteli demostró ser capaz de construir en Maria delle Pace (año 1.482), la extrema –y solo aparente– sencillez del proyecto de Sangallo para Prato (año 1.484), el extraordinario ejercicio de síntesis y minimalismo gestual realizado en Todi (año 1.508), y la confianza con la que Rafael –o Bramante– llevó el espacio interior más allá de la malla geométrica en Eligio degli Orefici (año 1.509). El análisis comparado de estas arquitecturas es una excelente oportunidad para el disfrute de las mejores arquitecturas del siglo XV, sin cuya comprensión es difícil acercarse con provecho a la estructura escenográfica de los espacios centralizados construidos en los siglos XVI y XVII.

VI – LA ARQUITECTURA BARROCA TAMBIÉN RECURRIÓ A LOS ESPACIOS CENTRALIZADOS

Podríamos seguir presentando situaciones cercanas[15], pero optaremos por cambiar de marco geométrico y aprender a observar los espacios centralizados que dotan a su nave central con un perfil elíptico. Un buen ejemplo de esta nueva situación lo encontramos en el proyecto de ***Bernini*** para ***Sant'Assunta***, en ***Ariccia***, a cuya nave central adosó un redondeado ábside alineado con su eje largo, y seis capillas perimetrales rectangulares.

El diseño de la cabecera se organiza desde el *eje visual*, cuyos extremos se alinean con el punto más profundo del ábside (croquis 26 izquierdo)[16], *solución* idéntica a la de una planta circular.

El proyecto se completa desde dos *ejes auxiliares* situados sobre las líneas de acceso a la nave y a la cabecera (croquis 26 derecho). Desde ellos se asegura la correcta integración de las capillas transversales: desde sus extremos se busca el centro del muro trasero, y desde el punto medio el eje central de la ventana superior, y de la *luz* que filtra. La elaborada sencillez y la fuerte carga simbólica de la trama en planta son rasgos que Bernini también trasladó al alzado de la cúpula central, construyendo una *solución* con referencia en la *alada paloma* situada en la *clave de la cubierta de la linterna,* visible rigurosamente desde cualquier punto del perímetro de la elipse central (imagen 14)[17].

Asegurada la integración visual del ábside, de las capillas transversales y de la cúpula, todavía resta pendiente una última cuestión: *las capillas perimetrales ¿conciertan entre sí sus formas y dimensiones?*

15 Por ejemplo, el proyecto de Lorenzo Bernini para San Tommaso di Villanova, en Castel Gandolfo, también basado en una secuencia de tres cuadrados muy similar al de delle Carceri y degli Orefici, pero con una trama que apenas se apoya en ellos; o con Madonna della Steccata, en Parma, y Madonna di Campagna, en Piacenza, en las que la trama visual interviene sobre una malla generada por tres cuadrados circunscritos en una secuencia de círculos concéntricos.

16 Idéntica solución *–partición* y visuales– encontramos en Sant'Anna dei Palafrenieri, en el Vaticano, obra de Vignola, fechada en 1.572. Unos 20 años más tarde Francesco de Volterra insistió en ella en San Giacomo degli Incurabili, en Roma.

17 En la ciudad de Roma encontramos múltiples ejemplos de templos de planta "casi-circular" con soluciones interesantes, en planta y alzado, muy cercanas a Ariccio. Por ejemplo, cabe destacar Maria Porta Paradisi, de Sangallo y Maria dei Miracoli, de Rainaldi.

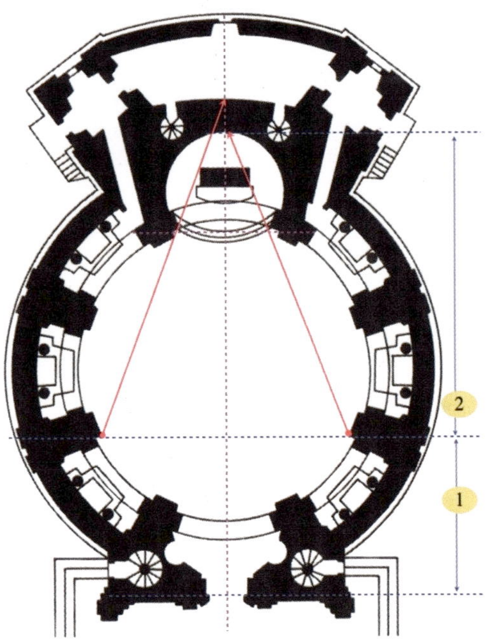

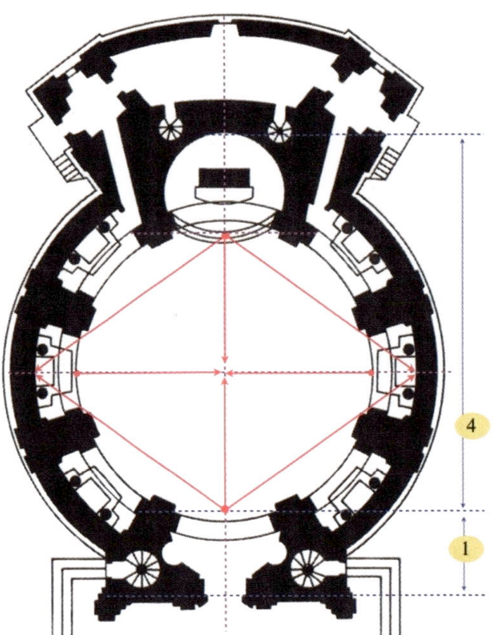

Croquis 26. Ariccia. Izquierda: trama al fondo del ábside desde el eje visual, con un esquema muy similar, por ejemplo, a Sull y Lillet. Derecha: trama desde los ejes auxiliares. Planta tomada de M. Logli.

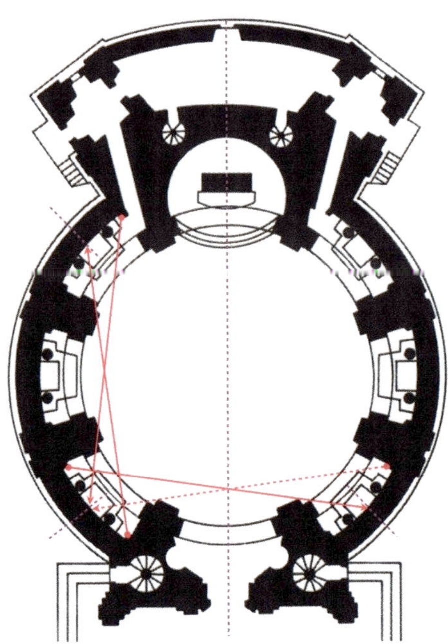

Croquis 27. Trama que controla en Ariccia la accesibilidad visual entre sus capillas adosadas. La falta de precisión de la planta hace que al representar en ella las visuales realmente vistas sobre el terreno, algunas pasen por encima de los machones, pudiendo dar lugar a interpretaciones equivocadas.

Imagen 15. Desde los extremos del eje visual de Sant'Assunta en Ariccia, Bernini reproduce 600 años más tarde una composición escenográfica similar a la que Barberà nos ha enseñado (imágenes 1 y 2 del Capítulo I). Se trata de un excelente ejemplo de continuidad –de fosilización– de la ideología doctrinal que ambos espacios construyen.

La respuesta de Bernini es rotunda: sí, y lo hacen mediante la aplicación reiterativa de *¡¡un mismo trazado!!*, que asocia cada vértice trasero de una de ellas con el eje de la ventana de la segunda capilla contigua, a derecha e izquierda, siempre con apoyo tangencial en un machón de la capilla de referencia. El croquis 27 muestra los detalles. Exquisito Bernini.

En ***Sant'Andrea al Quirinale***, en ***Roma***, cuyas obras comenzaron alrededor de 1.658, ***Bernini*** optó por adosar el ábside al eje corto de la nave elíptica. El *eje visual* se apoya ahora en el perfil de dos capillas transversales, y desde él parten dos juegos de visuales con referencia en el fondo del ábside. A ellas se añade un gesto de la mayor calidad simbólica: desde el *centro óptico* una visual busca el pecho de la *alada paloma* en la clave de la linterna sobre la cúpula central (croquis 28 e imagen 16 superior).

La cohesión espacial entre las capillas perimetrales y la nave central se resuelve aquí con dos trazados que parten de sendos ejes auxiliares: uno lo hace desde la línea de acceso a la cabecera y el segundo desde la entrada a la nave central, como en Ariccia. El croquis 29 izquierdo los recoge.

La trama sobre la cúpula central es muy densa pues, desde los cuatro lados del rectángulo central que se apoya en el *eje visual*, repite la alineación con el pecho de la *alada paloma* situada en la clave de su linterna.

La cabecera de Quirinale también se cubre con una cúpula, y el juego simbólico que para ella definió Bernini es claro: desde el lado superior del rectángulo central que se apoya en el *eje visual* vemos el final del cuerpo vertical de su linterna (imagen 16 inferior), y desde el eje central de los pilares de acceso a la cabecera podemos observar la clave de la cubierta de la linterna (croquis 29 derecho).

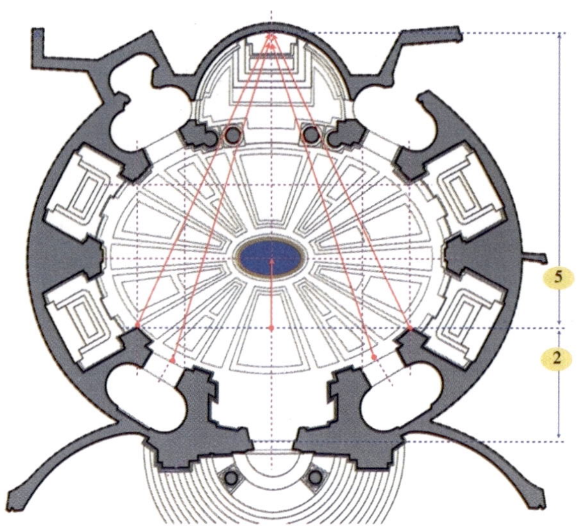

Croquis 28. Trama desde el eje visual de Quirinale. Planta tomada de L. Nisi.

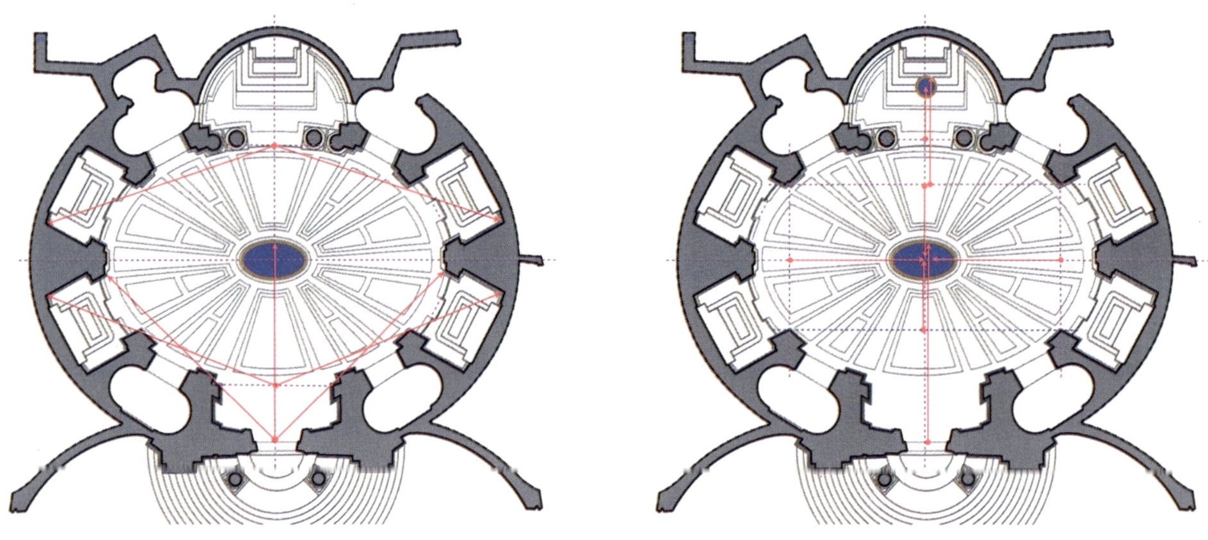

Croquis 29. Izquierda: Trama desde los ejes auxiliares de Quirinale. Derecha: Trama en alzado para las cúpulas sobre la nave y sobre la cabecera.

Excelente Bernini en Ariccia y en Quirinale, tanto que en 1.672 Christopher Wern construyó en St. Stephen Walbrook, en Londres, dos visuales simbólicas similares a las de la imagen 16: el perfil perimetral del octógono central y de la puerta de acceso al templo buscan la clave de la linterna y el final de la ventana de su tambor, respectivamente.

Imagen 16. Arriba. Desde el eje visual: al pecho de la paloma en la clave de la linterna sobre la cúpula central de Quirinale. Abajo. Visual desde el lado superior del rectángulo de apoyo: al final del tambor de la linterna de la cúpula de la cabecera.

TAMBIÉN BORROMINI PROYECTÓ DOS ARQUITECTURAS CENTRALIZADAS

Visitaremos ahora dos de las arquitecturas barrocas más renombradas de la ciudad de ***Roma***: Sant Carlino alle Quattro Fontane y Sant'Ivo alla Sapienza, ambas proyectadas por ***Borromini***. Son edificios de pequeño formato –el mayor, Sant'Ivo, no alcanza los 25 metros de longitud interior–, y ambos cubren su nave central con una notable cúpula.

El espacio interior de ***San Carlino alle Quattro Fontane*** apenas se aleja de la forma oval, por lo que la transparencia visual desde cualquier punto de la nave, es total. Los extremos del eje corto de la elipse –que actúa a modo de *eje visual*– apoyan sendas visuales al punto más profundo de la cabecera, pero la doble puerta de madera que franquea el paso al interior de la nave impide apreciar si se reproduce una situación simétrica para el acceso al templo (croquis 30 izquierdo).

Especialmente gratificante son las cuatro visuales que buscan la histriónica *paloma* –en este caso con sus aguileñas garras a la vista– situada en la cubierta de la linterna, sobre el óculo de la cúpula, también elíptico. En la nave el apoyo lo encontramos sobre el perfil anterior de los pilares de acceso al espacio central (imagen 17). En la cabecera, desde el sobrealzado altar, el mecanismo de *legitimación jerárquica* busca similar alineación. Al ascender sobre el escalón situado al pie del correspondiente altar, también desde las capillas transversales observamos la reiterativa *paloma*.

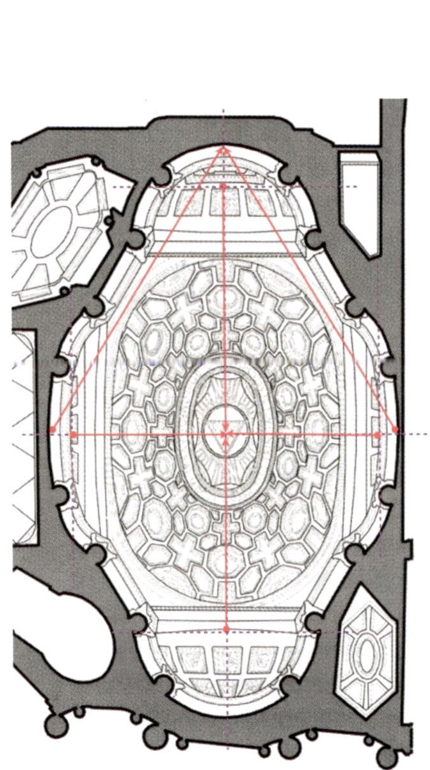

Croquis 30. Izquierda: trama visual en planta y alzado para Carlino alle Quattro Fontane. Planta tomada de S. Zanzottera. Derecha: visuales a la clave de la linterna, desde el pie de los altares transversales.

Imagen 17. Visual a la paloma en la linterna de Carlino alle Quattro Fontane, desde el perfil anterior de los pilares de acceso a la nave central.

En coherencia con la riqueza estructural del espacio que debe gestionar, la trama de ***Sant'Ivo alla Sapienza*** es mucho más compleja que la que acabamos de reconocer en San Carlino, y la diversidad de formas interiores puede desorientarnos en las primeras observaciones. Para superar esa situación, y por su inmediatez, nada mejor que comenzar estudiando la trama en alzado, tal como lo hemos hecho en Todi. Los croquis 31 resumen las tres secuencias radiales que hemos detectado.

Al reunir las visuales de las tres secuencias radiales en alzado que se apoyan en el eje axial de Sant'Ivo, se conforma un potente *camino iniciático* integrado por cuatro etapas. Tres están descritas en los croquis 31. La cuarta la podemos observar desde el primero de los dos escalones de acceso al templo: la referencia es el perfil

Croquis 31. Trama en alzado para Sant'Ivo.

Arriba izquierda: desde el punto medio de cada lado del perfil de la nave hexagonal –claramente señalado en el pavimento–, observamos la clave de la linterna, con las huellas de la paloma, hoy desaparecida, que ocupaba esa posición.
Arriba derecha: desde el punto más profundo de los grandes lóbulos semicirculares más cercanos a la puerta de acceso, desde el punto medio del breve vestíbulo, y desde el pie del altar, podemos observar el final del tambor, recibiendo la totalidad de la luz que filtran sus generosos ventanales. La imagen 18 lo muestra.

Abajo: la trama radial en alzado se completa con una tercera secuencia integrada por tres visuales desde los puntos más profundos de los pequeños lóbulos semicirculares más cercanos a la cabecera, y desde el umbral de la puerta. Desde todos ellos se observa con precisión la primera luz del óculo cenital.

Nota: a falta de una planta mejor, hemos utilizado uno de los proyectos originales de Borromini del año 1.642, cuya diferencia más notable con lo que podemos reconocer sobre el terreno es la menor profundidad de la cabecera, cerrada en su parte trasera con una pintura plana.

de *la orla decorativa* que entorna el óculo de la cúpula. Simultáneamente, en planta, nuestra mirada enmarca el conjunto de la cabecera, con precisión, hasta el punto más profundo de los espacios semicirculares más cercanos al ábside central. El croquis 32 izquierdo lo muestra. Excelente, sobre todo si recordamos que, como ya hemos mencionado, la longitud interior del templo no supera los 25 metros.

La trama de *legitimación jerárquica* desde la cabecera está integrada por dos visuales –los croquis 31 superiores las muestran–, que buscan las referencias de mayor valor simbólico: desde el fondo del ábside podemos observar el final del tambor de la linterna, con *toda su luz vista*, y desde la línea de acceso al ábside, la *paloma cenital*. Excelente.

La exquisita cohesión escenográfica entre las tramas en planta y alzado de Sant'Ivo se manifiesta por segunda vez cuando comprobamos que los puntos más profundos de los espacios semicirculares más cercanos a la puerta de acceso, además de estar situados sobre una *partición* "7 a 2" del conjunto del espacio interior, son el apoyo de las visuales que enmarcan el ábside central. El croquis 32 derecho lo recoge. A todos los efectos, estamos sobre el *eje visual* del templo.

A pesar de la tremenda especificidad de Sant'Ivo[18], creemos que los aspectos directamente relacionados con la estructura *escenográfica de la cabecera –accesibilidad visual* y *control espacial*–, el *camino iniciático* para la nave, el mecanismo de *legitimación jerárquica* para la cabecera, y la *trama radial en alzado* para la nave y los espacios perimetrales, fueron resueltos por Borromini con criterios normativos, pero utilizados con una enorme creatividad hasta generar un espacio muy novedoso.

No deja de ser sorprendente que un creador considerado tan al margen de las normas académicas, valide sus obras con un tratamiento escenográfico tan minucioso y estándar en términos de trama visual, como el que acabamos de describir. Muy bien Borromini, muy bien San Carlino y muy bien Sant'Ivo alla Sapienza.

VII – A MODO DE PEQUEÑO BALANCE

En términos de correlación espacial y de relato simbólico, las arquitecturas centralizadas deben resolver tres cuestiones importantes: la primera es cómo asegurar la correcta integración entre la cabecera y la nave, y lo que hemos encontrado es que, en todos los casos, *las leyes fuertes de validación y las buenas prácticas escenográficas* ya conocidas para las arquitecturas longitudinales, se han mostrado activas y suficientes para conseguirlo. Ninguna novedad, pues, en este tema, aunque sí bastante admiración al constatar cómo resolvieron situaciones espaciales tan diferentes con soluciones y recursos instrumentales tan similares.

La segunda cuestión que deben resolver estas arquitecturas es la relación entre los espacios perimetrales y la cabecera, y la tercera es la relación entre los propios espacios perimetrales. Y todo indica que ambas cuestiones las resolvieron con un mismo recurso: asociando *apoyos y referencias situadas en los vértices y en el punto medio tanto del muro trasero como de la línea de acceso a los espacios perimetrales considerando la cabecera como uno más entre ellos*. Es cierto que esta ***buena práctica para la cohesión en planta entre espacios perimetrales*** genera trazados de intensidad débil y laxo tono simbólico, pero es innegable que aportan una muy buena coordinación espacial, extendiendo la cohesión visual al conjunto del edificio.

Los arquitectos debían ser muy conscientes de estas limitaciones, y todo apunta que su respuesta ante tal situación fue primar la trama en alzado hasta conseguir para ella un extraordinario nivel de elaboración y calidad simbólica: si los espacios perimetrales, incluido el ábside, tienen en planta problemas de relación directa entre sí, *¡¡pues que lo hagan con la mediación de los elementos en alzado de mayor calidad simbólica!!* La consecuencia es que todos los espacios perimetrales participan en la relación cenital, llegando las referencias en alzado a competir con éxito con el ábside por el liderazgo como principal reclamo simbólico para la trama. Nunca en las estructuras lineales habíamos encontrado que las referencias cenitales asumiesen un protagonismo tan privilegiado y exhaustivo sobre el conjunto de la planta. En las estructuras centralizadas la tensión simbólica gana verticalidad para el referente común, que en muy buena medida pasa de la cabecera a la cúpula y su linterna.

18 Y de la pintura de grandes dimensiones que dificulta el análisis visual del ábside central.

Imagen 18. Desde el punto central del espacio de acogida de Sant'Ivo, visual al final del tambor de la linterna.

Croquis 32. Trama en planta para Sant'Ivo. A la izquierda: visuales hasta el fondo de los pequeños lóbulos semicirculares más cercanos a la cabecera. A la derecha: visuales enmarcando el acceso al ábside central.
En ambos croquis hemos añadido las visuales en alzado ya presentadas en los croquis 31 que se apoyan en los puntos utilizados por las visuales en planta.

El eje axial del edificio, protagonista en exclusiva de la construcción del *camino iniciático y del mecanismo de legitimación jerárquica* en las estructuras lineales, mantiene su papel en las arquitecturas centralizadas, pero aquí, muy a menudo, debe compartir su voluntad cenital con una doble simetría radial: una apoyada en el perfil perimetral de la propia nave central y otra en los puntos más significativos de los altares situados en las capillas perimetrales y en el ábside. En paralelo, para facilitar la densificación de la trama en alzado, se amplían las referencias simbólicas disponibles en la cúpula central, incorporando la *luz del tambor de la linterna y la clave de su cubierta.* Por las dimensiones en anchura y alzado de las arquitecturas centralizadas, ambas referencias son siempre fáciles de observar en buenas condiciones. La pequeña cubierta de la linterna es una superficie apta para acoger alguna representación simbólica y, por su tamaño e inmediatismo simbólico, la *alada paloma* es la opción preferente.

Estamos ante soluciones imaginativas, específicas para las arquitecturas centralizadas, que podemos resumir en dos *buenas prácticas* reiteradamente confirmadas:

La ***primera buena práctica en alzado*** *para las arquitecturas centralizadas propone que,* ***desde el perfil perimetral de la nave central,*** *las visuales busquen su referencia simbólica en* **la cubierta de la linterna**, con *apoyo tangencial en el perfil del óculo.* El frecuente protagonismo de la *paloma cenital* es su resultado más espectacular, quedando toda la nave bajo su control e influjo.

La ***segunda buena práctica*** *propone enriquecer esta relación simbólica mediante la intervención de una segunda estructura radial referenciada de modo preferente en el perfil final* ***del tambor de la linterna, con toda su luz vista,*** solución que extiende a todas las capillas perimetrales el protagonismo del *mecanismo de legitimación jerárquica* que habíamos reconocido en las cabeceras de las arquitecturas lineales.

Ejemplos llamativos de aplicación de ambas buenas prácticas los hemos descrito en la cappella de'Pazzi, a cargo de Brunelleschi; Santa Maria della Pace y Sant'Eligio degli Orefici, ambas en Roma; en Ariccia y en el Quirinale, a cargo de Bernini; y en San Carlino alle Quattro Fontane y Sant'Ivo alla Sapienza, ambas proyectadas por Borromini[19].

Este largo capítulo nos ha acercado a buena parte de las tipologías sacras cristianas que teníamos pendientes, pero todavía nos quedan por analizar las arquitecturas fundacionales, construidas con motivo de su cooptación por el estado romano como religión imperial. Nos referimos a las estructuras basilicales, y a ellas dedicaremos el siguiente capítulo.

19 También se pueden admirar muy buenos ejemplos en Santa Maria dei Miracoli, Santa Maria Scala Coeli alle Tre Fontane, en Roma; San Francesco di Paola, en Nápoles; el Duomo Vecchio, en Brescia; Madonna di Calcinaio, en Cortona; Madonna di Campagna, en Piacenza; Santa Maria della Steccata, en Parma, y en Tommaso di Villanova, en Castel Gandolfo, obra de Bernini.
Cuando el tamaño de los espacios anexos se hace más que notable, incluso es posible que lleguen a definir un verdadero *camino iniciático,* de capacidad narrativa coherente con su envergadura espacial. Santi Luca e Martina, en Roma, obra de Pietro da Cortona; y Sant'Agnese in Agone, en Roma, obra de la saga Rinaldi, son buenos ejemplos de esta situación.

Capítulo IX

Todo empezó muy pronto

ESCENOGRAFÍA EN LOS ESPACIOS FUNDACIONALES

"... los dirigentes cristianos y sus arquitectos transfirieron con bastante naturalidad a sus edificios eclesiásticos grandes partes de la panoplia arquitectónica que rodeaba a la Divina Majestad del Emperador."
Richard Krautheimer

Es bien sabido que la arquitectura sacra cristiana no tomó como modelo los templos de culto a los dioses romanos, sino las basílicas, edificios integrados por una gran nave rectangular, en uno de cuyos lados menores se adosaba un estrado sobrealzado de perfil semicircular en la mayoría de los casos. Este último espacio estaba reservado a las autoridades institucionales, y desde él impartían justicia, presidían reuniones y actos solemnes, formalizaban acuerdos comerciales, ratificaban pactos privados, ... El acceso a la gran nave –estructurada en tres ámbitos longitudinales por una columnata continua– se realizaba tanto de forma axial como lateral.

Heredero de esa tradición constructiva, la transformación más notable que sufrió el espacio basilical en su acomodo al ritual cristiano, fue ensanchar los pasillos perimetrales hasta configurar tres naves paralelas de amplitud más equilibrada –aunque siempre la central con mayor anchura–, y primar el acceso al edificio a través del segundo lado corto, fortaleciendo de ese modo la linealidad del espacio interior y la preponderancia jerárquica del ábside. La cubierta de madera, siempre más liviana que la bóveda de obra, permitía la incorporación de amplios ventanales en los muros laterales, lo que aseguraba una generosa iluminación y transparencia para el espacio interior del edificio.

Las basílicas así configuradas presentan una especificidad importante: carecer de la típica nave transversal y del correspondiente crucero remarcado, por lo que no es inmediato identificar en su interior un espacio nuclear cruciforme. Dada esa característica, nos parece pertinente completar lo que en el capítulo IV ya hemos estudiado para sus alzados, preguntándonos por los posibles criterios compositivos utilizados en la definición de su planta. *¿Poseen estas arquitecturas una trama visual para su planta? ¿De qué tipo? ¿Hasta qué punto prefigura la de los futuros espacios cruciformes?*

Como siempre, buscaremos respuesta a estas cuestiones en los mejores edificios conservados, comenzando con el estudio de un ejemplo paradigmático construido en el siglo VI. Después visitaremos otros templos capaces de subrayar los rasgos más destacados de la trama basilical, así como la riqueza de posibilidades que los arquitectos fueron capaces de imaginar y construir. Por supuesto, tratándose de arquitectura basilical, Italia va a ser el destino preferente de esta parte del viaje, con Rávena como primera etapa.

I – SOLUCIÓN PARADIGMÁTICA PARA UN ESPACIO BASILICAL

A escasos kilómetros de la ciudad de ***Rávena*** se encuentra ***Sant'Apollinare in Classe***, cuyas obras comenzaron en el año 534 y finalizaron en el 549, apenas nueve años después de que el emperador Justiniano tomase la ciudad en un último intento por recuperar el control sobre la parte occidental del Imperio Romano.

Su interior incluye tres amplias naves separadas por esbeltas columnas, que culminan en un ábside semicircular no demasiado profundo, pero bastante sobrealzado respecto de las naves. La planta carece de nave transversal y de crucero remarcado, lo que potencia la sensación de unidad interior. La buena iluminación y la fineza de las columnas de las arcadas entre naves también contribuyen a la transparencia y homogeneidad espacial, y junto a los llamativos mosaicos que todavía conserva su cabecera, crean uno de los espacios interiores cristianos más amables, acogedores y sugestivos que hemos visitado durante este largo trabajo. En ese ambiente es inmediato interesarse por los interrogantes escenográficos que formulan los elementos simbólicos presentes en la bóveda de su ábside y, en especial, la notable cruz que lo corona.

TRAMA VISUAL PARA UNA CABECERA BASILICAL

Para analizar su comportamiento visual, la primera intuición fue considerar el primer tramo de las naves laterales como los brazos de una estructura cruciforme y, en consecuencia, asimilar el primer par de columnas exentas en la arcada con los pilares del crucero. Pero al hacerlo no reconocimos ningún gesto coherente con una trama visual.

Si renunciamos a esa primera intención, retrocedemos unos pasos, y nos situamos sobre el *eje del segundo par de columnas exentas,* lo observado adquiere una lógica escenográfica muy consistente –incluso sorprendentemente consistente–: junto a los muros perimetrales las cosas ocurren de modo similar a como lo harían si estuviésemos en los extremos de los brazos de un espacio cruciforme, pues las visuales que parten desde ambos puntos se cortan en el interior del ábside definiendo una *partición* "1 a 1" de la profundidad interior de la cabecera. Se trata, pues, del *punto de máximo control* (croquis 1).

La hipótesis de que el eje del segundo par de columnas de Apollinare in Classe se comporta en términos visuales como el paño del "muro de los brazos cruciformes" se consolida cuando nos situamos en la posición equidistante entre el muro lateral y la columna –equivalente a la longitud media del brazo–, y desde ella detecta-

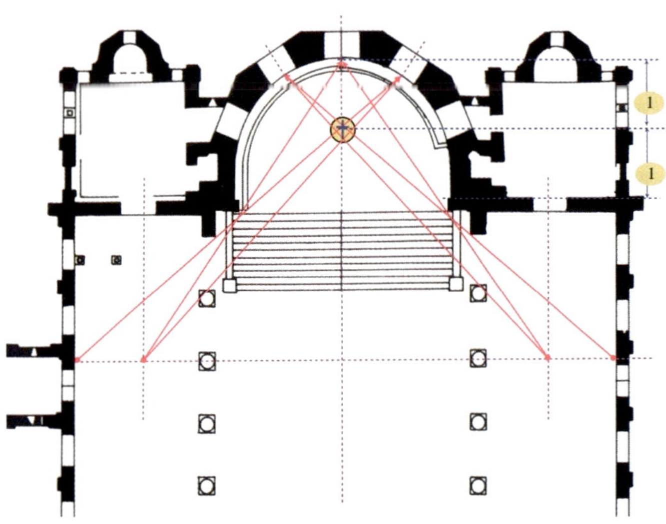

Croquis 1. Trama visual para la cabecera de Sant'Apollinare in Classe. La precisión de todas las visuales es excelente.

mos una nueva visual que busca, también con precisión muy notable, el *fondo riguroso del ábside*. Estamos ante el segundo momento de excelencia proyectual.

Si desde este último apoyo –*mitad del brazo*– elevamos la mirada hacia la bóveda del ábside, encontramos la gran cruz que lo preside, con la figura de Apollinare a sus pies. La sutileza compositiva llega al extremo de que, tal como muestran las imágenes 1 y 2, el *ábaco del capitel* que corona la primera columna exenta de la arcada de la nave se alinea muy bien con el *centro de la gran cruz*, recordando el clásico *efecto "subrayado"* del rostro del pantocrátor. Por supuesto, el centro de la cruz está situado sobre la vertical del *punto de máximo control*.

Simultáneamente, desde ese mismo apoyo, el perfil superior del pilar de la cabecera se alinea con el rostro de Apollinare, y el correspondiente arco formero entorna su orla, remarcando tan exquisita composición escenográfica.

Estamos ante el tercer momento de sumo placer en el análisis de la cabecera de Apollinare in Classe, pues es difícil negar que el pantocrátor de Barberà, de Nevers, de Hildesheim, de Müstair, de Sezzadio o de Laach, ... sean herederos directos de los criterios de composición escenográfica que acabamos de encontrar en este espacio basilical, planificado antes de mediados del siglo VI.

Seis siglos más tarde, ***San Clemente***, en ***Roma***, copió esa misma solución para la cruz que preside su ábside (imagen 3), muy bien construida desde su nave izquierda, pero fallida desde la nave derecha, de anchura bastante menor al estar condicionada por la presencia en su subsuelo de una construcción anterior.

ACCESIBILIDAD VISUAL DESDE LAS NAVES LONGITUDINALES

Si el eje del segundo par de columnas exentas de la nave se comporta, respecto de la cabecera, como el "muro de los brazos", *¿podemos suponer que esas columnas actúan a modo de "pilares del crucero", apoyando tangencialmente la trama asociada al eje visual de la nave?* Lo observado sobre el terreno corrobora esa hipótesis: el eje central del sexto par de columnas de la nave, contra esos "pilares del crucero", define cuatro juegos de visuales normalizados, que buscan los extremos de los brazos y su punto medio (croquis 2 izquierdo).

Además, ese eje se encuentra situado sobre una *partición* "1 a 1" del espacio comprendido entre el muro trasero y el *punto de máximo control*. Cumple, pues, todas las condiciones exigidas al *eje visual*.

Su actividad también se extiende a las naves laterales, destacando que la *solución* construida por la doble visual que parte desde el muro perimetral busca el *perfil de la ventana axial* de la cabecera, y el *vértice del "crucero"* (croquis 2 derecho), referencias similares a las que 500 años más tarde ya sabemos que utilizó el paradigmático proyecto de Frómista.

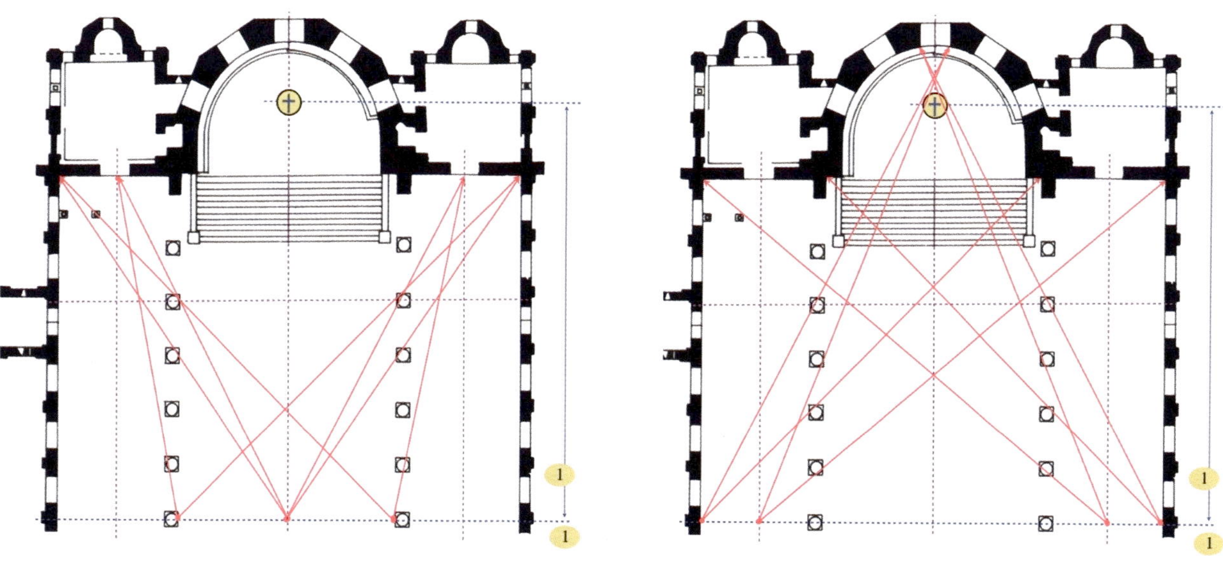

Croquis 2. Izquierda: trama para la nave central de Apollinare in Classe. Derecha: trama desde sus naves laterales.

Imagen 1. Desde la mitad del "brazo" izquierdo de Sant´Apollinare in Classe: visuales al eje de la ventana más profunda del ábside –el fondo del ábside–, y al centro de la cruz que preside la bóveda del ábside, con su orla perfilada por la arcada.

Imagen 2. Similar composición escenográfica, ahora desde la mitad del "brazo" derecho. A destacar la precisión de la coincidencia entre el perfil del ábaco del capitel de la primera columna de la nave y el centro de la cruz.

Imagen 3. Visual desde la mitad del "brazo" izquierdo de San Clemente, en Roma, con el perfil del ábaco del capitel señalando el centro de la cruz que preside su ábside. Innecesario remarcar la similitud con Apollinare in Classe.

La anchura media de ambas naves laterales también es activa, y además de señalar el vértice final del "brazo" opuesto, establece buena sintonía con la cabecera central, señalando nuevamente el perfil de la ventana más profunda del ábside y la cruz que la preside.

BALANCE DE LA PRIMERA MIRADA EN PLANTA A UNA ARQUITECTURA BASILICAL

Ya tenemos respuesta a la pregunta que ha motivado la visita a Apollinare in Classe –*hasta qué punto las arquitecturas basilicales más antiguas prefiguran el esquema visual de los espacios cruciformes*–, y es tan rotunda como sorprendente: *Apollinare in Classe no insinúa, ni esboza, ni prefigura una trama visual en planta, sino que incluye un programa completo, riguroso y exhaustivo de todas y cada una de las soluciones que hemos reconocido en los edificios cruciformes analizados, y no lo hace de un modo esquemático o simple, sino aplicando una trama rica, sutil y muy compleja, construida sobre el terreno con extrema precisión.*

No se trata de una prueba o de un ensayo, ni de un trabajo de aproximación al tema, sino de un proyecto sólido, maduro y muy sofisticado, elaborado y trazado sobre el terreno por una persona experta, muy experta. Todo apunta a que su formación y experiencia respondía a una tradición constructiva muy contrastada y con amplio recorrido en el tiempo histórico.

Por supuesto, Apollinare in Classe cumple con rigor todas las leyes fuertes de validación visual que el espacio cruciforme nos ha enseñado, y aplica sin vacilar lo mejor del corpus de buenas prácticas proyectuales para la correcta integración visual de todos los espacios interiores, en planta y alzado, configurando así un excelente marco espacial para el relato simbólico que debe transmitir[1].

Fue una de las primeras basílicas que visitamos, y nos desconcertó. Opusimos fuerte resistencia a aceptar lo que nos mostraba, y no le fue fácil convencernos, pero no tuvimos más opción que rendirnos ante la evidencia de que *en una fecha tan temprana como la primera mitad del siglo VI, una arquitectura ceremonial de nueva planta, incluía un programa visual maduro, construido con una nitidez extraordinaria. En la elaboración y validación del proyecto de Apollinare in Classe ya están presentes casi todos los principios ideológicos, criterios escenográficos, y soluciones instrumentales que las arquitecturas cristianas aplicarán sistemáticamente en los siguientes 1.200 años.*

Claridad de objetivos, contundencia ideológica, sobriedad de recursos, limpieza en el trazo, madurez en las soluciones y firmeza constructiva, son nociones que se ajustan muy bien a la elegante trama que acabamos de encontrar. Por supuesto, hemos vuelto a visitar Apollinare in Classe en repetidas ocasiones, siempre con un enorme placer intelectual.

ROMA RATIFICA A RÁVENA

Para confirmar lo encontrado en Rávena nada mejor que acercarnos a ***Santa Sabina***, en ***Roma***, cuyas obras comenzaron alrededor del año 425, medio siglo antes de la muerte del último emperador romano de occidente, y un siglo antes de la construcción de Sant'Apollinare in Classe.

También aquí el *eje del segundo par de columnas exentas* de la nave actúa como "muro de los brazos", y sobre él, desde la anchura media del "brazo", el perfil de los capiteles de la arcada orienta nuestra mirada hasta la figura de la divina autoridad representada en la bóveda del ábside, construyendo una escenografía reiterativa, pero que siempre nos sorprende y admira (croquis 3 e imagen 4).

Desde el extremo del "brazo" derecho, Sabina, además de alinearse con la jamba de la ventana axial, repite la visión sobre la figura divina en la bóveda del ábside, perfilada ahora por la curvatura del primer arco entre naves. La baja altura de la arcada izquierda no permite percibir ese mismo efecto cuando observamos desde el muro izquierdo, pero basta bajar un poco nuestro punto de mira –por ejemplo, flexionando ligeramente las rodillas–, para comprobar la presencia de esa sugestiva alineación.

1 Para tener una visión más completa del proyecto espacial de Apollinare in Classe y apreciar mejor el rigor de lo que acabamos de afirmar, hay que tener presente lo dicho en el capítulo IV sobre su trama en alzado (pág. 127 a 129). Recordemos que desde las naves laterales construye una *solución doblemente simbólica* desde los dos apoyos normativos: junto *al muro perimetral, la clave del arco formero se alinea con el final del muro de la nave central,* sobre la arcada, *y al mismo tiempo el perfil superior de los capiteles* de la arcada perfila *la base de los ventanales* de la nave central. Desde la *anchura media* de las naves laterales, otra doble visual construye las dos soluciones paradigmáticas: "*claves alineadas*" e "*impostas alineadas*". Se trata, pues, de una trama en alzado de calidad no inferior a la que acabamos de reconocer en su planta.

Imagen 4. Desde la anchura media del "brazo" izquierdo de Santa Sabina, visual a la figura divina perfilada por el capitel de la primera columna exenta de la nave.

Imagen 5. Sobre el eje visual, desde la anchura media de la nave lateral izquierda de Santa Sabina, visual a la figura de la autoridad divina, en la bóveda del ábside, perfilada ahora por el capitel de la segunda columna exenta de la nave. Simultáneamente, una segunda visual busca la arista derecha de la entrega entre nave y acceso al ábside.

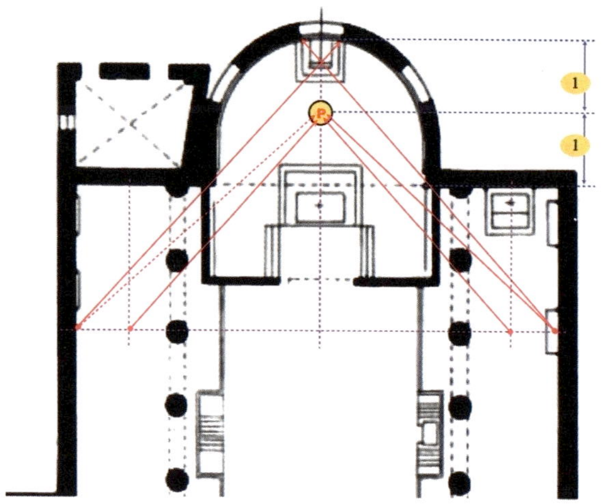

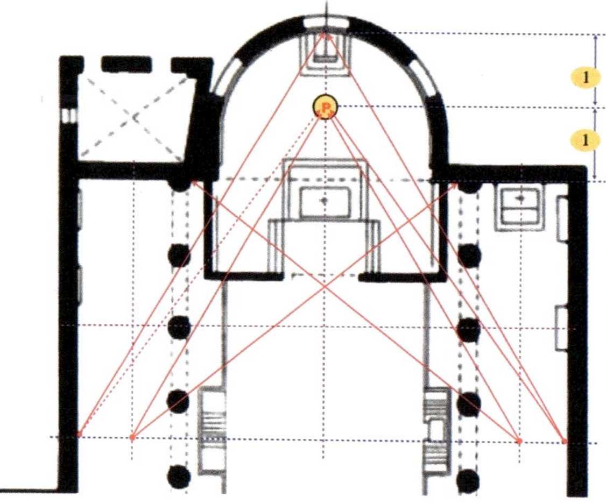

Croquis 3. Izquierda: trama visual para la cabecera de Santa Sabina. Derecha: trama para sus naves laterales. Recordar que si una visual tropieza con una columna de la nave (croquis derecho) es por imprecisión del croquis.

Sobre el *eje visual*, en las naves laterales, los dos apoyos también toman como referencia la figura de la autoridad divina en el ábside, aunque en la nave izquierda se repite el problema apuntado para el brazo izquierdo: en pie, cuando nos apoyamos en el muro perimetral, la baja altura de la arcada no deja ver ese efecto. Los otros tres apoyos tienen un comportamiento excelente.

Lástima de los –pocos– centímetros que sobran en el grosor del rebozo de los arcos formeros de la arcada izquierda más cercanos a la cabecera –posiblemente ganados durante las sucesivas reparaciones y cambios decorativos sufridos durante sus 1.600 años de historia–, pues Santa Sabina posee una escenografía insuperable, con la intervención activa de la máxima representación divina como referencia estelar para los dos apoyos en los "brazos" –mitad y vértice–, y en las naves laterales –anchura media y muro–.

Hay que reconocer que su estructura escenográfica requiere de un gran esfuerzo de planificación visual y de mucho cuidado constructivo, pero el resultado lo justifica. Hemos retrocedido un siglo, y podríamos repetir en Santa Sabina la valoración hecha en Sant'Apollinare.

No muy lejos de Santa Sabina, pero construida 400 años más tarde, ***Santa Maria in Domnica*** nos acoge en un espacio basilical renovado en 1.513, según proyecto de ***Andrea Sansovino***. A pesar de su compleja historia constructiva, la escenografía no defrauda.

La escasa profundidad del ábside favorece la verticalidad de las figuras representadas en su bóveda, lo que, unido a su gran tamaño, confiere a la divinidad que la preside –una *madonna* con un *bambino* sobre las rodillas– un tono de remarcada firmeza. Podemos comprobarlo cuando nos situamos en los vértices de "los brazos" y en la anchura media de las naves laterales, sobre el *eje visual*, desde donde observamos, con exquisita precisión, el enérgico rostro femenino (imagen 6).

Desde la anchura media de los brazos y desde los extremos del *eje visual*, junto a los muros perimetrales, podemos observar el punto más profundo del ábside, que acoge el sillón destinado a la jerarquía que preside el ceremonial (croquis 4 e imagen 7). La *madonna y el bambino* completan la escena. Poder terrenal y autoridad divina reclaman al unísono nuestra atención, mientras se legitiman y respaldan mutuamente.

Por supuesto, el *eje visual* tiene un comportamiento normalizado en la nave central, con las clásicas visuales al vértice de los "brazos" y a la clave de acceso a los pequeños absidiolos que hoy culminan sus naves laterales (croquis 4).

En cualquier caso, atención durante el paseo por el interior de in Dominica, pues sobre nuestras cabezas, desde el artesonado que cubre la nave central, las armas de la expeditiva familia Médici vigilan nuestros movimientos.

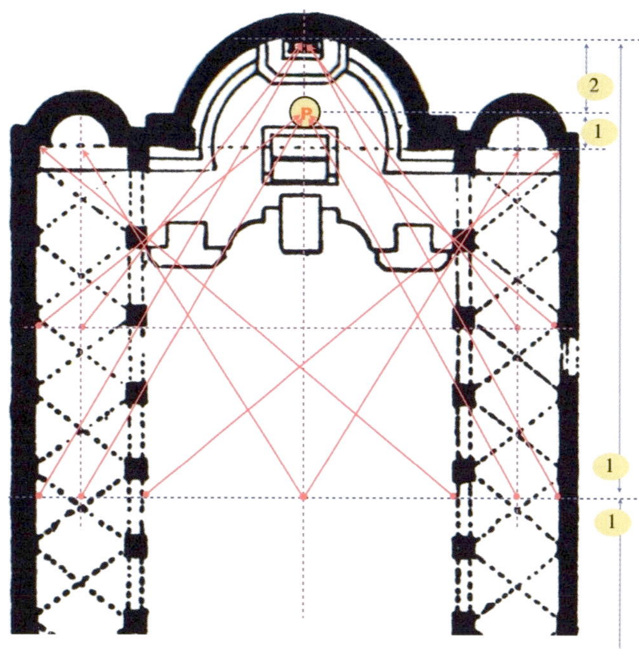

Croquis 4. Trama para los brazos y eje visual de Santa Maria in Domnica.

Imagen 6. Visuales desde los extremos de los "brazos" a la bóveda del ábside de Santa Maria in Domnica.

Imagen 7. Composición escenográfica desde el eje visual, junto al muro lateral izquierdo de in Domnica: al fondo riguroso del ábside, con el negro sillón presidencial situado en ese punto, acompañado de una visión íntegra de la autoridad divina –una madonna con bambino– representada en la bóveda del ábside.

II – LOS ESPACIOS BASILICALES ENRIQUECEN SU ESTRUCTURA

Visitaremos ahora dos basílicas de la ciudad de ***Roma***: ***Sant'Agnese f.l.m.*** y ***Santa Cecilia in Trastevere***, construidas en la primera mitad de los siglos VII y IX, respectivamente[2]. Ambas comparten una importante característica que las diferencia de las basílicas analizadas hasta estos momentos: *la línea que se comporta como "muro de los brazos" es el perfil anterior del tercer par de columnas de la nave.*

A pesar de ese cambio, podemos reconocer en ella una composición escenográfica bastante cercana a la descrita para Domnica: su ábside, poco profundo, también favorece la verticalidad de la figura que lo preside –una *madonna* de gran tamaño y aspecto hierático–, figura activa como referencia para los vértices de los "brazos" y para la anchura media de las naves laterales sobre el *eje visual.* Desde ambos apoyos también parten sendas visuales que buscan rigurosamente el punto más profundo del ábside. El protagonismo del fondo del ábside se refuerza cuando detectamos que también el punto medio de los "brazos" lo busca. El croquis 5 recoge estas situaciones.

Pese a las enérgicas remodelaciones sufridas por este templo –incluso sus columnas de la arcada fueron transformadas en enérgicos pilares rectangulares–, hoy podemos seguir reconociendo el papel activo del punto más profundo de su ábside como receptor de tres de los cuatro juegos de visuales que parten de los apoyos en las naves laterales. También aquí, ese punto acoge el tradicional sillón destinado a la jerarquía eclesial que preside el ritual.

Sorprende que tan obsesiva relación con el fondo del ábside y con la autoridad terrenal no se complete con una buena sintonía con la celeste autoridad que preside el espacio ritual desde la bóveda del ábside, pero ese déficit tiene una justificación inmediata cuando recordamos lo ocurrido en Santa Sabina y aplicamos similar remedio: corregir a la baja nuestro punto de mira. Cuando así lo hacemos, desde los extremos de ambos "brazos" seguimos viendo el fondo del ábside, pero ahora su bóveda nos deleita con una más que previsible sorpresa: la visión completa del mesías salvador y su dorado halo, con la curvatura del arco formero perfilando su figura, y la imposta del pilar de la arcada *subrayando* su rostro (imagen 8). Otro instante memorable –es decir, que per-

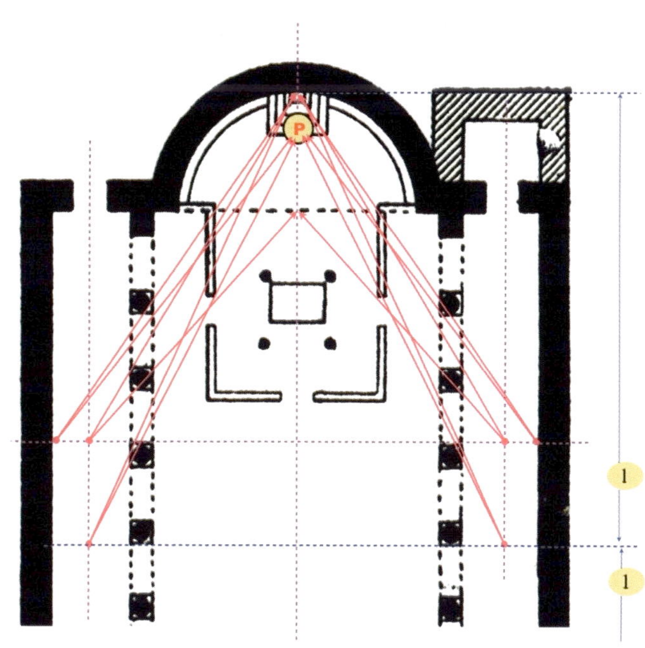

Croquis 5. Trama visual desde los brazos y desde el eje visual de Agnese f.l.m., con referencias en el fondo del ábside y en la autoridad representada en su bóveda.

2 Santa Cecilia in Trastevere fue muy remodelada en épocas posteriores.

Imagen 8. Santa Cecilia in Trastevere. Visuales desde el extremo de los brazos, a la divinidad representado en la bóveda del ábside. Recordar la necesidad de flexionar ligeramente las rodillas para poder observar este espectacular encuadre.

durará en la memoria–. Unos pocos centímetros menos de yeso de rebozo durante el último *aggiornamento* de la arcada, y la escenografía sería hoy fantástica.

Roma es una ciudad magnífica para disfrutar de la mejor arquitectura histórica, pero hay que tener mucho cuidado, pues tantos siglos de adecuación a las nuevas modas decorativas, rivalidad en el lujo, y obscena ostentación, han pasado factura a muchos de sus edificios, incluso a algunos de los más representativos, como es el caso de Pietro in Vincoli, Prassede all'Esquilino o Maria in Aracoeli, cuyas tramas visuales están hoy francamente desfiguradas por un exceso decorativo que enturbia y deslucе su espacio interior.

OTRA VARIANTE COMPOSITIVA

Apollinare in Classe nos ha enseñado el protagonismo paradigmático del *segundo par de columnas* de la nave como línea de apoyo fundamental para la trama. Agnese f.l.m. y Cecilia in Trastevere han ejemplificado la posibilidad de utilizar para esa tarea el *tercer par de columnas*. Ahora analizaremos una nueva variante: aquella en la que el tratamiento visual se organiza desde *el primer par de columnas* exentas de la nave.

El análisis de ***San Miniato al Monte***, en ***Florencia***, viene mediatizado por el abundante mobiliario que almacena en su interior, y por el fino forro de mármol que a mediados del siglo XIX incorporó a sus columnas. A pesar de estas dificultades, Miniato mantiene los rasgos básicos de una estructura basilical, con una cabecera muy accesible y una "nave transversal" que ocupa *el tramo de las naves longitudinales más cercano a la cabecera.*

El primer gesto simbólico de calidad lo encontramos en el *punto de máximo control*, sobre el que está situado un ostentoso y pesado sillón de mármol, destinado a realzar la presencia de la autoridad ceremonial.

En la bóveda de su ábside encontramos un pantocrátor, cuyo rostro se sitúa en una posición muy horizontal, pero el sobrealzado de la cabecera garantiza que no pierda visibilidad desde las naves. El resultado más llamativo de esta composición espacial es la construcción de una larga visual –de más de 30 metros–, muy pre-

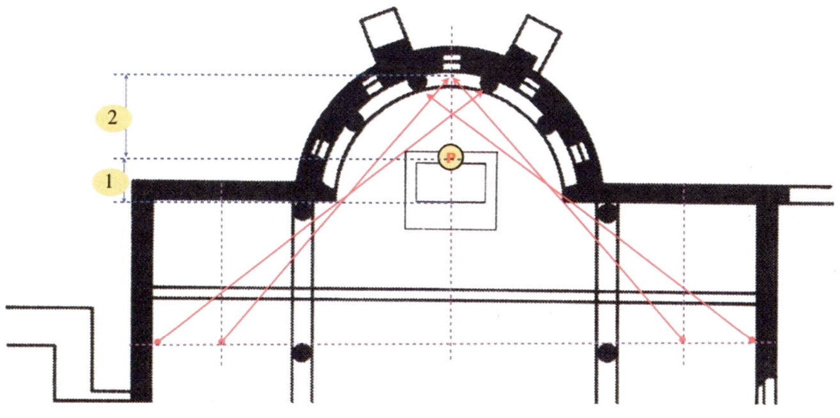

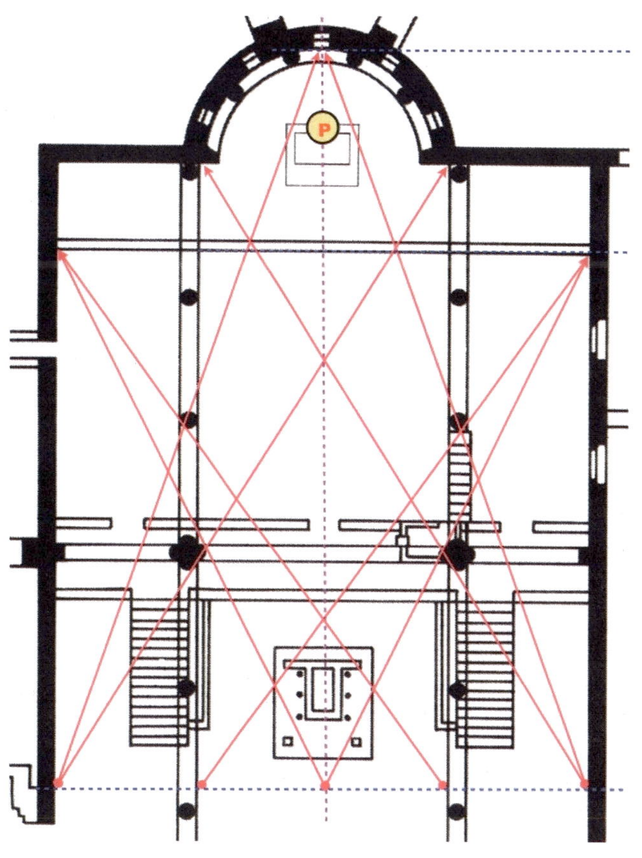

Croquis 6. Trama visual para la cabecera de San Miniato al Monte (arriba), y desde su eje visual (abajo), representada sobre una planta tomada de M. Logli.

Imagen 9. Visión del pantocrátor de Miniato al Monte, desde el muro lateral izquierdo, sobre el eje visual.

cisa que, desde las naves laterales, junto al muro perimetral, sobre el *eje visual*, alcanza la figura divina salvando el estrangulamiento generado por la columnata de la nave central (imagen 9).

Merece la pena recrearse en la observación de un proyecto capaz de escenificar el tándem *seducción/control* con la astucia que podemos observar en este templo, resultado que requiere de la colaboración de la práctica totalidad de las dimensiones interiores fundamentales del edificio: además de las siempre mencionadas, aquí se añade la diferencia de cota entre las naves y el ábside.

Antes de finalizar la visita a Miniato es bueno no perderse los frescos de Spinello Aretino, del siglo XIV, que se encuentran en la sacristía. En uno de ellos se ve al mismísimo diablo intentando arruinar la construcción de una arquitectura sacra. Pobrecillo. No sabe lo que es enfrentarse a una fuerza verdaderamente diabólica.

III – CUANDO LAS ARQUITECTURAS BASILICALES MATIZAN SU ESTRUCTURA LINEAL

Junto a los espacios basilicales que poseen una estructura lineal homogénea, sin diferencias entre los diversos tramos de las naves longitudinales –los analizados hasta aquí cumplen ese requisito–, podemos encontrar un grupo de arquitecturas basilicales que modifican algún aspecto del tramo de la nave más inmediato a la cabecera, dando lugar a una situación muy cercana a la generada por la presencia de una nave transversal, aunque sea de forma embrionaria. Es el caso de ***San Bartolomeo in Pantona***, en ***Pistoia***, que dotó de una mayor profundidad a su tramo más cercano a la cabecera. *¿Qué implicaciones tiene sobre la trama visual una decisión de ese tipo?*

Si siguiendo las pautas observacionales anteriores, nos situamos sobre el eje de las segundas columnas exentas de la nave[3], no observamos nada cercano a lo que cabe esperar de una trama para la cabecera. Pero si adelantamos nuestra posición hasta el perfil de las primeras columnas –las que delimitan el tramo de mayor profundidad–, el punto más retrasado del ábside y su ventana axial nos muestran los primeros gestos simbólicos coherentes con la trama: desde el muro y desde la anchura media del "brazo", las jambas de dicha ventana se alinean con nuestra mirada, de modo muy preciso en el primer caso y con un ligero desajuste en el segundo. El croquis 7 lo muestra.

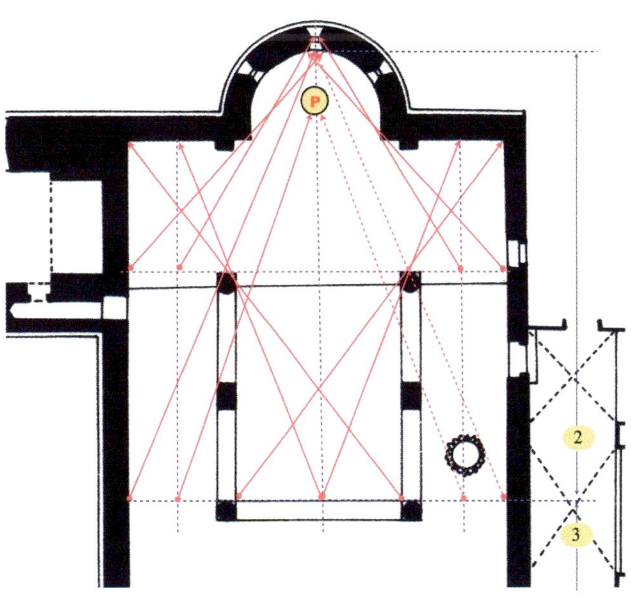

Croquis 7. Trama visual desde los brazos y desde el eje visual en Bartolomeo in Pantona.

3 En realidad, se trata de pilares, pues Pistoia intercala columnas y pilares en su arcada.

Imagen 10. Visual desde el vértice izquierdo de la nave transversal, en Bartolomeo in Pantona. A destacar la precisión del encuadre construido.

El tremendo alzado de la bóveda del ábside de Pistoia y la escasa luz ambiental, pueden dar lugar a que centremos nuestra atención, en exclusiva, sobre las referencias en planta que acabamos de señalar –el fondo del ábside y la ventana axial–, pero si alzamos la vista y dejamos que nuestros ojos se acostumbren a la penumbra, desde los vértices de los "brazos", con nitidez desconcertante, y recortada contra la curvatura de la arcada, encontramos, una vez más, la mirada seductora y vigilante de la divinidad que lo preside. Las imágenes 10 y 11 lo muestran.

Interesados por el *eje visual*, debemos retroceder hasta el perfil anterior del tercer par de columnas para encontrarlo. Desde él, junto al muro perimetral, nuestra mirada alcanza otra vez el fondo del ábside. Estamos, pues, ante una trama que con bastante tozudez focaliza las visuales sobre la luz axial y el tradicional sillón presidencial situado bajo ella.

Desde la anchura media de la nave lateral, sobre el *eje visual*, ningún elemento simbólico en planta reclama nuestra atención, pero la frustración se desvanece cuando alzamos la vista hacia la altísima bóveda del ábside: la figura divina reaparece enmarcada entre la primera columna y el pilar anterior de la nave. La curvatura de la arcada acompaña suavemente su perfil, generando una precisa composición escenográfica que ya nos resulta muy familiar.

Pistoia es un ejemplo perfecto de cómo *la presencia de una potente representación simbólica materializa la racionalidad de la estructura del espacio interior, facilitando la comprensión del porqué de sus formas y dimensiones. Los objetivos funcionales e ideológicos que las han determinado se muestran explícitos a nuestra mirada, y la sutileza y alto grado de elaboración de su proyecto queda en evidencia, fuera de toda duda. Por contra, en ausencia de elementos simbólicos que guíen nuestra mirada, la experiencia nos indica que, en general, es mucho más difícil reconocer la lógica*

Imagen 11. Visual desde el vértice derecho de la nave transversal, en Bartolomeo in Pantona. Excelente ajuste de la figura con el perfil del arco formero.

que modula la correlación entre las diferentes partes del espacio ceremonial y el esfuerzo que fue necesario para conseguir los ricos matices del proyecto construido. Entonces, podemos caer en la inútil banalidad de llenar ese vacío con un listado de adjetivos, y sus correspondientes sinónimos, perfectamente intercambiables con otros espacios. O peor, entrar en disquisiciones geométricas y numerológicas que solo muestran la incapacidad de sus promotores para proponer una justificación mínimamente sistemática, y constructivamente viable, del espacio observado.

Dentro del amplio grupo de arquitecturas basilicales no lineales, además de aquellas que especializan el primer tramo de sus naves atribuyéndoles una mayor profundidad, las hay que refuerzan esa diferenciación con medidas tales como aumentar la importancia de las columnas que dan paso a ese tramo, añadir un arco transversal que remarca la voluntad de segregación respecto del resto del espacio longitudinal, dotar a ese tramo con una cubierta específica común de las tres naves... En estos casos se configura una situación casi idéntica a la de una verdadera nave transversal.

Es lo que ocurre en ***Santa Maria in Trastevere***, en ***Roma***, cuyo análisis nos lleva hasta el año 340, poco después de la llegada de Constantino a la jefatura del poder imperial, tras su victoria sobre Licinio en la batalla de Crisóspolis ocurrida en el 324. Constantino se implicó en su construcción, siendo este uno de los primeros grandes proyectos imperiales en favor de la nueva religión.

Las múltiples remodelaciones sufridas desde entonces han cegado la trama que organiza sus naves laterales, pero tal como muestra el croquis 8, y gracias a la intervención de los enérgicos pilares en "L" de su "crucero"[4], hoy podemos seguir comprobando el buen comportamiento del *eje visual*, que incluso da apoyo a una visual en

4 Recordar el comportamiento visual de los pilares en "L" de Santullano.

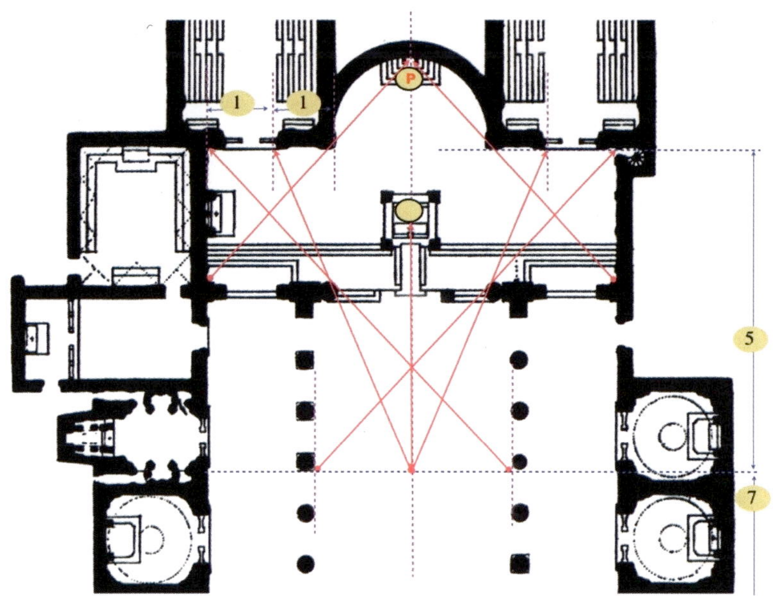

Croquis 8. Trama visual para Santa Maria in Trastevere, en Roma. Planta tomada de Letarouilly.

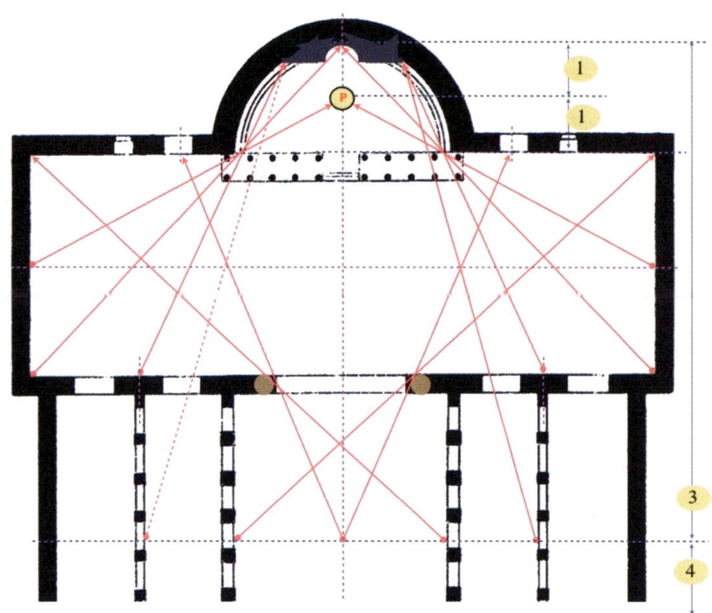

Croquis 9. Trama visual para San Paolo f.l.m, en Roma.

alzado hasta la *alada paloma* representada en el centro de la cubierta plana de la nave transversal, un trazado que parece prefigurar, aunque sea de forma incipiente, la relación simbólica con la clave de una cúpula sobre el crucero.

La cabecera de Maria in Trastevere es tan accesible como impositiva, pues utiliza el *punto de máximo control* para definir la posición de la profundidad máxima del ábside, lugar donde, una vez más, encontramos el protocolario sillón presidencial.

San Paolo f.l.m., en ***Roma***, es una arquitectura basilical de cinco naves con una estructura cruciforme incluso más remarcada que la de Maria in Trastevere, pues la nave transversal llega a sobresalir ligeramente, respecto de la anchura de las naves longitudinales.

Los especialistas fechan el inicio de sus obras alrededor del año 380-385, momento en el que el estado romano declaró el cristianismo como religión única y obligatoria en todo el Imperio[5]. Las obras finalizaron antes del año 400, durante el reinado del emperador Honorio y de Gala Placidia, su esposa. Tal rapidez constructiva solo se explica gracias al patrocinio estatal y la implicación directa de la pareja imperial –y de sus arquitectos– en el proyecto.

Cierto que fue muy reconstruida tras el radical incendio que en 1.823 asoló su cubierta, la parte superior de los muros y la práctica totalidad de la decoración interior, pero la estudiaremos en la confianza de que –al igual que Frómista y Hildesheim– los puntos constructivos esenciales de su perfil perimetral fueron respetados durante su reconstrucción.

La trama desde la nave central es muy precisa y normalizada, y su correcto funcionamiento –al igual que en Santullano, Gernrode y Maria in Trastevere–, se debe en buena medida al *tratamiento "forma/grosor"* y al enérgico *efecto "diafragma"* generado por los enormes pilares en "L" que comunican la nave central con la transversal, pilares cuya presencia en el proyecto original certifican los grabados realizados por Luigi Rossini antes del incendio del siglo XIX. El papel de estos pilares en "L" es imprescindible para enfocar correctamente sobre las referencias en los brazos –los vértices y la anchura media de las aperturas de paso más cercana al ábside– las visuales que parten del *eje visual*[6] (croquis 9).

El recurso a la presencia de unos potentes pilares en "L" lo encontramos en otras importantes basílicas de la ciudad de Roma, destacando los casos de Giovanni Laterano, Pietro in Vincoli y Maria in Aracoeli. Todo apunta, pues, a que el *tratamiento "forma/grosor"* y el *efecto "diafragma"* debieron ser recursos de amplio uso en la arquitectura institucional impulsada por el estado romano, y que cuando en el siglo IV adoptó el cristianismo como su religión exclusiva, los aplicó a las nacientes construcciones destinadas a la nueva ritualidad.

La cabecera de Paolo f.l.m. es muy accesible, pues también situó el fondo del ábside sobre el *punto de máximo control*[7]. En esas condiciones, los vértices de la nave transversal ofrecen una visión tan completa y generosa de la representación divina que preside el ábside, que las visuales que buscan con precisión el rostro del pantocrátor no parten de los normativos vértices, sino desde la anchura media de los muros laterales de la nave transversal (imágenes 12 y 13), en una composición escenográfica que nos recuerda la solución que doce siglos más tarde utilizarán Vignola, della Porta y Grassi en las cabeceras contrarreformistas de Il Gesù, Sant'Andrea della Valle, y Sant'Ignazio di Loyola, todas ellas en la ciudad de Roma.

Desde esa misma posición –anchura media de los muros laterales de la nave transversal–, bajo el rostro del pantocrátor, podemos observar el sillón destinado a la jerarquía que preside el ceremonial.

Estamos ante un proyecto imperial de una tremenda sinceridad escenográfica en sus objetivos ideológicos, lo que hace de Paolo f.l.m. un ejemplo muy adecuado para aprender a observar este tipo de edificios.

5 En el 313 el Edicto de Milán se había limitado a equiparar su práctica a la de las restantes religiones.

6 El *eje visual* de Paolo f.l.m. está situado sobre una *partición* del tipo "3 a 4" de los 127,50 metros, en cifras redondas, de la longitud interior, desde el muro trasero de la nave central hasta el fondo del ábside.

7 Su ejemplo fue seguido por arquitecturas tan importantes como Saint Martin du Canigou, la abadía de Pomposa, el duomo de Módena, San Francesco en Asis, San Francesco en Bolonia, y las basílicas romanas de Pietro in Vincoli, Agnese f.l.m., Cecilia in Trastevere, Maria Maggiore. Son todas ellas cabeceras poco espaciosas, pero garantes del máximo control y de la máxima capacidad impositiva.

Imagen 12. Sobre la profundidad media del brazo izquierdo de Paolo f.l.m., junto al muro perimetral. El rostro del pantocrátor aparece algo separado del perfil del arco porque un altar obliga a tomar las imágenes unos pasos por delante del apoyo real.

Imagen 13. Similar composición, ahora desde la profundidad media del brazo derecho de Paolo f.l.m., junto al altar adosado al muro perimetral. Ambas imágenes hacen retroceder la fuente de inspiración del trabajo escenográfico de Bernini en Aticcia, unos 1.300 años, nada menos que hasta el siglo IV (ver imagen 15 en el capítulo VIII).

IV – EL VIAJE A LAS ARQUITECTURAS FUNDACIONALES CRISTIANAS NOS OBLIGA A VOLVER A RÁVENA

Cerraremos esta aproximación a las primeras grandes arquitecturas cristianas allí dónde la comenzamos, en ***Rávena***. Dos arquitecturas centralizadas reclaman nuestra atención: el ***Battistero degli Ariane***, un pequeño edificio de comienzos del siglo VI, cuya amabilidad espacial solo es superada por la mojigatería de sus púdicos y bellos mosaicos, y San Vitale, un verdadero derroche de exuberante fecundidad escenográfica, construido en fechas similares a las de Sant'Apollinare in Classe[8].

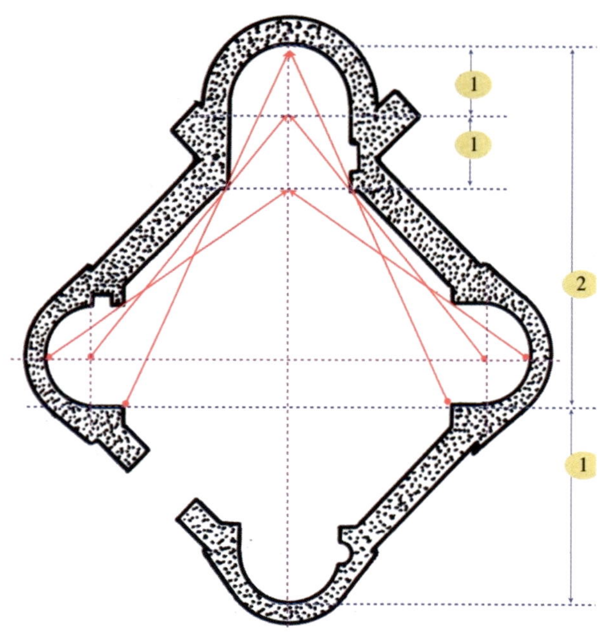

Croquis 10. Trama visual para el Battistero degli Ariani.

La trama de este baptisterio es tan nítida como coherente con las *buenas prácticas para la cohesión entre espacios perimetrales* en las arquitecturas centralizadas: los dos alvéolos laterales aseguran su correcta coordinación con el ábside central mediante la intervención de tres visuales, con apoyos y referencias normalizadas: el fondo del ábside se asocia con los vértices de acceso a los lóbulos transversales, y el punto medio del acceso a la cabecera lo hace con la profundidad máxima de dichos lóbulos.

Simultáneamente, el *punto de máximo control* asegura la supervisión hasta la anchura media de entrada al semicírculo estricto de los lóbulos laterales (croquis 10).

Dos *particiones* –"1 a 1" para el *punto de máximo control* y "2 a 1" para el *eje visual*– consolidan una trama que asegura la correcta *accesibilidad visual* hasta el fondo del ábside, un excelente *control* desde la cabecera, y una gran *correlación espacial* en toda su estructura interior.

Una vez más, Rávena nos deleita con una trama eficaz y elegante, que podríamos calificar incluso de *paradigmática*, pues ya incluye los elementos esenciales que hemos visto en las estructuras centralizadas analizadas en el capítulo anterior.

El Battistero degli Ariani ha sido un buen ejercicio de preparación para visitar con aprovechamiento ***San Vitale***, pues gozar de todos los detalles de su exquisita complejidad y desesperante perfección visual, requiere de bastante experiencia en el manejo de unas pautas observacionales bien contrastadas. Pero el esfuerzo merece la pena, ya que es difícil encontrar una arquitectura con mayor, y mejor, carga simbólica.

La restauración de 1.869 revistió de finas placas de mármol los grandes pilares poligonales de la nave central, pero las visuales siguen manteniendo un alto grado de nitidez, por lo que su interés sigue intacto.

El espacio interior se organiza sobre un doble octógono, con el *eje visual* sobre el diámetro transversal, definiendo una *partición* "2 a 1" muy precisa de la distancia entre el fondo del ábside y el perfil interior del cubículo axial, que actúa a modo de "muro de cierre trasero" del espacio interior (croquis 11).

Al recorrer con calma el *eje visual*, con la mirada atenta simultáneamente a la cabecera y al perfil inicial de la nave central, detectamos una *transferencia integral de ritmo* de una *intensidad* asombrosa –nada menos que dieciséis pares de visuales implicadas–, buen *equilibrio* –nueve pares se dirigen hacia la cabecera y siete hacia la parte trasera de la nave–, y excelente *simetría* –siete pares de apoyos son comunes, a los que la *transferencia hacia la cabecera* añade otros dos: uno busca el vértice final del presbiterio y otro la clave del arco de entrada al ábside,

8 La proximidad entre el Battistero y San Vitale se extiende a los fondos económicos utilizados para pagar su construcción, aportados en buena medida por el banquero Giuliano Argentario. Las fechas asociadas a San Vitale son los años 526 para el inicio de las obras y el 548 para su consagración.

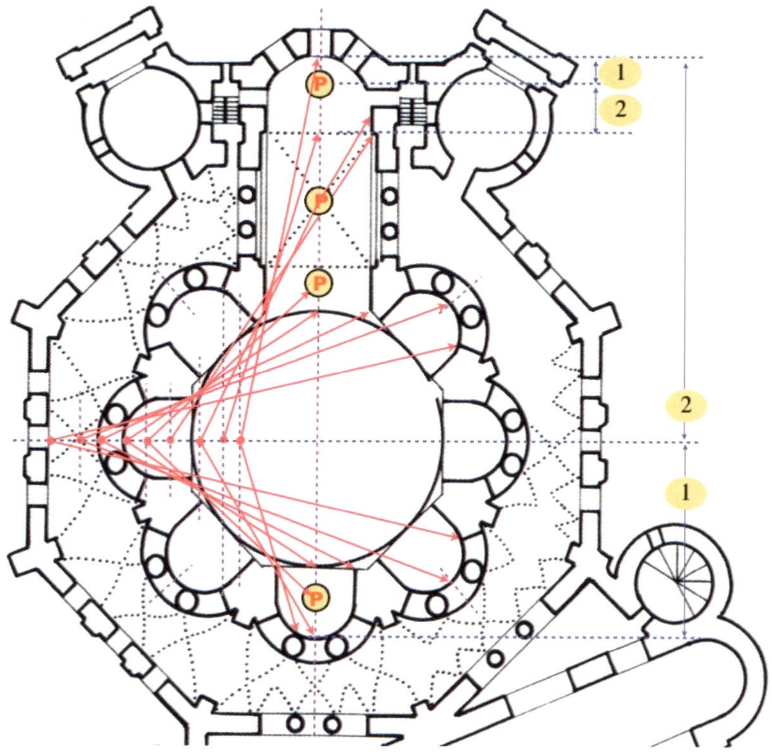

Croquis 11. Transferencia integral de ritmo en San Vitale. Solo hemos representado el lado izquierdo para facilitar la lectura del croquis. Todos los apoyos –siempre sobre el eje visual– están asociados a una marca constructiva: los cuatro más periféricos coinciden con el muro perimetral, la anchura media del deambulatorio y los perfiles anterior y posterior de la columnata del cubículo transversal. Los cinco apoyos interiores a la nave están asociados a los sucesivos vértices de los gruesos pilares poligonales. Planta tomada de A. Guillou.

referencias que carecen de equivalentes en el perfil trasero de la nave–. A destacar que la *transferencia* incluye diez visuales con referencias en alzado y otras seis en planta. Estamos al borde de la *plena exhaustividad* en la relación entre los puntos constructivos esenciales de la cabecera y los de la nave central.

El aspecto más destacado del proyecto es la enorme carga simbólica de las referencias en la cabecera. Además de involucrar a todos los puntos constructivos esenciales que la definen, también implica al abanico simbólico completo: la barbuda *cabeza del cristo* situada en el intradós de la clave del arco de paso al presbiterio, la bucólica imagen del *cordero* representado en la clave de la bóveda presbiterial, el *crismón* sobre la clave del arco de acceso al ábside, y el perfil del *rostro de la suprema autoridad* emplazado en la bóveda del ábside (imágenes 14 y 15). El marco escenográfico se completa con la referencia en el *eje de la ventana axial* por la que penetra la *luz* que ilumina el ábside. En su vertical encontramos el *presidencial sillón reservado a la máxima autoridad eclesiástica*. Difícil sumar más elementos simbólicos y jerárquicos.

Pero San Vitale nos reserva un último gesto de especial interés: ya sabemos que desde los extremos del *eje visual* en la nave[9] podemos observar la simbólica imagen del *cordero* situado en la clave de la cubierta del presbiterio. Pero hay algo más: desde esa posición, en el lado derecho, al bajar la vista, nuestra mirada se alinea directamente nada menos que con el *perfil de la figura del emperador Justiniano*, representado en el *muro lateral izquierdo del ábside* (imagen 16).

Cuando observamos desde el lado izquierdo la composición se repite, y nuestra mirada se alinea ahora con la figura de la *emperatriz Teodora* representada en el *muro derecho del ábside* (imagen 17). El croquis 11 incluye esta visual. La precisión de ambas composiciones no deja margen para dudar de la voluntad de su trazado, y de su objetivo político: *subrayar la íntima comunión entre el poder imperial y la nueva, oficial, única y obligatoria religión estatal, por alineación visual de sus símbolos más nucleares –las dos figuras de mayor rango imperial y el sacro cordero–*. Soberbia escenografía palatina, a la mayor gloria conjunta del poder imperial y del dios que lo respalda.

9 Es decir, junto al perfil interior de los pilares del lóbulo transversal.

Imagen 14. Desde el lado izquierdo del eje visual de San Vitale, sobre el apoyo más interior a la nave –el más cercano al eje axial del templo–: visual al Cristo en la bóveda del ábside. A destacar la oportuna "muesca" entre las impostas en el forro de mármol del pilar de la cabecera, que permite que su rostro no quede interferido.

Imagen 15. Composición simétrica a la anterior, ahora desde el lado derecho, en la que podemos destacar el efecto "subrayado" que la moldura del pilar ofrece al crismón situado junto a la clave del arco de acceso al ábside.

Imagen 16. Sobre el eje visual de San Vitale, junto al perfil de los pilares del lóbulo transversal derecho: visual a la figura del emperador Justiniano, representada en el muro izquierdo del ábside, perfilada por el pilar de acceso al ábside. A su izquierda –a la derecha en la imagen– asoma la cabeza de Giuliano Argentario, banquero y cambista de oro, que aportó buena parte de los fondos para costear el templo. A la derecha de Justiniano, arropado por sus soldados, encontramos al general Belisario, que tomó la ciudad en su nombre. Desde esa misma posición, al alzar la vista, observaríamos la clave del presbiterio y el cordero sacro en ella representado.

Imagen 17. Idéntica composición, ahora desde el lado izquierdo del eje visual, con la emperatriz consorte Teodora representada en el muro derecho del ábside, acompañada de un grupo de cortesanas. La construcción de San Vitale comenzó en el 526, año de la muerte del rey ostrogodo Teodorico, por lo que, cuando Justiniano tomó Rávena en el año 540, sus obras estaban ya muy avanzadas, pero tuvo tiempo de dejar constancia de cuál era la nueva autoridad.

LA EXUBERANCIA PROYECTUAL TAMBIÉN SE EXTIENDE A LA TRAMA EN ALZADO

La conservación de una parte del pavimento original de la nave central de San Vitale estimula el estudio de su proyecto en alzado, y las primeras observaciones indican que lo aprendido durante la visita a Hagia Sophia y, sobre todo, a Sergio y Baco –de fechas constructivas muy cercanas a las de San Vitale–, es de enorme utilidad aquí. En efecto: Vitale construye sobre su eje longitudinal un *camino iniciático* referenciado en su cúpula con cuatro visuales que parten desde el pórtico y desde el deambulatorio, similares a las de Sergio y Baco.

Desde la línea del acceso al pórtico ("a" en el croquis 12), la clave de la arcada del lóbulo axial señala con muy buena precisión el final del muro vertical y la base de apoyo de la cúpula. Si avanzamos unos pasos, al alcanzar el perfil anterior del muro perimetral del deambulatorio (punto b), la misma clave del arco señala el final de la ventana situada en los riñones de la cúpula, y *toda su luz* nos ilumina.

El *camino iniciático* tiene una tercera parada en el punto medio del deambulatorio (c), con una doble visual: el perfil de los capiteles y la clave de la arcada del lóbulo axial enmarcan el ancho del segundo tramo de la decoración de la cúpula semiesférica, sobre los ventanales situados en sus riñones.

Antes de acceder a la nave central, en el perfil anterior del lóbulo axial, encontramos el cuarto apoyo del *camino*: desde él, la clave del arco de acceso al lóbulo señala con precisión el *perfil de la representación pictórica* que entorna el cenit de la cúpula. Paralelamente, desde su punto medio, la cabecera de Vitale construye una *visual de legitimación jerárquica* que busca la clave de la cúpula. El croquis 12 la recoge.

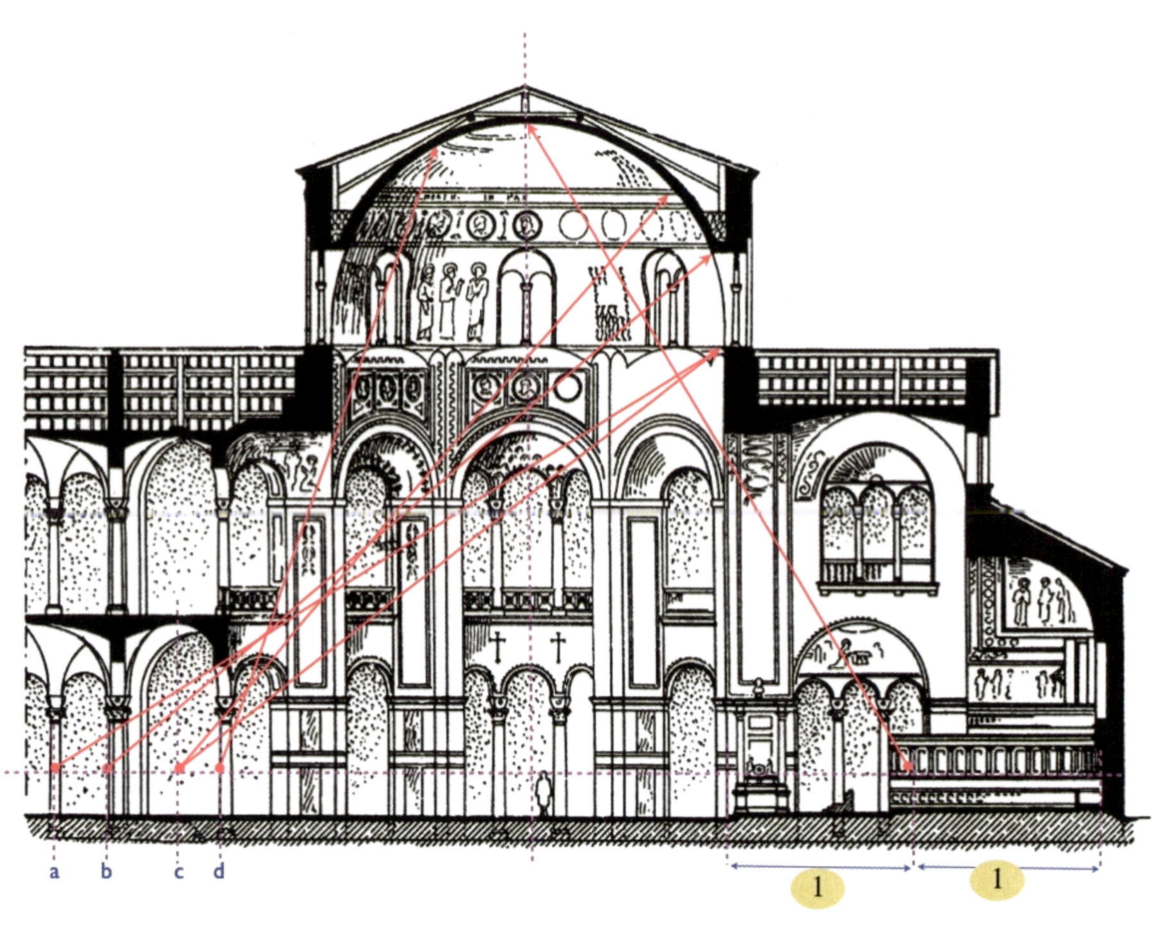

Croquis 12. Trama en alzado para San Vitale. A la izquierda el camino iniciático y a la derecha la visual de legitimación. Sección tomada de B. Fletcher.

Imagen 18. Desde el perfil exterior del lóbulo axial de San Vitale, visual al perfil anterior de la orla que entorna la clave de su cúpula. Todo indica que quienes la decoraron en 1.541 trataron de ajustar su composición a las pautas fijadas por la trama asociada al camino iniciático.

En las reiteradas visitas a esta arquitectura nos hubiese gustado subir a la galería superior, pues tras lo observado en Hagia Sophia y Sergio y Baco, cabe esperar que construya una alineación significativa con la cúpula –quizá con su clave–. Sería un excelente gesto final para este deslumbrante proyecto.

Increíble la sutileza y el grado de articulación simbólica de Vitale. Estamos ante una extraordinaria demostración del dominio total de los mecanismos de planificación escenográfica por parte de sus arquitectos, y de su capacidad para fusionar los intereses del viejo poder político con la nueva sacralidad.

V – A MODO DE BREVE CONCLUSIÓN

"La posición y organización de la Iglesia durante los años decisivos comprendidos entre 313-337 giró sobre la persona de Constantino. (...) La Iglesia se convirtió en un organismo estatal estrechamente ligado a la administración imperial y también en su poder político (...) Por la época de la muerte de Constantino, en 337, esta ósmosis de poder eclesiástico y poder imperial era total."
Richard Krautheimer

"Aunque entregada al obispo de Roma para que fuese su catedral, la basílica de Letrán había sido construida para mayor gloria de Constantino, y no de los cristianos locales."
Peter Brown

Existe bastante consenso en que durante los siglos I y II no hubo una arquitectura específica cristiana, por innecesaria. Para las actividades litúrgicas, discretas y siempre de asistencia reducida, las casas particulares eran suficientes. Esa situación cambió de forma radical con la llegada al poder de Constantino y su política de fortalecimiento del estado imperial, algo disperso tras la descentralización emprendida por Diocleciano para acercar los centros de decisión a las fronteras amenazadas.

Constantino comprendió que la enérgica recentralización que impulsaba para el aparato administrativo, económico y militar también requería de una nueva religión imperial *"catholica"*, es decir, universal, para todo el Imperio, y tras valorar diferentes opciones, y sin que estén claros los motivos, optó para tal fin por el cristianismo. Pero un estado fuerte requería de una religión unificada y con importante presencia pública, condiciones que esa religión no cumplía. A la vista la incapacidad de las diferentes sectas y fracciones cristianas para poner fin a sus disputas internas, en 325, tan solo un año después de ser nombrado emperador único, convocó en Nicea, bajo su liderazgo personal y con fondos estatales, el primer concilio general, cuyo objetivo era forzar la unificación jerárquica, doctrinal, litúrgica y de calendario ritual[10].

Paralelamente, Constantino también había puesto en marcha un programa institucional para la construcción de los primeros grandes templos adscritos a la nueva ritualidad imperial[11], interviniendo directamente en su definición[12]. Esto explica la madurez y la riqueza proyectual de las primeras basílicas cristianas, impropia en una religión incipiente, fragmentada, débil de recursos y con muy escasa experiencia constructiva. De no ser fruto directo del poder imperial, es inexplicable la calidad de los proyectos escenográficos de San Paolo f.l.m. y Santa Maria Trastevere (siglo IV), Santa Sabina (siglo V), San Vitale, Sant'Apollinare in Classe, Santos Sergio y Baco y Hagia Sophia (inicios del VI), construcciones que ya incluyen la práctica totalidad de los recursos visuales, escenográficos y doctrinales que utilizará la arquitectura cristiana hasta el siglo XVIII –es el periodo que hemos ana-

10 Incluso antes de asumir la condición de emperador único, Constantino ya había convocado en el año 314 un concilio en Arles, pero no contó con la presencia de todos los grupos cristianos.

11 La primera iglesia cristina en Roma fue San Giovanni in Laterano, fundada por Constantino en el año 313, y cuyas obras finalizaron alrededor del 324. Fue la sede principal de la Iglesia católica hasta que en el siglo XIV los papas se trasladaron al Vaticano. Los radicales cambios sufridos durante su dilatada historia apenas permiten reconocer sus rasgos originales.

12 Richard Krautheimer afirma que, en presencia de algunos obispos reunidos para planificar un nuevo templo, Constantino llegó a proponer que se construyese *"una arquitectura religiosa coincidente con las líneas de la arquitectura pública más excelente, que expresara su propio poder y dignidad* [la del emperador], *y absorbiera el repertorio del vocabulario arquitectónico propio de los palacios imperiales y los edificios públicos".*

lizado–. San Vitale llegó incluso a construir una *transferencia integral de ritmo* muy sofisticada, a la que solo los mejores proyectos góticos se acercarán. Además, junto a Sergio y Baco y Hagia Sophia, se dotó de una *trama en alzado para su cúpula* que ya materializa la noción de *camino iniciático desde la nave*, y un enérgico gesto de *justificación jerárquica* para su cabecera. No habrá más novedades escenográficas esenciales.

Todo apunta, pues, a que los templos cristianos, además de heredar de la arquitectura imperial romana las técnicas constructivas, los materiales utilizados, la estructura resistente, los sistemas de iluminación,... también tomaron de ella *la propia concepción escenografía del espacio interior, y la trama visual que la construye.* A tratar de corroborar esa posibilidad dedicaremos el próximo capítulo.

Segunda Parte

Arquitectura ceremonial romana y etrusca

Capítulo X

Seducción y control en la tradición arquitectónica romana

DIFERENTE PUESTA EN ESCENA, PERO IDÉNTICOS OBJETIVOS Y RECURSOS ESCENOGRÁFICOS

"Hoy resulta prácticamente imposible saber cómo respondían al ritual aquellos antiguos romanos, y tampoco nos es dado conocer cómo se realizaba en detalle la ceremonia misma."
Mary Beard

La primera pregunta es obvia: *¿dónde encontrar espacios adscritos a la tradición constructiva romana, con un grado de conservación que permita el estudio detallado de su planificación interior?*

Sobre arquitectura sacra de disciplina cristiana disponemos de un número inagotable de ejemplos, y el problema siempre ha sido seleccionar una muestra pequeña, pero representativa del aspecto concreto que queríamos analizar. Por contra, disponemos de muy pocos espacios romanos que conserven de forma amplia y fiable su configuración interior original. Lo más habitual es que hayan perdido los elementos decorativos que, como apoyos o referencias para las líneas visuales, tanto nos han enseñado a entender su lógica interna y sus fines simbólicos. Además, en casi todos los casos, el recubrimiento de los muros, de grosor dispar, pero siempre notable para la precisión que exige la trama visual, ha desaparecido. También es frecuente que pilares, columnas y puertas presenten perfiles muy deteriorados, hasta desdibujar el papel que pudieron jugar como apoyo tangencial de la trama.

En el caso de los edificios con mayor carga sacra la situación es mucho más grave, pues el cristianismo, una vez alcanzada la condición de religión imperial, única y obligatoria, fijó entre sus objetivos prioritarios el desmantelamiento de esos espacios.

A pesar de todas esas dificultades, nuestra voluntad de retroceder en el tiempo es firme, aunque sea en compañía del riesgo al error, que la aceptamos. Reconociendo de antemano su carácter desigual y siempre limitado, incapaz de acercarse, ni siquiera de lejos, al nivel de exhaustividad, detalle y solidez del análisis de la arquitectura cristiana, vamos a presentar a continuación el resultado de una mirada intencionada, pero con voluntad notarial, sobre una treintena de espacios romanos. El orden de exposición va a combinar complejidad espacial y antigüedad constructiva, intentando ir de menos a más[1], por lo que comenzaremos visitando varios edificios muy simples, de planta centralizada, con dos ejemplos finales de gran envergadura proyectual, bien conservados, y nacidos directamente de la voluntad imperial.

1 Algunos ejemplos son coetáneos a las primeras arquitecturas cristianas, incluso algo posteriores, pero los especialistas consideran que responden íntegramente a la tradición romana, por lo que nos parece válido incluirlos aquí.

I - ARQUITECTURAS CENTRALIZADAS

El primer edificio al que nos dirigimos es la ***Villa de Centcelles***, situada cerca de la ciudad de ***Tarragona***, y fechada a mediados del siglo IV. La hemos escogido como punto inicial del itinerario porque permite una primera mirada muy intuitiva a un espacio simple y bien conservado.

Incluye dos grandes salas contiguas, una cuadrilobulada, cuya anchura supera en poco los 12 metros, y otra de perfil circular, de diámetro próximo a los 14 metros. Ambas disponen de cuatro lóbulos semicirculares adosados (croquis 1), y el interés de su análisis se ve incrementado por el buen estado de conservación de la cúpula que cubre la sala circular, de más de 13 metros de altura.

A pesar de las lógicas vicisitudes sufridas durante sus casi 1.700 años de vida, todavía podemos reconocer en ella una lección proyectual de primer nivel: *los lóbulos perimetrales aportan mayor amplitud interior y riqueza funcional*, pero *la profundidad máxima de cada uno de ellos no puede quedar oculta a la mirada de un observador situado en cualquiera de los puntos extremos de los restantes lóbulos. El espacio interior se puede fragmentar, pero no centrifugar hasta perder el control visual sobre sus partes.*

No se conoce el uso de ambas salas, pero es evidente que el abanico de visuales que acabamos de reconocer asegura la *cohesión* del espacio interior, garantizando la *plena accesibilidad visual* entre sus partes y su *total control* desde los puntos extremos de cada lóbulo, cuestiones muy importantes en cualquier proyecto de calidad. A destacar la similitud de los criterios estructurales utilizados en ambas salas, lo que ratifica la intencionalidad de sus respectivas tramas.

Puede haber diversificación en las formas implicadas y fragmentación espacial, pero todo indica que la cohesión visual entre sus partes no se puede diluir. También aquí, cada dimensión encuentra su legitimidad en la correlación con las restantes, y en la estructura escenográfica total construida.

Y estas condiciones también parecen de obligado cumplimiento en alzado, pues desde el punto más profundo de cada lóbulo de la sala circular nuestra mirada busca la orla decorativa que rodea la clave de la cúpula (croquis 1 y 2). El deterioro del perfil de los arcos de acceso a los lóbulos dificulta discernir cuál es la referencia exacta, pero la voluntad de aproximarse al *perfil de la pequeña orla que entorna su cenit* la consideramos indiscutible (imagen 1).

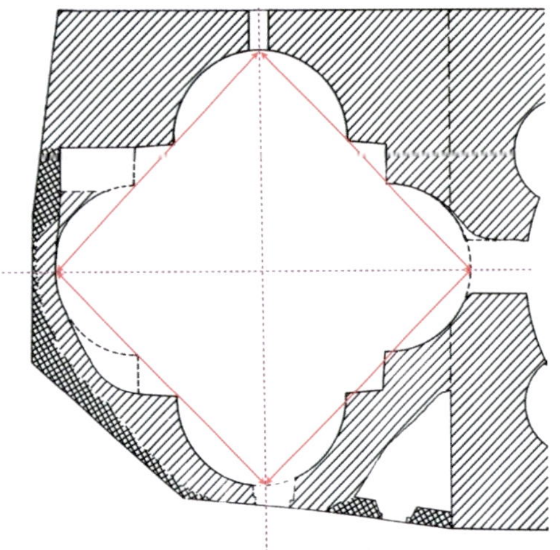

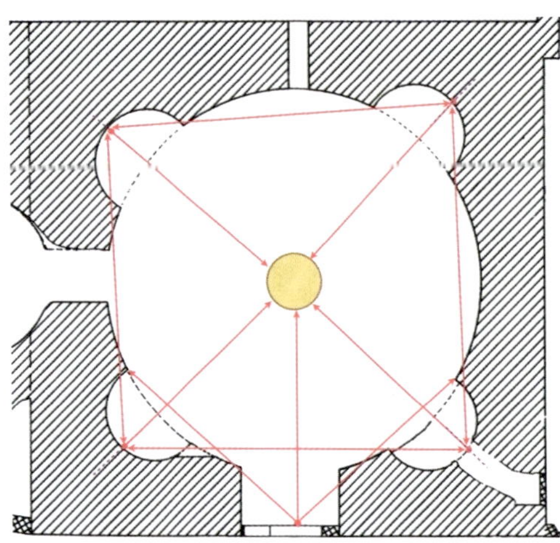

Croquis 1. Villa de Centcelles. Trama visual para sus dos salas. El punto más profundo de cada lóbulo se asocia directamente con sus equivalentes en los lóbulos contiguos, a derecha e izquierda. La sala circular (derecha) presenta una trama en alzado que, desde el fondo de cada uno de los lóbulos, busca el perfil de la orla que entorna el cenit de su cúpula. Plantas tomadas de T. Hauschild.

Imagen 1. Villa de Centcelles. Desde el fondo del lóbulo situado a la derecha de la puerta de acceso a la sala circular desde el exterior del edificio: visual al perfil de la orla que entorna la clave de la cúpula.

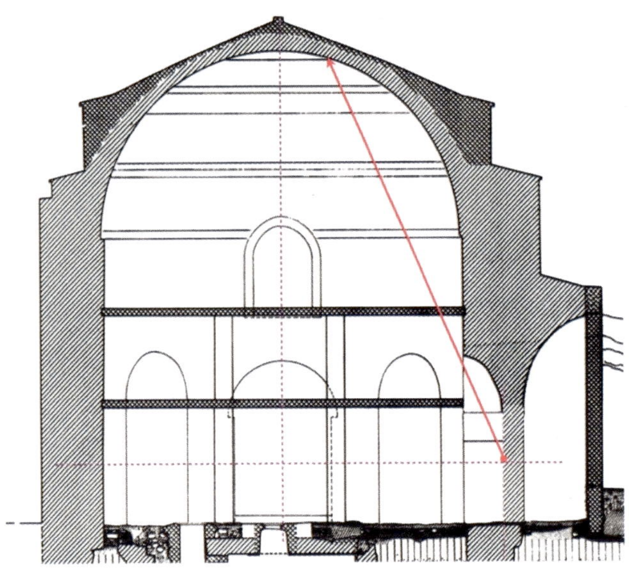

Croquis 2. Trama en alzado para la sala circular de la Villa de Centcelles: desde el fondo de cada uno de los lóbulos, la visual busca como referencia el perfil del la orla que entorna la clave de la cúpula que cubre dicha sala.

Roma no inventó el hormigón, ni el arco, ni la bóveda, ni la cúpula, pero sí fue quien utilizó y desarrolló todos esos elementos de un modo más sistemático y exhaustivo, y su dominio sobre ellos fue tal, que pudo excavar en los muros de Centcelles unos generosos lóbulos, sin poner el peligro la estabilidad de la cúpula. La técnica posibilita soluciones, pero la escenografía estructural es quien las acota y valida, y Centcelles nos acaba de mostrar que lo hace exigiendo que los espacios perimetrales definan sus formas y dimensiones en concertación visual entre ellos, y con la cúpula. Es cierto que esta primera visita apenas nos ha hecho retroceder en el tiempo, pues solo nos ha llevado hasta mediados del siglo IV, pero ha permitido apreciar el cuidado que los diseñadores romanos ponían, incluso en la planificación de edificios con bajo tono institucional. En este caso una villa campestre, seguramente dedicada a la supervisión de las tareas agrícolas de su entorno, y al descanso de algún personaje o funcionario imperial de rango medio.

PRIMERA VISITA A UN ESPACIO IMPERIAL

Animados por este prometedor resultado, nos dirigimos ahora a otro espacio centralizado, pero de mayor nivel institucional e implicaciones imperiales. Nos referimos al ***Aula Octogonal***, construida en los últimos años del siglo III como parte de las ***Termas de Diocleciano***, el mayor complejo de ese tipo en la ciudad de ***Roma***.

Su planta octogonal, de dimensiones muy generosas –casi 22 metros de diámetro–, también adosa cuatro lóbulos semicirculares, en este caso a sus lados alternos, conservando en buen estado la cúpula que la cubre. *¿Cómo se asegura la validez de su proyecto?* El croquis 3 recoge la respuesta en planta y alzado.

La comparación con los croquis 1 y 2 pone de manifiesto su gran similitud con la solución observada en Centcelles: a pesar del diferente perfil en planta de ambos edificios, su concertación espacial se realiza con idénticos criterios: *el punto más profundo de cada lóbulo se asocia con sus equivalentes en los lóbulos contiguos y en alzado con la orla que entorna el óculo de la cúpula*. Magnífico. Nuevamente el *pleno control espacial* y la *total accesibilidad visual* se muestran muy eficaces en la comprensión del porqué de las formas y dimensiones implicadas.

Dos ejemplos no bastan para deducir una *ley fuerte de obligado cumplimiento*, pero dejan bastante claro que el espacio interior de las salas de ambos edificios sigue criterios similares a los que hemos reconocido en las arquitecturas centralizadas cristianas[2]. Excelente. El sustrato proyectual romano en que se basó el espacio cristiano comienza a manifestarse. No conocemos espacios más simples y mejor conservados que dejen tan clara una primera señal de la continuidad histórica que deseamos investigar.

2 Para las arquitecturas cristianas, las *buenas prácticas* para la *optimización visual entre espacios perimetrales, y de estos con la cúpula*, están resumidas en el *pequeño balance* final del capítulo VIII, pág. 341 y 343.

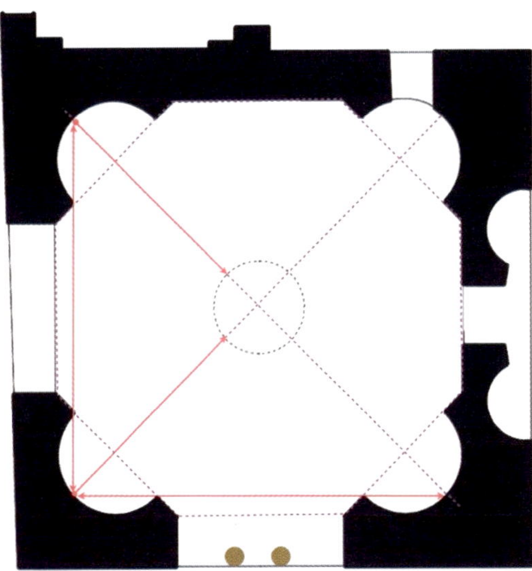

Croquis 3. Aula Octogonal de las Termas de Diocleciano. Algunos lóbulos contienen el mobiliario para las actividades teatrales que hoy acoge el Aula, por lo que el croquis solo recoge las visuales que hemos podido observar sobre el terreno entre los lóbulos más accesibles, por despejados.

OSTIA Y PÉRGAMO NOS PERMITEN RETROCEDER EN EL TIEMPO

Construidos a comienzos del siglo III y a mediados del siglo II, tanto el ***Tempio Rotondo***, en ***Ostia***, como el ***Templo de Zeus***, en el ***Asklepieion de Pérgamo***[3], poseen planta centralizada, de pequeño formato, y trufan su perfil circular con una secuencia de pequeños nichos excavados en el muro perimetral. A pesar de su débil estado de conservación, ofrecen la oportunidad de retroceder algo en el tiempo arquitectónico.

El Templo de Zeus conserva en buen estado el basamento circular íntegro, pero solo tres nichos perimetrales completos –uno rectangular y dos semicirculares–. En el Tempio Rotondo podemos identificar la secuencia completa de nichos, pero el estado de consolidación de sus perfiles de acceso solo permite realizar unas pocas observaciones con la precisión exigida por la trama. El croquis 4 recoge las visuales más fiables identificadas en ambos edificios.

Resulta muy notable la similitud del tratamiento que ambos ofrecen para sus respectivos espacios perimetrales, y su cercanía metodológica con lo que nos han enseñado Centcelles y el Aula Octogonal de Diocleciano. Además, dada su condición explícita de espacios sacros y ceremoniales, cabe suponer que la función de los nichos perimetrales era acoger imágenes y símbolos de las divinidades implicadas, lo que da un significado más evidente a los temas que venimos mencionado en relación con la *accesibilidad visual*.

Hemos retrocedido hasta mediados del siglo II, y acabamos de comprobar que los imperiales arquitectos romanos ya utilizaban alguno de los mejores gestos y *buenas prácticas* escenográficas que, por ejemplo, hemos visto utilizar a Sangallo en Prato (pág. 326 a 327), quizá a Bramante en Todi (pág. 330 a 333), y a Bernini en Ariccia y en Quirinale (págs. 333 a 337)[4]. Excelente. *¿Podemos reconocer algún tratamiento similar en espacios de mayor complejidad?*

3 La zona ceremonial del santuario de *Asklepieion* responde a la tradición helenística, pero el templo de Zeus es de inspiración romana, hasta el punto de que los especialistas lo consideran una copia, a menor escala, del Panteón, en Roma.

4 Podemos encontrar trazados de ese tipo en Santa Maria Porta Paradisi, cuyas obras comenzaron en 1.523, quizá bajo la dirección de Antonio da Sangallo "Il Giovane"; en Santa Maria Scala Coeli alle Tre Fontane, proyectada en 1.582 por Giacomo della Porta; en Santi Luca e Martina, proyectada por Pietro Cortona en 1.635; en Sant'Agnese in Agone (1.652), obra de Girolamo Rainaldi; y en Santi Giuliano e Celso, bajo proyecto de Carlo de Dominicis de 1.735. Todos estos templos se encuentran en la ciudad de Roma.
También hemos comprobado trazados similares en Santa Maria della Steccata (1.521), en Parma, bajo proyecto de Gianfrancesco e Bernardino Zaccagni.

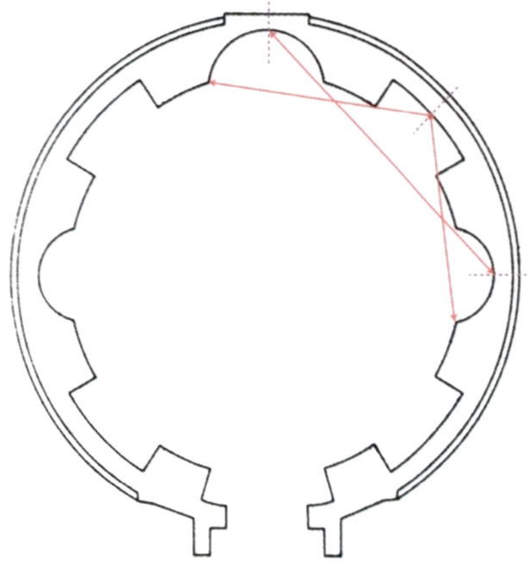

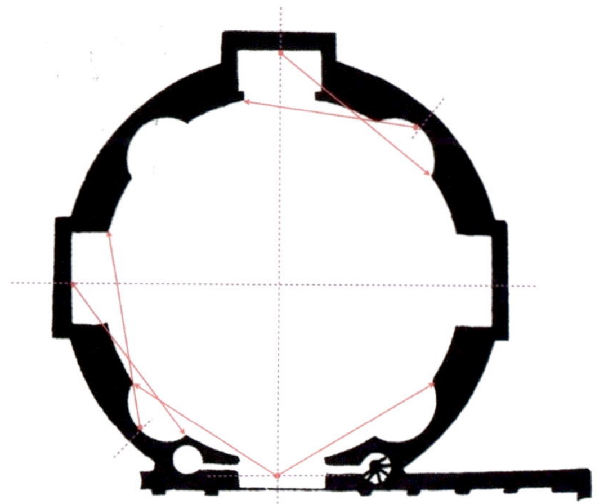

Croquis 4. Trama visual para el Templo de Zeus, en Pérgamo, (izquierda) y el Tempio Rotondo, en Ostia (derecha). Solo hemos incluido las alineaciones entre los espacios perimetrales cuyo estado de conservación se puede calificar, por lo menos, de suficiente. Dada la simetría de ambos edificios, es fácil extrapolar esas visuales hasta completar la trama formal. Recordar que siempre representamos visuales comprobadas sobre el terreno, aunque el plano (erróneamente) indique que no se deberían producir, como ocurre aquí en el caso de Ostia.

LOS EMPERADORES TEODORICO, CONSTANTINO Y ADRIANO CONSTRUYEN TRES ESPACIOS DE ALTO RANGO INSTITUCIONAL

Para avanzar hacia este objetivo decidimos volver a ***Rávena*** y estudiar el ***Mausoleo de Teodorico***, edificio organizado en dos plantas, la superior destinada a albergar el sarcófago con sus restos mortales, y la inferior a acoger las ceremonias de homenaje a su imperial memoria. En esta última concentraremos nuestro interés.

Su planta cruciforme se organiza alrededor de un cuadrado central muy preciso, a cuyos lados se adosan rectángulos bien dimensionados en "Ø". Sus vértices interiores están biselados, lo que confiere a los muros laterales una articulación poligonal en tres tramos. Los muros transversales de la cabecera y de la nave de acogida presentan un tratamiento cercano, mediante el recurso de adosar en sus vértices una pieza rectangular, coronada por un breve capitel y una concha. *¿Cómo observar un espacio de estas características? ¿Qué asegura la cohesión entre esta diversidad de formas y elementos parciales? ¿Estamos ante recursos meramente estéticos, encargados de evitar la monotonía del muro corrido y su entrega a sangre, o hay algo más?*

Como en toda estructura cruciforme, los brazos del mausoleo nos invitan a situarnos junto a sus vértices perimetrales y observar desde ellos la cabecera y la nave. Cuando lo hacemos, el resultado es impactante: desde los vértices anteriores vemos con precisión el punto medio del muro de la cabecera y el perfil posterior del bisel del vértice de la nave (croquis 5 izquierdo). Este esquema se repite desde los vértices posteriores de ambos brazos, pero con las referencias permutadas: ahora observamos el punto medio de la puerta de acceso y el perfil anterior del bisel de la cabecera (croquis 5 derecho). Si medimos la posición de los ejes transversales definidos por estos dos juegos de vértices de apoyo, encontramos que están situados sobre sendas *particiones*, ambas muy precisas, del tipo "3 a 4" y "4 a 3" del espacio interior total.

A destacar que estamos ante un ejercicio minimalista llevado muy cerca de sus últimas consecuencias, pues acabamos de encontrar que la estructura espacial de este mausoleo se resuelve con una única *doble visual* y una sola relación numérica para las *particiones* asociadas.

Es cierto que hemos traicionado nuestra declarada voluntad de retroceder en el tiempo –la construcción de este mausoleo se fecha alrededor del año 520–, pero creemos que la excelente especificidad de su trama justifica tal infidelidad, pues es un muy buen ejemplo de la capacidad de los arquitectos romanos para resolver un espacio tan específico, con una solución visual de extrema elegancia y (aparente) simplicidad. Sin duda, fueron necesarios muchos años de experiencia y de perfeccionamiento metodológico para que, quien diseñó este espacio, pudiese armar un proyecto tan contenido e imaginativo.

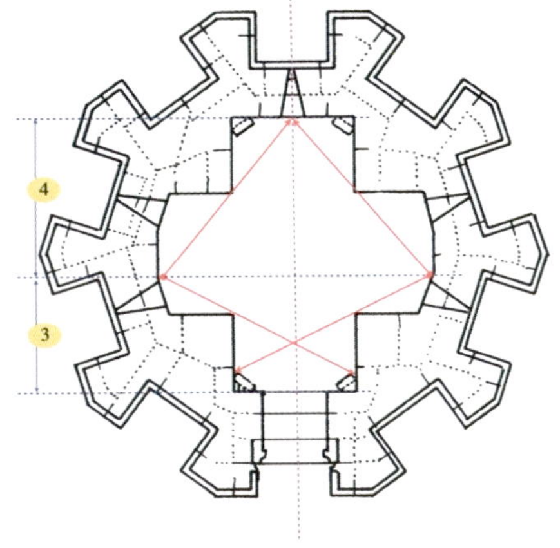

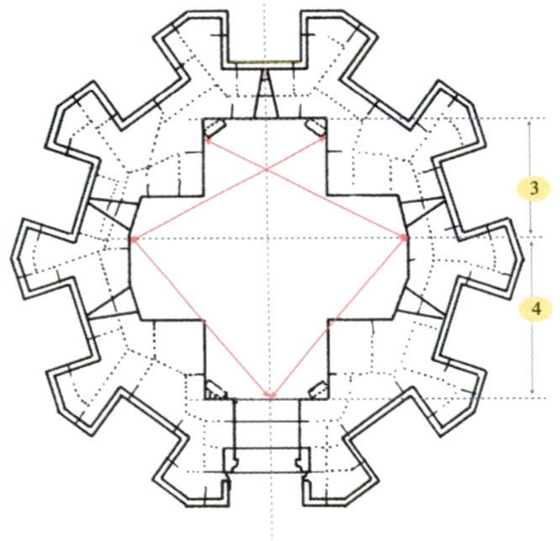

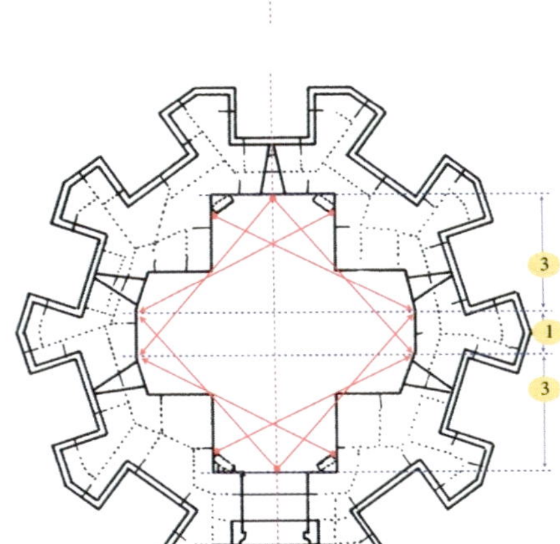

Croquis 5. Mausoleo de Teodorico. Arriba: trama generada desde cada eje. Abajo: trama completa. Planta tomada de G. Bovini.

CONSTANTINO NOS ACERCA A OTRO MAUSOLEO IMPERIAL

Nos dirigimos ahora a ***Roma***, para visitar el ***Mausoleo*** erigido por el emperador ***Constantino*** para su hija *Constantina*.

Su construcción tuvo lugar durante el segundo cuarto del siglo IV, y muchos especialistas consideran que en este edificio la arquitectura romana alcanzó uno de sus momentos de mayor perfección, lo que hace de él una pieza clave en la transición entre la arquitectura imperial y los primeros templos cristianos. Importante, pues, disfrutar de su análisis.

Siguiendo la mejor tradición funeraria romana, el Mausoleo posee planta circular perimetrada por una columnata continua. Sobre ella, un alto tambor soporta una gran cúpula semiesférica, muy bien conservada gracias a la presencia del deambulatorio que rodea la nave central. Comenzaremos, pues, analizando sus alzados, y el croquis 6 recoge lo observado al caminar sobre el eje axial del edificio.

Las primeras visuales activas las detectamos cuando alcanzamos el pliegue que en el muro lateral señala la división del vestíbulo en dos tramos. Desde esa posición, el perfil superior de la cornisa sobre los capiteles del deambulatorio señala la *base de las grandes ventanas* del tambor. Paralelamente, la clave del arco hace lo propio con la *base de los frescos* que hoy decoran la cúpula[5]. La imagen 2 muestra esta doble alineación. Al avanzar hacia la nave, la visual contra la cornisa asciende hasta que, cuando llegamos al punto medio del deambulatorio, alcanza la *clave de los ventanales*, con *toda su luz vista*.

Si seguimos caminando, sobre una *partición* "1 a 2" de la anchura del deambulatorio encontramos una doble visual que reúne la máxima tensión escenográfica: una visual busca la *primera luz del óculo* de la cúpula, mientras la segunda señala la línea de *arranque de los simbólicos frescos*. La certeza de que, al organizar estos fres-

5 A destacar la similitud de ambos trazados con, por ejemplo, los que construirá 150 años más tarde Sant'Apollinare in Classe para su nave central, cuando la observamos desde el muro perimetral de sus naves laterales (pág. 128, imagen 25). Originariamente la cúpula estaba cubierta de mosaicos –tal como todavía ocurre en el deambulatorio– per, dado su mal estado de conservación, en el siglo XVII fueron sustituidos por los actuales frescos.

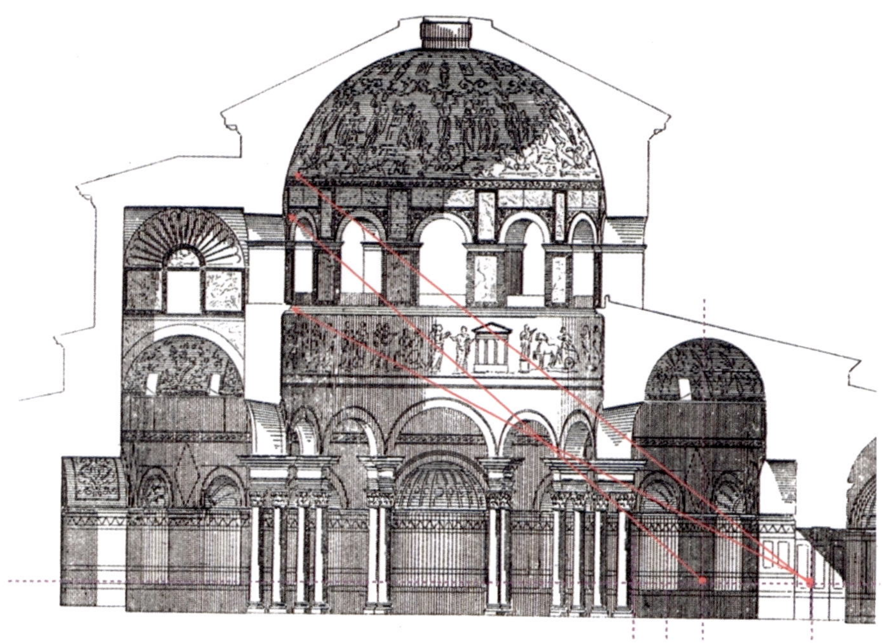

Croquis 6. Primeras visuales activas sobre la cúpula del Mausoleo de Constantina. Las referencias son, de abajo a arriba, la base y la clave de la ventana en el tambor, y la base de los frescos que adornan la cúpula. Sección tomada de G. Dehio y G. Bezold.

cos, se tuvo muy en cuenta las recomendaciones escenográficas propuestas por la trama, se refuerza cuando nos situamos junto al perfil anterior de la columnata del deambulatorio y, nuevamente contra el perfil superior de la cornisa del entablamento, nuestra mirada coincide con el final del primer tramo anular de las imágenes representadas en la cúpula. El croquis 7 lo muestra.

Esta excelente trama en alzado está muy bien articulada con la trama en planta. Por ejemplo, y tal como muestra el croquis 8 izquierdo, desde el primer apoyo axial –el pliegue que separa el vestíbulo en dos tramos– las columnas más profundas del deambulatorio *enmarcan rigurosamente el perfil lateral del ábside*, espacio que acoge el considerado sarcófago de Constantina. La imagen 2 permite apreciarlo.

Desde el segundo apoyo axial –el centro del deambulatorio–, una doble visual en planta señala el *punto más profundo* de los "absidiolos" transversales y su *perfil* posterior. La imagen 3 lo muestra en detalle.

¿Qué aporta la nave central a la escenografía del Mausoleo? El *eje visual* genera dos juegos de visuales sobre el fondo del ábside, uno parte de sus extremos en la nave y otro desde el muro perimetral, en el deambulatorio. El rigor del proyecto se refuerza cuando detectamos que este *eje visual* está situado sobre una doble *partición* del espacio interior (croquis 8 derecho). Excelente.

¿Qué debemos añadir, o suprimir, de la trama en planta y alzado que acabamos de reconocer en el Mausoleo de Constantina para que sea compatible, en todos sus términos, con la escenografía de un espacio sacro de disciplina cristiana? No se nos ocurre ningún gesto importante, y la bibliografía especializada no señala que, cuando 500 años más tarde pasó a ser considerado como templo cristiano, se introdujese algún cambio sustancial sobre lo construido por los arquitectos del emperador Constantino[6]. Excelente arquitectura, que ya incluye, al máximo nivel de desarrollo, *todos los recursos y soluciones* con los que el cristianismo construirá durante más de 1.500 años los proyectos más elaborados para los templos de planta circular con deambulatorio.

Valgan como ejemplo los casos de Ottmarsheim, Aquisgrán, Mantua y Venecia analizados en el capítulo VIII. La tradición proyectual romana que originó el espacio cristiano se manifiesta con rotundidad por segunda vez.

6 Solo a partir del año 865 el edificio se consideró iglesia cristiana, y su imperial inquilina renombrada como Santa Constanza.

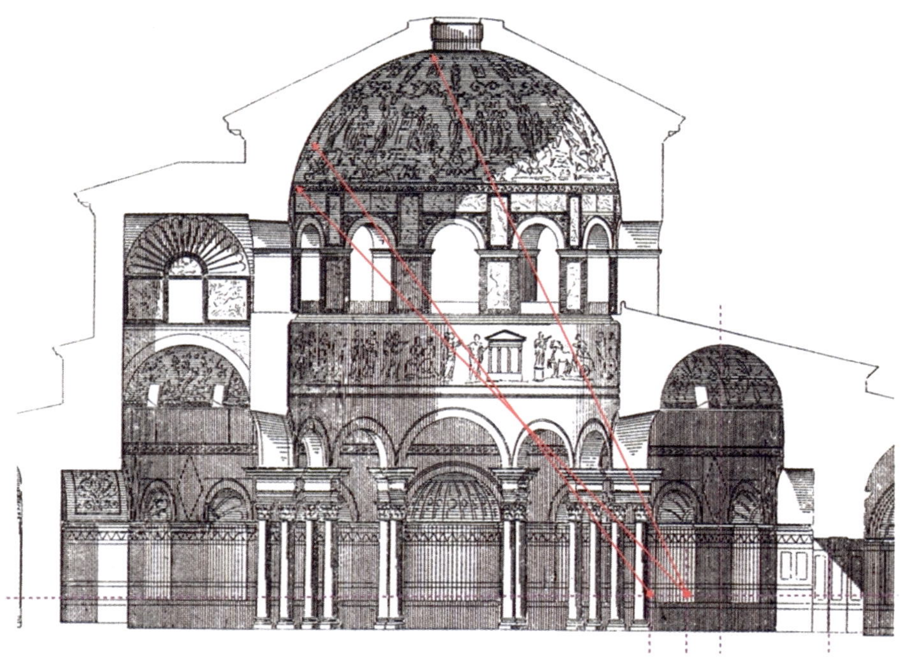

Croquis 7. Tercer y cuarto juego de visuales activas sobre la cúpula del Mausoleo de Constantina. Su precisión es un tanto deficiente respecto de las alineaciones observadas sobre el terreno.

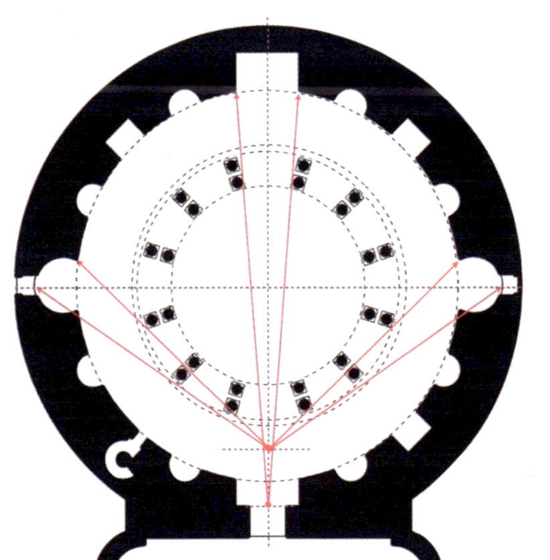

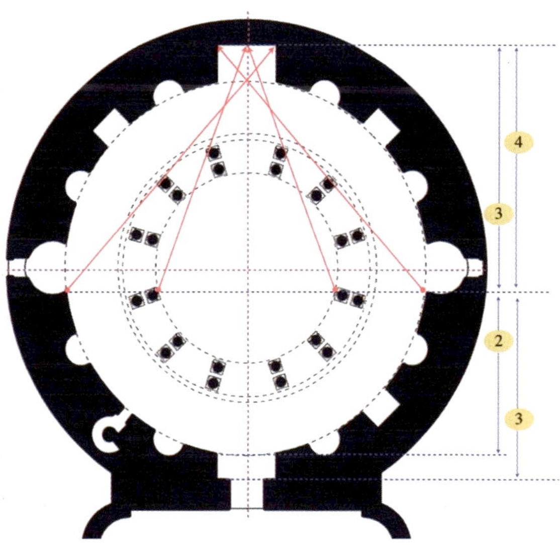

Croquis 8. Trama en planta para el Mausoleo de Constantina. Izquierda: desde el vestíbulo y desde la anchura media del deambulatorio. Derecha: el eje visual apoya dos juegos de visuales que buscan los vértices profundos del ábside, partiendo de dos marcas constructivas: el perfil anterior de los absidiolos transversales y el perfil posterior de las columnas de la nave central. A destacar que la distribución de los pares de columnas no es regular, siendo mayor la separación entre los pares contiguos a los ejes ortogonales de la planta.

Imagen 2. Mausoleo de Constantina. Desde el primer apoyo axial, doble visual a las bases de las ventanas –con la cornisa del entablamento– y al inicio de los frescos en la cúpula –con la clave del arco– (comparar con la imagen 25 del capítulo IV). Simultáneamente, en planta, las columnas más profundas del deambulatorio enmarcan muy bien la anchura del ábside.

Imagen 3. Sobre el eje axial, desde el centro del deambulatorio, doble visual al "absidiolo" transversal derecho: a su perfil posterior, y a su punto más profundo –los pies del pantocrátor ayudan a situar ese punto, alineado con el perfil del propio absidiolo–.

ADRIANO NOS LLEVA HASTA LOS INICIOS DEL SIGLO II CON LA PIEZA MÁS ADMIRADA DE LA ARQUITECTURA IMPERIAL

"Me obsesionaba la idea de construir un templo a todos los dioses, un Panteón. Había elegido el emplazamiento sobre los restos de antiguos baños públicos ofrecidos al pueblo romano por Agripa, el yerno de Augusto. Del viejo edificio no queda más que un pórtico y la placa de mármol conteniendo una dedicatoria al pueblo de Roma: esta última fue cuidadosamente reinstalada en el frontón del nuevo templo. (...) me agradaba que una inscripción, de más de un siglo de antigüedad, la asociara con los comienzos del imperio. Aun allí donde innovaba quería sentirme ante todo un continuador."
Marguerite Yourcenar

Sin abandonar la ciudad de ***Roma***, visitaremos ahora un templo construido entre los años 118-128, y que mantuvo el culto politeísta hasta su cierre en el año 399[7]. Nos referimos al ***Panteón*** erigido por ***Adriano***.

Al fondo de la gran nave llama la atención la presencia de un pequeño ábside enmarcado por dos firmes columnas exentas, ausentes en los restantes cubículos perimetrales. *¿Qué justifica esta especificidad? ¿Cómo se asegura la integración del ábside con la nave central?* Sobre dos *particiones* bastante precisas (croquis 9) encontramos un *eje visual* desde cuyos extremos observamos el fondo riguroso del ábside (imagen 4), y lo hacemos gracias al notable *efecto "diafragma"* generado precisamente ¡¡por las potentes columnas que enmarcan su acceso!!

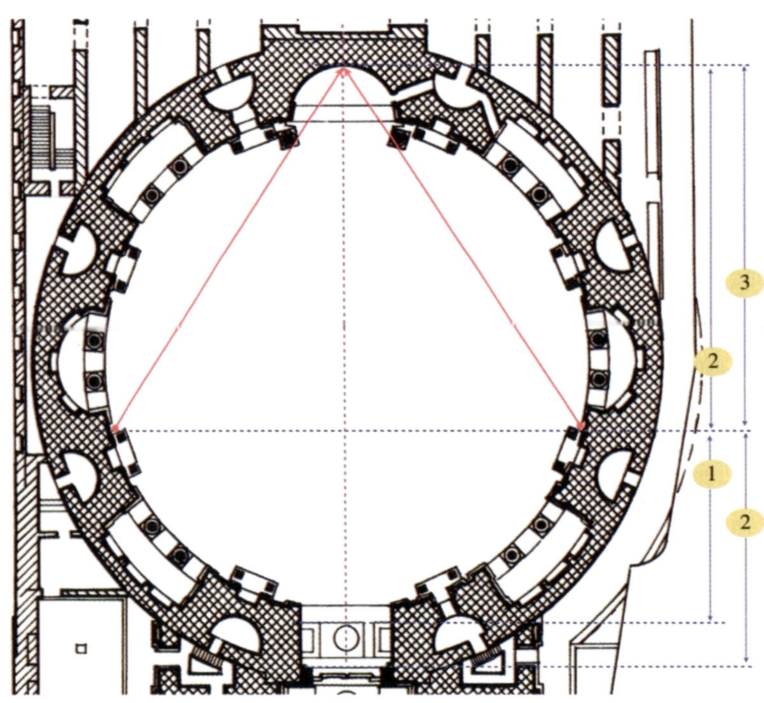

Croquis 9. Trama en planta para el Panteón, en Roma.

7 En el 609 reemprendió la actividad, ahora bajo disciplina cristiana.

Imagen 4. Visual desde el extremo izquierdo del eje visual del Panteón. A destacar la precisión con la que, el fuste de la columna exenta y el friso del entablamento sobre el capitel, enmarcan el fondo del ábside y de su bóveda, respectivamente. La decoración de la bóveda corresponde a la remodelación del ático de la sala realizada a medidos del siglo XVIII.

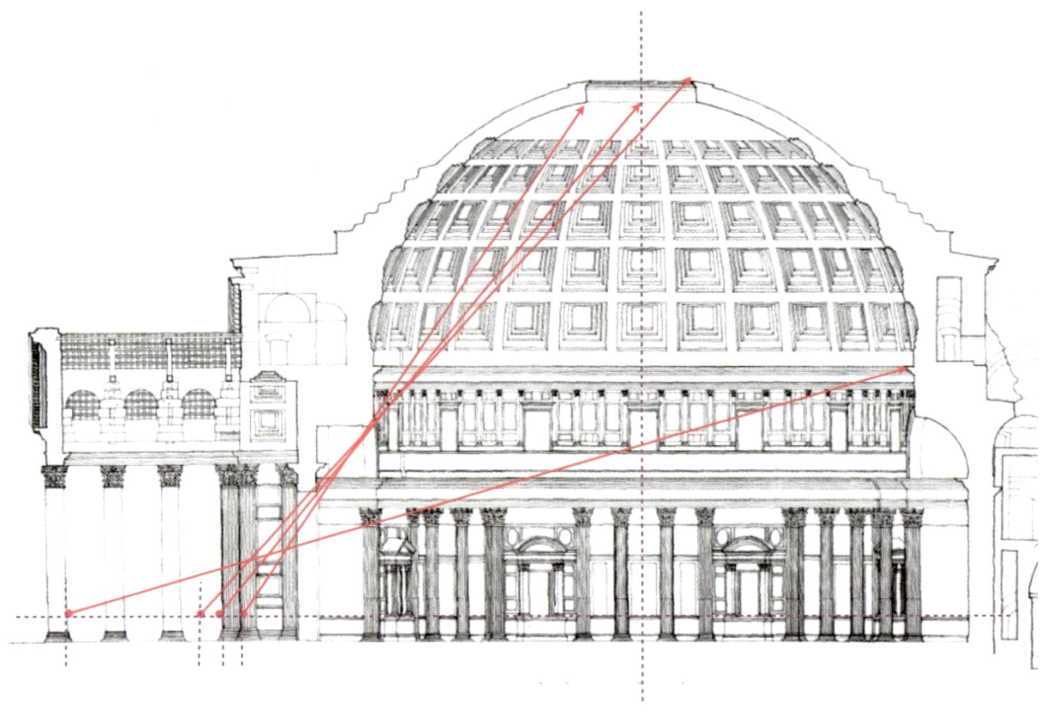

Croquis 10. Panteón de Adriano, en Roma. Como en el Mausoleo de Constantina, también aquí la trama en alzado parte del espacio anterior a la nave central. Aquí lo hace desde el perfil posterior de la primera columna exenta del pórtico, el punto medio del tercer tramo, y los perfiles anteriores de las dos primeras pilastras adosadas. Sección tomada de L. Aliberti.

Si ahora nos preguntamos por la trama en alzado, desde el pórtico, con la mirada atenta a la cúpula y al mediático óculo cenital, encontramos cuatro visuales bastante claras[8], con apoyos y referencias normalizadas según criterios de la trama visual: una busca el *final del muro* vertical sobre el ábside (imagen 5); y las tres restantes otras tantas referencias en el óculo: la *primera luz*, el *centro* y *toda la luz*. El croquis 10 las muestra.

Algunos edificios que acabamos de analizar, sobre todo los más jóvenes –por ejemplo, los mausoleos de Teodorico y de Constantina–, han podido dejar dudas sobre el grado de contaminación de sus proyectos por el pensamiento cristiano en auge, pero el Panteón tiene la virtud de cerrar definitivamente la polémica. Son evidentes las enormes diferencias en materiales utilizados, técnica constructiva, dimensiones, estética, ... entre el Panteón y los edificios cristianos de planta circular que hemos estudiado en el correspondiente capítulo, pero es inmediato comprobar que las diferencias no alcanzan a la trama visual utilizada, tanto a los recursos instrumentales como a las soluciones escenográficas implementadas[9]. Es más, el Panteón llega incluso a anticipar el trazado desde fuera del espacio interior de las visuales a la cúpula, solución que tanto nos llamó la atención cuando visitamos Hagia Sophia, Sergio y Baco, Hosios Loukas, Toro o Lleida.

Si repasamos con calma los rasgos fundamentales de las tramas de los edificios centralizados cristianos analizados en el capítulo VIII, debemos reconocer que se limitan a repetir, sin añadir nada nuevo, las soluciones escenográficas que nos han presentado los siete edificios romanos que acabamos de analizar,[10] y solo en casos muy excepcionales alcanzan su nivel de elaboración y detalle. Excelente, por la firmeza de los pasos que vamos dando en el reconocimiento de la tradición constructiva romana como base del tratamiento espacial cristiano. *¿Se da también esta misma situación en otras tipologías espaciales?*

8 La celosía situada en la parte superior de la puerta de acceso al Panteón interfiere la visión del óculo, pero consideremos muy consistente la observación que se puede realizar.

9 La página 300 detalla dos ejemplos de tramas cristianas para plantas circulares, permitiendo su comparación con la del Panteón recogida en el croquis 9.

10 La visita a San Francesco di Paola, en Nápoles, construida en 1816, corrobora esta afirmación en el caso del Panteón.

Imagen 5. Trama en alzado para el Panteón. Desde el perfil posterior de la primera columna exenta del pórtico, al final del muro vertical, sobre el ábside.

II - LAS FORMAS ABSIDALES, UNA ESTRUCTURA MUY IMPORTANTE EN LA ARQUITECTURA ROMANA

Las connotaciones ceremoniales y de prestigio que en la cultura romana rodearon a la cúpula, pudieron muy bien motivar que también las formas circulares y alabeadas fuesen utilizadas para similar finalidad en planta, y el espacio absidal, lo cual explicaría tan frecuente uso en las arquitecturas de calidad.

La estructura básica de esos espacios incluye una sala rectangular y una cabecera semicircular, de anchura menor que la nave. Un trato diferenciado para su cubierta y decoración interior introduce una clara división jerárquica entre sala y cabecera, con esta última como lugar preferente que reclama y concentra la atención de las personas reunidas en la sala. Este esquema se mostró útil para resolver múltiples situaciones honoríficas y sacras, por lo que estudiar sus reglas de composición resulta de gran rentabilidad.

VISITA A UN ESPACIO ABSIDAL HONORÍFICO

Comenzaremos esta parte del itinerario en ***Éfeso***, en la denominada ***Biblioteca de Celsus***, construida entre los años 110 y 135 por el hijo de Tiberius Julius Celsus Polemaeanus, a la mayor gloria póstuma de su padre, senador y procónsul romano.

Su espacio interior consta de una sala central destinada a la consulta de documentos, perimetrada en tres lados por un notable podio sobrealzado desde el que se accedía a los armarios empotrados que guardaban dichos documentos. En el lado más profundo, frontal a la puerta de acceso, sobre el podio, destaca la presencia de un ábside semicircular poco profundo, que muy bien pudo acoger alguna imagen o recuerdo del difunto, o de alguna deidad protectora.

Al interesarnos por la relación estructural entre la nave y la cabecera, los puntos del perfil de la sala central que se alinean con el fondo del ábside cumplen bien con una *doble partición*: se sitúan sobre la anchura media

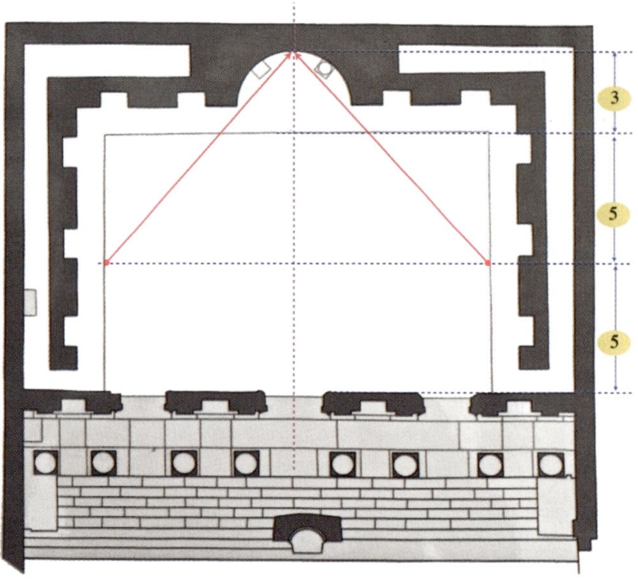

Croquis 11. Trama para la Biblioteca de Celsus, en Éfeso.

del espacio público de la sala de lectura y consulta *–partición* "5 a 5" en el croquis 11–, y sobre la relación "8 a 5" de la distancia total hasta el fondo del ábside.

Estamos ante una trama simple, focalizada sobre el fondo del ábside como lugar simbólico preferente. Excelente Éfeso, por la absoluta normalidad de los elementos de su trama visual, y por corroborar la presencia de un tratamiento escenográfico en esta nueva tipología espacial romana[11].

VILLA ADRIANA RATIFICA EL TRATAMIENTO ESCENOGRÁFICO IDENTIFICADO EN ÉFESO

Nos acercaremos ahora hasta ***Villa Adriana*** para analizar la estructura de uno de sus espacios recientemente consolidados. Tras pasear por el Pecile tratando de acotar la magnitud y espectacularidad del entorno, nos dirigimos a las estancias privadas del palacio imperial, y lo hacemos a través de la ***Sala*** de recepción, denominada ***de los Filósofos***, construida en la primera fase de remodelación de la Villa, entre los años 118 y 121. A pesar de la total pérdida del recubrimiento de sus muros perimetrales, todavía podemos comprobar que el espacio interior conformado por la nave y la cabecera se ajusta muy bien a un rectángulo "5 a 8", la relación entera más cercana a "Ø".

Interesados por su estructura escenográfica, y con toda la cautela que exige su estado de conservación, es bastante inmediato reconocer un par de visuales que, partiendo de las *jambas posteriores de las puertas* laterales más cercanas a la cabecera –las inmediatas al Pecile y al Teatro Marítimo–, y tangentes a los restos del *cerramiento diafragmático de acceso al ábside*, buscan el *perfil lateral de la hornacina más profunda* (croquis 11). El valor normativo de este trazado se refuerza cuando el *eje visual* que une los apoyos en las jambas de las puertas laterales se sitúa sobre una *partición* "3 a 5" del conjunto del espacio interior, de precisión suficiente para el estado de conservación de la Sala.

Como resultado de esta estructura visual, los invitados, al entrar o salir de los aposentos privados del emperador, en el momento de pisar el umbral de cualquiera de ambas puertas de la sala de recepción, quedaban situados en la más directa relación con los referentes simbólicos que pudiese albergar la hornacina más profunda del ábside. Simple, elegante, y muy eficaz en términos ceremoniales y honoríficos.

11 Aunque bastante deteriorada, en Villa Adriana también podemos visitar una biblioteca –la denominada Biblioteca Griega, junto al Teatro Marítimo–, que ratifica la estructura visual detectada en Éfeso: su cabecera, en este caso rectangular, también se resuelve desde un *eje visual* situado sobre una partición "3 a 2" de su profundidad total, con las visuales buscando como referencia el punto axial más profundo del ábside.

ESPACIOS ABSIDALES EN LOS COMPLEJOS TERMALES

En la tradición constructiva romana las formas absidales fueron utilizadas en situaciones que hoy nos pueden resultar algo chocantes, por ejemplo, en los espacios termales. Pero debemos tener presente que en la organización social romana las termas eran mucho más que un simple recinto destinado a la higiene y limpieza corporal. La ritualidad asociada al ejercicio, al baño, al masaje, al cuidado del cuerpo, a la conversación, a la lectura, a la música o al paseo, estaba muy presente en ellas. La suntuosidad como reflejo del prestigio de sus promotores, el culto a alguna divinidad protectora, y la sofocante retórica de exaltación del divino emperador de turno, exigían la presencia en las termas de un componente ritual al que los espacios absidales podían ser serviciales. De hecho, es fácil corroborar su sistemática presencia en buena parte de ellas, por ejemplo, en las de Pompeya y Caracalla, aunque en ambos casos su estado de conservación no permita llevar el análisis más allá de la simple constatación de su forma genérica.

Un ejemplo temprano, bien conservado y de fácil observación, lo encontramos en el ***Caldarium de las Termas masculinas*** de ***Herculano***, *un espacio* construido en torno al año 25 a.n.e. *¿Qué conexión establecen las dos partes que configuran su espacio interior?* El croquis 12 derecho y la imagen 6 dan la respuesta.

Tal como acabamos de reconocer en la Sala de los Filósofos, cuando accedemos al interior del Caldarium por cualquiera de sus puertas laterales, las jambas posteriores nos ofrecen una *accesibilidad visual* completa, y muy precisa, hasta el *fondo riguroso del pequeño ábside* que la culmina. Es un muy buen ejemplo de cómo, una estructura visual, imprescindible en un proyecto con gran responsabilidad escenográfica –como la Sala de los Filósofos–, también se utilizó para resolver situaciones de menor carga ceremonial. La sencillez instrumental de esa solución, su probada eficacia constructiva y su amplio dominio por parte de los arquitectos y de los equipos de constructores romanos, pudo facilitar su generalización.

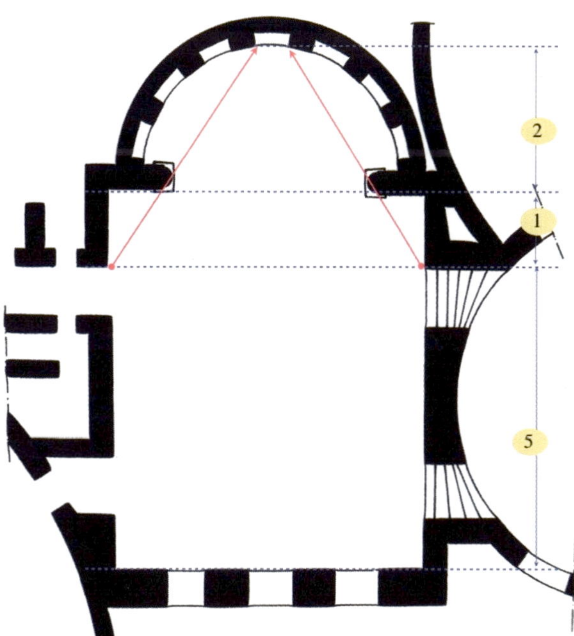

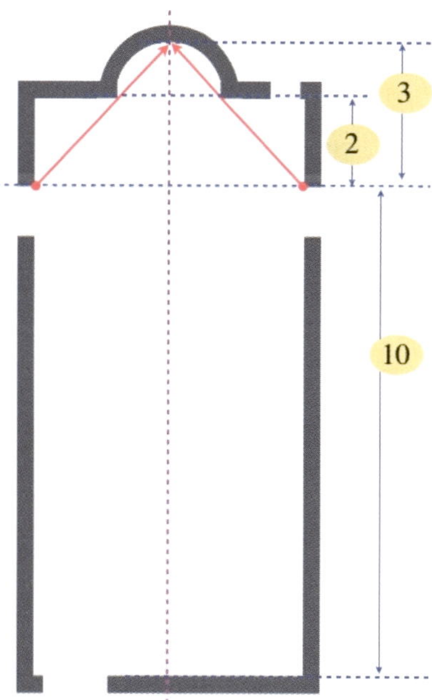

Croquis 12. Izquierda: Trama para la sala de los Filósofos, en Villa Adriana. Derecha: Trama que resuelve la estructura del Caldarium de las Termas masculinas de Herculano, con el eje visual apoyado sobre una partición muy precisa "3 a 10" hasta el fondo del ábside. Es interesante comparar ambas soluciones. En Villa Adriana, de las "8 partes" de la longitud interior total, la nave ocupa "6" y la cabecera "2", y para situar el eje visual su arquitecto utilizó un gesto muy simple: lo colocó "1 parte" antes del inicio del ábside En Herculano optó por atribuir "13 partes" a la longitud interior, con "1" para el ábside y "12" para la nave, y situó el eje visual "2 partes" antes del inicio del ábside. En ambos espacios esa operación definió simultáneamente el eje visual y la posición de las puertas laterales, cumpliendo así los objetivos escenográficos buscados. Una vez más, estamos ante una solución muy eficaz, que destaca por su elegancia y aparente sencillez.

Imagen 6. Arriba: vista de la cabecera de la Sala de los Filósofos, en Villa Adriana, con la trama visual detectada. Abajo: lo mismo para el Caldarium de las Termas masculinas de Herculano. La similitud de ambas soluciones es muy clara. Imprescindible fijarse en la cubierta abovedada de Herculano.

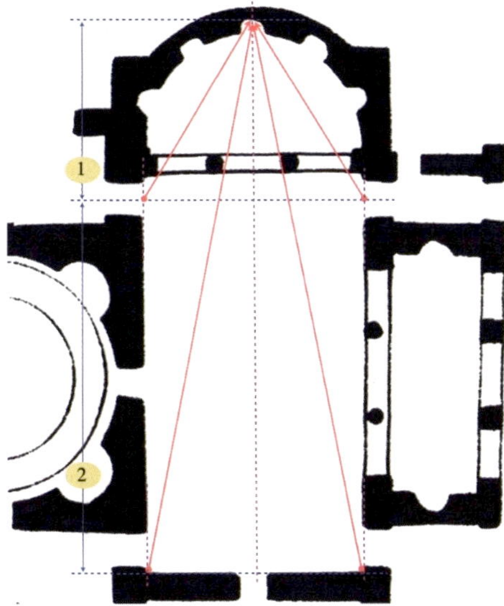

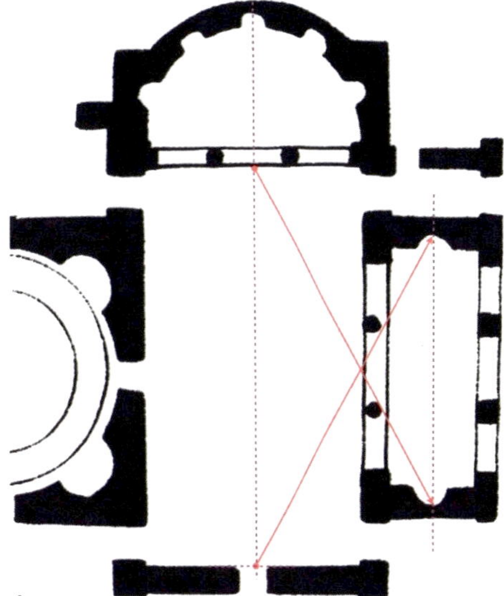

Croquis 13. Trama para la Sala Frigidarium de las Grandes Termas de Villa Adriana. Izquierda: el eje visual está situado sobre una partición muy precisa del tipo "1 a 2" de los 27,16 metros entre el muro trasero de la nave y el fondo de la hornacina axial, coincidiendo con el eje central de las puertas laterales más cercanas al ábside –una variante sobre las soluciones de Herculano y de la Sala de los Filósofos–. Las visuales que parten de él se apoyan en el cerramiento diafragmático de acceso a la pileta. Las que parten de los vértices traseros de la nave lo hacen en el perfil interior de las columnas exentas. Derecha: trama para el espacio lateral.

Para ratificar lo observado en Herculano, una buena decisión es volver a ***Villa Adriana*** y disfrutar ahora del ambicioso proyecto para la ***Sala Frigidarium de las Grandes Termas***, situadas poco antes de llegar al Canopo. Fueron construidas durante la segunda fase de la Villa, entre los años 121 y 125, para disfrute de los exclusivos invitados del emperador.

El Frigidarium está conformado por una nave rectangular a la que se adosa una pileta para el baño, de perfil semicircular, presidida por una generosa hornacina axial. Nave y pileta se relacionan a través dos potentes columnas exentas, que colaboran en el sustento de la bóveda, de la que hoy todavía se conserva una pequeña parte. *¿Qué trama asegura la congruencia de esta multiplicidad de elementos?*

Sala rectangular, columnas exentas, cerramiento de acceso a la pileta y hornacina axial mantienen en buen estado sus respectivos perfiles, lo que permite reconocer, con mucha fiabilidad, la presencia de dos juegos de visuales bastante precisos: el primero parte del *eje visual*, situado en este caso sobre el eje central de las puertas laterales de acceso a la sala, y busca el *fondo de la hornacina* axial (croquis 13 izquierdo).

Excelente gesto, pero el placer del descubrimiento no termina ahí: si recorremos los casi 20 metros de longitud de la nave central hasta alcanzar sus vértices traseros, podemos observar, por segunda vez, y nuevamente con notable precisión, el *fondo de la hornacina axial* (imagen 7). *¿Qué había en esa hornacina, capaz de concitar sobre ella ambos juegos de visuales?* Extraordinario, tanto por la lógica constructiva que denotan como por la carga simbólica que sugieren ambos trazados.

Pero hay más: a la derecha de la sala central del Frigidarium, tras otra dos columnas exentas bien conservadas, encontramos un espacio rectangular con sendos nichos axiales. *¿También participa en el tratamiento escenográfico?* El croquis 13 derecho muestra que desde el punto medio del muro trasero de la gran sala rectangular (imagen 8) y desde el centro del perfil de cada uno de esos nichos, siempre con el perfil interior de las columnas exentas como apoyo tangencial. Magnífico. El nivel de elaboración proyectual para una sala termal ha aumentado varios escalones respecto de Herculano. Pero recordemos que estamos en una residencia palaciega construida en el periodo de mayor creatividad arquitectónica de la etapa imperial. Excelente coherencia.

La Sala Frigidarium de las Grandes Termas no solo ha ratificado todo lo observados en los espacios absidales anteriores, sino que también nos ha permitido dar un nuevo paso en el análisis de la complejidad espacial.

Imagen 7. Sala Frigidarium de las Grandes Termas, en Villa Adriana. Arriba: desde el fondo de la hornacina axial, el perfil interior de las columnas exentas de la pileta se alinea con los vértices traseros de la gran nave central. Abajo: El estado de conservación de los alzados no permite llevar el análisis a ese terreno, pero como motivación para quienes visiten el Frigidarium, dejamos constancia de que, desde el muro trasero de la gran nave podemos apreciar está interesante alineación entre el final del muro del ábside y el final del fuste izquierdo y del perfil del capitel de la columna derecha de la pileta.

Imagen 8. Desde el punto medio del muro trasero de la gran sala central del Frigidarium, al fondo del nicho absidal en la cabecera del espacio lateral. El hueco negro –de perfil cuadrado– cercano a la base de la columna identifica este punto.

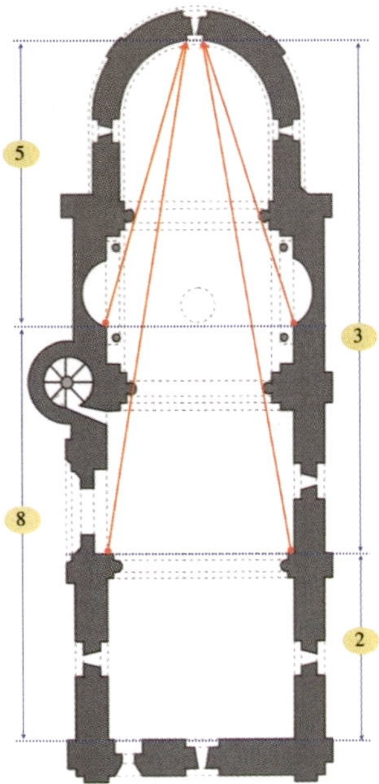

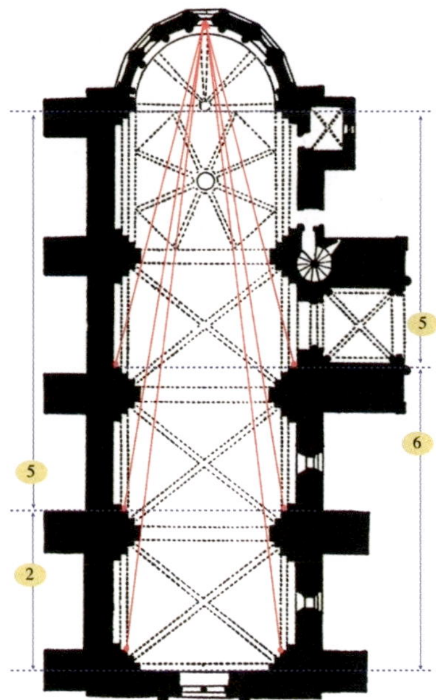

Croquis 14. Tramas en planta para Monasterio de Rodilla (izquierda) y Notre-Dame-du-Lac du Thor (derecha). Quién las visite también debe dedicar especial atención a la excelente trama en alzado para la cúpula sobre el tramo final de la nave.

Todos los espacios absidales analizados han utilizado el fondo del ábside como referencia privilegiada, en un gesto que anuncia la futura escenografía cristiana, lo que podemos comprobar comparando esa *solución* con la utilizada en las arquitecturas lineales cristianas, cuya estructura no hemos analizado en la primera parte del texto por falta de espacio. Para subsanar esta limitación y mostrar su enorme deuda con la tradición romana, basta acercarse a la iglesia de Monasterio de Rodilla y a Notre-Dame-du-Lac du Thor, dos magníficos edificios del siglo XII.

Tal como recoge el croquis 14, dos juegos de visuales en el primer caso y tres en el segundo, resuelven su estructura interior, y todos ellos buscan el fondo del ábside, rigurosamente en el caso de Lac du Thor y las jambas de la ventana axial en el caso de Monasterio de Rodilla[12]. Ambas soluciones son tan deudoras de las utilizadas en la Biblioteca de Éfeso, en el Caldarium de las termas de Herculano, en la Sala de los Filósofos y en el Frigidarium de Villa Adriana, que tanto en Monasterio de Rodilla como en Lac du Thor también encontramos que el perfil de la jamba anterior de la puerta lateral actúa como punto de apoyo para una de las visuales, lo que nos sitúa en relación directa con el fondo del ábside desde el mismo momento en que pisamos el umbral de acceso a sus respectivos espacios interiores.

EL ESPACIO ABSIDAL ASUME FUNCIONES SACRAS

Junto a las tareas representativas y ceremoniales, las estructuras absidales también fueron utilizadas para resolver los temas sacros, tanto los relacionados con las diferentes deidades, como los asociados con el culto a la divinizada persona del emperador de turno. En este sentido, la visita a ***Pompeya*** es especialmente rentable, pues en el lado este del ***Foro*** encontramos cuatro edificios contiguos que responden a esa función, lo que nos permite contrastar entre sí lo que cada uno de ellos nos enseña.

12 En ambos templos la anchura del ábside es muy similar a la de la nave, y los gruesos pilares adosados a lo largo del muro de la nave central colaboran en el cierre diafragmático de las visuales sobre el ábside. Si queremos observar el comportamiento de la trama en un espacio lineal con un ábside de anchura bastante menor que la nave, Santa Maria dei Miracoli, en Venecia (siglo XV) y Barthoomew the Less, en Londres (siglo XVIII), nos ofrecen una magnífica oportunidad.
Otros ejemplos lineales también interesantes son el Cristo de la Luz, en Toledo; Elines, en Cantabria; San Pedro de Tejada y Santa Maria de Siones, ambas en Burgos; Saint-Restitut; y con menos precisión Saint Gal, en Roffiac.

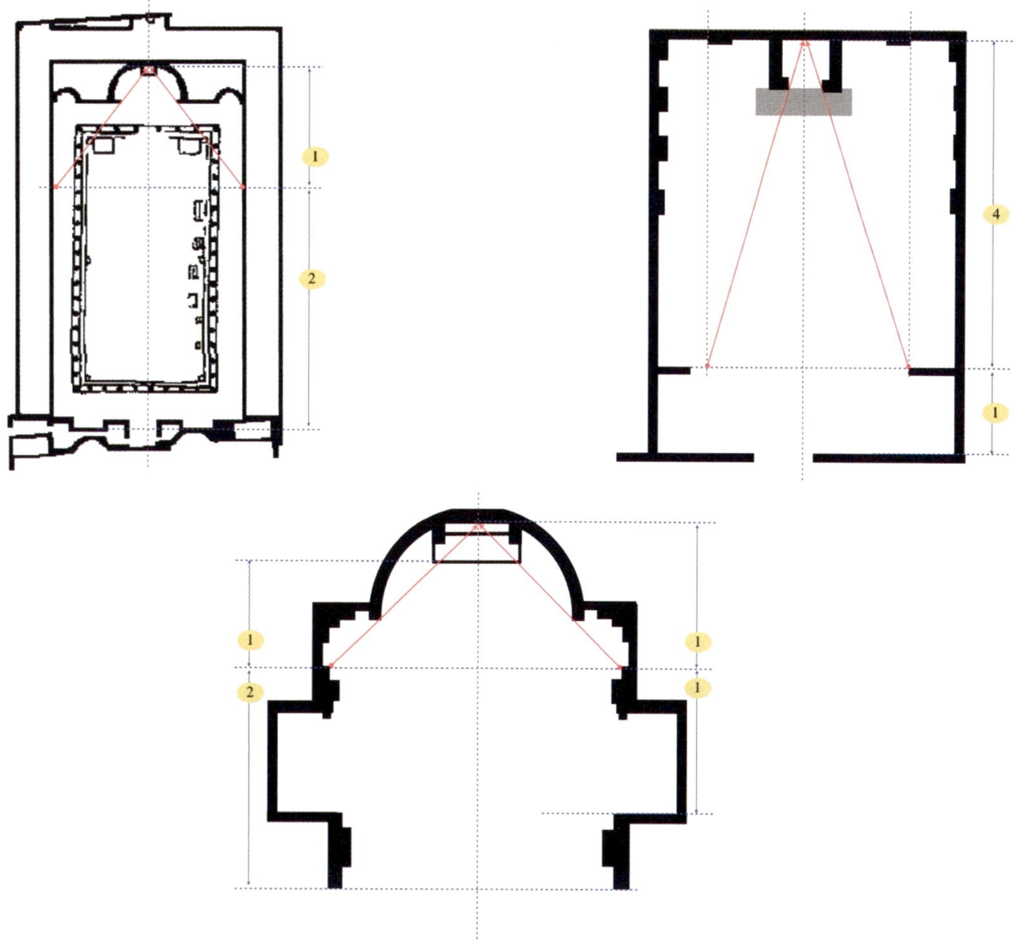

Croquis 15. Foro de Pompeya. Arriba: trama visual para Eumachia (izquierda) y para el Templo de Vespasiano (derecha). Abajo: Trama para el Santuario de Lari Pubblici, con su doble partición asociada. El débil estado de conservación de la estructura interior de estos tres espacios dificulta situar los puntos de apoyo y las referencias con la precisión habitual. Su observación puede resultar, pues, menos gratificante.

En el extremo sureste del Foro encontramos un edificio relacionado con el comercio de la lana, fechado a comienzos de nuestra era. Junto a su papel como sede gremial, albergaba el culto a ***Eumachia***, patrona de los lavanderos, y que da nombre al edificio. A ella está dedicado un ábside emplazado en lado corto más profundo, cuyo programa visual es muy simple: desde los extremos de una *partición* "1 a 2" de los 37,32 metros de longitud interior total, un par de visuales buscan el fondo del ábside ceremonial (croquis 15 izquierdo).

A su izquierda encontramos el ***Templo de Vespasiano***, de similar antigüedad, dedicado al culto imperial. En su parte más profunda todavía conserva restos del podio que acogía la estatua en bronce del emperador. En el centro de la sala podemos reconocer un altar de mármol destinado a los sacrificios rituales. El *eje visual* está situado sobre una *partición* "4 a 1", de los 22,14 metros de la longitud interior total, con visuales focalizadas, una vez más, sobre el fondo del ábside, en este caso rectangular.

A su izquierda encontramos el ***Santuario de Lari Pubblici***, construido tras el terremoto del año 62 para aplacar la ira de los dioses protectores de Pompeya, e invocar –de forma infructuosa, obviamente– su amparo ante posibles futuras desgracias para la ciudad –recordemos que la erupción del Vesubio fue en el año 79–. En la cabecera podemos reconocer parte del altar ritual. El croquis 15 inferior recoge el comportamiento de su *eje visual* y la doble *partición* asociada.

La regularidad de las soluciones construidas por los arquitectos romanos para los siete espacios absidales que acabamos de visitar, creemos que pone de manifiesto la existencia de una ***ley fuerte de validación*** *para estas estructuras espaciales que obliga a las visuales a buscar* ***referencia en lo más profundo de la cabecera****, con el ofrecimiento sistemático de los vértices de acceso al ábside como apoyos tangenciales. Por supuesto, el eje visual del que parten debe cumplir con una* ***partición en términos enteros simples*** *del conjunto del espacio interior*[13].

III - EL ESPACIO ABSIDAL SE HACE MÁS COMPLEJO

Tras esta breve iniciación a las estructuras más simples, estamos en buenas condiciones para aceptar el reto de acercarnos a formas más complejas, y para hacerlo de forma ordenada comenzaremos en ***Villa Casale*** en ***Piazza Armerina***, en ***Sicilia***.

Construida en la última década del siglo III por iniciativa de ***Maximiano***, quien más la utilizó fue su hijo, el también ***emperador Majencio***. El buen estado de conservación de los refinados mosaicos que cubren todo su pavimento interior –visita obligada– garantiza la originalidad del perfil de sus salas, entre las que destaca la denominada ***Basílica***[14], que, cual sala palatina, estaba dedicada al culto imperial y al ceremonial de recepción y acogida de los invitados a la Villa.

Tal como muestra el croquis 16, el primer gesto de calidad en su diseño lo encontramos en las visuales que, partiendo desde el muro lateral de la sala, buscan el *fondo del ábside*: el *eje* que las apoya define una *partición* "2 a 5" de la longitud total. Plena normalidad, pues, en el cumplimiento de la *ley fuerte de validación* para esta tipología espacial[15].

Pero en los espacios de mayor responsabilidad institucional los arquitectos imperiales siempre llevaban las cosas un poco más lejos, y en este caso la escenografía se refuerza con dos juegos de *dobles visuales*, que partiendo desde fuera de la sala –en concreto, desde el perfil anterior/interior de dos columnas del corredor del peristilo–, buscan la cabecera de la Basílica a través de la puerta de acceso a la sala (croquis 16 izquierda). Con buena precisión, dos visuales inciden en el fondo del ábside. Pero las otras dos tienen un comportamiento ligeramente asimétrico: la visual que se dirige hacia la izquierda señala muy bien el vértice de la sala rectangular, mientras que la que se mira hacia la derecha busca al vértice del ábside. Difícil decidir cuál es la referencia real, pues ambas construyen una carga escenográfica de valor muy similar. Quizá la desaparecida decoración del entorno de ambos vértices podría matizar lo que hoy observamos. Pero ante tales dudas, dejamos constancia de que la visual al vértice de la sala es algo más precisa (imagen 9).

Como resultado de esta concertación de formas y dimensiones –anchuras del ábside, de la nave y del vano de la puerta de acceso a la nave; posición de las columnas en su umbral; y anchura del corredor del peristilo y ritmo de su columnata exenta–, los invitados a la Villa, tras disfrutar del paseo por el peristilo, de la contemplación de las escenas en sus mosaicos, y de la vista del jardín y del estanque central, cuando alcanzaban el corredor anexo a la Basílica, desde cualquier punto situado entre las segundas columnas exentas, a derecha e izquierda de su eje axial, siempre podían observar el fondo riguroso del ábside y muy buena parte de lo que estuviese ocurriendo en la cabecera, lugar preferente para las apariciones del divinizado emperador. El marco escenográfico definido por la trama se ha extendido más allá de la sala, hasta el peristilo, que queda incorporado como zona ceremonial y de acogida. Excelente Villa Casale.

13 Esa situación también la hemos observado en Villa San Marcos, en Stabiae; la Basílica del Foro de Pompeya; la Basílica de Bati, en Assos; y en la Basílica de Constantino, en Tréveris.

14 Sala 58, espacios a y b, según la señalización oficial de la Villa.

15 Villa Casale es un lugar muy interesante para analizar este tipo de espacios, todos ellos cumplidores de la *ley fuerte de validación*. Por ejemplo, la denominada *Sala absidiata* (espacio 38 a, b y c de la señalización oficial, a la izquierda de la Basílica) sitúa su *eje visual* sobre una *partición* "4 a 3" de la longitud total.
Para el *Cubicolo con alcova* (sala 39, espacios a, b y c), con un ábside rectangular, esos valores son "7 a 1", y "3 a 4".
A la derecha de la Basílica encontramos otra *Sala absidiata* (la número 41), donde la doble *partición* toma los valores "3 a 2" y "1 a 1".
Junto a ella encontramos la *Stanza absidiata* (sala 45, espacios a y b), con el *eje visual* sobre una *partición* "3 a 2" del espacio interior total.
Finalmente, la *Diaeta di Orfeo* (sala 35) la define en "4 a 5".

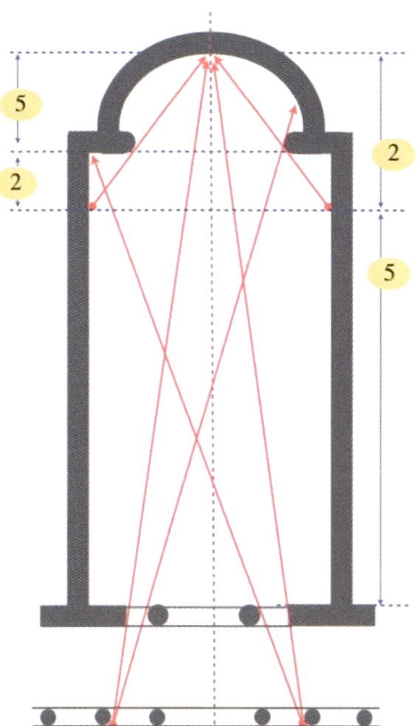

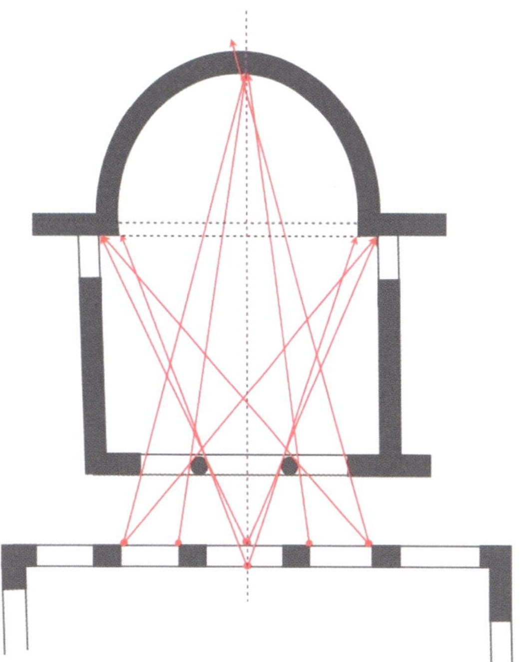

Croquis 16. Izquierda: trama para la Basílica de Villa Casale. La imagen 9 está tomada desde el apoyo sobre el perfil anterior/interior de la columna derecha del peristilo. Derecha: trama completa para la Sede degli Augustali, en Ostia.
Como en todos los croquis, los apoyos están situados con mucho detalle para facilitar la reproducción de la experiencia.

Imagen 9. Basílica de Villa Casale. Doble visual desde el perfil anterior/interior del pilar derecho de la galería del peristilo (croquis 16 izquierdo). La visual derecha busca el fondo riguroso del ábside y la izquierda el vértice de la sala rectangular, en su encuentro con la cabecera.

Con el objetivo explícito de ratificar lo observado en Villa Casale nos dirigimos ahora hasta la ***Sede degli Augustali***, en ***Ostia***, un edificio construido entre los años 150 y 160, destinado a albergar las reuniones y actividades del cuerpo sacerdotal encargado de promover la divinización de Augusto y el culto a su imperial figura.

Tal como muestra el croquis 16 derecho, el espacio sacro está conformado por un ábside semicircular y una gran sala cuadrangular, abierta a un generoso peristilo[16]. Dada la pequeñísima diferencia de anchura entre la sala y el ábside, no se producen problemas de *accesibilidad visual* entre ambos espacios, haciendo innecesaria la presencia de un *eje visual* que la resuelva y optimice. Muy bien podríamos pensar, pues, que se trata de un espacio que carece de trama visual, por innecesaria. Pero la cercanía de su estructura espacial con la de la Basílica de Villa Casale, motiva la pregunta sobre la posible relación entre la sala y el corredor exterior del peristilo, y cuando seguimos la misma metodología observacional utilizada en la Villa, la respuesta es espectacular: un juego de *dobles visuales* parte de los pilares más laterales del corredor del peristilo[17], asociándose con gran precisión con el punto más profundo del ábside y con los vértices de la sala cuadrangular[18] (imagen 10 superior). Un segundo juego parte de los pilares más cercanos al eje axial, y busca nuevamente el fondo del ábside.

El esquema se completa desde el eje axial con otros dos pares de visuales que, partiendo desde los perfiles anterior y posterior del cerramiento del peristilo, buscan los vértices rigurosos del ábside y de la nave (imagen 10 inferior).

La conclusión es clara: al igual que en Villa Casale, también en la Sede degli Augustali los pilares del peristilo participan en la definición de *una secuencia dinámica que nos recuerda el comportamiento de las naves laterales de los templos cristianos.* En efecto, cuando caminamos desde cada extremo del corredor del peristilo, alineados con sus pilares, *nuestra mirada va accediendo al interior de la cabecera, hasta que alcanzamos el vértice interior del primer pilar que sale a nuestro encuentro, momento en el que podemos observar, con suma precisión, todo el espacio comprendido entre el vértice opuesto de la sala y el punto más profundo de ábside (imagen 10 superior). Es la primera etapa de este camino iniciático.* Al seguir caminando hacia el eje axial del edificio, mantenemos una buena relación visual con el fondo del ábside, pero de tono genérico. *Cuando alcanzamos el siguiente pilar exento del peristilo recuperamos la visión precisa sobre su punto más profundo. Hemos alcanzado la segunda etapa del camino iniciático.* A partir de ese momento la relación con el fondo del ábside se interrumpe, pues la columna exenta del umbral de la sala cuadrangular lo eclipsa, de modo similar a lo que ocurre con los pilares del crucero cristiano. *Pero al llegar al eje axial la visión se recupera, recomponiendo un marco observacional de la máxima tensión escenográfica: todo el ábside central, de vértice a vértice preciso de la sala cuadrangular, se entrega a nuestra mirada (imagen 10 inferior). Se trata de la tercera estación del camino iniciático. Pero la escenografía no finaliza aquí: si retrocedemos un paso y nos situamos en el perfil anterior del peristilo, siempre sobre el eje axial, la visión se cierra ligeramente hasta coincidir con los vértices rigurosos de la cabecera semicircular.* Extraordinario conseguir tan densa y exhaustiva dinámica escenográfica –y concordancia espacial–, con tan solo cuatro gestos visuales.

Una vez más, cada dimensión y elemento arquitectónico concreto, solo adquiere –y muestra– toda su intención y valor cuando lo consideramos en relación con su entorno, y desde la dimensión simbólica del espacio que construye. También en la tradición constructiva romana lo relacional y simbólico aporta la mejor comprensión de lo individual.

Excelente la Basílica de Villa Casale y el espacio sacro de la Sede degli Augustali, pues nos han mostrado que solo desde el conocimiento del marco ideológico en el que fueron concebidos y utilizados estos espacios, podremos entender el porqué de sus formas y dimensiones. Imprescindible, pues, mejorar el conocimiento, en detalle, del marco ritual y protocolario de los espacios institucionales romanos.

16 Los espacios auxiliares de la Sede degli Augustali, incluido el peristilo, son muy irregulares, pero el recinto sacro posee una base geométrica bastante cuidada. Su interior se inscribe en un rectángulo "3 a 4", repartido en "4 a 3" para la sala y "3 a 2" para la cabecera semicircular.

17 En concreto desde el perfil posterior/interior de los pilares tal como señala con precisión el croquis 16 derecho. En Villa Casale lo hacen desde el perfil anterior/interior.

18 A destacar que solo una de las diez visuales que integran su trama, aparece ligeramente desviada de su referencia.

Imagen 10. Sede degli Augustali. Arriba: desde el perfil del pilar más izquierdo de la secuencia dinámica descrita en el texto, doble visual al fondo del ábside –marca blanca– y al vértice de la sala cuadrangular –a la derecha–. Abajo: desde el eje axial, visuales a los vértices rigurosos de la nave cuadrangular, con todo el ábside visto.

Imagen 11. Vista general del altar ceremonial adosado al muro trasero de Macellum, con el altar enmarcado por dos enérgicos machones.

CUANDO LA CABECERA SACRA ADOPTA LA FORMA RECTANGULAR

De la secuencia de espacios situados en el lado este del Foro de Pompeya todavía nos queda una última visita pendiente, y ha llegado el momento de realizarla. Se trata del edificio situado más al norte, el ***Macellum***, un mercado porticado de planta rectangular, con los restos de un pabellón circular en su centro.

Construido entre los años 130-120 a.n.e., resultó bastante dañado durante el terremoto del año 62, tanto, que en el momento de la erupción del volcán no se había completado su rehabilitación. Los puestos de venta de carne, pescado, fruta, vino, ... ocupaban la mayor parte de su perímetro interior y exterior, excepto el lado corto más profundo, que albergaba un gran altar ceremonial emplazado sobre un podio sobrealzado por cinco enérgicos escalones (imagen 11)[19].

Es bastante inmediato detectar que la *accesibilidad visual* a este espacio se gestiona desde el eje central de la puerta lateral de acceso al Macellum. Caminando sobre él, cuatro *marcas constructivas* muy claras –la línea de acceso al interior del mercado, la anchura media de la galería longitudinal, el perfil del patio central, y la prolongación del perfil exterior del machón izquierdo de la cabecera (croquis 17)– nos colocan frente a cuatro puntos esenciales de la cabecera: *el vértice trasero de la cella, el vértice delantero derecho del altar* (imagen 12 izquierda), el *centro del muro trasero*, y el *vértice delantero izquierdo del altar* (imagen 12 derecha). Impecable, pues esta trama provoca que, *al seguir el itinerario más obvio para el acceso al mercado –el eje de la puerta lateral prevista a tal efecto–, todo visitante recorra visualmente la secuencia escenográfica completa programada para la cabecera sacra*. Y todo ello *bajo el estricto control y la impositiva presencia de la figura del emperador –es la hipótesis más firme– que presidía la actividad del mercado desde el fondo del altar, posición desde la que se dispone de una visión precisa y completa del conjunto del espacio interior del mercado, hasta sus vértices anteriores.*

19 Según algunos estudiosos este altar se incorporó en el periodo imperial, tras el terremoto del año 62.

Imagen 12. Izquierda: visual al vértice anterior derecho del altar de Macellum. Derecha: a su vértice anterior izquierdo.

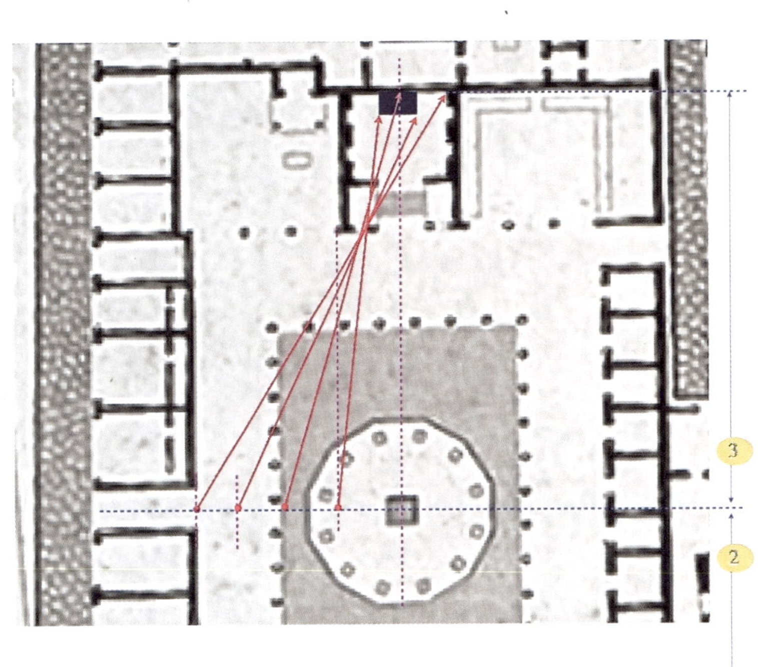

Croquis 17. Trama para el Macellum. Solo hemos representado las visuales desde el lado izquierdo para mayor claridad de las referencias buscadas.

UNA CABECERA SACRA RECTANGULAR TAMBIÉN PUEDE ASOCIARSE CON UN PERISTILO PORTICADO

En el entorno de Pompeya y Herculano se construyeron numerosas villas residenciales que también fueron sepultadas por la erupción del Vesubio. Una vez excavadas y consolidadas, algunas ofrecen buenas oportunidades para el análisis de su espacio interior. Un ejemplo muy interesante, tanto por su estado de conservación como por el rigor de su trazado, lo encontramos en ***Villa Popea***, en ***Oplontis***, fechada en la tercera década a.n.e., coincidiendo con los inicios del periodo imperial. Un dato que da idea de su importancia es que llegó a ser residencia de Sabina Popea –de ahí su nombre–, segunda esposa de Nerón.

El espacio que aquí nos interesa es su ***Larario***, estancia obligada en toda gran residencia campestre, reservada al culto doméstico de las divinidades protectoras de la casa y sus bienes, así como de los campos, animales y esclavos. El de Villa Popea consta de una gran sala cuadrangular –ajustada con bastante precisión a "5 a 4"–, que incluye un ábside rectangular –no dimensionado en términos simples– que todavía conserva un generoso altar adosado al muro trasero. La sala se abre a un amplio peristilo porticado, con jardín central, una fuente y un árbol, símbolos de la vida y la fertilidad. Los croquis 18 y 19 muestran esa composición espacial.

La trama que gestiona este larario está resuelta con la intervención colegiada de tres pares de visuales: desde los extremos del *eje visual* se busca el punto más profundo de la cabecera[20], definiendo de ese modo la anchura del ábside. Tras ello, desde los vértices anteriores de la sala, una doble visual puede determinar simultáneamente el vértice de la cella, la anchura y profundidad del altar, optimizando su visión desde el fondo de la sala[21]. Excelente. Las imágenes 13 y 14 lo muestran.

El juego escenográfico se completa desde una *partición* muy precisa "2 a 1" de la anchura del corredor del peristilo, desde donde se buscan los extremos rigurosos de la línea de acceso a la cabecera[22]. A destacar que ese eje coincide con el de la puerta lateral de acceso al peristilo, a la derecha del croquis 18. Al acceder por ella y seguirlo, los visitantes quedaban colocados en una posición escenográfica óptima, con una visión panorámica de la cabecera. Estamos ante un nuevo ejemplo de un peristilo que colabora con la trama, ampliando el espacio sacro definido, ahora de perfil rectangular.

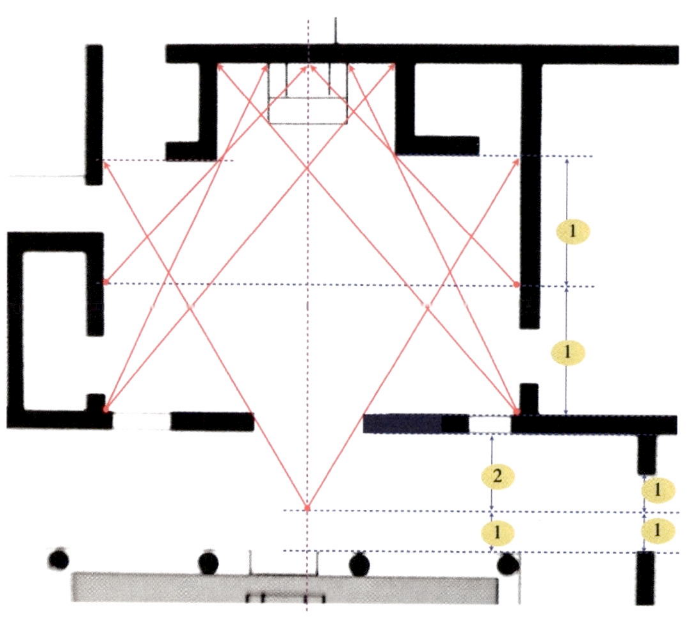

Croquis 18. Trama para el Larario de Villa Popea, con gran protagonismo del altar.

20 La mejor precisión se consigue desde el lado derecho de la sala.

21 Aunque más deteriorado y, por lo tanto, de observación más imprecisa, la Caserna dei Vigili, en Ostia, muestra gestos similares sobre la parte frontal de su altar sacro.

22 La anchura de la puerta de la sala es una variable disponible para esta operación relacional, pues no está implicada en otros compromisos.

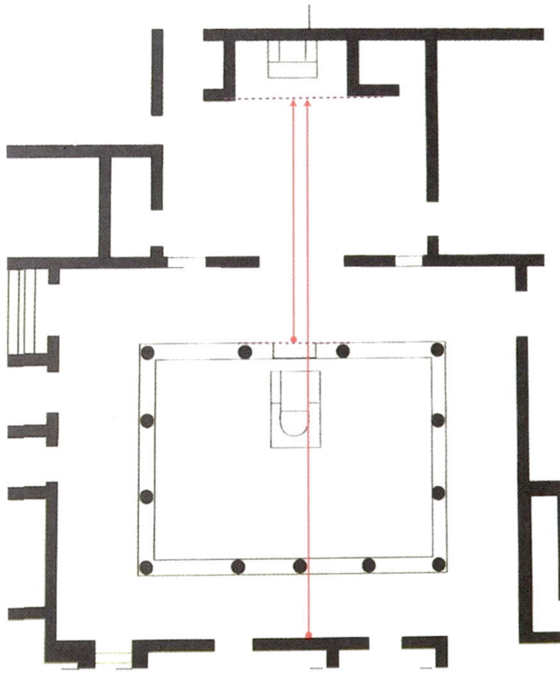

Croquis 19. Trama visual en alzado para el Larario de Villa Popea.

La capacidad de los tres juegos de visuales para focalizar sobre la cabecera la atención de los asistentes al ritual es similar a la elegancia y al minimalismo de los gestos puestos en juego para definirla. Pero si dedicamos unos instantes a pasear por el peristilo, podemos añadir una muy grata sorpresa: *apoyados en el murete del jardín central, el perfil del dintel de la puerta de acceso a la sala se alinea en alzado con el final del muro sobre el ábside; y cuando nos pegamos al muro trasero del peristilo, en el lado opuesto del jardín, con igual apoyo tangencial, la alineación se produce ahora con el perfil del dintel del propio ábside.* El croquis 19 recoge ambos trazados. Por supuesto, el rigor de ambas visuales queda supeditado a que los elementos implicados hayan conservado su posición original, pero su magnífica coherencia escenográfica con las visuales que el Panteón y el Mausoleo de Constantina construirán 150 y 350 años más tarde para sus respectivas cúpulas, nos anima a dejar constancia de ambos gestos[23].

A destacar que en Villa Popea se da una situación muy cercana a la encontrada en la cappella de'Pazzi, en Florencia, pues, mientras su nave estaba bien ajustada a una forma geométrica simple, su cabecera no lo estaba, pero cumplía con mucho rigor con la trama visual, lo que nos llevaba a afirmar que *aquello que no encajaba bien respecto de una forma simple, lo hacía correctamente en términos visuales.* Esa misma conclusión es aplicable al Larario de Villa Popea, construido 1.500 años antes, pues las dimensiones de su cabecera se ajustan tan mal a una proporción simple, como bien a los trazos visuales que acabamos de señalar. Pero hay una diferencia entre ambos proyectos: mientras Brunelleschi situó la cabecera fuera de la nave bien dimensionada geométricamente, el arquitecto de Villa Posea la situó dentro del espacio geométrico regular. Similar voluntad escenográfica, pero diferentes soluciones concretas. Excelente. Un buen ejemplo del enorme potencial y riqueza de posibilidades de la trama.

Los últimos ejemplos analizados han incrementado de forma notable su complejidad, mostrándonos situaciones cada vez más ricas, por implicación de un mayor número de elementos, formas y dimensiones. Incluso la anchura de la galería del peristilo, el ritmo de las columnas y pilares de su arcada, el vano de la puerta de la nave y la posición de las columnas de su umbral, han entrado en el juego relacional, y Casale, Ostia y Oplontis nos han enseñado cómo, a la clásica *trama con apoyo perimetral en la nave y focalizada sobre el fondo del ábside*, se ha sumado una ***segunda buena práctica** encargado de asegurar la mejor accesibilidad visual sobre la cabecera **cuando la observamos desde el peristilo.***

23 Estas dudas solo pueden ser resueltas por la documentación generada por el equipo que excavó y consolidó Villa Popea, y al que no hemos conseguido acceder.

Imagen 13. Larario de Villa Popea. Doble visual desde el vértice izquierdo de la sala: al vértice derecho delantero del altar alineado con el vértice derecho de la cella; y al perfil trasero izquierdo del altar. Los frescos del faldón lateral izquierdo del altar garantizan la originalidad de esa posición.

Imagen 14. Villa Popea. Doble visual desde el vértice derecho de la sala: al vértice izquierdo delantero del altar, alineado con el vértice izquierdo trasero de la cella; y al perfil trasero derecho del altar. En la imagen también se puede apreciar el dintel del acceso al altar y el final del muro superior, elementos que participan en la trama en alzado desde el peristilo.

IV- EL ESPACIO CEREMONIAL ROMANO DESPLIEGA SUS MEJORES GALAS ESCENOGRÁFICAS

Siete estructuras absidales precristiana, de complejidad creciente y notable antigüedad, nos parecen suficientes para subrayar la presencia de una trama visual en la tradición constructiva romana de carácter sacro. Asegurado ese punto, presentaremos ahora algunos espacios ceremoniales muy diferentes entre sí, que nos han sorprendido por la originalidad de su escenografía.

UNA BASÍLICA DE GRANDES DIMENSIONES, DOBLEMENTE IMPERIAL

Comenzaremos por un ejemplo muy atractivo y sugerente: la última basílica romana –construida entre los años 307 y 313–, y la única abovedada. Nos referimos a la ***Basílica de Majencio/Constantino***, el edificio de mayores dimensiones y mejor conservado del ***Foro de Roma***, en el que destaca la presencia de dos ábsides, uno axial y otro transversal. *¿Cómo resolvieron su encaje con el espacio central?*

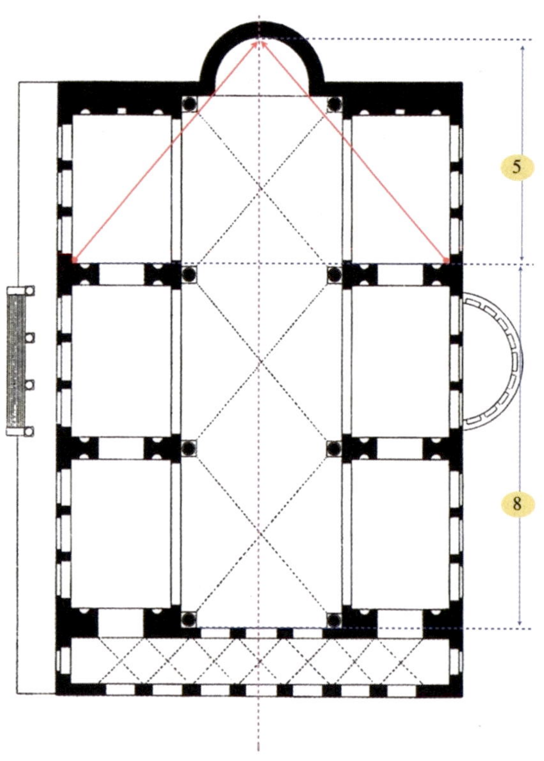

Croquis 20. Trama que define la relación entre el espacio interior de la Basílica de Majencio, y su ábside axial. Planta tomada de G. Dehio y G. Bezold.

El ábside axial fue el primero en ser construido por los arquitectos al servicio del emperador Majencio. Si accedemos a la basílica por el lado opuesto –lado este–, y avanzamos por el eje longitudinal del edificio, las visuales que buscan el *punto más profundo* de dicho ábside las encontramos al situarnos en los vértices anteriores de las salas laterales contiguas a él. El *eje* que une ambos apoyos define una *partición* "5 a 8" –la aproximación a "Ø" más simple en términos enteros–, razonablemente precisa del espacio comprendido entre el fondo del ábside y el muro de la nave central (croquis 20). Este ábside albergaba una imponente estatua de Majencio, de casi 10 metros de altura, cuya misión era magnificar su imperial figura.

En terminología de la trama cristiana, estamos ante un espacio basilical con el "muro de los brazos cruciformes" apoyado en el perfil posterior del primer par de pilares de la nave central, los más cercanos a la cabecera, y con el fondo del ábside situado sobre el *punto de máximo control*, lo que maximiza su capacidad impositiva. Recordemos que las basílicas Santa María in Trastevere y San Paolo f.l.m., levantadas unos 40-50 años más tarde, construyeron idéntica solución para sus ábsides[24].

Constantino, tras vencer en el año 313 a Majencio en la batalla de Ponte Milvio y asumir la jefatura del estado, decidió poner esta basílica a su servicio personal, y a tal fin construyó un nuevo ábside en el lado norte del edificio. *¿Cómo definieron los imperiales arquitectos la estructura de este nuevo espacio presidencial?* Para que el nuevo ábside impusiera toda su contundente frontalidad, se habilitó una nueva puerta de acceso a la basílica en el módulo central del lado sur, a la que se llegaba desde la Vía Sacra del Fórum mediante una corta escalinata. Es un acceso que hoy seguimos utilizando. Al alcanzar el umbral de esta puerta nuestra mirada no solo abarca la totalidad del ábside sino que también incluye, rigurosamente, la luz íntegra de los triples ventanales de los cubículos que lo acompañan lateralmente. Un paso más, muy corto, y al pisar el espacio interior de la basílica nuestra mirada se abre un poco, alcanzado, también con suma precisión,

24 En el capítulo dedicado al análisis de las basílicas cristianas hemos visto varios casos similares en construcciones más tardías, por ejemplo, San Bartolomeo in Pantona, en Pistoia; San Miniato al Monte, en Florencia. También construyeron esa misma *solución* San Pietro in Vincoli en Roma, San Vincenzo in Prato, en Milán, y San Pietro, en Agliate.

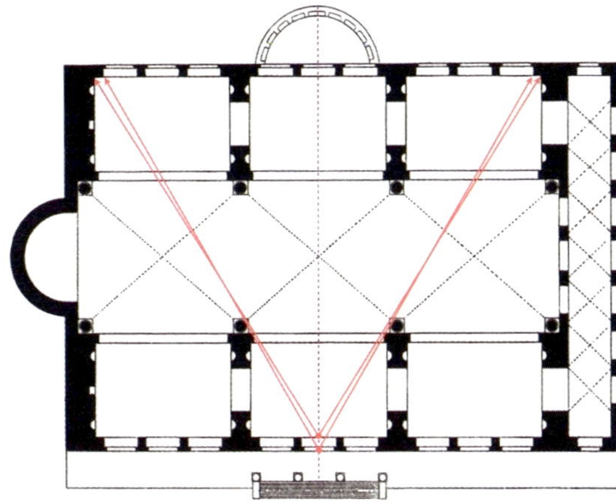

Croquis 21. Doble juego de visuales que podemos observar al acceder a la Basílica de Constantino por su lado sur: hasta las jambas de los ventanales y hasta los vértices rigurosos de los cubículos.

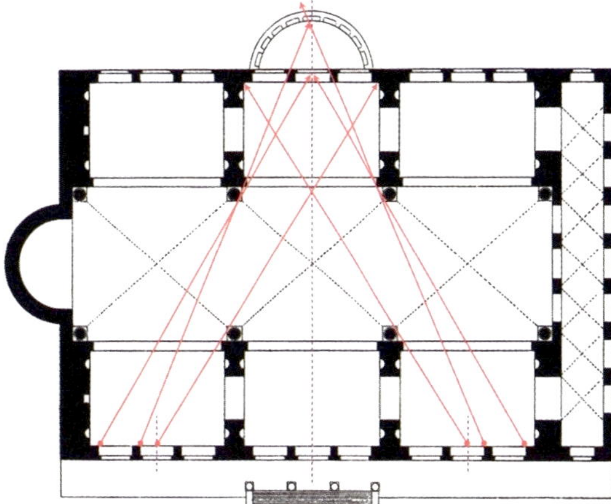

Croquis 22. Trama escenográfica para el ábside incorporado por Constantino. Los elementos que se conservan en el muro sur –algunos actúan de apoyo a esta parte de la trama–, fueron reconstruidos en los primeros años del siglo XIX.

los vértices extremos de ambos cubículos. Todo el espacio frontal de la basílica queda a nuestro alcance visual. El croquis 21 muestra estos momentos iniciales de la nueva estructura escenográfica.

Cuando nos interesamos por la estructura visual específica que valida el ábside, la respuesta la encontramos en los cubículos contiguos al nuevo acceso: el vértice exterior y el punto medio de ambos cubículos se alinean con sus equivalentes en la línea de acceso a la nueva cabecera (croquis 22). Solo resta por definir su *punto de máxima profundidad*, y para ello el arquitecto utilizó como apoyo una tercera *marca constructiva del proyecto original*: el perfil interior del parteluz más periférico de los grandes ventanales de esos cubículos. La visual izquierda es muy precisa, pero la del lado derecho se desvía ligeramente.

Estos tres juegos de visuales colaboran en la construcción de un potente gesto escenográfico: *recoger la mirada* de los visitantes situados en los cubículos laterales, *y focalizarla* sobre el nuevo ábside de Constantino. Y lo hacen de un modo muy minimalista pues, respecto del proyecto original de Majencio, se limitan a añadir una sola nueva visual, que se apoya en una *marca constructiva* ya existente.

El culto a la personalidad del nuevo emperador también incluyo desfigurar la gran escultura original de Majencio, y dotarla de los rasgos físicos del nuevo emperador[25].

Hemos vuelto al siglo IV, pero lo hemos hecho para analizar una forma espacial diferente a las estudiadas hasta estos momentos: una basílica imperial del mayor nivel institucional.

UN PEQUEÑO ALTAR CONFIRMA LA ENORME EXPERIENCIA PROYECTUAL EN LOS INICIOS DEL PODER IMPERIAL

Deseosos de retroceder en el tiempo histórico, nos acercamos ahora a un altar ceremonial erigido por el senado para festejar las victorias militares con las que Augusto había sometido a Galia e Hispania al dominio romano. Nos referimos al ***Ara Pacis Augustae***, construido en Campo de Marte, en aquellos momentos fuera del núcleo central de la ciudad de Roma. Sus obras comenzaron en el 13 a.n.e., y cuatro años más tarde fue inaugurado por el propio emperador. Estamos, pues, ante una obra seminal de la arquitectura imperial.

Sus restos fueron recuperados por el gobierno fascista en una operación destinada a prestigiar la figura de Mussolini, acercándola a las gestas augustales fundadoras del Imperio Romano. Construido en mármol, su basamento se encontró a más de 7 metros de profundidad[26]. Fragmentos importantes de su decoración aparecieron

25 Su cabeza, de más de 2,5 metros de altura, se puede ver hoy en el cercano Museo Capitolino.

26 Enterrado bajo los sedimentos dejados por las periódicas crecidas del Tíber, y por el realzado de esta parte de la ciudad debida a la acumulación de escombros y restos constructivos generados por las obras urbanas durante los últimos 2.000 años.

reutilizados en varios edificios palaciegos de la ciudad, y dispersos por algunos museos locales y extranjeros. Reunidas buena parte de esas piezas, su estructura fue reconstruida para exhibición pública[27].

Se compone de un recinto mural descubierto, de planta rectangular, con dos amplias entradas, una frontal y otra trasera. En su interior, un pedestal sobre cuatro escalones soporta un gran altar ceremonial, también rectangular, destinado a los sacrificios rituales que tenían lugar en honor de la diosa de la paz romana. Una amplia escalinata con nueve peldaños permitía a magistrados, sacerdotes y vírgenes vestales ascender hasta la entrada frontal. En la parte trasera el terreno estaba sobrealzado para que los animales pudiesen llagar con mayor comodidad al sacrificio.

¿Qué criterios compositivos ponen orden y valor a esta reunión de elementos, ninguno de ellos bien proporcionado en términos simples, ni ajustado a algún juego de unidades enteras de medida de la época?[28]

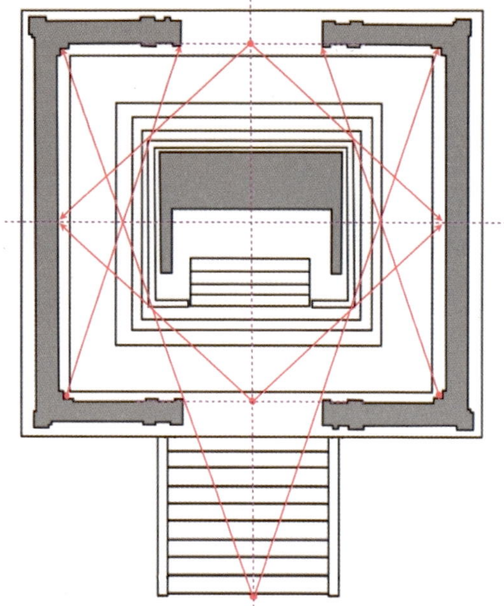

Croquis 23. Ara Pacis, en Roma. Trama visual que gestiona su estructura escenográfica. Planta tomada de A. Cánovas.

El primer gesto de racionalidad escenográfica lo encontramos a los pies de la escalinata ceremonial: situados junto al perfil anterior del escalón inicial, nuestra mirada, contra las jambas de la puerta de acceso frontal, observa con especial precisión los *vértices delanteros del altar* y su perfecta alineación con los *vértices traseros del espacio interior* (croquis 23). Para conseguir esta sintonía visual, la longitud de la escalera (en planta) y la anchura de la puerta frontal deben estar coordinadas con la anchura del altar y con la anchura y profundidad del espacio interior. Esta correlación espacial permitía a los oficiantes, incluso antes de subir al primer peldaño de la escalinata ceremonial, disponer de un doble control: sobre todo lo que estaba situado en el altar, y sobre todo lo que ocurría en la anchura trasera del espacio interior. Conseguir este primer gesto escenográfico ya requiere la implicación de la casi totalidad de las dimensiones fundamentales de la construcción.

Cuando ascendemos por la escalinata ceremonial, nuestra visión se amplía hacia los lados, y al alcanzar el perfil posterior de la puerta frontal, y nuevamente contra los *vértices anteriores del altar*, encontramos con notable precisión *el punto medio de los muros laterales*. La decoración de ambos muros –un bucráneo enmarcado por dos juegos de guirnaldas simétricas– permite disfrutar de la precisión del encuadre.

El esquema escenográfico se completa cuando nos desplazamos a derecha e izquierda, hasta los *vértices anteriores del espacio interior*: ahora son los *vértices traseros del altar* los que se alinean con el perfil de *las jambas de la puerta trasera*[29]. La imagen 15 superior lo recoge. Todas las dimensiones fundamentales del espacio interior han quedado fijadas, y correlacionadas.

Por supuesto, si avanzamos hasta los *vértices superiores del espacio interior*, y tal como muestra la imagen 15 inferior, el último efecto observado se reproduce sobre *las jambas de la puerta delantera*. Es la visual detectada desde el pie de la escalinata ceremonial, pero ahora observada en sentido inverso. Finalmente, desde el *punto*

27 Mussolini llevó a Hitler a visitarlo durante su estancia en Roma.

28 Es una construcción exenta, por lo que no tenía problemas para acomodarse a un proyecto geométrico riguroso, o a un canon métrico simple, si así lo hubiesen decidido sus promotores. Habría que medir con más exhaustividad, pero todo apunta a que el elemento mejor dimensionado es el tablero del altar, que se acerca a los 15 pies romanos de profundidad y a los 18,75 de anchura, configurando un rectángulo (poco agraciado) "4 a 5". Los restantes elementos están lejos de la cualquier regularidad simple. No parece, pues, que el rigor geométrico fuese el criterio hegemónico de su proyecto.

29 A destacar el tremendo protagonismo de los vértices del altar, no solo en este caso, sino también en el Larario de Villa Popea y el Macellum del Foro de Pompeya, edificios que lo han conservado. Cabe suponer, pues, que su desaparición nos priva de conocer una parte importante de la trama visual de los espacios sacros que lo han perdido.

Imagen 15. Trama para el Ara Pacis. Arriba: desde los vértices anteriores del espacio interior, el perfil del altar se alinea con las jambas de la puerta posterior. Abajo: desde los vértices posteriores del espacio interior el perfil del altar se alinea ahora con las jambas de la puerta delantera.

medio de la puerta trasera –la utilizada por los animales para llegar al sacrificio– podemos observar la *anchura media de los muros laterales.* Se trata de un trazado simétrico al que se produce desde el centro de la puerta frontal.

El minimalismo y la exhaustividad de este proyecto son más que notables, pues dos tipos de visuales –entre los puntos medios de los lados y entre los vértices y las jambas de las puertas– fue todo lo que necesitó el arquitecto del Ara Pacis para garantizar la cohesión del conjunto de piezas que configuran el interior del espacio ceremonial y el máximo control desde la escalinata de acceso. Excelente ejemplo de un proyecto de elaboradísima sencillez, para un espacio de pequeñas dimensiones, pero del máximo rango institucional y simbólico dentro del naciente poder imperial romano[30].

UN ESPACIO SACRO AUGUSTAL CONFORMADO ALREDEDOR DE TRES NAVES LONGITUDINALES

Interesados por otros ejemplos que ratifiquen el vigor de la naciente arquitectura imperial, nos dirigimos ahora al ***Sacello degli Augustali***, en ***Herculano***, un edificio que los arqueólogos fechan alrededor de la segunda década antes de nuestra era, y cuyo fin, como en Ostia, era promover las actividades relacionadas con el culto a la personalidad del emperador Augusto, y acoger su celebración.

Su espacio interior –de casi 15 metros de longitud y 12,5 de anchura– está organizado en tres naves longitudinales de similar amplitud, una estructura que no habíamos encontrado hasta estos momentos. Lo preside una generosa cabecera cuadrangular en cuyos muros laterales todavía podemos reconocer las imágenes de tres divinidades romanas: posiblemente Hércules, Minerva y Juno. También conserva parte del podio que soportaba la reglamentaria estatua del emperador. La iluminación interior está resuelta por un lucernario apoyado en cuatro columnas exentas que acotan un espacio central.

Es difícil resistir la excitación y obviar el reto que supone una estructura de ese tipo para un observador conocedor de la escenografía cristiana, más cuando desde el *perfil del par de contrafuertes interiores adosados* a los muros laterales cercanos al pie del edificio –una *marca constructiva*–, nuestra mirada se alinea con una de las aristas del *pliegue* situado *en el vértice* opuesto más profundo de la cabecera. El croquis 24 y la imagen 16 lo recogen. Desde *la anchura media de las naves laterales,* sobre el eje transversal que une el perfil de ambos *contrafuertes interiores*, encontramos otro par de visuales que, gracias al *efecto "diafragma"* de las columnas de acceso a la cabecera, enfocan nuestra mirada sobre el *centro del muro trasero* del ábside (imagen 17). El corte de las visuales a los vértices del ábside define la posición del *punto de máximo control.*

La posición del eje transversal que soporta las anteriores visuales, cumple muy bien con la condición normativa de estar situado con una *partición simple*, en este caso del tipo "2 a 1", de la distancia *entre el muro al pie del edificio* y el *punto de máximo control*[31]. Estamos, pues, ante un *eje visual* que sustenta una trama similar a la de los brazos de una estructura cruciforme cristiana, generando una situación escenográfica tan familiar como desconcertante por su fecha de construcción –recordar que estamos en la segunda década antes de nuestra era–.

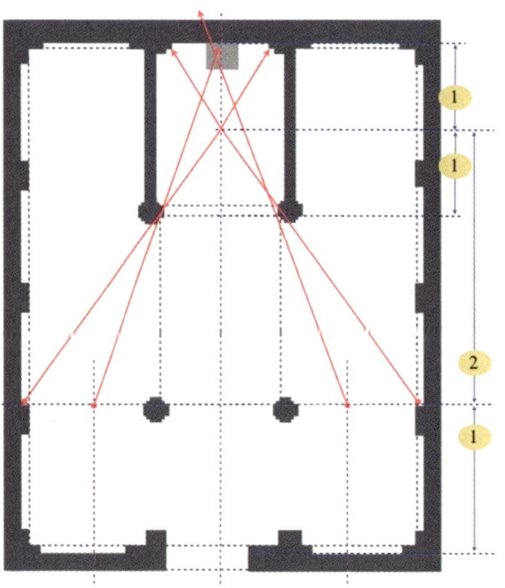

Croquis 24. Trama para el Sacello degli Augustali, en Herculano, desde el eje visual, con una visual ligeramente desviada de su referencia en el centro del muro trasero.

30 Para completar la escenografía que rodeaba a este altar, en el año 10 a.n.e. Augusto trajo desde Heliópolis un gran obelisco que celebraba su victoria en Egipto sobre Marco Antonio y Cleopatra, y lo emplazó como reloj de sol en Campo de Marte, de tal modo que cada 23 de septiembre, aniversario su augusto nacimiento y fiesta de su protector, el dios Apolo, al amanecer, su sombra penetraba hasta el interior del Ara Pacis. Espectacular.
Ese obelisco se encuentra hoy en la Piazza di Montecitorio.

31 Recordemos que tomar como referencia el *punto de máximo control* es la opción ¡¡más impositiva y de mayor carga simbólica de las dos posibles!! No parece, pues, una decisión azarosa tratándose de un espacio para el culto imperial.

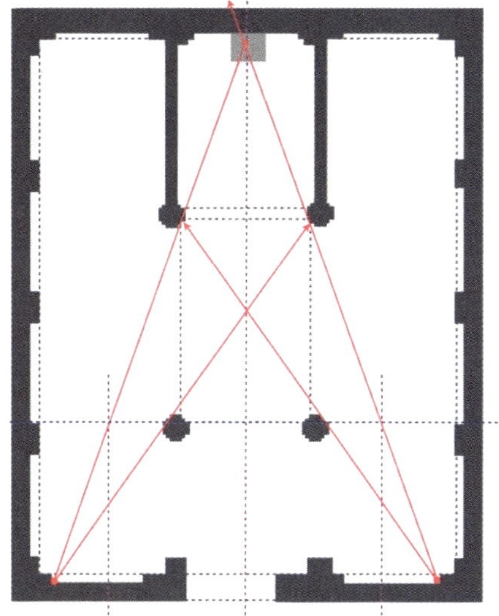
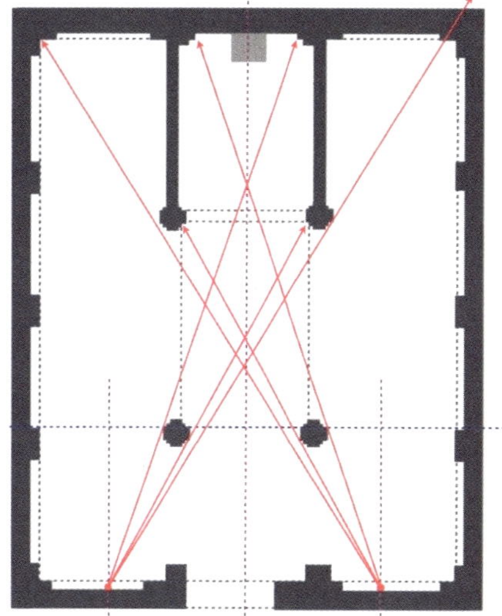

Croquis 25. Izquierda: visuales desde los vértices traseros de las naves laterales del Sacello degli Augustali. Derecha: visuales desde la anchura media de las naves laterales, junto al muro trasero.

Excelente. Pero las sorpresas solo han comenzado: si retrocedemos hasta el muro al pie de las naves, desde los vértices de las naves laterales podemos detectar una doble alineación que optimiza la *accesibilidad visual* sobre la cabecera. En efecto: una visual busca al *punto más profundo de la cabecera*[32] y otra el *vértice de acceso a ella* (croquis 25 izquierdo). Si recordamos las referencias empleadas por la *triple visual paradigmática* que Frómista construye desde el muro de sus naves laterales (ver el croquis 1 del capítulo III), el Sacello degli Augustali acaba de utilizar *dos*. Este fue, sin duda, otro momento de gran estupor y similar placer.

El proyecto podría acabar aquí, pues ya están definidos y concertados todos los puntos interiores con valor constructivo, pero en una demostración de enorme voluntad escenográfica sus arquitectos llevaron las cosas un poco más lejos: si manteniéndonos junto al muro trasero, nos desplazamos hasta la *anchura media de las naves laterales*, el *efecto "forma/grosor"* de las columnas centrales enfoca una *triple visual* sobre *tres vértices importantes: uno en la cabecera central, otro en el "crucero" y el tercero la nave lateral opuesta*[33]. Por segunda vez, la comparación con el *triple trazado paradigmático* de Frómista vuelve a ser desconcertante.

Apoyos siempre sobre marcas constructivas, visuales dobles y triples, eje visual y punto de máximo control, particiones en términos enteros simples definiendo su posición, pliegues en los vértices, efecto "diafragma" en el acceso al ábside, tratamiento "forma/grosor" en las columnas exentas centrales, localización perimetral preferente para los apoyos, concentración de las referencias en la cabecera sobre puntos con alto valor simbólico y escenográfico, ... Y todo ello manejado con enorme *precisión constructiva* y *minimalismo en los gestos implicados. ¿Cuánta experiencia constructiva fue necesario acumular para llegar a concretar las bases conceptuales y los recursos instrumentales capaces de elaborar un proyecto de este tipo? ¿Qué debemos añadir –o quitar– al esquema escenográfico del Sacello degli Augustali en Herculano para obtener la trama más completa y elaborada que hemos encontrado en los espacios cristianos con naves laterales?* Recordemos una vez más que estamos en la segunda década antes de nuestra era, más de 350 años antes de la construcción de las primeras basílicas cristianas. No queda más opción que rendirse a la evidencia: *en los inicios del periodo imperial, los arquitectos romanos más experimentados ya disponían de un bagaje proyectual que incluía la totalidad de los recursos implicados en las leyes fuertes de validación visual y en las mejores buenas prácticas que hemos reconocido en el quehacer constructivo cristiano durante los quince siglos que hemos analizado*[34].

32 Es la prolongación de las visuales que hemos detectado al situarnos sobre la anchura media de las naves, en el eje visual.

33 La visual hacia el vértice de la nave derecha es la única de toda la trama que se desvía ligeramente de la referencia buscada.

34 De hecho, para completar la panoplia de los recursos que utilizó la arquitectura cristiana en su despliegue escenográfico (en planta), solo resta por añadir los *mecanismos de transferencia de ritmo* de mayor intensidad. Recordemos que San Vitale ya los incluye al máximo nivel.

Imagen 16. Sacello degli Augustali, en Herculano. Desde el extremo del eje visual, junto al muro perimetral derecho, al pliegue en el vértice izquierdo del ábside.

Imagen 17. Sacello degli Augustali, en Herculano. Sobre el eje visual, desde la anchura media de la nave lateral derecha, al centro del muro trasero del ábside.

Existe pleno consenso en que los templos dedicados a las deidades del panteón romano no fueron el referente inmediato para el espacio sacro cristiano. Pero Herculano acaba de dar un giro en positivo a esa afirmación, mostrando que la jerarquía cristiana sí aceptó –*e hizo suya durante los siguientes 1.500 años– la escenografía de los espacios dedicados al culto a los divinizados emperadores romanos*. El hecho de que los templos fundacionales cristianos fueran construidos con el apoyo directo del poder imperial, y bajo los criterios ceremoniales y de prestigio requeridos por la potente organización estatal romana, explica muy bien el contexto y las motivaciones políticas de tal decisión.

Espléndido, magistral, soberbio, ... La secuencia de visitas previas, desde Centcelles hasta el Ara Pacis Augustae, ha sido una magnífica –y necesaria– preparación para poder disfrutar de todo el valor y significado de cada uno de los excelentes gestos que el Sacello degli Augustali, en Herculano, nos acaba de enseñar. Otra visita imprescindible.

APROXIMACIÓN A UN PEQUEÑO MAUSOLEO-SANTUARIO Y A DOS TEMPLOS REPUBLICANOS

> "En muchas sociedades, el más conservador de los elementos conservadores es el de la religión establecida, Roma no fue una excepción. Sus templos oficiales eran todos decorosos edificios clásicos, ... generalmente rectangulares, ... que se alzaba en un podio y solo era accesible por la fachada principal mediante un tramo de escalones y a través de un pórtico con frontón."
>
> John B. Ward-Perkins

El bagaje observacional ya adquirido nos permite abordar con bastante confianza el estudio de los templos romanos, integrados por una cella rectangular cerrada por un muro corrido, precedida por un pórtico –o pronaos– perimetrado por una columnata exenta. Ambos espacios se situaban sobre un podio al que se accedía mediante una escalinata ceremonial. Dada la dificultad de encontrar edificios de esta tipología mínimamente respetuosos con sus formas originales y bien conservados, aprovecharemos la oportunidad que nos ofrece el denominado ***Mausoleo-santuario de Fabara***, en ***Zaragoza***, para realizar una primera aproximación a su estudio.

Se trata de un edifico de pequeñas dimensiones –en cifras redondas, 6 por 7 metros para su perfil exterior–, construido a mediados del siglo II d.n.e., con dos plantas: una subterránea destinada a acoger la tumba de L. Aemeli Lupi, un rico terrateniente local; y otra sobre el podio, con el pórtico y la cella, destinada en este caso a acoger los rituales asociados con el culto a la memoria del difunto. La escalinata original se ha perdido, pero el resto del edificio se encuentra en magníficas condiciones, manteniendo en pie incluso la bóveda que cubre la cella, un caso muy excepcional.

El análisis de las formas y dimensiones que articulan su configuración espacial ya pone de manifiesto el cuidado puesto en el diseño y construcción de este mini-templo: la cella ajusta su espacio interior a un cuadrado, que se prolonga en un semicuadrado para acoger su muro de cierre frontal y el pórtico con su columnata (croquis 26 izquierdo). La parte inicial de la cella amplía ligeramente su anchura (unos 30 cm. por lado) para acoger la escalera de descenso a la tumba, ampliación que se traslada al pórtico. Al añadir los muros perimetrales laterales y trasero, todo el mausoleo-santuario queda inscrito en un rectángulo "6 a 7", una forma quizá poco elegante, pero muy precisa.

Tras esta buena presentación, inmediatamente nos preguntamos por los criterios que justifican dicha combinación espacial, y el croquis 26 derecho recoge lo observado sobre el terreno. La primera valoración es clara: *la trama establece una asociación exhaustiva entre la posición de todas las columnas del pórtico y todos los puntos constructivos y simbólicos de la cella*, destacando que la *precisión* de esa asociación visual es superior, por ejemplo, a la regularidad en la posición –equidistancia entre– las columnas del pórtico, criterio que cabe suponer que debería ser preferente si en la valoración del proyecto se hubiese primado la observación desde el exterior –escultórica– de la fachada frontal del mausoleo. La puerta de acceso a la cella –su anchura– es colaboradora imprescindible para esta buena correlación visual entre los dos espacios de la planta superior del santuario.

La presencia de la bóveda original sobre la cella ofrece la excepcional oportunidad de poder observar un gesto en alzado que la imagen 18 reproduce y el croquis 26 derecho representa: situados sobre el punto central entre las columnas exentas, el dintel de la puerta de acceso alinea nuestra mirada con el final del muro trasero de

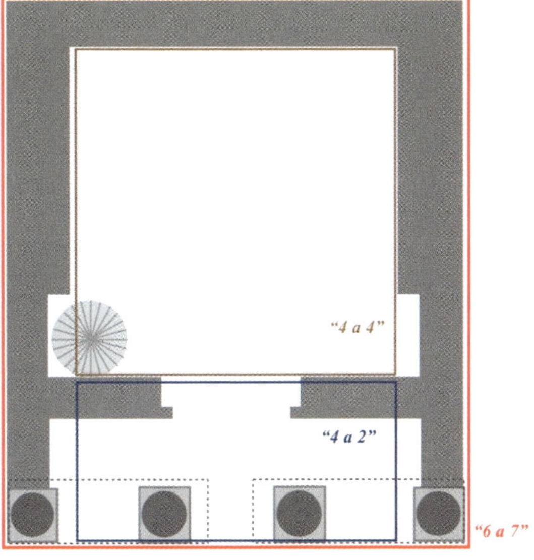

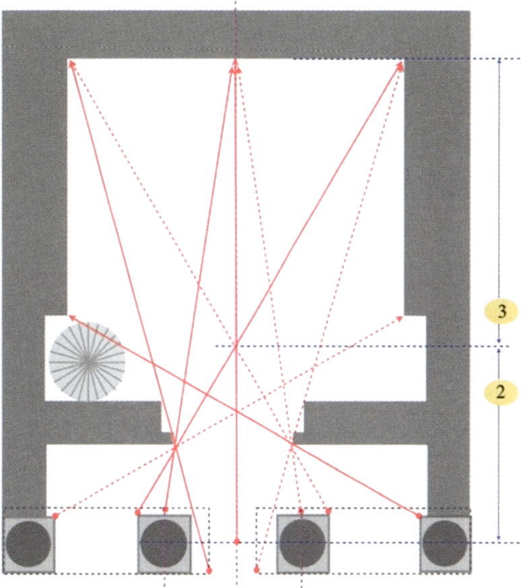

Croquis 26. Mausoleo-santuario de Lupi, en Fabara. Izquierda: base geométrica de su proyecto espacial. Derecha: trama visual que asegura la cohesión y la escenografía del espacio interior. En trazo continuo están representadas las visuales realmente vistas sobre el terreno, cuya precisión es muy notable, y en trazo discontinuo sus simétricas, cuya visión es interferida por la actual puerta de madera del mausoleo.

Imagen 18. Mausoleo-santuario de Lupi, en Fabara. Sobre el eje transversal de las dos columnas centrales del pórtico nuestra mirada, bajo del dintel de la puerta, coincide con el final del muro trasero de la cella, en su encuentro con la bóveda semicircular que la cubre. A la derecha podemos ver parte de la puerta de madera que interfiere alguna de las visuales que se dirigen hacia el lado derecho de la cella.

la cella, en su encuentro con la bóveda. Excelente, pues es un trazado que refuerza lo observado en Villa Popea y en la Villa de Centcelles, incluso en el Panteón y en el mausoleo de Constantina.

El mausoleo de la familia Lupi es, pues, una construcción pequeña y espacialmente simple, pero con un diseño muy elaborado, llevado sobre el terreno con mucho cuidado. Se trata, sin duda, de un lugar muy adecuado para iniciarnos en el reconocimiento de las reglas de composición visual en este tipo de edificios.

> "En tiempos de la República era habitual destinar parte de los beneficios obtenidos por medio de la actividad bélica a la construcción de edificios públicos –templos en la mayoría de los casos– (...). Dichos templos conmemoraban a un tiempo el poder de Roma, el valor del general, y el respaldo de los dioses a la victoria romana, sin contar con que actuaban asimismo como elementos conmemorativos de los propios festejos triunfales."
> Mary Beard

Para afianzar lo aprendido en Fabara, una buena opción es dirigirnos al ***Templo C del Área Sacra republicana*** construido alrededor del año 100 a.n.e. en ***Ostia***. Dedicado posiblemente a Esculapio, el dios de la salud, este templo posee una configuración espacial muy cercana al mausoleo de Lupi, y por sus dimensiones –7,30 por 12,50 metros en cifras redondas– parece un lugar propicio a la plegaria individual, y a acoger a los pequeños grupos de ciudadanos que acudiesen a invocar protección al dios representado por la estatua albergada en la cella.

Aunque muy degradado, todavía conserva buena parte del muro de la cella, trazas del altar, y buena parte de la escalinata ceremonial de acceso al podio; pero ha perdido dos de las seis columnas del pórtico, lo que resta algo de confianza a la trama detentada. El croquis 27 izquierdo recoge los dos gestos geométricos más claros que pudieron servir como elementos iniciales de su organización espacial: un doble cuadrado para el conjunto del edificio, incluida la escalinata ceremonial, y un rectángulo "4 a 3" para el espacio interior del pórtico. Curiosamente la cella se acerca a una forma cuadrada, pero con mucha menor precisión.

Si aplicamos las pautas observacionales aprendidas en Fabara –apoyos sobre *marcas constructivas* asociadas al perfil de las columnas del pórtico, y referencias en el fondo de la cella y en un punto significativo de sus muros laterales, inmediatamente reconocemos una *trama perimetral exhaustiva*, con 5 juegos de visuales, que, como en Fabara, asocia todas las columnas del pórtico con todos los puntos relevantes de la cella, incluidos los perfiles laterales del altar, un gesto muy cercano al identificado en Villa Popea. El croquis 27 central lo recoge.

Pero la presencia de la escalinata ceremonial permite reconocer una segunda *trama de carácter axial*, con tres momentos escenográficos significativos: sobre los escalones primero, tercero y séptimo nuestra mirada encuentra progresivamente la anchura íntegra del muro trasero de la cella, el perfil del muro que limita el acceso a la cella, y el perfil del pilar contrafuerte que cierra el pórtico. A destacar que desde el apoyo intermedio –sobre el tercer escalón– se observa también la profundidad media de la cella, visuales ya identificadas en el *trama perimetral* partiendo del perfil interior de las dos columnas centrales del pórtico, lo que supone un elemento de imbricación entre ambas parte de la trama.

Resulta interesante subrayar que, pese al notable abandono en que se encuentra este templo, se trata de una *trama axial* más detallista que la detectada, por ejemplo, en el Ara Pacis.

El último templo que visitamos se encuentra en ***Cori***. Es el denominado ***Templo de Hércules***, también construido en el periodo republicano, entre los años 89 y el 80 a.n.e., posiblemente durante la dictadura de Sila. No conserva la escalinata ceremonial ni buena parte de los muros de la cella, destruidos durante un bombardeo en la Segunda Guerra Mundial, pero no es muy problemático redibujar su perfil sobre la planta del podio. El pórtico se conserva íntegro, aunque con alguna basa-plinto algo deteriorada.

Aquí, tanto el interior del pórtico como el de la cella, se muestran bien ajustados a formas simples –a un cuadrado en el primer caso y a un rectángulo "4 a 5" en el segundo–, pero no ocurre lo mismo con las formas exteriores (croquis 28 izquierdo), aunque la ausencia de la escalinata limita el valor de esta afirmación.

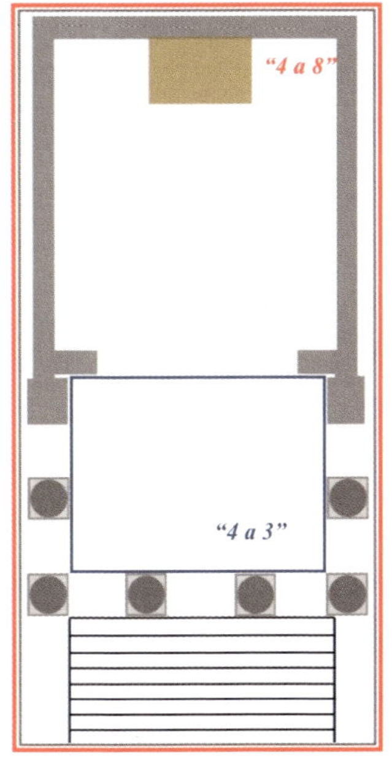

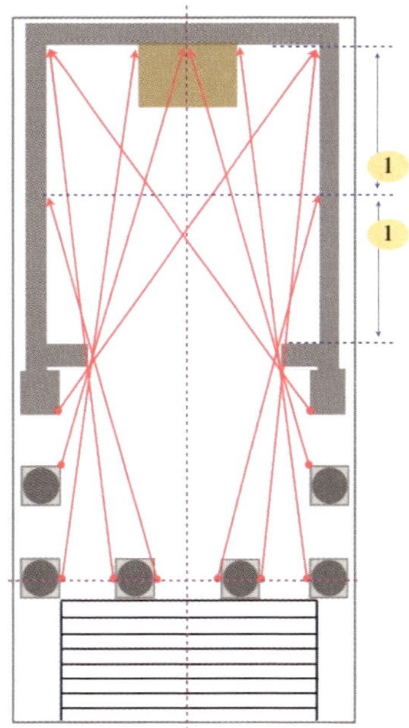

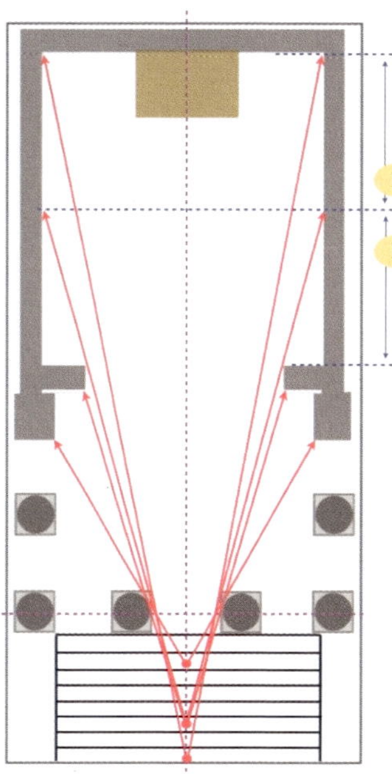

Croquis 27. Templo C del Área Sacra republicana de Ostia.
Izquierda: esquema geométrico. Centro: trama perimetral.
Derecha: trama axial.

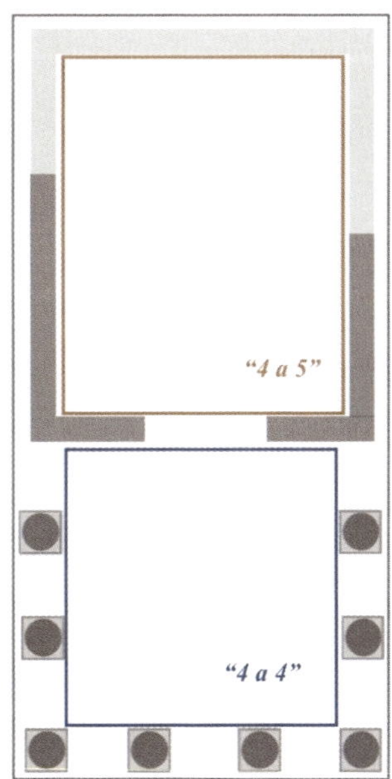

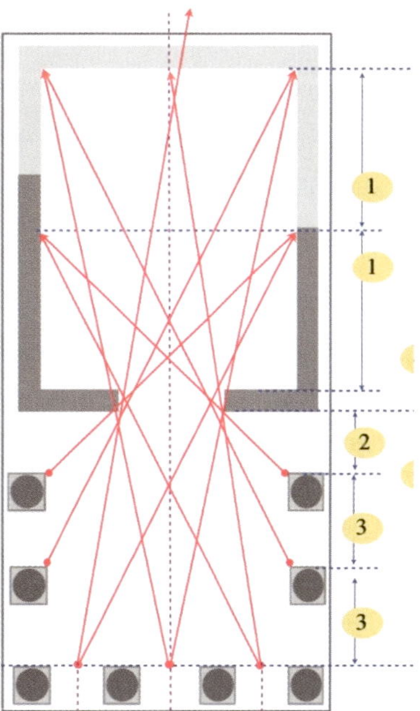

Croquis 28. Esquema geométrico (izquierda) y trama perimetral
(derecha) para el Templo de Hércules, en Cori.

Imagen 19. Templo de Hércules, en Cori. Situados sobre el punto medio del "muro" trasero de su cella podemos observar las dos columnas exentas centrales, la mitad del intercolumnio izquierdo (el derecho en el croquis) y una achura algo menor en el lado derecho de la imagen (el izquierdo en el croquis). Esta asimetría es resultado del comportamiento de la visual desviada de su referencia.

Su *trama perimetral* es excelente, con 10 visuales implicadas y tan solo una desviada de su referencia. Todas ellas se apoyan en el perfil interior de la puerta de la cella, que por su forma trapezoidal parece de inspiración egipcia.

La ***valoración conjunta de los tres edificios*** que acabamos de analizar identifica la presencia de algunos criterios sistemáticos, fáciles de confirmar en futuras visitas a otros templos:

** El carácter ***exhaustivo*** de la trama detectada, tanto por lo que se refiere a la generación de los apoyos necesarios por parte de las columnas del pórtico –participan todas en los tres edificios–, como en el protagonismo del muro trasero de la cella como soporte de las referencias de mayor relevancia –sus vértices y su centro en los tres casos–.

** La ***riqueza*** de la trama, que tiende a buscar las referencias por partida doble, especialmente en el caso de las situadas en el muro trasero de la cella.

** Su ***precisión***, nunca inferior a la de las formas geométricas sugeridas para los espacios implicados.

Esos rasgos sistemáticos dejan entrever que estamos ante una verdadera ***transferencia integral de ritmo entre el pórtico y la cella*** –entre la columnata del primero y los puntos constructivos y escenográficos esenciales del segundo–, *siempre* ***con la mediación imprescindible de la puerta de acceso a la cella***. La única pieza que echábamos en falta en la más que sorprendente trama visual del Sacello degli Augustali, en Herculano, nos la acaba de mostrar estos tres templos-mausoleo-santuario, dos de ellos construidos en fechas anteriores al Sacello degli Augustali. Excelente como confirmación de la plena contribución romana a la trama que el cristianismo hará suya casi 500 años más tarde. El simbolismo doctrinal de este recurso pudo ser diferente en ambas ritualidades, pero la voluntad escenográfica y la base instrumental es la misma.

** A ello se suma el ***importante papel escenográfico asumido por la escalinata ceremonial***, que toma para sí la responsabilidad de modular nuestro caminar al ascender hasta el templo, pautando la progresiva amplitud de nuestra mirada sobre los elementos esenciales de la cella, de su interior y de los que organizan su estructura frontal, dando lugar a una *trama axial* que completa la *trama perimetral* construida desde el pórtico.

** Finalmente, siempre que ha estado presente, el ***altar*** se ha mostrado ***activo en su participación en la trama***.

Si ese fue el cuidadoso tratamiento que los arquitectos romanos dieron a las tres construcciones que hemos analizado, bastante pequeñas, incluso las podríamos calificar de algo marginales, no nos debería sorprender la riqueza y el nivel de elaboración que podamos encontrar al visitar los grandes templos ceremoniales destinados a los dioses centrales del panteón estatal, o a las deidades imperiales. Esperamos poder analizar en breve alguno de ellos[37].

BREVE COMENTARIO A LA PLANIFICACIÓN ESPACIAL ROMANA

Es cierto que no conocemos el detalle de los rituales ni de las actividades honoríficas que se realizaban en muchos de los edificios que hemos visitado a lo largo de este capítulo, pero la fuerte jerarquización de la sociedad romana en cualquiera de sus periodos políticos, la amplia presencia del ceremonial sacro en la vida social y pública en las etapas republicana e imperial, la importancia de la liturgia familiar en honor de las deidades protectoras de la casa y de los bienes, la ritualización conmemorativa de las campañas militares y de conquista territorial, la divina legitimación de los botines requisados en las guerras y su depósito –en parte– en algunos templos, la glorificación de los jefes militares victoriosos, la divinización de los emperadores y su familia en el marco de la politeísta sociedad romana, la mezcolanza –incluso espacial– entre divinidades imperiales y deidades olímpicas,... son hechos que pueden estar detrás de los gestos constructivos que hemos reconocido durante la visita a estas arquitecturas.

No olvidamos su carácter desigual y siempre escaso, pero la sistematicidad y el gran nivel de elaboración de lo encontrado, pone de manifiesto una potente metodología de trabajo, bien contrastada y profundamente arraigada en el quehacer arquitectónico romano, quehacer cuyo resultado prima la consecución de unos *objetivos ceremoniales y escenográficos*, una vez aseguradas las nociones básicas de *control, cohesión y unidad espacial*.

Una vez más, la riqueza compositiva de los proyectos más antiguos que hemos analizado en este capítulo –valga como ejemplo el Sacello degli Augustali en Herculano, el Templo C en Ostia, y el Templo de Hércules en Cori– abre un interrogante similar al que cerró el análisis de las basílicas cristianas fundacionales: *¿estamos ante criterios de planificación espacial nacidos en el seno de la tradición constructiva romana, o podemos reconocer gestos anteriores que pudieron servir de base para este tratamiento visual?, ¿hasta qué punto la estructuración del espacio romano es deudora del trabajo constructivo etrusco y/o griego?, ¿los templos columnarios griegos pudieron ser fuente de inspiración para los arquitectos de Fabara, Ostia y Cori?*

Dedicaremos el siguiente capítulo a interesarnos por el mundo arquitectónico griego, pero antes nos acercaremos brevemente a la civilización etrusca. Sus templos no han llegado hasta nosotros con un estado de conservación que permita un análisis visual mínimamente afinado[38]. Tampoco se conservan estancias palaciegas ni espacios residenciales etruscos. Centraremos, pues, nuestra atención sobre las construcciones más completas que han llegado hasta nosotros: los espacios funerarios.

37 Nos hubiese gustado haber completado este apartado visitando los grandes templos del norte de África y de Oriente Próximo, pero los problemas de movilidad debidos a la pandemia durante los años 2020 y 2021 lo han impedido.

38 Por ejemplo, el de Gabii conserva parte de la cella, pero su posible pórtico no permite hoy ningún análisis visual.

V - APROXIMACIÓN A LA ARQUITECTURA FUNERARIA ETRUSCA

A partir del siglo VI a.n.e. la inhumación pasó a ser la práctica funeraria dominante en la cultura etrusca, y el enterramiento fue considerado como un lugar de descanso para el difunto, en continuidad con su vida terrenal. Como resultado de tal creencia, las tumbas se organizaron a imagen de las residencias en vida[39], por lo que su análisis nos puede acercar a los criterios de planificación utilizados en los espacios domésticos de calidad, hoy desaparecidos.

Por su interés y buen estado de conservación, hemos optado por visitar la ***Necrópolis de la Banditaccia***, situada muy cerca de la ciudad de ***Cerveteri***. Sus grandes túmulos funerarios fueron construidos entre los siglos IX y III a.n.e., y acogen un amplio conjunto de tumbas subterráneas, excavadas en la roca. Para facilitar el acercamiento a esta nueva tipología espacial, el criterio prioritario utilizado en su presentación ha sido la creciente complejidad compositiva.

La ***Tumba Polícroma***, fechada en la segunda mitad del VI a.n.e. permite retroceder más de 400 años respecto de los edificios romanos más antiguos que hemos visitado, y la sencillez de sus formas ofrecen una excelente oportunidad para iniciarnos en este tipo de espacios.

Una larga escalinata desciende hasta un breve vestíbulo rectangular (croquis 29), que se abre a dos pequeñas cámaras laterales. El espacio nuclear de la tumba incluye una gran sala axial, con dos pilares exentos y cuatro lechos funerarios adosados a sus muros laterales.

Cuando nos interesamos por la relación entre todos estos elementos, la sorpresa es mayúscula, por inexperiencia en la observación de este tipo de estructuras: a pesar de sus formas muy poco ortogonales –recordemos que todas las piezas están talladas directamente en la roca, incluso los lechos fúnebres– *desde el centro del pequeño vestíbulo, la puerta de acceso a la gran sala axial enmarca con precisión sus vértices traseros* (imagen 20). Ya en el interior de esa sala, *partiendo desde el perfil de los lechos,* otras *dos visuales insisten en buscar esos mismos vértices, con apoyo tangencial en las columnas exentas.*

Esta trama exige la colaboración activa de las dimensiones del pequeño vestíbulo y de su punto central, de las dimensiones de la gran sala y de la anchura de la puerta de acceso, de la anchura de los lechos funerarios, y de la posición de los pilares exentos.[40]

En términos de *cohesión y unidad espacial*, el proyecto es exhaustivo y muy preciso. También los temas de *accesibilidad visual y control* quedan bien asegurados, pero *¿qué significado ideológico pudo tener un despliegue visual de este tipo en un espacio funerario?* Nos gustaría conocer la respuesta, pero los escasos datos que han llegado hasta nosotros sobre el pensamiento y los rituales etruscos, no permiten contestar con solvencia a esa cuestión. En cualquier caso, dejamos constancia del excelente rendimiento conseguido con tan solo dos pares de visuales.

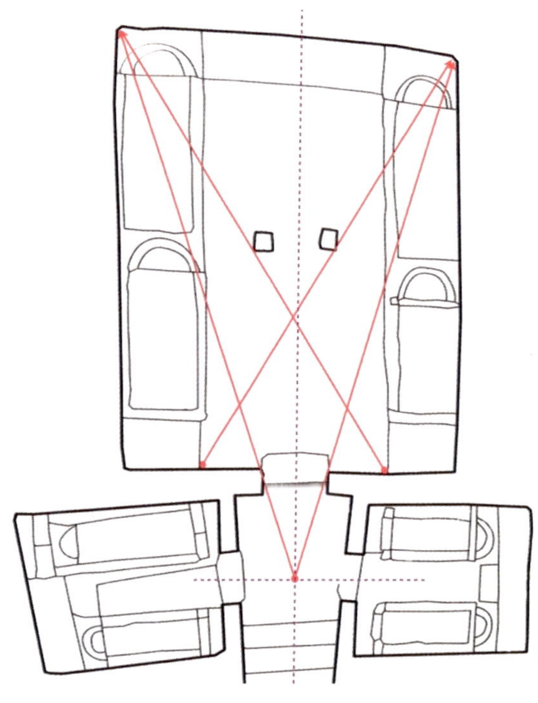

29. Trama para la gran cámara axial de la Tumba Polícroma, Las referencias se sitúan en los vértices más profundos de dicha sala, y los apoyos tangenciales en el perfil de la puerta de acceso y en los pilares exentos. Los apoyos son siempre sobre marcas constructivas claras.

39 En su versión más rica constan de varias salas comunicadas por puertas y ventanas, techos que simulan vigas de madera, elementos decorativos de ámbito familiar, mobiliario de uso doméstico, y frescos con escenas de la vida cotidiana y de actividades festivas.

40 Algunos especialistas consideran que fueron incorporadas en una fase posterior a la obra original.

Imagen 20. Visual desde el centro del pequeño vestíbulo de la Tumba Polícroma, con las jambas de la puerta de acceso señalando con precisión los vértices profundos de la gran cámara funeraria. A los lados se pueden apreciar los lechos fúnebres, con las dos columnas exentas en posición central. También se pueden reconocer el envigado decorativo de la cubierta tras las columnas, en la parte final de la sala.

La denominada ***Tumba Mengarelli***, construida en la segunda mitad del VII a.n.e. –unos 100 años antes que la tumba Polícroma–, posee una estructura un poco más compleja, pues la gran sala axial se prolonga en una segunda sala, de tamaño algo menor. *¿Cómo se gestionó ese incremento de la fragmentación espacial?* Segunda gran sorpresa: *con los recursos habituales en estos casos, es decir, recurriendo a una trama más densa, pero con similar vocabulario instrumental y compositivo*. En efecto: también aquí, como en la tumba Polícroma, sobre el *centro del pequeño vestíbulo*, ahora circular, encontramos el primer punto neurálgico de la trama. Desde él se asegura la cohesión de las tres salas adosadas –las dos transversales y la gran sala axial–, siempre con *referencias sistemáticas en los vértices más profundos* de cada uno de esos espacios (croquis 30, izquierdo).

El segundo punto neurálgico de la trama lo encontramos sobre el punto medio del perfil trasero de los pilares exentos de la gran sala axial –una *marca constructiva perfectamente normalizada*–, posición desde la que parte una triple visual hacia la sala más profunda: *dos buscan sus vértices traseros, mientras la tercera, ¡¡en alzado!!, coincide con el final del muro más profundo*. El croquis 30, derecho y la imagen 21 lo muestran. Estamos, pues, ante una gratificante sorpresa *tridimensional*, con la trama implicada en la gestión *volumétrica* del proyecto.

Aunque son espacios bastante simples, el estudio de las tumbas Polícroma y Mengarelli ha puesto de manifiesto la calidad y el alto grado de elaboración de la arquitectura etrusca, situándonos en buenas condiciones para abordar tres ejemplos representativos de la tipología más compleja de tumba construida en esta necrópolis, conformada por tres salas longitudinales paralelas, precedidas por una gran nave transversal que actúa a modo de sala de recepción. En los casos más ricos, junto a la puerta de cada sala longitudinal, encontramos pequeños vanos que amplían su relación visual con la sala de recepción.

En todos los túmulos, una enérgica escalinata desciende desde el exterior hasta un breve vestíbulo de acogida, que adosa dos pequeñas cámaras laterales.

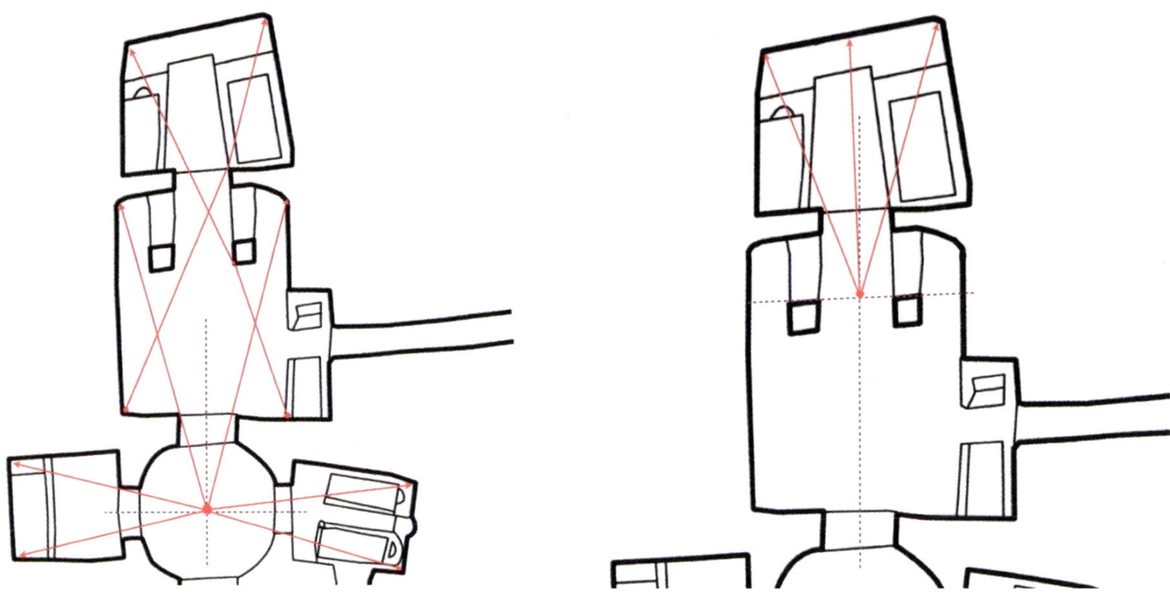

Croquis 30. Trama para la Tumba Mengarelli. Izquierda: visuales que relacionan el vestíbulo circular, las pequeñas cámaras transversales y la gran sala axial. Destaca la leve asimetría de las dos visuales que asocian la gran sala con la sala más profunda –una se apoya tangencialmente en el perfil de la puerta que comunica ambos espacios, mientras que la otra lo hace en el perfil del pilar–. Recordar que, cuando dibujamos una visual, es porque la hemos observado sobre el terreno, y que los desajustes se deben a la imprecisión de la planta. Derecha: triple visual desde el punto medio del perfil trasero de los pilares exentos: en planta buscan los vértices de la cámara, y en alzado el final del muro posterior. Ver imagen 21.

Imagen 21. Tumba Mengarelli: desde el punto medio del perfil posterior de los pilares de la gran sala, visuales simultáneas a los vértices de la cámara funeraria y, en alzado, al final del muro trasero.

Imagen 22. Tumba Mengarelli: desde el centro geométrico del vestíbulo circular, visuales enmarcando los vértices de la nave transversal izquierda.

El primero de estos nuevos espacios que vamos a visitar es la denominada ***Tumba de los Vasos Griegos***, construida a mediados del siglo VI a.n.e. El croquis 31 presenta la trama visual que valida su distribución espacial: los tres juegos de visuales parten del perfil de los lechos funerarios de la sala transversal, con la novedad de la intervención de una *partición simple*.

Al acceder a la nave transversal, llama la atención la forma trapezoidal de las puertas axiales de relación con las salas longitudinales, que, al modo egipcio, se estrechan al ganar altura. Este caso es muy importante, pues hemos comprobado que el apoyo tangencial más preciso se produce en la parte superior de la puerta, junto al simulado dintel[42].

La ***Tumba de la Cornisa***, también construida en la segunda mitad del siglo VI a.n.e., ratifica muy bien lo observado en la Tumba de los Vasos Griegos, añadiendo tres gestos escenográficos de gran calidad. El primero es que, si Mengarelli nos ha mostrado la posibilidad de planificar las pequeñas cámaras transversales desde el *eje axial* del vestíbulo, la Cornisa nos presenta una segunda opción normativa: hacerlo desde *la prolongación del perfil de las jambas de la puerta* de acceso a la gran nave transversal *–marcas constructivas* muy evidentes sobre el terreno–, garantizando desde ellas una *accesibilidad visual* de similar calidad y precisión sobre la anchura total del muro trasero de dichas cámaras. El croquis 32 lo recoge.

El segundo gesto importante corre a cargo de los cuatro pequeños vanos que comunican la sala transversal con las tres salas longitudinales. En primer lugar, destaca el protagonismo asumido por la *prolongación del perfil interior de los vanos* de las salas izquierda y derecha, prolongación que definen los puntos de apoyo de dos *abanicos de cuatro visuales que buscan los vértices traseros de las tres salas longitudinales*. Espectacular.

Este gesto se acompaña de otro de igual, sino mayor, interés: dos de las cuatro visuales dirigidas al perfil de los lechos fúnebres de la sala longitudinal central alcanzan esa referencia *¡¡atravesando dichos vanos, tras apoyarse tangencialmente en su perfil!!* Extraordinario este papel asumido por los pequeños vanos para facilitar una mayor cohesión visual entre las salas trasversal y la longitudinal central, en un gesto que nos recuerda lo ocurrido con las visuales que en Santa Maria delle Grazie, en Milán, buscan la clave de la cubierta del presbiterio a través de un vano abierto en el muro sobre el arco toral del crucero.[43] Francamente sorprendente para nuestros criterios culturales, pues no debemos olvidar que estamos en el interior de una tumba subterránea.

El tercer gesto destacable de la trama de la Cornisa es la riqueza relacional conseguida por su arquitecto utilizando tan solo dos apoyos en la sala transversal, generando desde cada uno de ellos cuatro visuales simultáneas, dos con referencias en la sala frontal y otras dos en la sala central (imagen 23). Excepcional. Si el protagonismo de sus vanos nos ha recordado Milán, este tercer gesto escenográfico nos trae a la memoria la riqueza del esquema compositivo utilizado en los absidiolos de Santa Croce, en Florencia[44].

En el plano simbólico, cabe destacar el fuerte protagonismo de las cuatro visuales que se asocian con el perfil de cuatro de los seis lechos fúnebres situados en las salas más profundas, pues parecen asumir el papel de señalar la posición en la que descansarán los sarcófagos, y sus ilustres inquilinos.

Sin duda debemos calificar al espacio interior de la tumba de la Cornisa como un *ejemplo paradigmático de irregularidad y falta de fineza en el trazado de cada sala y elemento arquitectónico cuando los valoramos individualmente, pero de plena cohesión relacional cuando los consideramos como partes del espacio del espacio interior construido. Una vez más, el todo se muestra hegemónico, y las partes pierden valor y significado sin él.*

42 Además de las posibles motivaciones decorativas, esa forma trapezoidal es muy funcional, pues facilita el movimiento de los sarcófagos por el interior de la tumba, al disponer de una mayor anchura en la parte baja de la puerta.

43 Está comentado en el capítulo VII, páginas 285 a 289.

44 Ver capítulo II, páginas 55 a 58.

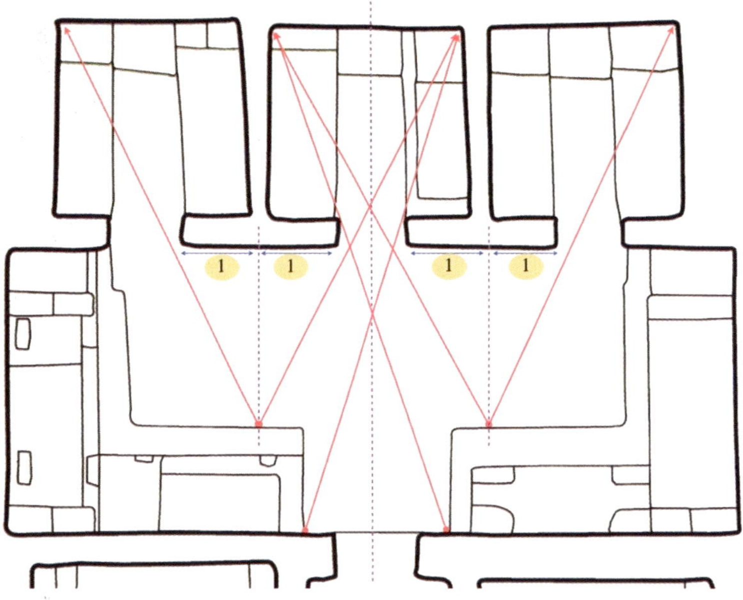

Croquis 31. Trama visual para las tres grandes salas longitudinales de la Tumba de los Vasos Griegos. Los vértices más profundos monopolizan el protagonismo como referencias, definiendo la profundidad y la anchura de todas ellas. El apoyo tangencial siempre se produce en las jambas de las puertas. Según el croquis, esas jambas no parecen intervenir como apoyos tangenciales, pero, además de la falta de precisión general de estas plantas, debemos tener muy presente que, mientras la alineación tangencial real se produce en la parte superior de la jamba de la puerta, junto al dintel, tal como hemos señalado en el texto, la planta representa la base de la puerta trapezoidal, siempre de mayor anchura que su parte alta. Sobre el terreno, la situación es muy clara.

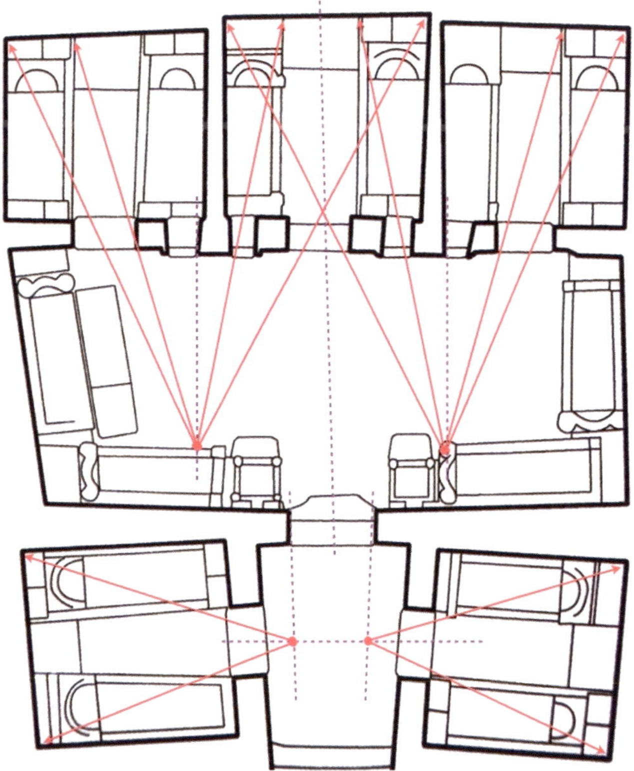

Croquis 32. Trama completa para la Tumba de la Cornisa. Tres puertas axiales y cuatro vanos participan en la relación visual entre la sala transversal y las salas longitudinales más profundas.

Imagen 23. Tumba de la Cornisa. Cuádruple visual desde el apoyo derecho de la sala transversal, apoyo alineado con el perfil izquierdo del vano derecho de la imagen (ver croquis 32). Las flechas rojas superpuestas señalan las referencias buscadas y los apoyos tangenciales utilizados. Recordar que el mejor ajuste se da en la parte superior de las jambas de las puertas y vanos implicados que, como podemos observar en la imagen, al igual que ocurre en la Tumba de los Vasos Griegos, tienen un perfil trapezoidal.

Finalizaremos este breve recorrido por la necrópolis de la Banditaccia visitando la ***Tumba de los Capiteles***, construida en la primera mitad del siglo VI a.n.e., y cuya magnífica trama visual resume el croquis 33.

Extraordinario: quien en la primera mitad del siglo VI a.n.e. planificó la tumba de los Capiteles, fue capaz de implicar en su cohesión espacial a doce visuales, de las que solo una se muestra algo desviada respecto de su pareja. Todos los vértices más profundos de las salas están implicados directamente en ese juego relacional –dos por partida doble–, a los que se suma el perfil de las jambas más periféricas de las puertas laterales. Como apoyos tangenciales las visuales buscan el perfil de las jambas de las tres puertas axiales y de los vanos de las cámaras izquierda y derecha.

A destacar dos gestos interesantes: la presencia de un par de visuales dirigidas hacia la salida de la tumba que, apoyadas en los pilares centrales del vestíbulo, buscan los vértices de esa sala (imagen 24); y el consiguiente *efecto "forma/grosor"* desarrollado por esos pilares, ya que también apoyan a dos visuales generadas desde el punto central de la puerta axial de acceso al vestíbulo.

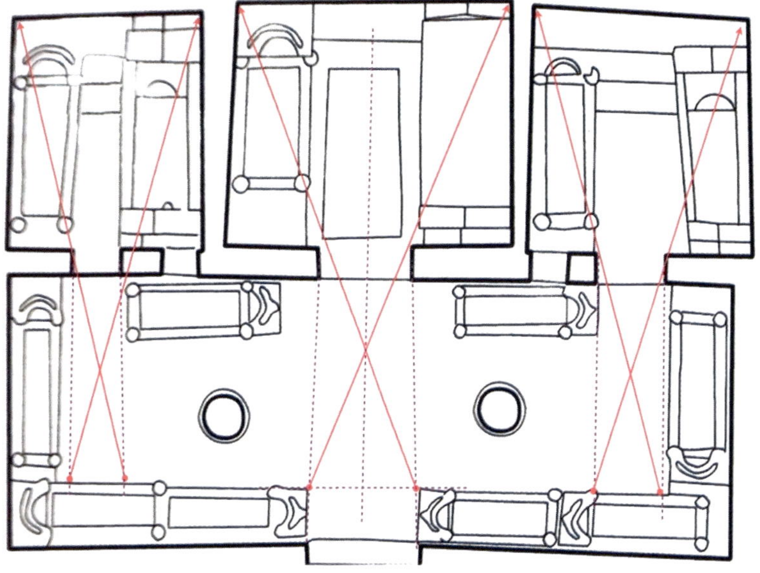

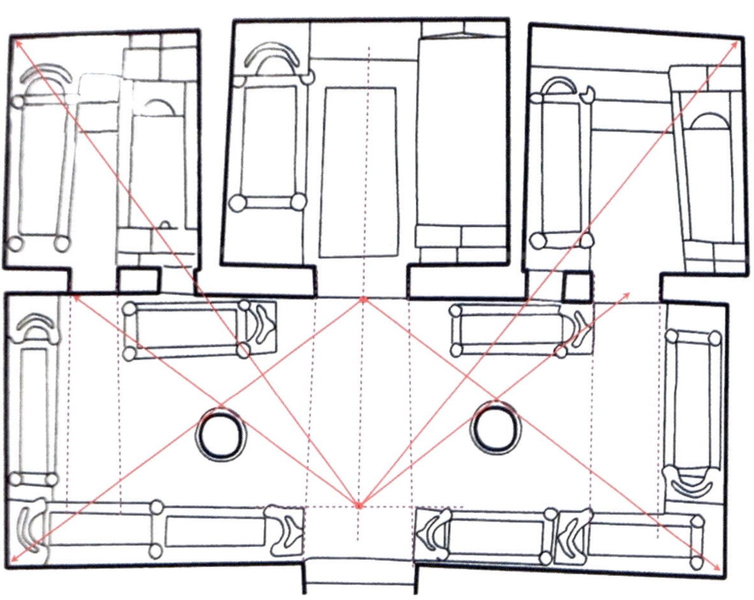

Croquis 33. Trama para la Tumba de los Capiteles. Arriba: desde los apoyos definidos por la prolongación del perfil de las puertas axiales, seis visuales buscan los vértices traseros de las tres salas longitudinales. Abajo: la sintonía espacial se refuerza con tres juegos de visuales axiales, dos dirigidos hacia el espacio interior –a los vértices extremos y a las jambas de las puertas (la de la derecha muy desviada)–, y un tercer juego dirigido hacia la salida de la tumba, que también busca los vértices extremos, pero ahora de la sala transversal. A destacar el papel de las columnas exentas de la sala transversal como apoyos tangenciales para dos pares de visuales. Estamos ante un efecto "forma/grosor"muy evidente.

Imagen 24. Tumba de los Capiteles. Visuales desde la línea de salida de la sala longitudinal central, a los vértices anteriores de la sala transversal, con apoyo en las columnas exentas de dicha sala.

LAS TUMBAS DE LA NECRÓPOLIS DE BANDITACCIA COMO CONSTRUCCIONES UNITARIAS

Una mirada retrospectiva a la trama de las tumbas que acabamos de visitar, destaca que son proyectos muy alejados de la idea de simple "galería subterránea", que, una vez llena, cuando era necesario dar cabida a nuevos miembros de la familia, se podía ampliar recurriendo a la trivial solución de agrandar el tamaño de algunas de sus salas, o añadir improvisadamente alguna nueva.

Por el contrario, la robustez y auto consistencia de las tramas encontradas deja claro que son construcciones integrales, conformadas por diferentes ámbitos parciales, pero perfectamente acotados y cohesionados entre sí, hasta configurar un espacio global con un altísimo sentido de *la unidad por correlación espacial intensiva–, el límite –la práctica totalidad de los vértices perimetrales viene fijados explícitamente por la trama– y la centralidad –los apoyos aparecen siempre bastante agrupados–*. Una vez más, no podemos cambiar de modo unilateral una dimensión esencial del proyecto, sin que el orden global se desplome.

VÍNCULOS ENTRE LA PLANIFICACIÓN ESPACIAL ETRUSCA Y ROMANA

La preponderancia de las formas alabeadas en las arquitecturas romanas que hemos analizado, puede dar pie a pensar que existe una débil relación entre la planificación visual romana y la etrusca. Pero ese error se desvanece si subimos hasta el ***Palatino romano*** y visitamos en la ***Domus Augusta*** la ***Casa de Livia***, esposa del emperador Augusto, cuyas fechas de construcción los arqueólogos sitúan en la tercera década antes de nuestra era.

El espacio de acogida a la Casa está integrado por tres salas longitudinales, de similar anchura, bastante profundas, y de perfil irregular, a las que precede un notable atrio cuadrangular, primer espacio que encuentran los invitados tras superar la puerta de acceso. *¿Qué trama resuelve esta situación?*

Tras lo que Banditaccia nos ha enseñado, casi somos capaces de intuir la respuesta. En coherencia con su papel escenográfico, el punto medio de la puerta de acceso actúa como apoyo básico de la trama: busca los vértices más profundos de las naves laterales, definiendo la anchura total de la pieza (croquis 34).

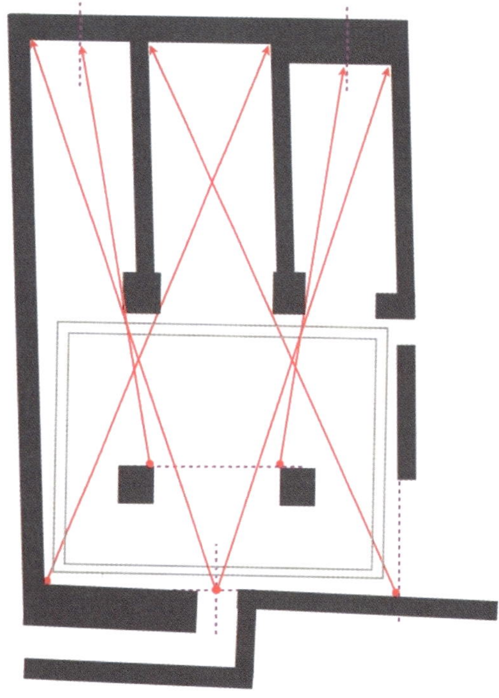

Croquis 34. Casa de Livia. Trama visual que organiza su espacio de acogida.

La cohesión interior se refuerza con dos visuales cruzadas desde los vértices iniciales del atrio hasta la profundidad de la sala longitudinal central. Otras dos completan la tarea desde los vértices de las basas de los pilares centrales del atrio, que alcanzan la anchura media de las naves laterales.

Magnífico. Si no supiésemos de su diferente función y de los más de 500 años que separan la Casa de Livia de las tres tumbas etruscas más complejas que hemos estudiado, podríamos pensar que son proyectos coetáneos, codificados a partir del mismo patrón compositivo[45].

¿CÓMO SE PODÍAN TRAZAR SOBRE EL TERRENO LOS PROYECTOS FUNERARIOS ETRUSCOS?

El gusto por las preguntas más inmediatas –que no acostumbran a ser las más simples de responder–, motivó que al finalizar la visita a Banditaccia nos interesásemos sobre cómo se pudieron implementar sobre el terreno los proyectos para esas tumbas.

Las dos primeras –Polícroma y Mengarelli– poseen estructuras simples, que no requieren de la definición completa, en detalle, del pequeño vestíbulo para que las *visuales axiales* que parten de su centro puedan guiar las tareas de excavación de la gran sala longitudinal, controlando el equilibrio entre su anchura y profundidad y la anchura de la puerta de acceso a ella. Después, las *visuales perimetrales* de la gran sala podían ajustar y completar la estructura de esa sala.

En los casos más complejos –Vasos Griegos, Cornisa y Capiteles–, la situación es diferente, pues son proyectos que requieren que cada espacio esté completado antes de poder seguir avanzando en la excavación. Por ejemplo, los puntos perimetrales de la nave transversal juegan un papel tan determinante en la definición de las salas longitudinales, que la excavación de la estructura de esa nave debe estar finalizada antes de poder iniciar las

45 Es muy posible que la estructura escenográfica de la Casa de Livia y la de las tumbas etruscas más ricas sea cercana al esquema espacial de los templos etruscos (incluso de los primeros romanos), dotados en general de una cella dividida en tres capillas paralelas, precedida por un pórtico columnado. Pero el enorme deterioro de esos edificios –por ejemplo, del Santuario de Pyrgi o del Templo de Gabii– impide hoy una valoración de sus tramas visuales.

obras en las salas longitudinales. En estos casos *las visuales axiales y perimetrales deben trabajar simultáneamente* en cada nuevo paso constructivo.

Si nos fijamos en la Tumba de los Capiteles (croquis 33), tras completar el perfil de los lechos perimetrales que contornan la nave transversal, el siguiente paso pudo ser definir la posición y anchura de las tres puertas para las naves longitudinales. Pero esa decisión es de una enorme responsabilidad, pues sus anchuras han de ser compatibles con la necesaria independencia de cada sala longitudinal, y un error, por exceso, en la anchura atribuida a una puerta puede suponer que una visual "invada" la sala contigua, rompiendo el aislamiento entre salas. Cuando se trabaja a "cielo abierto", este error es fácil de resolver, pues se pueden dibujar sobre el terreno todas las visuales al unísono, y corregir los posibles trazados deficientes antes de comenzar las obras. Pero esa solución no es posible en los espacios excavados.

Si establecer, pues, la anchura de las puertas axiales es complicado, qué decir de los vanos que relacionan la nave transversal y las salas longitudinales. Solo por motivos ideológicos muy potentes se puede entender que asumiesen tales dificultades.

No nos podemos extender en este tema, pues nos llevaría demasiado lejos y aún resta mucho viaje por delante, pero lo hemos apuntado para destacar la dificultad de estas construcciones, y poner de manifiesto que en *el siglo VI a.n.e. los arquitectos etruscos ya poseían la formación y la experiencia necesaria para aceptar un reto de esta envergadura, y salir airosos del envite*: en la Tumba de los Capiteles, enfrentados a esa compleja situación, solo una de las doce visuales no alcanza la referencia buscada. Extraordinario.

VIII – A MODO DE BREVE BALANCE DEL CAPÍTULO

No insistiremos más en el carácter parcial del material de campo reunido en este capítulo, insuficiente para una reflexión sólida sobre los objetivos ideológicos concretos de la trama visual que rigió la planificación de los espacios romanos y etruscos de calidad en sus diferentes momentos históricos. Fueron sociedades muy complejas, con notables diferencias en sus respectivos mecanismos de poder, en la comunión entre poder político y práctica religiosa, y en el papel que atribuyeron a los dioses y a la ritualidad social. Y eso no solo vale para la comparación entre ellas, sino también dentro del devenir histórico de cada una de ellas, especialmente en el caso romano. Baste pensar en las diferencias entre su etapa republicana e imperial. Pero, al haber comenzado el análisis por la arquitectura sacra cristiana tenemos la ventaja de poder valorar las tradiciones constructivas anteriores sabiendo a dónde condujeron sus métodos de planificación espacial, y enmarcadas en esa perspectiva, es indudable que los gestos etruscos y romanos que hemos podido reunir adquieren un valor mucho más denso y propositivo, hasta permitir una apuesta segura a favor de que ambas tradiciones constructivas *se dotaron de una trama visual sistemática, encargada de gestionar la construcción de los espacios simbólicos, y capaz de asegurar el cumplimiento de sus fines ideológicos.*

En el caso de Roma creemos que la similitud con la arquitectura cristiana en el tratamiento de los espacios centralizados está fuera de toda duda, y los ejemplos absidales han mostrado regularidad suficiente para permitir deducir la ***ley fuerte de validación*** que los rige: una ***trama perimetral en sus apoyos y focal en las referencias*** que busca.

En las construcciones romanas de mayor envergadura ceremonial y en las tumbas etruscas más complejas, esta solución se acompaña de una ***segunda trama, axial en sus apoyos y perimetral en las referencias situadas en la cabecera,*** cuya ***ley de validación*** es también muy precisa: *a partir de una secuencia de marcas constructivas situadas sobre el eje axial del edificio, las visuales buscan ahora como referencias los vértices perimetrales de "la cabecera", con apoyo tangencial en el perfil de los cerramientos interiores.*

El Mausoleo de Constantina, el Panteón, Villa Popea –con menor confianza– y la Tumba Mengarelli, incluso han mostrado buenos gestos que apuntan hacia un tratamiento volumétrico del espacio ceremonial.

Finalmente, cabe destacar la complejidad y el cuidado de los proyectos funerarios etruscos, lo cual hace todavía más frustrante la pérdida de los edificios asociados más directamente con sus estructuras de poder.

Pero la complejidad y cuidado de sus proyectos funerarios en fechas tan tempranas como el siglo VI a.n.e., nos sitúa nuevamente ante un dilema que no hemos conseguido despejar en este capítulo: *¿hemos alcanzado los orígenes de la trama visual?, ¿qué hacían los arquitectos griegos mientras Etruria tramaba sus tumbas de una forma tan rica, incluso atrevida?, ¿es posible llevar nuestra mirada un poco más lejos en términos históricos?*

Tercera Parte

Espacio sacro griego y micénico

Capítulo XI

El espacio interior griego y las tumbas micénicas nos regalan una sorpresa inesperada

NO SON ESCULTURAS. SON ARQUITECTURAS DE MUY ALTA CALIDAD SIMBÓLICA

"Quien investigue arquitectónicamente el templo griego buscando en primer lugar una concepción espacial, tendrá que huir horrorizado, señalándolo como típico ejemplo de no arquitectura. Pero quien se acerque al Partenón y lo contemple como una gran escultura, quedará admirado como frente a pocas obras del genio humano."
Bruno Zevi

"Les monuments grecs –faut-il le rappeler– sont faits pour être regardés plutôt que pour être lus."
Marie-Christine Hellmann

Existe gran unanimidad entre los especialistas sobre la notable calidad de la puesta en escena de los templos griegos, aunque esa valoración no se hace extensiva a su espacio interior. Pero, dado que siempre hemos apostado por la coherencia en el trabajo de los arquitectos, es inevitable que nos preguntemos si Grecia fue una excepción en el tratamiento interior del espacio sacro, tan presente en las culturas que ya hemos analizado.

La Tumba de los Vasos Griegos se denomina así porque en ella se encontró una numerosa colección de cerámica griega de excelente calidad. Es tan solo una muestra trivial de la enorme capacidad helena de comunicación con los restantes pueblos asentados a orillas del Mediterráneo, ya en fechas tan tempranas como mediados del siglo VI a.n.e. Es cierto que todavía faltaba un siglo para el inicio de las obras del Partenón, pero en esos momentos ya estaba construyendo en piedra los primeros grandes templos columnarios. *¿Se acompañaron esos intercambios comerciales con la puesta en común de sus respectivas experiencias constructivas?*

El interés por la arquitectura griega no necesita de justificación, pero nos acercamos a ella, no tanto con el objetivo de retroceder en el tiempo histórico, sino por el enorme salto cualitativo que supondría, tanto en términos culturales como de extensión geográfica, su participación activa en la metodología de trabajo visual que estamos encontrando. También lo hacemos ante la expectativa de poder abrir una segunda vía de aproximación a los orígenes del quehacer escenográfico romano.

Si difícil es encontrar espacios romanos y etruscos que conserven en buen estado su estructura interior, más lo es en el caso griego, pues la mayoría de los que han llegado hasta nosotros fueron reutilizados por Roma, siendo difícil discernir hoy que gestos estructurales corresponden a cada momento cultural. El balance cuantitativo va a ser, pues, pobre, pero no tiene por qué ocurrir lo mismo en términos cualitativos. Al final del capítulo lo podremos valorar. Además, viajar en busca de espacios griegos de calidad nos ha ofrecido la oportunidad de realizar una mirada –apenas buscada– al mundo micénico, lo que nos ha permitido retroceder nada menos que hasta las puertas del siglo XIII a.n.e.

I - APROXIMACIÓN AL ESPACIO INTERIOR DE DOS TEMPLOS MURALES GRIEGOS

El primer contacto con la arquitectura griega lo vamos a realizar en ***Selinunte***, en ***Sicilia***, fundada en el año 628 a.n.e por iniciativa de las ciudades de Megara y de Megara Hiblea. Para el estudio que nos proponemos realizar, pocos lugares ofrecen hoy mejores posibilidades.

Por la sencillez de sus formas, comenzaremos la visita en el ***Templo de Hera Matronale*** y en el ***Megarón del Santuario de Deméter Malophoros***, situados en la periferia noroeste de la acrópolis, a los pies de la colina Gaggera. Los arqueólogos fechan su construcción a comienzos y a mediados del siglo VI a.n.e, respectivamente. Son, pues, edificios contemporáneos a las tumbas etruscas que acabamos de estudiar, y anteriores en unos 500 años a los ejemplos romanos más antiguos que hemos analizado.

La sobriedad y pequeñas dimensiones de ambos templos –unos 17 metros de longitud interior para Hera Matronale y unos 18 para Deméter Malophoros–, su advocación[1], la proximidad de sus emplazamientos, y el lugar escogido para levantarlos –en la parte baja de una suave colina interior, sin vistas al mar, muy cerca de la ciudad–, sugiere que estaban destinados al culto local, punto de llegada de las procesiones rituales procedentes de la cercana acrópolis y lugar de encuentro festivo de los habitantes de Selinunte.

Sus plantas poseen un marcado carácter lineal, con un muro continuo cerrando su perfil perimetral, solo interrumpido por la puerta de acceso frontal. El interior de Hera Matronale está dividido en dos espacios dife-

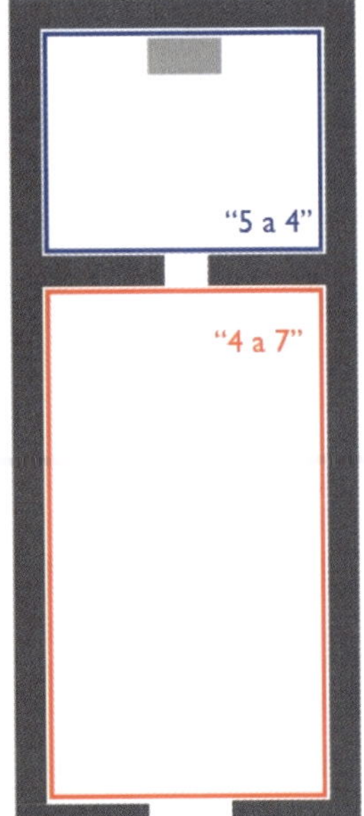

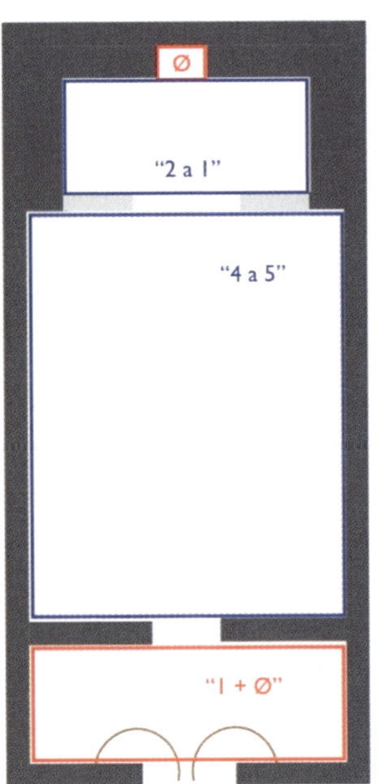

Croquis 1. Programa geométrico para los espacios interiores del Templo de Hera Matronale (izquierda), y del Megarón del Santuario de Deméter Malophoros (derecha).

1 Hera Matronale, esposa de Zeus, era la diosa de la fertilidad y del matrimonio. Deméter Malophoros, diosa de la agricultura, fue quien se supone que enseñó a los griegos las tareas asociadas al cultivo de los alimentos.

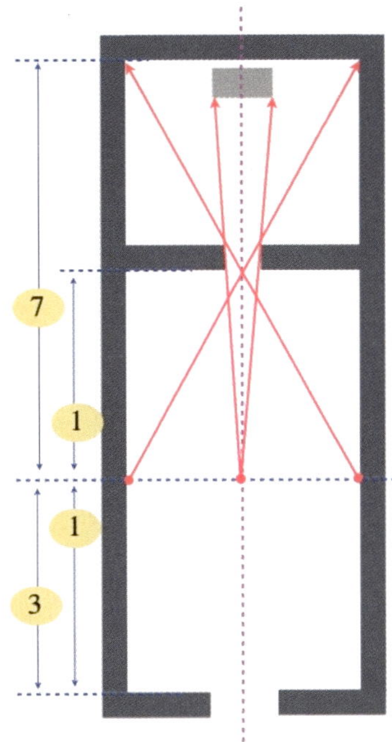

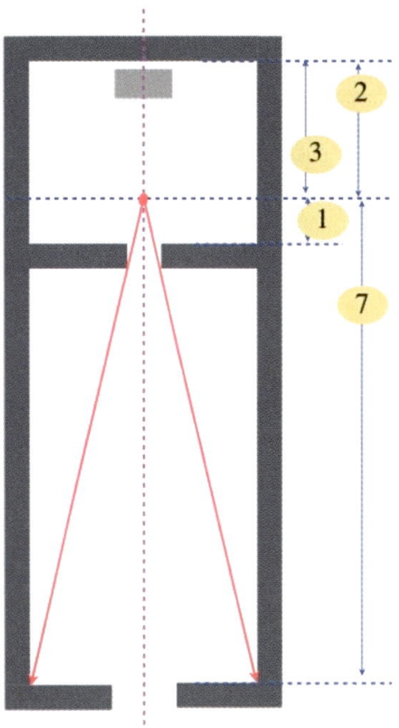

Croquis 2. Templo de Hera Matronale, Izquierda: trama desde el eje visual. Derecha: visuales de control desde la cabecera.

rentes y el de Deméter Malophoros en tres, siempre acotados por los correspondientes cerramientos transversales. Su buen estado de conservación permite un estudio bastante confiado de ambos templos, y la importancia de la geometría griega nos anima a interesarnos en primer lugar por el papel que pudo jugar en sus proyectos.

En Hera Matronale –el más pequeño y antiguo de los dos templos–, las primeras mediciones ya ponen de manifiesto el buen hacer geométrico griego: la sala más profunda se ajusta bien a un rectángulo "5 a 4", y la sala mayor a "4 a 7" (croquis 1 izquierdo), definiendo entre ambas un espacio interior total en "1 +√3" –un cuadrado más un trazado a escuadra–, y una forma exterior global inscrita en "2 +1/3".

Deméter Malophoros posee una estructura algo más compleja. Su cabecera está integrada por una sala dimensionada en "2 a 1", que culmina en una hornacina rectangular muy bien ajustada a "Ø". La nave central se aproxima a "4 a 5" y el vestíbulo a "1 + Ø" (croquis 1 derecho). Las diferentes combinaciones de estos espacios parciales generan formas interesantes, entre las que destaca un rectángulo en "Ø" que inscribe la sala central y la cabecera, rectángulo que se prolonga hasta "√3" para incluir a la hornacina axial. El perfil exterior del templo se acerca a un doble cuadrado, no especialmente preciso.

Excelente resultado, que lo interpretamos como una primera señal de la calidad de sus respectivos proyectos, a pesar de sus pequeñas dimensiones y de su bajo tono institucional, limitado al ámbito local.

Cuando nos preguntamos por la ***escenografía que construyen ambas combinaciones de formas y dimensiones***, la respuesta es sencillamente *desconcertante*.

En efecto: al caminar sobre el eje axial de Hera Matronale alcanzamos un punto de la nave central desde donde nuestra mirada enmarca *el perfil delantero* –la anchura frontal– de los restos *del altar* situado al fondo de la cabecera (croquis 2 izquierdo). Si desde ese punto –asociado a una *partición* "1 a 1" de la longitud de la nave y "7 a 3" de la longitud interior total– nos desplazamos lateralmente hasta situarnos *junto a los muros perimetrales*, observaremos los *vértices de la cabecera*.

Decimos que es una respuesta *desconcertante* pues *¿en qué se diferencia esta trama del comportamiento de un eje visual cristiano?* Por lo que se refiere a los extremos del *eje*, no hay ninguna diferencia –de extremos del *eje* a los vértices de la cabecera–. El *centro óptico* sí presenta una diferencia: mientras en la escenografía cristiana enmarca todo el ábside central, aquí busca los *vértices anteriores del altar sacro*. Magnífico, pues, además de que se trata de una diferencia menor en términos simbólicos, es un claro precedente de la relación privilegiada que el Macellum en Pompeya, Villa Popea en Oplontis, y el Ara Pacis Augustae en Roma, establecen con sus respectivos altares ceremoniales. *Excelente como ejemplo de continuidad en el uso de los mismos criterios compositivos.*

La cohesión espacial se completa desde una *partición* "3 a 1" de la cabecera –y "2 a 7" de la longitud interior total–, punto desde el que podemos observar, con suma precisión, la anchura integra de la nave central, hasta sus *vértices anteriores* (croquis 2 derecha). Es inmediato reconocer la responsabilidad de ese punto en el *control impositivo desde la cabecera sobre la nave central. ¿Estamos ante una anticipación del comportamiento del punto de máximo control cristiano?*

Esta primera mirada al espacio interior sacro griego no ha podido ser más provocadora, pues ***Hera Matronale utiliza en su trama escenográfica las mismas bases conceptuales*** *–accesibilidad visual, control e imposición–* y los mismos recursos instrumentales *–eje visual, referencia escenográfica y partición–* ***que las tramas romana y cristiana. Y todo ello generando soluciones específicas, como cabe esperar de todo nuevo marco cultural.*** Decíamos al comenzar este apartado que la visita a Selinunte había resultado *desconcertante*, y acabamos de obtener la primera entrega del porqué de esa afirmación. *¿Ocurre algo similar en Deméter Malophoros?*

Su secuencia escenográfica es fácil de descodificar, y plenamente justificativa de sus formas geométricas. El croquis 3 la recoge al completo. Desde el umbral del templo, nuestra mirada enmarca los *vértices rigurosos de la cabecera*, ofreciéndonos una visión completa de su anchura. Cuando aceptamos la invitación a avanzar hacia el interior –ya sea de forma individual o como integrantes de un grupo procesional–, nuestra mirada se va ampliando, y un par de breves pasos nos conducen hasta el perfil delantero de las enérgicas roderas dejadas en el pavimento por las batientes de la puerta de acceso al templo. Se trata de una posición privilegiada, pues desde ella podemos observar, con exquisita precisión, los *vértices extremos de la sala central.* Toda su anchura se ofrece a

Imagen 1. Megarón del Santuario de Deméter Malophoros. En el vestíbulo, sobre las roderas de las batientes de la puerta de acceso al espacio interior: las jambas laterales de la puerta de paso a la sala central alinean muestra mirada con los vértices traseros de esa sala, enmarcando la anchura completa de la cabecera. En el centro podemos observar la hornacina axial.

nuestra contemplación. La imagen 1 lo muestra, y el croquis 3 izquierdo reproduce ambos juegos visuales. Excelente, pues se trata de una composición que anticipa en más de 500 años la que hemos reconocido, por ejemplo, en la Sede degli Augustali, en Ostia[2], y en más de 800 la que nos ha enseñado el ábside en honor de Constantino de la Basílica de Majencio, en el Foro de Roma[3]. El papel de Grecia como precursora de las soluciones escenográficas romanas se reafirma.

Al alcanzar el interior de la sala central, la hornacina axial reclama nuestra atención. Es cierto que la forma casi-cuadrada de esa sala favorece la dispersión de los participantes en la coreografía ritual, pero ante esta posibilidad, tres juegos de enérgicas visuales se encargan de asegurar que, desde cualquier posición de dicha sala –incluso desde los vértices anteriores de la misma cabecera–, nuestra mirada no se vea obstaculizada ante el reclamo que supone la *carga simbólica de la hornacina sacra*. El croquis 3 derecho lo muestra. Simultáneamente, *el punto más profundo de la hornacina* asume un papel similar al *punto de máximo control* cristiano, anticipando la solución más impositiva que hemos encontrado en muchas de sus basílicas fundacionales[4].

El balance es claro: ***Deméter Malophoros construye para la relación entre la sala central y la cabecera una trama perimetral focalizada sobre el fondo del espacio sacro, cuya cercanía a la estructura escenográfica de las cabeceras cristianas y de los espacios absidales romanos, es innegable***. Nuevamente un templo griego utiliza una solución visual que hemos encontrado en culturas posteriores. Excelente.

Buena accesibilidad visual sobre la cabecera, máxima calidad simbólica de la referencia axial –el fondo de la hornacina–, dos *ejes visuales*, cuatro *particiones asociadas*, y un buen equilibrio en la cohesión entre los tres espacios implicados, califican con muy buena nota el proyecto interior para Deméter Malophoros.

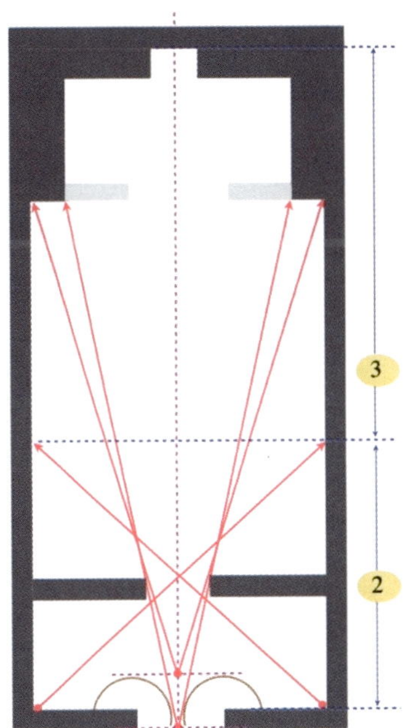

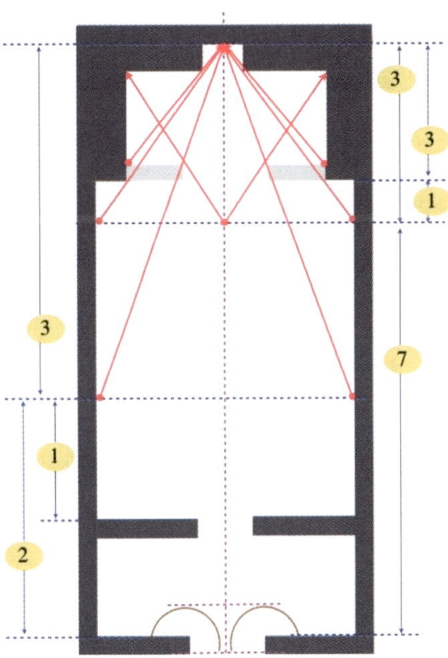

Croquis 3. Megarón del Santuario de Deméter Malophoros, Izquierda: secuencia escenográfica entre vestíbulo y nave central. Derecha: accesibilidad visual sobre la cabecera.

2 Ver croquis 16 derecho en la página 405 y la imagen 10 inferior de la página 407, del Capítulo X.

3 Ver croquis 21 en página 415 del Capítulo X.

4 Recordemos los casos de Maria in Trastevere, Paolo f.l.m. y Agnese f.l.m. La cita 7 del capítulo IX (página 365) menciona otros ejemplos.

COMPARACIÓN ENTRE LOS PROYECTOS DE AMBOS TEMPLOS

Al comparar las tramas de Deméter Malophoros y de Hera Matronale, las similitudes son notables. Por ejemplo, su *plena exhaustividad y excelente precisión*, pues todos los puntos constructivos esenciales de sus espacios interiores quedan rigurosamente definidos sobre el terreno.

Pero más que las similitudes, nos interesan las especificidades del espacio que construyen. La más evidente es que, mientras *el arquitecto de Deméter Malophoros primó la accesibilidad visual sobre la cabecera, favoreciendo una mirada más amplia y generosa sobre la referencia simbólica preferente –la hornacina axial–, el de Hera Matronale optó por un espacio sacro más distante, aislado y secretista. ¿Cómo consiguió imprimir tales cualidades al espacio interior?* Muy simple: *con un cambio en las referencias buscadas desde los extremos del eje visual*: mientras en Deméter Malophoros ambos extremos buscan el centro de la hornacina, en Hera Matronale señalan los vértices de la cabecera. El resultado inevitable de esta decisión es un estrechamiento del vano de acceso a la cabecera, lo que implica su mayor segregación visual. Extraordinario como muestra de la *capacidad de la trama visual para ofrecer, con un gran minimalismo gestual, soluciones específicas, ajustadas a los diferentes objetivos ideológicos que se desea alcanzar*. Y todo ello ocurría, recordémoslo, en el siglo VI a.n.e., en una pequeña ciudad griega de la isla de Sicilia.

La visita a Hera Matronale y a Deméter Malophoros ha justificado plenamente el viaje hasta Selinunte, ya que es indudable que aporta un paso importante hacia los antecedentes de la trama escenográfica. Junto a la influencia etrusca, ya tenemos más claro de qué otra fuente se nutrió la arquitectura ceremonial romana más poderosa.

II – EL TEMPLO GRIEGO SE HACE COLUMNARIO

Ha llegado el momento de acercarnos hasta los edificios griegos que con más inmediatez asociamos a su cultura arquitectónica y a sus prácticas rituales: los templos enmarcados por una columnata perimetral continua. Y al hacerlo, estamos sometidos al fuego cruzado de dos afirmaciones que gozan de un amplio consenso entre los especialistas.

La primera es, como ya hemos señalado, el exquisito cuidado que los arquitectos griegos pusieron en el tratamiento exterior de estos edificios, llegando al extremo de abordar temas tan sutiles y de detalle como la óptima distribución de metopas y triglifos en el friso, o las denominadas correcciones ópticas, cuyo objetivo era contrarrestar la deformación visual que sufren las líneas rectas construidas "a nivel y plomada" cuando las observamos desde un lugar exterior, cercano, que se toma como preferente. Ligero sobrealzado de la parte central de los elementos horizontales –estilóbato y entablamento–, engrosamiento de la parte central del fuste de las columnas, reducción de la distancia entre ellas en los extremos del edificio, incremento del diámetro de las situadas en los vértices, y leve inclinación de todas ellas hacia el interior del edificio, son las correcciones más frecuentes[5]. Su alto grado de sofisticación hace que, incluso cuando una sola de ellas esté presente, ponga de manifiesto el extremo rigor de los métodos de trabajo de los arquitectos griegos. Y todo ello, a pesar de que tales detalles pudiesen pasar inadvertidos para la mayor parte de los ciudadanos reunidos alrededor del templo con motivo de las actividades rituales, y a nosotros cuando hoy los visitamos.

El segundo aspecto, también con muy alto grado de consenso entre los especialistas, es que el espacio interior de estos templos carecía de voluntad pública, limitándose a albergar las estatuas de las divinidades. Las ceremonias previstas para la mayor participación popular tenían lugar alrededor de un altar exterior, con la fachada del templo como telón de fondo axial. Estaríamos por lo tanto ante espacios interiores sin especial interés, y reflejo de todo ello es el abrumador predominio de los estudios académicos sobre la forma exterior de estos templos, en detrimento del análisis de su espacio interior.

¿Es razonable suponer que arquitectos que dedicaban tanto esfuerzo a definir la forma exterior del templo, incluso hasta extremos difíciles de percibir por un observador no iniciado, completasen el proyecto con un espacio interior

5 Son siempre correcciones muy pequeñas. Por ejemplo, para el Partenón –31 por 69,5 metros en cifras redondas para su planta–, el sobrealzado del punto central del estilóbato apenas supera los 10 cm. en el lado largo y los 7 en el lado corto, lo que implica pendientes de 0,18 grados (0,3%) y de 0,26 grados (0,45%) respectivamente. La inclinación hacia el interior de las columnas se ha estimado en unos 6 cm en el punto más alto, lo que equivale 1/3 de grado. El engrosamiento central de los fustes se acerca a los 2 cm., del orden de 1/50 veces el valor de su diámetro.

inmediato, trivial, simplón. Máxime cuando ese espacio estaba concebido como lugar de residencia de los dioses y de acogida para sus imágenes más apreciadas.

Conocemos muy poco sobre el funcionamiento previsto para las diferentes partes del espacio interior sacro griego –pronaos, naos, opistodomo y corredores perimetrales interiores al columnario–, qué personas podían acceder a ellos, qué actos acogían y cuáles eran sus fines específicos. Incluso en los casos en que la columnata perimetral se ha conservado en buen estado, lo más habitual es que la mayor parte de la estructura interior haya desaparecido[6], y en los pocos que todavía conservan restos notables, no es fácil discernir sobre su originalidad[7]. No podemos, pues, llevar la reflexión muy lejos, pero a pesar de todas estas dificultades, vamos a aportar algunos comentarios cuya voluntad explícita es llamar la atención sobre la importancia del espacio interior sacro griego, y emplazarnos a nuevas observaciones.

En primer lugar, y dada la excelente consolidación de sus columnatas perimetrales, nos hemos preguntado qué oportunidades ofrecen para este objetivo los templos de la colonia griega de ***Poseidonia*** –la ***Paestum*** romana–. El Templo de Hera, el más antiguo de los tres, con el año 550 a.n.e. como fecha aproximada de construcción, no sugiere comentario alguno, por ausencia total de restos interiores con la fiabilidad exigida por la trama visual.

Por contra, el ***Templo de Poseidón*** –el más joven y de mayores dimensiones de los tres–, cuya construcción se sitúa entre los años 474 y 450 a.n.e., sí conserva una parte notable de su estructura interior. *¿Podemos reconocer alguna relación de calidad entre los elementos que la conforman?*[8]

Tal como muestra el croquis 4, cuando nos situamos junto al perfil axial de las dos columnas exentas del pronaos –se conservan en buen estado–, contra el perfil de las jambas de la puerta de acceso al naos, nuestra mirada se alinea con el punto medio del espacio entre las dos columnas exentas del opistodomo, en la parte trasera del templo. El vértice superior del frontón situado sobre ellas se ofrece como referencia, y permite valorar la precisión de la alineación. Las imágenes 2 y 3 lo muestran con bastante claridad.

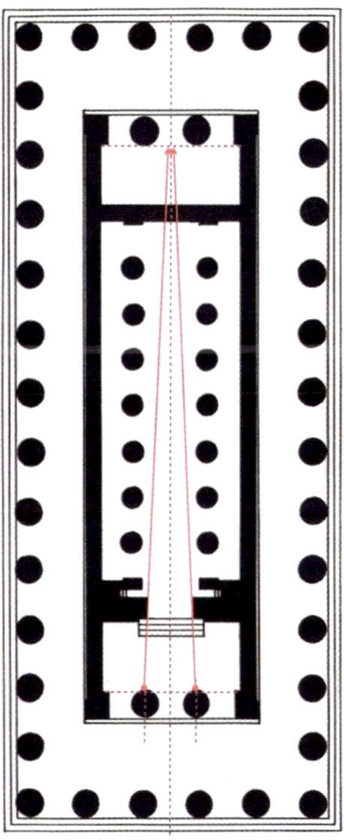

Croquis 4. Templo Poseidón, con el par de visuales observadas sobre el terreno.

Todo ocurre, pues, como si la anchura de la puerta de acceso al naos hubiese sido decidida para que, toda persona situada entre los ejes axiales de las dos columnas exentas del pronaos, pueda observar en buenas condiciones la parte central del muro trasero del naos, lugar reservado a la correspondiente estatua divina. Estamos ante un claro ejercicio de *optimización visual sobre la referencia de mayor calidad simbólica del templo*. Es cierto que *la escenografía construida por este trazado es bastante elemental,* pero creemos de interés dejar constancia de ella como muestra de *voluntad cohesionadora en términos espaciales y simbólicos, y como ejemplo de cuidado constructivo del interior sacro griego.*

El ***Templo de Atenea,*** fechado alrededor del año 500 a.n.e., es la tercera visita ineludible en Poseidonia. Nos hubiese gustado recorrer su espacio interior y analizar sobre el terreno la posible presencia de algún gesto cercano al que acabamos de observar en el Templo de

6 Por su forma y tamaño, los sillares de las dependencias interiores eran las piezas más fáciles de transportar y reutilizar.

7 Por ejemplo, algunos han sido utilizados para prácticas cristianas, lo cual pudo suponer su contaminación por reajustes a las necesidades litúrgicas del nuevo rito. La catedral de Siracusa y el Templo de la Concordia en Agrigento son buenos ejemplos de esa situación. Tampoco es extraordinario que el espacio interior haya acogido actividades más prosaicas, pero igualmente desfiguradoras, incluso destructivas, ligadas, por ejemplo, a la agricultura y a la ganadería.

8 Agradecemos las facilidades recibidas de los responsables del yacimiento, sin cuya ayuda no hubiésemos podido reunir los datos utilizados para preparar este breve comentario. Por supuesto, los errores son de nuestra exclusiva responsabilidad.

Imagen 2. Templo Poseidón. Visual desde el eje axial de la columna izquierda del pronaos. El perfil de la puerta del naos se alinea muy bien con el punto medio del frontón trasero del opistodomo.

Imagen 3. Templo Poseidón. Ahora desde el eje axial de la columna derecha del pronaos. El perfil del basamento de la puerta se alinea con el punto medio entre las columnas del opistodomo, y su prolongación vertical con el centro del frontón situado sobre ellas.

Poseidón, pero los trabajos de restauración en curso interferían toda observación detallada de su espacio interior. Ante tal imposibilidad, y por primera vez a lo largo de esta memoria, vamos a utilizar mediciones prestadas para realizar una estimación que nos parece muy oportuna y pertinente[9].

Ya hemos comentado en varias ocasiones la poca precisión de algunas plantas, por lo que nunca hemos basado en ellas nuestros comentarios, pero creemos que no es el caso del levantamiento realizado por Friedrich Krauss para el Templo de Atenea, incluido en su libro *"Die Tempel von Paestum. Der Athenatempel"*. Dado el alto grado de detalle y consistencia de las mediciones que aporta[10], hemos analizado a partir de ellas, sobre papel, la viabilidad del par de alineaciones representadas en el croquis 5. Son dos trazados cercanos a los que acabamos de observar en el Templo de Poseidón, y muy coherentes con lo que nos han enseñado Hera Matronale y Deméter Malophoros, edificios construidos del orden de medio siglo antes que el Templo de Atenea.

La pregunta que nos hemos formulado es muy concreta: *¿qué anchura ha de dejar libre el cerramiento provocado por las cajas de las escaleras interiores, para que las visuales que parten del perfil anterior de las columnas frontales del pronaos alcancen, rigurosamente, los vértices más profundos del naos?* Lo que debemos calcular es la anchura "a" del croquis 5, croquis que también resume los valores de las tres dimensiones implicadas en esa relación, calculadas a partir de las mediciones aportadas por Krauss.

Unos breves cálculos –muy simples– dan como resultado que "a" debe medir 2,94 metros para que ambas alineaciones se produzcan, y las mediciones de Krauss otorgan a esa anchura un valor de 2,89 metros. El ajuste es, pues, muy bueno, y apoya la hipótesis de que ambas visuales se producen sobre el terreno con una precisión coherente con la exigida por la trama visual. Pero falta la confirmación directa sobre el terreno, pues, por ejemplo, si se diese una leve deformación romboidal de la planta, ambas alineaciones no se producirían con la nitidez necesaria[11].

De ser cierta esta alineación "calculada", construye una *escenografía que garantiza a toda persona situada en al acceso axial al pronaos una visión completa y precisa de todo lo que ocurre en la anchura trasera de la sala sacra, hasta sus vértices extremos.* Es otro ejemplo concreto, y muy eficaz, de *optimización visual del espacio interior sacro*, un tanto primaria, es cierto, pero porque también lo es el espacio que debe escenografiar: un simple rectángulo con un cerramiento diafragmático interior.

A destacar la similitud de esta alineación –apoyo axial y referencia en los extremos del muro trasero de la cabecera– con uno de los juegos de visuales detectados en Deméter Malophoros, hecho que apunta la posibilidad de que los templos murales y columnarios griegos pudiesen compartir recursos y soluciones escenográficas.

Animados por lo observado en el Templo de Poseidón y por lo que acabamos de estimar sobre papel para el Templo de Atenea, volvemos a ***Selinunte*** para analizar ahora el denominado ***Templo E***, situado también fuera de la acrópolis, pero en la parte alta de la colina Marinela, al este de la ciudad, manifiestamente visible desde la lejanía para cualquier barco que se aproximase a ella. Es, pues, un ejemplo emblemático de templo que actúa como símbolo de ocupación del territorio, seña de identidad de la colectividad allí asentada, y aviso ante cual quier intención foránea.

Edificado entre los años 465 y 450 a.n.e. –fechas similares a las del Partenón–, es el templo más completo y mejor reconstruido de todo el complejo arqueológico, conservando en buen estado el opistodomo y la parte más profunda del naos –la sala sacra–. Poder acceder con plena libertad de movimientos a ambos espacios permite disfrutar de una mirada diferente sobre un templo griego, y estudiarlo con tanto cuidado como placer.

Una forma de familiarizarnos con su espacio interior es medir las dimensiones esenciales y valorar su consistencia relacional. El primer balance de esta operación da como resultado que el interior del opistodomo, sin incluir el umbral con sus columnas exentas, se ajusta muy bien a un rectángulo "2 a 1". Si se incluyen dichas

9 Al analizar la trama de las catedrales de Santiago de Compostela y Vieja de Salamanca hemos realizado algunas estimaciones, pero han sido hechas a partir de mediciones propias, y muy arropadas por observaciones similares realizadas en otros edificios con estructura similar. Aquí la situación es diferente, pues solo el Templo Poseidón que acabamos de comentar nos acompaña en esta estimación. Estamos, pues, en una situación mucho más débil e insegura.

10 Algunas las hemos ratificado sobre el terreno para asegurarnos que hemos interpretado correctamente los datos aportados por Krauss.

11 Al carecer de las medidas de las diagonales del edificio, no podemos saber si existe, o no, esa deformación romboidal.

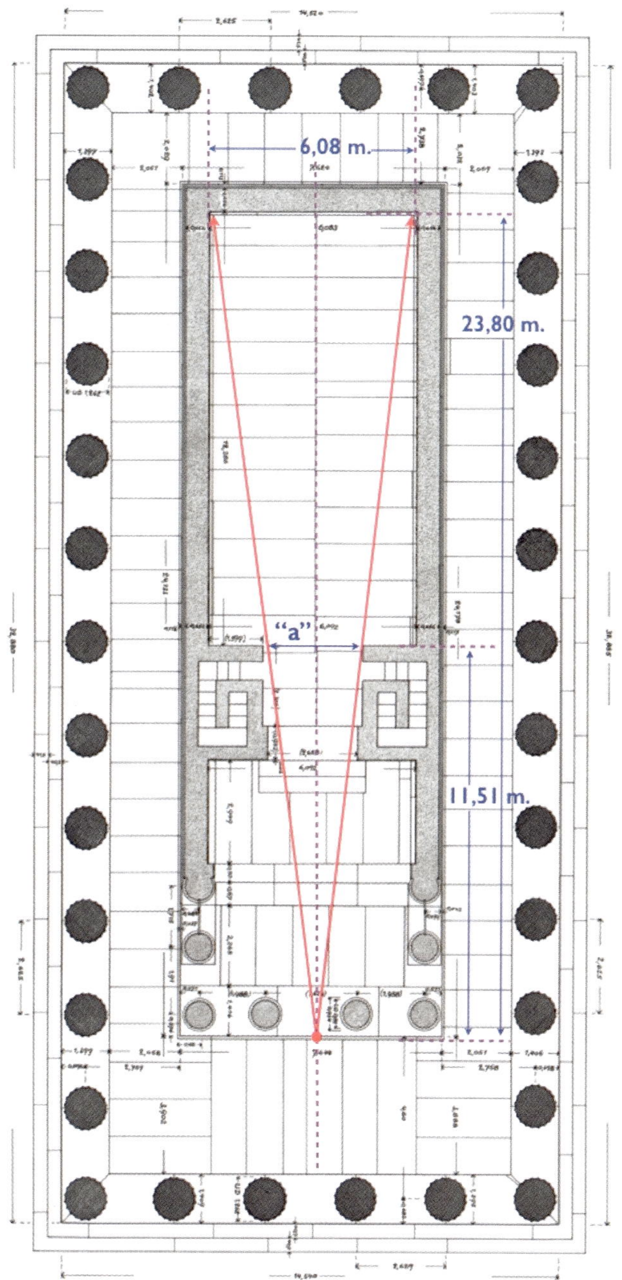

Croquis 5. Planta de Friedrich Krauss para el Templo de Atenea, con los datos necesarios para estimar la viabilidad de las visuales que, desde el perfil anterior de las columnas del pronaos, sobre el eje axial del edificio, buscan los vértices extremos del naos.

columnas, la precisión se relaja, pero se acerca a una forma "3 a 2". Se trata de un primer gesto que denota el cuidado de su proyecto interior[12].

El segundo aspecto valorado ha sido la distribución proporcional de las dimensiones de los elementos que configuran las secuencias transversal y longitudinal de esta parte del edificio. El croquis 6 recoge el resultado: "4-6-3-21-3-6-4" para la secuencia transversal y "4-11-4-10" para la longitudinal, con el valor del diámetro de las columnas perimetrales como patrón de referencia igual a "4 unidades". Globalmente, ambas secuencias modulares son bastante precisas en su ajuste a cifras simples, pero presentan algunos interrogantes que llaman a reflexión:

Por ejemplo: *¿por qué el arquitecto situó el opistodomo a "11" unidades de la columnata perimetral, valor muy poco ágil, y sin equivalente en ambas secuencias?*

Por ejemplo: *¿por qué atribuyó al opistodomo una anchura interior y exterior de "21" y 27" unidades respectivamente, cifras bastante incómodas de manejar en cualquier operación constructiva?*

Por ejemplo: los tres vanos de acceso al opistodomo –entre las columnas exentas, y entre estas y los muros laterales–, poseen anchuras diferentes y mal ajustadas a "5" y "4" unidades, respectivamente[13]. *¿Por qué el arquitecto no atribuyó similar anchura a los tres vanos?*, solución elegante y de fácil construcción.

Por ejemplo: la secuencia longitudinal presenta una desviación media del orden del 1,5% respecto de los valores enteros rigurosos, pero la secuencia transversal es más irregular, ya que eleva ese valor hasta el 3,3%. *¿Por qué el arquitecto afinó mejor la secuencia longitudinal, cuando la visión frontal del templo parece prioritaria, en tanto que telón de fondo de las ceremonias realizadas en el altar exterior?*[14]

Estos interrogantes creemos que arrojan serias dudas sobre la posibilidad de que las secuencias numéricas longitudinal y transversal fuesen realmente determinantes para el arquitecto en el momento de decidir, en detalle, la posición de los elementos que configuran esta parte del espacio interior del templo. *¿Podemos encontrar mejor justificación a la falta de precisión de ambas secuencias, y a las restantes dudas expresadas?* Interesados por la posible responsabilidad de los temas visuales en esta situación, la respuesta observada sobre el terreno no puede ser más categórica ni concluyente: el croquis 7 reproduce con mucho detalle los apoyos y las referencias de los cuatro juegos de visuales encontrados.

Una valoración conjunta de los croquis 6 y 7 pone de manifiesto un hecho de especial relevancia: ***la intensísima relación encontrada entre la estructura interior y exterior del templo****, relación* ***que se asegura con un doble mecanismo****: mediante las* ***secuencias proporcionales*** *en las que participan simultáneamente dimensiones de esos dos ámbitos del edificio, y por la implicación de una* ***trama visual*** *en la que todas y cada una de las visuales implicadas ponen en relación directa una marca constructiva del perfil perimetral del templo con un elemento referencial situado en el fondo del opistodomo.* Ambos mecanismos de planificación comparten protagonismo, pero si la precisión de su ajuste sobre el terreno denota jerarquía, ***la trama es hegemónica****, ya que es mucho más exacta*[15]*, llegando a justificar el porqué de las dimensiones mal ajustadas a cifras enteras o muy poco simples*: porque por encima de cualquier otro criterio, cada dimensión concreta debe ser servicial y ajustarse a las necesidades de la escenografía a construir. Lo que en términos de secuencia en cifras enteras simples se ha de calificar de *chocante, descuidado*, incluso caprichoso, para la trama visual resulta de exquisita *coherencia y precisión*. Cualquier decisión encaminada a mejorar las secuencias numéricas que suponga alejar o acercar el opistodomo a la columnata perimetral, reconsiderar su anchura, o cambiar la posición de las columnas exentas en el umbral de su acceso, supondría un grave desequilibrio para la trama visual de esta parte del templo, pues todas las visuales implicadas perderían sus actuales referencias y apoyos tangenciales. Creemos que cualquiera de esas acciones implicaría la invalidez del proyecto.

12 El perfil exterior de la planta del templo se acerca a "un triple cuadrado" –un rectángulo "1 a 3"–, y su interior, sin las columnas de peristilo, a "un cuadrado más un trazado a escuadra" –un rectángulo "1 a $(1 + \sqrt{3})$"–, pero sin gran precisión en ambos casos. Muy sorprendente. Parece más una voluntad orientativa que un trazado constructivo riguroso.

13 En concreto, la anchura entre las columnas exentas es el dato peor ajustado de las dos secuencias numéricas, y muy alejado de "5 unidades": su valor real se sitúa en "4,75 unidades", lo que supone una desviación del 5%. Simultáneamente, la distancia entre las columnas y los muros laterales del opistodomo es un 3,6 % mayor que "4 unidades" exactas.

14 Es cierto que el opistodomo está situado en la parte trasera del templo, pero lo habitual es que el pronaos –hoy desaparecido– tuviese una estructura frontal similar a la del opistodomo.

15 La exactitud es tal que, por ejemplo, en el caso de las visuales a los vértices del opistodomo, es aconsejable fijarse en la parte alta del muro. Al estrecharse ligeramente las columnas, el vértice es más fácil de observar. La imagen 4 lo muestra.

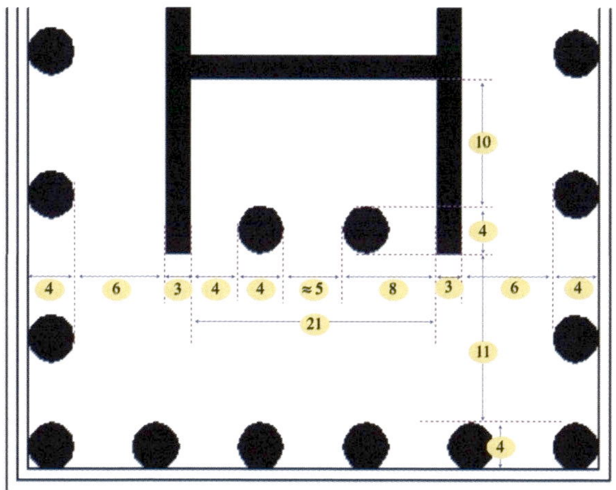

Croquis 6. Templo E de Selinunte. Secuencias transversal y longitudinal para su opistodomo. Recordar que los datos son fruto de las mediciones realizadas sobre el terreno. Si la planta no se ajusta a ellas, es por deficiencia de esta. El desmesurado grosor del muro interior –3/4 partes del diámetro de una columna–, seguramente innecesario, colabora en la apuesta por la contundencia y la rotundidad dórica del templo.

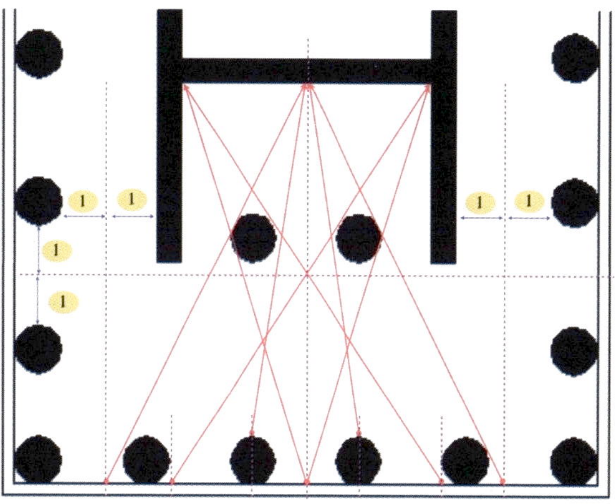

Croquis 7. Estructura visual del opistodomo del Templo E de Selinunte. Los apoyos están situados sobre la anchura media de los pasillos laterales, muy bien señalada sobre el pavimento (imágenes 5 y 6); los perfiles interiores y axiales de las cuatro columnas perimetrales centrales; y el eje axial del edificio. Las referencias en el muro trasero del son las habituales: los vértices y el punto medio. A destacar el notable efecto "forma/grosor" de las columnas de acceso al opistodomo, que apoyan tangencialmente cuatro visuales.

Imagen 4. Visuales desde el eje axial del templo, a los vértices del opistodomo. Son un buen ejemplo de la precisión de la trama del Templo E. Debemos observar la parte superior del muro para, aprovechando la ligera perdida de grosor de las columnas, poder percibir los vértices, prácticamente ocultos en la base de la columna por el buen ajuste de las visuales.

Imagen 5. Templo E. Desde el eje central del corredor izquierdo, visual al punto medio del muro trasero del opistodomo, señalado por una marca blanca. El proyecto inicial ya prevé la posición del muro longitudinal interior, pues cuatro losas del estilóbato ya fijan la anchura del corredor y la posición de su eje central.

Imagen 6. Templo E, en Selinunte. Imagen similar a la anterior, ahora desde el eje del corredor derecho. Contra el perfil de la columna, la visual también busca el punto medio del muro trasero del opistodomo, identificable por una marca blanca. Si prolongamos hacia abajo el delgado perfil de la columna izquierda, podemos apreciar mejor la precisión de la alineación.

Imagen 7. Templo E, en Selinunte. Primer plano de la visual que, desde el eje del corredor izquierdo busca el punto medio del muro trasero del opistodomo.

Imagen 8. Templo E, en Selinunte. Primer plano, ahora de la visual desde el eje del corredor derecho, al punto medio del muro trasero del opistodomo.

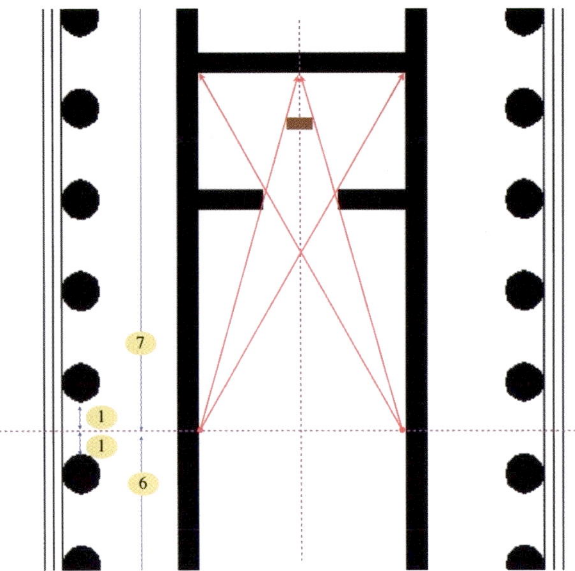

Croquis 8. Trama para la sala sacra más profunda del Templo E de Selinunte. La forma interior y exterior de la sala sacra se acerca a sendos rectángulos "2 a 1" y "3 a 2". La secuencia para el cerramiento transversal y su vano es del tipo "3 a 6 a 8 a 6 a 3". Pero también aquí la trama visual es mucho más precisa que la secuencia y que ambas formas geométricas.

A destacar que el eje visual está situado sobre una partición "7 a 6" de los 63,72 m. de longitud interior total entre las columnas perimetrales frontales y traseras, estableciendo así un nuevo vínculo entre el exterior y el interior del templo.

Como ejemplo del nivel de elaboración del proyecto para el espacio interior del Templo E, podemos señalar que, si suponemos que el pronaos –hoy desaparecido– tuvo una estructura simétrica a la del opistodomo, este eje visual se asociaría a otras dos particiones: "4 a 3" del espacio interior del naos, incluida la sala sacra, y "6 a 5" respecto de la longitud entre los perfiles exteriores del opistodomo y del pronaos. Excelente, pero recordemos que ambas particiones no han sido medidas sobre el terreno, sino calculadas a partir de la suposición anterior.

Desde las primeras páginas de esta memoria hemos señalado que *la malla geométrica puede proponer, pero la trama es quien decide*. El opistodomo del Templo E de Selinunte amplía este fundamental principio, apuntando que *una secuencia numérica en términos simples también puede sugerir valores, pero queda claro que la trama es quién los ajusta. Y si la nitidez escenográfica lo requiere, es lícito forzarlos.*

Resulta muy gratificante constatar que hace 2.500 años alguien fuese capaz de compatibilizar una trama tan precisa y elegante como la del opistodomo del Templo E de Selinunte con unas formas geométricas simples y dos secuencias numéricas en cifras enteras, aunque formas y secuencias sean de menor precisión. Es, pues, muy lamentable la pérdida del pronaos, ya que todo apunta a que permitiría una comparación espacial que a buen seguro hubiese aportado elementos muy clarificadores y estimulantes.

Antes de abandonar el Templo E todavía podemos añadir un comentario final, más débil dada su dificultad observacional, pero también de interés. El naos de este templo conserva en buen estado su muro trasero –común al opistodomo– y la parte baja de un tramo bastante largo del muro lateral izquierdo. Del muro derecho y del cerramiento transversal que delimita la sala sacra, solo se conservan las marcas en el pavimento. El marco espacial ha cambiado respecto del opistodomo, devolviéndonos a un espacio interior cercano al de Hera Matronale, es decir, íntegramente mural, con una cabecera bastante segregada. *¿Cuál fue la respuesta del arquitecto ante este cambio estructural?* Muy simple y coherente: *a cercana forma espacial, similar solución visual*. En concreto, definió un *eje visual* sobre una *partición simple del espacio interior*, y apoyó en sus extremos *dos juegos de visuales*. Uno busca los *vértices del muro trasero de la cabecera sacra* –como en Hera Matronale– y el otro el *punto medio de dicho muro*. Tal como muestra el croquis 8, el cruce de esas visuales define la posición y la anchura del cerramiento transversal de la sala sacra. Excelente demostración de *coherencia proyectual y de minimalismo en los recursos movilizados*.

Imagen 9. Desde el muro trasero del opistodomo, mirando hacia el exterior del Templo E. El estado de los reconstruidos alzados no permite certezas, pero la imagen deja constancia de la cercanía entre el perfil del ábaco sobre las columnas exentas del opistodomo y el final del entablamento sobre la columnata perimetral. En nomenclatura de la trama cristiana lo llamaríamos un trazado del tipo "impostas alineadas".

En el opistodomo la observación resulta clara y muy gratificante, por eso insistimos en su realización, en la confianza que enriquecerá la opinión que tengamos sobre el espacio interior sacro griego. En el naos es bastante más complicada, por su mayor degradación, aunque haber visitado antes Hera Matronale y Deméter Malophoros facilita bastante las cosas. En cualquier caso, la visita a Selinunte es obligada en cualquier itinerario por la arquitectura griega de calidad, por la excelencia de sus templos y por la posibilidad de acceder a su interior sin restricciones, en un ambiente amable, respetuoso y relajado.

BREVE COMENTARIO A PROPÓSITO DE LAS SECUENCIAS NUMÉRICAS DEL TEMPLO E DE SELINUNTE

"Incluso un pueblo tan ilustrado como el griego no dejó ningún testimonio escrito
de los sistemas de proporción que usó [en arquitectura]."
P.H. Scholfield

Los templos que acabamos de analizar se construyeron entre mediados de los siglos VI y V a.n.e., y la figura de Pitágoras y su grupo de seguidores se sitúa entre finales del siglo VI y el primer cuarto del siglo V a.n.e. Todo apunta, pues, a que su trabajo no fue un hecho aislado y sectario, sino que se desarrolló en un clima general de buen hacer geométrico y aritmético, del que también participó el diseño de los espacios simbólicos de calidad.

Siempre se destaca el tratamiento que Pitágoras dio a la escala musical, estableciendo el valor normativo de las diferentes notas ajustando la longitud de las cuerdas que las definen a una secuencia de razones simples, en cifras enteras, de la longitud de la nota de referencia. Pero a pesar de la importancia que tuvo la arquitectura en la actividad cultural, social y política griega, no ha llegado hasta nosotros noticias de que *un tratamiento normativo de ese tipo se aplicase al trabajo arquitectónico, hasta determinar un canon específico.*

Desde entonces, en especial a partir del Renacimiento, se han escrito múltiples tratados sobre las relaciones canónicas que debían cumplir los elementos que integran una columna, en todos sus detalles, desde la basa de apoyo en el estilóbato hasta su culminación en el entablamento. Pero *ese tratamiento no se hizo extensivo al conjunto del espacio arquitectónico, ni interior ni exterior.* Y creemos que el Templo E de Selinunte ha explicado bien el *porqué de ese hecho: parece que existió un tratamiento proporcional para el espacio sacro, pero no como canon cerrado, de obligado cumplimiento –al estilo de la escala musical pitagórica–, sino tan solo como propuesta orientativa y flexible. ¿Por qué esa diferencia?* Porque lo que puede funcionar bien para un elemento decorativo –fuste, capitel, metopa, ...– no tiene por qué hacerlo cuando abordamos un espacio escenográfico –pronaos, naos, opistodomo–[16]. En el tratamiento de un elemento decorativo podemos pensar el tema en términos "casi escultóricos", mientras que en el caso del espacio interior debemos hacerlo de modo "absolutamente arquitectónico". *No estamos ante un simple cambio de escala, sino ante un cambio disciplinar*; es decir, de responsabilidades funcionales, simbólicas y ceremoniales de lo construido. En consecuencia, los criterios de validación pueden/deben ser muy diferentes.

Los criterios de diseño y el grado de libertad al crear una pieza escultórica no son los mismos que al definir el marco en el que esa pieza encontrará su lugar óptimo. *Una pieza escultórica es parte de la escenografía. El espacio interior sacro es la escenografía estructural.* No es lo mismo perfilar la forma de una columna exenta para el opistodomo del Templo E de Selinunte, que crear el marco espacial en el que esa columna actuará, marco que incluye colaborativamente el interior del opistodomo, los corredores transversales y longitudinales anexos, y algunos elementos de la columnata perimetral. Grecia parece que tuvo clara esa diferencia, y cuando pasó de la pieza escultórica al ámbito espacial, todo indica que dejó que la trama escenográfica tomase el mando, y en el Templo E hemos podido comprobar como las *secuencias aritméticas* se atemperan, hasta hacerlas eficaces en términos visuales. *La secuencia numérica no es el canon. Es solo un instrumento flexible para acercarse a él. Quien determina el canon normativo en el espacio interior de la arquitectura sacra es la escenografía, y lo hace en el lenguaje que le es propio, es decir, en términos visuales. Ni aritméticos ni geométricos. Visuales*[17].

16 Comentario similar se podría realizar sobre el exterior del edificio, pues una cosa es dimensionar los elementos de una columna perimetral, y otra muy diferente es definir, al completo, la columna exterior de dicho templo, con todas sus implicaciones escenográficas y simbólicas, tanto cuando la observamos desde la corta distancia ritual y como desde la lejanía territorial. Pero no entraremos en ese aspecto, pues nuestro interés se centra en el espacio interior.

17 Esta misma reflexión es igualmente pertinente cuando nos acercamos a los métodos de trabajo de los artesanos medievales –por ejemplo,

III - MICENAS APORTA UN ESTIMULANTE GESTO SIMBÓLICO EN ALZADO

La infructuosa búsqueda de otros templos griegos en los que ratificar lo que Selinunte y Poseidonia nos han enseñado, ha tenido la agradable compensación de conducirnos hasta tres túmulos funerarios micénicos bastante bien conservados: el denominado ***Tesoro de Atreo*** —o ***Tumba de Agamenón***—, la ***Tumba de Clytemnestra*** y la ***Tumba de Tiryns***, los dos primeros en ***Micenas*** y el tercero en la cercana ***Tirinto***. Sus fechas de construcción se sitúan a mediados del siglo XIII a.n.e., posiblemente con Tiryns como el más antiguo y Clytemnestra como el más joven. Estamos hablando, pues, de espacios construidos hace unos 3.300 años, alrededor de 600 antes que el templo griego o la tumba etrusca más antigua que hemos analizado en el capítulo anterior.

El esquema espacial de los tres túmulos es muy similar: una generosa avenida descubierta conduce hasta un corredor adintelado de notable longitud, que desemboca en una amplia sala circular. Las hiladas concéntricas de sillares que conforman la cúpula que la cubre parten desde el mismo suelo, definiendo un perfil en alzado muy cercano a una forma catenaria continua, sin división entre muro y cubierta, lo que sin duda ha favorecido su mejor estabilidad. A esa sala central, destinada a acoger los rituales funerarios en honor del difunto, se adosa lateralmente una pequeña cámara rectangular donde se depositaban sus restos mortales. Aprovechando el desnivel del terreno, tanto el corredor adintelado como las salas central y funeraria se cubrían con una gruesa capa de tierra, lo que también ha colaborado a su estabilidad y buen estado de conservación. Solo en el caso de Clytemnestra ha sido necesario reconstruir una docena de hiladas, las más cenitales, del medio centenar que componen su estructura vertical.

Las avenidas ceremoniales de Atreo y de Clytemnestra, las dos arquitecturas mejor conservadas, poseen dimensiones muy similares —del orden de 36-37 metros de largo por unos 6 de ancho—, pero más interesante nos parece la regularidad que presenta el corredor de acceso a la sala central: con valores diferentes para su anchura y alzado, el segundo es siempre el doble riguroso del primero. Las naves centrales refuerzan esa situación: sus plantas se ajustan muy bien a una forma circular con diámetros de 14,5 metros en el caso de Atreo, 13,5 para Clytemnestra y 8,5 en Tiryns. Los alzados cenitales son algo inferiores: 13,40; 12,80 y 7,5 metros, respectivamente[18]. Al comparar ambas secuencias de datos, la relación entre la anchura y el alzado de la nave se acerca siempre a una proporción simple del tipo "1 a 1", pero con poco ajuste, pues estamos ante desviaciones del orden de 1 metro. La gran precisión proporcional mostrada en el vano del corredor de acceso a los tres túmulos se ha perdido en el trazado en altura de sus respectivas cúpulas centrales. *¿Cómo justificar tal pérdida de precisión en el espacio de mayor importancia ceremonial de todo el túmulo? ¿Qué criterios proyectuales pueden estar detrás de tan "irregular" trazado para la sala central*[19]*?*

Tras algunas vacilaciones iniciales por la novedad del espacio a observar, nos hemos preguntado *desde qué punto del eje axial de la construcción*, al avanzar por el corredor hacia la sala central, *vemos por primera vez el cénit de la cúpula*. La respuesta aporta un gesto de enorme racionalidad y calidad simbólica, pues en los tres casos hemos podido comprobar que ese punto coincide con *la posición de la puerta física que abría el paso al espacio interior*[20], posición reconocible hoy por las marcas dejadas por dicha puerta en los muros laterales, en la cubierta y en el pavimento del corredor (imagen 11).

En los tres túmulos esa puerta está situada en posición diferente dentro de sus respectivos corredores, pero cuando nos colocamos junto a las marcas que identifican dicha posición, queda en evidencia la lógica escenográfica que rige el espacio fúnebre micénico: con exquisita precisión en Clytemnestra, con muy buena precisión en Atreo, y con precisión suficiente en Tiryns, *en el preciso momento en que cruzamos el umbral de dicha puerta y pisamos el espacio interior,* contra el perfil del dintel del corredor en su entrega con la sala central, *nuestra mirada se alinea con la clave de la cúpula, quedando bajo el influjo directo de lo que ese punto pudiese simbolizar en la ri-*

los manuales de uso gremial de Roriczer y Schmuttermayer–, e intentamos extrapolar sus plantillas geométricas para explicar el conjunto del espacio interior de los templos cristianos, olvidando el cambio disciplinar que ello supone. El error y la frustración están servidos.

18 De los tres túmulos, Tiryns es el que presenta un pavimento más deteriorado para su corredor y sala central, lo que siempre introduce una nota de incertidumbre en la precisión de las observaciones y de las mediciones realizadas.

19 Irregular desde un punto de vista estrictamente geométrico /proporcional.

20 Los especialistas la califican habitualmente de "gran puerta de bronce".

Imagen 10. Tesoro de Atreo. Desde la línea que señala la posición de la puerta de acceso, en el corredor funerario, visual a la clave de la cúpula.

Imagen 11. Tesoro de Atreo. Corredor de acceso a la nave central. Izquierda: en el muro izquierdo se aprecian las marcas de sujeción del larguero de la puerta, y en el dintel el orificio circular para el gozne de la batiente izquierda, marca similar a la que podemos observar, por ejemplo, en la cercana Puerta de los Leones. Derecha: marcas dejadas por la puerta en la parte inferior del muro izquierdo y en el pavimento. Desde esa posición es, precisamente, desde donde podemos observar la sugerente alineación con la clave cenital que muestra la imagen 10.

tualidad funeraria y en la cosmología micénica. Se trata de la clásica *solución "imposta a clave", en este caso "perfil de dintel a clave".* La imagen 10 lo muestra en el caso del Tesoro de Atreo. Otro momento tan inesperado como francamente placentero e inolvidable, pues para que esa sintonía visual se dé con la precisión observada sobre el terreno, y requerida para la credibilidad del gesto simbólico que patrocina, es imprescindible que la posición de la puerta en el corredor esté perfectamente coordinada con la profundidad de la sala central, y con las alturas de la cúpula, del dintel del corredor y de nuestra mirada.

Pero las sorpresas no terminan ahí, pues su diseño incluye un gesto que denota su gran complicidad con las arquitecturas posteriores que ya conocemos. En efecto, pocas líneas más arriba hemos dicho que, en los tres casos, la puerta física está situada en posición diferente dentro del correspondiente corredor, es decir, a desigual distancia de la línea de acceso a la sala central. Pues bien, cuando nos preguntamos si, a pesar de esa diferencia, *podemos detectar alguna regularidad buscada racionalmente en sus respectivas posiciones*, las mediciones ponen de manifiestos que, con muy buena precisión en Atreo y Clytemnestra, y con precisión suficiente en Tiryns, sus respectivas puertas están situadas sobre tres *particiones en términos enteros simples* de la longitud total del corredor: "2 a 3" en el caso de Atreo, "1 a 2" en el caso de Clytemnestra, y "1 a 5" en Tiryns.

Faltaban casi 1.300 años para la construcción del Panteón, 1.800 para el levantamiento de las cúpulas de Sergio y Baco y Hagía Sophia, y algo más de 2.000 para las de Melque y Bande, y situados sobre una *marca constructiva* tan frecuente y normativa como *el umbral de la puerta de acceso al espacio interior* —emplazada sobre una *partición entera simple del espacio que la acoge*—, muestra mirada —y la de los participantes en los rituales funerarios y ceremoniales en honor y recuerdo de los jerarcas enterrados en las tres tumbas micénicas— se alinea con *el cénit de la cubierta* sobre la sala ceremonial. Excepcional.

Son pocos los túmulos analizados, pero los rasgos compartidos por los tres que hemos analizado —repetición de la secuencia de espacios, dimensiones cercanas, similar perfil en alzado de la cúpula, un guiño geométrico compartido para definir la altura y anchura del corredor ceremonial, intervención de una *partición* para fijar la posición de la puerta física que cerraba el espacio interior...— permiten entrever la existencia de un *modelo de referencia* para las arquitecturas funerarias de prestigio en la tradición constructiva micénica.

Tras haber observado el magnífico juego simbólico propuesto por la clave de la sala central, es bueno salir del túmulo, respirar hondo y relajar la mirada. Después, tras haber acostumbrado nuevamente la vista a la tenue luz interior, podemos ratificar la precisión de lo observado, obteniendo así un nuevo momento de máximo placer. Pero esta segunda mirada puede ir más lejos —debe ir más lejos—, hasta reconocer un segundo gesto, todavía más sutil y elaborado que el primero, ya que implica una mayor dificultad proyectual al exigir la concertación de un número más grande de dimensiones del túmulo. También implica una mayor carga simbólica, pues hace protagonista de excepción a la luz solar. En efecto: en los tres túmulos, sobre la cubierta adintelada del corredor de acceso a la sala central, se sitúa una ventana triangular muy profunda —debe atravesar toda la tierra acumulada sobre el largo corredor—. En Clytemnestra y Tiryns está cegada por el deterioro de esa parte de la construcción, pero todavía se mantiene en buen estado en el caso del Tesoro de Atreo, Pues bien, cuando nos situamos en el punto más profundo de la sala circular, apoyados contra los sillares del "muro", al mirar hacia dicha ventana, reconoceremos la sutil presencia de un pequeño *punto de luz directa* procedente del exterior del túmulo. La imagen 12 recoge la escena. Otro momento tan difícil de aceptar como memorable.

Entendemos las dudas y recelos que estos hechos puedan estar suscitando en el lector, pero no nos esforzaremos en convencerle, pues es evidente que solo su observación directa, sobre el terreno, los podrá disipar. La visita es, pues, obligada. La longitud axial de la sala, el grosor y altura del dintel del corredor bajo la ventana, la posición y forma de la propia ventana, su profundidad y alzado, y la altura de nuestra mirada —o la del oficiante que desde esa posición estuviese dirigiendo el ritual funerario—, deben estar coordinadas para que podamos recibir el *fino punto de luz que se filtra desde el exterior*. Extraordinario como ejemplo de aprovechamiento de un recurso constructivo —una ventana de descarga del peso a soportar por el dintel del corredor— para la construcción de una solución simbólica de primer rango.

No queda otra posibilidad que aceptar que Atreo *anticipa soluciones en alzado de altísima calidad ideológica, que se repetirán durante los siguientes tres mil años de arquitectura sacra mediterránea. Todo indica que el primario gesto de elevar la mirada a lo más alto, con la implicación simbólica de la luz solar, ya formaba parte nuclear y decisiva del proyecto constructivo de las arquitecturas ceremoniales micénicas*. La complejidad creciente de las sucesivas cosmologías y los avances en las técnicas constructivas han permitido incrementar la sutileza de las estructuras creadas, pero los gestos micénicos que acabamos de describir son una etapa imprescindible para que, del orden de 2.500 años más tarde, se pudiese alcanzar el nivel de sofisticación simbólica que hemos encontrado, por ejemplo, en Cardona y en Marie delle Grazie. Excepcional.

Imagen 12. Tesoro de Atreo: Desde el fondo de la nave circular, podemos observar la "gota" de luz directa que se filtra a través de la ventana triangular situada sobre el corredor de acceso al espacio sepulcral. No nos referimos a la luz reflejada por los muros laterales del corredor o de la ventana sino a la pequeña gota blanca de luz directa sobre el dintel, casi imperceptible en la foto por la enorme precisión y detalle de la alineación. Es un gesto que nos recuerda claramente los mecanismos de legitimación jerárquica para la cabecera de los templos cristianos. Por ejemplo, compárese con el comportamiento de la visual desde el sillón presidencial situado en el fondo del ábside de la Rotonda di San Lorenzo, en Mantua (imagen 6 del capítulo VIII).

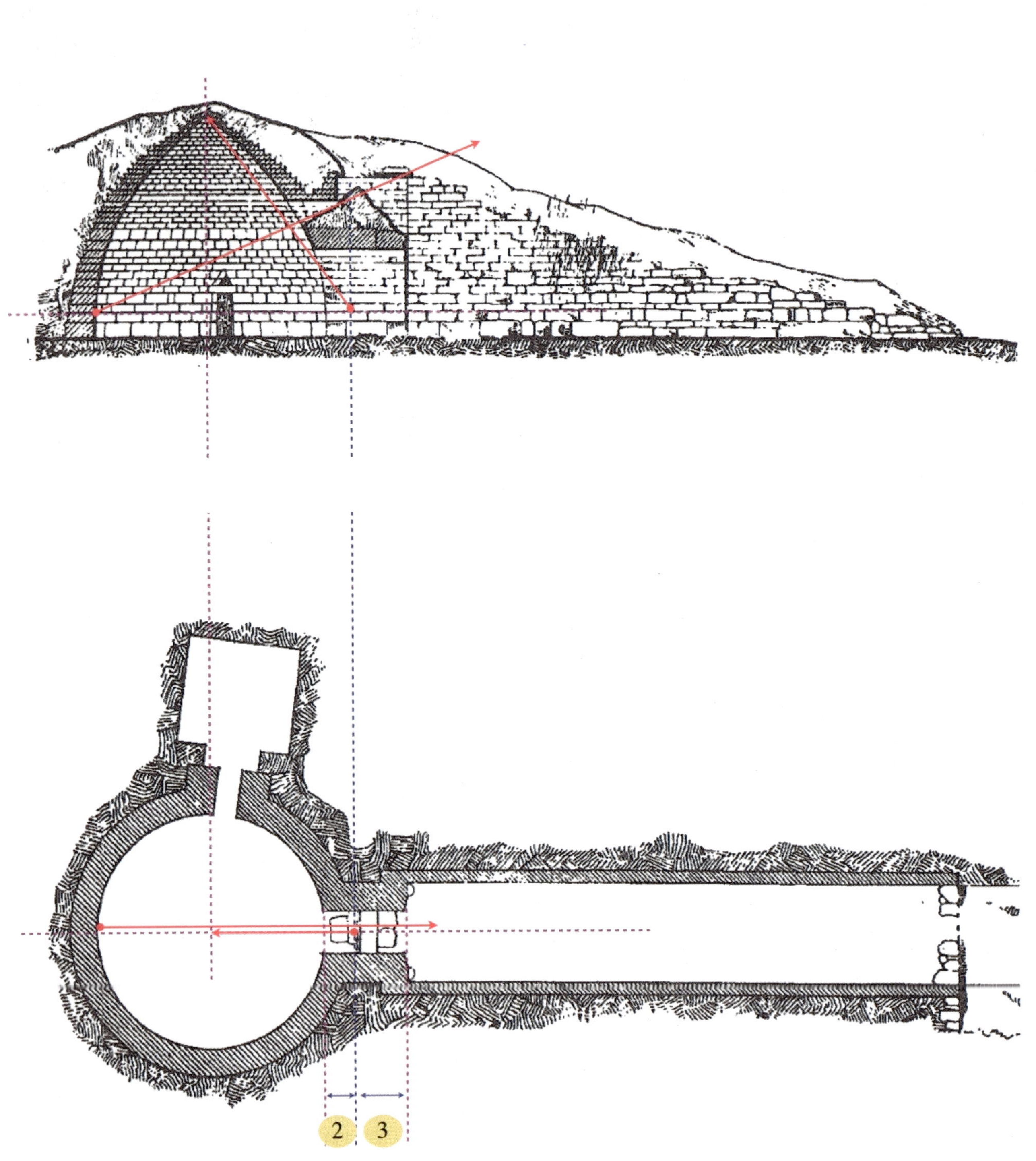

Croquis 9. Tesoro de Atreo, en Micenas. La línea azul discontinua señala la posición de la puerta en el corredor de acceso al espacio sepulcral. Desde ella se construye la solución "dintel a clave", que alinea nuestra mirada con el cenit de la cubierta sobre la nave central. En el croquis superior podemos apreciar el comportamiento de la visual que, desde el fondo de la nave, atraviesa la ventana triangular situada sobre el dintel del corredor hasta alcanzar la luz exterior. La imagen 12 lo muestra. A destacar la dificultad de planificar esta visual, por el grosor del túmulo en ese punto.
Planta y sección tomadas de B. Fletcher.

IV – A MODO DE BREVE BALANCE

Si en el caso de Roma y Etruria señalábamos el carácter parcial del material de campo reunido, Grecia no ha mejorado la situación. Pero los pocos gestos observados destacan por su enorme calidad y sutileza.

El Templo de Hera Matronale y el Megarón del Santuario de Deméter Malophoros construyen soluciones específicas, pero comparten una metodología de trabajo muy similar. No se trata de establecer un ranking entre diferentes tradiciones constructivas, sino de comprender sus características propias y la carga ideológica que las anima, pero incluso la comparación más elemental indica que ambas construcciones, no solo prefiguran todos los elementos que utilizarán las estructuras absidales romanas y las cabeceras cristianas, sino que están a la altura de los proyectos más ricos y elaborados de ambas tradiciones arquitectónicas.

El Templo E ha entreabierto la puerta –solo de un modo muy leve por falta de confirmación en otros espacios– a un mundo tan inesperado como sugerente, de sorprendente calidad relacional entre el espacio interior y la estructura perimetral del templo, calidad que requiere de una amplia experiencia constructiva. Si a ello unimos su coherencia metodológica con los proyectos de Hera Matronale y Deméter Malophoros, nos parece evidente que las soluciones escenográficas reconocidas en el Templo E son muy difíciles de interpretar en términos de mera excepcionalidad. Se puede argumentar que los tres edificios son construcciones cercanas, y que se pudieron retroalimentar mutuamente. De acuerdo. Pero no vamos a creer que una población siciliana pudiese tener una vida arquitectónica tan potente, al margen del quehacer constructivo de las restantes polis de la Magna Grecia y las ciudades hegemónicas de la Grecia continental. Además, lo que sabemos que ocurrió en Roma y en su última religión imperial, refuerza la coherencia escenográfica de los tres edificios de Selinunte.

Si comparamos la solución encontrada en el Templo E con las tramas observadas en el Templo C del Área Sacra republicana, en Ostia, y con el Templo de Hércules, en Cori, ambos construidos unos 350 años más tarde, y con la del Mausoleo-santuario de Lupi, en Fabara, construido 500 años después, tenemos una muy buena pista sobre de dónde pudieron tomar los arquitectos romanos las bases instrumentales, incluso conceptuales, para el diseño escenográfico de sus templos porticados. La comparación entre el croquis 7 y los croquis 26, 27 y 28 del capítulo X, es muy esclarecedora. Excelente, pues a pesar de su carácter parcial y limitado, lo que ocurrió en Roma refuerza la coherencia escenográfica del proyecto constructivo de los tres edificios de Selinunte.

Micenas no se ha quedado atrás en la capacidad de generar admiración y sorpresa, y su gesto escenográfico en alzado demuestra que poseía un profundo pensamiento simbólico-espacial-constructivo, que solo hemos aceptado –y defendemos con mucha confianza– tras ser ratificado por partida triple. Después de lo que Etruria nos había mostrado, creíamos que era difícil que Grecia fuese un territorio aislado y estanco, al margen de un mínimo tratamiento visual para sus espacios interiores. Incluso estábamos preparados para observar algún gesto de calidad. Lo encontrado no resultó, pues, absolutamente inesperado, aunque sí sorprendente por su calidad. Pero nunca pensamos que la utilización de una trama visual pudiese retroceder hasta los años 1.200-1.300 a.n.e. Nos equivocamos. Micenas desautorizó nuestros juicios previos, y abonó el terreno para la pregunta obligada, que cada final de capítulo creemos, infructuosamente, que será la última vez que nos la formulemos, permitiendo concluir este largo viaje: *¿compartió Micenas su saber arquitectónico con algún otro pueblo mediterráneo?, ¿pudieron sus arquitectos inspirarse en alguna tradición constructiva anterior?*

Las pirámides egipcias, iniciadas en el año 2.600 a.n.e. en Saqqara, muy cerca del Nilo, y con momento culminante apenas 100 años más tarde en las tumbas de Keops, Kefren y Micerino, no pueden ser ese precedente, pues carecen del mínimo espacio interior destinado a acoger una actividad ritual regular, más allá de los actos de enterramiento del correspondiente faraón difunto. Pero durante su dilatada historia, Egipto fue una sociedad fuertemente teocrática, con un estado centralizado y un firme corpus doctrinal para sus prácticas religiosas y funerarias, y aunque en desigual estado de conservación, todavía mantiene en pie un notable número de templos ceremoniales. *¿Qué oportunidades ofrecen estos edificios para poder reconocer un tratamiento escenográfico de marcado carácter ideológico para su espacio interior?*

Cuarta Parte

Ideología en la arquitectura sacra del Antiguo Egipto

Capítulo XII

Una sucesión de puertas gestiona el camino hacia la inmortalidad

UN PASO DECISIVO HACIA LOS ORÍGENES DE LA ESCENOGRAFÍA SACRA MEDITERRÁNEA

"También la arquitectura sacra de las primeras altas civilizaciones solo puede ser comprendida cuando se relaciona su composición espacial con la carga simbólica y cosmológica que quería expresar, y con la ritualidad que manifestaba".
Sigfried Giedion

A partir del año 1.550 a.n.e., con el arranque del Imperio Nuevo, y muy en especial durante los reinados de Amenofis III (1.391-1.353 a.n.e.) y Ramsés II (1.290-1.224 a.n.e.), las mejores energías constructivas del estado faraónico se volcaron en la edificación de una serie de nuevos templos, consolidándose en esos momentos el denominado *modelo clásico,* pauta constructiva que de modo sistemático siguieron los posteriores reyes egipcios. A él se ajustan los templos que han llegado hasta nosotros en un estado de conservación que permite un análisis bastante preciso y completo de su estructura visual.

La regularidad de sus formas y la similar distribución de sus principales espacios, ha llevado a muchos investigadores a interesarse por los criterios utilizados en su diseño. Es bien conocido el amplio protagonismo que desde épocas muy tempranas tuvo la *cuadrícula ortogonal* en el trabajo artístico egipcio[1], destacando que no se limitó a actuar como un simple esquema auxiliar para facilitar el dibujo de relieves, grabados y pinturas, sino que también intervino como base definitoria de los sucesivos cánones proporcionales, con especial énfasis en la definición de la figura humana ideal. Pero todos los intentos de extender ese tratamiento –y los sistemas modulares que de él se derivan– al análisis de la arquitectura sacra, no han conducido a resultados positivos. Tampoco los sistemas compositivos basados en el denominado *triángulo rectangular egipcio*, con lados proporcionales a la secuencia numérica 3, 4 y 5, se han mostrado capaces de explicar, con mínima sistematicidad, la organización espacial de estos edificios.

Pudo haber proyecto geométrico para estos templos –las pirámides descartan la duda–, pero, como en las culturas ya analizadas, para nosotros la pregunta clave no es qué esquema geométrico se utilizó en su definición, sino la que venimos formulando de modo reiterado: *qué legitima una combinación de formas parciales como espacio válido para la actividad sacra, en este caso del Antiguo Egipto*. Para responder, hemos analizado con bastante detalle una veintena de templos adscritos al *modelo clásico* –la práctica totalidad de los que se mantienen en pie–, y la sistematicidad y coherencia de los resultados obtenidos creemos que confiere gran solidez a las conclusiones obtenidas, que pasamos a ejemplificar en once casos concretos, los mejor conservados.

1 Incluso se ha identificado su utilización en algunas tumbas de Saqqara correspondientes a los siglos XXVII y XXVI a.n.e.

I - UNA SOLUCIÓN IMPORTANTE: "PUERTAS SUCESIVAS ENMARCADAS"

"[en los templos egipcios] les relations géométriques de l'espace, loin de nos habitudes de proportion, sont subordonnées à la présence du dieu au cœur du sanctuaire et à ses exigences».
Pierre Zignani

Nuestro objetivo prioritario es estudiar los templos más antiguos –lo cumpliremos–, pero, por su mejor estado de conservación, comenzaremos visitando algunos de los más jóvenes, en concreto ***Kom Ombo***, construido alrededor del año 190 a.n.e., durante el reinado de Ptolomeo V[2].

Hemos decidido citarnos aquí por tres razones: la primera porque Kom Ombo es un templo doble –el izquierdo dedicado al dios Haroeris y el derecho al dios Sobek–, lo que permite corroborar en el otro lo que cada uno de ellos nos va enseñando, hecho esencial para ganar confianza en la mirada y dar valor a lo observado, por repetición, en este nuevo marco ideológico, tan alejado de la mitología cristiana como de la romana, etrusca, griega, micénica y minoica.

La escasa iluminación interior de los templos faraónicos dificulta la contemplación tanto de los relieves y pinturas presentes en sus muros, como de la propia estructura espacial interior, pero la pérdida del muro perimetral derecho y de parte de la cubierta de ese mismo lado, obvia esa dificultad en Kom Ombo, permitiendo observar en muy buenas condiciones sus diferentes salas. A esta segunda razón se une una tercera: la rotunda precisión de la estructura visual de Kom Ombo.

Tal como muestra el croquis 1, un patio columnado y dos salas hipóstilas –la anterior y la posterior[3]– dan paso a tres antesalas –anterior, intermedia y posterior–, que culminan en sendas salas sacras paralelas, una para cada deidad[4]. El carácter axial de esta configuración espacial se ve reforzado por la alineación de las *puertas de tránsito* entre las sucesivas salas, con las molduras de las jambas laterales y de su dintel ricamente decoradas. Todo ello supone una clara invitación a adentrarnos en el interior del templo. Cuando la aceptamos, el resultado es espectacular.

TRAMA AXIAL AL AVANZAR HACIA LA SALA SACRA

Al caminar sobre el eje axial de cualquiera de ambos templos[5], cinco juegos de visuales enmarcan sucesiva y sistemáticamente, siempre con precisión constructiva y contra el perfil del vano de la puerta anterior, las adornadas jambas laterales de las puertas de acceso a los cinco espacios más profundos –sala hipóstila posterior, tres antesalas y la sala sacra–. Un sexto par de visuales culmina la escenográfica composición axial buscando como referencia los tradicionales vértices posteriores de la sala sacra. A destacar que todos los apoyos posicionales para estas visuales los hemos encontrado asociados a una marca constructiva bien señalada sobre el terreno, lo que confiere a este criterio proyectual un carácter universal, de obligado cumplimiento en todas las construcciones sacras mediterráneas que llevamos analizadas.

El apoyo tangencial se realiza contra el perfil interior de la puerta –de su vano– anterior a la enmarcada. Solo en casos muy excepcionales –por ejemplo, en Kom Ombo– interviene el perfil de las últimas columnas axiales de la sala hipóstila anterior. No hay más posibilidades.

Acabamos de identificar la ***primera ley fuerte*** *de composición escenográfica* ***del modelo clásico faraónico.*** *En términos constructivos, esta ley se encarga de asegurar la correcta concordancia entre la profundidad de las diferentes salas y la anchura interior –del vano– y exterior –del perfil de sus jambas laterales– de las sucesivas puertas axiales. A esta* ***solución*** *la denominaremos* ***"puertas sucesivas enmarcadas"****, y* decimos que es una *ley fuerte* porque la hemos encontrado en todos los templos faraónicos analizados.

2 Un relieve recientemente descubierto menciona a Filipo III (323-317 a.n.e.), sucesor de Alejandro Magno, como posible iniciador del proyecto. Esa diferencia de fechas es irrelevante para lo que vamos a comentar.

3 Si no decimos lo contrario, también aquí seguiremos el criterio general de numerar los elementos en el sentido de la marcha hacia la sala sacra, es decir, hacia el espacio más profundo del templo.

4 Ambas han perdido los muros perimetrales, pero es muy fácil identificar su perfil original sobre el pavimento.

5 El lado izquierdo es el mejor conservado, por lo que iniciar en él las observaciones es una buena opción, buscando posterior ratificación en el lado derecho.

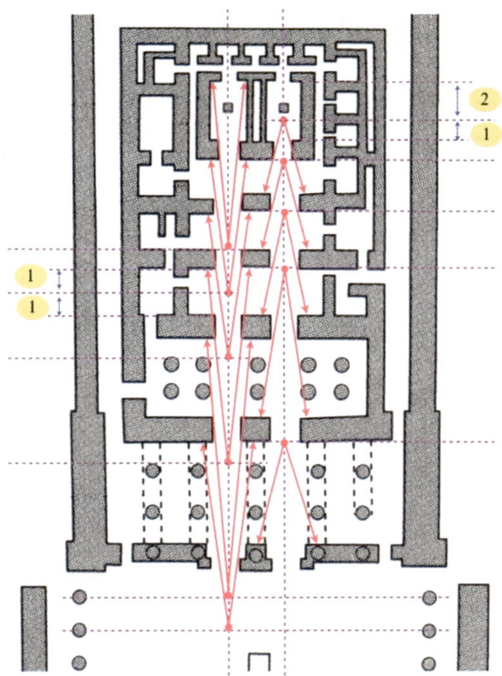

Croquis 1. Trama "puertas sucesivas enmarcadas" en Kom Ombo. Para mayor claridad, el croquis recoge por separado las dos secuencias axiales: la observada cuando avanzamos desde el patio exterior hasta la sala sacra (izquierda), y la que encontramos al caminar hacia el exterior del edificio (derecha). Pero las dos secuencias ocurren de modo simultáneo sobre el eje axial de ambos templos. Hemos forzado un poco la apertura de las visuales para subrayar que en ningún caso la referencia es el perfil interior del vano de las puertas, sino el perfil exterior de las molduras de sus jambas laterales, no remarcadas en esta planta. Los apoyos están situados con mucho cuidado, ajustados a su posición exacta sobre el terreno.

¿Qué carga simbólica construye esta solución? Antes de intentar responder, proponemos recorrer el camino de la salida de Kom Ombo, atentos a posibles gestos coherentes con los que acabamos de encontrar.

TRAMA AXIAL DE SALIDA DEL TEMPLO

Si notable ha sido el rigor de la trama detectada al avanzar hacia la sala sacra, no lo es menos cuando, desde esa sala, nos dirigimos hacia el patio exterior (parte derecha del croquis 1): también aquí todas las visuales buscan como *referencia* el perfil exterior de las jambas de las puertas axiales, destacando que esta parte de la trama implica a la totalidad –cinco– de las puertas posibles[6]. En consecuencia, estamos ante una *solución* del tipo *puertas sucesivas enmarcadas* plenamente *sistemática y exhaustiva.*

A destacar que en la trama de salida el arquitecto consiguió construir los cinco juegos de visuales utilizando tan solo dos tipos de *apoyos posicionales*: una *partición simple* en la sala sacra y el *perfil anterior* en las cuatro puertas siguientes[7]. Se trata de un excelente ejemplo de *máxima economía en los medios utilizados y de rentabilidad en el resultado obtenido.* La experiencia nos enseña que una sutileza proyectual como esta –solo dos tipos de apoyos para construir cinco juegos de visuales activas– no es fácil de conseguir, sobre todo con el grado de fragmentación y complejidad espacial de este templo[8].

Kom Ombo nos acaba de enseñar la ***primera buena práctica para el modelo clásico faraónico,*** *buena práctica que estimula al arquitecto –pero no le obliga– a reproducir para el camino de salida una composición escenográfica similar a la que debe trazar para el camino de entrada –**puertas sucesivas enmarcadas**–. La calificamos de buena práctica porque, dada la dificultad de su diseño –ha de ser compatible con la obligada trama hacia la sala sacra, en la que participan las mismas puertas y salas–, no todos los templos la logran construir.*

6 En la trama hacia la sala sacra la puerta de la sala hipóstila exterior no participa, el apoyo tangencial se produce en el último par de columnas de esa sala. El croquis 1 lo muestra.

7 Recordar que siempre calificamos la posición de un elemento por su posición respecto de la marcha hacia la sala sacra.

8 Por ejemplo, en la trama de acceso el arquitecto debió recurrir a una mayor dispersión de *marcas constructivas* para el apoyo de las seis visuales: el *eje central* de las dos últimas columnas del patio anterior, el *perfil posterior* de la última columna de ambas salas hipóstilas, una *partición simple de la profundidad* de la antesala anterior, y el *perfil posterior de la puerta* de acceso a la antesala intermedia. Si añadimos el perfil anterior de una columna y de una puerta, tendremos casi completo el abanico de *marcas constructivas* que hemos encontrado en la veintena de templos estudiados.

Imagen 1. Perspectiva axial de la sucesión de puertas que conducen hasta la sala sacra del templo de Haroeris, en Kom Ombo. En primer plano se aprecia como la puerta de la sala hipóstila posterior –oscura en la imagen, por quedar en la sombra– enmarca de modo riguroso el perfil de las adornadas jambas de la puerta siguiente, la de la antesala anterior.

Imagen 2. Si avanzamos hasta alcanzar el perfil posterior del último par de columnas de la sala hipóstila más profunda, de nuevo, y con extrema precisión, el perfil de las jambas de una puerta –la de acceso a la antesala posterior– queda rigurosamente enmarcado por la puerta que le precede.

Imagen 3. Finalmente, desde el punto medio de la profundidad de la antesala anterior, el vano de la puerta de la antesala intermedia enmarca con excelente precisión la puerta de acceso a la sala sacra de Haroeris.

Imagen 4. Trama de salida en Kom Ombo. Desde la partición "2 a 1" de la profundidad de la sala sacra del templo de Sobek, su puerta enmarca las jambas de salida de la puerta de la antesala posterior, con el Nilo al fondo.

Imagen 5. Ahora la puerta enmarcada es la de la sala intermedia. La buena iluminación interior permite mostrar imágenes bastante claras, facilitando la comprensión de las observaciones que proponemos.

Imagen 6. La última imagen de esta secuencia muestra el enmarcado de la puerta de salida de la antesala anterior de Kom Ombo, tras cruzar la puerta de la antesala posterior, siempre con el Nilo al fondo.

Apenas iniciado el trabajo sobre este nuevo periodo histórico, y ya destaca que el vocabulario analítico utilizado en los capítulos anteriores *–apoyo posicional, marca constructiva, apoyo tangencial, referencia escenográfica, precisión constructiva, ley fuerte y buena práctica–*, guía correctamente nuestra mirada en Kom Ombo, permitiendo racionalizar y describir con eficacia su estructura espacial interior. Excelente, pues lo entendemos como una clara señal de extensión hasta la orilla sur del Mediterráneo de la metodología de trabajo asociada a la trama visual.

Pero igual de interesante es constatar que la trama de Kom Ombo presenta rasgos específicos muy notables. Valgan dos ejemplos: utiliza como referencia el perfil exterior de las jambas de las puertas, solución ausente en los espacios no egipcios. También destaca que posee un *carácter exclusivamente axial,* pues los *apoyos posicionales están situados sobre el eje longitudinal del edificio y las referencias en su entorno más inmediato,* mientras que en las tradiciones sacras y ceremoniales anteriores la vocación perimetral de la trama es dominante sobre su tono axial.

Excelente por partida doble, pues estas diferencias ratifican que, culturas con cosmovisiones y ritualidades dispares, requieren de espacios sacros diferenciados, lo que implica la necesaria especificidad de la trama que los gestiona. Estimulante y prometedor.

II – SIMBOLISMO DE LA SOLUCIÓN "PUERTAS SUCESIVAS ENMARCADAS"

> "No es posible estudiar seriamente la arquitectura egipcia sin tener en cuenta el marco del que surgió, es decir, el simbolismo de los egipcios".
>
> Sigfried Giedion

Hace unos momentos nos preguntábamos por la carga simbólica asociada a la *solución "puertas sucesivas enmarcadas". ¿Por qué los arquitectos eligieron la puerta como referencia privilegiada? ¿Por qué nos invitan a observar el espacio interior desde su eje axial?* Las respuestas las debemos buscar en el pensamiento religioso del Antiguo Egipto.

LA PUERTA COMO OBSTÁCULO A SUPERAR EN EL VIAJE POR EL INFRAMUNDO

El *"Libro de los muertos"* fue un texto de amplia difusión a partir del año 1.550 a.n.e., y su contenido tenía por objetivo guiar a los difuntos a través de *los obstáculos y pruebas que debían superar durante el viaje por el inframundo, hasta alcanzar la inmortalidad en el más allá. Y tales obstáculos se identificaban con una sucesión de puertas que el difunto solo podía atravesar si superaba las pruebas a las que estaban asociadas.* De conseguirlo, el camino continuaba hasta el denominado Pesado del Corazón –un anticipo del juicio final cristiano–. Si la balanza ritual permanecía en equilibrio, el difunto alcanzaba su objetivo, es decir, el inmortal descanso. Otro texto funerario destacado es el *"Libro de las puertas",* cuyas imágenes se utilizaron como referencia directa y sistemática para los relieves y pinturas de las tumbas dinásticas del Imperio Nuevo. Este libro también relata *el viaje nocturno de los difuntos por el inframundo acompañados por Ra, el dios Sol,* y cada una de sus doce partes –una por cada hora en que se dividía el viaje– venía señalada por *una puerta custodiada por una diosa*[9].

Ambos textos –el *Libro de los muertos* y el *Libro de las puertas*– se basaban en tradiciones mucho más antiguas, como las descritas en el denominado *"Libro de los dos caminos"*, que en el año 2.000 a.n.e. ya hablaba de *siete puertas a* superar a lo largo de un viaje que también tenía por objeto alcanzar el más allá.

Pero la relevancia de la *puerta* en la cosmología funeraria egipcia es incluso anterior, pues bajo la fórmula de *"falsa puerta"* ya estaba presente en el mundo mítico fundacional del Imperio Antiguo, alrededor del año 2.680 a.n.e. Por ejemplo, hasta en catorce ocasiones podemos reconocer su presencia a lo lago de la muralla de la necrópolis de Saqqara. Por ejemplo, esculpida o pintada cual trampantojo, fue muy utilizada en mastabas, sarcófagos y templos para representar la relación simbólica entre el mundo de los vivos y el de los muertos[10]. Otra muestra de la importancia atribuida a las puertas durante el Imperio Antiguo la encontramos en los templos lo-

9 En los relieves y pinturas conservadas la podemos reconocer por las estrellas que porta sobre su cabeza.

10 En la mastaba simulaba comunicar la sala de culto, en la que los familiares depositaban de forma periódica ofrendas en honor del difunto, con la cámara funeraria subterránea, sellada e inaccesible tras el enterramiento ritual.

Imagen 7. Templo de Seti I, en Abidos. Relieve con la comitiva sacerdotal portando a hombros la barca procesional.

cales: construidos todavía en adobe, columnas, esculturas, estelas y puertas lo eran en piedra, material constructivo asociado con el deseo de eternidad.

En resumen, creemos poder afirmar que la noción de *viaje nocturno en busca de la inmortalidad*, con una *sucesión de pruebas/puertas a superar en el camino hasta el más allá*, es una pieza clave para acercarnos al sentido escenográfico de la trama que Kom Ombo nos ha enseñado. Pero todavía falta algo más.

COREOGRAFÍA PROCESIONAL Y ESPACIO INTERIOR

> "Las estructuras necesarias para el culto [egipcio] se distribuyen en un escenario adecuado para las procesiones: los ritos y las correspondientes recitaciones previstas en la liturgia se desarrollan a lo largo de un "camino", trazado según un principio arquitectónico funcional, que se inicia en el límite del desierto y termina en la cella sepulcral."
>
> Hans Wolfgang Müller

En el Egipto faraónico todas las grandes celebraciones religiosas incluían una magna procesión encabezada por la estatua de la divinidad local, engalanada para la ocasión y colocada sobre su barca procesional. El cortejo se podía incluso desplazar hasta otro centro ceremonial: por ejemplo, durante la Fiesta de Opet, en Karnak, la comitiva partía de los templos de la triada tebana –Amón, su mujer Mut y su hijo Khonsu–, y una vez en el exterior del recinto, bajo la atenta protección de más de 1.400 esfinges, recorría a pie los cerca de 3 kilómetros de la avenida que conducía hasta el templo de Luxor. Tras varios días de estancia en él, el cortejo volvía a Karnak descendiendo el Nilo en barca. En la Hermosa Fiesta del Valle el itinerario era incluso mayor, pues la comitiva cruzaba el Nilo para visitar los templos funerarios situados en su orilla occidental. Después retornaba a Karnak[11].

11 Un caso notable son los más de 170 kilómetros –y otros tantos de vuelta– que durante la Fiesta del Hermoso Reencuentro recorría la diosa Hathor, en su desplazamiento desde Dendera hasta Edfú para visitar al dios Horus y poder pasar juntos algunos días, con sus respectivas noches. En la cosmología egipcia, los dioses procreaban a la manera humana, atributo que Homero mantuvo para los dioses griegos. En Tebas la actividad central de la Hermosa Fiesta del Valle y de la Fiesta de Opet eran también sendos actos procesionales, los más importantes del calendario anual.

De la importancia de la actividad procesional en el Egipto faraónico da idea su enorme frecuencia: por ejemplo, durante el Imperio Nuevo, en Tebas, cada 10 días Amón-Ra cruzaba hasta la orilla izquierda del Nilo para visitar en Medinet Habu la tumba de los dioses primigenios.

Una de las razones de tan largas excursiones era favorecer la participación popular que solo estaba permitida en el exterior del templo, por lo que las calzadas de salida y aproximación, las avenidas con esfinges, las estaciones de parada y descanso de la barca procesional, los embarcaderos a orillas del Nilo..., eran los lugares en los que la población se podía concentrar, mostrando su sumisa devoción[12].

El interior del templo era un espacio privado. El faraón y los sacerdotes de mayor rango eran los únicos que podían acceder a él. Las puertas de los patios, salas hipóstilas, antesalas y sala sacra estaban siempre cerradas, y solo se abrían cuando la actividad litúrgica lo requería, como en los actos procesionales. Tanto a *la salida como durante el retorno a la sala sacra*, el cortejo sacerdotal, encabezado por el faraón y la estatua de la divinidad, *se detenía para abrir y cerrar ceremoniosamente la sucesión de puertas axiales que encontraba a su paso, cual estaciones en el itinerario procesional interior.*

Si reunimos los elementos simbólicos que acabamos de presentar –"*viaje nocturno al más allá en busca de la inmortalidad*", "*sucesión de pruebas y puertas a superar para poder alcanzarla*", "*procesión axial por el interior del templo, reservada a las más altas jerarquías sacerdotales, encabezadas por el faraón*" y "*apertura y cierre ceremonial de las puertas axiales al paso del cortejo procesional*"–, tenemos buena parte del marco ideológico al que es servicial la *trama "puertas sucesivas enmarcadas"* que hemos encontrado en Kom Ombo. La carga evocadora de esta escenificación ritual se refuerza si tenemos presente que, por la orientación general de los templos faraónicos[13], su *eje axial* reproduce –en términos bastante genéricos– la trayectoria del Sol en su girar diario a través del firmamento. Recordemos que el *"Libro de las puertas"* señala que el difunto, en su viaje nocturno, iba acompañado por Ra, el dios del Sol. Si a ello añadimos el suave ascenso del pavimento del templo y el ligero descenso de su cubierta cuando avanzamos hacia la sala sacra, todo apunta a que lo que Kom Ombo nos acaba de mostrar es la *forma concreta en la que el modelo clásico articuló el espacio interior del templo, recreando el escenario y las pruebas que el faraón difunto debía superar durante su viaje por el inframundo, a la búsqueda del descanso eterno en el más allá.* Toda inversión en preparar tan trascendental viaje era poca, pues la recompensa bien lo valía: *la inmortalidad.*

Para ser más precisos, deberíamos decir que lo que Kom Ombo nos ha mostrado es, tan solo, la primera entrega del *proyecto ejecutivo, a pie de obra, para reproducir en piedra ese fantasioso viaje*, pues el proyecto completo incluye más elementos, no menos importantes, que abordaremos de inmediato. Pero antes debemos confirmar en otros templos lo que Kom Ombo nos ha enseñado.

III – EL DAKKA Y DENDERA RATIFICAN LA SOLUCIÓN "PUERTAS SUCESIVAS ENMARCADAS"

Para ello nada mejor que remontar 200 kilómetros el Nilo hasta alcanzar el templo de ***El Dakka***, una excelente arquitectura para aprender a observar este tipo de construcciones[14]. La fecha de inicio de sus obras ha sido bastante discutida, pero para los fines que aquí nos proponemos es suficiente con situarla cercana a la de Kom Ombo, en el entorno del 220 a.n.e.

El Dakka es un buen lugar para comprobar que *la trama axial faraónica tampoco es una receta mecánica y cerrada, sino un método de trabajo riguroso en sus objetivos, y leyes fuertes de validación y buenas prácticas recomendadas, pero flexible en las soluciones concretas.* Por ejemplo, tal como muestra el croquis 2, su arquitecto planificó dos visuales de muy alto contenido simbólico, ausentes en Kom Ombo: desde el perfil anterior de la puerta del pilono de acogida se produce el primer *enmarcado de una puerta*, en concreto la de la antesala anterior. Apenas situados junto al umbral inicial del complejo templario, la trama ya nos sumerge en la escenografía creada.

12 Los muros exteriores del recinto marcaban los límites del templo, y solo en fechas muy señaladas algunos representantes del pueblo podían atravesarlos y acceder hasta la galería inicial del patio columnario.

13 Este-oeste, perpendicular al Nilo, cuya trayectoria genérica es de sur a norte.

14 En los años sesenta del siglo XX El Dakka fue desplazado más de 40 kilómetros para evitar su pérdida por la crecida del lago Nasser, en cuyas orillas se encuentra hoy.

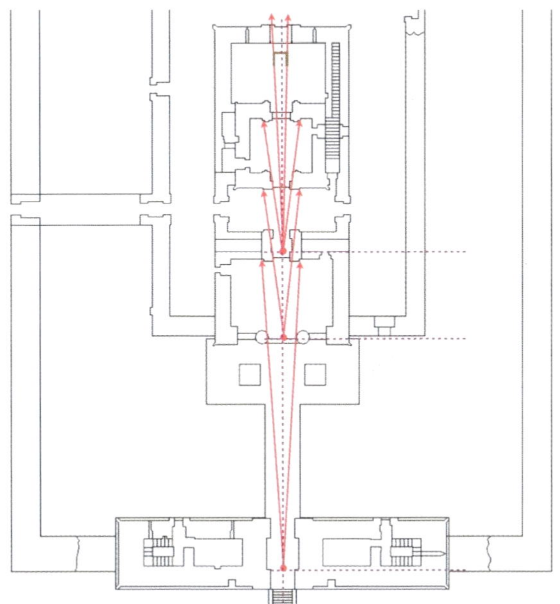
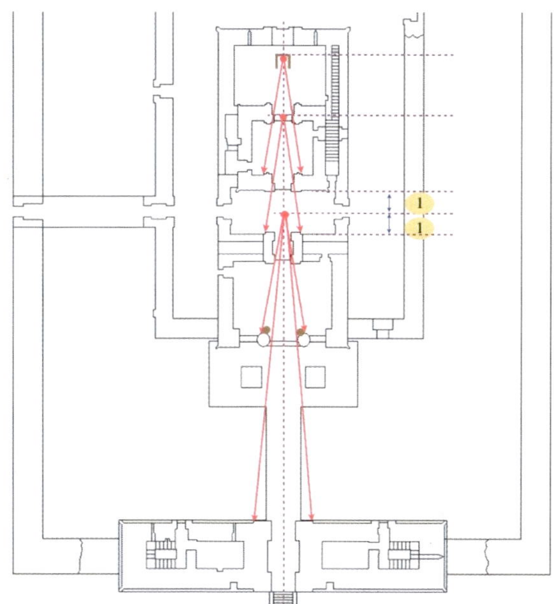

Croquis 2. Trama "puertas sucesivas enmarcadas" en El Dakka. A la izquierda cuando caminamos sobre el eje axial hacia la sala sacra. A la derecha cuando lo hacemos hacia el exterior del templo. Para más claridad, en la planta de El Dakka solo hemos incluido los espacios axiales implicados en la trama.

El segundo gesto específico de El Dakka se produce desde el perfil anterior de la puerta "de madera"[15] de acceso a la antesala anterior: desde ese apoyo, un juego de visuales encuadra la puerta de acceso a la sala sacra mientras un segundo juego perfila el tabernáculo contra la puerta trasera que posee su sala sacra, caso único entre los templos faraónicos conservados. La coordinación de sus formas y dimensiones genera hoy un halo de luz perimetral alrededor del tabernáculo, que recuerda al fino anillo luminoso que se produce durante la fase culminante de un eclipse total de Sol[16]. Muy espectacular, en el marco de una cosmología que tiene en ese astro a una de sus deidades centrales.

La trama procesional de salida de El Dakka también presenta una especificidad de gran interés simbólico: la primera visual parte desde el interior del actual tabernáculo, enmarcando el perfil exterior de las jambas de la puerta de salida de la antesala posterior. Es lo que "veía" la estatua del dios, si esa fue en verdad la posición original del tabernáculo, tal como señala la nota 16. El croquis 2 derecho lo muestra.

Como valoración general, podemos destacar que la trama de El Dakka se caracteriza por actuar sobre la longitud total del templo, desde el pilono de acogida hasta la puerta tras el tabernáculo situado al fondo de la sala sacra *–exhaustividad plena–*; por situar siempre los apoyos sobre el perfil exterior de una puerta *–excelente sistematicidad y sencillez en los medios* –; y por ratificar en todos sus términos a Kom Ombo, tanto por lo que se refiere a la *primera ley de composición escenográfica* como a la *primera buena práctica*, que El Dakka cumple, a pesar de su carácter de simple *recomendación*.

BREVE RESUMEN SOBRE EL CARÁCTER DE LOS APOYOS Y REFERENCIAS

Para los apoyos posicionales ya hemos señalado las tres posibles *marcas constructivas* que una columna hipóstila ofrece –su perfil anterior y posterior, y el eje central–. Una puerta axial añade dos más –el perfil anterior y posterior del muro que la acoge–. El Dakka ha completado el abanico de posibilidades sumando el perfil an-

15 Decimos puerta de "madera" no por el material de que estaba fabricada, sino para diferenciarla del vano en el muro.

16 Es evidente que el rigor de esta observación queda supeditado al respeto a la posición original del tabernáculo.

Imagen 8. El Dakka: desde el perfil anterior del umbral de la puerta de acceso al patio interior, la puerta de la antesala anterior enmarca con precisión la de la antesala posterior.

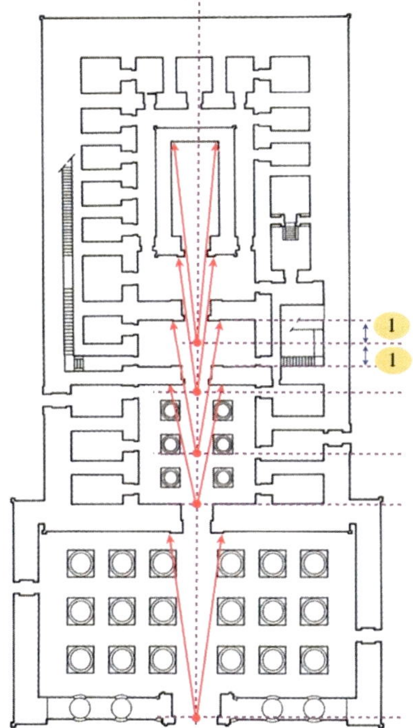

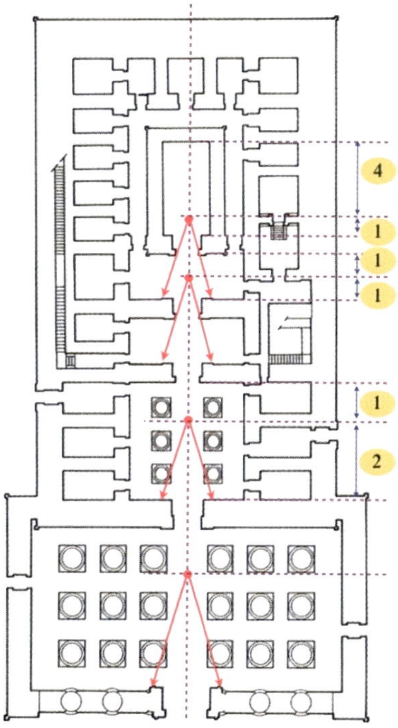

Croquis 3. Trama procesional en Dendera "puertas sucesivas enmarcadas". A la izquierda cuando avanzamos hacia la sala sacra. A la derecha cuando lo hacemos hacia el exterior.

terior de la "puerta de madera" que cierra cada sala[17]. Su posición es fácil de reconocer sobre el terreno, pues el umbral y el dintel conservan los orificios para los pivotes de sus batientes[18]. Como apoyo tangencial solo actúa el perfil interior del vano de la puerta.

Para las referencias utilizadas por la *solución "puertas sucesivas enmarcadas"* ya conocemos todas las posibilidades: el perfil exterior de las jambas de las puertas y los vértices de la sala sacra. No hay más.

SEGUNDA RATIFICACIÓN A LA TRAMA PROCESIONAL DE ENTRADA Y DE SALIDA

La luminosidad del espacio interior, la regularidad en el comportamiento del eje axial, la sistematicidad de los apoyos, y la precisión de las referencias buscadas, hacen de Kom Ombo y El Dakka dos excelentes ejemplos para educar nuestra mirada en la observación del espacio interior de un templo adscrito al *modelo clásico faraónico*. Tras este ejercicio formativo estamos en buenas condiciones para abordar un reto de gran envergadura: ***Dendera***, el gran templo faraónico más joven que ha llegado hasta nosotros[19], pone a prueba nuestra habilidad observacional en unas condiciones menos favorables, por la escasa luz ambiental y por su grandiosidad espacial. Pero el esfuerzo merece la pena.

17 Solo en algunos casos muy excepcionales –por ejemplo, en Dendera– hemos encontrado que la trama de salida utiliza el perfil posterior de la puerta de "madera".

18 Es cierto que la posición del perfil anterior del vano en el muro y el de la puerta de "madera" son muy cercanos, pero sobre el terreno es inmediato identificar desde cuál de ambos se ha trazado la visual. Dos datos ayudan a decidirlo: la *precisión constructiva* de la visual que apoyan, y la repetición de tal apoyo. En este aspecto, El Dakka es un ejemplo paradigmático: de los ocho pares de visuales que integran los dos caminos procesionales, cinco utilizan el perfil anterior de una *puerta de "madera"*. Si añadimos la *partición*, obtenemos el abanico completo de apoyos posicionales válidos.

19 Un relieve en sus muros señala que "el estiramiento de la cuerda" se realizó el 16 de julio del 54 a.n.e., día en que se producía el orto helíaco de Sirio, cuyo avistamiento anunciaba el inicio de la crecida anual del Nilo. En esa dirección está orientado el eje transversal del templo.

Como muestra el croquis 3, Dendera sigue la distribución espacial pautada por el *modelo clásico*[20], con un camino procesional integrado por cinco salas, con sus correspondientes puertas axiales de notables y bien remarcadas jambas. La *doble trama procesional* –de entrada y de salida– se resuelve mediante la *solución puertas enmarcadas*, destacando su carácter *sistemático y exhaustivo*, pues en ambos sentidos de la marcha el arquitecto hizo participar a todas las puertas, arbitrando una doble coordinación entre sus anchuras y la profundidad de las correspondientes salas.

Dada la complejidad de Dendera, para trazar los nueve juegos de visuales que integran ambas tramas procesionales su arquitecto utilizó siete tipos diferentes de apoyos. Solo la *partición* repite protagonismo, pero con valores numéricos diferentes. En este aspecto, estamos lejos del elegante minimalismo de El Dakka, cierto, pero no debemos dudar del nivel de elaboración del proyecto de Dendera. Al contrario, lo que ocurre es que su arquitecto se propuso unos objetivos escenográficos extremadamente ambiciosos, y optó por primar la escenografía global del espacio interior del edificio, frente a la simplicidad y economía en los apoyos. ¿Qué queremos decir con escenografía global del espacio interior?

IV - CONTROL EN EL ESPACIO SACRO FARAÓNICO

La trama *puertas sucesivas enmarcadas*, al recrear el *viaje a la inmortalidad*, ha fijado la correlación entre la profundidad de las sucesivas salas axiales y la anchura interior y exterior de las puertas que las comunican, pero nada nos ha dicho sobre la anchura transversal de las salas, ya que se ha limitado a mirar "al frente", a lo largo del eje longitudinal del edificio. *¿La anchura de esas salas quedaba al margen de la trama visual? ¿El control era importante en el pensamiento religioso –y político– faraónico? ¿Cómo se concretaba en la organización del espacio interior sacro?*

Para intentar responder a esa cuestión hemos optado por recorrer de nuevo el *eje axial* de Dendera, pero atentos ahora a los límites transversales de las diferentes salas, es decir a sus vértices extremos. El croquis 4 recoge lo observado. Los *apoyos posicionales* utilizados en esta parte de la trama también están situados sobre *marcas constructivas*, de idéntico carácter a las utilizadas por la trama *puertas enmarcadas*. Como *apoyo tangencial* también actúa el perfil interior de las sucesivas puertas[21]. Las *referencias* sistemáticas son ahora los vértices extremos de las sucesivas salas[22]. Por supuesto, cualquier visual que desee integrarse en esta parte de la trama también debe intervenir con *precisión constructiva*.

Estamos ante la ***solución "control transversal"***, que *instrumentalmente* solo se diferencia de la trama *puertas sucesivas enmarcadas* en las referencias utilizadas. Difícil conseguir mayor sistematicidad y coherencia en los criterios de planificación espacial.

Excelente Dendera, pues nos acaba de enseñar la ***segunda ley fuerte*** *de composición espacial* ***del modelo clásico faraónico,*** *encargada de asegurar el control hasta los límites transversales del espacio interior mediante la correcta coordinación entre la profundidad y la anchura de las diferentes salas procesionales*[23]*, siempre con las puertas axiales como apoyos privilegiados para nuestra mirada, ahora transversal.*

El objetivo de esta *trama de control es conseguir un dominio absoluto hasta los límites más periféricos del espacio interior por donde transcurre el simulado viaje a la inmortalidad.* De ese modo, el faraón, el cortejo procesional, y la divina estatua, al abrir las sucesivas puertas interiores veían optimizada su capacidad de imposición presencial hasta los límites extremos del espacio templario, con el simbolismo que a ese espacio se le pudiese atribuir: la casa del dios local, el firmamento nocturno, el país,...

20 Pierre Zignani, en su libro *"Enseignement d'un temple égyptien"* señala que una inscripción en una de sus criptas afirma que su estructura reproduce la de un santuario de la IV dinastía (2.575-2.450 a.n.e.) iniciado por Keops y retomado por Tutmosis III (1.479-1.425 a.n.e.), pero no nos parece prudente sacar más conclusiones de ese dato, pues puede tratarse de una simple referencia genérica, en busca de legitimidad al reivindicar que se apoyaba en los orígenes del régimen monárquico.

21 En casos muy excepcionales también lo puede hacer el perfil del último par de columnas axiales de la sala hipóstila, como en la trama *puertas enmarcadas*.

22 Las visuales que buscan los vértices de la sala sacra las hemos incluido en la trama anterior, pero también podrían incluirse aquí. Son el nexo de unión entre ambas partes de la trama, cuyo pleno significado solo se percibe cuando se las valora de forma simultánea.

23 Por supuesto, la profundidad de las salas está acotada por la longitud máxima posible para los dinteles de la cubierta.

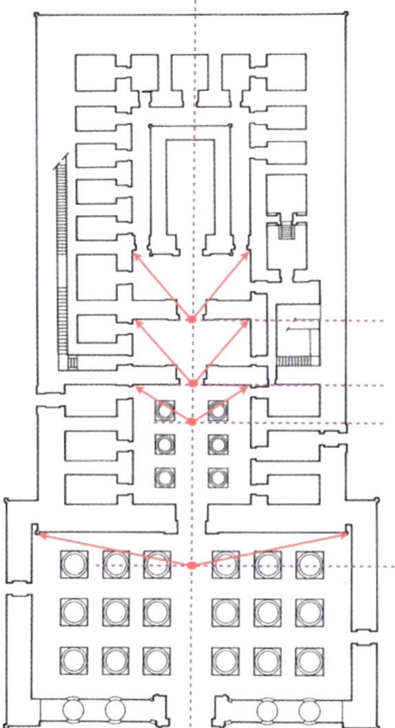

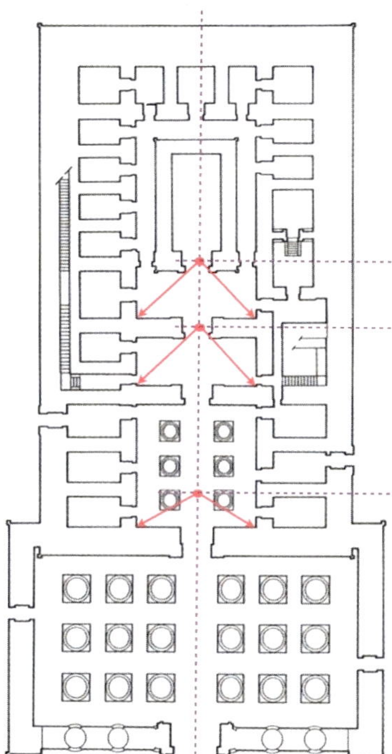

Croquis 4. Trama de control transversal del espacio interior de Dendera.

Pudo haber una forma geométrica inicial para cada sala, pero la relación entre su profundidad y su anchura *no viene determinada finalmente por una figura geométrica regular ni por una proporción aritmética simple; tampoco por una cuadrícula ortogonal ni por un triángulo egipcio, sino por una recreación escenográfica del viaje en busca de la inmortalidad y por el pleno control sobre el conjunto del espacio en el que tal viaje discurre.* Parece un gesto muy sensato que el faraón decidiese sobre la bondad de un proyecto arquitectónico por su coherencia ideología y doctrinaria, es decir, por la confianza que le mereciese la simulación del viaje al más allá que recreaba, y no por la pureza geométrica abstracta de las formas implicadas. Por supuesto, tampoco parece descabellado que el arquitecto valorase –hasta priorizarlos– unos criterios de planificación espacial que facilitaban mucho la implementación de su proyecto sobre el terreno, y el seguimiento de las obras durante el largo proceso constructivo. Intentamos no ser repetitivos, pero no podemos evitarlo cuando lo que encontramos son hechos que se muestran tozudos y reincidentes en el tiempo.

La trama de "control transversal" es una ***ley de aplicación universal cuando marchamos hacia la sala sacra, pero cuando lo hacemos hacia la salida*** *solo está presente en los proyectos más elaborados.* ***Es una buena práctica recomendada*** que, si el arquitecto no consigue cumplir, no invalida el proyecto definido[24].

Ahora podemos entender un poco mejor la afirmación sobre el carácter ambicioso del proyecto de Dendera, pues incluye una doble trama –de entrada y de salida– para las dos *soluciones paradigmáticas –enmarcar puertas sucesivas* y de *control transversal–*, con un total de *dieciséis pares* de alineaciones visuales simultáneas. Lo sorprendente no es que utilice once tipos diferentes de apoyos para su trazado ¡¡sino que haya conseguido que todos ellos estén situados sobre *marcas constructivas* muy precisas!!

24 Por ejemplo, en El Dakka no hemos reconocido esta trama de salida.

V – EL ESPACIO FARAÓNICO TAMBIÉN ES VOLUMÉTRICO. TRAMA EN ALZADO

Al pasar a limpio las observaciones que acabamos de presentar, valorarlas con calma desde la distancia, en el silencio de la mesa de trabajo, el resultado nos admiró. Sobre el terreno ya nos parecieron estimulantes y de gran calado, pero su precisa representación sobre la planta de cada edificio, la constatación del comportamiento colegiado de sus diferentes partes, y su comparación con las tramas ceremoniales de las culturas ya analizadas, resulta casi inverosímil.

Desde Kom Ombo hemos avanzado mucho en la comprensión del espacio interior adscrito al *modelo clásico faraónico*, tanto en los recursos instrumentales utilizados como en las bases ideológicas que legitiman su aplicación, pero no podemos olvidar lo que de modo tan brillante nos ha recordado Micenas hace muy pocas páginas: el espacio arquitectónico es volumétrico. *¿Utilizaron los arquitectos faraónicos una trama visual para definir el alzado de la cubierta de las diferentes salas del templo?*

La carga simbólica del espacio interior de estos templos viene contextualizada por el progresivo alzado de la cota del pavimento –recreando el primigenio resurgir de la tierra al descender el nivel de las fértiles aguas del Nilo– y, simultáneamente, por la paulatina pérdida de altura de la cubierta adintelada de las sucesivas salas axiales –descenso que facilita la aproximación del cortejo procesional al más allá–. *Esta visión onírica, de tono genérico, ¿tiene algún tratamiento constructivo preciso, en términos de la trama visual?*

Dos factores dificultan el estudio de los alzados de estos templos: la falta de luz interior y el estado de las cubiertas, ennegrecidas en la mayor parte de los casos hasta resultar muy difícil –con nuestros limitados medios– fijar puntos de referencia nítidos que señalen con precisión el final de muro y el centro de la cubierta de una sala. La posibilidad de error es, pues, muy alta, pero no renunciamos a presentar lo que creemos haber observado en Dendera.

Tras admirar las excelentes y muy imaginativas imágenes astronómicas que cubren su gran sala hipóstila, hemos decidido volver recorrer el itinerario procesional, tanto de entrada como de salida, ahora interesados por la posible presencia de alguna relación entre *el perfil del dintel de una puerta axial*, y las dos *referencias habituales en alzado*: *el final del muro vertical de una sala,* y *el punto central de su cubierta.* Por supuesto, estas alineaciones visuales solo formarán parte de la trama si las observamos desde una *marca constructiva* y se producen con *precisión constructiva.* Y estas pautas observacionales se han mostrado muy eficaces para descodificar la estructura en alzado de Dendera: el croquis 5 izquierdo presenta las tres visuales del tipo *"dinteles alineados"* detectadas, y el croquis derecho las cuatro que, de modo paralelo, construyen la *solución "dintel a clave"*[25].

La proximidad de ambas *soluciones en alzado* con las que hemos encontrado en las tradiciones cristiana, romana y micénicas[26], es impactante. Por supuesto, también comparten con ellas la idea de *diseño a escala humana*, pues el alzado del observador también está aquí directamente implicado. Extraordinario. Pero también es inmediato reconocer una diferencia muy importante: el *modelo clásico* faraónico solo ofrece un tratamiento axial para las alturas. Por el contrario, el paradigma cristiano manejará dos posibilidades complementarias: una trama transversal entre sus naves longitudinales, y otra axial, con referencias en progresivo ascenso hasta el cenit de la cúpula, opciones que quedan lejos del *modelo clásico faraónico*, tanto en términos instrumentales como simbólicos.

La trama en alzado es, pues, un excelente ejemplo de continuidad histórica en sus bases metodológicas, pero de mucha especificidad en las soluciones que construye, ajustadas siempre al simbolismo concreto que debe cristalizar en cada contexto cultural y político.

FILAE CORROBORA EL TRATAMIENTO VISUAL EN ALZADO DE DENDERA

En busca de ratificación a la trama en alzado, nos acercaremos ahora hasta el ***Templo de Isis***, en ***Filae***, pero antes de entrar en el análisis volumétrico nos detendremos un momento en su doble trama en planta *–puertas*

25 Las hemos representado en croquis separados para mayor claridad de los puntos de apoyo y referencia, y para facilitar la reproducción de la experiencia.

26 Al analizar el alzado de la cúpula de los túmulos micénicos hemos encontrado que la visual que busca su clave se apoya en el umbral de su puerta axial. Egipto nos muestra que también ella utiliza un apoyo similar, pero para una visual dirigida a una cubierta adintelada.

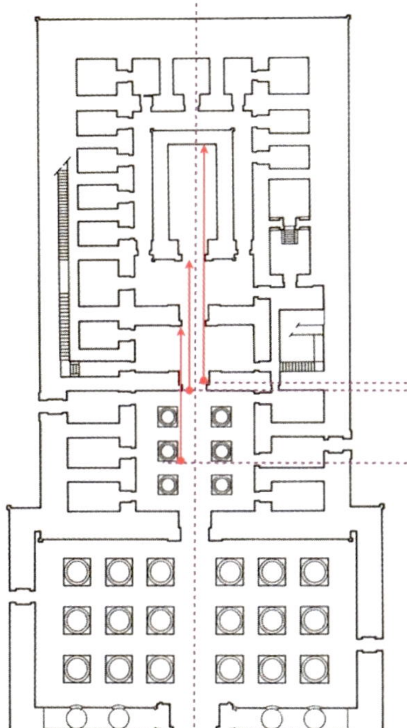

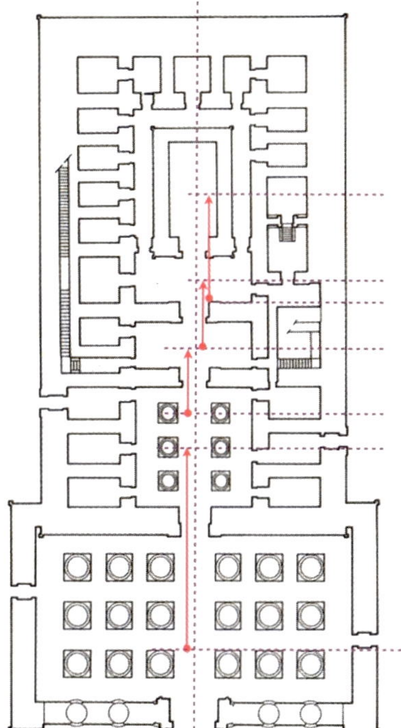

Croquis 5. Trama visual en alzado en Dendera. A la izquierda: visuales al final del muro trasero de las tres salas más profundas. A la derecha: visuales que buscan el punto central de la cubierta de las cuatro últimas salas.

sucesivas enmarcadas y de *control transversal*–, que los croquis 6 y 7 recogen para los dos sentidos de la marcha procesional. Ambas tramas corroboran lo observado en los templos anteriores.

La trama *puertas enmarcadas* construye un guiño simbólico que merece ser destacado: el muro izquierdo de Filae incluye una escalera excavada en su interior que era utilizada en los rituales procesionales para descender desde las habitaciones situadas en la cubierta del templo[27]. Esa escalera finaliza junto a una puerta auxiliar utilizada por los sacerdotes para accede desde el exterior del templo, directamente a la antesala anterior. Pues bien, el arquitecto utilizó la prolongación del perfil izquierdo de esa puerta lateral –izquierdo en el sentido de la marcha al acceder al templo–, para situar en su encuentro con el eje longitudinal del edificio, una *marca constructiva* que apoya un par de visuales de calidad extrema, ya que buscan *la puerta que da paso a la sala sacra*. Espectacular: cuando el cortejo procesional finalizaba el descenso desde la cubierta y giraba a su izquierda, al llegar al eje axial del templo quedaba automáticamente situado bajo el influjo directo de la sala sacra, con su mirada enmarcando con precisión el perfil exterior de las adornadas jambas de su puerta de acceso. La imagen 9 superior lo muestra, y el croquis 6 izquierdo representa esas visuales.

No estamos en Noirlac –aunque por un momento nos ha recordado el descenso iniciático por su escalera desde el dormitorio de los monjes–, pero se trata de un buen ejemplo de cómo, un arquitecto habilidoso, puede buscar soluciones específicas de gran carga escenográfica, incluso en el marco de una trama tan rígida, austera y formalizada como la que rige la validación de los espacios adscritos al *modelo clásico faraónico*. Excelente.

27 En el croquis 6 izquierdo la reproduce en parte.

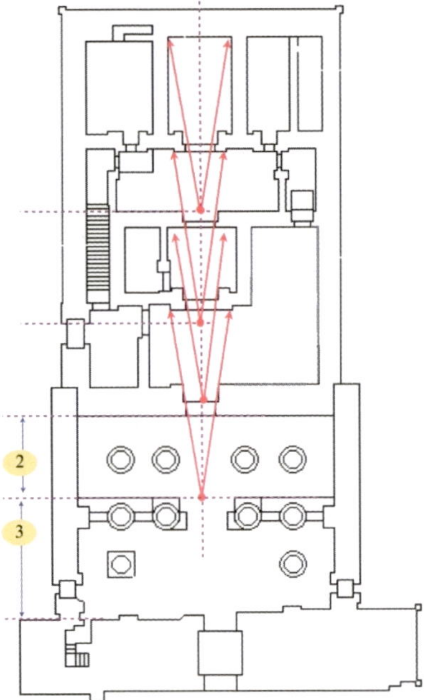

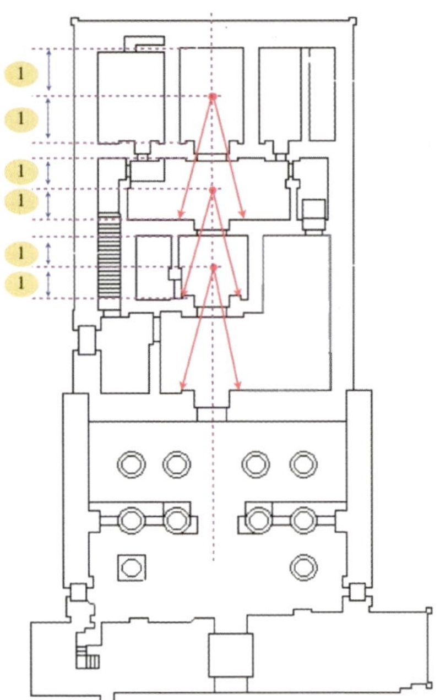

Croquis 6. Trama "puertas sucesivas enmarcadas" en Filae. Izquierda: cuando nos dirigimos hacia la sala sacra. La tercera visual es la destacada en el texto por enmarcar la puerta de acceso a la sala sacra, tras finalizar el descenso procesional desde la cubierta. Derecha: cuando salimos hacia el exterior del templo.

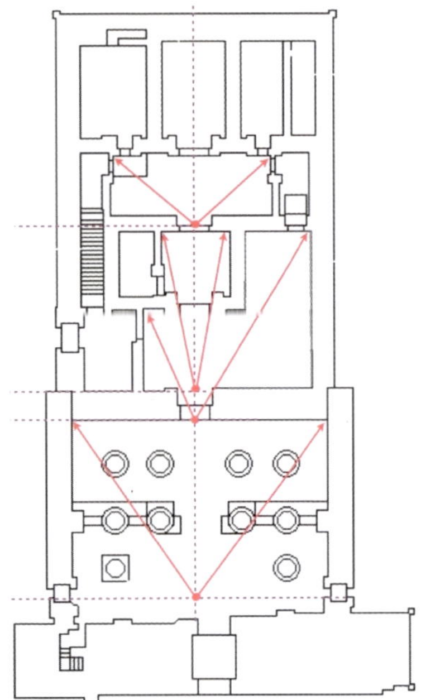
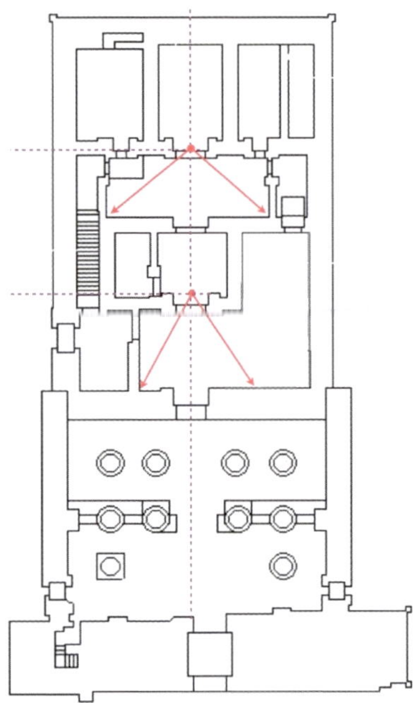

Croquis 7. Trama de "control transversal" del espacio interior de Filae. Izquierda: cuando nos dirigimos hacia la sala sacra. Derecha: cuando la hacemos hacia su exterior. La pérdida de parte de la estructura derecha de las antesalas anterior e intermedia resta nitidez y contundencia a esta parte de la trama.

Imagen 9. Arriba: visión que el cortejo procesional tenía al alcanzar el eje axial del templo, tras descender desde la cubierta de Filae. La puerta de la sala sacra, la de mayor carga simbólica, quedaba perfectamente enmarcada por la anterior. Abajo: desde el perfil posterior de la puerta de la antesala interior, un par de visuales definen los límites transversales de la sala sacra.

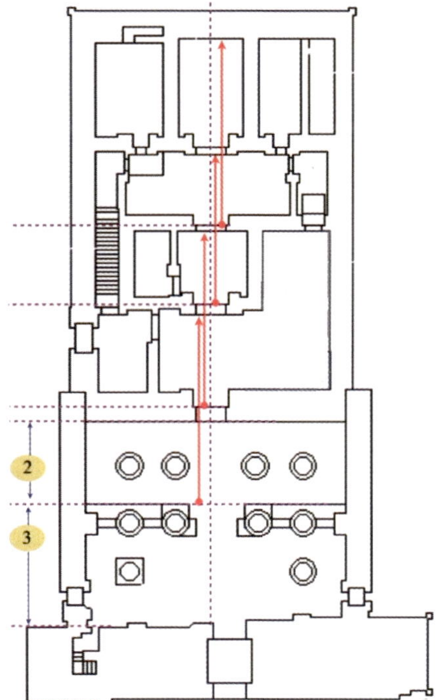

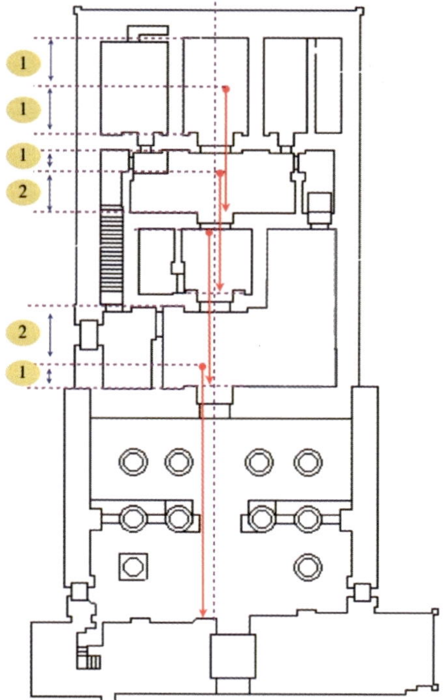

Croquis 8. Trama en alzado identificada en Filae. Izquierda: cuando avanzamos hacia la sala sacra. Derecha: cuando nos dirigimos hacia el exterior del templo.

Si nos centramos ahora en la trama en alzado de Filae, el croquis 8 izquierdo recoge las cuatro visuales que construyen la *solución "dinteles alineados"* cuando caminamos hacia la sala sacra. En el croquis derecho están representadas otras cuatro visuales que construyen esa misma *solución,* pero ahora cuando lo hacemos hacia el exterior del templo.

Magnífico Filae, pues acaba de añadir la última pieza que faltaba para completar la trama que gestiona el *modelo clásico* faraónico en su versión más rica: una *trama en alzado de salida* con similares *soluciones instrumentales* que las construidas por la trama de entrada. Filae se ha mostrado excepcional en todos los sentidos.

Las dificultades señaladas para observar con precisión la cubierta de estos templos no facilita calificar de ***tercera ley fuerte de validación escenográfica en alzado*** a la trama hacia la sala sacra que hemos reconocido en *Dendera* y *Filae.* Quizá lo más prudente sería limitarnos a calificarla de ***buena práctica recomendada*** –como lo es la de salida del templo–, pero la calificaremos de *ley fuerte* para estimular su desmentido por nuevas observaciones más precisas y sistemáticas.

VI – BREVE REFLEXIÓN SOBRE TRAMA VISUAL Y PROYECTO GEOMÉTRICO EN EL MODELO CLÁSICO

Hemos abierto el capítulo señalando que todos los intentos por encontrar un plan geométrico director que explique la forma del espacio sacro faraónico, no han dado resultado positivo. Ahora que tenemos una perspectiva bastante amplia y detallada de su estructura visual, creemos que una lectura global de los croquis 3, 4, 5, 6, 7 y 8 permite comprender los motivos de tan infructuosa búsqueda.

En efecto, si no nos hemos equivocado al contar, la trama resumida en dichos croquis *reúne dieciséis pares de visuales en planta y siete visuales en alzado para* ***Dendera,*** *lo que hacen un* ***total de 39 alineaciones para su espacio interior****. Por su parte,* ***Filae*** *reúne* ***34 alineaciones interiores,*** *trece pares de visuales en planta y ocho individuales en alzado. Los apoyos posicionales de todas ellas se ordenan siempre a lo largo del eje axial del edificio; el apo-*

yo tangencial se sitúa en el perfil de las puertas axiales; y las referencias se distribuyen a todo lo largo, ancho y alto del espacio interior del templo. En consecuencia, la red de relaciones visuales construida es de tal densidad y detalle, que si el arquitecto se hubiese impuesto, además, la condición de tener que ajustar el espacio interior de las salas a un juego de figuras regulares y/o proporciones simples, el rompecabezas hubiese sido insoluble. Incluso renunciando al ajuste geométrico estricto, hacer compatible una trama de esa envergadura y exhaustividad es de una dificultad tan extrema, que cabe suponer que solo estaba al alcance de los equipos humanos más experimentados al servicio del fuerte estado faraónico, y que dispusieran de los recursos constructivos más finos y potentes.

Damos por hecho que los arquitectos de Dendera y Filae pudieron partir de un plan geométrico –al igual que lo pudieron hacer sus colegas mediterráneos de los periodos históricos posteriores–, pero al trazarlo sobre el terreno y ajustarlo para satisfacer las múltiples y muy rigurosas condiciones escenográficas, fue inevitable que se desfigurase en favor de la precisión simbólica, lo que hace muy difícil que hoy lo podamos reconocer, por muchas mediciones que acumulemos. De no tener presente estas condiciones metodológicas, corremos el peligro de buscar figuras y proporciones allí donde las pudo haber, cierto, pero en el momento de partida, que no necesariamente en el de llegada, es decir, en lo realmente construido. En el trayecto desde el esbozo inicial hasta la obra real, hubo que ajustar el espacio a la cosmología que dichas arquitecturas debían representar, y la geometría y la aritmética vieron diluir su protagonismo a favor del rigor ideológico. También en los proyectos sacros del Egipto faraónico, el mito y el ritual mandaban sobre la geometría y la aritmética.

LAS PUERTAS AXIALES NO PUEDEN SER PIEZAS SERIADAS

La radicalidad de esta situación es de tal calibre, que *ni siquiera* un elemento tan aparentemente simple como *las puertas axiales, pudieron ser ajustadas a una forma simple y regular, lo que hubiese permitido su "fabricación en serie"*. ¿Por qué? Porque no son piezas aisladas que puedan definir sus dimensiones sin tener en cuenta la especificidad del juego relacional en el que cada una de ellas va a participar. *Forman parte de un entramado global de relaciones visuales, y su forma –tanto en anchura como en alzado– debe ser servicial al buen fin simbólico que construye el conjunto del espacio interior.*

Ni siquiera están referenciadas solo con la sala a la que dan entrada o salida. En muchísimos casos, su anchura se observa desde una sala que no es la suya, y ha de enmarcar una puerta adscrita a otra sala. Al mismo tiempo también debe alinearse con los vértices laterales de la suya. Hasta tres espacios diferentes pueden estar correlacionados con su anchura. En paralelo, su dintel ha de alinearse con el alzado de la cubierta de alguna sala, en muchas ocasiones a la que da entrada, pero no siempre. En esas condiciones, es ilusorio esperar que el arquitecto fuese capaz de atribuir a las puertas axiales una cierta regularidad común a todas ellas. Ni siquiera alguna proporción simple personalizada para cada una de ellas.

Son piezas únicas, artesanales, imposibles de sistematizar, y cada una de ellas debe ajustarse en detalle a los juegos visuales que apoya. Con un poco de ironía podríamos decir que era más probable que la fe del arquitecto en Osiris le condujera al a la inmortalidad, que a resolver el endiablado problema matemático –o práctico, a pie de obra– de obtener una relación simple entre la anchura y el alzado de las puertas axiales del templo, compatible con todas las relaciones visuales en las que cada una de ellas está implicada.

VII – KOM OMBO, EDFÚ Y KALABSHA RATIFICAN LO OBSERVADO HASTA ESTOS MOMENTOS

Si volvemos a la luminosidad de los espacios interiores de ***Kom Ombo***, y recorremos los *ejes axiales* de sus dos templos, atentos ahora al final de los muros traseros que sustentan los dinteles de la recompuesta cubierta de sus salas, el resultado corrobora lo observado en Dendera y Filae. En efecto, todas las salas que conservan esos elementos –muro trasero y dintel de la cubierta– siguen la misma regla compositiva: construir la *solución "dinteles alineados"*.

El croquis 9 recoge las siete visuales en alzado que todavía se pueden reconocer en Kom Ombo: cinco en el templo izquierdo y dos en el templo derecho. Si la reiteración de una *solución* le aporta valor normativo, Kom Ombo es un caso ejemplar. La luminosidad de sus salas también nos permite aportar una breve secuencia de tres imágenes (números 10 y 11) que visualiza *al perfil del dintel de una puerta axial alineándose con el final del muro trasero de la sala a la que da paso.*

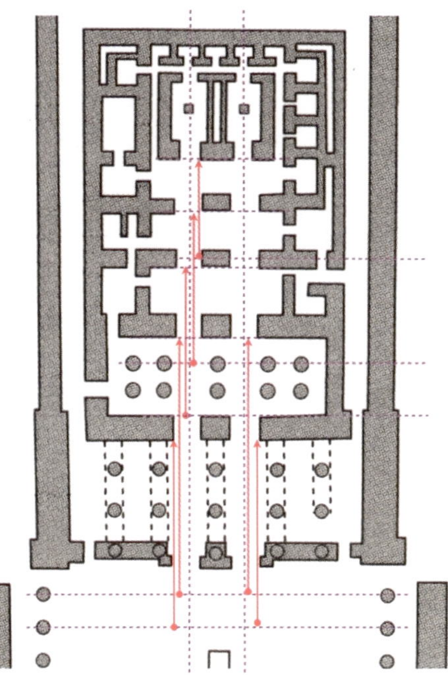

Croquis 9. Visuales en alzado identificadas en Kom Ombo: cinco en el templo izquierdo y dos en el derecho. Las restantes salas han perdido la parte superior del muro trasero y carecen de cubierta.

Imagen 10. Kom Ombo. Desde el perfil posterior de la puerta de la sala hipóstila, el dintel de la puerta de la antesala anterior del templo izquierdo se alinea con el final del muro trasero de esa sala. La cubierta solo conserva la parte izquierda. En la parte derecha podemos observar una estrecha franja horizontal del cielo exterior.

Imagen 11. Kom Ombo. Arriba: si avanzamos hasta el eje central de las últimas columnas de la sala hipóstila, el perfil del dintel de la puerta de acceso a la antesala intermedia también se alinea con el final de su muro trasero. Abajo: finalmente, al alcanzar el perfil anterior de la puerta de "madera" de acceso a la antesala, el perfil del dintel de la antesala posterior se alinea con el final del muro trasero de esa sala, solución similar a las dos anteriores.

EDFÚ Y KALABSHA RATIFICAN TODO LO OBSERVADO HASTA ESTOS MOMENTOS

Antes de dar un importante salto en el tiempo histórico, visitaremos Edfú y Kalabsha, dos buenos ejemplos en los que confirmar todos los aspectos esenciales de la trama observada hasta estos momentos.

El templo de ***Edfú*** es considerado por la literatura especializada como el mayor, y uno de los más antiguos y mejor conservados templos ptolemaicos. Una inscripción en sus muros detalla que las obras comenzaron durante el reinado de Ptolomeo III, concretamente en el año 237 a.n.e., siendo terminadas en el 57 a.n.e.

A estas alturas del análisis, es inmediato interpretar los croquis 10 y 11 que resumen la excelente trama que valida su composición espacial: hasta quince juegos de visuales participan en ella, destacando que, para su trazado tan solo utilizan seis *apoyos posicionales* diferentes, con claro predominio del de mayor coherencia procesional: el perfil de la puerta de acceso a una sala, punto que actúa a modo de estación ceremonial para la solemne apertura de dicha puerta, permitiendo de ese modo el avance del cortejo hasta la siguiente. Impecable.

De la trama en alzado de Edfú destaca su precisión y elevadísimo nivel de elaboración, hasta el extremo de que las tres salas más profundas participan por partida doble: con el alzado de sus respectivos muros traseros y con el punto central de sus cubiertas (croquis 11). Excepcional.

Pero no hemos sido capaces de reconocer ningún gesto que se pueda asociar a una trama en alzado de salida del templo. La capacidad para armonizar un número creciente de trazos visuales tiene un límite, y la voluntad de exhaustividad mostrada por el arquitecto de Edfú en la escenografía que nutre el camino procesional hacia la sala sacra, parece que tuvo como contrapartida no poder asociar una secuencia precisa, en alzado, al trayecto de salida. Se confirma, pues, el carácter de *buena práctica recomendada* para la trama hacia el exterior del templo, frente a la condición de *ley fuerte de obligado cumplimiento* para la trama en alzado hacia la sala sacra.

Edfú también ratifica una característica esencial de la trama, repetida en múltiples ocasiones: *en edificios con un dilatado periodo de construcción* –en este caso casi 200 años de obras, con implicación de diferentes faraones y arquitectos– *la trama se muestra como el mecanismo mejor posicionado para asegurar la coherencia final del edificio.*[28]

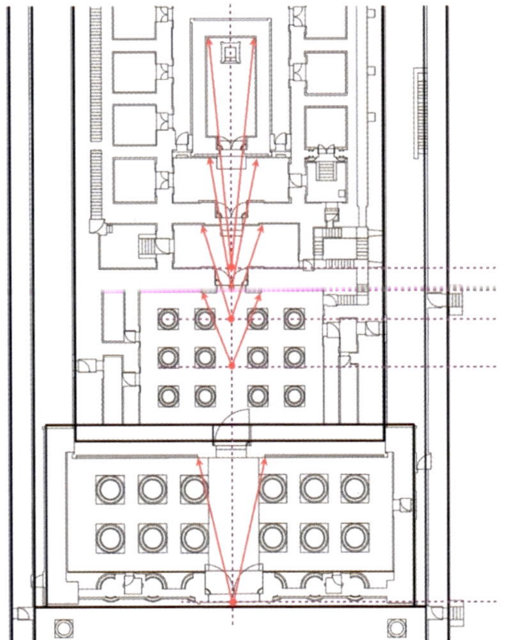

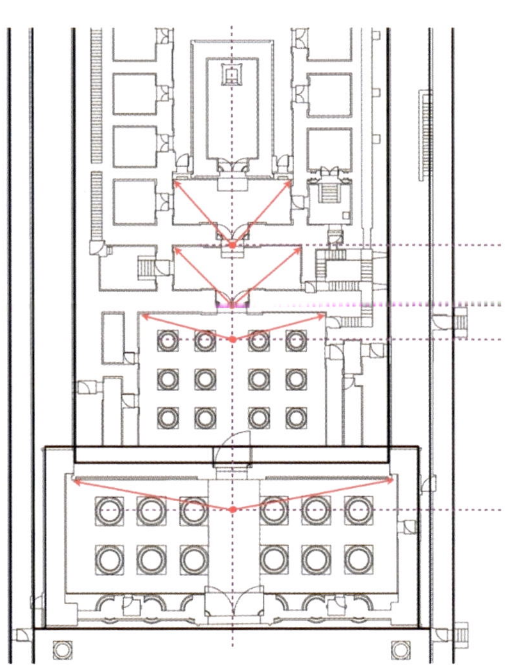

Croquis 10. Trama procesional de Edfú, en profundidad y en anchura. Planta tomada de E. Bauforscherische.

28 Martienssen, R. D., en su texto *"La idea de espacio en la arquitectura griega"*, describe su experiencia relacional al aproximarse axialmente hasta la sala sacra, desde el exterior del templo de Edfú.

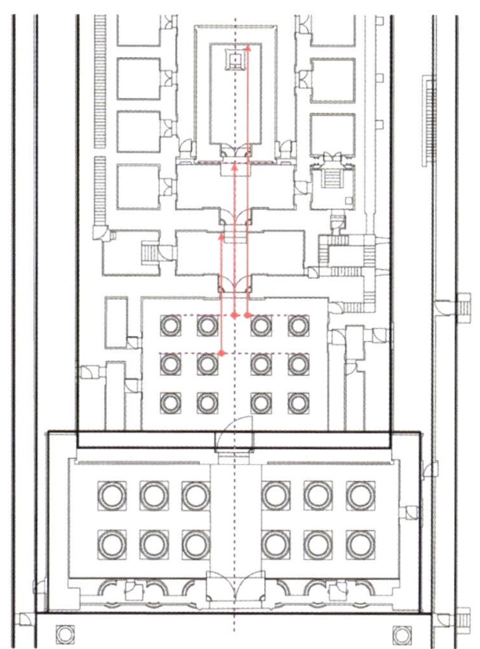

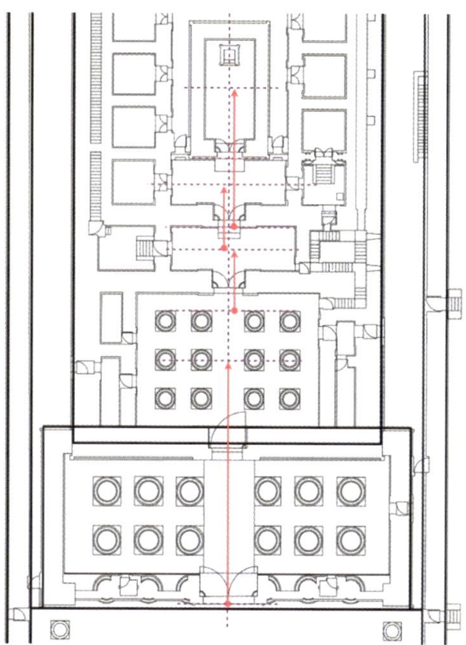

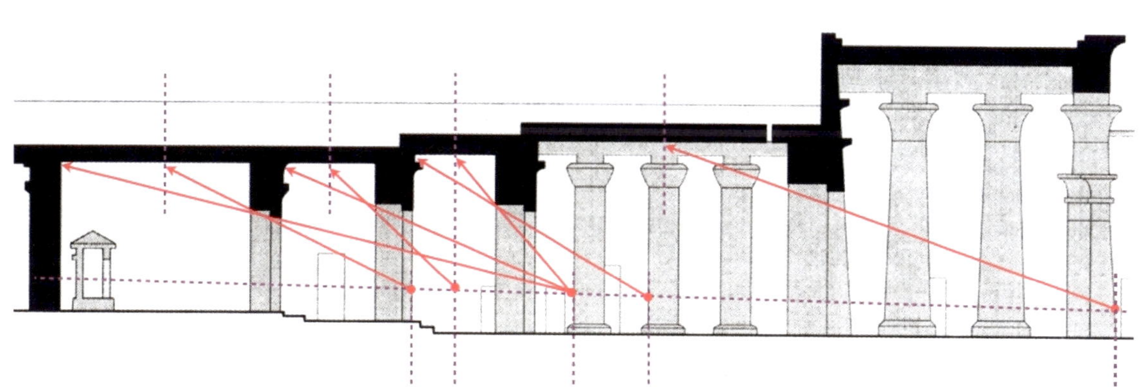

Croquis 11. Arriba: trama en alzado para Edfú.
Izquierda: visuales al final de muro trasero de las tres salas más profundas. Es la solución "dinteles alineados". Derecha: visuales al centro de la cubierta de las cuatro salas más profundas. Es la solución "dintel a clave". Abajo: trama completa en alzado. Queda de manifiesto su carácter doble para las tres salas más profundas. La visual que busca el centro de la cubierta de la antesala anterior puede tener su punto de apoyo equivocado, pues no coinciden las notas y las imágenes que tomamos sobre el terreno. Disculpas.
Sección tomada de D. Wildung, en la que podemos apreciar el progresivo alzado del pavimento y el suave descenso de la cubierta, al avanzar hacia la sala sacra.

Imagen 12. Visual enmarcando la puerta de acceso a la sala hipóstila posterior de Edfú. La precisión del encuadre se fija en la base de la puerta, ya que es el punto que el arquitecto puede situar sobre el terreno. En la parte superior la precisión del encuadre se diluye, pero se debe a que las verticales columnas de la sala hipóstila no pueden seguir el clásico perfil trapezoidal de las puertas egipcias.

Imagen 13. Desde el perfil anterior de la puerta de acceso a la antesala anterior, la luz de los focos de una filmación permite apreciar con muy buena calidad el llamativo encuadre de las adornadas jambas de la puerta de la sala sacra de Edfú.

Imagen 14. Visual al punto central de la cubierta de la sala sacra de Edfú. Como caso excepcional, esta sala posee tres pequeños vanos que le aportan luz cenital. Dado que el centro de la cubierta coincide con el punto medio del segundo vano, se puede utilizar esa coincidencia para valorar la precisión de la visual.

Como etapa final de esta primera parte del análisis de los templos adscritos al *modelo clásico,* hemos escogido ***Kalabsha***, que fecha su proyecto a comienzos del siglo I a.n.e., coincidiendo con el reinado de los últimos monarcas ptolemaicos. Es otro de los templos que en la década de los años sesenta del pasado siglo fueron trasladados para evitar su pérdida por el llenado de la presa de Asuán.

Al avanzar hacia la sala sacra encontramos diez juegos de visuales, siete en planta (croquis 12) y tres en alzado (croquis 13 izquierdo). En su trama transversal destaca el gesto construido por el primer par de visuales: desde el perfil posterior de la puerta de acceso al patio columnario, buscan los límites exteriores del templo, en un guiño simbólico cercano al que también construyen El Dakka y Dendera. Las imágenes 15 y 16 muestran la precisión de esa solución.

También llama la atención que las visuales hacia los vértices izquierdos de las dos primeras salas interiores del templo no alcancen su objetivo: se debe a que lo que vemos hoy no es el muro original de esas salas, sino un muro auxiliar construido para habilitar en su interior una pequeña sala lateral. Algunos autores señalan la posibilidad de que estuviesen destinadas a guardar objetos valiosos, que era necesario proteger al máximo, por lo que optaron por situarlas dentro del templo. En la sala sacra, que carece de ese cerramiento auxiliar, el ajuste hacia sus dos vértices extremos es excelente. El croquis 13 derecho, lo muestra.

Al recorrer el camino de salida del templo, solo hemos detectado tres pares de visuales de *control transversal* (croquis 13 derecho).

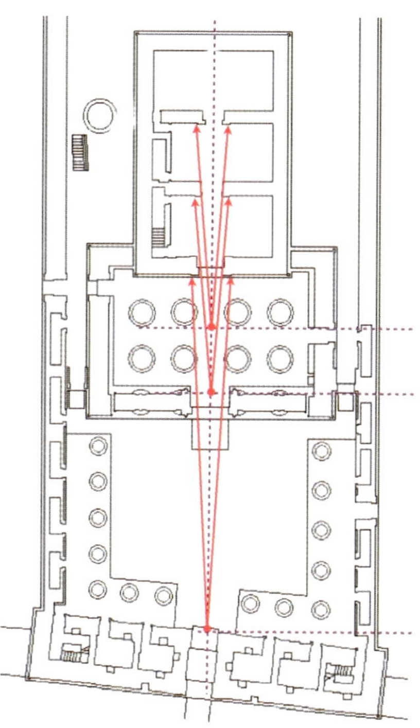
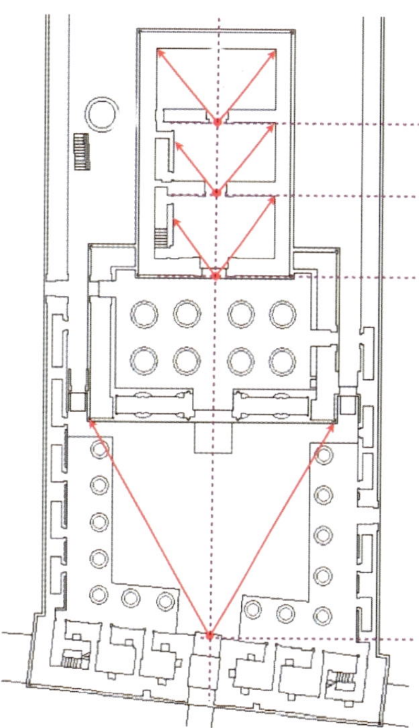

Croquis 12. Trama en planta para Kalabsha.
Izquierda: enmarcando puertas sucesivas.
Derecha: trama de control, definiendo los límites transversales de los diferentes espacios.

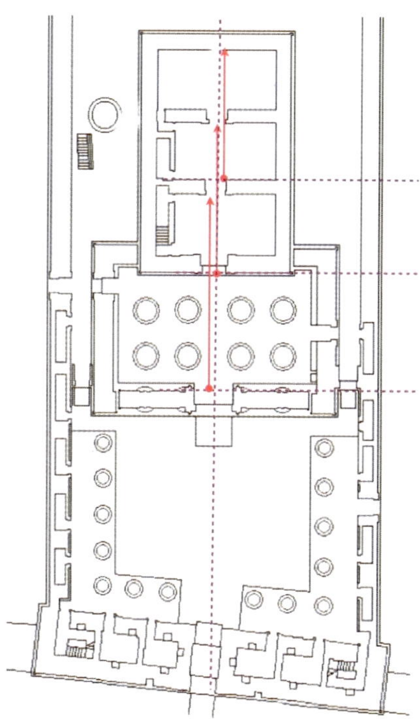
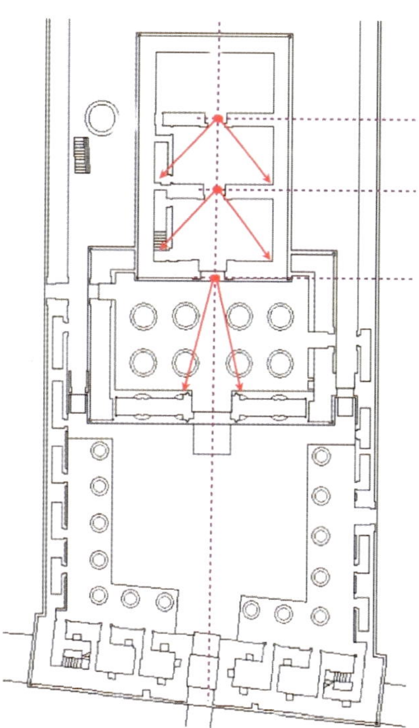

Croquis 13. Trama en Kalabsha.
Izquierda: visuales de la solución "dinteles alineados" que definen su trama en alzado.
Derecha: para la trama de salida solo hemos podido reconocer tres pares de visuales.

Imagen 15. Desde el perfil posterior de la puerta de acceso al patio columnado de Kalabsha, visual al vértice izquierdo del templo. Para facilitar su observación hemos "aclarado" ligeramente con Photoshop su perfil en la parte más sombreada de la imagen.

Imagen 16. Visual complementaria a la anterior, ahora hacia el vértice derecho del templo. Con más luz natural en esa esquina, podemos apreciar la precisión de la alineación. Si la última columna del patio variase ligeramente su posición, ese efecto no se produciría. Por supuesto, no conocemos ningún otro motivo que la obligue a ocupar ese lugar.

VIII – YA ESTAMOS PREPARADOS PARA ACERCARNOS A LOS INICIOS DEL IMPERIO NUEVO

El carácter sistemático y la amplitud y precisión de las tramas detectadas en los seis templos que acabamos de visitar –*Kom Ombo, El Dakka, Dendera, Filae, Edfú* y *Kalabsha*–, pone de relieve que el espacio interior de todos ellos responde a un *modelo de referencia,* bien ajustado a las necesidades coreográficas e ideológicas que debía resolver, cristalizando en piedra el marco simbólico inventado por la cosmología faraónica. Y todo ello siempre en presencia de un exuberante programa decorativo, que inunda los muros con escenas estandarizadas y recurrentes, siempre basadas en la narrativa mitológica e identitaria del fuerte poder monárquico.

UNA LIMITACIÓN MUY IMPORTANTE

Pero todos esos templos también comparten una limitación muy importante para el objeto que nos hemos propuesto aquí: fueron edificados en fechas posteriores al año 332 a.n.e., momento en que el macedonio Alejando Magno arribó a Egipto. A su muerte, uno de sus generales asumió el poder, fundando la dinastía de los Ptolomeos, todopoderosa durante los siguientes 300 años, hasta que en el 30 a.n.e. el reino pasó a formar parte del Imperio Romano, y gobernado por el emperador de turno.

Los advenedizos reyes ptolemaicos buscaron legitimidad para su poder envolviéndose en la bandera del respeto a las tradiciones locales. Un buen ejemplo de ello fue el amplio programa de nuevas construcciones sacras, entre las que se incluyen todos los templos que acabamos de visitar. En su planificación siguieron siempre el *modelo clásico,* con algunos gestos simbólicos referenciados en tradiciones más antiguas: por ejemplo, Dietrich Wildund señala que un texto jeroglífico del muro exterior de Edfú afirma que ese templo se construyó *"siguiendo el libro de orden de los templos escrito por el sumo sacerdote y maestro Imhotep el Grande (...) tal como queda establecido en el gran plan de ese libro, que cayó del cielo al norte de Menfis".* Recordemos que Imhotep fue el primer gran arquitecto egipcio cuyo nombre conocemos, al que se atribuye la construcción del complejo funerario de Saqqara, que engloba la pirámide escalonada de Zoser. Ambas construcciones datan, aproximadamente, del año 2.600 a.n.e.

Testimonios de este tipo son importantes[29] para reafirmar la voluntad genérica ptolemaica de continuidad constructiva respecto de la tradición egipcia, pero queda pendiente una gran duda: *la trama que acabamos de detectar en los templos ptolemaicos ¿fue añadida al modelo clásico por los arquitectos que acompañaron hasta Egipto a los conquistadores, o formaba parte de la tradición local, desde los mismos orígenes del modelo clásico? ¿Estamos ante la culminación de unos criterios proyectuales de tradición egipcia, o fueron los arquitectos greco-romanos los que enriquecieron el modelo clásico faraónico incorporando durante el periodo ptolemaico una trama que le aportase mayor cohesión espacial y valor simbólico?*

Para buscar respuesta de esta importante pregunta, optaremos por el recurso habitual: que nuestra mirada retroceda en el tiempo constructivo y aprenda observando en directo los propios edificios conservados. Para encontrar terreno firme, apto para una observación de ese tipo, debemos dar un salto importante y situarnos en los comienzos del Imperio Nuevo, momento en el que los arquitectos de Amenofis III y Ramsés II consolidaron definitivamente el *modelo clásico.* En consecuencia, dirigiremos nuestros pasos hasta tres templos que cumplen con esa condición: uno se encuentra no muy lejos de Luxor, y será el primero que visitaremos. Para acercarnos a los otros dos deberemos remontar el Nilo otros 300 kilómetros. Los tres tienen en común haber sido excavados en la roca, estar situados cerca del límite fronterizo al sur del país, y haber sido trasladados en la década de los años sesenta del siglo XX hasta sus actuales emplazamientos, a fin de escapar de la inminente crecida de las aguas del lago Nasser. Es cierto que un trasplante de esa envergadura puede restar nitidez a la estructura fina de su espacio interior, pero –además de no dudar del rigor arquitectónico, y no solo artístico, de la operación de salvamento realizada– lo observado en los templos trasplantados que ya hemos analizado es demasiado consistente para dudar de su correcta reconstrucción.

29 Ya hemos señalado el de Pierre Zignani sobre la relación de Dendera con un santuario de la IV dinastía (2.575-2.450 a.n.e.) iniciado por el faraón Keops.

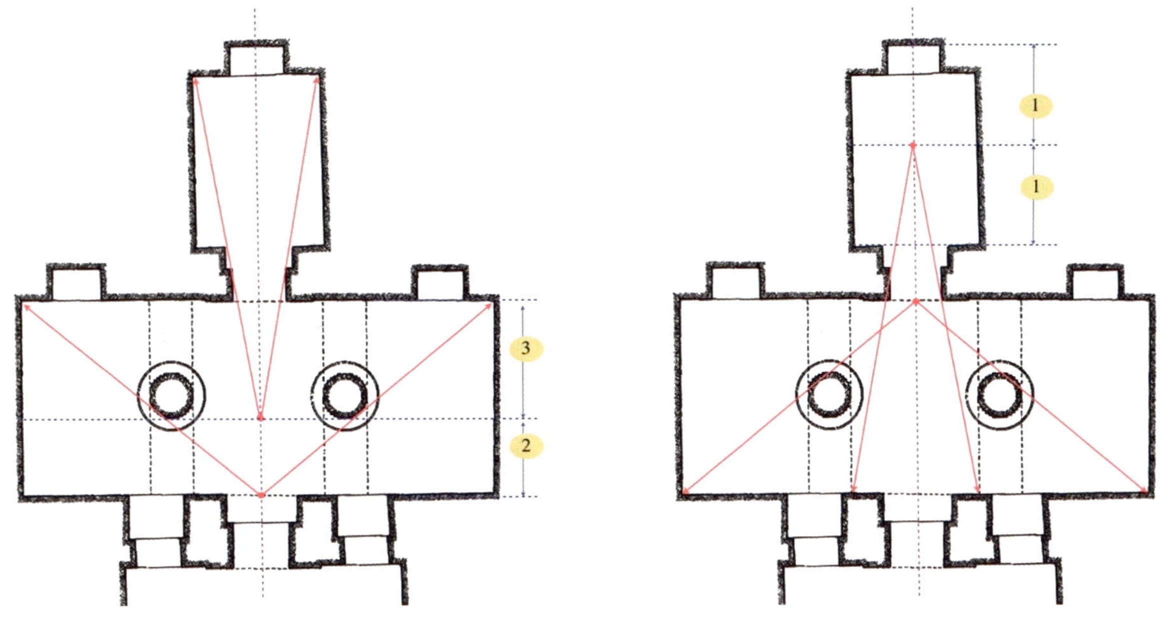

Croquis 14. Izquierda: trama de entrada en Beit el-Wali.
Los apoyos son una marca constructiva y una partición.
Derecha: trama de salida. De nuevo encontramos una partición definiendo un punto de apoyo. Planta tomada de H. Ricke, G. R. Hughes y E. F. Wente.

PRIMERA CITA CON LOS ORÍGENES DEL MODELO CLÁSICO

Las publicaciones especializadas identifican a ***Beit el-Wali*** como el primero de los seis templos que los arquitectos de Ramsés II [30] construyeron en Nubia, en el marco de una gran operación de estado encaminada a sellar la frontera sur del país y dominar toda esa región. El inicio de sus obras se sitúa alrededor del año 1.280 a.n.e. En esos momentos Ramsés II contaba apenas 22 años, y hacía muy poco que había ganado su primera batalla, a cuya exaltación está dedicado el templo.

De pequeñas dimensiones y estructura simple, es un edificio muy adecuado para aprender a observar este tipo de arquitecturas: una ancha avenida exterior conduce hasta una estrecha puerta, que da paso a una antesala en cuyo centro encontramos dos gruesas columnas exentas, tras la que se abre la sala sacra. Interesados por su composición espacial, sorprende la elegante simplicidad de los recursos que la conforman. En efecto:

Trama de acceso

Sobre el *eje axial* del edificio, desde el *perfil posterior de la puerta* de acceso, nuestra mirada, contra el *perfil tangencial de las columnas exentas*, encuentra, con exquisita precisión, los *vértices traseros* de la antesala. El croquis 14 izquierdo y la imagen 17 superior lo muestran.

Al alcanzar el *perfil anterior de las columnas exentas,* siempre sobre el *eje axial*, nuestra mirada se alinea con los *vértices traseros* de la sala sacra. La imagen 17 inferior lo recoge. A destacar que el apoyo para estas visuales se ajusta bien a una *partición "3 a 2"* de los 4,39 metros de profundidad de la antesala.

Trama de salida

Desde el *centro de la sala sacra* –segunda *partición* asociada a la trama– observamos los extremos anteriores del corredor central de la antesala, muy bien señalados en la cubierta.

30 Ramsés II se mantuvo en el poder durante 66 años, entre 1.279 y 1.213 a.n.e., el segundo reinado más largo de la historia de Egipto.

Imagen 17. Situados sobre el perfil interior de la puerta de acceso a Beit el-Wali, nuestra mirada se alinea con los vértices posteriores de la antesala, actuando las columnas exentas como apoyo tangencial (imagen superior). Tal como nuestra el croquis 14 izquierdo, al avanzar hasta el eje visual, lo que observamos ahora son los vértices traseros de la sala sacra (imagen inferior). En ambos casos la precisión es excelente.

Desde el *perfil anterior de la puerta* de acceso a la sala sacra, un segundo juego de visuales señala los *vértices anteriores* de la antesala. A destacar que estas visuales también se apoyan tangencialmente en *el perfil de las columnas exentas centrales*[31].

Trama en alzado

La trama se completa con una visual en alzado del tipo *"dinteles alineados"* que, desde el *perfil anterior del umbral de la puerta de acceso* al templo, busca el perfil superior del muro trasero de la sala sacra.

Hemos retrocedido unos 1.000 años respecto del periodo ptolemaico, y un pequeño edificio nos acaba de mostrar aspectos esenciales del quehacer arquitectónico de los constructores que en los inicios del Imperio Nuevo consolidaron el *modelo clásico*. En ausencia de *trama enmarcando puertas sucesivas* –poco viable aquí, pues Beit el-Wali solo tiene una puerta interior, la de la sala sacra–, su arquitecto derrochó habilidad y buen oficio en la *trama de control transversal*, tanto de entrada como de salida, hasta conseguir su *plena exhaustividad*, pues fija la posición de todos los vértices interiores. Además, para la sala sacra definió una estructura volumétrica que, ya en el mismo momento en que accedemos al interior del edificio, ofrece a nuestra mirada la altura completa de su muro más profundo.

A destacar tres rasgos notables: la temprana utilización de un notable *efecto "forma/grosor"* por parte de las columnas exentas de la antesala –cada una apoya tangencialmente dos visuales–, la utilización de dos *particiones simples* muy precisas, y el fácil seguimiento de las obras, pues bastan cinco apoyos sobre el eje axial para conseguir un control absoluto del proyecto a construir, en planta y alzado.

Faltaban unos 700 años para el inicio de las obras de los templos griegos y de las tumbas etruscas, y más de 1.200 para la construcción de los espacios escenográficos romanos que hemos analizado, y Beit el-Wali ya utiliza buena parte de los recursos proyectuales aplicados en todos ellos. Podemos, pues, ir descartando que Egipto los aprendiese de Grecia o de Roma.

Beit el-Wali es, sin duda, otra "pequeña gran exquisitez" –pequeña por sus dimensiones, pero grande por su calidad– que añadir a nuestra larga lista de arquitecturas predilectas.

ABU SIMBEL MERECE UNA PARADA MUY DETALLADA

A pesar de que la rotundidad del proyecto de Beit el-Wali despeja las duda sobre la presencia de una trama ya en los orígenes del *modelo clásico*, la ausencia de un *programa procesional que enmarque las puertas sucesivas* puede hacer pensar que las visuales que acabamos de reconocer tan solo son un recurso técnico-constructivo que no alcanza todavía la condición de *trama ideológica, es decir, que no aporta un salto cualitativo al relato simbólico que narra el propio espacio construido*. Para aclarar esta situación nada mejor que seguir viaje hasta el límite sur del territorio egipcio, lugar donde pocos años más tarde Ramsés II formuló en piedra una amenazadora declaración de intenciones a todo aquel que osase desafiar sus dominios. Nos referimos a los dos templos que podemos visitar en ***Abu Simbel***, el primero dedicado a la promoción de su propia figura –denominado de ***Ramsés II***, construido entre los años 1.284 y 1.264 a.n.e.–, y el segundo a la exaltación de su compañera de trono, ***Nefertari***, cuyas obras comenzaron al finalizar las del primero, para terminar en 1.244 a.n.e.

El templo de Ramsés II tiene mayores dimensiones –su longitud interior es de 40,49 metros, frente a los 17,24 del templo de Nefertari– y una estructura más compleja, pero la presentación en paralelo de ambos proyectos permite una excelente valoración de sus respectivos potenciales escenográficos. Valga un ejemplo: ambos utilizan varias *particiones* para definir los apoyos de la trama, incluido el de la visual con mayor carga simbólica, la que enmarca la puerta de la sala sacra. Pues bien, las oportunas mediciones ponen de manifiesto que todas esas *particiones* son más precisas si consideramos que el espacio interior se extiende desde el normativo paño interior del muro de acceso al templo, pero no hasta el muro posterior de la sala sacra, sino hasta *el frontal de las ¡¡¡estatuas de Ramsés II o de Nefertari!!!! situadas al fondo de sus respectivas salas sacras*. Extraordinario, por la tremenda carga simbólica que ese gesto suma al espacio construido: desde su posición, en lo más profundo de la sala sacra,

31 No deja de ser sorprendente el similar papel jugado por las columnas exentas de Beit el-Wali y las de la Tumba de los Capiteles (pág 435, croquis 33 inferior).

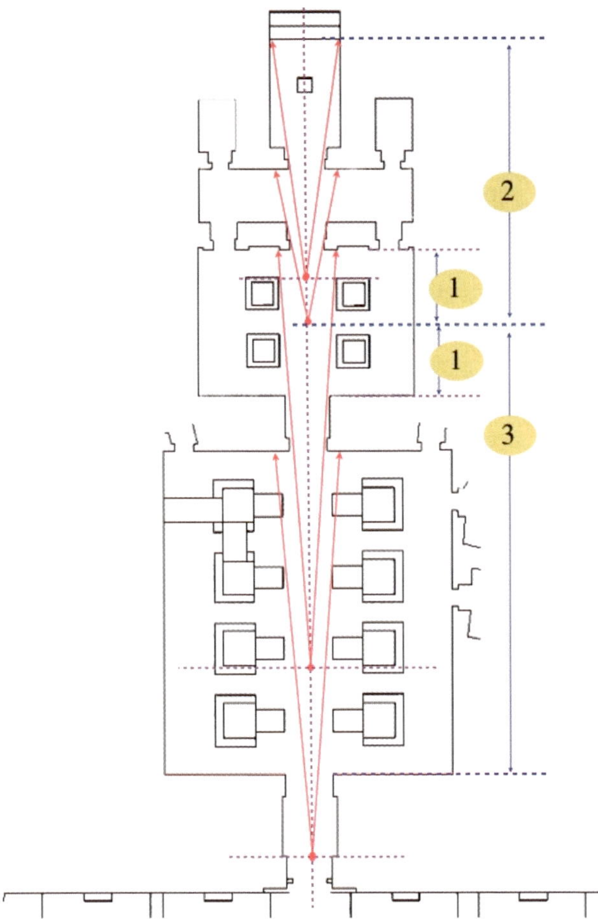

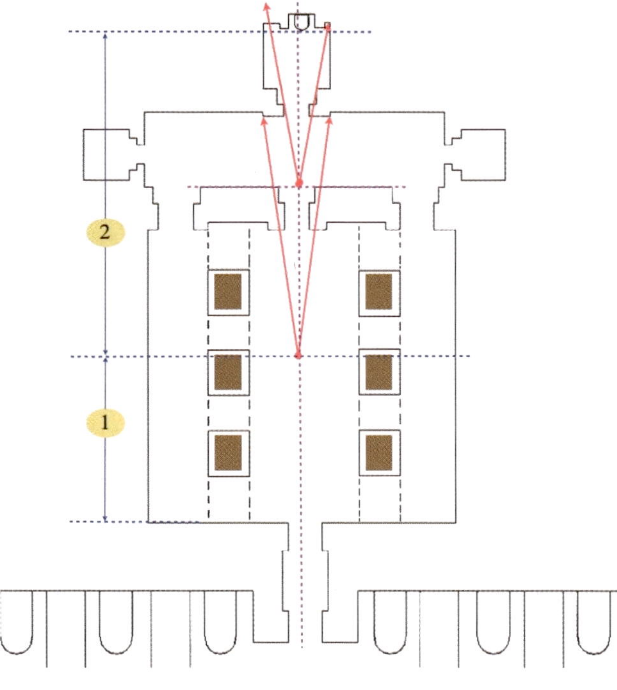

Croquis 15. Trama puertas axiales enmarcadas para la marcha procesional hacia sus respectivas salas sacras.
A la izquierda en el templo de Ramsés II, y a la derecha en el de Nefertari.
Llama la atención la visual al vértice izquierdo de la sala sacra del templo de Nefertari, desviada de su objetivo. Se debe a la notable asimetría de la planta de esa sala, respecto del eje axial del edificio, cuyos motivos desconocemos.

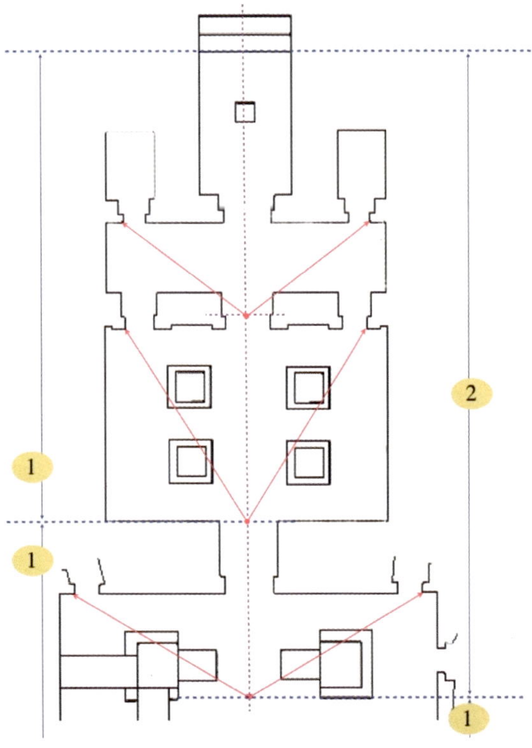

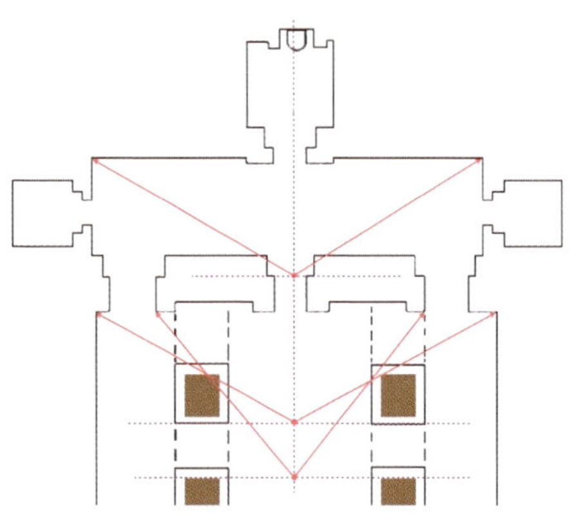

Croquis 16. Trama de control del espacio transversal.
A la izquierda en Ramsés II, y a la derecha en Nefertari.

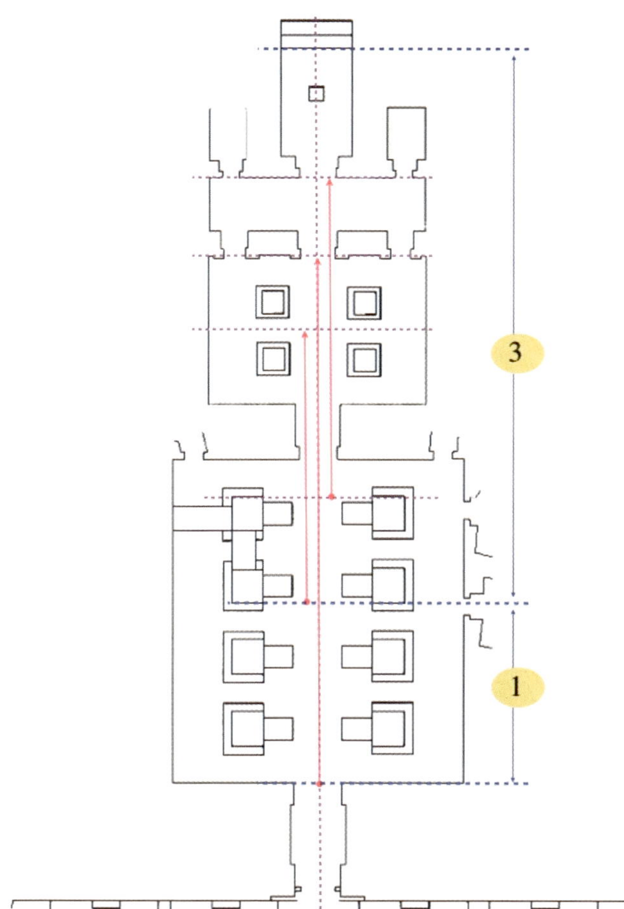

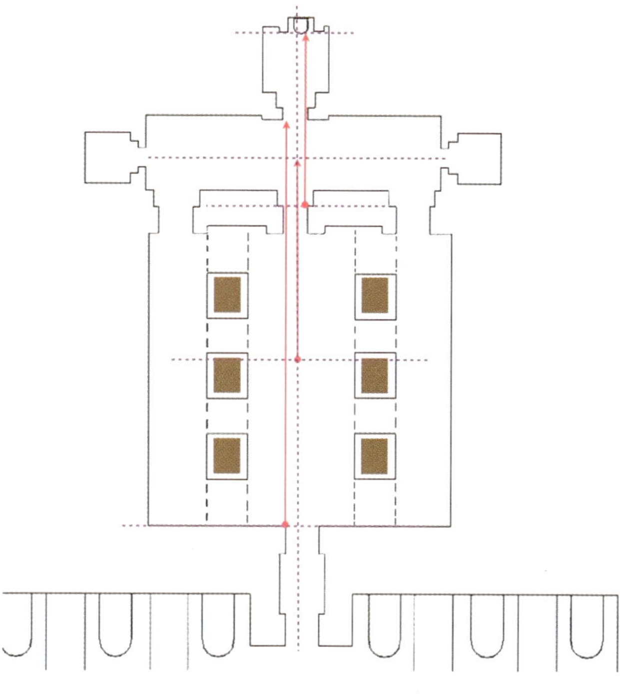

Croquis 17. Trama en alzado. A la izquierda Ramsés II, y a la derecha Nefertari. En ambos casos se combinan las referencias "al final del muro trasero" con las que buscan "el punto central de la cubierta" de una sala.

el rey y la reina actúan como referentes últimos del espacio interior total de sus templos[32]. Estamos ante una muestra de la capacidad del estado faraónico para combinar extrema dureza impositiva y exquisita sutilidad proyectual cuando se embarcaba en una operación estatal de gran envergadura, y asegurar las fronteras del territorio sin duda que lo era. La brutal amenaza represiva para con sus enemigos representada en los relieves interiores y exteriores de los muros –en especial en el templo de *Ramsés II*–, se acompaña de un extraordinario nivel de fineza constructiva y simbólica en el momento de imponer la presencia de la monarquía reinante sobre el conjunto del espacio interior de ambos templos.

Es cierto que la trama *puertas enmarcadas* de Nefertari solo presenta dos juegos de visuales –no hay más puertas axiales sobre las que el arquitecto pudiese intervenir para crear una trama más densa–, muy lejos del rico despliegue que construye Ramsés II para esta parte de la trama (croquis 15), pero cuando nos preguntamos por *el control transversal*, Nefertari iguala la fuerza compositiva de Ramsés II, incorporando ambos templos otro rasgo novedoso de gran calidad simbólica: el protagonismo de las *puertas frontales situadas en los laterales de los muros entre salas*. Llegan a participar todas las presentes, tres pares en el caso de Ramsés II –la imágenes 18 y 19 muestran una– y un par en el caso de Nefertari. Se trata de un nuevo ejemplo de riqueza proyectual, pues en esta parte de la trama lo habitual es utilizar como referencia los vértices de la sala. En este caso, además de facilitar el ajuste del proyecto, su presencia lo dota de una mayor carga simbólica dado el papel mistificador de la puerta en la cosmología egipcia.

32 A subrayar la similitud de esta solución con lo que ocurrirá 1.600 años más tarde en las basílicas cristianas con el *punto de máximo control* y el pantocrátor situado en su vertical, actuando como límite en la cabecera para la *partición* que sitúa la posición del *eje visual* en la nave.

Imagen 18. Templo de Ramsés II. Desde el perfil posterior de la puerta de la sala columnada posterior, la visual alcanza, entre sus columnas, el perfil izquierdo de la puerta lateral izquierda de paso a la antesala.

Imagen 19. Similar composición, pero ahora sobre el perfil derecho de la puerta lateral derecha de paso a la antesala. Esta imagen y la de la página anterior muestran las segundas visuales del croquis16 izquierdo.

Tres visuales en alzado completan la espectacular trama de ambos templos (croquis 17), con dos reservas específicas a añadir a las habituales: la presencia de una tarima de madera que eleva entre 20 y 25 centímetros el nivel del pavimento interior de ambos edificios, altura que influye en la observación, y el deterioro del perfil inferior del dintel de la puerta de acceso a la sala sacra de Ramsés II, lo que desaconseja, por incierta, proponer una visual asociada al alzado del muro trasero de dicha sala.

El comportamiento colegiado del conjunto de visuales que acabamos de presentar denota que ambos templos construyen un *programa exhaustivo* –abarca todos sus espacios, desde la puerta de acceso hasta el fondo de la sala sacra–, *bastante preciso* –solo en Nefertari una visual se desvía de su objetivo normativo–, y *muy elaborado* –por ejemplo, Nefertari incluye un *apoyo triple* y otro *doble*; por ejemplo, Ramsés II utiliza cuatro *particiones simples*–. No es fácil mejorar la *elegancia* de estos gestos, y la escenificación simbólica que construyen.

Tras lo que nos ha enseñado Abu Simbel, creemos que ya no es posible mantener la menor duda sobre la presencia, desde los orígenes del *modelo clásico,* de una trama ideológica, sutil y compleja, que impregna al espacio construido, más allá del relato que narran los relieves e inscripciones en sus muros, y de los efectos solares que en ciertas fechas iluminan las estatuas reales situadas al fondo de la sala sacra.

PERO NO SIEMPRE LAS COSAS FUNCIONARON TAN BIEN

Al analizar las tumbas etruscas ya comentamos la dificultad de implementar sobre el terreno un proyecto para un espacio excavado. En el caso egipcio la situación es mucho más problemática, pues sus dimensiones, fragmentación espacial y complejidad relacional son mayores. Es cierto que Abu Simbel muestra que los mejores arquitectos faraónicos tenían los conocimientos y la experiencia necesaria para resolver de modo positivo un reto tan complicado, pero sin el despliegue de conocimientos, medios humanos y recursos materiales que presumiblemente se dio en ese caso, la dificultad del tema se prestaba a la aparición de problemas. Desajustes en la alineación de los "muros", pérdida de paralelismo entre series de columnas o pilares, y discontinuidad en la orientación del *eje axial* de las diferentes salas son los más frecuentes. Es lo que hoy podemos reconocer en los templos de ***Derr*** y ***El-Sabua***, situados a orillas del lago Nasser, también construidos durante el reinado de Ramsés II.

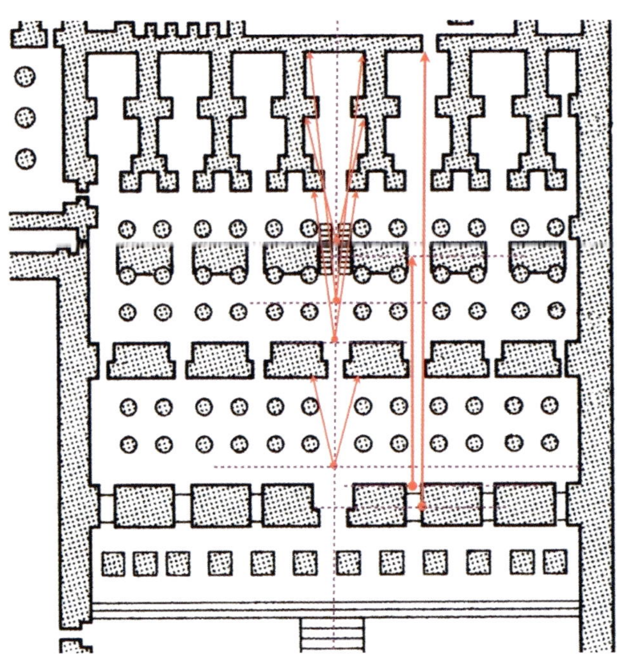

Croquis 18. Templo de Seti I, en Abidos.
Trama axial –puertas sucesivas enmarcadas– y en alzado dintel –a clave y dinteles alineados–.Para mayor claridad hemos representado los alzados en el pasillo a la derecha del corredor central, aunque ambas tramas las hemos observado desde el eje axial del templo.

Imagen 20. Templo de Seti I, en Abidos. Primera visual de la trama procesional en alzado: desde el perfil anterior de la puerta de "madera" que da acceso al interior del templo, la mirada del cortejo procesional ya se alineaba con el final del muro trasero de la sala sacra, sobre el que se apoya la cubierta abovedada. Excelente gesto, de primera calidad simbólica: iniciamos el viaje al más allá, y nuestra mirada ya alcanza la entrada a la celestial cubierta de la sala sacra.
A destacar la atípica composición en una arquitectura egipcia entre el perfil superior de una puerta adintelada y la redondeada cubierta de una sala.

El-Sabua presenta un programa visual ambicioso, tanto en profundidad y anchura como en altura, pero el resultado peca de falta de sistematicidad y nitidez. Derr no mejora esa situación, y las dos salas conservadas –la hipóstila y la sacra– apenas son capaces de construir dos juegos de visuales precisas a los vértices y al alzado del muro trasero de la sala sacra.

Ambos templos son, pues, buen ejemplo de la dificultad de obtener resultados correctos, cuando en un edificio excavado no se invierten energías proporcionales a la dificultad de lo que se pretende construir.

NUEVO RETROCESO EN EL TIEMPO HISTÓRICO DE LA MANO DE LOS ARQUITECTOS DE SETI I

En cumplimiento de nuestro compromiso de seguir retrocediendo en el tiempo, la siguiente cita es en el templo construido en ***Abidos*** por ***Seti I*** durante los primeros años de su reinado[33]. Su estructura espacial es un tanto atípica, pues consta de dos salas hipóstilas con marcado carácter transversal, culminadas por una secuencia de siete capillas, a modo de salas sacras paralelas, lo que da como resultado un espacio interior menos lineal que los analizados hasta ahora.

Cuando recorremos el camino procesional a lo largo del *eje axial* del corredor central, la trama detectada incluye cuatro juegos de visuales en planta y dos en alzado (croquis 18), a los que se suman otros dos que buscan los lejanos límites transversales del espacio interior.

Una visual en alzado señala la entrega de la cubierta abovedada de la sala sacra y su muro trasero –la imagen 20 recoge esta *solución "dinteles alineados"*–, mientras otra busca el centro de la cubierta de la sala hipóstila posterior –*solución "dintel a clave"*–.

33 Seti I fue padre de Ramsés II, y reinó entre 1.290 a 1.279 a.n.e.

Imagen 21. Templo de Seti I, en Abidos. Visual desde el perfil posterior de la puerta de acceso a la sala hipóstila posterior, enmarcando las enérgicas jambas de la puerta de acceso a la sala sacra.

Imagen 22. Templo de Seti I, en Abidos. Visual de cierre del camino procesional: hemos avanzado hasta el perfil posterior de las primeras columnas de la sala hipóstila posterior, y vemos toda la anchura de la sala sacra, hasta sus vértices traseros rigurosos. También podemos apreciar la atípica cubierta abovedada de la sala sacra.

La especificidad espacial del templo de Seti I pone de manifiesto, una vez más, la creatividad de los arquitectos egipcios, capaces de construir una estructura espacial atípica, siguiendo pautas absolutamente normalizadas, y deja entrever que, quizá, el *modelo clásico,* más que una secuencia estricta de patios, antesalas y sala sacra, es una *trama rígidamente pautada, que asegura la construcción de una cosmología caracterizada por su estabilidad y cerrazón.* Lo importante, permanente e invariable –es decir, lo *clásico*–, es la cosmología representada y la metodología escenográfica utilizada para hacerlo, no el apego a una cierta concatenación espacial.

EL TEMPLO DE AMADA CIERRA NUESTRO VIAJE POR EL NILO

Los templos de Karnak y Luxor nos acercan hasta el año 1.500 a.n.e., pero su visita es poco fructífera por lo que se refiere a la posibilidad de reconocer algún gesto riguroso asociado a la trama visual. El estado de ambos espacios no lo permite.

Tampoco el templo de Khonsu conserva en sus salas más profundas los elementos suficientes para poder esbozar una mínima secuencia de visuales autoconsistentes. Solo el templo que Ramsés III construyó alrededor del año 1.170 a.n.e. para albergar las barcas procesionales, conserva un abanico bastante completo de buenos gestos, pero, dado que no aporta un retroceso en el tiempo histórico, no nos detendremos en él, y optaremos por cerrar el viaje a los orígenes del *modelo clásico* visitando un templo construido durante los reinados de Tutmosis III (1.479-1.425 a.n.e.) y Amenofis II (1.427-1.401 a.n.e.), cuyas obras se iniciaron en torno del año 1.450 a.n.e., es decir, del orden de unos 200 años, *grosso modo,* antes que Abidos, Beit el-Wali y Abu Simbel. Nos referimos al ***Templo de Amada***, también trasladado en la década de los años sesenta del siglo pasado para preservarlo de la crecida del lago Nasser.

Un dato interesante es que su traslado a 2,6 kilómetros de distancia y a 65 metros de altura respecto de la posición original, se efectuó sin trocear el edificio, por lo que no a lugar a dudar de la bondad de su ajuste al proyecto original.

En su trama destaca la excelente precisión de todas las visuales, excepto de la que inicia el *camino procesional* hacia la sala sacra: en lugar de partir desde el *eje axial* del edificio, como es preceptivo, su apoyo lo encontramos desplazado un poco a la izquierda, hasta coincidir con el vértice de la puerta de acceso al templo –una *marca constructiva,* pero no normativa–. ¿Despiste al situar el apoyo? No lo sabemos, pero desde ese anormal punto, tal como muestra la imagen 23, el encuadre de las jambas laterales de la puerta de la antesala –referencia sí normativa– por las columnas finales de la primera sala –apoyo tangencial también normativo–, roza la extrema perfección. En el croquis 19 izquierdo podemos observar como las columnas del lado derecho se desplazan progresivamente hacia la izquierda, permitiendo que la última apoye y dirija, con total precisión, a la visual sobre el perfil de la puerta de la antesala. Es un muy buen ejemplo de cómo el plan "geométrico" –en este caso, una secuencia de columnas que deberían ser paralela a su simétrica– se acomoda para permitir el ajuste visual y escenográfico riguroso del proyecto. Hay gestos en apariencia erróneos que, interpretados en el marco simbólico concreto, resultan tan imprescindibles como aleccionadores.

Esta excelente trama en planta se completa con dos visuales en alzado, que comparten apoyo posicional con la visual que busca los vértices más profundos de la sala sacra. Desde esa posición, simultáneamente, también se definen los alzados de la antesala y de la sala sacra.

Como todo buen proyecto, Amada guarda un último regalo: la presencia de *una trama procesional de salida,* integrada por cuatro visuales, ¡¡todas las posibles!!, dos *enmarcando puertas* y otras dos buscando los *extremos transversales* del espacio interior (croquia 19 derecho).

Recordemos que Amada inició sus obras en el año 1.450 a.n.e., en la periferia fronteriza sur del territorio faraónico, a 400 kilómetros de Tebas y 1.000 de Menfis. Todavía faltaban del orden de 200 años para que Micenas levantase sus túmulos funerarios; 800 para la construcción del Templo E, en Selinunte; 900 para el inicio de las obras del Templo de Atenea, en Poseidonia; y 1.600 para que el estado romano proyectase el Panteón, 1.800 para que edificase la basílica de San Paolo f.l.m. en Roma, y 2.000 para levantar San Vitale en Rávena y Hagia Sophia en Constantinopla. Y Amada nos acaba de enseñar lo que en esos momentos tan iniciales de la arquitectura sacra mediterránea eran capaces de realizar los arquitectos faraónicos.

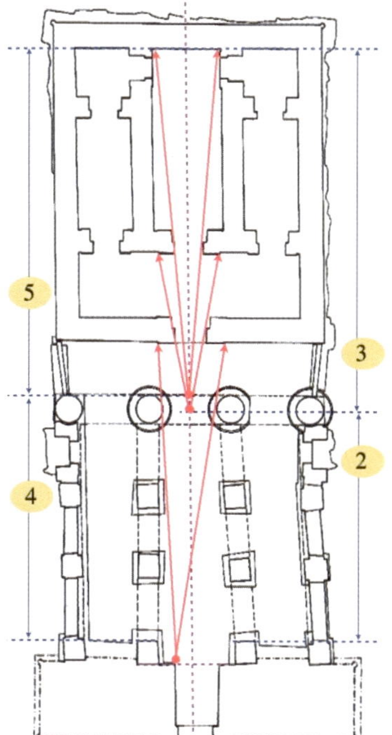

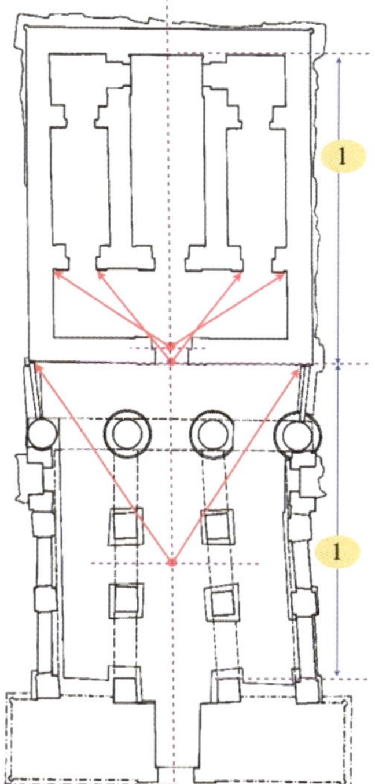

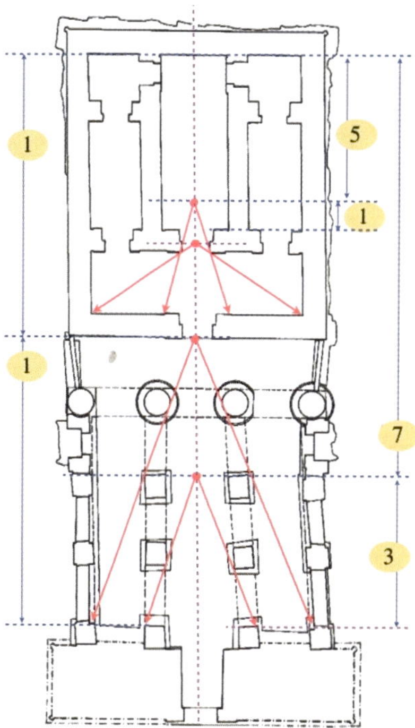

Croquis 19. Trama en el templo de Amada. Izquierda: puertas sucesivas enmarcadas. Se puede apreciar la posición anómala de primer apoyo, fuera del eje axial, y cómo la secuencia de los pilares derechos de la sala se va cerrando hacia su izquierda hasta que la última columna permite a la visual apoyarse en su perfil, y alcanzar el objetivo deseado: la jamba de la puerta de la antesala.
Centro: trama de control hasta los límites transversales del espacio interior.
Derecha: trama de control de salida en Amada.
Planta tomada de H. El Achiery, P. Barguet y M. Dewachter.

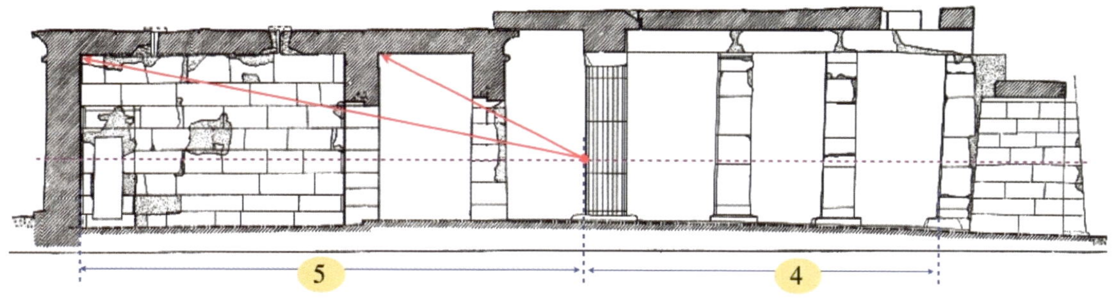

Croquis 20. Templo de Amada. Trama procesional en alzado. Desde el perfil posterior de la última columna de la primera sala, construye una doble solución del tipo "dinteles alineados". Sección tomada de H. El Achiery, P. Barguet y M. Dewachter.

Imagen 23. Primera visual de la trama procesional de Amada, en la que se puede apreciar la perfección del encuadre de la puerta de paso a la antesala por las dos columnas finales de la primera sala, a pesar de que el apoyo está desplazado fuera del eje axial del templo.

Imagen 24. Templo de Amada. Visuales simultáneas en alzado: al final del muro posterior de la antesala (arriba, en primer plano, bajo el dintel de la puerta), y al final del muro trasero de la sala sacra (parte baja de la imagen). Se puede identificar por los sillares del muro.

IX – BREVE RESUMEN DE LAS CONCLUSIONES FUNDAMENTALES DE ESTE IMPORTANTE CAPÍTULO

Tras las lógicas dudas y vacilaciones que surgen en todo acercamiento a un nuevo contexto sacro –mayores cuanto más alejado está de nuestros hábitos espaciales e icónicos–, creemos poder afirmar que la planificación interior de los templos faraónicos responde a un proyecto escenográfico rígidamente normalizado, muy elaborado tanto en planta como en alzado, construido con notable precisión, y que apenas presenta variaciones metodológicas a lo largo de casi 1.500 años.

Dado que el trabajo de campo realizado extiende tal afirmación, con notable fiabilidad, hasta el año 1.450 a.n.e., creemos poder afirmar con plena confianza que la *trama escenográfica formaba parte del trabajo proyectual egipcio mucho antes de cualquier influencia greco-romana,* y que lo más probable es que fuesen estos los que aprendiesen de los arquitectos egipcios la rentabilidad ideológica de aplicar un tratamiento simbólico a los espacios con mayor protagonismo institucional. Eso explicaría las coincidencias en los recursos instrumentales –que no en las soluciones concretas– entre lo observado en Selinunte, Poseidonia, Pompeya, Herculano, Oplontis, Villa Adriana, Roma y Ostia, y lo que acabamos de reconocer a orillas del Nilo.

Una mirada global a la secuencia histórica analizada destaca dos rasgos importantes: la continuidad durante más de 3.000 años en el uso de una trama con voluntad simbólica como pauta para la planificación del espacio interior sacro y ceremonial, y la enorme capacidad de esa trama –en manos de los mejores arquitectos– para dar lugar a una gran diversidad de espacios, siempre afines al marco cosmológico que en cada momento los patrocina.

Respecto de esta segunda característica, un buen ejercicio es comparar algunos rasgos esenciales de las dos situaciones más lejanas en el tiempo, y de mentalidad más teocrática: la egipcia y la cristiana.

Por ejemplo, *en los templos egipcios no hemos reconocido algo equivalente a un eje visual* encargado de focalizar sobre la sala sacra la sumisa atención de los fieles reunidos en las naves. El espacio interior faraónico era de uso privado, y la ausencia de público hace innecesario un mecanismo de ese tipo. Plenamente justificada, pues, tal ausencia.

Por ejemplo, la noción egipcia de procesión que simula el viaje a la inmortalidad motivó una rígida estructura *axial hasta el fondo de la sala sacra, con las sucesivas puertas como referencias simbólicas que programan el avance del cortejo*. Por contra, el cristianismo, en continuidad con los criterios de la arquitectura imperial romana, centrifugó *hacia la periferia buena parte de los apoyos de la trama*, hasta situarlos estáticamente junto a los muros, pilares y columnas perimetrales[34], y desde ellos *concentró el grueso de las visuales sobre la cabecera central,* con los mejores privilegios para *el pantocrátor, la clave del ábside y la luz del vano más profundo*, precisamente las referencias del mayor nivel simbólico dentro de su imaginario doctrinal.

Pero ambas ritualidades comparten el afán de *control e imposición espacial,* con apoyos diferentes, pero con similar objetivo: desde un importante elemento simbólico –las *puertas axiales* en el modelo faraónico y el *pantocrátor* en el modelo cristiano– se fijan los *límites laterales* del espacio interior válido –la *anchura transversal de las sucesivas salas* en el esquema faraónico, y la *longitud de la nave* transversal en el modelo cristiano–, lo que asegura la máxima *imposición presencial* de ambos elementos simbólicos hasta los límites finales del espacio interior del templo.

En alzado también se dan algunas similitudes y marcadas diferencias. En efecto, en el modelo faraónico las referencias bajan, porque la cubierta desciende, y los apoyos se situan sobre el eje axial, al servicio del avance procesional. Este último rasgo será imitado por el *camino iniciático* cristiano y su trama de *legitimación jerárquica*, pero con las referencias simbólicas situadas en la cúpula central, y cada vez a mayor altura[35]. La trama cristiana en alzado entre las naves longitudinales profundiza estas diferencias, pues sus apoyos pasan a ser periféricos y las visuales a trabajar de modo transversal, perdiendo el carácter axial faraónico.

El balance de esa situación fue tal, que los espacios de ambas religiones resultaron tan incompatibles, que el cristianismo apenas pudo reutilizar los templos faraónicos para su propio culto[36].

Excelente lección proyectual: *al cambiar el marco mítico y la ritualidad asociada, cambian los objetivos del espacio interior. En coherencia, también lo hace el modo de intervención de la trama que lo valida. Pero en todos los casos hay continuidad plena en el protagonismo hegemónico de la trama como mecanismo esencial de composición espacial, y en los recursos instrumentales utilizados.*

Entendemos la sorpresa ante la riqueza simbólica que esconde la oscuridad interior de estos templos[37], de ahí nuestro interés por invitar al lector a observarla. El generoso tamaño de los croquis incluidos en este capítulo esperamos que lo facilite, en la confianza de que no siempre tiene que ser ciertas las palabras de Peter Atkins: *"una conclusión así resultaba tan ajena a los prejuicios (...) de la época, que tuvo poco impacto. Tal es a menudo el sino del pensamiento racional en la sociedad, ser enviado al purgatorio por una temporada".*

34 Aunque mantuvo sobre el eje axial apoyos tan importantes como el *centro óptico*, y los puntos de *control* y de *máximo control*.

35 Solo tras la puesta en valor de la cúpula frente al dintel plano, ocurrida durante el periodo Imperial romano, y de la invención de un relato doctrinario que le atribuyese un potente significado simbólico, esa nueva solución tuvo interés para el cristianismo.

36 Ante esa dificultad, optó por su abandono y liquidación, tarea a la que más tarde se sumó la jerarquía islámica, cuyas necesidades espaciales también eran incompatibles con el espacio faraónico, por axial y compartimentado.

37 En realidad, no la "esconde", pues todos los elementos que la construyen están a la vista. Lo que realmente ocurre es que no sabemos reconocerlos.

Breve comentario final sobre los posibles orígenes de la trama escenográfica

Este trabajo comenzó midiendo las dimensiones fundamentales de un pequeño edificio sacro de disciplina cristiana, y el interés por las formas y proporciones que parecían definirlo. La escasa precisión de las figuras a las que parecían ajustarse sus espacios, las irregularidades detectadas, y la diversidad de combinaciones encontradas en otros templos, nos llevó a preguntarnos si todas ellas cumplían con algunos ***criterios sistemáticos*** que las validasen como proyectos posibles para un espacio sacro adscrito a la práctica de esa religión. Unas inesperadas, y muy sugerentes, alineaciones entre puntos de la máxima importancia simbólica y constructiva, y de muy dudosa casualidad dada su reiteración, supuso un prometedor acicate para perseverar en el trabajo. La sistematicidad mostraba sus primeros guiños.

Los gestos de *seducción y control* propiciados por la vigilante mirada de la divinidad representada en la bóveda del ábside románico, aportaron las primeras señales de racionalidad escenográfica y justificación simbólica, evidenciando que la construcción de tales gestos requería de la coordinación de la forma y dimensión de todos los espacios implicados, haciendo de *la correlación espacial, y de su ensamblaje escenográfico, condiciones nucleares de todo proyecto* válido.

El trabajo de campo ha puesto de manifiesto que durante más de 3.000 años, ideología y proyecto arquitectónico se han imbricado con enorme intensidad y detalle en los espacios sacros y ceremoniales, y que la legitimidad de los criterios proyectuales utilizados la debemos buscar en la ideología que en cada momento histórico los impulsó. En última instancia, es ella quien toma las decisiones sobre los elementos esenciales que conforman el proyecto.

Cada eslabón de la secuencia histórica que hemos analizado tiene una solidez diferente, pero el periodo faraónico que acabamos de visitar no es, precisamente, el más débil. Más de 1.500 años de formas proyectuales recurrentes y exitosas lo avalan, y decimos más de 1.500 años porque crear un instrumento de planificación espacial tan perfilado y completo como el utilizado en Beit el-Wali, Abu Simbel, Abidos y Amada, requiere de mucho ensayo y error, de muchas dudas y pruebas, de muchos éxitos y fracasos, hasta ganar confianza en que tal método de trabajo es constructivamente eficaz y políticamente rentable. Se necesita tiempo y muchos medios para experimentar diferentes soluciones, probar variantes, dejar de lado los desaciertos,... hasta conseguir que las mejores respuestas y soluciones se ensamblen en un método de trabajo bien ordenado, completo y autoconsistente.

No sabemos cuándo ni cómo comenzó ese camino, pero creemos que no pudo nacer con el *modelo clásico*, en los inicios del Imperio Nuevo, pues en ese caso nos parece muy difícil que en el año 1.450 a.n.e ya se hubiese alcanzado el extraordinario nivel de planificación espacial que nos ha mostrado Amada. Demasiada perfección constructiva y exquisitez escenográfica para tan escaso tiempo transcurrido. Estamos convencidos que los orígenes de la trama deben ser anteriores a esa fecha. El naciente Imperio Nuevo pudo formalizar una secuencia coreográfica propicia al devenir litúrgico que se debía desarrollar en el interior del templo, y estandarizar una concatenación de espacios axiales serviciales a tan fin, pero es muy difícil aceptar que fuese capaz de crear, partiendo de cero, una trama escenográfica con tal grado de madurez y confianza en todos sus recursos y soluciones.

Pero quizá no haya que buscar sus orígenes muy lejos de las orillas del Nilo, pues, cuando se formalizó el *modelo clásico,* el estado faraónico llevaba casi 1.500 años de existencia, con grados diferentes de cohesión y concentración del poder, pero con continuidad suficiente en la acumulación de riqueza, de capital humano y de experiencia constructiva, como para poder madurar tal alumbramiento. Puede sorprender que creamos que el origen de ese potente instrumento arquitectónico pudo suceder en fechas anteriores al año 1.500 a.n.e., pero lo creemos posible. ¿Por qué? La respuesta a esta cuestión ha de tener en cuenta los dos aspectos esenciales que la trama escenográfica necesitó para su surgimiento y desarrollo: unos objetivos muy claros, y confianza en los medios instrumentales necesarios para construirla. Empecemos por este segundo aspecto, pues es el más fácil.

ALINEAR TRES PUNTOS, UN RECURSO BÁSICO EN EL TRABAJO ASTRONÓMICO ANTIGUO

A una buena parte de las construcciones más antiguas que han llegado hasta nosotros les hemos atribuido un marcado papel astronómico, y catalogado como *"observatorios"*. Los más antiguos y simples están formados por un conjunto de megalitos, algo trabajados, de tamaño variable, aunque siempre notable, apoyados verticalmente sobre uno de sus lados menores, y distribuidos de forma ordenada, con perfil desigual, pero de predominio circular. ¿Cómo resolvían su función estos observatorios?: *alineando tres puntos, lo que convierte a ese recurso instrumental en uno de los primeros gestos generador de conocimientos de calidad.*

Gestionar con cierta anticipación temas como los posibles periodos de lluvias y sequía, de frío y calor, de la migración de animales y su caza, de la recolección de frutos silvestres, del momento más favorables para el cultivo de las diferentes plantas domesticadas, ... tienen como base instrumental alinear tres puntos. Controlamos dos –emplazados en el observatorio–, y la coincidencia con un tercero –situado en el firmamento o en el horizonte– aporta información sobre el hecho que deseamos conocer. El incremento de la complejidad social fue sumando otros fines más políticos a esta labor de observación, desde la determinación de las fechas para las celebraciones festivas, los rituales conmemorativos y la recaudación de impuestos, hasta la recogida de datos con los que dar valor y credibilidad a los relatos míticos, fundacionales, proféticos, oraculares y astrológicos. El *calendario* fue el resultado más elaborado de ese proceso, y su desarrollo y control fue uno de los instrumentos de poder más importantes en manos de la élite sacerdotal y gubernamental. Y buena parte de esas tareas se realizaron en los templos, en paralelo a la planificación de las nuevas arquitecturas sacras destinadas a la práctica de la ritualidad asociada a la cosmología religiosa que se iba inventando.

En su origen, el trabajo astronómico y el diseño arquitectónico sacro fueron tareas muy próximas, realizadas por personas cercanas, cuando no las mismas, pertenecientes al reducido grupo de élite que dirigía la sociedad. No debería, pues, sorprendernos que, desde sus primeros pasos, ambas actividades compartiesen un recurso instrumental tan básico y eficaz como alinear puntos, operación que siempre se acompañaba de un relato interesado.

Es cierto que en algunos casos la relación entre astronomía y planificación sacra nos resulta hoy algo críptica, por desconocimiento de los detalles en el uso ceremonial que tuvo lo construido y por falta de información sobre los signos celestes a que se puede referir, pero en muchos casos es manifiesta y con objetivos muy explícitos: un excelente, y ampliamente comentado, ejemplo lo encontramos en el templo de *Ramsés II*, en Abu Simbel, cuyo eje axial se alinea con la salida del Sol los días 21 de octubre y febrero[1], días en que por breves instantes, al amanecer, el divinizado astro ilumina directamente el fondo de la sala sacra[2]. Este ejemplo deja patente que, en general, el traslado de la operación *alinear tres puntos* desde el trabajo astronómico hasta la planificación escenográfica resulta bastante intuitivo y no requiere de medios técnicos excepcionales. Lo verdaderamente difícil fue imaginar que, con un recurso instrumental tan simple, se pudiese materializar un relato de legitimación jerárquica tan potente, espectacular y rentable.

1 Se apunta como posibilidad que esas fechas –distantes ambas 61 días del solsticio de invierno– coincidan con las del nacimiento y la coronación del monarca, lo cual elevaría en muchos grados el valor simbólico del espectáculo construido, y pondría de manifiesto la astucia de quien detectó tal equidistante coincidencia –o la inventó–, y de su posible rentabilidad política.

2 La imagen del faraón y la de los dioses Amón Ra y Ra-Horakhty que lo flanquean son iluminadas por el Sol naciente, mientras que la del dios Ptah, relacionado con el oscuro inframundo, situado en una esquina, permanece en la penumbra.

LA ASTRONOMÍA ANTIGUA OBSERVA HECHOS E INVENTA RELATOS
LA ARQUITECTURA INVENTA ESPACIOS PARA IMPONER RELATOS

Pero si el intercambio instrumental pudo ser bastante inmediato, no podemos afirmar lo mismo sobre el marco conceptual de su aplicación, pues en ese terreno las diferencias entre ambas disciplinas son muy notables. Por ejemplo, mientras el astrónomo localiza el tercer punto –la referencia– en el firmamento o en el horizonte, *el arquitecto lo debe trasladar hasta el interior del espacio que construye.* Por ejemplo, mientras el trabajo astronómico ha de esperar a que la alineación se produzca para obtener la información requerida, *en la trama escenográfica el arquitecto es quien lleva la iniciativa, y fija y traza la alineación que considera más adecuada para conseguir el objetivo deseado.*

Otra diferencia importante es que en astronomía la alineación solo se da en momentos muy concretos, y de ahí su valor significativo cuando se produce, mientras que *la trama escenográfica debe actuar de modo permanente, haciendo imposible que quien habite el espacio que ella construye quede en algún momento al margen de su influencia.* La alineación astronómica es cíclica, pero puntual. Solo dura un breve laxo de tiempo. Por el contrario, la acción escenográfica de la trama es continua, y tan duradera como la mitología que recrea y el marco político que la genera –y que ella defiende–.

Pero la diferencia más importante entre ambas disciplinas es que *la astronomía antigua observa hechos para inventar relatos, mientras que la arquitectura inventa espacios para imponer relatos.* La capacidad narrativa –y predictiva– de la astronómica antigua se apoya en la acumulación de datos observados, y en la capacidad del astrónomo para detectar correlaciones significativas entre ellos. Por contra, la trama escenográfica necesita de la previa invención de un relato que fije los objetivos a representar, y el arquitecto debe inventar las alineaciones que lo construya espacialmente.

Todos los grandes poderes han incluido una religión entre sus mecanismos de gobierno y control social, y la elaboración de su marco conceptual se ha mostrado como un proceso laborioso, que requiere de gran capacidad de inventiva, fabulación, copia y reciclaje de ideas, junto a mucha astucia justificativa y un amplio dominio de los medios de propaganda. Paralelamente se debían articular los espacios de culto, en los que escenificar la ritualidad asociada. Un lugar con cierto atractivo paisajístico, algunos fetiches ornamentales, junto a un fuego, los habituales estimulantes, y algunos cánticos y danzas, son suficientes para comenzar. Una losa horizontal para recibir las ofrendas y acoger los sacrificios –de animales, y de personas–, y un lugar preponderante para la autoridad oficiante, completan la escena. Es un espacio ritual porque en él se ha decidido celebrar ritos. Pero su nivel de elaboración escenográfica es muy primario, tanto que no es difícil encontrar ejemplos en los que un mismo lugar ha sido reutilizado por sucesivos cultos, y el cambio solo requirió de la permuta de los amuletos más identitarios.

Pensamiento religioso y tratamiento espacial se aproximan en esta primera fase, pero solo de forma epidérmica, limitándose la arquitectura a crear un espacio que alberga el ritual. Estamos en un nivel muy primario de integración entre relato religioso y proyecto arquitectónico, entre símbolo y espacio. *El salto cualitativo se produjo cuando se creyó que era posible que el espacio construido abandonase su condición de simple contenedor, para pasar a ser, él mismo, la cristalización de la cosmología inventada. Y la trama fue precisamente el instrumento encargado de vehicular tal propósito.*

Es una idea muy imaginativa, creadora de un nuevo marco de trabajo proyectual. En la arquitectura sacra debió haber un antes y un después de ese tremendo salto conceptual, pues todos los recursos constructivos se ven afectados por ese nuevo orden en el pensar espacial. Y todo indica que Egipto jugó un papel esencial en ese proceso. Es una idea tan potente, como difícil de generar; pero una vez concebida, es muy fácil de asimilar. Y eso fue seguramente lo que hicieron los arquitectos griegos que visitaron Egipto. Unas pocas semanas de diálogo y trabajo conjunto con sus colegas egipcios, a pie de obra, al borde del Nilo, pudieron ser suficientes para reconocer la importante misión simbólica encomendada a la trama y su modo concreto de intervenir en un proyecto para asegurar tal resultado. Esa tarea fue, sin duda, mucho más fructífera que copiar soluciones concretas.

La trama necesita de un cuerpo doctrinal que determine sus objetivos. Sin ese relato al que servir, la trama carece de sentido arquitectónico. Hay trama si, y solo si, se desean construir espacios simbólicos en un marco ideológico que dote de sentido al proyecto. El resto de alineaciones, proporciones, figuras y trazados, son herramientas, interesantes, pero auxiliares; curiosas, pero en muy buena medida simples recursos prácticos desarrollados por los diferentes oficios artesanales implicados en el trabajo constructivo como ayuda para sus tareas específicas. El arquitecto razona en otros términos. Si deseamos comprender la estructura espacial de esas arquitecturas, debemos colocar el foco sobre el marco ideológico que las definió, y la escenografía requerida. Ese es el terreno propio de la arquitectura sacra y ceremonial, más allá de las prácticas constructivas de bajos vuelos y mirada corta. Lo importante es mirar la Luna, no el dedo que la señala.

Viajar procesionalmente siguiendo la trayectoria del Sol durante su desplazamiento nocturno, atravesando una secuencia de simbólicas puertas, bien relacionadas entre sí, disponiendo al mismo tiempo de pleno dominio sobre el espacio volumétrico que atravesamos, es un acto impregnado de los ítems esenciales del pensamiento litúrgico del Egipto faraónico, y muy bien ajustado a la formalizada coreografía prevista para el viaje al más allá, a la búsqueda de la ansiada inmortalidad. Si a ello añadimos el suave ascenso del pavimento hasta la sala sacra *–cual surgimiento de las aguas del Nilo del montículo primigenio–* y el lento descenso de la cubierta *–simulando del progresivo acercamiento al más allá del viajero–*, quedamos inmersos en una abrumadora y fantasiosa recreación, impecable a los ojos de la más exigente ortodoxia doctrinal egipcia. Y hemos comprobado cómo una *trama* íntegramente *axial la construye, tanto en planta como en alzado.*

La comunidad griega, con un *poder político más secular y policéntrico, y un pensamiento religioso menos monolítico, se distanció de esa estrategia escenográfica*, y el espacio sacro dejó de ser punto de partida del fúnebre y oscuro viaje por el inframundo, para convertirse en lugar de *llegada y encuentro popular con unas deidades a las que se podía interpelar sobre asuntos terrenales.* Y hemos podido comprobar que, tanto en los pequeños templos erigidos para los dioses agrícolas y familiares de ámbito local, como los grandes templos columnarios de carácter más institucional e identitario, dedicados a los dioses del panteón, el espacio interior sacro se mantuvo fragmentad y segregado, pero siempre buscó facilitar la visión de –la relación con– los símbolos divinos concentrados junto al muro trasero de la cabecera sacra. *La trama axial conservó algún papel, pero muy limitado, y el grueso del trabajo proyectual fue asumido por una nueva trama, perimetral en sus apoyos y focalizada sobre las referencias simbólicas reunidas en la cabecera.*

En su etapa de madurez, el *poder político romano recuperó la voluntad estatal, ganando en centralidad y firmeza, hasta el extremo de que, en la fase imperial, los emperadores ascendieron hasta los altares, compartiendo culto con los dioses del panteón.* El espacio ceremonial adoptó una estructura jerárquica, obsesionada con la figura de las deidades terrenales o mitológicas. La cabecera rectangular –al modo griego– conservó algún protagonismo, pero el perfil semicircular –tan servicial a la centralidad– se impuso de tal manera que incluso llegó a ser utilizado en espacios con bajo tono sacro. *Una trama perimetral en sus apoyos y focal en sus referencias, pasó a ser absolutamente dominante en la diversidad espacial creadora de la teatralización imperial romana.*

Si a los criterios que en Roma gestionaban *la sumisión a la divinizada autoridad política,* sumamos algunas nociones tales como *cruz martirial, ubicuidad del poder supremo, construido a imagen y semejanza del todopoderoso, y camino iniciático que eleva nuestra mirada hasta la luz que emana de lo más alto del mundo cenital*, estamos ante una nueva ensoñación mítica, esta vez acorde con el doctrinario revelado de la última religión patrocinada por el estado imperial romano, de cuyo saber arquitectónico tomó prestado, a la totalidad, su programa escenográfico.

Durante muchos milenios se han planificado los espacios ceremoniales con la intervención de una trama simbólica, cuyos resultados concretos han cambiado porque lo hacía la ideología que la gestionaba y los objetivos buscados, pero el sentido final de ese gesto es en todos los casos el mismo: *situar al observador en posición subordinada, frente a un reclamo con notable carga ideológica, y que el espacio guíe su mirada, con sumisa actitud, hacia lo representado en la lejanía inalcanzable.* Tanta reiteración en el tiempo histórico asegura su realidad y confirma su eficacia.

Barcelona, mayo de 2019

POST ESCRIT

Como hemos dicho en la breve nota de presentación, una vez finalizada la redacción de los capítulos anteriores, un viaje a Malta nos ha obligado a añadir un capítulo final –el XIII–, ya que, si la visita a los templos egipcios supuso una tremenda sorpresa, por inesperada, al no haber previsto la posibilidad de que la trama escenográfica pudiese alcanzar esa antigüedad, no ha sido menos desconcertante la realizada a los templos megalíticos malteses.

Dos pequeñas islas –Malta y Gozo–, separadas por una estrecha lengua de mar, conforman el archipiélago. Malta, la mayor, posee unos 35 kilómetros de largo por 15 de ancho. Gozo apenas unos 15 de largo y 8 de ancho. En la primera se han encontrado restos de unos 19 templos, y en la segunda de otros 5, pero solo unos pocos, apenas media docena, conservan restos suficientes para analizar la posible estructura de su espacio interior.

No se conoce el origen de los pobladores que generaron estas arquitecturas, ni el momento de su llegada a las islas. Tampoco se han encontrado restos de poblados importantes, murallas, puertos, almacenes, depósitos o necrópolis en ninguna de ellas[1]. En el entorno de los templos solo se han identificado algunas dependencias auxiliares, pero que no aportan información importante. Lo más destacado es la presencia de algunos restos dispersos de cerámica, joyas y metales, que aseguran la existencia, aunque fuese de forma embrionaria, de intercambios comerciales con otros puntos del Mediterráneo.

Los arqueólogos sitúan la construcción de los primeros templos megalíticos malteses en el VI milenio a.n.e., ubicando el periodo de mayor actividad y madurez constructiva entre los años 4.000 y el 3.000 a.n.e., con el año 3.500 como fecha de referencia más consensuada para los mejor conservados. Estamos, pues, ante construcciones anteriores en unos 2.000 años –en cifras redondas– a los templos egipcios más antiguos que hemos estudiado, anteriores incluso a la consolidación del estado egipcio.

Los navegantes que llegaron a estas islas a comienzos del segundo milenio a.n.e. encontraron los templos abandonados, sin que sepamos las causas que provocaron el abrupto final de la sociedad que los erigió. A partir del 800 a.n.e. ambas islas volvieron a ser pobladas de modo estable, pero sin continuidad ni relación con la población anterior.

Un dato importante es que no se han encontrado estructuras parecidas –ni de fechas similares, anteriores, o posteriores–, en otros lugares cercanos, ni siquiera en Sicilia, de la que apenas distan unos 100 kilómetros por mar. Son, pues, construcciones exclusivas de estas islas.

A diferencia del Egipto faraónico, que dejó un amplio legado escrito, lo que ha permitido establecer una amplia relación entre su pensamiento sacro y el espacio ritual construido, la cultura maltesa que edificó estos templos es anterior a la aparición de los primeros sistemas de escritura. La ausencia de textos, incluso de la más mínima tradición oral, impide saber qué pudo impulsar su construcción, los usos concretos a los que estaban destinados y los rituales específicos que albergaban. Solo nos quedan los restos megalíticos. *¿Nos reservan alguna sorpresa final?*

1 Solo se ha descubierto el notable Hipogeo de Hal Saflieni, en las inmediaciones de La Valletta.

Quinta Parte

Malta y Gozo ya construyeron espacios escenográficos muy elaborados

Capítulo XIII

La fertilidad también se alcanza atravesando una puerta

UN PUEBLO MEDITERRÁNEO SIN ESCRITURA SE PROPONE COMO ESLABÓN MÁS ANTIGUO DE ESTA LARGA CADENA HISTÓRICA

"Lo nuevo en arquitectura, como hemos descubierto hace mucho tiempo,
es a menudo una reordenación de lo antiguo."
Spiro Kostof

De forma reiterada hemos insistido en la dificultad de encontrar espacios históricos poco intervenidos, que garanticen la originalidad de sus puntos constructivos y escenográficos más esenciales, requisito imprescindible para asegurar el rigor observacional. Como cabe suponer, esta situación alcanza especial gravedad en los templos megalíticos de Malta y Gozo. Se necesita, pues, mucha confianza y seguridad en la mirada para poder apreciar lo que nos proponen. Más de 5.000 años de deterioro natural[1] y destrozos humanos durante su prolongado abandono –los primeros equipos arqueológicos no reconocieron su interés hasta comienzos del siglo XIX–, han pasado una enorme factura, mayor incluso que las grandes losas prismáticas que conforman sus puertas, corredores, altares, pavimento, y buena parte de los muros perimetrales. Entendemos, pues, las reservas ante lo que vamos a exponer, pero para nosotros su grado de inseguridad es mínimo. Como en casos anteriores, la sistematicidad de lo observado y su consistencia con lo que ocurrió después –que ya conocíamos antes de visitar ambas islas–, ayudó a disipar nuestras muchas dudas iniciales.

I – ESTRUCTURA GENERAL DE LOS TEMPLOS MEGALÍTICOS DE MALTA Y GOZO

Siempre de forma breve, dejando que croquis e imágenes asuman el grueso de la explicación, vamos a presentar lo que nos han enseñado los cinco templos prehistóricos mejor conservados de ambas islas: los denominados templos B y C del complejo de Mnajdra y el templo C del complejo de Hagar Qim, los tres en la isla de Malta; y los templos B y C del complejo de Ggantija, en Gozo. Los especialistas fechan la construcción de todos ellos en una horquilla temporal comprendida entre los años 3.600 y 3.000 a.n.e.

El croquis 2 ejemplifica muy bien su forma general, que pasamos a comentar en los aspectos más relacionados con su estructura escenográfica.

1 Hace muchos siglos que todos ellos perdieron su posible cubierta, por lo que los factores meteorológicos han agravado su deterioro, tanto interior como exterior.

Imagen 1. Arriba: vista del exterior de la puerta inicial del templo C de Hagar Qim. Se puede apreciar el grosor de las grandes losas verticales y del dintel superior. Abajo: Corredor de entrada a ese mismo templo. Cada lado se compone de dos grandes losas, bien talladas, de tamaño similar, emplazadas en posición longitudinal. Tras el umbral, una tarima de madera cubre hoy las enormes y bien ajustadas losas del pavimento axial.

Imagen 2. Estructura trasera de la puerta entre las salas del templo C de Hagar Qim. Un par de losas verticales prolongan cada lado del final del corredor. En la imagen se puede apreciar parte de las grandes losas que configuran el pavimento del corredor, y su preciso encaje con las losas verticales.

El acceso al espacio interior siempre se realiza a través una notable puerta/corredor –que denominaremos inicial–, configurada habitualmente por cuatro grandes losas rectangulares, dos a cada lado del corredor, talladas con precisión hasta conseguir un notable ajuste entre ellas, con el umbral de la puerta, y con las losas del pavimento del corredor (imagen 1 inferior). Solo en algún caso muy excepcional se conserva una parte de los dinteles de la cubierta de acceso (imagen 1 superior).

Esta puerta/corredor inicial desemboca en una sala transversal, la de mayor tamaño de las dos que habitualmente integran el templo. El perfil alabeado de ambas salas siempre está lejos de una forma regular precisa.

La puerta/corredor inicial y la de paso entre las salas suelen finalizar con dos losas verticales de perfil rectangular –cuatro en los casos más elaborados–, que prolongan los flancos exteriores del correspondiente corredor, ganando de ese modo profundidad y anchura de salida. La imagen 2 lo muestra.

La puerta que comunica ambas salas tiene una especificidad muy importante que la imagen 3 superior muestra en detalle: a cada lado de sus jambas laterales se adosa un *espacio en "U"*, delimitado por dos grandes losas verticales: una cierra su parte posterior y otra su perfil lateral. En el interior del espacio así definido, se sitúa una tercera losa apoyada horizontalmente sobre el suelo. *¿Qué papel podían asumir estos espacios?* Parece bastante razonable suponer que estamos ante *pequeños altares, peanas o tabernáculos* donde depositar ofrendas, colocar alguna imagen de la deidad o algún símbolo asociado con el ritual; incluso acoger algún sacrificio. *Su sistemática presencia, el lugar preferente que ocupan, el cuidado puesto en el tallado de todas las losas que lo conforman y su frontalidad respecto del eje axial del edificio, creemos que subrayan la importancia de estos espacios para la escenografía ritual que albergó el templo.*

Imagen 3. Templo B de Mnajdra.
Arriba: tabernáculos adosados a ambos lados de la puerta que comunica las dos salas transversales.
Abajo: Altar principal situado al fondo axial de la segunda sala transversal. Destaca la envergadura de las losas que lo enmarcan lateralmente.

Imagen 4. Altar situado al fondo del lóbulo izquierdo de la sala transversal más profunda del templo C de Ggantija. También está conformado por grandes losas horizontales enmarcadas por los correspondientes soportes verticales.

Al fondo (axial) de la sala más profunda, la de menor tamaño, se sitúa un notable altar, también enmarcado en sus francos laterales por sendas losas prismáticas de grandes dimensiones (imagen 3 inferior). En algunas ocasiones –muy pocas– encontramos un segundo altar en un extremo lateral de una de las salas transversales (imagen 4).

Más allá de su antigüedad y del llamativo tamaño de los megalitos que las conforman, dos rasgos caracterizan la estructura espacial de estos templos. El primero es la recurrente presencia en todas ellas de *un amplio abanico de piezas bien talladas, ensambladas con notable precisión, y con clara voluntad arquitectónica, es decir, espacial, no simplemente escultórica*. El segundo es la enorme *regularidad espacial que conforma la reunión de esas piezas*: una puerta/corredor inicial da acceso a una primera sala transversal, que se comunica con una segunda sala a través de una nueva puerta axial, a cuyos costados se sitúan sendos tabernáculos de dimensiones muy notables. El altar de mayores dimensiones, emplazado en lo más profundo del eje axial, cierra el interior del templo.

Los arqueólogos creen que estos edificios podían estar relacionados con los rituales propiciatorios de la fertilidad, asunto esencial en aquellos momentos, tanto por lo que se refiere a la recolección y cosecha de plantas y la cría y caza de animales, como al nacimiento de nuevos miembros en la comunidad, hecho esencial para la supervivencia de la limitada población de ambas islas. El perfil global de estos templos apoya esta tesis, pues es muy cercano al de las estatuillas encontradas en ambas islas representando figuras femeninas generosamente dotadas para la maternidad. Pero como ya hemos dicho en ocasiones anteriores, una imagen genérica de ese tipo no es suficiente para resolver, en detalle, la planificación y construcción de un espacio tan elaborado. La pequeña comunidad que pobló ambas islas, *¿inventó un relato simbólico asociado a la fertilidad, y un ritual coherente con él? ¿Llegó a crear un modelo escenográfico de referencia? ¿Creyó posible materializarlo en un espacio arquitectónico?*

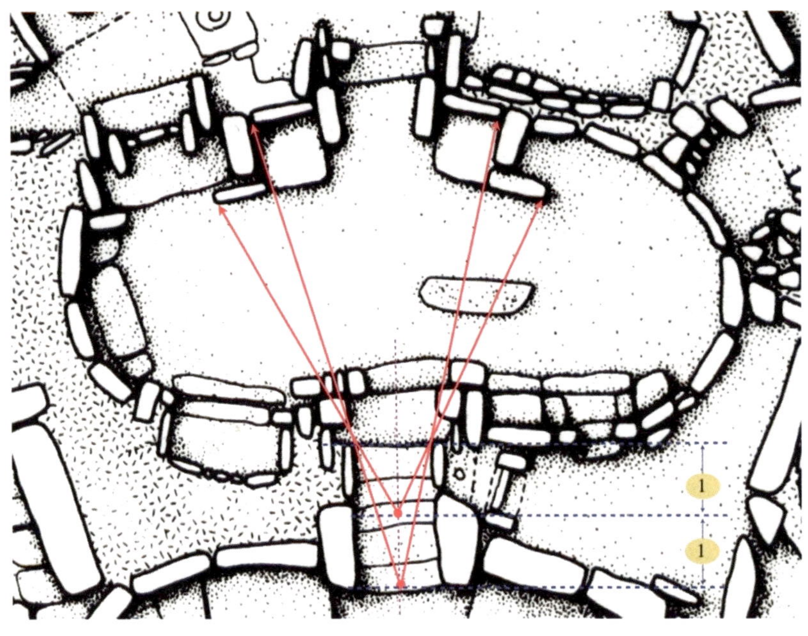

Croquis 1. Trama axial para Mnajdra C. Volveremos sobre este croquis en la reflexión final del capítulo. Planta tomada de Ariela Frandkin Anati y Emmanuel Anati.

II – MNAJDRA, UN BUEN LUGAR PARA INICIAR NUESTRA MIRADA A ESTOS NUEVOS ESPACIOS

El mejor lugar para iniciarnos en la observación de estos nuevos espacios es el ***complejo Mnajdra***, al sur de la isla de Malta, al borde de un espectacular acantilado sobre el mar. Sus dos templos –denominados B y C– fueron construidos entre los años 3.600-3.000 a.n.e., y por su sencillez y buen estado de consolidación comenzaremos el trabajo en ***Mnajdra C***, el más joven de los dos.

El croquis 1 recoge las dos alineaciones visuales que hemos detectado al acceder a su interior[2]. Desde el *perfil anterior* riguroso de *la puerta* inicial –una *marca constructiva* muy sólida–, podemos observar los *vértices del espacio interior de los tabernáculos adosados a la segunda puerta axial.* Ya desde la misma línea de acceso, todo lo que pudiesen albergar ambos tabernáculos quedaba a la vista *–accesibilidad visual–* de quien fuese a penetrar en el templo. Se trata de un gesto de extrema calidad escenográfica, que el croquis 1 y la imagen 5 superior muestran.

Al atravesar el perfil inicial de la puerta de acceso y avanzar por el *corredor*, nuestra mirada se amplía ligeramente, y sobre *su punto medio* –una *partición* simple y precisa– encontramos un segundo gesto significativo: nos alineamos con el *perfil exterior de las gruesas losas que enmarcan lateralmente ambos tabernáculos.* La imagen 5 inferior recoge esta segunda alineación visual, cuya voluntad y precisión es fácil de valorar por la posición transversal de ambas losas de referencia. Elegante, simple y eficaz. Al final del capítulo volveremos sobre esta visual.

Tras esta excelente introducción a la trama megalítica, lo más urgente es buscar su ratificación, y el cercano templo ***Mnajdra B*** nos ofrece la oportunidad de hacerlo. Fue construido antes que Mnajdra C, y también se conserva en muy buen estado, con una estructura limpia y sobria, y un trazado muy preciso.

2 Su sala más profunda está muy deteriorada, pero la primera conserva en muy buen estado todos sus elementos. En ella centraremos el análisis.

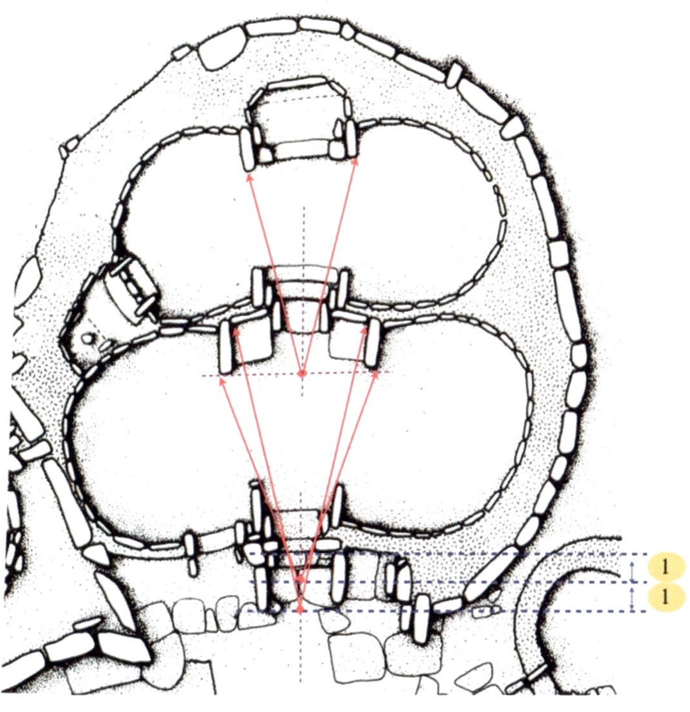

Croquis 2. Trama axial para Mnajdra B al avanzar hacia el fondo de su espacio interior. Los dos primeros juegos visuales son idénticos –en apoyos y referencias– a los de Mnajdra C. Planta tomada de A. F. Anati y E. Anati.

Si reproducimos el itinerario anterior, encontramos tres juegos de visuales muy nítidas, siendo los dos primeros juegos ¡¡idénticos a los observados en Mnajdra C!!. En efecto, el primero también parte del *perfil anterior de la puerta* inicial, y busca los *vértices interiores de los tabernáculos adosados a la segunda puerta axial*. El croquis 2 y la imagen 6 superior lo ilustran en detalle.

Desde el punto medio del corredor inicial, el segundo juego permite observar el *perfil exterior de las gruesas losas que enmarcan lateralmente ambos tabernáculos* (imagen 6 inferior), como en Mnajdra C, aunque aquí ambas losas están situadas en posición longitudinal, situación que también encontraremos en los restantes templos que visitaremos.

Dado que Mnajdra B conserva la segunda sala, la más profunda, decidimos seguir caminando por su *eje axial*, y al alcanzar la línea transversal que une el *perfil anterior* de las losas que enmarcan ambos tabernáculos –otra *marca constructiva* clara–, observamos el *perfil exterior de las grandes losas laterales del altar más profundo* (imagen 7).

Compartimos la sorpresa del lector, pues no puede ser mayor que la nuestra sobre el terreno: si sustituimos las expresiones *"tabernáculos adosados a la puerta axial"* por *"adornadas jambas laterales de las puertas axiales"*, y *"altar más profundo"* por *"sala sacra"*, parece que estemos describiendo la trama de cualquiera de los templos faraónicos visitados en el capítulo anterior. La similitud resulta impactante.

Es cierto que Mnajdra C y B presentan tramas simples, pero no necesitan de mayor complejidad, pues los pocos juegos de visuales que hemos identificado son suficientes para fijar la posición precisa de la práctica totalidad de los elementos estructurales situados alrededor de su eje axial. No sabemos cuál pudo ser la ritualidad que acogieron ni el marco cosmológico que les daba sentido. Pero en ambos templos la tramoya escenográfica axial ha quedado definida en todos sus detalles. Solo los puntos laterales más extremos de las salas transversales restan por situar, y pronto nos preguntaremos por ellos.

Imagen 5. Mnajdra C.
Arriba: visuales a los vértices interiores de ambos tabernáculos.
Abajo: visuales al perfil exterior de las losas que enmarcan dichos tabernáculos. Como caso excepcional, ambas losas están emplazadas de modo transversal, ofreciendo a nuestra mirada su lado más ancho, lo que facilita la observación y subraya la precisión de ambas visuales.

Imagen 6. Templo B del complejo Mnajdra.
Arriba: desde la línea de acceso al templo, visuales a los vértices interiores de los tabernáculos.
Abajo: desde el punto central del corredor inicial, visuales al perfil exterior de las losas que enmarcan dichos tabernáculos.
La precisión de ambos juegos de visuales es excelente.

Imagen 7. Desde el perfil anterior de los tabernáculos, visuales al perfil exterior de las losas que enmarcan el gran altar –el más profundo– de Mnajdra B.

Pero antes, Mnajdra B todavía nos reserva otra sorpresa. *¿Qué ocurre si caminamos sobre el eje axial, pero partiendo desde el altar más profundo?* El croquis 3 muestra la visual activa que hemos identificado: desde el *punto central de la segunda sala*, nuestra mirada encuentra el *perfil exterior de la losa más trasera asociada a la puerta/corredor inicial*[3]. La imagen 8 lo ilustra. De acuerdo en que se trata de una trama más modesta que la de acceso, pero existe, y la solución que construye es muy coherente con la de acceso. Además, estamos ante una nueva similitud con la trama faraónica.

Los croquis 2 y 3 ponen en evidencia que la columna vertebral del espacio interior de Mnajdra B está configurada por *una secuencia de dos puertas axiales relacionadas entre sí por tres juegos de visuales, dos en el sentido de entrada y uno en el de salida, siempre con apoyos sobre marcas constructivas axiales y referencias de enorme valor constructivo y escenográfico*. A destacar que *el altar más profundo asocia su perfil con el de los tabernáculos, estableciendo una estrecha relación entre los dos ámbitos más sagrados del templo, que aparecen mutuamente referenciados*. Dado la cercanía de esa situación con la de Mnajdra C, y su coherencia con lo que encontraremos en los tres templos que restan por visitar, podemos adelantar que estamos ante una verdadera ***ley fuerte de validación visual del modelo de referencia para los espacios sacros gozo-malteses construidos entre los años 3.600 y 3.000 a.n.e.***

Siempre que nos acercamos a una nueva situación espacial no resulta inmediato reconocer el valor de la trama que nos propone. Es el peaje que debemos pagar por querer disfrutar de la riqueza de posibilidades y de la diversidad de soluciones que las diferentes culturas mediterráneas han sabido crear. Pero en este caso, aunque sea *mayor la complejidad de las puertas de paso entre las salas* y *peor su estado de conservación*, la comparación con los templos faraónicos adscritos al *modelo clásico* aporta una enorme confianza a lo que acabamos de observar en el complejo de Mnajdra.

3 Al igual que en los capítulos anteriores, también aquí seguimos el criterio de calificar los elementos según el orden en que los encontramos al penetrar en el templo, desde la puerta inicial.

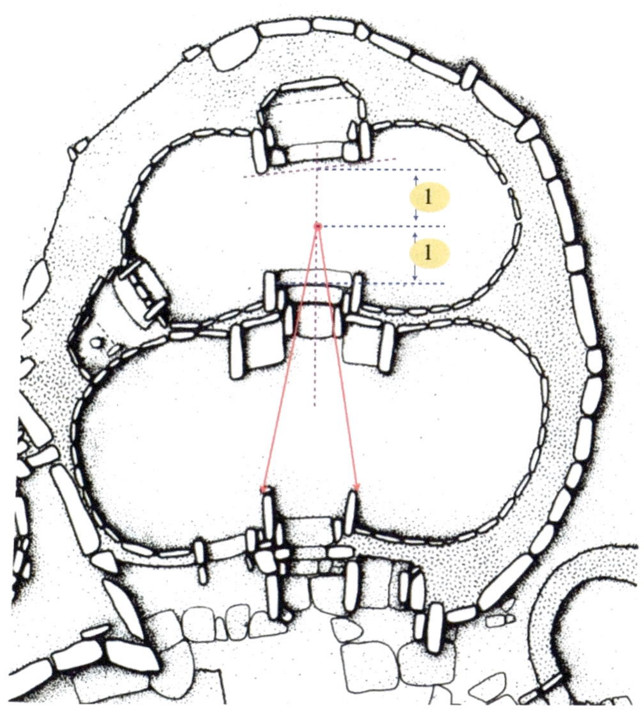

Croquis 3. Trama axial de salida para Mnajdra B.
Planta tomada de A. F. Anati y E. Anati.

Imagen 8. Mnajdra B.
Visual de salida que buscan el perfil exterior de las enormes jambas traseras del corredor de acceso al templo. Al fondo aparece el mar Mediterráneo.

III – VISITA AL COMPLEJO GGANTIJA, EN LA ISLA DE GOZO

Nos dirigimos ahora al ***complejo Ggantija***, y comenzaremos la visita en el denominado ***templo B***, el más joven y mejor conservado de los dos que lo integran, con fecha de construcción entre los años 3.600 y 3.200 a.n.e. Es un edificio con una estructura algo más compleja, pero ya tenemos la preparación suficiente para acercarnos a ella. El croquis 4 recoge los cinco juegos de visuales que construye.

En Ggantija B destaca la *regularidad de los apoyos* utilizados, mayoritariamente asociados a la puerta/corredor inicial y a la de tránsito entre las salas; la *sistematicidad de sus referencias*; su tono sacro, pues siempre están localizadas en los tabernáculos y en el gran altar; la *concatenación sacra* que genera al relacionar directamente los tabernáculos y el gran altar más profundo; y la *exhaustividad del espacio* ordenado por la trama, que abarca desde la puerta/corredor inicial hasta el altar situado al fondo de la segunda sala. La totalidad del espacio axial queda así pautado, sin margen para la ambigüedad constructiva. Un cambio de posición, o de alguna dimensión esencial, de esa secuencia de elementos axiales, arruina la composición escenográfica.

Una mirada comparativa a los croquis 1, 2 y 4 pone de manifiesto que la trama de Ggantija B incluye, rigurosamente, todas las visuales de la trama de acceso observadas en los templos B y C del complejo de Mnajdra, a las que añade una nueva visual respecto del templo B, y dos respecto del templo C, que la enriquecen y detallan. Excelente. *Estamos ante la **versión más completa de la trama de acceso a los templos megalíticos gozo-malteses.***

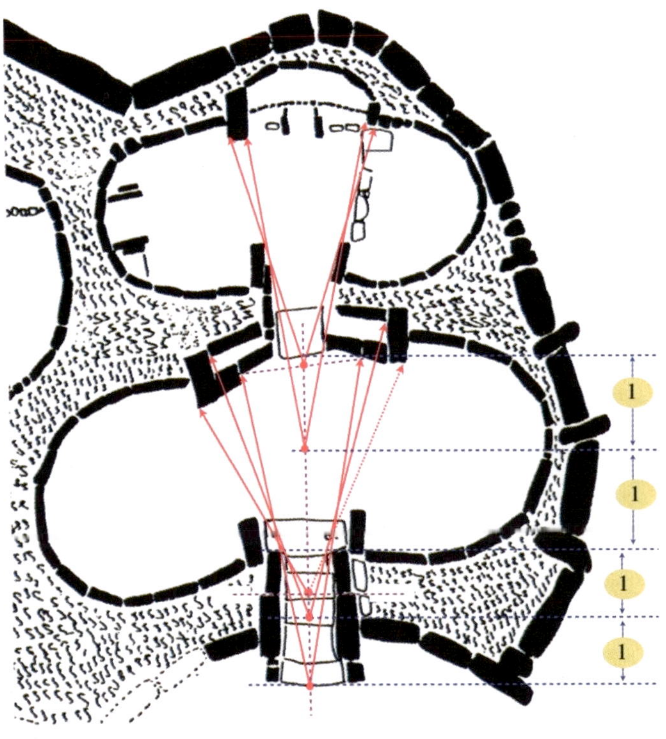

Croquis 4. Trama axial de acceso a Ggantija B.
Los tres primeros pares de visuales están asociados a una marca constructiva de la puerta/corredor inicial: el perfil anterior de esa puerta, el punto medio del corredor, y el perfil posterior del primer par de grandes losas del corredor. Como referencia buscan el perfil exterior de las jambas de la puerta entre salas (imagen 9 superior), el vértice interior de los tabernáculos, y el perfil exterior de las losas que los enmarcan. A destacar que los dos primeros apoyos y las dos últimas referencias son idénticas a lo encontrado en Mnajdra B y C.
La trama se completa con dos apoyos en la profundidad media de la primera sala y en el perfil anterior de las jambas de la segunda puerta, que se asocian con los perfiles interior y exterior de las losas que enmarcan el gran altar (imagen 9 inferior).
Planta tomada de M. Hoskin-J.D. Evans.

Imagen 9. Ggantija B.
Arriba: visual desde la línea de acceso al templo, al perfil exterior de las enormes jambas de la puerta entre salas.
Abajo: desde el perfil anterior de la puerta entre salas, al perfil exterior de las grandes losas laterales del altar trasero.

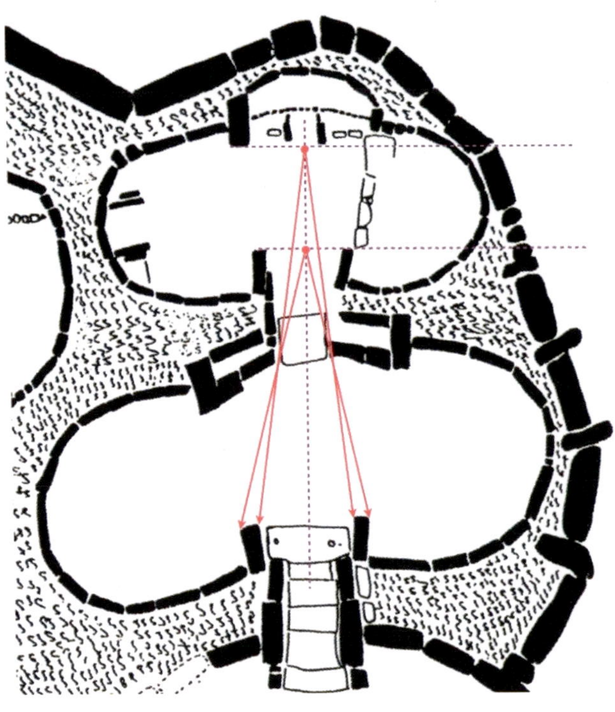

Croquis 5. Trama visual en el templo B de Ggantija cuando recorremos el eje axial en el sentido de salida del templo. Planta tomada de M. Hoskin-J.D. Evans.

Tal como muestra el croquis 5, Ggantija B también construye una ***trama paradigmática de salida***, que, desde la segunda nave transversal define el *perfil trasero de la puerta*/corredor de acceso al templo. Para ello utiliza dos *marcas constructivas,* una asociada al altar –su *perfil anterior*– y otra a la puerta entre salas –su *perfil posterior*–, y desde ellas busca el *perfil interior y exterior* de la losa más trasera del corredor inicial (imagen 10). También aquí Ggantija B reproduce la misma visual encontrada en Mnajdra B, a la que suma un segundo juego, plenamente coherente con el primero.

Llevamos tan solo tres edificios analizados, y la *similitud y coherencia* de lo encontrado en ellos es tan manifiesta, que, a pesar de las razonables objeciones que su débil estado de conservación pueda sugerir, nos sentimos muy cómodos y seguros valorando su estructura.

Pasear por el interior de una construcción de más de cinco mil años de antigüedad, con el recuerdo todavía reciente del impacto causado por la incredulidad ante lo que Egipto nos mostraba, hace del estudio de los templos de Mnajdra y Ggantija una experiencia excitante y muy gratificante, que escapa a nuestra limitada capacidad expresiva. Factores como la larga duración del estado faraónico, su envergadura y riqueza, junto a los numerosos textos conservados sobre las creencias funerarias y los rituales asociados, hacen más fácil de aceptar el extraordinario nivel de elaboración de sus proyectos para los espacios sacros, pero *¿cómo explicar lo que estamos encontrando en un par de diminutas islas, perdidas en mitad del Mediterráneo?, ¿cómo justificar una puesta en escena que incluso parece más ambiciosa, por detallista y pormenorizada, que la que implementó la élite sacerdotal egipcia 2.000 años más tarde?* Y decimos esto último porque la *secuencia axial* gozo/maltesa, además de la sucesión de puertas con sus jambas, incluye profundos corredores, tabernáculos adosados, losas/pliegues a la salida de los corredores y un gran altar, elementos todos ellos ausentes en los templos egipcios.

Imagen 10. Visual de salida en el templo B de Ggantija: desde el perfil posterior de la puerta intermedia, al perfil exterior de las enormes losas traseras de la puerta/corredor de acceso al templo. Compárese con la imagen 8.

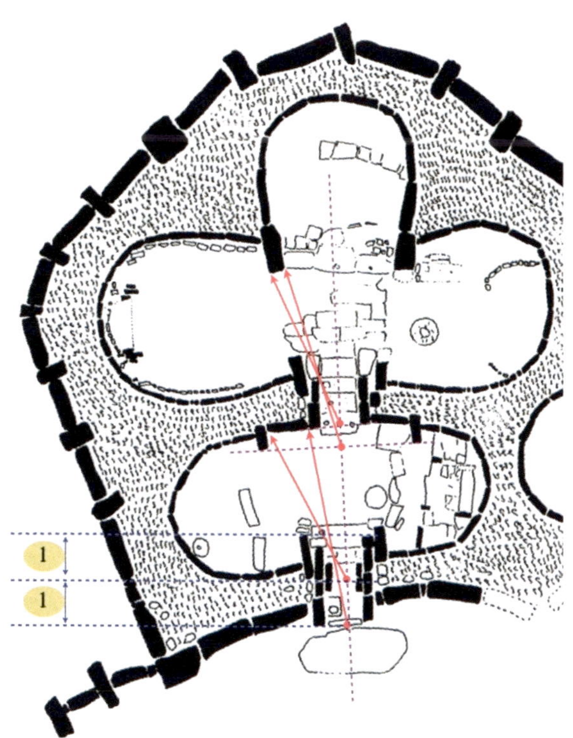

Croquis 6. La trama visual para Ggantija C está condicionada por el gran deterioro del lado derecho del templo, y su notable asimetría. Por ello, en el croquis solo hemos representado la trama para el lado izquierdo, cuyo comportamiento es absolutamente normalizado.
Planta tomada de M. Hoskin-J.D. Evans.

IV - VISITA AL TEMPLO C DE HAGAR QIM

La erosión de las losas verticales que integran la estructura axial de Ggantija puede generar dudas sobre la fineza de su trama, pero si volvemos a la isla de Malta, la visita al ***templo C*** de ***Hagar Qim*** [4], situado muy cerca del complejo de Mnajdra, consolida definitivamente el rigor de la trama que construye y valida estos templos.

Su estructura espacial es algo atípica, pues en el lugar ocupado habitualmente por el gran altar –el fondo de la segunda sala transversal–, dispone de una segunda puerta/corredor de comunicación con el exterior, puerta que en su lado izquierdo adosa un nuevo tabernáculo –el lado derecho no dispone hoy de una estructura similar–. Este hecho permite comprobar la capacidad de la trama gozo/maltesa para adecuarse a diferentes situaciones.

El croquis 7 muestra los cuatro juegos de visuales que hemos detectado al avanzar sobre su *eje axial*, siempre partiendo del acceso principal. Los cuatro apoyos son idénticos a los encontrados en la paradigmática Ggantija B; y como referencias actúan el *punto medio del tabernáculo adjunto a la puerta entre salas* –una referencia no encontrada hasta ahora–, su *vértice interior* (imagen 11), el *perfil exterior* de las *jambas de la puerta* final, y el *vértice interior de su tabernáculo.*

¿Qué ocurre si penetramos ahora por la puerta posterior? El croquis 8 muestra las visuales activas que hemos identificado: desde el *perfil posterior de la puerta trasera y de la de paso entre las salas*, nuestra mirada encuentra como referencia el *perfil exterior de las losas traseras de las dos primeras puertas/corredor*, entre salas y la inicial. Las imágenes 12, superior e inferior, muestran ambas situaciones.

Al igual que en Mnajdra B y en Ggantija B, también la trama de salida de Hagar Qim C presenta menor densidad que la trama de acceso, pero su precisión y consistencia es muy similar. Los templos gozo/malteses también comparten con Egipto el trato preferente para la trama de acceso al templo.

Imagen 11. Visual desde el punto medio del corredor de acceso a Hagar Qim C, al vértice interior de los tabernáculos. Todos los objetos situados en su interior quedan a nuestro alcance visual. Si lo comparamos con las imágenes de Mnajdra C y B (5 y 6 superiores), la sistematicidad es absoluta.

4 Su fecha de construcción se fija alrededor del año 3000 a.n.e.

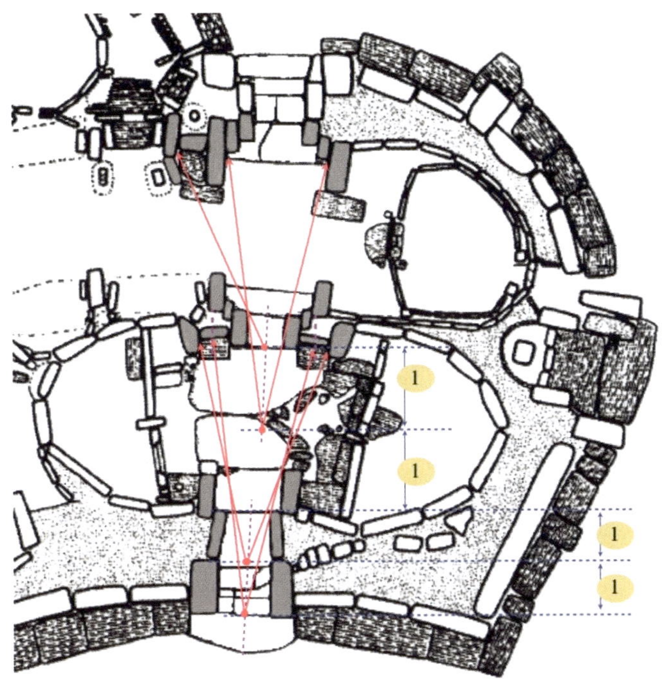

Croquis 7. Trama axial para Hagar Qim C. Destaca que los cuatro apoyos utilizados son idénticos a los encontrados en la paradigmática Ggantija B: perfil anterior de la puerta de acceso, el punto medio del corredor, la anchura media de la primera sala, y el perfil anterior de la puerta entre las salas. Planta tomada de A. F. Anati y E. Anati.

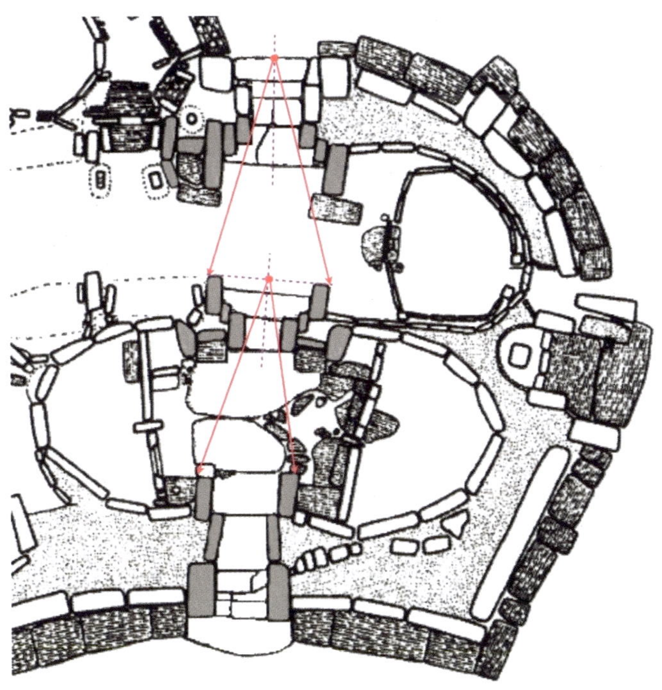

Croquis 8. Trama visual "de salida" para el templo C de Hagar Qim. Planta tomada de A. F. Anati y E. Anati.

Imagen 12. Arriba: visual desde el perfil posterior de la puerta trasera de Hagar Qim, al perfil exterior de las jambas traseras de la puerta/corredor entre las salas. Abajo: desde el perfil posterior de la puerta intermedia, a similar referencia en la puerta/corredor de acceso. Compárese con las imágenes 7 y 10. Sistematicidad absoluta.

Una mirada conjunta a los croquis 7 y 8 pone de manifiesto que en Hagar Qim la columna vertebral del espacio interior también está configurada por una *secuencia de puertas axiales, en este caso tres, relacionadas dos a dos por tres juegos de visuales, dos en el sentido de entrada y uno en el de salida, con apoyos y referencias matizadamente diferentes para cada una de ellas, pero con similar sentido constructivo y escenográfico*. Se trata, sin duda, de un excelente ejemplo de aplicación creativa de la *ley fuerte de validación visual* para estos edificios.

V – TRAMA TRANSVERSAL EN LOS TEMPLOS GOZO-MALTESES

Ratificada por cuarta vez la *doble trama axial* de estos templos –la de acceso y la de salida–, nos interesamos ahora por la estructura de las naves transversales: *¿quedaron al margen del proyecto escenográfico?*

Por lo general, las menores dimensiones de los megalitos que configuran su perímetro interior y la irregularidad de su talla, lleva a pensar que sus arquitectos y constructores dedicaron las mejores energías a conseguir el óptimo encaje de todos los elementos agrupados alrededor del eje axial del edificio[5], conscientes de que tales decisiones determinaban la profundidad de ambas salas. Pero sus extremos laterales, al no participar en la trama observada hasta estos momentos, restan indefinidos. Mnajdra B y Ggantija B vienen al rescate, y nos ofrecen un par de gestos que apuntan cómo se pudo abordar ese tema. El croquis 9 muestra las condiciones normativas que cumplen: siempre desde una *marca constructiva asociada a una puerta/corredor*, un par de juegos de visuales buscan *referencia en el extremo transversal de esas salas*. Una vez más, también aquí, un apoyo axial asume el mando de las operaciones.

Cuatro gestos aislados en dos templos no permiten deducir una *ley fuerte de validación*. Tampoco tenemos elementos de juicio suficientes para valorar si en Ggantija C o en Hagar Qim C se han perdido los gestos equi-

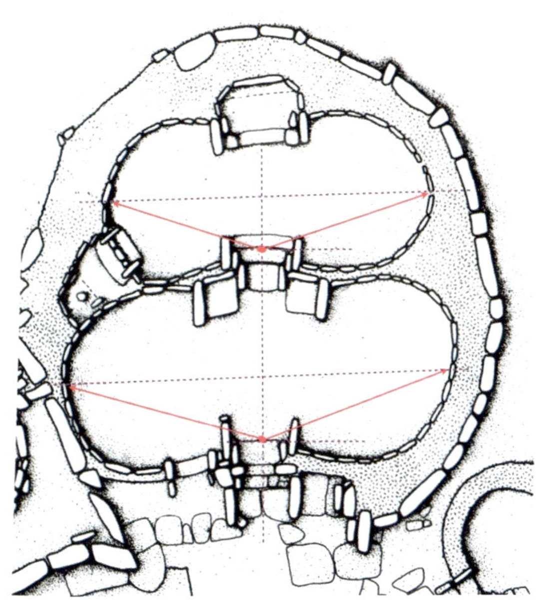

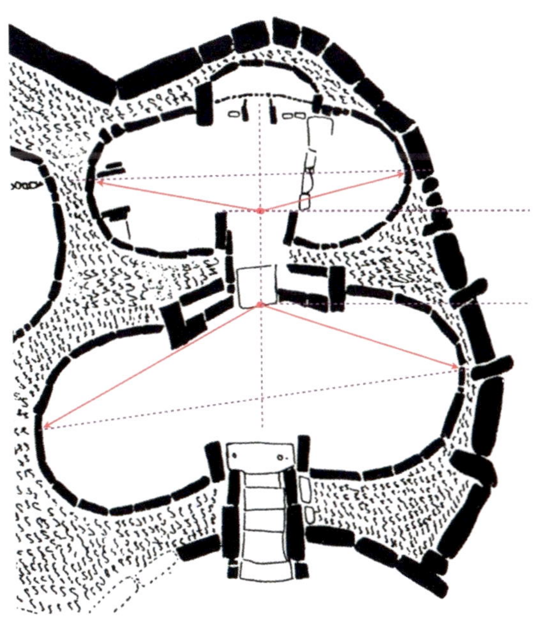

Croquis 9. Embrión de trama trasversal observada en los templos Mnajdra B (izquierda, representada sobre una planta tomada de A. F. Anati y E. Anati.) y Ggantija B (derecha, sobre una planta tomada de M. Hoskin-J.D. Evans).

5 Por ejemplo, la anchura de las puertas, la profundidad de los corredores, la distancia entre puertas axiales, la anchura y profundidad de los tabernáculos, la anchura del altar más profundo y la posición de sus losas de cierre lateral, la separación entre ese altar y la puerta axial anterior, ...

valentes por el deterioro y la reconstrucción de sus naves o, simplemente, no existió esa trama transversal. Dado que la observación no permite ir más lejos, debemos dejar el tema en este punto.

VI – ORDEN CONSTRUCTIVO EN LOS TEMPLOS MEGALÍTICOS GOZO-MALTESES

El sorprendente nivel de elaboración de estos proyectos espaciales y la precisión con la que fueron construidos, nos lleva a preguntarnos por su trazado sobre el terreno.

Su complejidad es del mismo orden que el de las tramas implementadas por las culturas posteriores y, como ellas, requiere de un *orden muy preciso y formalizado*, cuyo primer paso era escoger el lugar adecuado para el futuro templo y preparar el terreno para el trazado del eje axial del edificio, elemento sobre el que pivota toda la construcción.

Después se podía dibujar el perfil de los elementos de referencia para la trama situados alrededor de dicho eje, con sus dimensiones estimadas –anchura de las puertas, profundidad de los corredores, distancia hasta la siguiente puerta, anchura de los tabernáculos, tamaño del gran altar–, dimensiones que la experiencia podía recomendar en función de la capacidad y de las necesidades coreográficas que se desease para el nuevo templo, y de los recursos materiales, humanos y temporales disponibles. La fijación definitiva de la posición y dimensiones de todos esos elementos, solo se podía conseguir ajustando, al unísono, todas las visuales normativas que hemos encontrado[6]. Son gestos que heredarán las futuras culturas mediterráneas.

Tras esa meticulosa operación, se debía proceder al enlosado del pavimento del corredor axial, acción muy importante pues aseguraba de forma duradera la obligada posición y el perfil definitivo de las piezas que definían toda la escenografía del templo. Después, ya se podía avanzar en el tallado y el pulido final, *in situ*, de las grandes piezas, ajustándolas a las *marcas constructivas* fijadas sobre el terreno. La fácil reproducción de las visuales permitía un seguimiento muy fino del desarrollo de la obra, que siempre finalizaba con el trazado y construcción del muro perimetral interior de las salas transversales, el cercado del recinto exterior, y el relleno con los desechos de la obra del espacio que quedaba libre entre ambos muros, tarea muy importante para asegurar la firmeza y durabilidad del edificio[7].

Por supuesto, todas estas tareas necesitaban de un amplio equipo humano con amplia experiencia en las diferentes tareas implicadas, y una dirección centralizada, responsable de la elaboración y trazado del proyecto sobre el terreno, de asegurar el correcto orden constructivo, y de realizar el aprovisionamiento de materiales y el seguimiento de las obras durante las diferentes campañas que tuviesen lugar. Y todo ello ocurría en ausencia de un sistema de escritura, de dibujo y de cálculo mínimamente consistentes.

VII – UN ÚLTIMO COMENTARIO SOBRE ESTAS CONSTRUCCIONES

Cerrábamos el análisis de los templos faraónicos señalando la posibilidad de que el origen de la trama visual se encuentre en el solapamiento del trabajo astronómico y la planificación arquitectónica ceremonial. La importancia de la precisión al observar, el papel del apoyo tangencial como orientador de la mirada del observador, la prioridad para las referencias de mayor calidad informativa y evocadora, el poder que confiere el monopolio de la definición del significado simbólico de las referencias, el relato como elemento consustancial a la observación, ... son buenos ejemplos de aspectos que, con los lógicos matices específicos, ambas disciplinas pudieron compartir.

La visita a Malta y Gozo añade otro dato importante a esta relación interdisciplinar, pues diversos estudiosos apuntan que estos templos megalíticos parecen incluir algunas alineaciones astronómicas importantes[8], en buena parte relacionadas directamente con los cambios de estación, hecho muy coherente con su adscripción a

6 De hecho, para la estructura más habitual –dos salas, dos puertas/corredor, un par de tabernáculos laterales y un gran altar axial–, no son muchas las visuales requeridas: del orden de 4 o 5 para la trama de acceso y 1 o 2 para la de salida. Es una trama que combina buena capacidad de definición con una gran austeridad en los recursos utilizados, lo que la hace muy ágil.

7 No se han encontrado restos coherentes con una posible cubierta pétrea para las salas. Quizá pudo ser de madera –la anchura a cubrir respalda esta posibilidad–, pero no hay acuerdo entre los especialistas. En cualquier caso, siempre sería la última pieza a situar.

8 Como ejemplo, véase los trabajos de Michael Hoskin.

los temas de la fertilidad. En este aspecto, el caso más mencionado es Mnajdra C, el primer templo que hemos presentado, y al que hemos prometido volver al final del capítulo. Su posición frente a la costa y la distribución de sus elementos axiales, parecen propicios para registrar las alineaciones solares que se producen en los solsticios de verano e invierno, fechas en las que, a su salida y puesta, el Sol marca las posiciones extremas en su desplazamiento anual por el horizonte[9]. El día de ambos solsticios, tras atravesar la puerta y el corredor de acceso al templo, los primeros rayos del Sol naciente iluminan con precisión el perfil extremo de una de las dos grandes losas transversales que enmarcan los tabernáculos de la primera sala (imagen 5 inferior). El perfil exterior de la losa derecha se ilumina en el solsticio de invierno, y el de la losa izquierda lo hace en el solsticio de verano. Recordemos que ambas losas ofrecen su lado más ancho a la visión frontal, lo que facilita el seguimiento de la salida del Sol durante los días previos y posteriores a los solsticios, permitiendo detectar el momento de cambio del ciclo solar con una precisión más que suficiente para las necesidades de aquellos momentos, incluso en condiciones meteorológicas poco favorables.

No hemos tenido oportunidad de observar esas *alineaciones solares*, por lo que no podemos opinar sobre su valor, pero, de ser ciertas, *coincidirían rigurosamente con el par de visuales escenográficas que hemos encontrado al situarnos sobre el punto medio del corredor de acceso* al templo –el croquis 1 y la imagen 5 inferior reproducen ambas visuales.

Astronómicamente, cada una de estas alineaciones solares se produce en fechas diferentes, al amanecer del correspondiente solsticio, de ahí su valor informativo; pero como visuales escenográficas las podemos reconocer al unísono en qualquier momento que nos situemos sobre el punto central del corredor inicial.

De ser correctas estas alineaciones solares[10], Mnajdra C supondría un momento dulce en la imbricación entre astronomía y arquitectura, pues *ambas visuales reunirían la doble condición de indicadores astronómicos precisos de los cambios de estación, y de elementos esenciales para la construcción del marco escenográfico encargado de acoger las celebraciones asociadas. Lo preciso-astronómico y lo simbólico-ritual confluirían, asumiendo el espacio interior un doble protagonismo: como instrumento creador y recolector de información, y como marco acogedor y celebrativo de la correspondiente festividad.*

El diseño del espacio sacro –Arquitectura– y el seguimiento sistemático del ciclo anual, es decir, del calendario –Astronomía– serían en Mnajdra C actividades colaborativas, que reunirían las tareas predictivas de base más racional, con las actividades evocativas y ceremoniales, de finalidad ritual, definiendo entre ambas el espacio en el que esas actividades tenían lugar conjuntamente. Seguimiento continuado del movimiento del Sol, rituales propiciatorios de la fecundidad, cambio preciso de las estaciones, y fiestas de agradecimiento por los bienes recibidos, junto a la recogida de ofrendas y el cobro de tributos, compartirían aspectos tan esenciales como lugar, proyecto constructivo, maestros de ceremonias, gestualidad, carácter público y relato.

Pero todo apunta a que esa simbiosis no siempre alcanzó tal sesgo ni similares objetivos. Por ejemplo, en la definición del espacio interior de la mayoría de los templos faraónicos la astronomía observacional queda limitada a situar en términos genéricos el eje del templo cercano a la trayectoria del Sol, simulando la compañía que en la mitología funeraria egipcia el dios Ra prestaba al difunto durante el viaje hacia la inmortalidad, en el más allá[11]. En otras ocasiones la participación astronómica buscó directa y exclusivamente objetivos políticos y de glorificación personal, como en el Templo de Ramsés en Abu Simbel, tal como ya hemos explicado. En cualquier caso, la ritualidad funeraria y la cosmología faraónica, es decir, el mero derroche fantasioso y el relato mitológico puramente fabulado, asumieron la responsabilidad central en la caracterización detallada del espacio sacro en el Egipto Antiguo. El lugar específico para el trabajo astronómico se situó fuera del espacio interior del

9 Un ejemplo de este punto de vista lo expone Paul I. Micallef. en el breve texto "Mnajdra prehistoric templo. A calendar in Stone". En internet es fácil encontrar los croquis que resumen los detalles de tales observaciones.

10 Si no resultasen correctas, las visuales de la trama seguirían tenido pleno sentido, tanto en Mnajdra C como en los restantes templos megalíticos analizados. La coincidencia solar amplía el protagonismo de esas visuales e incrementa su valor, pero su ausencia no les resta significado escenográfico.

11 Aunque son excepción, en algunos casos muy concretos se dieron ajustes más elaborados, por ejemplo, en Dendera se señala una relación entre su eje transversal y la estrella Sirio, que se asociaba con la llegada de la crecida del Nilo.

templo,[12] y las tareas observacionales y la gestión de la información que aportaban quedó reservada a los más altos sacerdotes encargados del tema.

Al margen de sus posibles implicaciones astronómicas, lo visto en este capítulo pone de manifiesto que los templos megalíticos de Malta y Gozo, de 5.000 años de antigüedad, son *arquitecturas con muy alto valor proyectual,* que responden a un *modelo de referencia con clara y sistemática voluntad ceremonial,* consecuente con una ritualidad común a la población de ambas islas, aunque hoy no dispongamos de información sobre sus detalles ni del relato cosmológico asociado. Es indudable que su construcción fue un acto social, dilatado en el tiempo, complejo, que requirió tenacidad y un alto grado de organizado social y laboral. También una dirección fuerte, con amplia memoria de las experiencias anteriores. Y todo ello ocurría en ausencia de un sistema de escritura, unos 500 años antes de que el estado faraónico diese sus primeros pasos firmes, y casi 2.000 años antes de la planificación de los templos egipcios más antiguos cuya estructura escenográfica podemos analizar con confianza. Egipto construyó soluciones diferentes, pero su *modelo clásico* incluye gestos tan cercanos a los de Gozo y Malta, que no queda más opción que señalar a los templos megalíticos como claros predecesores de las pautas escenográficas faraónicas.

A lo largo de 5.000 años la trama visual se ha mostrado como el *alfabeto sistemático que las culturas mediterráneas han utilizado para escribir múltiples relatos arquitectónicos de carácter sacro y ceremonial.* Durante ese tiempo se ha enriquecido con algunos signos de puntuación y variadas tipografías, pero sus bases conceptuales, elementos instrumentales y voluntad escenográfica ya estaban presentes en los templos gozo/malteses. La importancia del relato arquitectónico la damos por sentada, pero *aquí nos hemos centrado en la identificación detallada del alfabeto visual, sus reglas básicas de composición, y en las soluciones paradigmáticas desarrolladas por las principales culturas mediterráneas.*

Por razones de espacio y tiempo, este viaje finaliza aquí. Muchas preguntas quedan pendientes, pero nos satisface que sean bastante diferentes de las que motivaron el inicio de este trabajo, pues eso quizá signifique que algo hemos avanzado en la comprensión de los hechos observados. Para buscar esas respuestas pendientes debemos ampliar la tipología de edificios analizados y, sobre todo, mejorar nuestro conocimiento de la ideología y las prácticas ceremoniales del poder político y religioso de cada periodo histórico, pues en ellas reside la justificación –el porqué– de la estructura espacial de sus arquitecturas rituales, de representación y de gobierno. Solo nos resta desear al lector que, cuando realice sus propias observaciones y comentarios lo haga sin juicios previos, y obtenga las mismas satisfacciones que nosotros hemos alcanzado durante este largo, intenso y sorprendente viaje.

Barcelona, mayo de 2021

12 Por ejemplo, en Dendera se situó en el terrado del templo, sobre su cubierta, bajo las estrellas.

MALTA Y GOZO, ÚLTIMA ETAPA DEL VIAJE

Breve glosario

Apoyo posicional: punto de arranque de una visual, y desde el que podemos observar su comportamiento. Cuando no a lugar a posible confusión, lo denominamos simplemente apoyo.

Apoyo múltiple: apoyo desde el que parten dos o más visuales.

Apoyo tangencial: perfil de un elemento arquitectónico que alinea una visual con la referencia buscada.

Apoyo tridimensional: apoyo desde el que parten visuales, tanto en planta como en alzado.

Buenas prácticas proyectuales: soluciones que pueden acompañar en mayor o menor medida –según la habilidad del arquitecto y la calidad del proyecto–, a las *leyes fuertes de validación visual.* Su misión específica es incrementar la cohesión espacial y la intensidad del relato simbólico construido.

Centro óptico: el punto medio del *eje visual*, en la nave central.

Efecto "forma/grosor": dado un grosor resistente suficiente, su misión es asegurar que el perfil del pilar toma la forma adecuada para dar apoyo correcto –tangencial y/o posicional– a la trama visual.

Efecto "diafragma": cerramiento que permite a las visuales alcanzar con plena precisión una referencia válida. El caso más habitual es el provocado por la presencia de una columna adosada al perfil de acceso a la cabecera sacra o ceremonial, que hace converger a las visuales sobre el altar o la autoridad que preside el ritual.

Eje de control: eje transversal situado en la cabecera central, responsable de asegurar el *control y la imposición presencial* sobre la nave transversal y sobre el acceso a las naves laterales. Acoge apoyos en sus extremos –junto al perfil perimetral de la cabecera– y en su punto medio *–punto de control–*.

Eje visual: eje transversal a las naves longitudinales desde donde parten las visuales encargadas de optimizar la *accesibilidad visual* sobre la cabecera. En la nave central ofrece como apoyos sus extremos –junto al muro o arcada– y en el punto medio *–centro óptico–*. En las naves laterales las opciones más frecuentes son la anchura media y junto al muro perimetral.

Escenografía estructural: es aquella que construye el propio espacio, por sus formas y dimensiones, al margen de los elementos decorativos que incluye –capiteles, esculturas, frescos, joyas, ...–. La trama visual es quien la define, ajustada al relato simbólico a transmitir y a los objetivos ideológicos a conseguir.

Leyes fuertes de validación visual*:* criterios proyectuales de obligado cumplimiento en toda arquitectura ritual, asociados directamente con los temas de *control, imposición personal y accesibilidad visual.*

Marca constructiva: señal clara, identificable sobre el terreno en todo momento por algún elemento constructivo o decorativo. Actúa de apoyo o referencia de la trama, facilitando la construcción del proyecto definido y su seguimiento durante los largos periodos de obras. En algunos casos también puede estar asociada a una *partición simple* de una longitud esencial –por ejemplo, la de los brazos o la profundidad de la cabecera–.

Mecanismo de transferencia de ritmo: recurso que construye y asegura la cohesión y unicidad del espacio cruciforme, al definir la relación que establecen los pilares de la arcada de la cabecera y los de la nave central, con la medición de los pilares de la nave transversal. Las referencias pueden estar situadas en la planta –en el perfil axial de los pilares– o en alzado –en las claves de la bóveda de la nave y de la cabecera–.

Mecanismo de imposición jerárquica: escenografía definida para la cabecera, referenciada en la estructura de la cúpula central, con la *luz cenital* como elemento simbólico y legitimador más relevante.

Partición: recurso para determinar por división en partes enteras simples, respecto de una longitud dada, la posición de los *ejes* de la trama o de algún apoyo o referencia simbólica importante.

Para el *eje visual* la longitud de referencia es la comprendida entre el paño interior del muro de cierre al pie de la nave, y un punto esencial de la cabecera –el inicio o final del ábside, o un elemento jerárquico o simbólico de extrema calidad–. Para el *eje de control* lo es la longitud comprendida entre el fondo del ábside y el perfil interior o exterior del acceso a la cabecera central.

Precisión constructiva*:* alineación rigurosa de un apoyo con la correspondiente referencia.

Punto de control: punto medio del *eje de control*, en la cabecera central.

Punto de máximo control: punto de la cabecera central desde donde se observa, simultáneamente, la totalidad de la nave transversal, de extremo a extremo.

Referencia*:* punto de llegada de la visual, bien señalado sobre el terreno.

Referencia constructiva*:* a su misión escenográfica, suma un importante papel en el trazado del proyecto sobre el terreno y en el seguimiento de la obra.

Referencia simbólica*:* aquella en la que destaca su protagonismo simbólico. Son las esenciales para la definición de la estructura escenográfica del espacio interior.

Solución "claves alineadas": *solución paradigmática* de la trama en alzado. Desde un apoyo normativo en la nave lateral –muro o anchura media–, nuestra mirada se alinea con la clave del arco formero y con la clave de un tramo de la bóveda central, o con su línea de máximo alzado si es una bóveda corrida. En términos simbólicos, hemos alcanzado el cenit de la bóveda celeste.

Solución "impostas alineadas": *solución paradigmática* de la trama en alzado. Desde un apoyo normativo en la nave lateral, nuestra mirada se alinea el perfil de la imposta del pilar –o del ábaco del capitel de la columna– y con la línea de imposta que señala el final del muro vertical sobre la arcada central, en su encuentro con la bóveda central o con la cubierta plana. Simbólicamente, estamos al final del mundo terrenal, a las puertas de acceder a la bóveda celeste.

Solución "Conques/Paray": define el alzado de la clave de la cúpula desde el fondo del ábside, los muros extremos de los brazos, y una *marca constructiva* en la nave, cercana a su inicio. Es la *solución* cupular más impositiva.

Solución "Jaca" o "Panorámica": define el alzado de la clave de una cúpula desde el *punto panorámico* en la nave y desde el *punto de control* en la cabecera. Es la *solución* más evocadora y emotiva, pues es la que atribuye mayor alzado a la cúpula.

Solución "Melque/Bande": define el alzado de la clave de la cúpula en perfecta sintonía con el *eje visual* –el *centro óptico*– y el de *control –punto de máximo control–*. Es la *solución* más autorreferenciada en la propia trama visual.

Solución "puertas sucesivas enmarcadas": *solución paradigmática* de la trama escenográfica egipcia, con apoyos en una secuencia de *marca constructiva* sobre el eje axial del templo, y referencias en el perfil exterior de las jambas de sus sucesivas puertas axiales.

Trama axial: cuando todos los apoyos posicionales se sitúan sobre el eje axial del edificio, y las referencias fuera de él.

Trama perimetral: aquí los apoyos se sitúan en el perfil perimetral del espacio interior, y desde ellos las visuales convergen sobre una referencia centralizada: pantocrátor, fondo del ábside, altar, luz cenital, ...

Trama visual*:* conjunto de juegos de líneas visuales y *particiones* asociadas, que validan el proyecto de una arquitectura sacra o ceremonial por ajustarse al relato ideológico que lo patrocina.

Trama iniciática: es la que construye la escenografía precisa del camino iniciático que se propone recorrer a los fieles al avanzar por la nave central. Las referencias simbólicas se sitúan en la cúpula central.

Visual*:* alineación precisa entre tres puntos: un apoyo posicional con el observador en pie –escala humana–, un apoyo tangencial, y una referencia significativa para el relato simbólico que construye.

Índice de lugares

ÍNDICE DE LUGARES

A los alumnos con los que inicié este trabajo.
Su implicación y entusiasmo fue esencial para abrir camino en la buena dirección.

A los amigos y amigas que durante estos años lo han animado con sus comentarios y estímulos, y a uno con el que me hubiese gustado discutir a fondo su contenido, pero que el tiempo lo impidió.

A una amiga muy especial, sin cuyo interés y apoyo este libro no hubiese visto la luz.

Gracias por el esfuerzo.

Fernando Grasa
Barcelona, Enero de 2022

Ideología construida
Cinco mil años de arquitecturas del poder

Publicado por
Actar Publishers

Autor
Fernando Grasa Abad

Dibujos
Plantas y secciones tomadas
de diferentes autores
(se mencionan en cada caso).
Las tramas visuales son del autor.

Fotografías
Fernando Grasa Abad

Revisión de los textos
Lorena Lozano

Diseño gráfico
Actar D

Impresión y encuadernación
Arlequin

Para futuras reimpresiones pueden mandar sus observaciones, sugerencias y/o enmiendas a:
ideologiaconstruida@gmail.com

Distribución
Actar D, Inc. New York, Barcelona

New York
440 Park Avenue South, 17th Floor
New York, NY 10016, USA
T +1 2129662207
salesnewyork@actar-d.com

Barcelona
Roca i Batlle 2-4
08023 Barcelona, Spain
T +34 933 282 183
eurosales@actar-d.com

ISBN: 978-1-63840-011-0
Impreso en Europa